Goodbye to Berlin?
1oo Jahre Schwulenbewegung

GOODBYE TO BERLIN?

1oo Jahre Schwulenbewegung

Eine Ausstellung
des Schwulen Museums und
der Akademie der Künste

17. Mai bis 17. August 1997

VERLAG ROSA WINKEL

Impressum

Ein Projekt des Schwulen Museums
und der Akademie der Künste

Gesamtleitung
Dr. Andreas Sternweiler (Schwules Museum)
Dr. Hans Gerhard Hannesen (Akademie der Künste)

Ausstellung und Katalog
wurden ermöglicht
durch Mittel der Stiftung
Deutsche Klassenlotterie Berlin

Wir danken der Firma OSRAM
für die freundliche Unterstützung

Unser besonderer Dank
gilt folgenden Personen

Franco Battel
Klaus Behnken
Michael Curbach
Kirsten Junglas
Michael Korey
Christoph Kossen
Kerstin Neermann
Juergen Vetter
Christine Zahn
und allen Mitarbeitern des Schwulen Museums,
die in ehrenamtlicher Tätigkeit die Institution
aufgebaut haben

Die Deutsche Bibliothek – CIP- Einheitsaufnahme

Goodbye to Berlin? : 100 Jahre Schwulenbewegung ;
eine Ausstellung des Schwulen Museums und der
Akademie der Künste, 17. Mai bis 17. August 1997. -
Berlin : Verl. rosa Winkel, 1997
    ISBN 3-86149-062-5

Herausgeber:
Schwules Museum und
Akademie der Künste, Berlin

© 1997 Verlag rosa Winkel, Berlin
Schwules Museum, Berlin
Akademie der Künste, Berlin

© Abbildungen siehe Bildnachweis

ISBN 3-86149-051-x
gebundene Buchhandelsausgabe:
ISBN 3-86149-062-5

Ausstellung

Projektleitung
Dr. Andreas Sternweiler

Konzeption
Dr. Andreas Sternweiler
in Zusammenarbeit mit:
Manfred Herzer
Karl-Heinz Steinle
Wolfgang Theis

Wissenschaftliche Bearbeitung
Allan Bérubé, New York
Christian Bouqueret, Paris
Peter Burton, Brighton
Matthias Duyves, Amsterdam
James Gardiner, Brighton
Gert Hekma, Amsterdam
Manfred Herzer, Berlin
Jonathan Ned Katz, New York
Karl-Heinz Steinle, Berlin
Andreas Sternweiler, Berlin
Wolfgang Theis, Berlin
Raimund Wolfert, Berlin

Wissenschaftliche Mitarbeit
Jens Dobler
Ursula Keller
Christoph Wachter

Organisation und Sekretariat
Monika Hingst
Wiebke Wehrhahn

EDV-Programm und
Objektverwaltung, Leihverkehr
Monika Hingst

Ausstellungsarchitektur
und Produktion
Rainer Lendler
Mitarbeit Vorplanung
Martin Müller

Technische Beratung
Götz Dihlmann

Lichtgestaltung
XX Light – Adam/Binsert

Konservatorische Betreuung
Carolin Bohlmann

Ausstellungsbau
Weisse Innenausbau GmbH & Co.

Kunsttransporte
Hasenkamp Internationale Transporte

Versicherung
Aon Artscope
Kunstversicherungsmakler GmbH
bei Victoria Versicherung AG, Berlin

Gestaltung des Plakats
Ausstellungsgrafik
Detlev Pusch
Jürgen Dahlmanns

Katalog

Redaktion
Monika Hingst
Manfred Herzer
Karl-Heinz Steinle
Andreas Sternweiler
Wolfgang Theis

Lektorat
Wolfram Setz

Autoren
Manfred Baumgardt, Berlin
Allan Bérubé, New York
Christian Bouqueret, Paris
Peter Burton, Brighton
James Gardiner, Brighton
Gert Hekma, Amsterdam
Manfred Herzer, Berlin
Jonathan Ned Katz, New York
Karl-Heinz Steinle, Berlin
Andreas Sternweiler, Berlin
Wolfgang Theis, Berlin
Raimund Wolfert, Berlin

Graphische Gestaltung
Detlev Pusch
Mitarbeit
Elo Hüskes

Satz
Pusch + Hüskes, WA
SatzArt

Lithographie
Uwe Boek
Peter Decker

Umschlag
Detlev Pusch

Druck
Druckhaus Hentrich, Berlin

Bindung
Heinz Stein, Berlin

Beiprogramm

Homo 2000
Rosa von Praunheim
Mitarbeit
Martin Kruppe
Ovo Maltine
Wiebke Wehrhahn

Vortragsreihe
Manfred Herzer

Filmreihe
Wolfgang Theis

Pressearbeit

Albert Eckert
Markus Tischer
Manfred Mayer

INHALT

Grußwort der Akademie der Künste *10*
Hans-Gerhard Hannesen
Einleitung *13*
Andreas Sternweiler, Manfred Herzer

I.   Vorgeschichte
I. 1   Ursprünge der Homosexuellenverfolgung *19*
Manfred Herzer
I. 2   Gegenbilder *22*
Andreas Sternweiler
I. 3   Opposition im 19. Jahrhundert *27*
Manfred Herzer

II.   Die Schwulenbewegung im Kaiserreich
II. 1   Das Wissenschaftlich-humanitäre Komitee *37*
Manfred Herzer
II. 2   Adolf Brand und Der Eigene *49*
Manfred Herzer
II. 3   Namenlose Liebe – Homosexualität und Literatur *54*
Manfred Herzer
II. 4   Kunstbetrieb und Homosexualität *59*
Andreas Sternweiler
II. 5   Leben in der Unterdrückung *70*
Andreas Sternweiler
II. 6   Anfänge einer Schwulenbewegung im Ausland *75*
Manfred Herzer

III.   Die Schwulenbewegung in der Weimarer Republik
III. 1   Das Wissenschaftlich-humanitäre Komitee –
Vom Institut für Sexualwissenschaften bis zur Selbstauflösung *83*
Manfred Herzer
III. 2   Die Gemeinschaft der Eigenen *89*
Manfred Herzer
III. 3   Die Freundschaftsbünde – eine Massenbewegung *95*
Andreas Sternweiler
III. 4   Die Erlösung der Freunde – Literatur, Theater und Film *105*
Manfred Herzer
III. 5   Das Lusthaus der Knaben – Homosexualität und Kunst *110*
Andreas Sternweiler
III. 6   Schwules Selbstbewußtsein *123*
Andreas Sternweiler

IV.   Homoeroten aller Länder, vereinigt euch!
IV. 1   Schweizerisches Freundschaftsbanner *131*
Manfred Herzer
IV. 2   Nederlandsch Wetenschappelijk Humanitair Komitee *135*
Gert Hekma
IV. 3   British sexological society *138*
James Gardiner/Peter Burton
IV. 4   Die Invertierten von Paris *142*
Christian Bouqueret

V.   Schwule in der Nazi-Zeit – Goodbye to Berlin
V. 1   Die Zerschlagung der Schwulenbewegung *155*
Manfred Herzer
V. 2   Terror und Verfolgung *160*
Andreas Sternweiler

V. 3 Exil *169*
Andreas Sternweiler

V. 4 Trotzdem leben *175*
Andreas Sternweiler

V. 5 Die Männer mit dem rosa Winkel *182*
Andreas Sternweiler

V. 6 Ernst Nobis und der Bund für Menschenrecht in Kassel *190*
Manfred Baumgardt

VI. Internationalisierung der Schwulenbewegung 1945 bis 1969
VI. 1 Homophiles Deutschland – West und Ost *195*
Karl-Heinz Steinle

VI. 2 Amsterdam – Die schwule Hauptstadt der Nachkriegszeit *210*
Gert Hekma

VI. 3 Der Wolfenden Report und die britische Schwulenbewegung *213*
James Gardiner/Peter Burton

VI. 4 Professor Kinsey und die Gays von Los Angeles *218*
Manfred Herzer (Texte zu den Abbildungen: Jonathan Katz/Allan Bérubé)

VI. 5 Frankreich – Der literarische Beitrag *228*
Christian Bouqueret

VI. 6 Skandinavien: Grundsteinlegung und Konsolidierung *233*
Raimund Wolfert

VI. 7 Der Kreis – Entwicklungshilfe aus der Schweiz *238*
Karl-Heinz Steinle

VI. 8 Von Quaintance bis Warhol – Schwule Kunst aus Amerika *245*
Andreas Sternweiler

VI. 9 Un chant d´amour – Literatur, Theater, Film *258*
Manfred Herzer

VII. Gay Liberation von 1969 bis heute
VII. 1 Gay Sunshine – Vorbild USA *265*
Manfred Herzer (Texte zu den Abbildungen: Jonathan Katz/Allan Bérubé)

VII. 2 Glad to be gay in Great Britain *275*
James Gardiner/Peter Burton

VII. 3 Mach Dein Schwulsein öffentlich – Bundesrepublik *279*
Wolfgang Theis

VII.4 DDR und UdSSR *294*
Karl-Heinz Steinle

VII. 5 Skandinavische Hochzeit *302*
Raimund Wolfert

VII.6 Niederlande *307*
Gert Hekma

VII. 7 Homosexualität und Kunst *309*
Wolfgang Theis

VII.8 Foucault, Fichte und Ralf König *322*
Manfred Herzer

VII.9 AIDS – oder die teuer erkaufte Professionalisierung
der Schwulenbewegung *327*
Wolfgang Theis

VII.10 Verfolgung und Widerstand weltweit *340*
Manfred Herzer

Zum Weiterlesen *343*
Gesamtkatalog der Exponate *347*
Personen- und Sachregister *377*
Bildnachweis *384*

Danksagung

Die Ausstellung war nur durch die außergewöhnlich große Hilfsbereitschaft zahlreicher Leihgeber realisierbar. Selbst äußerst selten oder noch nie gezeigte Objekte aus privaten und öffentlichen Sammlungen wurden zur Verfügung gestellt, um einen bisher kaum beachteten Bereich der Kultur- und Sozialgeschichte in großer Breite vorstellen zu können. Mit zahlreichen wertvollen Hinweisen trugen viele zur Ausstellung und zum Katalog bei. Ihnen gilt unser besonderer Dank.

Verzeichnis der Leihgeber

AMSTERDAM (NL)
Collectie Theater Instituut Nederland
Gert Hekma
Homodok
Jan Onrust
Benno Premsela
Rijksmuseum
SAD-Schorerstichting
Universiteits-bibliotheek
Collection Jan Carel Warffemius

ASCHAFFENBURG
Kurt-Gerd-Kunkel-Stiftung

AUSTIN (U.S.A.)
Humanities Research Center,
The University of Texas

BASEL (CH)
Öffentliche Kunstsammlung
Basel, Kunstmuseum
Staatsarchiv des Kantons Basel-Stadt

BECKENHAM (GB)
Beckenham, Mander &
Mitchenson

BERGEN (N)
J.O. Gatland
Rune Sævig

BERLIN
Archiv des Diakonischen Werkes
Berlin-Zehlendorf
Manfred Baumgardt
Klaus Behnken
W. Helmut Bendt
Berlinische Galerie, Landesmuseum für Moderne Kunst,
Photographie und Architektur
Bildarchiv Preußischer Kulturbesitz
Bröhan-Museum, Landesmuseum für Jugendstil, Art
Deco und Funktionalismus
Bundesarchiv
Jens Dobler
Frank Dornseif
Albert Eckert
Egmont Fassbinder
Rolf Fischer
Petra Gall
Erhard Günzler
Reiner Güntzer

Sammlung Herzer
Hochschule der Künste,
Hochschulbibliothek
Humboldt-Universität,
Universitätsbibliothek
Jeanne Mammen Gesellschaft
Landesarchiv
Landesbildstelle
Thomas Lange
Wilfried Laule
Leo- u. Walter-Spies-Archiv
Lesbisch-Schwules Pressearchiv
Magnus Hirschfeld-Gesellschaft
Thomas Michalak
Detlef Mücke
Rosa von Praunheim
Raab Galerie
Peter Rausch
Robert Koch-Institut, Archiv für
Sexualwissenschaft
Rowohlt Berlin Verlag
Spinnboden e.V., Archiv zur
Entdeckung und Bewahrung der
Frauenliebe
Staatliche Museen zu Berlin –
Preußischer Kulturbesitz
– Kunstbibliothek
– Kupferstichkabinett
– Nationalgalerie
– Skulpturensammlung
Sammlung Christoph Niess
Sammlung Volker Janssen
Sammlung Wolfgang Theis
Staatsbibliothek zu Berlin
Preußischer Kulturbesitz
Staatsbibliothek zu Berlin,
Handschriftenabteilung
Stiftung Stadtmuseum Berlin
Karl-Heinz Steinle
Stiftung Archiv der Akademie
der Künste
Stiftung Deutsche Kinemathek
Ingo Taubhorn
Ullstein Bilderdienst
Michael Unger
Vorspiel – Schwuler Sportverein
(SSV) Berlin e.V.
Wandas Kleine Philharmonie
Zentral- und Landesbibliothek

BERLIN / BUDAPEST
Victor L. Menshkoff Foundation
& Galleries

BERLIN / FRANKFURT AM MAIN
ANSA / dpa

BERLIN / NEW YORK
John Heys / Matthias Fernando

BLOOMINGTON (U.S.A.)
The Kinsey Institute for
Research in Sex, Gender, and
Reproduction

BONN
Rheinisches Landesmuseum

BRAUNSCHWEIG
Georg Westermann Verlag

BREMEN
Kunsthalle Bremen

BRIGHTON (GB)
Collection of Peter Burton
Collection of James Gardiner
The Estate of Angus McBean
Antony Grey
Julian Howes
Tom Sargant
Richard Smith
Peter Tatchell
Simon Watney

CAEN (F)
Le Gangneux

CAMBRIDGE (U.S.A.)
Schlesinger Library, Radcliffe
College

CHICAGO (U.S.A.)
Leather Museum

DAVOS (CH)
E.L. Kirchner Stiftung (Kirchner
Museum)

DEN HAAG (NL)
Algemeen Rijks Archief
Nederlands Letterkundig
Museum
Sammlung Paul Snyders

DORTMUND
Wladimir Mironow
Rosa Zone Verlag

DRESDEN
Staatliche Kunstsammlungen,
Skulpturensammlung

DÜSSELDORF
Heinrich-Heine-Institut
Verlag Eremiten-Presse

FLORENZ (I)
Villa Romana-Archiv

FRANKFURT AM MAIN
AP/Wide World Photos
CulturContact
R.G. Fischer Verlag
Andrzej Klimt
Andreas Meyer-Hanno
Dieter Schiefelbein
Senkenbergische Bibliothek
Stadt- und Universitäts-
bibliothek

FRAUENFELD (CH)
Staatsarchiv des Kantons
Thurgau

FREIBURG
Bundesarchiv – Militärarchiv

GÖTTINGEN
Niedersächsische Staats- und
Universitätsbibliothek

HAMBURG
Sammlung F.C. Gundlach
Christian Ad. Isermeyer
Keystone
Sammlung Leonhardt
Herbert List Nachlaß – Max
Scheler
Leonore Mau
Gunter Schmidt
Robert Schwabe
Staatliche Landesbildstelle
Staatsarchiv Hamburg
Universität Hamburg, Abteilung
für Sexualforschung der Psychia-
trischen und Nervenklinik
Wolfgang Voigt

HANNOVER
Rainer Hoffschildt
Niedersächsische Landes-
bibliothek
Polizeigeschichtliche Sammlung
Niedersachsen
Bernd Schälicke

HAUGASTØL (N)
Karen-Christine Friele

HELSINKI
Universitätsbibliothek

HORNBURG
Claus Arnold

ISSY LES MOULINAUX (F)
René Guerra

KARLSRUHE
Staatliche Kunsthalle

KASSEL
Archiv der deutschen Frauenbewegung

KENSINGTON (U.S.A.)
Simon Karlinsky

KOBLENZ
Bundesarchiv

KÖLN
Centrum Schwule Geschichte
Ibo Minssen
Theaterwissenschaftliche
Sammlung der Universität

KOPENHAGEN (DK)
Det Kongelige Bibliotek
Güldendal
Landsforeningen for Bøsser og
Lesbiske (LBL)
Kurt Overaa

LEIPZIG
Eduard Stapel
Matthias Kittlitz

LONDON
National Portrait Gallery
Victoria and Albert Museum

LOS ANGELES
Greg Gorman
International Gay & Lesbian
Archives
Tom of Finland Foundation

LÜBECK
Brahms-Institut an der Musikhochschule Lübeck

MAILAND
Mauro Vallinotto

MANNHEIM
Universitätsbibliothek der Universität Mannheim

MARBACH AM NECKAR
Schiller-Nationalmuseum

MINUSIO (CH)
Museo Elisarion

MÜLHEIM AN DER RUHR
Städtisches Museum

MÜNCHEN
Bayerische Staatsbibliothek
Münchner Stadtmuseum
Galerie Gunzenhauser
Institut für Zeitgeschichte
Süddeutscher Verlag Bilder-
dienst

NEW YORK
Bert Hansen
Bettye Lane
Carl Morse
Collection of Allan Bérubé
Collection of Jonathan Ned Katz
DC Moore Gallery
Douglas Blair Turnbaugh
Duane Michals
Fred W. McDarrah
Gallery Stubbs
The Estate of Keith Haring
The Estate of Robert
Mapplethorpe
Leslie-Lohmann Gay Art
Foundation
Mariette Pathy Allen
Marshall Weeks
The New York Public Library
UPI / Bettman Newsphotos
Whitney Museum of American
Art

NIENHAGEN
Islam-Institut

OFFENBACH
Klingspor-Museum

OSLO
Elin Nygård
Ingeborg Cook
Helseutvalget for homofile
Landsforeningen for Lesbisk og
Homofil Frigjørelse (LLH)
Månedsavisa Blikk
Leif Pareli
Universitetsbiblioteket, Billed-
samlingen

PARIS
Archiv »Le Figaro«
Christian Bouqueret
Fondation Dina Vierny – Musée
Maillol

PITTSBURGH (U.S.A.)
The Andy Warhol Museum;
Founding Collection

POITIERS (F)
Musée de la Ville de Poitiers et
de la Société des antiquaires de
l'ouest

POTSDAM
Hans-Friedrich Bergmann
Brandenburgisches
Landeshauptarchiv

REINBEK
Museum Rade am Schloß
Reinbek

ROM
Dimitrij Iwanow

SAN FRANCISCO
Greg Day
Gay and Lesbian Center, Public
Library
Gay and Lesbian Historical
Society of Northern California
Marc Geller
Hubert Kennedy
Collection of Bill Rush
José Julio Sarria, The Widow
Norton

SANKT PETERSBURG
Gennadi Trifonow
Lew Samojlowitsch Klejn

SINDELFINGEN
Galerie der Stadt Sindelfingen

STOCKHOLM
Michael Holm
Stig-Åke Pettersen
Pressens Bild
Riksförbundet för Sexuellt
Likaberättigande (RFSL)
Riksarkivet
Kjell Rindar

TAKOMA PARK (U.S.A.)
Joan E. Biren

UTRECHT (NL)
M. van Lieshout

VADUZ (FL)
Eugen Zotow/Ivan Miassojedoff-
Stiftung

VALBY (DK)
Axel Axgil

WIEN
Kunsthistorisches Museum

WIESBADEN
Hessisches Hauptstaatsarchiv

WÜRZBURG
Staatsarchiv

ZÜRICH
Robert Rapp / Ernst Ostertag
Schweizerisches Sozialarchiv
Zentralbibliothek

*sowie zahlreiche private
Leihgeber, die nicht genannt
werden möchten.*

GRUSSWORT

Als am 15. Mai 1897 in der Wohnung von Magnus Hirschfeld das Wissenschaftlich-humanitäre Komitee gegründet wurde, war damit zum erstenmal in der Geschichte eine politische Organisation zur rechtlichen Gleichstellung Homosexueller entstanden. Unterschriften sollten gesammelt werden für eine Petition an den Reichstag und den Bundesrat mit dem Ziel, den seit der Reichsgründung 1871 geltenden § 175, der die Verfolgung und Bestrafung von Homosexuellen und damit deren Diskriminierung festlegte, zu streichen. Zu den Erstunterzeichnern der schließlich von Tausenden unterschriebenen Petition gehörte der SPD-Vorsitzende August Bebel, der Hofdichter und Freund des Kaisers Ernst Wildenbruch und der Strafrechtslehrer Franz von Liszt. Doch am 13. Januar 1898 wurde die Forderung im Reichstagsplenum zurückgewiesen, und es sollte fast hundert Jahre dauern, bis 1994 in der Folge der deutschen Vereinigung der Paragraph endgültig abgeschafft wurde.

Die Ausstellung behandelt den langen und längst nicht abgeschlossenen Kampf um die rechtliche Gleichstellung homosexueller Männer zuerst in Deutschland, dann allmählich in anderen europäischen Ländern und schließlich, nach dem Zweiten Weltkrieg, in den USA. Goodbye to Berlin, Christopher Isherwoods Romantitel zitierend, verweist auf 1933, als in Deutschland nach den Jahren einer bis dahin nie erlebten Liberalität auch für die Schwulen Verfolgung, Ausgrenzung und Konzentrationslager folgten. Wie in den meisten Bereichen von Wissenschaft, Kunst und gesellschaftlichen Entwicklungen verlor Berlin nach der Zeit des Nationalsozialismus auch für die Schwulenbewegung seine Vorreiterrolle. Doch soll das Fragezeichen im Titel die Endgültigkeit des Abschieds zurücknehmen, an die dennoch von Berlin ausgehenden Initiativen der letzten Jahrzehnte erinnern und die Hoffnung auf eine liberale Zukunft der wieder einmal im Werden befindlichen neuen Hauptstadt ausdrücken.

Es geht jedoch nicht nur um den § 175 und analoge festgeschriebene Diskriminierungen. Denn eine rechtliche Gleichstellung bedeutet für keine Minderkeit bereits eine gesellschaftliche Gleichstellung. So wäre auch bei einem Erfolg der Petition von 1897/1898 ein damals begonnener und bis heute dauernder Prozeß nicht unnötig geworden, durch den die auf Grund jahrtausendealter Traditionen tief verwurzelte Mentalität der Verurteilung und Verachtung der gleichgeschlechtlichen Liebe zumindest bei einem Teil der westlichen Gesellschaften allmählich überwunden werden konnte. Leichtfertig wäre es, die weiterhin latent vorhandene Diskriminierung zu verkennen, abgesehen von den archaischen Gesetzen außerhalb der westlichen Kulturhemispäre.

Andererseits ist die Emanzipationsbewegung der Schwulen nur vor dem Hintergrund allgemeiner gesellschaftlicher Veränderungen möglich gewesen: In der Kaiserzeit machen sich diese an der Sozialbewegung und dem Kampf der Juden und Frauen um Gleichstellung fest, später, in der Zeit nach dem Zweiten Weltkrieg, zum Beispiel an der Studentenbewegung. Dennoch läßt sich die Schwulenbewegung nicht einfach in einen größeren Zusammenhang subsumieren, im Gegenteil. Ausgrenzung und Diskriminierung der Homosexuellen durchziehen alle politischen Lager zwischen links und rechts. Solange man sich einer latent schwulenfeindlichen Mehrheit der Gesellschaft gewiß war, konnte mit der Unterstellung von Homosexualität immer wieder der politische Gegner diffamiert werden, und erst allmählich entsteht ein Unrechtsbewußtsein gegenüber den Verfolgten des Nationalsozialismus. Das für die Gestaltung des ehemaligen Konzentrationslagers Dachau zuständige *Comité International de Dachau*, der Zusammenschluß ehemaliger Häftlinge, verweigerte bis vor kurzem hartnäckig dem VSG, *Verein für sexuelle Gleichberechtigung* und der HUK, *Homosexua-*

lität und Kirche, die Aufstellung eines Gedenksteins für die homosexuellen Opfer. Wo liegen die Gründe für diese Feindschaft oder Indifferenz? Auch heute noch bestimmen Tabus das Denken und Empfinden und nur Aufklärung und Auseinandersetzung mit dem Thema kann zur sogenannten Normalität führen. Doch sogar in neuesten historischen Abhandlungen über die letzten hundert Jahre fehlen selbst kurze Hinweise auf die Schwulenbewegung, auf das *Wissenschaftlich-humanitäre Komitee* oder Magnus Hirschfeld.

Dabei durchzieht das Thema Homosexualität in verschlüsselter Form die gesamte abendländische Kunst- und Literaturgeschichte. Doch dasjenige, was nie durch Camouflage und Rollenspiel, durch ikonographisch sanktionierte Themen und Sublimation möglich war, schaffte, einmal deutlich benannt, zumindest Irritation, wenn nicht Abwehr. Das bewunderte Kunstwerk sollte frei von Skandal sein. So ließ sich erst durch die Publizierung der Tagebücher die Homosexualität von Thomas Mann nicht mehr leugnen. Doch bei der These, das Geheimnis seines Werkes sei sein nie gelebtes Leben, Kunst sei also sublimierte Sexualität, vergißt man leicht in der Bewunderung der literarischen Leistung die Zwänge, Demütigungen und Isolation einer solchen Biographie. Erst allmählich wird in unserem Jahrhundert Homosexualität zu einem offen benannten Thema in der Kunst. Und so wie Gerhart Hauptmann, Emile Zola oder Käthe Kollwitz bereits am Ende des 19. Jahrhunderts soziale Mißstände ins allgemeine Bewußtsein hoben, so führten auch künstlerische Auseinandersetzungen über Homosexualität sowohl zu einer Selbstreflexion der Schwulen und zum Teil zu einer Überwindung von Minderwertigkeitskomplexen, als auch langsam zu einem gesamtgesellschaftlichen Wandel. Denn Kunst beeinflußt und bewegt Menschen mehr als nüchterne Fakten. Große gesellschaftliche und historische Debatten sind durch Kunst provoziert worden, und die Filme Pier Paolo Pasolinis, die offen Homosexualität thematisieren, vermochten dies auch in jüngster Zeit noch zu leisten.

Doch die Kulturgeschichte hat sich lange der Auseinandersetzung mit Homosexualität als wichtigem Gegenstand der Forschung nicht bedient. Hans Mayers 1975 erschienenes Buch *Außenseiter*, das von der Erkenntnis ausgeht, daß die bürgerliche Aufklärung durch die weiterhin bestehende Diskriminierung von Frauen, Homosexuellen und Juden gescheitert sei, war bahnbrechend. Wichtige Beiträge leisteten seither zahlreiche wissenschaftliche Abhandlungen vor allem homosexueller Autoren. In Berlin muß in diesem Zusammenhang auch das 1984 in der Folge der im Berlin Museum gezeigten *Eldorado*-Ausstellung entstandene private Schwule Museum genannt werden, vor allem wegen des Aufbaus eines Archivs und der dadurch ermöglichten Quellenforschung.

Schließlich muß die Ausstellung der Definition von Homosexualität und den heute zum Teil obskur wirkenden medizinischen Forschungen, darunter auch Hirschfelds längst überholten Thesen nachgehen, aber auch den vielfältigen Ausprägungen von Homosexualität Platz geben. Dabei ist zu bedenken, daß bis vor kurzem für jeden Schwulen bereits die früheste Erfahrung der eigenen Sexualität mit vorhandenen Erinnerungen an früh vermittelte Tabus verbunden war. Es blieb – und bleibt für viele – als Reaktion nur Verdrängen und Vertuschen, Selbsthaß und Doppelmoral oder offensives Ablehnen der diskriminierenden Mehrheitsmoral. Letzteres kann auch durch ein demonstratives Betonen unbürgerlicher Lebensformen geschehen. Dabei können das negative Klischee, das die Mehrheit von der Minderheit hat, und eigene Wunschvorstellungen ineinanderfließen. Die Identifikationsmodelle reichen von extrem viril bis zu extrem effiminiert, können sich ineinander verschränken oder sogar bedingen. Ist Winckelmanns schrecklicher Tod in der Locanda Grande in Triest 1768 etwa die Kehrseite einer Medaille, deren offizielles Bild die ästhetische Theorie der Aufklärung und des Klassizismus darstellte und zum Ideal des bürgerlichen Zeitalters wurde, indem es die Schönheit, Ruhe und Würde der männlichen griechischen Plastik absolut setzte und zur überzeitlichen Norm erhob? Vielleicht liegt im Gegensatz von apollinischem und dionysischem Prinzip für den Schwulen die Gefährdung seiner Existenz, weil die Gesellschaft einen Ort schwuler Dionysien nicht duldet. Handelt es sich also trotz einer selbstbewußt auftretenden Schwulenszene um eine Identität ex negativo, die bei den Betroffenen in einer repressionsfreien Umwelt im Vergleich zu anderen, z. B. familiären Identitäten zurücktreten würde – denn niemand definiert sich nur durch Sexualität? Kann hier eine Minderheit durch die angeblich allgemeine sexuelle Freiheit allmählich in der Mehrheit aufgehen, oder aber führt eine eindeutig nicht reproduktive Sexualität auch heute noch automatisch zum Außenseitertum? Ist das Rollenspiel vielleicht sogar ein verbindender Teil schwuler Identität? Zahlreiche Fragen müssen offenbleiben, weil sie nicht verallgemeinernd beantwortet werden können. Vielmehr bleibt um so mehr die alte Erkenntnis, daß jeder Mensch ein vielschichtiges und einzigartiges Individuum ist und jede Zuordnung zu Gruppen nur Hilfestellung bei der Bewältigung des Alltags oder bei der Auseinandersetzung gesellschaftlicher Prozesse darstellen kann, nicht aber dem einzelnen gerecht wird.

Die Ausstellung des Schwulen Museums in der Akademie der Künste will somit ein Defizit in der allgemeinen Historiographie aufdecken, Klischees und Mythenbildung entgegenwirken und gleichzeitig einen Beitrag dazu leisten, Homosexualität als ein zum Verständnis individueller und gesellschaftlicher Phänomene wichtiges Thema bewußt machen.

Hans Gerhard Hannesen, Akademie der Künste

Einleitung

Die Ausstellung *Goodbye to Berlin? 100 Jahre Schwulenbewegung* erlaubt einen historischen Blick auf eine sozialreformerische Bewegung: Am 15. Mai 1897 fanden sich in Berlin-Charlottenburg vier Männer zusammen, um mit dem Wissenschaftlich-humanitären Komitee (WhK) die erste dauerhafte schwule Selbstorganisation zu gründen, die den Kampf gegen den § 175 des Strafgesetzbuches und für eine gesellschaftliche Gleichstellung aufnahm. Läßt sich der 15. Mai 1897 als ›Geburtsstunde‹ der Schwulenbewegung bezeichnen, so gilt zugleich, daß diese im Verlauf der vergangenen hundert Jahre großen Wandlungen unterworfen war. Jede Epoche sah eine andere Schwulenbewegung mit eigenen Organisations- und Kampfformen und entsprechender Öffentlichkeitsarbeit.

Wie jede soziale Bewegung war auch die Schwulenbewegung in ihren Veränderungen abhängig von den gesellschaftlichen Vorgaben, nicht nur in ihrem Selbstverständnis, sondern auch gerade in ihren Aktions- und Agitationsformen. Am Anfang war die Sozialreformbewegung Vorbild und Bündnispartner gegen kaiserliche Macht- und Moralfestlegungen und blieb bis weit in die zwanziger Jahre bestimmend. Nach 1945 übernahm insbesondere in Amerika die dortige Bürgerrechtsbewegung diese Funktion, und die studentisch geprägte Schwulenbewegung der siebziger Jahre ist ohne die Studentenrevolte und die Frauenbewegung kaum vorstellbar. Schon im Kaiserreich wurde in Deutschland das ›Outen‹ von bekannten Persönlichkeiten als Strategie der Schwulenbewegung diskutiert und teilweise, allerdings mit wenig Erfolg, angewandt. In den zwanziger Jahren gab es neben den politisch agierenden Organisationen bereits eine vielfältige Aufgliederung der Schwulenbewegung: Gruppierungen wie Religionsgemeinschaften, Wandergruppen, Jugendgruppen, Frauenabteilungen, Transvestitenclubs, freimaurerisch orientierte Logen oder der *Lokalinhaberclub* förderten einen gruppenspezifischen Zusammenhalt, der von den Nazis vollkommen zerstört worden ist. Wohl erst in den achziger Jahren ist eine solche Vielfalt in Deutschland, ihrer Zeit entsprechend anders strukturiert und motiviert, wieder erreicht worden.

Die Ausstellung beschränkt sich keineswegs auf die unterschiedlichen Formen politisch motivierter Organisationen von Homosexuellen. Sie zeigt auch das Umfeld, die Subkulturen, die Freundeskreise und Tuntenbälle, die sich als Vorform einer eigentlichen Schwulenbewegung weiter zurückverfolgen lassen. Teilweise gab es in den europäischen Städten bereits im Mittelalter und in der frühen Neuzeit schwule Netzwerke, die auf einer gruppenspezifischen Solidarität basierten. Stets existierte auch eine literarische und künstlerische Auseinandersetzung mit der gleichgeschlechtlichen Liebe oder Homosexualität, die in ihren Traditionen bis in die Antike zurückreicht und immer ganz eigenständige, von den politischen Organisationsformen zumeist unabhängige Resultate hevorgebracht hat. Vieles, was Künstler, Literaten und Tänzer in diesem Zusammenhang geschaffen haben, läßt sich erst aus heutiger Sicht in seiner schwulen Dimension entschlüsseln. Die Freiheit, die Dinge direkt beim Namen nennen zu können, ermöglicht eine Diskussion über die persönliche Betroffenheit eines Künstlers und deren Auswirkung auf sein Werk ebenso wie über die Frage einer ›schwulen Ästhetik‹ und die Darstellung schwuler Themen in den Arbeiten heterosexueller Künstler. Erst seit wenigen Jahren haben solche Fragestellungen Eingang in die Kultur- und Sozialwissenschaften gefunden.

Das gegenwärtige schwule Selbstverständnis und die Veränderungen gegenüber den radikalen Vorstellungen der siebziger Jahre sind nicht vorstellbar ohne das Jahrhundert schwuler Geschichte seit 1897. Daher sind es die Begriffe Kontinuität und Solidarität, die sich bei der Betrachtung in den Vordergrund drängen.

Willy Jaeckel
Kameraden
Illustration zu »Grasshalme« von Walt Whitman
1921. Lithographie
Berlin, Bröhan-Museum

Bei der Schwulenbewegung handelt es sich um ein amorphes Gebilde, das von einigen hundert Menschen immer wieder neu erschaffen wird. Durch das beständige Wirken nach innen in die schwule Gemeinschaft und nach außen in die Gesellschaft sind aber weitaus mehr Menschen in diesen Prozeß eingebunden als nur die, die in Gruppen organisiert sind und dort Funktionen wahrnehmen. Jeder, der den Versuch unternimmt, sein Leben schwul zu gestalten, muß sich mit den Vorgaben der Mehrheit auseinandersetzen. Michel Foucault bezeichnet Homosexualität als »Diagonale im sozialen Gewebe«: »Ich wollte damit auch sagen, daß mit diesen sexuellen Entscheidungen zugleich Lebensweisen geschaffen werden müssen. Schwul sein bedeutet, daß diese Entscheidungen das ganze Leben durchdringen. Es ist eine bestimmte Art und Weise, vorgefertigte Lebensweisen abzulehnen, was heißt, mit einer sexuellen Entscheidung auch seine Existenz zu verändern. [...] Ich würde nun sagen, daß man seine Sexualität dazu verwenden soll, neue Beziehungsformen zu entdecken und zu erfinden. Schwul sein heißt im Werden sein.«[1]

Alle schwulen Lebensmodelle stehen im Widerspruch zu den patriarchalen Strukturen der Gesellschaft. Jedes schwule Leben ist Provokation und erhält automatisch eine oppositionelle Position zugewiesen. So ist letztendlich jeder Schwule immer auch ein politisch Handelnder und steht in einer wenn auch noch so kleinen Beziehung zur Schwulenbewegung, selbst dann noch, wenn es sich um Abgrenzungsversuche handelt. *Wahrscheinlich* trifft der amerikanische Begriff der *Gay Community* den Sachverhalt besser. Es läßt sich letztlich nur schwer festlegen, wo Schwulenbewegung beginnt und wo sie aufhört. So war etwa das Wagnis von Künstlern wie Max Slevogt und Ernst Ludwig Kirchner, die am Anfang unseres Jahrhunderts ihre homosexuellen Mäzene in sehr intimen Darstellungen verewigten, durchaus revolutionär und das Selbstbewußtsein dieser Freundespaare, sich so einem Teil der Öffentlichkeit zu zeigen, avantgardistisch. Direkte Kontakte zu schwulen Organisationen sind für die Auftraggeber nicht überliefert, und doch gehören die Bewegung im eigentlichen Sinne und diese Manifestationen schwulen Selbstbewußtseins aus heutiger Perspektive zusammen.

An der Schwulenbewegung haben nicht nur alle Homosexuellen, sondern auch die Heterosexuellen Anteil. Zum einen sind Freiräume stets abhängig von gesellschaftlichen, und das heißt: heterosexuellen Vorgaben, zum anderen findet eine ständige Auseinandersetzung mit diesen Vorgaben statt, eine Abgrenzung, die sich in Begrifflichkeiten und Selbstdefinitionen zeigt. Viele Skandale haben, von der Schwulenbewegung unbeeinflußt, Diskussionen forciert, in denen sich das Bild des Homosexuellen in der Öffentlichkeit gewandelt hat. So hat der Skandal um Philipp Fürst zu Eulenburg, den Intimus Kaiser Wilhelms II., zu Beginn dieses Jahrhunderts das Tabu Homosexualität weit stärker aufgebrochen, als es das *Wissenschaftlich-humanitäre Komitee* Hirschfelds vermocht hatte.

In den verschiedenen Epochen haben die politischen Organisationen unterschiedlich große Teile der schwulen Gemeinschaft zu aktivieren gewußt. In den zwanziger Jahren soll es bis zu 40.000 eingeschriebene Mitglieder gegeben haben. Die Schwulenbewegung der siebziger Jahre, die sich als Jugendrevolte mit radikaleren Vorgehensweisen formierte, repräsentierte ein eingeschränkteres Spektrum der schwulen Welt, in ihren zeitbedingten Agitationsformen war sie aber mindestens so erfolgreich wie die Vorgängerorganisationen, allerdings unter den Homosexuellen auch stärker umstritten. Ihre Strategie, das Schwulsein öffentlich zu machen, auf die Straße zu gehen, fügt sich ein in die gesellschaftlichen Umbrüche Ende der sechziger Jahre. Doch auch dafür gab es Vorläufer in Amerika. Orientiert an der Bürgerrechtsbewegung hatten dort schon die Homophilengruppen der frühen sechziger Jahre mit wenigen Aktivisten Demonstrationen vor dem Weißen Haus in Washington und öffentliches Auftreten in Lokalen organisiert. So lassen sich viele Aspekte des politischen Kampfes und solidarischen Handelns unter den Schwulen in ihre historischen Ursprünge zurückverfolgen. Immer wieder kommt es zu neuen Ausformungen dieser Ideen und Strategien. In der Auseinandersetzung mit den jeweiligen gesellschaftlichen Rahmenbedingungen gebiert so jedes Jahrzehnt seine eigenen Aktionsformen ebenso wie seine eigenen schwulen Lebensweisen. So wie es nicht ›den Homosexuellen‹ schlechthin gibt, sondern immer nur viele verschiedene Homosexuelle, so werden schwule Lebens- und Beziehungsformen stets neu zu entdecken und zu erfinden sein. Selbst im Vergleich zu den siebziger Jahren gibt es heute ganz andere Organisations- und Kommunikationsformen unter den Schwulen, die sich zu einer breiteren, dafür aber vielleicht mehr imaginären Bewegungsform oder doch besser *Gay Community* zusammenfügen.

Die Vielfalt schwulen Lebens und Handelns in seinen historischen Dimensionen wird in der Ausstellung dokumentiert. Damit soll auch das Bewußtsein dafür geschärft werden, daß die schwule Bewegung sich weiterentwickelt und sich in Zukunft neuartige und heute noch nicht vorhersehbare Veränderungen ergeben können. Schon Michel Foucault sprach vom »Erfindergeist [...], der unserer Situation entspricht, und jenem Verlangen nach dem, was die Amerikaner ›coming out‹ nennen, das heißt danach, aus sich herauszugehen. Das Programm muß leer sein. Man muß einen Hohlraum schaffen, zeigen, wie die Dinge historisch zufällig eingetreten sind, zwar aus diesem oder jenem verstehbaren Grund, aber nicht notwendig. Man muß das Verstehbare auf dem Hintergrund des Leeren erscheinen lassen, Notwendigkeiten verneinen und denken, daß das Vorhandene noch lange nicht alle möglichen Räume ausfüllt.«[2]

Nicht um Berlin und auch nicht um Berlins ›drittes Geschlecht‹ geht es in dieser Ausstellung. *Goodbye to Berlin? 100 Jahre Schwulenbewegung* will vielmehr die Einflüsse und Wechselwirkungen untersuchen, die das schwule Berlin mit der übrigen schwulen Welt im Verlauf einer oft dramatischen und oft genug tragischen Geschichte verbanden. Die Ereignisse von 1897 und 1933 markieren Einschnitte, die alles, was bis dahin gewesen war, radikal verwandelten und wurden so zu Wendepunkten von epochaler Bedeutung. 1897 wurde Berlin mit der Gründung des *Wissenschaftlich-humanitären Komitees* zum Fokus einer sich in den folgenden hundert Jahren global ausbreitenden schwulen Emanzipationsbewegung, und 1933 war mit dem Beginn der Nazidiktatur alles vorbei, soweit es Berlin betraf. Der englische Dichter Christopher Isherwood, der wie viele andere ausländische Schwule nach Berlin gekommen war, weil er hier ein freieres Leben führen konnte als irgendwo sonst, gab seinem Buch, in dem er die Zerstörung dieser Lebensbedingungen durch die Nazis verarbeitete, den Titel *Goodbye to Berlin* und bezeichnete so in einer poetischen Formel jenen Vorgang der Vertreibung und Auslöschung jedweder, nicht nur der schwulen, Freiheits- und Emanzipationsbestrebungen aus der deutschen Hauptstadt, den Abschied der Freiheitskämpfer (und wiederum nicht nur der schwulen) von ihrem vielleicht utopischen Projekt, die Aufklärung zu vollenden und gerechtere Verhältnisse zu schaffen.

Mit dem Abschied von Berlin war das Projekt Schwulenemanzipation zum Glück nicht aus der Welt. Trotz des Rückschlags, den die Naziherrschaft bedeutete, lebte es weiter, in der Schweiz, in den Niederlanden, in der Tschechoslowakei, in Paris, wo Hirschfeld wenigstens den Versuch unternahm, ein neues *Institut für Sexualwissenschaft* zu eröffnen. Isherwood, der sich nach einer wildbewegten Odyssee schließlich in Kalifornien niederließ und dort viel später, seine Eindrücke von 1930 wieder aufgreifend, am *Gay*

Liberation Movement teilnahm, bewahrte so auf seine Art das alte Berliner Projekt vor dem Scheitern. Es hatte eine Unterbrechung gegeben und Ortsveränderungen, der Abschied von Berlin im Jahre 1933 hatte bewirkt, daß dort, wo die Nazis keine Macht hatten, die Idee der Schwulenbefreiung weiterlebte. Das war aber zunächst nur begrenzt möglich, und während des Krieges konnte nur in der Schweiz, in der Gruppe um Karl Meier und die Zeitschrift *Menschenrecht / Der Kreis* schwule Selbstorganisation und Emanzipationspolitik fortbestehen. Nachdem der Hitlerfaschismus besiegt war, gelang es nur noch in bescheidenem Maß, an die Berliner Tradition von vor 1933 anzuknüpfen. Die Rolle Berlins als der avantgardistischen Metropole der Schwulenemanzipation war ausgespielt, die Richtung der Beeinflussung und Anregung hatte sich nun umgekehrt: Aus dem Ausland, aus der Schweiz, den Niederlanden und zunehmend auch aus den USA mußten die Konzepte einer Schwulenpolitik reimportiert werden, und die ersten Initiativen kamen nicht mehr aus Berlin, sondern aus Frankfurt am Main (Hans Giese) und Dresden (Rudolf Klimmer). Gewiß war Berlin in der Zeit des Kalten Krieges keine schwulenpolitische Wüste, manche Impulse gingen schon bald wieder von hier in die Welt. So war der erste Spielfilm, in dem ein schwuler Mann auftritt, der sich gegen seine Verfolgung erfolgreich wehrt (Veidt Harlans *Anders als du und ich* von 1957) ein (West)-Berliner Erzeugnis. Als aber Ende der sechziger Jahre zuerst in Ostdeutschland und dann im Westen ein altes Teilziel der Schwulenbewegung, die Reform der betreffenden Strafbestimmungen, verwirklicht wurde, orientierten sich die Gesetzgeber weniger an den inländischen Interessenvertretungen als an ausländischen Vorbildern (in der Bundesrepublik, Großbritannien, in der DDR die Tschechoslowakei). Daß der Reformimpetus in London und Prag sich mit manchen seiner Wurzeln bis in das Berlin des ersten Jahrhundertdrittels zurückverfolgen läßt, war vermutlich kaum einem der Beteiligten bewußt. Und die neuere Schwulenbewegung, die hierzulande nach 1970 zu neuen Ufern aufbrechen wollte, ist ohne die Vorbilder aus der Hippie-Szene und der *Gay Liberation* in New York und San Francisco nicht vorstellbar.

Goodbye to Berlin? kann so als Metapher für die Bewegungsform des schwulen Emanzipationsgedankens gelten: Von Berlin in die Welt und nach der faschistischen Nacht aus dem Exil – zuerst europäisiert, dann amerikanisiert – zum Ausgangspunkt zurück. Nach der Befreiung, als 1945 wieder an so etwas wie eine homosexuelle Frage gedacht werden konnte, hatte sich die Hauptrichtung der Beeinflussung und Anregung umgedreht, und die hauptsächlich aus der Schweiz und aus Holland nach Westdeutschland importierte Emanzipationsidee verband sich mit einer Rückbesinnung auf die wissenschaftlich-humanitäre Tradition zu der Forderung nach Gerechtigkeit für Homophile. Die Erinnerung an die Schrecken des erzwungenen Abschieds und die gewaltsame Unterbrechung von 1933 mußte natürlich jedem Emanzipationskampf seither ihre Spuren einprägen. Die fröhliche und trotzige Forderung nach Freiheit und Gleichheit enthielt deshalb stets ein Moment der Trauer über die Opfer von damals, und in dem Symbol des rosa Winkels, jenem Stoffdreieck, mit dem die Nazis die schwulen KZ-Häftlinge kennzeichneten, versuchte die neuere Schwulenbewegung das Gedächtnis und die Trauer lebendig zu halten.

Der Gedanke des Abschieds, des *Goodbye to Berlin*, erhält angesichts der furchtbaren Zahl von Schwulen, die in den letzten fünfzehn Jahren nicht nur in dieser Stadt an den Folgen von AIDS sterben mußten, eine zusätzliche schmerzliche Dimension.

Andreas Sternweiler und Manfred Herzer

1 *Von der Freundschaft als Lebensweise – Michel Foucault im Gespräch*, Berlin o. J., S. 109–110

2 *Von der Freundschaft ...*, S. 92–93)

I. Vorgeschichte

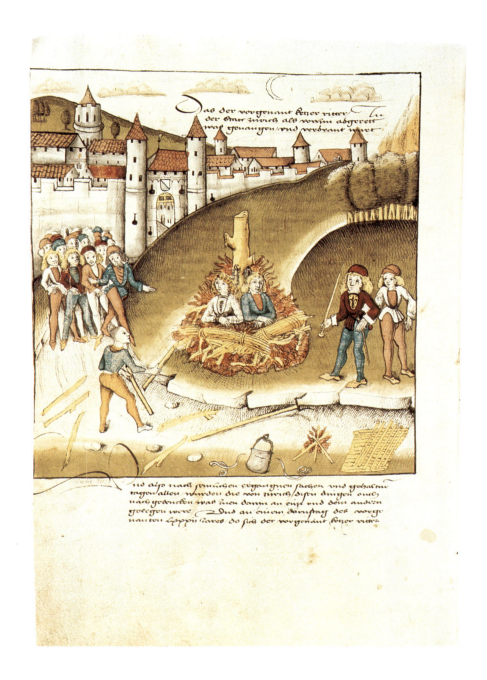

I. 1
URSPRÜNGE
DER HOMOSEXUELLENVERFOLGUNG

**Verbrennung
des Ritters von Hohenberg
mit seinem Knecht
vor Zürich, 1482**
Farbige Illustration in:
Diebold Schilling,
Chronik der Burgunderkriege,
Schweizer Bilderchronik,
Band 3, um 1483
Zürich, Zentralbibliothek

Von Anfang an waren die Schriftsteller der Schwulenemanzipation zugleich auch Geschichtsschreiber zum Schwulenstrafrecht. Der früheste Autor, der hier zu nennen ist, der Schweizer Heinrich Hössli, hat in seinem zweibändigen Werk *Eros. Die Männerliebe der Griechen, ihre Beziehungen zur Geschichte, Erziehung, Literatur und Gesetzgebung aller Zeiten* (1836–1838, Reprint 1996) vor allem historisch argumentiert und neben zahllosen »Stimmen und Zeugen« der Männerliebe aus allen erdenklichen Epochen der Menschheitsgeschichte die nicht gerade seltenen Zeugnisse mörderischer Verfolgung und Sanktionierung zusammengestellt. Die Stellen aus der Bibel, jene die abendländische Verfolgungstradition prägende Handlungsanweisung, nach der »Knabe« und Mann, »beide des Todes sterben« sollen, wenn sie »wie beim Weibe« beieinander schlafen, sowie die Geschichte vom göttlich verordneten Untergang der Städte Sodom und Gomorra (Genesis 19 und Leviticus 20, 13) erwähnt Hössli zwar mehrmals, die Kommentierung verschob er aber auf den – nie erschienenen – dritten Band seines *Eros*. Anders bei der berüchtigten Stelle in der *Germania* des Tacitus, wo von den »corpore infames« die Rede ist, die die Germanen im Sumpf versenkten. Hier deckte er einen Fälschungsversuch auf: Weil jene Stelle offensichtlich bedeutet, daß bei den Germanen Homosexualität vorkam, da sie schwulen Sex mit dem Tod, dem Ersticken der Täter im Sumpf, bestraften, versuchten manche deutschtümelnden Germanisten und Germanophilen den Tacitus zu korrigieren. Hössli hatte es mit Philologen wie Justus Lipsius zu tun, der vorschlug, *corpore* in *torpore* umzudeuten:

»Um kurz aus der Sache zu kommen, schneidet er das im Tacitus vorkommende Wort: *corpore infames*, das Instrument der Sünde, mit der Wurzel aus, und legt dafür ein Pflaster auf die Wunde, das aus *torpore* gemacht und zubereitet ist. Dieses schickt sich besser für die deutschen Helden.«[1]

Eine ereignisreichere Schreckenschronik der abendländischen Urnings- oder Sodomiterverfolgungen finden wir erst bei Hösslis Nachfolger Karl Heinrich Ulrichs. Dort werden die gewissermaßen klassischen Stationen einer unendlich erscheinenden Unrechtsgeschichte in immer neuer Beleuchtung betrachtet. Von den Moorleichen der Germanen über die Todesstrafe, die bereits der christliche Kaiser Justinian für Widernatürlichkeiten vorgesehen hatte und die der nicht minder christliche Kaiser Karl V. in seiner als genial gerühmten »Halsgerichtsordnung« 1532 als Tod durch Verbrennen bei lebendigem Leibe präzisierte, bis hin zum »Rechtsbewußtsein des Volkes«, das seit 1869 zur Rechtfertigung des Schwulenstrafrechts in Preußendeutschland herhalten muß, reicht Ulrichs' Liste der europäischen Justizverbrechen. Diesen letzten Punkt, der noch bis in die zweite Hälfte des 20. Jahrhunderts als »gesundes Volksempfinden« sein Unwesen treiben sollte, kommentiert Ulrichs so:

»Nachdem man in Deutschland die Urninge zu Tacitus' Zeiten als ›corpore infames‹ ersäuft wie junge Katzen, im 16. Jahrh. ›gemeiner Gewohnheit nach‹ lebendig verbrannte, im 17. enthauptete, seither mit Zuchthaus und seit 1851 in Preußen mit Gefängnis bestrafte [...] nachdem man also durch eine ununterbrochene 1000jährige Praxis das Volk systematisch in dem Glauben erzogen ›Urningsliebe ist Verbrechen‹: weigert man sich jetzt, die Erziehungsmethode zu verbessern, weil – weil das Volk seither nun einmal so erzogen sei!«[2]

Die Autoren, die auf Ulrichs folgend Darstellungen einer Geschichte des Schwulenstrafrechts vorlegten, Richard von Krafft-Ebing, *Der Conträrsexuale vor dem Strafrichter* (Leipzig und Wien 1894), Havelock Ellis und J. A. Symonds, *Das konträre Geschlechtsgefühl* (Leipzig 1896), Albert Moll, *Die konträre*

Sexualempfindung (3. Aufl. Berlin 1899), Numa Praetorius, *Die strafrechtlichen Bestimmungen gegen den gleichgeschlechtlichen Verkehr historisch und kritisch dargestellt* (in: *Jahrbuch für sexuelle Zwischenstufen*, Jg. 1, 1899, S. 97–150) und Magnus Hirschfeld, *Die Homosexualität des Mannes und des Weibes* (Berlin 1914, S. 810–941), vermieden Pathos und polemische Rhetorik, folgten aber dem gleichen Motiv wie Hössli und Ulrichs: Nacherzählung einer Geschichte der Homosexualität in strafrechtsreformerischer Absicht. Mit Persien und Griechenland (zur Zeit des »göttlichen Plato«) als Idylle beginnend, über das europäische Mittelalter mit seinen obrigkeitlich verordneten Massenmord- und Verfolgungsexzessen, gefolgt vom 18. Jahrhundert, wo sich mit der Aufklärung und der Französischen Revolution die Morgenröte der Urningsbefreiung ankündigt, erstrecken sich diese Konstruktionen, die stets auf die Forderung nach Straffreiheit hinauslaufen. Ellis und Symonds seien hier als exemplarisch für diese Art quasi geschichtsphilosophischer Betrachtung zitiert:

»Ich weiß nicht, ob andere schon darauf hingewiesen haben, daß die öffentliche Meinung gegenüber der Homosexualität drei Stadien durchlaufen hat, die ungefähr den Stufen der Wildheit, der Barbarei und der Civilisation entsprechen. Zuerst ist der homosexuelle Verkehr eine Frage der Bevölkerungsverhältnisse und wird, je nachdem Überbevölkerung oder Mangel an Menschen herrscht, gestattet oder verboten. Dann wird die Frage – wie von Justinian an durch das ganze Mittelalter hindurch – eine religiöse Angelegenheit, die Inversion also ein Sakrileg. Heutzutage ist von der ökonomischen oder theologischen Seite der Sache kaum je die Rede; homosexuelle Handlungen gelten einfach als ekelhaft und abscheulich, d. h. man verlegt das Urteil auf das Gebiet des Ästhetischen, und während die Inversion für die Majorität etwas unsagbar Häßliches ist, wird sie von einer kleinen Minorität als etwas Herrliches proklamiert [...] Aber aus solchen Gefühlen heraus soll man keine Strafgesetze machen. Es schickt sich für einen Richter nicht, wie wir es in England vor kurzem zweimal erlebt haben, wütend gegen das Ekelhafte der Inversion zu deklamieren und die Strafabmessung nach dem Grade des Ekels zu bestimmen, und noch weniger, wie man es von einem anderen Richter erzählt, bei der Verkündigung des Urteils zu bedauern, daß ›Unzucht‹ (gross indecency) nicht mit dem Tode bestraft werden kann [...] Eine solche Begriffsverwirrung ist psychologisch interessant, zumal bei Juristen, und sie ist ein Grund mehr, die Homosexualität aus dem Strafgesetz verschwinden zu lassen.«[3]

Es ist erst ein Phänomen aus jüngster Zeit, daß die historischen Forschungen zur Homosexualität nicht nur von Ärzten, Juristen oder Altphilologen betrieben werden, die auf diesem Gebiet dilettieren, sondern auch professionelle Historiker die Geschichte der Homosexuellenverfolgung und -befreiung als Forschungsgegenstand entdecken. Um nur einige herausragende zu nennen: Gisela Bleibtreu-Ehrenberg (*Tabu Homosexualität*, Frankfurt a. M. 1978), John Boswell (*Christianity, Social Tolerance and Homosexuality*, Chicago – London 1980), Bernd-Ulrich Hergemöller (*Krötenkuß und schwarzer Kater*, Warendorf 1996) und Kenneth Dover (*Homosexualität in der griechischen Antike*, dt. München 1983) haben mit ihren Arbeiten die schwule Geschichtsforschung auf das in ihrem Fach übliche Niveau gehoben und dazu beigetragen, daß sie allmählich den Geruch der Subjektivität und Einseitigkeit verliert.

Manfred Herzer

»Valboa wirfft etliche Indianer / welche die schreckliche Sünd der Sodomen begangen / den Hunden für sie zu zerreissen«
Kupferstich in:
Theodor de Bry, *Americae*,
Pars 4, Frankfurt 1544
(Reprint München 1970)
Berlin, Zentral- und Landesbibliothek

1 Heinrich Hössli, *Eros,* Band 1 (Glarus 1836, Reprint Berlin 1996) S. 264–265.

2 Karl Heinrich Ulrichs, *Prometheus* (Leipzig 1870, Reprint Berlin 1994) S. 43.

3 Havelock Ellis und J. A. Symonds, *Das konträre Geschlechtsgefühl* (Leipzig 1896) S. 264–265.

**Constitutio Criminalis Carolina
oder Peinlich Gerichtsordnung
Kaiser Karls V.**
Darin: Artikel 116
über Feuerstrafe für widernatürliche Unzucht
Frankfurt 1577
Berlin, Staatsbibliothek zu Berlin

Die Constitutio Criminalis Carolina, *das erste allgemeine Strafgesetzbuch mit Strafprozeßordnung für das Heilige Römische Reich Deutscher Nation ist 1532 von Kaiser Karl V. auf dem Reichstag von Regensburg zum Reichsgesetz erhoben worden. Der berüchtigte Artikel 116 bestimmt, daß alle, die »unkeusch treiben«, Mensch mit Vieh, Mann mit Mann, Frau mit Frau zur Strafe zu verbrennen seien. Im 17. Jahrhundert milderte man dies, indem die Sodomiter und Sodomiterinnen erst geköpft und dann ihre Leichen verbrannt wurden.*

I.2
GEGENBILDER

Francesco Susini
Liegender Hermaphrodit
Florenz (vor 1646).
Bronze, 11,5 x 51 x 29 cm
Wien, Kunsthistorisches Museum

Seit der Wiederaneignung der Antike in der italienischen Renaissance durchzieht die europäische Kulturgeschichte auch der Versuch, im Widerstreit mit der christlichen Verdammung der sogenannten Sodomiter an die idealisierte griechische Knabenliebe anzuknüpfen. Zahlreiche Gegenpositionen des 19. und 20. Jahrhunderts, homosexuelle Bildwelten in Literatur oder bildender Kunst zu gestalten, lassen sich auf diese Wurzeln zurückführen. Zuerst waren es literarische Texte wie das *Satyrikon* des Petronius, die zu einer intellektuellen Auseinandersetzung mit der offiziell verabscheuten Homosexualität führten. Die Liebe der Götter und Heroen zu schönen Knaben und Jünglingen wurde in humanistischen Kreisen wieder allgemeines Bildungsgut. Schon im 15. Jahrhundert machten Skulpturenfunde auf den in der Antike üblichen Umgang mit Sinnlichkeit, Nacktheit und Sexualität aufmerksam. Diese Freiheit und Selbstverständlichkeit wurde von der Kirche und der frühbürgerlichen Gesellschaft Europas in Gänze abgelehnt. Unter den wiederentdeckten antiken Statuen fanden sich auch Darstellungen des Knaben Ganymed, den der Göttervater Zeus zu seinem Liebling erkoren hatte. Statuen des Hermaphroditen zogen das erotische Interesse von Antiquaren und Kunstsammlern auf sich, stießen aber noch über Jahrhunderte auf Unbehagen und Ablehnung seitens der Kirche. Dem antiken Hermaphroditen konnte göttliche Vollkommenheit nachgesagt werden, die eine göttlich geadelte Bisexualität einschloß. Daneben wurde er als Sinnbild ausschweifenden Lebenswandels, die den Menschen letztendlich verschlingt, verteufelt. Als Metapher für die Verschmelzung beider Geschlechter in der Ehe fand der Mythos des Hermaphroditen nur schwer Eingang in die humanistische Welt, seine Überhöhung als Sinnbild freier Lust und Sinnlichkeit war bereits zu weit fortgeschritten. In seiner ästhetisch vollendeten Form wurde der Hermaphrodit im 16. Jahrhundert zum begehrten Kabinettstück fürstlicher Sammlungen. Eine der ersten Arbeiten Gian Lorenzo Berninis war die marmorne Matratze für den berühmten liegenden Hermaphroditen in der Sammlung Borghese um 1620. Diese Skulptur gibt Francesco Susinis verkleinerte Version wieder.

Der Erzengel Michael triumphiert über den Satan
Augsburg, 2. Viertel 17. Jh. Lindenholz, Höhe 43,6 cm
Berlin, Staatliche Museen zu Berlin,
Skulpturensammlung

*Als typisches Thema der Gegenreformation
wurden Siegesdarstellungen vielfach gegen
politische und religiöse Gegner verwandt.
Die Gestaltung des Satans und der gefallenen
Engel als hermaphroditische Monster bezichtigt
den Gegner auch sexueller Ausschweifungen.
So überlebte die mittelalterliche Gleichsetzung
von Häresie und Sodomie in der Ikonographie. Im
Zuge der Kämpfe um religiöse und politische
Vormachtstellung wurden derartige Darstellungen
um 1600 besonders in Deutschland benutzt.
Von Hans Reuchlins Bronzegruppe am Augsburger
Zeughaus abgeleitet ist die kleine Lindenholzgruppe
der Berliner Skulpturensammlung. Mit erhobenem
Flammenschwert bezwingt der antikisch gerüstete
Erzengel den Satan in Gestalt eines geflügelten
Drachen und zweier gefallener Engel. Der linke
Engel kämpft mit einer Schlange, der rechte hebt
ein Bein wie zur Abwehr gegen das Flammenschwert des Erzengels. Der Satan ist ein hermaphroditisches Unwesen mit weiblichen Brüsten
und Bart. – Auch in der lateinischen Komödie
Turbo von J. V. Andreae aus dem Jahre 1616 trat
der Fürst der Welt, der Antichrist,
als Hermaphrodit auf.*

Schon Ende des 15. Jahrhunderts hatte sich auch die Kirche hermaphro-
ditischer Wesen bedient: Als Monstergebilde sollten sie innerkirchliche
Feinde verteufeln. Sandro Botticelli hatte in der Sixtinischen Kapelle den
Antichrist als zotteliges zweigeschlechtliches Unwesen gemalt. Im Zuge
der Gegenreformation erlangte die Denunziation des immer auch politischen
Gegners durch Unterstellung sexueller Perversionen weite Verbreitung.
Besonders im konfessionell umkämpften Deutschland markierte die Kirche
durch Bildwerke wie *Der Erzengel Michael triumphiert über den Satan* oder
durch den *Engelssturz* wiedergewonnenes Terrain und rief zu ständiger Wachsamkeit gegen jegliche Anfeindung auf. Die neuartige bildliche Gleichsetzung von Satan, Antichrist oder Teufel mit der Gestalt des antiken Gottes
Pan verwies programmatisch auf die Ablehnung seiner ausgelassenen
Wolllust, die ihm als Gott der Natur zukam. Die zusätzliche Kennzeichnung als hermaphroditisches Wesen verstärkte diese Zielrichtung. Zuerst an der Fassade der Jesuitenkirche in
München ausgeführt, fand diese Darstellungsweise besonders im katholischen Süd-
deutschland Verbreitung.

Um 1500 war auch schon eine andere
zentrale Darstellung der Homosexualität
wiederentdeckt worden. Die Gruppe *Pan
mit dem Hirtenknaben Daphnis*, sogar in
zwei Exemplaren gefunden, zeigte die antike
Knabenliebe überdeutlich. Zwar versuchte man
das Entgegenkommen des Hirten gegenüber
dem Annäherungsversuch des Gottes der Natur
bei der Restaurierung durch eine Drehung des
Kopfes zu minimieren, doch das Thema Homosexualität blieb unübersehbar und führte zu einer neuartigen, seit der Antike nicht mehr dagewesenen
künstlerischen Auseinandersetzung. Jetzt konnte
der Wunsch nach gleichgeschlechtlicher Liebe in
die Welt der antiken Götter und ihrer Lieblinge

transponiert werden. Die Skulptur von Pan und Daphnis zeigt Pan als Lehrer, der seinem Schüler Daphnis die Musik durch den Unterricht im Flötespielen nahebringen will. So wird auch die Verknüpfung von Erziehung und Liebe thematisiert, der pädagogische Eros klingt an mit all seinen Bezügen auf Platons Liebestheorie, die die Humanisten faszinierte und von ihnen zur Idealisierung der homosexuellen Liebe eingesetzt wurde.

Noch bis weit ins 19. Jahrhundert hinein war die Darstellung von Homosexualität in Kunst und Literatur nur über den Umweg über die Antike möglich. Dort überwogen die Liebesgeschichten von Göttern und Jünglingen, die sterben mußten, um in einer Metamorphose unsterblich zu werden. Eine Transponierung homosexueller Sehnsüchte war jahrhundertelang

Pan mit dem Hirtenknaben Daphnis
Zwei Radierungen nach antiken Marmorskulpturen
In: Lorenzo della Vaccaria,
Antiquarum Statuarum Urbis Romae Icones (Venedig 1584)
Berlin, Staatliche Museen zu Berlin,
Kunstbibliothek

Die beiden antiken Skulpturengruppen des Pan mit dem Hirtenknaben Daphnis, *die Homosexualität direkt thematisieren, waren um 1500 bereits wiederentdeckt. Der sexuelle Charakter der Gruppe wurde von den Zeitgenossen durchaus erkannt, wie deren früheste Erwähnung in einem Brief Pietro Aretinos von 1537 belegt. Darin sucht sich der Dichter mit dem Verweis auf die laszive Eindeutigkeit der antiken Skulptur gegen Vorwürfe zu verteidigen, die gegen seine Gedichte laut geworden waren.*

Bedingung für deren Darstellung. In seinem Gedicht *Tristan* schrieb August von Platen:

»Wer die Schönheit angeschaut mit Augen,
ist dem Tode schon anheimgegeben,
wird für keinen Dienst auf Erden taugen,
und doch wird er vor dem Tode beben.
Wer die Schönheit angeschaut mit Augen!«

Selbst noch in Thomas Manns *Tod in Venedig* funktioniert diese gesellschaftliche Übereinkunft über die »Liebe, die ihren Namen nicht zu nennen wagt«. So dominieren auch in den wenigen Beispielen homoerotischer Malerei um 1800 Darstellungen antiker Freundespaare, bei denen der Gott zumeist den toten Liebling in den Armen hält. Jean Broc malte 1801 *Apoll und Hyazinth*, Claude-Marie Dubuffe 1821 *Apoll und Cyparissos*.

Revolutionär war die Darstellung *Zeus küßt Ganymed*, die um 1758, als antikisches Fresko gemalt, dem Archäologen Johann Joachim Winckelmann von seinen Freunden, den Malern Giovanni Casanova und Anton Raphael Mengs, als Original untergeschoben wurde. Nicht ohne Hintersinn hatte man eine eindeutig homosexuelle Darstellung gewählt, um den Neuerer archäologischer Forschung aufs Glatteis zu führen: Das Fresko zeigt nicht den Jüngling in den Fängen des Adlers (Zeus) oder die Entrückung des Geliebten, sondern die Gleichgestimmtheit eines Liebespaares. Winckelmanns erotisches Interesse an Jünglingen war den Zeitgenossen durchaus bekannt und fand als Motor seiner wissenschaftlichen Forschung Niederschlag in seinen Beschreibungen der Antike. Er kam auch angesichts der androgynen Gestalt des Ganymed auf dem Fresko ins Schwärmen. »Der Liebling des Jupiters ist ohne Zweifel eine der allerschönsten Figuren, die aus dem Althertume übrig sind, und mit dem Gesichte desselben finde ich nichts zu vergleichen; es blühet so viel Wollust auf demselben, daß dessen ganzes Leben nichts, als ein Kuß, zu sein scheinet.«[1]

Im untergeordneten Medium der Zeichnung und des Druckes wurden im Zuge der französischen Aufklärung im 18. Jahrhundert weit deutlichere Abbildungen möglich. Die Darstellungen sind oftmals geprägt von bürgerlicher Verurteilung ›aristokratischer‹ Gelüste, spiegeln aber zugleich das voyeuristische Interesse der bürgerlichen Gesellschaft an ihren Minderheiten.

Zeus küßt Ganymed

Kupferstich nach einem Fresko
Aus: *Winckelmann's Gesammelte Werke*,
Band 5 (Dresden 1812)
Berlin, Privatbesitz

Der Kupferstich zeigt das von Anton Raphael Mengs und Giovanni Casanova um 1758 gemalte Fresko, das dem Archäologen Johann Joachim Winckelmann als antikes Original untergeschoben wurde. Wegen der Eindeutigkeit der Darstellung konnte das Fresko für Winckelmann nur antik sein, und bis zu seinem Tode hegte er keinerlei Zweifel an dessen Echtheit, obwohl er Antikenfälschungen von Giuseppe Guerra entlarvt hatte und auch über Fälschungsversuche seines ehemaligen Freundes Giovanni Casanova unterrichtet war. In seiner Geschichte der Kunst des Althertums *(1764) feierte er das Fresko als zentrales Werk der griechischen Wandmalerei. Noch Heinrich Meyer bemühte sich in den* Winckelmann's Gesammelten Werken *(1812) um den Nachweis einer antiken Herkunft des Freskos.*

Dieses Interesse führte die »Sodomiter« im Verlauf des 19. Jahrhunderts in den Bann naturwissenschaftlicher Forschung, die den kirchlich-moralischen Leitgedanken bei der strafrechtlichen Verfolgung ablösen sollte. Die Aufmerksamkeit der Mediziner für die sogenannten Konträrsexuellen führte zur zaghaften Selbstbestimmung und leitete die Emanzipation der Homosexuellen ein. Dabei blieb aber weiterhin der Rückbezug auf die angeblich idealen Zustände der Antike von entscheidendem Einfluß.

Auch im europäischen Fin de siècle, etwa im englischen Dandytum eines Aubrey Beardsley oder Oscar Wilde, lassen sich Anklänge an die Antike ausmachen. Wieder war es die Flucht aus bürgerlicher Enge auf der Suche nach Freiheiten, die ihre künstlerischen Spuren hinterlassen hat. Aubrey Beardsleys Zeichnung eines antikischen Spiegels mit einem geflügelten hermaphro-

Jean Broc
Der Tod des Hyazinth
1801. Öl auf Leinwand, 175 x 120 cm
Poitiers, Musée de la Ville de Poitiers et de la Société des antiquaires de l'Ouest

Zwei erotische Illustrationen
Aus: *Le diable au corps. Oeuvre posthume du très-recommandable Docteur Cazzoné Membre extraordinaire de la joyeuse Faculté Phallo-coiro-pygo-glottonomique avec figures.* Tome prémier 1803
Hamburg, Sammlung Leonhardt

Das Ende des 18. Jahrhunderts verfaßte Werk wird dem bedeutendsten Verfasser erotischer Literatur in Frankreich, dem Chevalier Robert Andréa de Nerciat (1739–1800) zugeschrieben. Bekannt geworden war

er durch Romane wie Félicia ou mes fredaines *und* Les Aphrodites. *Drei Jahre nach Nerciats Tod erschien* Le diable au Corps *mit zwanzig Kupferstichen eines unbekannten Künstlers. Die vier homosexuellen Abbildungen richten sich gegen die adlige Gesellschaft und gegen den Klerus und seine Doppelmoral.*

Aubrey Beardsley
Bathyllus
In: *Four Designs for the »Sixth Satire« of Juvenal and two unpublished Designs for Lucian's »True History«* (Mappe), London 1915
Berlin, Privatbesitz

ditischen Liebesgott war Sinnbild dieser allgemeinen Sehnsüchte und Signalbild der »Invertierten«. Geplant für den Gedichtband *The Thread and the Path* von Marc André Raffalovich, lehnte der Verleger das Bild wegen seiner sexuellen Mehrschichtigkeit als Frontispiz ab. Gleichzeitig entdeckte Beardsley den in zahlreichen antiken Gedichten besungenen Lustknaben Bathyllus und verherrlichte ihn in seinen Zeichnungen.

Andreas Sternweiler

1 Winckelmann's Geschichte der Kunst des Alterthums, in: *Winckelmann's Gesammelte Werke*, herausgegeben von Heinrich Meyer und Johann Schulze (Dresden 1812) S. 183.

I.3
OPPOSITION IM 19. JAHRHUNDERT

Thiele nach Müller-Glarus
Heinrich Hössli
Stich in: *Jahrbuch für sexuelle Zwischenstufen*,
Jg. 5 (1903)
Berlin, Egmont Fassbinder

Heinrich Hössli (1784–1864) war von Beruf Hutmacher. Im fortgeschrittenen Alter von fast vierzig Jahren begann er sich als Schriftsteller zu betätigen und legte als sein einziges Werk eine siebenhundert Seiten umfassende zweibändige Abhandlung Eros. Die Männerliebe der Griechen *(1836 und 1838) vor. Darin legt er als erster Autor überhaupt dar, daß die soziale Ächtung und strafrechtliche Verfolgung der »Männerliebe«, ähnlich wie die Hexenverfolgung, auf Aberglauben und Vorurteilen beruhe und daß allein Aufklärung und Erkenntnis der Wahrheit den »Männlichliebenden« Emanzipation und soziale Geltung verschaffen könne, wie sie einst zur Zeit des »göttlichen Plato« existiert habe.*

Die Idee einer Schwulenbewegung, einer sozialen Bewegung für die rechtliche und moralische Gleichstellung der Päderasten, Schwulen, Urninge oder wie auch immer die Bezeichnungen lauteten, wurde im 19. Jahrhundert geboren. Die wichtigsten intellektuellen Väter (und Mütter) dieses Gedankens, den am Jahrhundertende ganz andere in die Tat umsetzten, waren Hössli, Ulrichs und Kertbeny, drei schriftstellernde Männer, die man sich unterschiedlicher kaum denken kann.

Hössli

Der Schweizer Heinrich Hössli formulierte in seinem 1836 und 1838 erschienenen Werk *Eros. Die Männerliebe der Griechen, ihre Beziehungen zur Geschichte, Erziehung, Literatur und Gesetzgebung aller Zeiten* eine leidenschaftliche Anklage gegen die Unterdrückung und Verfolgung der Männerliebe seit dem Untergang der antiken Kultur. »Das dunkle und grausame Mittelalter mit seinen Pfaffen und Henkern« war für Hössli der Anfang jener Degradierung und Verleugnung der Männerliebe, wie er sie in seiner Gegenwart vorfand (Band 2, S. 181). »Durch des Geistes und der Wahrheit Kraft und Macht, durch der Wissenschaften stilles, erlösendes Wirken« werde eines Tages, so glaubte Hössli, die Männerliebe rehabilitiert und der von »Pfaffenherrschaft«, »Verwilderung« und »Rohheit« verursachte »zerstörende Modwahn« überwunden (Band 1, S. 75–76). Zu dem Gedanken, daß die »Männlichliebenden« selbst in politischer Aktion oder sozialer Bewegung zu ihrer Befreiung beitragen müßten, konnte Hössli noch nicht durchdringen. Er empfand sich als einsamer unzeitgemäßer Verkünder einer in ferner Zukunft anbrechenden Renaissance altgriechischer Kultur, und tatsächlich blieb sein *Eros* – soweit heute bekannt ist – zu seinen Lebzeiten nahezu ohne jede Wirkung und Resonanz beim lesenden Publikum. Die spürbarste Reaktion der Öffentlichkeit scheint ein Verbot gewesen zu sein, das die Regierung seines Heimatkantons Glarus über Hösslis Werk verhängte, nachdem der erste Band erschienen war. Der zweite Band mußte daraufhin im entfernten Kanton St. Gallen produziert werden, wo er unbeanstandet, aber auch so gut wie völlig unbeachtet, 1838 erscheinen konnte.[1] Hössli nimmt jedoch insofern eine prominente Stellung in der Vorgeschichte der Schwulenbewegung ein, als er zuerst die Hauptforderung der späteren Schwulenbewegung in abstrakter Form aussprach: Die Männerliebe muß rechtlich und moralisch in gleicher Weise gefördert und respektiert werden wie die Liebe zu den Frauen; sie darf nicht länger der seit dem Mittelalter üblichen Ächtung, Verfolgung und Herabwürdigung anheim fallen, sondern muß als eine natürliche Lebensäußerung der menschlichen Gattung anerkannt werden.

Ulrichs

Der Jurist Karl Heinrich Ulrichs aus dem Königreich Hannover mußte 1854 seine Ausbildung im hannoverschen Staatsdienst abbrechen, um sich der Verfolgung wegen des Verdachts »unnatürlicher Wollust« zu entziehen. Seitdem ernährte er sich meist eher schlecht als recht von den Erträgen

Karl Heinrich Ulrichs
Aus: *Jahrbuch für sexuelle Zwischenstufen*, Jg. 1 (1899)
Berlin, Schwules Museum

Karl Heinrich Ulrichs (1825–1895) hat nicht nur eine geschlossene Theorie der Schwulenemanzipation entworfen, er unternahm auch zahlreiche praktische Schritte, um seine Einsichten zu verwirklichen. Seine Versuche, in den sechziger Jahren eine Zeitschrift und eine Organisation für Urninge zu gründen, mißlangen ebenso wie seine zahlreichen Bemühungen, mit Eingaben und unter Einsatz seiner Person auf die Strafgesetzgebung und die Strafverfolgung Einfluß zu gewinnen. Ulrichs' enorme Bedeutung liegt aber gerade darin, daß er als erster überhaupt den Versuch gewagt hat, praktische Taten auf seine theoretischen Einsichten folgen zu lassen.

John Addington Symonds
Um 1890. Fotografie mit handschriftlicher Widmung
Brighton, Collection of Peter Burton

Der englische Schriftsteller John Addington Symonds (1840–1893) schrieb 1883 eine Abhandlung A Problem in Greek Ethics, *in der er die Päderastie im antiken Griechenland verklärte. 1891 folgte* A Problem in Modern Ethics, *ein Traktat, in dem er Befreiung der Invertierten von Strafverfolgung und moralischer Verurteilung forderte. Beide Texte erschienen zunächst nur als Privatdrucke in Kleinstauflagen (10 und 50 Exemplare). Erst drei Jahre nach seinem Tod erschien* Die Homosexualität in Griechenland *als Kapitel III in: Havelock Ellis – John Addington Symonds*, Das konträre Geschlechtsgefühl *(Leipzig 1896).*

seiner Schriftstellerei. Zehn Jahre nach dem Abbruch der Juristenkarriere begann er mit der Herausgabe einer Reihe von zwölf Broschüren mit *Forschungen über das Räthsel der mannmännlichen Liebe* (1864–1879), zunächst unter dem Pseudonym Numa Numantius, seit 1867 unter seinem wirklichen Namen. Darin entwickelte er unter anderem eine Theorie vom Angeborensein des mannmännlichen Liebestriebs, die sich durchaus auf der Höhe der damaligen Naturwissenschaft befand. In den sechziger Jahren gelang es ihm, mit der Verbreitung seiner Schriften ein Netzwerk von Korrespondenten und Gesinnungsgenossen aufzubauen, das sich über weite Teile Europas erstreckte. Sein Plan einer Organisation, eines »Urningsbundes«, von dem wir heute nur wissen, weil sein Entwurf einer Satzung für den Urningsbund zwischen den Papieren Kertbenys in der Ungarischen Nationalbibliothek zufällig erhalten blieb, scheint aber über das Planungsstadium nicht hinausgelangt zu sein. Indem sich Ulrichs von Anfang an öffentlich als »Urning« bekannte, bewies er einen Mut, der für alle seine Taten sicher notwendig war, der ihn aber zugleich von den anderen, weniger mutigen Urningen isolierte, ohne deren Mitarbeit aber nichts von dem gelingen konnte, was er anstrebte. So blieb er in allem, was er für die Sache der Urninge unternahm, ein Einzelkämpfer, der zudem erleben mußte, daß sich mit der Einführung eines einheitlichen Reichsstrafgesetzbuchs im Jahre 1871 in mehreren deutschen Staaten die strafrechtliche Lage der Urninge verschlechterte. (In andern wie Hessen und Nassau, Sachsen, Hamburg und Thüringen brachte der neue § 175 eine Milderung des bis dahin geltenden Strafmaßes und eine Einschränkung des Tatbestandes auf »beischlafähnliche Handlungen«.) Diese Erfahrung mag dazu beigetragen haben, daß Ulrichs 1880 beschloß, seinen Kampf für die Interessen der Urninge aufzugeben und nach Italien auszuwandern. Er blieb dort bis zu seinem Tode 1895 und veröffentlichte an einschlägiger Literatur nur noch einen Gedichtband mit lateinischen Versen zum Gedenken an den Bayernkönig Ludwig II: *Cypressenzweige auf König Ludwigs Grab. Carmina in memoriam Ludovici II regis Bavariae* (Berlin 1887).[2]

»Ein Verein für die Interessen des Urningthums«

Am Ende der Broschüre *Urningsliebe*, die ein gewisser H. Marx 1875 im Selbstverlag in Leipzig herausgab, findet sich die für jene Zeit erstaunliche Aufforderung, »einen Verein für die Interessen des Urningthums zu gründen«. Die Broschüre folgt fast ausschließlich den Ideen von Ulrichs, die stark vereinfacht und in eine schwärmerische, aufgeregte Richtung übertrieben werden. Die Aufforderung ist beachtlich, weil nur hier erwähnt wird, daß es

bereits früher Versuche gegeben habe, einen solchen Verein zu gründen. Das könnte bedeuten, daß Versuche unternommen wurden, Ulrichs' »Satzungen für den Urningsbund« von 1865 in die Praxis umzusetzen, die scheiterten und an die H. Marx, offensichtlich ebenfalls vergeblich und zu früh, anzuknüpfen versucht, wenn er schreibt: »Alle Strebens- und Gesinnungsgenossen haben ihren Verein, machen ja sogar die Diebe hievon keine Ausnahme. Es ist daher sehr zu bedauern,

Alf Mattison
Edward Carpenter
1905. Fotografie
London, National Portrait Gallery

Der englische Sozialreformer und Schriftsteller Edward Carpenter (1844–1929) hatte bereits 1894 im Verlag von Max Spohr in Leipzig eine Abhandlung zur sexuellen Frage (Das Weib und seine Stellung in der freien Gesellschaft) veröffentlicht. Er wurde bald nach der Gründung Mitglied im WhK, war mit Moll und später mit Hirschfeld befreundet und hat seit Mitte der neunziger Jahre unter dem Eindruck der Schriften Karl Heinrich Ulrichs' und der die Männerfreundschaft verherrlichenden Gedichte Walt Whitmans für die Schwulenemanzipation in Vorträgen und Druckschriften agitiert.

daß trotz den Versuchen, einen Verein für die Interessen des Urningthums zu gründen, an den charakterschwachen, feigen, lasterhaften herabgesunkenen Urningen, theilweise, wie theilweise an dem Nichtbeitreten befangener Männer der Wissenschaft und des Rechtes, gescheitert ist. Ich fordere daher alle ehrlichen, gesitteten, ächten Urninge Deutschlands, wie alle diejenigen, die Sinn und Gefühl haben für fremde Leiden, die allen menschlichen Fragen ihre Theilnahme zuwenden, auf, diesem Vereine, dessen Motto heißen soll: ›Für Freiheit und Recht‹, beizutreten, wenn auch nur als passive Mitglieder.«³

Symonds und Carpenter

In Italien kam Ulrichs 1889 in Verbindung mit dem englischen Vorkämpfer der Schwulenbewegung, dem Schriftsteller John Addington Symonds. Symonds hatte Ulrichs' Schriften über die Urningsliebe gelesen und begann daraufhin eine intensive Korrespondenz. Offensichtlich unter dem Einfluß seiner Ulrichs-Lektüre verfaßte Symonds 1890 eine Abhandlung *A Problem in Modern Ethics*, die er im darauffolgenden Jahr in einer Auflage von fünfzig Exemplaren drucken ließ, um sie in seinem Bekanntenkreis zu verteilen. Dieser erste Versuch, im englischen Sprachgebiet die Forderung nach Straffreiheit und Gleichberechtigung der Urninge öffentlich zu begründen, blieb schon wegen der eingeschränkten Verbreitung folgenlos. Die Offenheit und Selbstverständlichkeit, mit der Ulrichs fünfundzwanzig Jahre vorher in Deutschland seine Traktate zu publizieren begonnen hatte, konnte Symonds offenbar nicht zum Vorbild dienen. Seine subjektive Situation und die damalige Schwulenverfolgung in England, die man wohl nur als terroristisch bezeichnen kann, standen dem entgegen. 1891 reiste Symonds nach Italien und besuchte bei dieser Gelegenheit Ulrichs. Dem zweiten englischen Vorkämpfer, dem Schriftsteller Edward Carpenter, berichtet er darüber in einem Brief vom 7. Februar 1893:

»Hast du jemals etwas von Ulrichs' Schriften gelesen? Sie sind sehr merkwürdig. Man muß ihn als den wahren Begründer der wissenschaftlichen Behandlung des Phänomens ansehen. Ich besuchte ihn im November [vielmehr: Oktober] 1891. Er lebt im Exil und in großer Armut in Aquila in den Abruzzen, unterhalb des schneebedeckten Kamms des ›Il gran passo d'Italia‹. Dieser Mann besitzt einen einzigartigen Charme und große Anmut, Reste einer geläuterten Schönheit. Sein Schmutz war entsetzlich. Ich fuhr zu ihm in einer Kutsche und überredete ihn dann, mit mir eine Fahrt zu machen, was er auch tat. Er hatte kein Hemd und keine Strümpfe an. Mein prächtiger venezianischer Gondoliere und Diener war entsetzt, als er diesen armen Bettler sah, der direkt neben seinem Padrone saß. Ich sagte Angelo jedoch, dieser alte Mann sei einer von den Menschen in Europa, die ich am meisten schätzte und achtete. Und auch Angelo begann ihn zu mögen trotz seiner Lumpen.«³

Der Einfluß, den Ulrichs' Ideen auf Symonds ausübten, wirkte offensichtlich auch auf Carpenter, der 1894 den nächsten Versuch unternahm, in England einen Traktat zur Urningsbefreiung zu publizieren: *The Homogenic Love and its Place in a Free Society* erschien ebenfalls nur als Privatdruck in einer Kleinstauflage. Doch im gleichen Jahr 1895, als der Prozeß gegen Oscar Wilde die englische Urningswelt in Panik versetzte, erschien im Leipziger Max Spohr-Verlag, dem Verlag der kommenden deutschen Schwulenbewegung, eine Übersetzung unter dem Titel *Die homogene Liebe und ihre Bedeutung in der freien Gesellschaft*. Einen ähnlichen Umweg wählte im Jahr darauf Henry Havelock Ellis, der gemeinsam mit Symonds ein Buch über die Homosexualität verfaßt hatte, das aber zunächst nur in deutscher Übersetzung

29

Karl Maria Kertbeny
Um 1865. Fotografie
Berlin, Schwules Museum

*Karl Maria Kertbeny
(1824–1882) publizierte 1869 zwei anonyme Broschüren, in denen er gegen den Schwulenparagraphen 143 im preußischen Strafgesetzbuch polemisierte. Anders als Ulrichs argumentierte er dabei weniger mit dem Angeborensein des Geschlechtstriebs, er betonte vielmehr, daß niemand für eine Tat wie Homosexualität bestraft werden dürfe, da davon keinem Dritten ein Schaden oder Nachteil entstehe. Ähnlich wie Hössli lag auch Kertbeny der Gedanke einer Selbstorganisation der »Homosexualisten« völlig fern. Indem er aber Gleichberechtigung für diese von ihm so genannten »Homosexualisten« forderte, definierte er ein strategisches Ziel, das am Ende des Jahrhunderts der Schwulenbewegung als Orientierung diente.*

Gustav Jaeger
Aus: Entdeckung der Seele,
Leipzig: Ernst Günthers Verlag 1884, 3. Aufl.
Berlin, Staatsbibliothek zu Berlin

Der Stuttgarter Professor der Zoologie und Anthropologie Gustav Jäger (1832–1916) wurde von Kertbeny auf das Thema »Homosexualität« aufmerksam gemacht. Unter Verwendung von Kertbenys Material entwarf er eine Typologie der Homosexuellen, von der besonders der Typ des »Supervirilen« oder »Männerhelden« (ein Schwuler ohne jede weibliche Eigenschaft, der sich besonders zum politischen oder militärischen Führer eignet) von konservativen Ideologen der Schwulenbewegung wie Benedict Friedlaender und Hans Blüher aufgegriffen wurde. Jäger wurde 1908 Mitglied in Friedlaenders Bund für männliche Kultur.

(Das konträre Geschlechtsgefühl, 1896) erschien. Symonds, der mitten in der Arbeit an dem Buch plötzlich verstorben war, hatte nur seine alte Abhandlung über die Inversion im antiken Griechenland und die eigene Lebensgeschichte in verschlüsselter Form beigetragen. Als dann 1897 die englische Originalausgabe erschien, kaufte Symonds' Nachlaßverwalter Brown aus Furcht, der Ruhm des Toten könnte beschädigt werden, alle erreichbaren Exemplare auf, um sie zu vernichten.[4] Etwa um die gleiche Zeit (1896) erschien für ein größeres Publikum Carpenters Buch *Love's Coming of Age*, in das als separates Kapitel *The Homogenic Love and its Place in a Free Society* aufgenommen war. Damit gab es wenigstens eine Stimme auf dem englischen Buchmarkt, die öffentlich die Befreiung der Urninge oder Invertierten von strafrechtlicher Verfolgung und gesellschaftlicher Ächtung verlangte.

Kertbeny / Jäger

Der in Wien geborene Deutsch-Ungar Karl Maria Kertbeny richtete vermutlich nach der Lektüre der Schriften von Karl Heinrich Ulrichs sein theoretisches Interesse auf die »mannmännliche Liebe«. Etwa 1865 begann er mit der Arbeit an einem umfangreichen Manuskript mit dem Titel »Sexualitäts-Studien«, das niemals gedruckt wurde und von dem heute nur noch einige Fragmente in der Ungarischen Nationalbibliothek in Budapest erhalten sind. Zur gleichen Zeit nahm er Verbindung zu Karl Heinrich Ulrichs auf und korrespondierte mit ihm über Fragen der Theorie und Taktik einer künftigen Schwulenemanzipationsbewegung. Als einzige Spuren dieses Briefwechsels sind ebenfalls in der Ungarischen Nationalbibliothek zwei Schriftstücke erhalten, die erwähnten »Satzungen für den Urningsbund« von Ulrichs und ein längerer Briefentwurf, in dem Kertbeny mit Datum vom 6. Mai 1868 einige sehr treffende taktisch-politische Einwände gegen Ulrichs' Theorie vom Angeborensein des Uranismus formuliert:

»Besonders aber der Nachweisz des Angeborenseins führt gar nicht zum Ziele, am wenigsten rasch, und ist überdies ein gefährlich zweischneidig Messer, so hochinteressant anthropologisch das Naturräthsel auch sein mag. Denn die Legislative frägt den Teufel nach dem Angeborensein eines Triebes, sondern nur nach dessen persönlicher oder socialer Schädlichkeit, nach dessen Verhältnisz zur Gesellschaft. Es giebt auch Leute mit angebornem Blutdurst, mit Pyromanie, Schwangere mit all möglichen Gelüsten, Personen mit Monomanien, u.s.w. Man läszt diese aber doch nicht unverwehrt ihr Wesen treiben, ihrem Triebe folgen, und wenn man sie auch, wird diese Anlage ärztlich erwiesen, nicht für absichtliche Thaten straft, so isolirt man sie doch möglichst, und behütet die Gesellschaft vor ihren Excessen. Es wäre also nicht das Geringste gewonnen, gelänge der Beweis

Johann Ludwig Casper
Um 1850. Fotografie
Berlin, Staatsbibliothek zu Berlin, Handschriftenabteilung

Der Professor für Pathologie und Staatsarzneikunde Johann Ludwig Casper (1796–1864) begann 1852 einen neuen Typ von Falldarstellungen zu entwickeln, indem er persönliche Dokumente der »Päderasten« wie Tagebücher und Selbstbekenntnisse in die Beschreibungen einbezog. Ausgangspunkt war dabei stets die gerichtsmedizinische Begutachtung der Päderasten. Zu einer Kritik am preußischen Strafrecht gegen Päderasten konnte er sich jedoch niemals durchringen. Er agierte stets nur als Erfüllungsgehilfe der Strafjustiz, seine Verdienste erwarb er eher ungewollt, indem er mit bis dahin nicht üblicher empirischer Genauigkeit die Lebensumstände der päderastischen Justizopfer beschrieb und so zum Durchbrechen des Tabus beitrug.

des Angeborenseins auch bis zur unzweifelhaftesten Evidenz. Es musz den Gegnern vielmehr bewisen werden, dasz, gerade nach den von ihnen aufgestellten Rechtsbegriffen, sie dieser Trieb ganz und gar nichts angehe, ob er nun angeboren oder willkürlich sei, da der Staat in nichts die Nase zu stecken hat, was ihrer Zwei, gegenseitig freiwillig, unter Ausschlusz der Oeffentlichkeit, im Alter über 14, und ohne Verletzung der Rechte Dritter, an sich gegenseitig ausüben.«[5]

Die Schwäche dieser ungewöhnlich modernen Argumentation, die im 20. Jahrhundert erst wieder von Leo Berg (*Geschlechter*, Berlin 1906) und Kurt Hiller (*Das Recht über sich selbst*, Heidelberg 1908) verwendet wurde, liegt in der unrealistischen Annahme, der bürgerliche Staat würde seine eigenen Rechtsprinzipen ernst nehmen und konsequent anwenden. Tatsächlich war er bei der rechtlichen Kontrolle und Reglementierung der vermeintlich privaten Sphäre stets auf die Durchsetzung moralischer, meist religiös begründeter Normen bedacht. Die strafrechtliche Normierung von heterosexueller Ehe und Familie, von Religion und Kunst sind hierfür nur die deutlichsten Beispiele.

Im Jahre 1869 trat Kertbeny selbst mit Forderungen zum Schwulenstrafrecht in Preußen und im Norddeutschen Bund an die Öffentlichkeit: In zwei anonymen Broschüren (*§ 143 des Preussischen Strafgesetzbuches vom 14. April 1851 und seine Aufrechterhaltung als § 152 im Entwurfe eines Strafgesetzbuches für den Norddeutschen Bund* und *Das Gemeinschädliche des § 143 des preussischen Strafgesetzbuches vom 14. April 1851 und daher seine nothwendige Tilgung*) versuchte er zu begründen, warum der § 143 des Preußischen Strafgesetzbuches abgeschafft werden müsse und auf keinen Fall in das Strafgesetzbuch des Norddeutschen Bundes übernommen werden dürfe. Bemerkenswert an beiden Traktaten sind weniger die Argumente, die bereits von Ulrichs verwendet wurden, als vielmehr eine terminologische Neuerung. Erstmals erscheint hier das Wort »Homosexualität«, das Kertbeny offensichtlich selbst erfunden hat und das im folgenden Jahrhundert alle konkurrierenden Namen für die namenlose Liebe aus dem Sprachgebrauch verdrängen sollte.

Ende der siebziger Jahre suchte Kertbeny den Kontakt zu dem Stuttgarter Arzt und Zoologen Gustav Jäger. Er versorgte Jäger mit umfangreichen Manuskripten zur Homosexualität, die dieser in Auswahl in sein Buch *Die Entdeckung der Seele* (2. Aufl. Leipzig 1880) einfügte und im zweiten Jahrgang des *Jahrbuchs für sexuelle Zwischenstufen* veröffentlichte. In *Entdeckung der Seele* (S. 251) kommt erstmals der ebenfalls von Kertbeny erfundene Ausdruck »Heterosexualität« vor.

Die Ärzte: Casper, Westphal, Krafft-Ebing, Moll

Die Gerichtsmedizin als Ausgangspunkt für die stark expandierende Beschäftigung der Ärzte mit der Päderastie oder widernatürlichen Unzucht im 19. Jahrhundert lenkte das Interesse der Fortschrittlicherer unter ihnen schließlich auch auf die Frage der Strafrechtsreform. Der Berliner Gerichtsmediziner Johann Ludwig Casper erörterte als erster im deutschsprachigen Raum die Frage nach den Ursachen. 1852 schreibt er: »Die geschlechtliche Hinneigung von Mann zu Mann ist bei vielen Unglücklichen – *ich vermuthe aber bei der Minderzahl* – angeboren.« (*Ueber Nothzucht und Päderastie*, in: *Vierteljahrsschrift für gerichtliche und öffentliche Medicin*, Band 1, 1852, S. 62), einige Jahre später heißt es bei ihm zur »Päderastie«: »Das Laster ist aber weder durch Christenthum, noch durch Civilisation und Strafgesetz getilgt worden [...] *Bei den meisten, die ihm ergeben sind, ist es angeboren* und gleichsam wie eine geistige Zwitterbildung.« (*Practisches Handbuch der gerichtlichen*

Medicin. Biologischer Theil, Berlin 1858, S. 174). Casper verband die Ursachenfrage, die er erstmals aufwarf, noch nicht mit der Forderung nach Straffreiheit für Päderasten. Dies taten erst Ulrichs und die spätere Schwulenbewegung, die sich auf Ulrichs berief.

Die vielleicht beachtlichste Stellungnahme, die Mediziner im 19. Jahrhundert zur Homosexualität abgaben, stammt von den Mitgliedern der *Königlichen wissenschaftlichen Deputation für das Medicinalwesen*, einem Beratergremium der preußischen Regierung, das am 24. März 1869 ein Gutachten zu der Frage abgab, ob »die Unzucht unter Personen männlichen Geschlechts« künftig strafbar oder straffrei sein sollte. Die Deputation kam zu folgendem Ergebnis: »Hiernach sind wir nicht in der Lage, irgend welche Gründe dafür beizubringen, daß während andere Arten der Unzucht vom Strafgesetze unberücksichtigt gelassen werden, gerade die Unzucht mit Tieren oder zwischen Personen männlichen Geschlechtes mit Strafe bedroht werden sollte.« Diese deutlichen Worte von medizinischer Seite wurden immer wieder von Vertretern der Schwulenbewegung zustimmend zitiert, zuerst von Kertbeny und Ulrichs, dann mehrfach von Hirschfeld[6] und anderen. Jedoch wurden sie von den Gesetzgebern nicht beachtet. Der preußische Kultusminister Heinrich von Mühler setzte gegen den Rat der Mediziner die Beibehaltung der Bestrafung durch und war dabei wohl vor allem durch seine christliche Glaubensüberzeugung motiviert.

Albert Moll
Um 1910, Fotografie
Frankfurt am Main, Otto Winckelmann

Der Arzt Albert Moll (1862–1939) war der führende sexualwissenschaftliche Schriftsteller der Jahrhundertwende. In seinem Buch Die konträre Sexualempfindung *(Berlin 1891, 3. Aufl. 1899) beschreibt er weniger die medizinische Seite der Homosexualität als historische, soziale und psychologische Aspekte. Nachdem er anfangs die Hirschfeldsche Schwulenbewegung unterstützte, wurde er etwa ab 1902 einer ihrer aggressivsten Gegner. Er bejahte zwar weiterhin die Straffreiheit für Sex zwischen erwachsenen Männern, glaubte aber, daß Jugendliche vor Verführung geschützt werden müßten. Von Anfang an war seine Grundannahme, daß Homosexualität eine Krankheit sei, die meist durch Verführung entstehe und die mit einer psychologischen Methode, die er entwickelt hatte, geheilt, das heißt in Heterosexualität verwandelt werden könne.*

Der Psychiater Richard von Krafft-Ebing, der seit den achtziger Jahren in zahlreichen Schriften für die Abschaffung der Urningsbestrafung stritt – allerdings mit der These, Urninge seien keine Verbrecher, sondern unglückliche Kranke – hob die Frömmigkeit des Ministers hervor, indem er schrieb: »Obgleich dieses Gutachten von den Koryphäen der medicinischen Facultät in Berlin, darunter Namen wie Virchow, Langenbeck, abgegeben war, gelang es doch dem Einflusse des frommen Cultusministers v. Mühler, ›im Interesse der öffentlichen Moral‹ (wie er an Justizminister v. Leonhardt [...] schrieb) die Bestrafung der Sodomie durchzusetzen, indem der [...] § 175 in das deutsche Reichsstrafgesetzbuch aufgenommen wurde.«[7]

Ähnlich wie für Ulrichs und die Engländer Symonds und Carpenter mit ihrer Überzeugung vom Angeborensein des gleichgeschlechtlichen Liebestriebs gilt für die Mediziner, die sich als Vorkämpfer für die Befreiung der Homosexuellen engagierten, daß ihre Argumentation von Halbheiten und Ambivalenzen gekennzeichnet war: Wenn die Schwulen damit entschuldigt werden, daß man sie für krank erklärt oder von Geburt an ohne Ausweg zu ihren Taten Getriebene, dann verweigert man ihnen den Status der Normalität und Gleichberechtigung. Die Vorurteile werden aus dem Bereich des Verbrechens in den der Krankheit oder Abnormität transformiert, aber nicht wirklich überwunden.

Theodor von Wächter

Unfreiwillig wurde der Theologe und Sozialdemokrat Theodor von Wächter im Jahre 1895 in die Rolle eines Vorkämpfers der Schwulenemanzipation gedrängt, als ihn der Vorsitzende der SPD, August Bebel, aufforderte, aus der Partei auszutreten.[8] Nachdem gerüchtweise in der SPD bekannt geworden war, daß von Wächter homosexuell sei und darüber im *Vorwärts* ironische Andeutungen erschienen, trat von Wächter die Flucht nach vorn an und bekannte sich öffentlich zu seiner »Verirrung«, wie er das damals noch nannte. Nach seiner Trennung von der SPD verfaßte er das Buch *Die Liebe als körperlich-seelische Kraftübertragung*, das 1899 bei Max Spohr in Leipzig, dem Hausverlag der Schwulenbewegung, erschien und neben einem

Theodor von Wächter
1913. Fotografie
Florenz, Villa Romana-Archiv

Als der Theologe Theodor von Wächter 1895 von August Bebel persönlich zum Austritt aus der SPD genötigt worden war, emigrierte er über die Schweiz nach Italien. Das Foto aus dem Jahre 1913 zeigt ihn (links) in Florenz als Leiter des deutschen Künstlerheimes Villa Romana *mit seinen Freunden Georg Greve-Lindau (Mitte) und Hans Gerbig. Sein öffentliches Bekenntnis zur eigenen Homosexualität, das ihm den Rauswurf aus der SPD eingetragen hatte, war damals so mutig wie ungewöhnlich. Es hat ihm aber, abgesehen vom Ende seiner ohnehin bescheidenen politischen Karriere, im späteren Leben keine Nachteile eingebracht. Als er 1942 in Stuttgart nach § 175 zu einer Haftstrafe verurteilt wurde, spielte seine schwulenbewegte Vergangenheit keine Rolle. Wegen seiner schlechten Gesundheit erließ man ihm die Strafe, 1943 starb er.*

erneuten Bekenntnis zur eigenen Homosexualität eine sehr originelle Theorie der Homosexuellenemanziaption auf der Grundlage des Historischen Materialismus enthielt. Dieses Buch und sein mutiges Selbstbekenntnis blieben von Wächters einziger Beitrag zur Schwulenbewegung. Er emigrierte nach Italien und leitete in Florenz das deutsche Künstlerheim Villa Romana. Später kehrte er nach Deutschland zurück, trat hier in die Kommunistische Partei ein, nahm aber keine Verbindung zur Schwulenbewegung auf.

Manfred Herzer

---

1   Ferdinand Karsch, *Heinrich Hössli*, in: *Jahrbuch für sexuelle Zwischenstufen*, Jg. 5 (1903) Band 1, S. 449–556 (auch in: *Heinrich Hössli, Eros – Materialien*, Berlin 1996, S. 35–142).

2   Hubert Kennedy, *Karl Heinrich Ulrichs* (Stuttgart 1990). Hubert Kennedy ist auch Herausgeber des Reprints von Ulrichs' *Forschungen über das Räthsel der mannmännlichen Liebe* in vier Bänden (Berlin 1994).

3   Zitiert bei Kennedy, *Karl Heinrich Ulrichs* S. 242.
4   John Addington Symonds, *The Memoirs*, ed. and introduced by Phyllis Grosskurth (New York 1984) S. 21.

5   Manfred Herzer, *Ein Brief von Kertbeny in Hannover an Ulrichs in Würzburg*, in: *Capri*, Jg. 1 (1987), Nr. 1, S. 25–35.

6   Magnus Hirschfeld, *Die Homosexualität des Mannes und des Weibes* (Berlin 1914) S. 961–962.
7   Richard von Krafft-Ebing, *Der Conträrsexuale vor dem Strafrichter* (Leipzig und Wien 1894) S. 15.

8   Gerd Wilhelm Grauvogel, *Theodor vor Wächter – Christ und Sozialdemokrat* (Stuttgart 1994).

Magnus Hirschfeld

Handschriftlicher Urtext der ersten Petition
an die gesetzgebenden Körperschaften Deutschlands
zwecks Beseitigung besonderer Strafbestimmungen
gegen den homosexuellen Verkehr

Aus: Magnus Hirschfeld,
Geschlechtskunde, Band 4, Stuttgart 1930
Berlin, Schwules Museum

Transkription der ersten Seite
von Hirschfelds Entwurfs einer Petition gegen § 175
(nicht lesbare Wörter sind durch [...] gekennzeichnet):

»*In Anbetracht*, daß die wissenschaftliche Forschung, welche
sich namentlich auf deutschem, englischem und französischem Sprach=
gebiet innerhalb der letzten 26 Jahre sehr ~~intensiv~~/eingehend mit der
Homosexualität ([...] Liebe zu Personen des eigenen Geschlechts) be=
[...]
schäftigt, ausnahmslos das bestätigt hat, was bereits Arthur
[...]
Schopenhauer aussprach, daß die allgemeine örtliche und zeitliche
Ausbreitung der Liebe zu Personen des eigenen Geschlechts ihre
Natürlichkeit beweise

In *Erwägung*, daß es gegenwärtig fast als erwiesen anzusehen ist, daß die
Ursachen dieser auf den ersten Blick so rätselhaften Er=
scheinung in anatomischen *Entwicklungsverhältnissen*
belegen sind, die mit der *bisexuellen* (zwittrigen) Uran=
    des Menschen
lage in Zusammenhang stehen

In ~~Betonung~~ , daß Männer und Frauen von höchster geistiger Bedeu=
   Hinblick darauf daß Namen
tung zweifellos in diesem Sinne empfunden haben, daß Namen wie Sopho=
    Alex. d. Große   Michelangelo
kles, ~~Euripides~~, Socrates, Julius César, Vergil, Shakespeare ~~Byron~~
Molière, J. J. Winckelmann, Graf Platen, ~~Wilbrand~~, ~~König Ludwig II~~,
    der Große   Prinz Eugen v. Savoyen, Karl XII v. Schweden
Friedrich II von Preußen, und viele andere auf der Homosexuellenliste stehen.
  Unter Betonung   [...]
~~In Hinblick darauf~~ , daß der gleichgeschlechtliche Trieb in ebenso hohem
      oft in höherem Maß
Maß zu einer Bethätigung drängt, wie der normale, ja daß
von angesehenen Psychiatern der Standpunkt vertreten wird, daß
die Nichtbefriedigung unter Umständen ~~für~~ auf Körper und Geist
schädigend ~~sein kann~~ wirken kann.
                    nach den Angaben [...]
Unter Berücksichtigung, daß widerwärtige Acte grobsinnlicher Natur
zumal der coitus dorsalis u. oralis [...]   selten [...]
im ~~homo~~conträrsexuellen Verkehr ~~durchaus~~ nicht ~~häufiger~~ verbreiterter sind wie im
              der   Päderastie
normalgeschlechtlichen, ~~daß namentlich päderastische Acte~~ ~~im gewöhnlichen~~
                   coitus analis
~~Sinn zu den größten Seltenheiten~~ gehören«

II. Schwulenbewegung im Kaiserreich

II. 1
DAS WISSENSCHAFTLICH-HUMANITÄRE KOMITEE

Magnus Hirschfeld
1910. Fotografie mit Widmung
Berlin, Staatsbibliothek zu Berlin, Handschriftenabteilung

Magnus Hirschfeld wurde am 14. März 1868 in Kolberg geboren. Nach Medizinstudium, Militärdienst und einer Amerikareise eröffnete er 1894 in Magdeburg eine Praxis für Naturheilkunde. 1896 kam er nach Charlottenburg, schrieb hier seinen Emanzipations-traktat Sappho und Sokrates *und wirkte als treibende Kraft bei der Gründung und beim Aufbau des* Wissenschaftlich-humanitären Komitees (WhK), *dem er mehr als drei Jahrzehnte hindurch als Leiter vorstand. 1929 trat er von diesem Posten zurück und gab damit der zunehmend heftigeren Kritik nach, die mehrere Komitee-Mitglieder an seiner Leitertätigkeit geübt hatten. Im folgenden Jahr begab er sich auf eine Vortragsreise um die Welt, von der er aus berechtigter Furcht vor dem zunehmenden Naziterror nicht mehr nach Deutschland zurückkehrte, sondern im Exil in Frankreich blieb, wo er 1935 an seinem 67. Geburtstag in Nizza starb. Hirschfeld hat sich nie öffentlich zu seiner Homosexualität bekannt. In seinen letzten Jahren zeigt er sich aber stets mit seinem jungen Geliebten Karl Giese, mit dem er seit 1919 zusammenwohnte.*

Die Vorgeschichte 1896/97

Sappho und Sokrates oder Wie erklärt sich die Liebe der Männer und Frauen zu Personen des eigenen Geschlechts? – das war der Titel einer Broschüre, die der schwule Arzt Magnus Hirschfeld unter dem Pseudonym Th. Ramien im August 1896 herausgab und die gewissermaßen das Gründungsmanifest der modernen Schwulenbewegung werden sollte. Damals waren bereits ziemlich viele Publikationen im Buchhandel, in denen Gerechtigkeit für die Urninge, Uranier, Konträrsexuellen oder Homosexuellen – dies nur einige der vielen damals üblichen Bezeichnungen für schwule Männer – gefordert wurde, daß aber gerade *Sappho und Sokrates* zum Ausgangspunkt der Schwulenbewegung werden sollte, hatte in einer Reihe glücklicher personeller Zufälle seinen Grund. Hirschfeld hatte, wie er später erzählte, seinen Verleger Max Spohr ermächtigt, jedem, der danach fragen würde, den wirklichen Namen und die Adresse von »Th. Ramien« mitzuteilen. Ob Hirschfeld dabei schon die Idee einer Schwulenorganisation vorschwebte, wissen wir nicht, doch war Eduard Oberg »der erste«, der nach der *Sappho und Sokrates*-Lektüre mit dem Autor in Verbindung trat, maßgeblich an der Verwirklichung der Idee einer Kampforganisation zur Befreiung der Homosexuellen beteiligt. Oberg habe bei Hirschfeld »durch die erste Schilderung seiner Lebensschicksale und seine von ausgeprägtestem Gerechtigkeitssinn erfüllten Darlegungen« die Überzeugung gefestigt, »daß energische Schritte unternommen werden müßten, um der so höchst unwürdigen Lage der Homosexuellen ein Ende zu bereiten.« Am 1. Oktober 1896 reiste Oberg von Hannover, wo er als Beamter bei der Eisenbahn beschäftigt war, nach Charlottenburg, um mit Hirschfeld über das Projekt einer Schwulenorganisation zu sprechen. In den folgenden Monaten entwickelte sich zwischen Oberg, Hirschfeld und dem Verleger Spohr ein reger Briefwechsel, »in dem wir uns berieten, was wohl geschehen könne und müsse, um das Los der Homosexuellen zu bessern. Am 15. Februar 1897 fuhr ich nach Leipzig, um Spohr persönlich kennenzulernen. Auf der Eisenbahnfahrt dorthin kam mir der Gedanke, eine kurze Zusammenfassung der Gründe niederzuschreiben, aus denen sich meines Erachtens sowohl für die öffentliche Meinung als auch für die gesetzgebenden Körperschaften die Unhaltbarkeit des § 175 ergeben müßte. Es war unsere alte, neuerdings wieder mit gleichem Wortlaut in Umlauf gesetzte Petition. Ich legte dieses Schriftstück Spohr vor, der, wie man zu sagen pflegt, Feuer und Flamme war. Er erbot sich, um die für den Vertrieb der Petition notwendigen Mittel zusammenzubringen, sogleich an einige Herren heranzutreten, bei denen er eine lebhafte Anteilnahme an unseren Ideen voraussetzen zu können glaubte. Ich wollte mich inzwischen bemühen, einige Namen von Bedeutung als erste Unterzeichner zu gewinnen. Beides geschah.«

Die Gründungsphase 1897-1899

Über die Gründung des WhK sind wir nur aus einer einzigen Quelle unterrichtet. Magnus Hirschfeld, der in seiner Charlottenburger Wohnung am 15. Mai 1897 mit drei weiteren Herren – dem Leipziger Verleger Max Spohr, dem Hannoverschen Eisenbahnbeamten Eduard Oberg und dem preußischen Oberleutnant a. D. Franz Joseph von Bülow –zusammentraf, um der Welt erste Schwulenorganisation zu gründen, hat wiederholt in autobiographischen Texten davon erzählt. Von den anderen Beteiligten sind entsprechende Berichte nicht bekannt, und Hirschfelds Aufzeichnungen weichen in manchen Details voneinander ab. Anlaß der Gründung war, daß man Unterschriften berühmter und respektabler Bürger unter eine Petition sammeln wollte, die von den gesetzgebenden Körperschaften Reichstag und Bundesrat die Streichung des § 175 aus dem Reichsstrafgesetzbuch verlangen sollte.

Dr. med. Th. Ramien (Magnus Hirschfeld)
Sappho und Sokrates oder Wie erklärt sich die Liebe der Männer und Frauen zu Personen des eigenes Geschlechts
Leipzig: Verlag von Max Spohr 1896
Berlin, Berlinische Galerie

Obwohl der Titel Sappho und Sokrates *den Eindruck erweckt, als gehe es hier gleichermaßen um Lesben und Schwule, werden die Lesben nur beiläufig erwähnt. Im Vorwort nennt Hirschfeld als Anlaß zum Schreiben den Selbstmord eines jungen schwulen Mannes, der in seinem Abschiedsbrief an Hirschfeld von »einem doppelten Fluch, dem der Natur und dem des Gesetzes« gesprochen habe, durch den ihm das Leben verleidet worden sei.*

Eduard Oberg
Um 1890. Fotografie
Berlin, Schwules Museum

Eduard Oberg (1858–1917) wurde nach einer Juristenausbildung Eisenbahnbeamter in Hannover. Um seine Beamtenstellung nicht zu gefährden, verrichtete er seine Tätigkeit im WhK in den Anfangsjahren inkognito. 1908 schreibt Hirschfeld im Jahrbuch für sexuelle Zwischenstufen, *daß den »Staatsbeamten aus Hannover«, dessen Name »aus naheliegenden Gründen verschwiegen bleiben muß [...] später ein schweres Nervenleiden befiel«. Möglicherweise ist er wegen dieses Leidens aus dem Dienst ausgeschieden. Im Jahrbuch von 1910 wird er erstmals namentlich erwähnt: Der »Privatier Eduard Oberg, Berlin SW 47, Hagelberger Str. 21« war am 30. April 1910 auf der Generalversammlung zum WhK-Obmann und Schriftführer gewählt worden. Am 1. oder 2. Oktober 1917 beging er aus unbekannten Gründen Selbstmord.*

Als im Jahre 1922 das 25jährige Jubiläum des Wissenschaftlich-humanitären Komitees gefeiert wurde, gab Hirschfeld in der Berliner Schwulenzeitschrift *Die Freundschaft* den wohl genauesten Bericht von der Komitee-Gründung:

»Am 15. Mai 1897 trafen Spohr und Oberg sich in meiner Wohnung in Charlottenburg. Um unseren Anschriften mehr Nachdruck zu geben, die Grundlagen unseres Vorgehens zu kennzeichnen, Interessenten, vor allem die Homosexuellen selbst, zur ideellen und materiellen Unterstützung wachzurufen, beschlossen wir, uns als Wissenschaftlich-humanitäres Komitee zu konstituieren. Die Ausarbeitung und der Vertrieb der Drucksachen wurde mir, die Drucklegung und die Verwaltung der Mittel Spohr übertragen. Oberg konnte als Regierungsbeamter vorläufig nur ›hinter den Kulissen‹ tätig sein. Noch ein vierter Herr wohnte unserer Zusammenkunft bei, der kurz vorher auf Veranlassung von Meerscheidt-Hüllessem zu mir gekommen war: Franz Josef von Bülow [...] Bei unserer ersten Zusammenkunft beschränkten wir vier uns, Form und Inhalt meines Petitionsentwurfs zu beraten, der allseitig Billigung fand. Dann besprachen wir die Wege ihrer Verbreitung. Schon damals beschäftigte uns die Frage, ob Qualitäts- oder Quantitätsunterschriften vorzuziehen seien. Wir entschieden uns für die Qualität und beschlossen, die Versendung an Hand von Kürschners Literaturlexikon vorzunehmen. Zur Bestreitung der ersten Unkosten legte von Bülow zweihundert, jeder von uns anderen je einhundert Mark auf den Tisch, natürlich in soliden Goldstücken, die damals noch keine Sehenswürdigkeit bildeten. Dann gelobten wir uns, solange die gesetzliche und gesellschaftliche Ächtung Homosexueller währt, gegen diese Kulturschmach mit allen geistigen Kräften zu kämpfen. Die drei toten Freunde haben ihr Gelöbnis gehalten. Ich auch.«[2]

Max Spohr

Aus: *Jahrbuch für sexuelle Zwischenstufen*,
Jg. 8 (1906)
Berlin, Schwules Museum

Der Buchhändler Max Spohr (1850–1905) hatte sein Leipziger Verlagsunternehmen 1881 gegründet. Seit 1893 erschienen bei ihm immer mehr Titel mit schwuler – seltener mit lesbischer – Thematik. Unter den vier Männern, die das WhK gründeten, war er anscheinend der einzige Heterosexuelle, jedenfalls gibt es keinerlei Hinweise, daß er sich aus anderen als »wissenschaftlich-humanitären« Gründen für die »Befreiung der Homosexuellen« engagierte. Als er 1905 an einem Krebsleiden starb, führte sein Bruder Ferdinand den Verlag in seinem Sinne weiter. Schwule Emanzipationsliteratur war aber stets nur ein relativ kleiner Bereich im Titelsortiment des Spohr-Verlags.

Franz Joseph von Bülow

Aus: Franz Joseph von Bülow, *Deutsch-Südwestafrika – Drei Jahre im Lande Hendrik Witboois* (Berlin 1896)
Berlin, Schwules Museum

Der Königlich preußische Premierlieutenant a. D. Franz Joseph von Bülow (1861–1915) war der »vierte Herr«, der neben Spohr, Hirschfeld und Oberg an der WhK-Gründung teilnahm. Gemäß der Eintragung im Gothaischen Adelskalender ist er im Jahr danach eine Ehe mit der fünfzehn Jahre älteren Konstanze von Goldacker, Herrin auf Mahlsdorf, eingegangen, die aber im Mai 1899 schon wieder geschieden wurde. Anfang der neunziger Jahre war er in der Kolonie Deutsch-Südwestafrika bei der Unterdrückung von Eingeborenen-Aufständen eingesetzt und erblindete infolge einer Kriegsverletzung, die er sich dort zugezogen hatte. An der Komitee-Arbeit beteiligte er sich nicht, sondern lebte, bis er bei Kriegsbeginn 1914 aus Italien ausgewiesen wurde, in seinem Haus in Venedig.

Die ersten vier »Qualitätsunterschriften«, die man für die Petition einwarb, waren durchaus qualitätsvoll. August Bebel, der Vorsitzende der SPD, Richard Freiherr von Krafft-Ebing, der berühmte Autor der *Psychopathia sexualis* und Psychiatrieprofessor an der Wiener Universität, Ernst von Wildenbruch, der konservative Hofdichter und Freund des Kaisers, und Franz von Liszt, der liberale Strafrechtslehrer, werden stets als die Erstunterzeichner genannt, und es war gewiß die Strahlkraft dieser vier Namen, die zunächst hunderte und bald schon tausende veranlaßte, die Forderungen der Petition nach Straffreiheit für schwulen Sex zu unterstützen. Die politische Rechtlosigkeit der Frau in jener Zeit war anscheinend der Grund dafür, daß man sich um die Unterschriften berühmter Frauen gar nicht bemühte. Um so erstaunlicher ist es, daß sich zwischen den vielen Männerunterschriften der Name einer einzigen Frau findet, im Nachtrag zur Unterschriftenliste von 1902 liest man: »Dr. med. Agnes Hacker, Berlin«. Erst als 1919 das Frauenstimmrecht eingeführt war, bemühte man sich auch um die Unterschriften prominenter Frauen.

Im Dezember 1897 wurde die Petition in einer gedruckten Broschüre den Mitgliedern des Reichstags und Bundesrates vorgelegt, und am 13. Januar 1898 begründete August Bebel im Reichstagsplenum die Forderung nach Beseitigung der sogenannten widernatürlichen Unzucht als Straftatbestand. Bebel argumentierte dabei keineswegs auf der schwulenfreundlichen Linie der Petition. Indem er es vermied, die mehr oder weniger offene Homophobie in der eigenen Partei zu provozieren, wies er nur auf die Inkonsequenz und faktische Unmöglichkeit hin, den § 175 anzuwenden. Ein Gesetz, das nur willkürlich in seltenen Ausnahmefällen angewendet werde, sollte schon wegen der Ungerechtigkeit, die mit dieser Willkür verbunden sei, abgeschafft werden. Wenn »die Polizei pflichtgemäß ihre Schuldigkeit thäte« und das

Verbrechen gegen § 175 konsequent verfolgen würde, dann müßten allein für Berlin »zwei neue Gefängnisanstalten« gebaut werden, denn es handelte sich »um Tausende von Personen aus allen Gesellschaftskreisen«.[3]

Obwohl auch andere führende Sozialdemokraten wie Karl Kautsky und Eduard Bernstein die Petition unterzeichnet hatten und die SPD, der Hirschfeld als Mitglied angehörte, als einzige politische Partei die Ziele der Schwulenbewegung mittrug, gab es auch dort heftigste Homophobie. So hat beispielsweise Bebel persönlich daran mitgewirkt, den schwulen

Schriftsteller Theodor von Wächter aus der Partei auszuschließen, als dieser 1895 seine »abnorme geschlechtliche Neigung« öffentlich bekannte und dafür die Zustimmung der Parteileitung einholen wollte.[4]

Aus heutiger Sicht entsteht der Eindruck, als habe das Wissenschaftlich-humanitäre Komitee in den ersten Jahren seines Bestehens in seinem Hausverlag, dem Verlag von Max Spohr in Leipzig, vor allem eine Fülle von Druckschriften herausgegeben, in denen es seine Ziele propagierte und sexualwissenschaftlich zu begründen versuchte. Die Broschüre *§ 175 des Reichsstrafgesetzbuchs. Die homosexuelle Frage im Urteile der Zeitgenossen* von 1898 enthält neben dem Text der Petition und einer Auswahl der glänzendsten Namen von Unterstützern eine kommentierte Blütenlese von Reaktionen auf die Petition. Im gleichen Jahr wurden die zwölf Hefte mit *Forschungen über das Rätsel der mannmännlichen Liebe* von Karl Heinrich Ulrichs neu herausgegeben. In Ulrichs' Schriften aus den sechziger und siebziger Jahren waren die politischen und sexualwissenschaftlichen Ideen, auf die sich die Tätigkeit des Wissenschaftlich-humanitären Komitees gründete, im wesentlichen vorformuliert. Mit der Neuausgabe seiner Schriften sollte nicht nur Ulrichs als Vorläufer und Vorkämpfer geehrt werden, zugleich war beabsichtigt, eine naturwissenschaftliche und kulturwissenschaftliche Grundlegung für den politischen Kampf zu schaffen, den man in den kommenden Jahren führen wollte. Die wohl bedeutendste publizistische Leistung aber war nach der Neuausgabe der Ulrichs'schen Schriften 1899 der erste Jahrgang des *Jahrbuchs für sexuelle Zwischenstufen*.

Hirschfeld hatte schon in *Sappho und Sokrates* gegenüber Ulrichs eine gewissermaßen revisionistische Position eingenommen. Er betonte zwar, daß die Liebe zu Personen des gleichen Geschlechts weder Krankheit noch Verbrechen sei, meinte aber auch, es handele sich dabei um eine »angeborene Hemmungsbildung«, um eine »Störung der Evolution«, die er fatalerweise mit Hasenscharte und Wolfsrachen verglich. Die damals maßgebliche Mehrheit der Wissenschaftler, Theologen und Politiker hielt in der Frage der Homosexualität

Richard Freiherr von Krafft-Ebing
Aus: *Jahrbuch für sexuelle Zwischenstufen*, Jg. 5 (1903)
Berlin, Schwules Museum

Der Wiener Professor für Psychiatrie und Nervenkrankheiten Richard Freiherr von Krafft-Ebing (1840–1902) war nach eigenem Bekunden durch die Lektüre der Schriften von Karl Heinrich Ulrichs auf das Thema Homosexualität aufmerksam geworden und publizierte seit 1877 die Resultate seiner einschlägigen Forschungen. 1886 erschien die erste Auflage seines berühmten, in viele Sprachen übersetzten Hauptwerks Psychopathia sexualis, *in dem er von Anfang an forderte, daß die Urninge »straflos« bleiben sollten, »sofern sie sich innerhalb der Schranken bewegen, die überhaupt der Bethätigung des Sexualtriebs gezogen sind«. (S. 104) Später entfaltete er eine regelrechte Agitation für die Straffreiheit der Urninge und Urninden in Deutschland und Österreich, so daß es für ihn selbstverständlich war, die Petition des WhK gegen den deutschen § 175 mit seiner Unterschrift zu unterstützen.*

Leopold von Meerscheidt-Hüllessem
Aus: *Jahrbuch für sexuelle Zwischenstufen*, Jg. 4 (1902)
Berlin, Schwules Museum

Der Königlich preußische Polizeidirektor Leopold von Meerscheidt-Hüllessem (1849–1900) wurde vom WhK aus Anlaß seines Todes ausgiebig gewürdigt, weil er die anscheinend seit langem praktizierte liberale Linie der Berliner Polizei gegenüber den Schwulen dahingehend steigerte, daß er die Zusammenarbeit mit der Schwulenbewegung suchte. Hirschfeld schreibt im Jahrbuch für sexuelle Zwischenstufen des Jahrgangs 1901 über ihn: »Ihm [...] war es in erster Linie zuzuschreiben, daß die Berliner Behörden den Urningen gegenüber seit Jahren eine so einsichtsvolle Stellung einnehmen. Ich habe wiederholt persönlich mit Herrn von Hüllessem verhandelt, wenn Homosexuelle sich in ihrer Not an mich wandten, und stets das größte Verständnis gefunden.« (S. 607)

August Bebel

Aus: Magnus Hirschfeld, *Geschlechtskunde*, Band 4,
(Stuttgart 1930)
Berlin, Schwules Museum

*Es war wohl Magnus Hirschfeld, der den Vorsitzenden
der Sozialdemokratischen Partei August Bebel
(1840–1913) in persönlichen Gesprächen davon überzeugte, daß der § 175 abgeschafft werden müsse und
daß Bebels Unterschrift unter die Petition des WhK
dabei hilfreich sei. Dabei war Bebels Einstellung
gegenüber Schwulen durchaus zwiespältig und
schwankend, was in manchen Bemerkungen in seinem
Buch* Die Frau und der Sozialismus *und in seiner
Beteiligung am Ausschluß des bekennenden Schwulen
Theodor von Wächter aus der SPD zum Ausdruck
kommt.*

Franz Ritter von Liszt

Aus: *Zeitschrift für die gesamte Strafrechtswissenschaft*,
Jg. 32 (1911)
Berlin, Schwules Museum

*Der Strafrechtler Franz Ritter von Liszt (1851–1919) war,
als er die Petition unterschrieb, Professor in Halle,
1899 kam er als Ordinarius für Strafrecht nach Berlin.
1912–1918 saß er im Reichstag als Abgeordneter der
Fortschrittlichen Volkspartei. Weitere Verbindungen
zum WhK nach seiner Petitionsunterschrift scheint es
nicht mehr gegeben zu haben. Kurt Hiller erzählt, daß
er 1907 bei Liszt über Homosexualität, Abtreibung und
Selbstmord als Probleme des Strafrechts promovieren
wollte und daß Liszt dies ablehnte, weil es kein
juristisches, sondern ein philosophisches Thema sei.
Hiller mußte schließlich in Heidelberg den juristischen
Doktortitel erwerben.*

an der traditionellen Doktrin fest, die auch die Grundlage für die Bestrafung bildete und die etwa besagte, daß hier ein Verbrechen vorliege, für das die Täter so verantwortlich seien wie Diebe für ihren Diebstahl oder Mörder für ihren Mord und das der Staat durch die abschreckende Strafe vergelte. Demgegenüber vertrat eine Minderheit eine neue Anschauung, die seit den fünfziger Jahren vor allem von Irrenärzten und Gerichtsmedizinern entwickelt worden war und derzufolge schwuler Sex Symptom einer von Geburt an entarteten oder degenerierten Konstitution sei, für die die so Veranlagten keine Schuld treffe. Es scheint, als ob Hirschfeld mit seiner Hasenschartenanalogie einen Kompromiß oder einen Vermittlungsversuch zu den Vertretern dieser modernsten Variante des antischwulen Vorurteils herstellen wollte. So ist es wohl auch zu verstehen, daß im *Jahrbuch für sexuelle Zwischenstufen* immer wieder Autoren zu Wort kamen, die Methoden der Heilung der Homosexualität anpriesen. Das begann mit Albert Moll[5], wurde mit dem Psychoanalytiker Isidor Sadger[6] fortgesetzt und endete schließlich mit Eugen Steinach[7], der Schwule mittels Hodentransplantation in Heterosexuelle verwandeln wollte.

Bis zur tiefsten Krise: Secession und Eulenburg-Affäre (1900–1907)

Allmählich bekam das Wissenschaftlich-humanitäre Komitee eine festere Struktur. Von Jahr zu Jahr stieg die Zahl der Mitglieder oder »Fondszeichner« für den »Fonds zur Befreiung der Homosexuellen«. War 1899 in der »II. Abrechnung« noch von »Geschäftsstellen« in Leipzig, Berlin und Hannover die Rede, so wird schon bald Berlin als die »Centrale« bezeichnet, Hirschfeld, in dessen

Wohnung anscheinend die Centrale untergebracht ist, als »Vorsitzender des Komitees« und die Organisationsteile außerhalb Berlins heißen schließlich »Subkomitees« (*Jahrbuch für sexuelle Zwischenstufen*, Jg. 4, 1902, S. 974). Weil sie eine »besonders rührige Tätigkeit entfalten«, werden das Hamburgische, das Hannoversche und das Südwestdeutsche Subkomitee ausdrücklich hervorgehoben. Für die Mitglieder gibt es zunächst »Konferenzen«, später »Halbjahreskonferenzen« und »Vierteljahresversammlungen« und einmal jährlich eine »Generalversammlung«. Im Monatsbericht vom November 1903 finden wir erstmals die Versammlungsstätte, in der das Wissenschaftlich-humanitäre Komitee in den nächsten zwanzig

Ernst von Wildenbruch
1882. Aus: Berthold Lützmann, *Ernst von Wildenbruch*,
Band 1 (Berlin 1913)
Berlin, Schwules Museum

Ernst von Wildenbruch (1845–1909) war ein Enkel des Prinzen Louis Ferdinand von Preußen und der beliebteste Autor patriotisch-reaktionärer Theaterstücke der Wilhelminischen Epoche. So ist es einigermaßen rätselhaft, daß es Max Spohr gelang, von Wildenbruch zu veranlassen, als einer der ersten die Petition gegen den § 175 zu unterschreiben. Weitere einschlägige Aktivitäten des Dichters sind nicht bekannt. In seinem Nachlaß in Weimar gibt es nur Spohrs Brief, in dem er um die Unterschrift bittet.

Hermann Freiherr von Teschenberg in Frauenkleidern
Aus: *Jahrbuch für sexuelle Zwischenstufen*, Jg. 4 (1902)
Berlin, Schwules Museum

Hermann Freiherr von Teschenberg (1866–1911) war seit dem Frühjahr 1898 bis 1905, als er infolge einer Herzerkrankung arbeitsunfähig wurde, einer der aktivsten Mitarbeiter des WhK. Und er war wohl das einzige WhK-Mitglied, das sich öffentlich zu seiner Veranlagung bekannte. Hirschfeld erzählt in seinem Nachruf auf Teschenberg: »Eine Tat selbstloser Aufopferung war es, daß er sein Bild in Frauenkleidern zur Veröffentlichung in den Jahrbüchern zur Verfügung stellte, eine Tat, als er gelegentlich eines von mir gehaltenen Vortrages nach einem heftigen Angriff auf meine Ausführungen auf die Tribüne trat, um in tiefster Erregung, dabei aber doch mit größter Schlichtheit und Sachlichkeit seine eigene Lebensgeschichte vorzutragen. Durch das selbstlose Einsetzen seiner Person für eine gerechte Sache, das er in diesen und vielen anderen Fällen bewies, machte er stets einen tiefen Eindruck und überzeugte viele.«
(Jahrbuch 12, S. 245)

Jahren seine Tagungen abhalten sollte: das Hotel *Altstädter Hof*, Neuer Markt 8–12, in einem Häuserblock zwischen Schloß und Marienkirche.

Es entwickelte sich eine Art Vereinsleben: »Außer diesen mehr geschäftlichen Hauptsitzungen [den Konferenzen] fanden seit Mai 1901 in Berlin regelmäßige Monatsversammlungen statt, welche unter lebhafter Beteiligung wissenschaftlichen Fragen, künstlerischen Darbietungen sowie geselligem Meinungsaustausch gewidmet waren. Von Themen, die an diesen Abenden zur Diskussion standen, nennen wir, Daseinsberechtigung der Homosexuellen, Uranismus und Frauenfrage, Verwertung des homosexuellen Empfindens in der Dichtung, Beziehungen zwischen Kunst und Homosexualität, Mitteilungen über den urnischen Komponisten v. Holstein, über die sexuelle Individualität Shakespeares etc. Zwischen den Debatten fanden musikalische oder litterarische Produktionen statt, welche Homosexuelle teils zu Verfassern, teils zu Interpreten hatten.«[8]

Seit etwa 1904 gab es Bestrebungen, eine Art kollektives Führungsgremium an der Spitze des Wissenschaftlich-humanitären Komitees zu bilden. Es bekam die Bezeichnung »Obmännerkommission« und bestand zuerst aus sieben Männern: Magnus Hirschfeld als Vorsitzender, der Berliner Arzt Georg Merzbach, der Amsterdamer Arzt Lucian von Römer, der Schriftsteller Hermann Freiherr von Teschenberg, der Mailänder Theologe Caspar Wirz, der Fabrikbesitzer J. Heinrich Dencker aus Sulingen und der Rittergutsbesitzer Wilhelm Jansen aus Friemen bei Kassel.[9]

Die Zahl der Obmänner wurde im Laufe der Jahre immer mehr erhöht. 1910 gab es schon vierzig Obmänner, darunter erstmals zwei Frauen, Toni Schwabe und Gertrud Topf. 1914 hatte das »Obmänner-Kollegium« siebzig Mitglieder, darunter fünf Frauen.

Auf der Konferenz im Mai 1902 beschloß man, dem Vorsitzenden »einen bezahlten Sekretär beizugeben«, es wurde eine Bibliothek für die Mitglieder eröffnet und die Propaganda für die Befreiung der Homosexuellen durch Druckschriften, öffentliche Vorträge und Einwerbung von Petitionsunterschriften forciert.

Die Kritik, die ziemlich bald von schwuler Seite, aus dem Kreis um Adolf Brand, an Ideologie und Taktik des Komitees und an der Politik

II. Abrechnung.*)

Für den Fonds zur **Befreiung der Homosexuellen** gingen bei dem wissenschaftlich-humanitären Comité ein:

1898			-Mk.
Febr. 25.	Cassa-Bestand		407.—
März 2.	Spende von S. M. 100 aus Essen a. R.		5.—
„ 21.	„ „ J. R. Forster, Zürich. 5 Frcs. =		4.—
„ 30.	„ „ Dorian Gray aus Monte Carlo 100 Frcs. =		80.—
April 2.	„ P. S. in München		10.—
„ 13.	„ X. Z. 2285 aus Berlin		25.—
„ 17.	„ E. W. H. in L.		5.—
Mai 10.	„ E. O. in H.		1.70
„ 19.	„ „Viribus unitis" 20 fl. =		34.—
	„ „ Dorian Gray in Wien 30 fl. =		51.—
„ 29.	„ aus Hamburg		50.—
„ 21.	„ von Anonymus durch Dr. H.		50.—
Juni 3.	„ A. A. in Genf		5.—
	„ F. B. in M.		300.—
„ 20.	„ O. L. in M.		200.—
	„ O. L. in M.		100.—
„ 24.	„ C. in S.		300.—
„ 27.	„ v. O. in M.		20.—
Juli 1.	„ Ungenannt aus Danzig		3.—
„ 26.	„ L. O. in M.-M.		50.—
August 3.	„ E. W. H. in L.		5.—
„ 22.	„ L. A. in N. P.		50.—
Sept. 3.	„ P. S. in München		10.—
	„ K. S. in München		10.—
		Transport	1770.70

*) I. Abrechnung befindet sich in Dr. Hirschfeld's Buche „Die homosexuelle Frage im Urtheile der Zeitgenossen".

			Transport	1770.70
Okt. 24.	Spende von B. in N. durch Dr. G.			300.—
„ 26.	„ C. A in E.			11.23
„ 30.	„ R. S. 123 durch Dr. H;			100.—
Nov. 10.	„ D. in S			100.—
	„ E. W. H. in L.			5.—
„ 28.	„ einer Nicht-Urning aus Meran 10 fl. =			16.80
1899.				
Jan. 7.	„ Dorian Gray in Triest 30 fl. =			51.—
Febr. 3.	„ ein platonisch. Uraniden in Hannover			3.—
„ 13.	„ E. W. H. in L.			5.—
„ 24.	„ Pherender in M.			12.25
März 2.	„ K. H. in E.			20.—
April 5.	„ P. S. in M.			10.—
„ 10.	„ Dorian Gray in Wien 30 fl. =			51.—
			Sa. Mk.	2455.98
25/2 98—12/4 99.	Ausgaben d. Geschäftsstelle in Leipzig für Drucksachen, Porti, Litteratur, Buchbinderkosten, Papier.		Mk.	1163.82
25/2 98—12/4 99.	Ausgaben d. Geschäftsstelle in Berlin I für Portospesen, Schreibgebühr, Papier und Propagandazwecke		Mk.	1050.—
25/2 98—12/4 99.	Ausgaben d. Geschäftsstelle Berlin II für Propaganda		Mk.	150.—
25/2 98—12/4 99.	Ausgaben d. Geschäftsstelle Hannover für Propaganda-Zwecke		Mk.	87.70
1899 April 12.	Cassa-Uebertrag		Mk.	4.46
			Mk.	2455.98
1899 April 12.	Cassa-Bestand-Vortrag		Mk.	4.46

Das wissenschaftlich-humanitäre Comité.
I. A.: Max Spohr, Verlagsbuchh. Leipzig.

II. Abrechnung.

Einnahmen und Ausgaben des »Wissenschaftlich-humanitären Komitees« im Jahr 1899

Aus: *Jahrbuch für sexuelle Zwischenstufen,* Jg. 1 (1899)
Berlin, Egmont Fassbinder

Die ersten Jahrgänge des Jahrbuchs für sexuelle Zwischenstufen *enthielten Abrechnungen wie diese, die dem ersten Jahrgang entnommen ist und eine Vorstellung von der finanziellen und personellen Größenordnung der WhK-Tätigkeit vermittelt. Von 1898 bis 1905 gab es einen kontinuierlichen Aufschwung, die Einnahmen wuchsen von 2.448,98 Mark (1899) auf 18.190,69 Mark (1905), die Zahl der Fondszeichner, also derer, die regelmäßig Mitgliedsbeiträge zahlten, von 36 auf 408. Für 1906 liegen, wohl wegen des Konflikts um die Abspaltung der Friedlaender-Gruppe, keine Zahlen vor. Danach wurden solche Zahlen nur noch sporadisch publiziert. Aus ihnen geht hervor, daß das WhK nach der Friedlaenderschen Sezession und der Eulenburg-Affäre nie wieder das quantitative Niveau wie vorher erreichte. So betrugen die Einnahmen 1909 weniger als ein Drittel der Einnahmen von 1905. Im Monatsbericht vom Mai 1907 wird auf S. 90 beiläufig erwähnt, daß das WhK »ca. 500 Mitglieder« habe. Das war wohl das Maximum. Danach schrumpfte die Zahl infolge der Eulenburg-Affäre »um mehr als die Hälfte«, heißt es im Jahrbuch von 1923. Spätere Zahlen wurden nicht bekanntgegeben, sie dürften nie mehr den Stand von 1907 erreicht haben.*

seines Vorsitzenden Hirschfeld laut wurde, fand etwa seit 1903 in der Person Benedict Friedlaenders auch innerhalb der Organisation einen Sprecher. Der Konflikt, der schließlich zur Spaltung des Wissenschaftlich-humanitären Komitees, zur »Sezession« einer Minderheit führte, die einen *Bund für männliche Kultur* gründete, nahm in Friedlaenders Theorie seinen Ausgangspunkt. Diese Theorie, die in einer schwungvollen Sprache formuliert war, verknüpfte recht originell mehrere damals aktuelle Strömungen zu einer neuartigen Verteidigung der Schwulen. Friedlaender definierte das Schwulsein um, indem er ihm einen neuen Namen verpaßte, »physiologische Freundschaft«, und den schwulen Sex, der ansonsten als das Anstößigste und eigentlich Verächtliche an den Schwulen galt, erklärte er zu einem zu vernachlässigenden Grenzfall der physiologischen Freundschaft, die eine menschliche Gattungseigenschaft und als solche Grundlage von Staat und Gesellschaft sei. Damit waren die Schwulen wegerklärt und in einer allgemeinen, eher sublimierten Homosexualität verschwunden. Daß die Wirklichkeit etwas anders aussah, erklärte Friedlaender in der Nachfolge der damals äußerst populären Philosophen Schopenhauer und Nietzsche sowie seines persönlichen Lieblingsphilosopher Eugen Dühring mit einer zweitausendjährigen Verschwörung der Priester der christlichen Kirchen im Bündnis mit den Frauen. Die Zerstörung der »männlichen Kultur« und der männlich-physiologischen Freundschaft werde letztlich zum Untergang der »weißen Rasse« führen, wenn es nicht gelinge, eine »Renaissance des Eros Uranios« herbeizuführen: »Die zunehmende Gynäkokratie, auf deutsch Weiberherrschaft, ist ein der ganzen weißen Rasse gemeinsamer Krebsschaden, der gerade jetzt, wo ein Entscheidungskampf mit der gelben Rasse in Sicht ist, gar nicht ernstlich genug betrachtet werden kann.«[10]

Um die Jahreswende 1906/07 kam es zur »Sezession«, 1908 gründeten die Sezessionisten mit Friedlaender an der Spitze einen *Bund für männliche Kultur*, der aber schon im darauffolgenden Jahr, bald nach Friedlaenders Selbstmord, sang- und klanglos von der Bildfläche verschwand.

Die größere, »die schwerste Krisis, welche seit seiner Gründung zu verzeichnen ist«, brach über das Komitee im Herbst 1907 herein. Sie bestand hauptsächlich in einem Stimmungsumschwung der öffentlichen Meinung gegen die Schwulen infolge zweier Gerichtsprozesse:

• Am 29. Oktober. 1907 endete der Zivilprozeß, den der Generaladjutant des Kaisers, Kuno Graf von Moltke, gegen den Journalisten Maximilian Harden wegen Beleidigung angestrengt hatte, mit Hardens Freispruch. Hirschfeld hatte in seinem Sachverständigengutachten ausgeführt, daß bei Moltke eine »ihm selbst nicht bewußte Veranlagung« zur Homosexualität vorliege. Hardens Angriffe auf Moltke waren demnach nicht beleidigend, sondern nach Meinung des Gerichts zutreffend.

• Im zweiten Prozeß, der eine Woche später, am 6. November 1907 endete, ging es ebenfalls um Beleidigung. Adolf Brand wurde zu 18 Monaten Gefängnis verurteilt, weil er den Reichskanzler Bernhard von Bülow in einem Flugblatt als homosexuell bezeichnet hatte und dies nicht beweisen konnte. Entscheidend für die Stimmung gegen Hirschfeld und das WhK war, daß Brand behauptete, Hirschfeld habe ihm von Bülows Homosexualität erzählt.

Benedict Friedlaender

Aus: Benedict Friedlaender, *Die Liebe Platons im Lichte der modernen Biologie* (Treptow bei Berlin 1909)
Berlin, Schwules Museum

Der Zoologe Dr. Benedict Friedlaender (1866–1908) kam etwa 1903 zum WhK und unterstützte es mit erheblichen Geldbeträgen. Als er einsehen mußte, daß er das Komitee nicht auf seine Theorie von der ›physiologischen Freundschaft‹ einschwören konnte, veranstaltete er mit einigen Getreuen Anfang 1907 eine Abspaltung, die sich in einem nur sehr kurzlebigen Bund für männliche Kultur *organisierte.*

Ferdinand Karsch und Caspar Wirz

Aus: Magnus Hirschfeld, *Geschlechtskunde*,
Band 4 (Stuttgart 1930)
Berlin, Schwules Museum

Der Zoologe Ferdinand Karsch (1853–1936) war einer der wichtigsten und produktivsten Autoren des Jahrbuchs für sexuelle Zwischenstufen, *wo er vor allem über historische und ethnologische Themen schrieb. 1911 erschien sein Standardwerk* Das gleichgeschlechtliche Leben der Naturvölker. *Danach zog er sich, aus unbekannten Gründen, aus der WhK-Arbeit zurück. – Der Schweizer Theologe Caspar Wirz (?–1915) war im WhK für die Auseinandersetzung mit militanten Kirchenfunktionären zuständig, die mit einer speziellen Bibelauslegung und der sogenannten Sittlichkeitsbewegung zu den rührigsten Gegnern der Schwulenbewegung gehörten.*

Die Ereignisse der Jahre 1907 bis 1909 werden oft als «Eulenburg-Affäre» bezeichnet. Tatsächlich bildete der Kampf Hardens gegen den Fürsten Eulenburg, den intimen Freund und Berater des Kaisers, den eigentlichen Kern dieses juristischen Medienspektakels. Bereits im Juni 1907 hatte Harden sein Hauptziel erreicht, als Eulenburg »auf eigenen Wunsch« aus dem Staatsdienst entlassen wurde und politisch kaltgestellt war. Eulenburg beging aber den Fehler, als vereidigter Zeuge im Bülow-Brand-Prozeß zu schwören, daß er sich niemals homosexuell betätigt habe. Harden konnte in Bayern zwei alte Männer aufstöbern, die ebenfalls unter Eid aussagten, sie hätten in ihrer Jugend Sex mit Eulenburg gehabt. Daraufhin wurde Eulenburg verhaftet. Wegen der zerrütteten Gesundheit des Sechzigjährigen mußte der Prozeß gegen ihn abgebrochen werden. Zu einer Verurteilung Eulenburgs kam es nie.

Es ist aus heutiger Sicht nur schwer zu verstehen, warum diese beiden Prozesse solche Folgen für das WhK haben konnten. Es gibt zudem darüber nur wenige ungenaue und widersprüchliche Informationen. So heißt es einerseits in einer Beilage zur *Zeitschrift für Sexualwissenschaft* vom Januar 1908: »Austritte aus dem Komitee sind infolge bezw. trotz der starken Angriffe im allgemeinen nur wenig erfolgt, nämlich drei [!] aus dem Komitee selbst, während ca. 10 (von 5000) ihre Petitionsunterschrift zurückgezogen haben und zwar fast alles Beamte.

Panik in Weimar
Karikatur. Aus: *Jugend* (1907)
Berlin, Egmont Fassbinder

Als Hirschfeld in seinem Gutachten im ersten Prozeß Moltke gegen Harden den Grafen Kuno von Moltke als »nicht bewußt« homosexuell bezeichnet hatte und dies im zweiten Prozeß widerrief, weil er seine Hauptzeugin, Moltkes ehemalige Gattin, inzwischen für hysterisch und unglaubwürdig hielt, bekam das alte Vorurteil neue Nahrung, die Schwulen würden von allen möglichen Berühmtheiten behaupten, sie seien »auch so«, egal ob es stimme oder nicht, nur um ihre Veranlagung aufzuwerten und sich selbst mit den großen Namen geschmückt in ein günstigeres Licht zu stellen. Der Witz von »Panik in Weimar« sollte diesen Sachverhalt treffen, den auch der Tingeltangel-Sänger Otto Reutter in seinem Couplet Der Hirschfeld kommt *verwendete.*

Maximilian Harden
Um 1900. Fotopostkarte
Berlin, Schwules Museum

Der Journalist Maximilian Harden (1861–1927) war der Herausgeber der erfolgreichsten Wochenschrift der Kaiserzeit Die Zukunft. *Die Themen der Schwulenbewegung wurden darin relativ häufig erörtert, und 1905 gab es in der* Zukunft *sogar einen Disput zwischen Benedict Friedlaender und Albert Moll über die Abschaffung des § 175. Im Leben Hardens gab es jedoch einen Mann, den er über alles geliebt und verehrt hat und dessen schmähliche Behandlung im Jahre 1889 zu rächen, er sich als Lebensaufgabe vorgenommen hatte. Der geliebte Mann war Otto von Bismarck, und die ihn seinerzeit aus dem Amt des Reichskanzlers gejagt hatten, waren Wilhelm II. und sein intimer Freund und Berater Philipp zu Eulenburg. Da alle Kritik am Kaiser als Majestätsbeleidigung unterdrückt wurde, hielt sich Harden an den Kaiser-Intimus. 1907 gelang es ihm endlich, Eulenburg zu stürzen, indem er ihn in* Der Zukunft *als sexuell normwidrig titulierte und als Gefahr für die deutschen Interessen. Hardens Triumph über Eulenburg hatte eine ganze Serie von Skandalprozessen in den Jahren 1907–1909 zur Folge, die die Schwulenbewegung, wie Hirschfeld schrieb, in »die schwerste Krise« stürzte, die sie bis dahin durchzustehen hatte.*

Von Trägern bekannter Namen hat keiner seine Unterschrift zurückgezogen.« Andererseits sagte der Hamburger Arzt Andreas Krack 1922 in seiner Festrede zum 25jährigen Jubiläum des WhK über jene Zeit der Eulenburg-Affäre: »Tief beschämend, aber wohl typisch für die ganze Bewegung war es, daß in jenen Jahren plötzlich die Zahl der Mitglieder *um mehr als die Hälfte abnahm*, daß der größte Teil derjenigen, die sich, als Erfolg Verheißung winkte, der Bewegung anschlossen, diese plötzlich wiederum Stiche ließen, als ihr Führer angegriffen und geschmäht wurde, aus Furcht, selbst das Ziel solcher Angriffe zu werden.« (*Jahrbuch für sexuelle Zwischenstufen*, Jg. 23, 1923, S. 183). Es könnte gut sein, daß im ersten Zitat aus taktischen Erwägungen die schlimmen Folgen der Eulenburg-Affäre für das Komitee heruntergespielt und verharmlost wurden und daß umgekehrt Dr. Knack um des dramatischen Effekts in seiner Festansprache willen die Folgen aufgebauscht hat. Wie es wirklich gewesen ist, kann bei dieser Quellenlage nicht mehr festgestellt werden.

Neuer Aufschwung und jäher Absturz: Das WhK bis zum August 1914

Das alte Niveau von 1906 konnte zwar nicht wieder erreicht werden, doch erholte sich das Wissenschaftlich-humanitäre Komitee recht schnell von den Rückschlägen, die Sezession und Eulenburg-Affäre bewirkt hatten.

Auf der Generalversammlung am 17. Januar 1909 bot Hirschfeld – offensichtlich ein Ausdruck der Komitee-Krise – seinen Rücktritt vom Vorsitz an. Jedoch: »Leider fand sich bisher kein entsprechender Ersatz und so bleibt mir nichts übrig, als vorläufig auf Wunsch unserer Mitglieder den schweren Posten nach bestem Wissen und Gewissen weiterzuführen.«[11] Ein Jahr später mußte man in den »Komitee-Mitteilungen« – und dies war ebenfalls symptomatisch für die Krise, aber auch für ihre Überwindung – der »vielfach« geäußerten Meinung entgegentreten, »unser Komitee sei eingegangen«, und die Leser dazu auffordern »für die Beteiligung an der so notwendigen Komiteearbeit in ihrem Bekanntenkreis zu wirken.«[12]

Das markanteste Ereignis in den letzten Jahren vor dem Krieg war wohl die Veröffentlichung eines »Vorentwurfs zu einem deutschen Strafge-

Kuno von Moltke
Aus: *Berliner Illustrirte Zeitung*,
16. Jg. (1907)
Berlin, Schwules Museum

Kuno Graf von Moltke (1847–1923) war Kommandeur des Leibkürassier-Regiments Großer Kurfüst Nr. 1 sowie Generaladjutant Kaiser Wilhelm II. Als Harden in seiner Zukunft die »Hofkamarilla« angriff und dabei auch Moltkes Namen nannte, wurde dieser vom Kaiser entlassen und gezwungen, gegen Harden eine Beleidigungsklage einzureichen. Am Ende von drei langwierigen Prozessen in den Jahren 1907–1909 war er schließlich rehabilitiert: Es wurde gerichtlich festgestellt, daß er nicht homosexuell sei. Harden erhielt wegen Beleidigung 600 Mark Geldstrafe.

Hans Blüher
1907. Fotografie
Witzenhausen, Archiv der deutschen Jugendbewegung

Der Schriftsteller Hans Blüher (1888–1955) erwies sich in seinen frühen Arbeiten zur Homosexualität oder Inversion im wesentlichen als Schüler Benedict Friedlaenders. Wie Friedlaender suchte er zunächst die Zusammenarbeit mit Hirschfeld und dem WhK, und wie seinerzeit bei Friedlaenders erster Veröffentlichung im Jahrbuch für sexuelle Zwischenstufen versah Hirschfeld Blühers Aufsatz Die drei Grundformen der Homosexualität *mit der Vorbemerkung: »Unserm in den Jahrbüchern befolgten und bewährten Grundsatz gemäß bringen wir diesen Aufsatz, trotzdem der Autor sich in der Auffassung verschiedener Begriffe im Gegensatz zu den von uns vertretenen Anschauungen befindet.« (Jahrbuch 13, S. 139) Hirschfeld hoffte, daß Blühers Theorie, die er von Friedlaender ausgehend in Auseinandersetzung mit der Psychoanalyse entwickelte, geeignet sei, »eine Brücke zu schlagen zwischen der Lehre Freuds und der von den Jahrbüchern für sexuelle Zwischenstufen repräsentierten«. Es kam aber anders: zuerst der aggressive Bruch mit Hirschfeld und dem WhK, dann mit Freud und der psychoanalytischen Bewegung. Blüher glaubte unter anderem, daß Homosexualität durch »schlechte Rassenmischung« entstehen könne und daß bei den effeminierten Schwulen im WhK*

setzbuch« durch das Reichsjustizamt im Oktober 1909.[13] Darin waren nicht nur mehrere Strafverschärfungen für Schwule vorgesehen, man wollte auch, anscheinend nach österreichischem Vorbild, künftig lesbischen Sex bestrafen. Diese Ausdehnung auf das weibliche Geschlecht wurde aber 1912 von der zuständigen Kommission des Reichsjustizamts wieder zurückgenommen. Was blieb, waren die beabsichtigten Strafverschärfungen für Männer.

Kampfmittel wie die Petition gegen den § 175, auf die das Komitee wohl die größte Hoffnung gesetzt hatte, waren durch den *Vorentwurf* auf absehbare Zeit hinfällig, denn alle parlamentarischen Entscheidungen waren jetzt auf den Zeitpunkt vertagt, zu dem der Entwurf in einer Endfassung zur Abstimmung ins Parlament eingebracht würde. Man rechnete damit, daß das etwa im Jahre 1917 der Fall sein werde. Wie wir wissen, hat man sich mit dieser Zeitplanung um gut fünfzig Jahre geirrt: erst Ende der sechziger Jahre wurde in den inzwischen zwei deutschen Staaten die Straffreiheit für erwachsene Schwule erreicht.

Am 14. März 1910 veranstaltete das WhK im Restaurant *Zum Heidelberger*, Friedrichstraße 143, I. Etage, eine Versammlung zum Thema »Der derzeitige Stand unserer Bewegung mit besonderer Berücksichtigung des Vorentwurfs zum Deutschen Strafgesetzbuch«. Sie »war gut besucht, auch einige Damen und auswärtige Herren nahmen daran teil«. Vermutlich hatte der »Vorentwurf« mit seinen brutalen Strafandrohungen auf viele Schwulenbewegte eine entmutigende Wirkung. Hirschfeld verwies dagegen in seinem Referat auf den vorwärtsweisenden Aspekt der Sache: Die Diskussion über den § 175 sei, wie die zahlreichen Artikel in der Tages- und Fachpresse bewiesen, »überhaupt wieder ein wenig mehr in Fluß gekommen«.[14] Auch hatte ein Erstunterzeichner der alten Petition, Franz von Liszt, zusammen mit seinen Professorenkollegen Kahl, von Lilienthal und Goldschmidt einen *Gegenentwurf zum Vorentwurf* (Berlin 1910) veröffentlicht, in dem schwuler Sex unter Erwachsenen keine Straftat mehr war.

Es gab also einige Gründe für einen vorsichtigen Optimismus, und so beschloß man, die Kritik am Schwulenstrafrecht des Vorentwurfs in Form einer Denkschrift dem Reichsjustizamt zu überreichen: *Gewichtige Stimmen über das*

»Rassenentartung durch eine überstarke Begabung an weiblicher Substanz« vorliege. Im späteren Alter entwickelte sich Blüher zu einem frommen Christen und propagierte neben seiner Tunten-und Frauenfeindlichkeit einen recht gewöhnlichen Antisemitismus.

Toni Schwabe
Aus: Toni Schwabe, *Komm, Kühle Nacht* (München 1908)
Berlin, Schwules Museum

Die Schriftstellerin Toni Schwabe (1877–1951) und die Polizeibeamtin Gertrud Topf (1881–1918) waren die ersten Frauen im Amt eines »Obmanns« im WhK. »Auf vielseitig, auch aus Frauenkreisen geäußerten Wunsch, wurden zum ersten Male zwei Damen als weibliche Obmänner gewählt«, heißt es dazu im Bericht über die WhK-Generalversammlung vom 30. April 1910 im Jahrbuch für sexuelle Zwischenstufen von 1910 (S. 441). Hirschfeld hatte schon 1902 im Jahrbuch geschrieben: »Wir haben zuerst Anfang des Jahres 1901 begonnen, geistig hochstehende, namentlich urnische Damen für unsere Arbeit zu interessieren und sind dieselben seit dem ein fast unentbehrlich erscheinender Bestandteil aller unserer Veranstaltungen geworden. Sind der homosexuellen Frau auch in Deutschland keine gesetzlichen Beschränkungen auferlegt, so hat sie doch auch unter der Unkenntnis ihrer Natur in mannigfachster Weise zu leiden. Der homosexuelle Mann und die homosexuelle Frau stehen in naturgemäßer Verwandtschaft zu einander und gehören thatsächlich zu einem III. Geschlecht, das den beiden anderen gleichberechtigt, wenn auch nicht gleichartig gegenübersteht.« (S. 975) *Dennoch blieben die Frauen im WhK immer nur Randerscheinungen. Das Dritte Geschlecht war immer nur ein Geschlecht von Männern.*

Unrecht des § 175 unseres Reichs-Strafgesetzbuches (§ 250 des Vorentwurfs zu einem neuen Deutschen Reichsstrafgesetzbuch), zusammengestellt und herausgegeben vom Wissenschaftlich-humanitären Komitee (Leipzig 1913).

Aus der Kriegszeit 1914–1918
»Als der Krieg ausbrach, stockte für einen Augenblick gleichsam der Pulsschlag der Welt; hatten es doch nur wenige für möglich gehalten, daß die alten Kulturstaaten Europas, welche wie durch tausend Fäden miteinander verbunden waren, wirklich noch einmal zum Vernichtungskampf auf Tod und Leben einander gegenübertreten könnten. Doch es ist geschehen, und jetzt tobt sich der gewaltige Orkan aus und fordert ›Menschenopfer unerhört‹. Wie verhielten sich in dieser großen Zeit die Homosexuellen? Von den Homosexuellen innerhalb des Wissenschaftlich-humanitären Komitees sind mehrere Hundert (über 50 % unserer Mitglieder), von den außerhalb der Organisation stehenden viele Tausende ins Feld gezogen, bereit ihr Leben für das Vaterland zu opfern.«[15]

Die Schwulen des WhK beteten die Phrasen der offiziellen Kriegspropaganda von der »großen Zeit«, vom Opfer des eigenen Lebens »für das Vaterland« und von »Deutschlands Ehre«, für die man kämpfen müsse, genauso gläubig nach wie die meisten anderen.

Man erwog im WhK die Frage, ob man in der Kriegszeit die Arbeit völlig einstellen sollte, entschied sich dann aber doch fürs Weitermachen auf niedrigerem personellem und finanziellem Niveau: »In die Komitee-Arbeit hat der Krieg naturgemäß merkbar eingegriffen, und wir waren zuerst unschlüssig, ob es nicht geraten sei, besonders auch im Hinblick auf die geringen finanziellen Mittel die Tätigkeit des Komitees für die Dauer des Krieges einzustellen. Doch kamen wir von diesem Gedanken wieder zurück, denn wir sagten uns auch, daß es im Interesse derer, für die wir kämpfen, sei, daß wir auch während des Krieges auf dem Posten blieben, daß die Homosexuellen auch in diesen unruhigen Zeiten am Komitee eine Zentrale haben müssen, auf die sie schauen, einer Stützpunkt, an den sie sich halten können. Ferner ist es klar, daß nach dem Krieg neue Aufgaben auf uns warten.«[16]

Manfred Herzer

Sigmund Freud
**Eine Kindheitserinnerung
des Leonardo da Vinci**
Heft 7 der »Schriften zur Angewandten
Seelenkunde«, 2. Aufl.
Leipzig und Wien: Franz Deuticke 1919
Berlin, Schwules Museum

*Die durchaus dramatische Epoche in
der Beziehung zwischen Hirschfeld
und dem WhK einerseits und Freud und
der psychoanalytischen Bewegung
andererseits fällt in die Jahre 1905–1911.
Freud bat Hirschfeld um Unterstützung
gegen die recht wirren und absurden
Vorwürfe des Berliner Arztes Wilhelm Fließ, Freud
habe dem Wiener Erfolgsautor Weininger beim
geistigen Diebstahl geholfen, den dieser mit seinem
Buch* Geschlecht und Charakter *(Wien 1903) an
Fließens Idee einer generellen Bisexualität aller
Menschen begangen habe. Hirschfeld gewährte
diese Unterstützung, indem er in der* Wiener klini-
schen Rundschau *einen Aufsatz mit dem Titel* Die
gestohlene Bisexualität *veröffentlichte. Die Freud-
Schüler Stekel und Sadger erhielten daraufhin
Gelegenheit, in den WhK-Publikationen für die
Psychoanalyse als Heilmittel gegen Homosexualität
zu werben. Die beiden waren auch bei mehreren,
allerdings gescheiterten Versuchen behilflich, in
Wien ein WhK zu gründen. Bald aber erwies sich,
daß die theoretischen Differenzen nicht mehr aus-
zugleichen waren, und Freud startete in seiner
Leonardo-Schrift den ersten Angriff auf die WhK-
Doktrin, Homosexualität sei die natürliche und
angeborene Eigenschaft einer Minderheit der
Gattung, und psychische Erkrankungen dieser Minderheit hätten ihre Ursache in der Ächtung und Verfolgung durch die heterosexuelle Majorität. Für Freud
und seine Schüler waren die Schwulen stets neuro-
tische und in ihrer Entwicklung gestörte Heterosexuelle, die in Ausnahmefällen – wie etwa Leonardo
da Vinci – trotz ihrer Entwicklungsstörungen zu
außerordentlichen Kulturleistungen fähig seien.*

1 Magnus Hirschfeld,
Von einst bis jetzt
(Berlin 1986)
S. 50 und 53.
2 Magnus Hirschfeld,
Von einst bis jetzt
S. 53–54.
3 *Verhandlungen des
Reichstags*,
Band 159 (1898) S. 410.
4 Theodor von Wäch-
ter, *Meine Stellung zur
Sozialdemokratie*, in:
Die Kritik (Berlin 1895)
S. 2237. – Vgl. auch Gerd
Wilhelm Grauvogel,
*Theodor von Wächter –
Christ und Sozialdemo-
krat* (Stuttgart 1994)
S. 186 ff.

5 Albert Moll, *Die
Behandlung der
Homosexualität*, in:
*Jahrbuch für sexuelle
Zwischenstufen*,
Jg. 2 (1900) S. 1–29.
6 Isidor Sadger, *Frag-
ment der Psychoanalyse
eines Homosexuellen*,
in: *Jahrbuch für sexuelle
Zwischenstufen*,
Jg. 9 (1908) S. 339–424
7 Eugen Steinach,
*Operative Behandlung
der Homosexualität*, in:
*Jahrbuch für sexuelle
Zwischenstufen*, Jg. 17
(1917) S. 189–190.
8 *Jahrbuch für sexuel-
le Zwischenstufen*,
Jg. 4 (1902) S. 974.

9 *Monatsbericht des
Wissenschaftlich-huma-
nitären Komitees*
vom 1. 11. 1904, S. 2.
10 Benedict Friedlaender, *Gemeinverständli-
che Schriften zur Förde-
rung männlicher Kultur.
I. Über die Weiber von
Arthur Schopenhauer.
Neu herausgegeben
und mit Vorrede
versehen* (Treptow,
Berlin 1908) S. 3.
11 Magnus Hirschfeld,
*Einleitung und Situa-
tionsbericht*, in: *Vierteljahrsberichte des Wissen-
schaftlich-humanitären
Komitees, Heft 1* (Okto-
ber 1909) S. 30.

12 *Vierteljahrsberichte
des Wissenschaftlich-
humanitären Komitees*,
Heft 2 (Januar 1910)
S. 231.
13 Vgl. Magnus Hirschfeld, *Die Homosexu-
alität des Mannes und
des Weibes* (Berlin 1914)
S. 986–989.
14 *Vierteljahrsberichte
des Wissenschaftlich-
humanitären Komitees*,
Heft 3 (April 1910)
S. 340.
15 *Vierteljahrsberichte
des Wissenschaftlich-
humanitären Komitees*,
April 1915, S. 3–4.
16 *Vierteljahrsberichte
des Wissenschaftlich-
humanitären Komitees*,
April 1915, S. 22.

II. 2
Adolf Brand und *Der Eigene*

Adolf Brand
Aus: *Berliner Illustrirte Zeitung*, Jg. 16 (1907)
Berlin, Zentral- und Landesbibliothek

Adolf Brand (1874–1945) gehörte neben den Schriftstellern Theodor von Wächter, Hermann von Teschenberg, Hanns Fuchs und Peter Hamecher zu den wenigen Männern, die sich schon am Anfang des Jahrhunderts öffentlich zu ihrer gleichgeschlechtlichen Liebe bekannten. Als er 24 Jahre alt war, begann er im Selbstverlag die erste Schwulenzeitschrift der Welt, Der Eigene, *herauszugeben. Wegen Geldmangel und weil* Der Eigene *als unzüchtige Druckschrift immer wieder verboten wurde, erschien die Zeitschrift nur mit oft jahrelangen Unterbrechungen, bis 1932 wieder aus finanziellen Gründen das endgültig letzte Heft erschien. Die Nazizeit überstand Adolf Brand weitgehend unbehelligt, wenn auch in finanzieller Armut, bis er kurz vor Kriegsende an den Folgen eines Bombenangriffs starb.*

Obwohl die Selbstauskünfte Adolf Brands in seinen Broschüren und Zeitschriftenartikeln in ihrem Wahrheitsgehalt zumeist ungewöhnlich stark durch Subjektivität und Selbstdarstellungsbedürfnisse beeinträchtigt sind, scheint doch so viel über seinen Eintritt in die Schwulenbewegung festzustehen: Bald nach ihrem Erscheinen, im letzten Quartal des Jahres 1896, las Brand mit Begeisterung Hirschfelds (unter dem Pseudonym Th. Ramien erschienene) Schrift *Sappho und Sokrates*, und noch im gleichen Jahr lernte er den Autor persönlich kennen.

Brand erzählt, wie es weiterging: »Bald darauf entwickelte mir Dr. Hirschfeld seinen Plan, eine Petition zur Beseitigung des § 175 dem Reichstage vorzulegen, sobald er genügend Unterschriften habe. Unsern gemeinsamen Beratungen gelang es dann, für diese parlamentarische Aktion den notwenigen Rahmen herzustellen und als berufene Organisation für den gesetzgeberischen Vorstoß das *Wissenschaftlich-humanitäre Komitee* (WhK) zu gründen.«[1] Hiernach wäre die Gründung des WhK das Werk des Männerpaares Brand–Hirschfeld gewesen – eine Version, die von keiner anderen Quelle gestützt wird. Zutreffend scheint aber zu sein, daß die wechselvolle Beziehung zwischen Hirschfeld und Brand in den Monaten nach dem Erscheinen von *Sappho und Sokrates* (August 1896) und der WhK-Gründung (Mai 1897) begann. Es ist ferner bemerkenswert, daß die Petition gegen den § 175 neben den »Qualitätsunterschriften« aus Kürschners Literaturkalender und dem Reichsärzteverzeichnis auch die Unterschrift des damals völlig unbekannten 23jährigen Adolf Brand trägt, der als »Schriftsteller und Redakteur, Charlottenburg« bezeichnet wird. Eine gewisse Mitwirkung Brands an dem Petitionsprojekt scheint demnach bestanden zu haben, eine Mitarbeit am Aufbau des WhK ist jedoch nicht belegt.

Die Zeitschrift, bei der sich Brand als Verleger, Redakteur und Autor betätigte, hatte den Titel *Der Eigene*, verfolgte eine diffuse anarchistisch-literarische Richtung und war, nachdem neun Ausgaben erschienen waren, im März 1897 an Geldmangel eingegangen; die im letzten Heft (Nr. 9/10) angekündigten Nummern 11 und 12 sind offensichtlich nicht mehr erschienen. Im Juli und im September 1898 gab Brand zwei Hefte *Der Eigene* heraus, die mit dem Vorläufer nur noch den Namen gemeinsam hatten. Ausstattung und Inhalt waren dahingehend verändert, daß der neue *Eigene* als die »erste Schwulenzeitschrift der Welt« bezeichnet werden kann oder, wie es Numa Praetorius (Eugen Wilhelm) ausdrückte, der zum neuen *Eigenen* eine Besprechung der Tagebücher des Grafen August von Platen beigetragen hatte, als eine Zeitschrift, »welche ganz besonders der künstlerischen Darstellung der Homosexualität gewidmet sein sollte«.[2] Eugen Wilhelm teilt an gleicher Stelle mit, daß *Der Eigene* nach den beiden Heften von 1898 »mangels genügender Unterstützung« zunächst wieder einging, im darauffolgenden Jahr aber in bescheidener Aufmachung und »zu sehr billigem Preis (nur 4,50 Mk. pro Jahr!)« wieder erschien. Und diesmal scheiterte *Der Eigene* nicht an mangelnder Unterstützung, sondern an einem Verbot. Nachdem sieben Hefte des nun schon zum zweiten Mal erneuerten *Eigenen* erschienen waren, verurteilte das Berliner Landgericht Brand am 23. März 1900 »wegen Verbreitung unzüchtiger Schriften« zu 200 Mark Geldstrafe; die Autoren der beanstandeten Beiträge, Hanns Heinz Ewers und Paul Lehmann, mußten Geldstrafen von 50 Mark bzw. 150 Mark zahlen. Gut zwei Jahre später, im Januar 1903 unternahm Brand einen dritten Versuch, doch konnte auch das Bündnis mit führenden Mitgliedern des WhK ein erneutes Scheitern schon nach sechs Monaten nicht verhindern.

Der Eigene. Monatsschrift für Kunst und Leben
Heft 1, Juli 1898 (Jg. 2)
Berlin-Neurahnsdorf: Adolf Brand's Verlag
Herausgeber: Adolf Brand
Berlin, Egmont Fassbinder

Die erste Ausgabe der ersten Schwulenzeitschrift der Welt. Brand hatte bereits 1896/97 eine Zeitschrift mit gleichem Namen herausgegeben, die aber mit der Schwulenbewegung und der Männerliebe kaum etwas zu tun hatte. Das Wort Der Eigene *findet sich weder im Duden noch im Grimmschen Wörterbuch, es kommt aber als Pluralbildung in Max Stirners* Der Einzige und sein Eigentum *(Leipzig 1845) vor: »Sind etwa die Eignen oder Einzigen eine Partei? Wie könnten sie Eigne sein, wenn sie die Angehörigen einer Partei wären!«*

»Im Namen des Königs.«
Urteil des Königlichen Landgerichts II vom 23. März 1900
Düsseldorf, Heinrich-Heine-Institut

Mehrmals wurde Brand zu Geld- oder gar Gefängnisstrafen verurteilt, weil Der Eigene *nach Ansicht von Staatsanwalt und Gericht eine »unzüchtige Schrift« sei, so auch am 23. März 1900 zu einer Geldstrafe von 200 Mark wegen einiger Gedichte von Hanns Heinz Ewers und einer Novelle von Paul Lehmann im* Eigenen *vom September 1899.*

Die Gemeinschaft der Eigenen

Was Brand dazu veranlaßte, im Jahre 1903 die *Gemeinschaft der Eigenen* (GdE) zu gründen, ist heute nicht mehr rekonstruierbar. Viel später, in einer Werbebroschüre der Gemeinschaft von 1925, macht Brand dazu einige Andeutungen: »Die G. D. E. ist am 1. Mai 1903 zu Berlin aus der Mitarbeiterschaft und aus dem Leserkreis der Kunstzeitschrift *Der Eigene* hervorgegangen, um sein Weitererscheinen zu ermöglichen, das damals durch Denunziationen und Verfolgungen gefährdet war.«[3]

Von den sechs Ausgaben des *Eigenen* im Gründungsjahr der *Gemeinschaft der Eigenen* erschienen die ersten drei im WhK-Verlag von Max Spohr. Dann ermittelte die Staatsanwaltschaft erneut und sorgte dafür, daß Brand im November 1903 mit dem Vorwurf, er habe mit dem *Eigenen* eine unzüchtige Schrift verbreitet, zu zwei Monaten Gefängnis verurteilt wurde. Das Urteil gegen den Verleger Spohr lautete in der gleichen Sache auf 150 Mark Geldstrafe.

In der erwähnten Broschüre von 1925 macht Brand Angaben über die Gründung der *Gemeinschaft der Eigenen*, die er als »Privatverein des Schriftstellers Adolf Brand, der ausschließlich seiner Leitung und Verwaltung untersteht«, bezeichnet. Allerdings soll es ein von zwölf Personen unterzeichnetes *Gründungsstatut* gegeben haben:

»Die G. D. E. ist von ihrem Leiter Adolf Brand, dem Herausgeber der Kunstzeitschrift *Der Eigene* gegründet worden. Als Unterzeichner des Gründungsstatuts haben mitgewirkt 1. der Schriftsteller Dr. Benedict Friedländer, der Verfasser der ›Renaissance des Eros Uranios‹ – 2. der Rittergutsbesitzer Wilhelm Jansen, der Gründer des Jung-Wandervogels – 3. der Maler Fidus – 4. der Schriftsteller Caesareon – 5. der Schriftsteller Peter Hille, der erste Kunstkritiker des *Eigenen* – 6. der Komponist Dr. Richard Meienreis – 7. der Schriftsteller Professor Dr. Paul Brandt – 8. der Schriftsteller Walter Heinrich – 9. der Schriftsteller Dr. Reiffegg – 10. der holländische Marine-Arzt Dr. Lucien von Römer –11. der Schriftsteller Hans Fuchs – 12. Frau Regierungsrat Dr. Martha Marquardt.«[4]

Mindestens sieben dieser Unterzeichner des Gründungsstatuts waren damals zugleich Mitglieder im WhK, nämlich außer Frau Dr. Marquardt die Herren Dr. Friedlaender, Jansen, Dr. Meienreis, Dr. Brandt, Dr. Reiffegg (ein Pseudonym des Schriftstellers Otto Kiefer) und Dr. von Römer. Darüber hinaus gab es noch weitere personelle Verbindungen zwischen dem WhK und der GdE, Doppelmitgliedschaften und Autoren, die sowohl für den *Eigenen* wie für das *Jahrbuch für sexuelle Zwischenstufen* schrieben. Die wüsten Polemiken, mit denen Adolf Brand von Zeit zu Zeit Hirschfeld und das WhK überzog, sind angesichts dieser geradezu symbiotischen Verfilzung beider Vereine nur schwer zu verstehen.

Gewiß spielten Rivalitäts- und Unterlegenheitsgefühle bei Brand eine beträchtliche Rolle, was im überzogen aggressiven Ton seiner Polemiken

Edwin Bab

Aus: *Extrapost des Eigenen. Ein Nachrichten- und Werbeblatt*, Heft 4 (März 1912)
Berlin, Schwules Museum

In dem kurzen Leben des Arztes Edwin Bab (1883–1912) war die Mitarbeit in der Gemeinschaft der Eigenen *nur eine kurze, aber sehr schöpferische Episode in den Jahren 1903/1904. Damals vertrat er in zahlreichen öffentlichen Vorträgen und in zwei Broschüren den originellen Gedanken, daß die Schwulenbewegung und die Frauenbewegung natürliche Verbündete sein müßten. Da alle Männer eigentlich bisexuell seien, sollte die* Gemeinschaft der Eigenen *als Alternative zum vor- und außerehelichen Geschlechtsverkehr mit weiblichen Prostituierten die »Freundesliebe« propagieren. Die heterosexuelle Prostitution würde dann langfristig verschwinden, die Dirnen würden befreit und die »Freundesliebe«, der das alles zu verdanken wäre, würde eine Renaissance erleben.*

Als Bab infolge einer Diabetes 1912 starb, würdigte Brand die Verdienste seines einstigen Mitstreiters. Babs Ideen über die Lösung der Prostitutionsfrage durch Homosexualität waren aber selbst für Brand zu abseitig. Er hat sie niemals akzeptiert, sondern pietätvoll dazu geschwiegen.

gegen Hirschfeld und in den seltsam unterwürfigen öffentlichen Erklärungen zum Ausdruck kommt, er werde sich künftig nur noch um künstlerische Belange kümmern und nie wieder gegen Hirschfeld und das WhK kämpfen.

Es gab außer den Konkurrenzgefühlen und Temperamentsunterschieden durchaus auch Differenzen in politischen und strategischen Fragen, die bereits seit 1899, zuerst von Elisar von Kupffer, artikuliert wurden. Ein Hauptvorwurf gegen Hirschfeld betraf seine, nach dem Geschmack der Eigenen, zu starke Betonung der Weiblichkeit, der weiblichen Züge im Habitus schwuler Männer, oder in der alten Terminologie von Karl Heinrich Ulrichs: der weiblichen Seelen in den männlichen Körpern der Urninge. Elisar von Kupffer empörte sich: »Und was das Verdrießlichste dabei war, die Spitzen unserer ganzen Menschheitsgeschichte wurden dabei verzerrt, so daß man diese reichen Geister und Helden in ihren urnischen Unterröcken kaum wiedererkennen mochte.«[5] Brand und seine Genossen hielten es geradezu für eine Beleidigung und Kränkung, wenn man an ihren verehrten Männerhelden, wie zum Beispiel an Friedrich dem Großen, weibliche Charakterzüge entdeckte. Wenn dann noch die eigene hundertprozentige Männlichkeit infrage gestellt wurde, wie das Hirschfeld letztlich tat, führte das zu Panikreaktionen: »Jene jammerbaren Effeminierten [...] zu deren Vorkämpfer und Held sich einzig und allein Herr Dr. Hirschfeld macht«, dieses »Menschenmaterial, das man in Kaschemmen und Pupenkneipen findet«, habe Hirschfeld mit den gesunden und blühenden Jünglingen und Männern in einen Topf geworfen und letztere damit aufs schwerste beleidigt; Hirschfelds Buch *Berlins drittes Geschlecht* zeichne eine besonders elende Karikatur der Freundesliebe, sei das ekelhafteste und abstoßendste Zerrbild, das allem die Krone aufsetze.[6] Statt dessen betonte Brand, daß die Freundesliebe, die so gar nichts mit Homosexualität zu tun habe, eine »allgemeine Lebenserscheinung« sei, die »wach oder schlummernd in jedem Einzelnen vorhanden ist.«

Der junge Medizinstudent Edwin Bab, der sich gleich nach der Gründung in der *Gemeinschaft der Eigenen* betätigte, hat diese Kritik in zwei Broschüren[7] systematischer zu fassen versucht, wobei er sich von der Frauenfeindschaft Kupffers und Brands abgrenzte und gegen Hirschfelds Versuche, die biologische Grundlage der Homosexualität als Eigenschaft einer besonderen Menschengruppe, der Urninge oder Homosexuellen, zu beweisen, einige treffende Einwände vorbrachte. Als Alternative schlug er eine »Bewegung für männliche Kultur« vor, die den gesunden und blühenden Jüngling und Mann auffordern sollte, seinen gleichgeschlechtlichen Liebestrieb, mit dem er wie alle ausgestattet sei, nicht länger zu unterdrücken, sondern »sich in engster Freundschaft einem zu ihm passenden Manne« anzuschließen. Der Rezensent des *Jahrbuchs für sexuelle Zwischenstufen* wandte gegen Babs Idee ein, daß er den Erwerb heterosexueller und die Unterdrückung gleichgeschlechtlicher Wünsche auf eine Art Massensuggestion zurückführe, dann aber nicht erklären könne, warum die tatsächlich Homosexuellen sich dieser Massensuggestion entziehen konnten und warum von zahlreichen Knaben, die gegenseitig masturbierten, nur eine kleine Zahl später den

Die »Gemeinschaft der Eigenen«
Karikatur von Willibald Krain. Aus: *Jugend* von 1907
Berlin, Schwules Museum

Trotz des Zynismus trifft die Karikatur eine Wahrheit, denn in der Gemeinschaft der Eigenen *war eine starke Tendenz zur Frauenverachtung offensichtlich. Die Frau sollte sich wie im antiken Griechenland den Männern unterordnen und Kinder gebären; aus der Öffentlichkeit sollte sie verdrängt werden. Dann erst, so behauptete Brand öfters, bestehe die Chance zur Befreiung der Freundesliebe von Unterdrückung und Verfolgung.*

Reichskanzler von Bülow auf seinem Morgenritt
Titelblatt der *Berliner Illustrirten Zeitung* vom 22. März 1908
Berlin, Schwules Museum

Brands Flugblatt Fürst Bülow und die Abschaffung des § 175 *bezeichnete den Reichskanzler als Schwulen, der mit einem ihm untergebenen Beamten ein Verhältnis habe. Der Reichskanzler erreichte daraufhin, daß Brand wegen Beleidigung zu achtzehn Monaten Gefängnis verurteilt wurde, denn Brand konnte seine Behauptung, die vermutlich frei erfunden war, nicht beweisen.*

gleichgeschlechtlichen Trieb aufweise, während die anderen von dieser in der Jugend empfangenen homosexuellen Suggestion unbeeinflußt blieben.[9]

Ein weiterer Dissenspunkt zwischen Brand und Hirschfeld, der 1907 für Brand und seine Gemeinschaft existenzbedrohende Folgen haben sollte, betraf die Frage nach dem Umgang mit dem Wissen oder vermeintlichen Wissen über die Homosexualität prominenter Männer. Während man im WhK das Mittel der massenhaften Selbstdenunziation als Waffe im Befreiungskampf verworfen hatte, schritt Brand auf eigene Faust zur Tat und bezichtigte den Zentrumspolitiker Kaplan Dasbach der Homosexualität. Der darauf folgende Beleidigungsprozeß endete für Brand nur deshalb glimpflich mit einem Vergleich, weil der Kaplan nicht allzu kämpferisch gegen Brands unbewiesene Behauptung vorging.[10]

Beim nächsten Mal, im September 1907, nachdem der Kaiser die Generale Moltke, Lynar und Hohenau sowie den Diplomaten Eulenburg wegen Homosexualitätsverdachts entlassen hatte und der Beleidigungsprozeß Moltkes gegen Harden in der gleichen Sache kurz bevorstand, verbreitete Brand eine Flugschrift, in der er den Reichskanzler Bernhard von Bülow als homosexuell bezeichnete. Auch jetzt kam es zum Beleidigungsprozeß und

auch jetzt konnte Brand seine Behauptung nicht beweisen. Bereits fünf Wochen nach dem Erscheinen seiner Flugschrift *Fürst Bülow und die Abschaffung des § 175* wurde Brand wegen Beleidigung des Reichskanzlers und unter Berücksichtigung seiner einschlägigen Vorstrafen zu anderthalb Jahren Gefängnis verurteilt.

Der Eigene war 1906 erstmals nur als Jahresband erschienen, als ein *Buch für Kunst und männliche Kultur*. Künftig sollte er »je nach Bedarf jährlich oder halbjährlich erscheinen«, verkündete Brand mit dem üblichen übersteigerten Optimismus. Tatsächlich war der Jahresband 1906 der letzte vor einer Pause von dreizehn Jahren; erst am 15. November 1919 feierte *Der Eigene* seine Auferstehung im Gewand der nach dem Krieg neu auftauchenden schwulen Massenpresse. In der Zeit dazwischen scheint die *Gemeinschaft der Eigenen* in gewisser Weise weiterexistiert zu haben. Abgesehen von Brands Gefängnisaufenthalt gab es eine Art von Gemeinschaftsleben derer, die ihm die Treue hielten. Man traf sich entweder in Brands Haus in Wilhelmshagen oder – vor allem in den Jahren 1911/12 – zu »Gemeinschaftsabenden [...] jeden Mittwoch abends um 9 Uhr in Berlin, Schiffbauerdamm 4–5, im Gesellschaftszimmer des Restaurants *Neues Theater* dicht am Bahnhof Friedrichstraße«.[11] Zwar gab es den *Eigenen* vorerst nicht mehr, dafür produzierte Brand aber Traktate, Pamphlete und Flugschriften in großer Zahl, in denen er fast unermüdlich die alten Angriffe gegen Hirschfeld und das WhK erneuerte. Daneben erschienen in seinem Verlag Bildpostkarten, auf denen bekleidete und unbekleidete junge Männer zu sehen waren und die er serienweise mit so schönen Titeln wie *Deutsche Rasse* oder *Rasse und Schönheit* verkaufte. Im Weltkrieg erschienen in Brands Verlag statt der schwulen Sachen mehrere Erbauungsschriften zur Stärkung der Kriegsbegeisterung und Vaterlandsliebe. Als 1916 gegen ihn wegen seiner Bildpostkarten (»Verbreitung unzüchtiger Abbildungen«) noch einmal ein Strafprozeß stattfand, kam es zum Freispruch, wobei ihm das Gericht in der Urteilsbegründung bescheinigte, daß seine Bilderserie

Adolf Brand
Aus der Serie »Deutsche Rasse«:
Männlicher Akt
Männlicher Akt (liegend)
Um 1920. Fotografien
Berlin, Sammlung Volker Janssen

Am 20. November 1916 wurde Brand von einer Berliner Strafkammer vom Vorwurf freigesprochen, mit dem Verkauf seiner Aktpostkarten unzüchtige Bilder verbreitet zu haben: Stolz zitiert er später aus der Urteilsbegründung, daß weder homosexuelle Zwecke, noch die geschlechtliche Lüsternheit eine Rolle gespielt hätten: »Wenn auch auf allen diesen Bildern der Geschlechtsteil der abgebildeten Person, namentlich der frei herabhängende männliche Penis deutlich zu sehen ist, so hat das Gericht doch die Abbildungen nicht als unzüchtig erachtet, denn offensichtlich verfolgt der Angeklagte mit allen diesen Bildern, die Aktstudien in schöner landschaftlicher Umgebung und in anmutiger Haltung darstellen, [...] lediglich künstlerische, wissenschaftliche und rassenhygienische Zwecke, nicht aber homosexuelle Zwecke. Die ganze Darstellung und Aufmachung ist eine derartige, daß dadurch nach der glaubhaften oder doch wenigstens nicht widerlegten Ansicht des Angeklagten nicht die geschlechtliche Lüsternheit, sondern das ästhetische Wohlgefallen befriedigt werden soll.«

»Deutsche Rasse [...] lediglich künstlerische, wissenschaftliche und rassenhygienische Zwecke, nicht aber homosexuelle Zwecke« verfolge. Daß »auf allen diesen Bildern der Geschlechtsteil der abgebildeten Personen, namentlich der frei herabhängende männliche Penis, deutlich zu sehen ist«, hat das Gericht zwar vermerkt, glaubte aber dem Angeklagten sein Motiv, nicht »geschlechtliche Lüsternheit, sondern das ästhetische Wohlgefallen« der Käufer erregen zu wollen.[12]

Manfred Herzer

1 Adolf Brand, [Ansprache zum 25jährigen Jubiläum des WhK], in: Jahrbuch für sexuelle Zwischenstufen, Jg. 23 (1923) S. 189–190.
2 Numa Praetorius, Belletristisches und Varia, in: Jahrbuch für sexuelle Zwischenstufen, Jg. 2 (1900) S. 393.
3 Adolf Brand, Die Gemeinschaft der Eigenen. Bund für Freundschaft und Freiheit. Satzung (Berlin-Wilhelmshagen 1925) S. 1–2.
4 Ebd. S. 2 und 23; Hervorhebungen im Original.
5 Elisar von Kupffer, Die ethisch-politische Bedeutung der Lieblingminne, in: Der Eigene (1899) S. 184 – In den folgenden Jahren zitierte Brand immer wieder aus diesem Aufsatz, wenn er Hirschfeld angriff.
6 Adolf Brand, Afterkultur und Homosexualität, in: Die Gemeinschaft der Eigenen. Flugschrift für Sittenverbesserung und Lebenskunst, Nr. 3 (September 1906) S. 29–33.
7 Edwin Bab, Die Gleichgeschlechtliche Liebe (Lieblingminne) (Berlin 1903) – Edwin Bab, Frauenbewegung und Freundesliebe (Charlottenburg 1904).
8 Edwin Bab, Frauenbewegung und Freundesliebe S. 19.
9 Numa Praetorius, Die Bibliographie der Homosexualität, in: Jahrbuch für sexuelle Zwischenstufen, Jg. 6 (1904) S. 534.
10 Vgl. den Bericht über den Prozeß in: Monatsbericht des WhK, Nr. 10 vom 1. 10. 1905, S. 7; sowie Brands Broschüre Kaplan Dasbach und die Freundesliebe 4. Aufl. Charlottenburg 1904).
11 Extrapost des Eigenen, 22. Dezember 1912, S. 2.
12 Adolf Brand, Deutsche Rasse, ein paar Worte über die erste Konfiskation der Sammlung, in: Der Pionier, Jg. 1 (1923) Nr. 4, S. 11.

II. 3
NAMENLOSE LIEBE –
HOMOSEXUALITÄT UND LITERATUR

Je länger die verschiedenen Strömungen der Schwulenbewegung mit ihrer Propaganda und Aufklärung in die heterosexuelle Öffentlichkeit hineinwirkten, um so häufiger waren in den Werken der Dichtung neben der üblichen Thematik »Liebe und Sexualität zwischen Mann und Frau« Episoden, Stellen oder Szenen zu finden, in denen es um Liebe und Sex zwischen Männern ging. Die Zahl der Sprachkunstwerke mit mannmännlicher Liebe als Hauptthema nahm ebenfalls zu, was allein schon unter diesem quantitativen Gesichtspunkt ein völlig neues Phänomen darstellte.

Im ganzen 19. Jahrhundert gibt es kaum mehr als ein halbes Dutzend Werke erzählender Prosa in deutscher Sprache, die unzweideutig von der Männerliebe handeln. Genannt seien des Herzogs August von Sachsen-Gotha und Altenburg anonym erschienene Novelle *Ein Jahr in Arkadien* (Gotha 1805), Heinrich Zschokkes Erzählung *Der Eros* (Aarau 1821), Heinrich Heines satirische Polemik gegen Platen *Die Bäder von Lucca* (1829), die Erzählung *Rubi* von Karl Robert Egells, die unter dem Pseudonym Aurelius 1879 in Berlin erschien, und *König Phantasus. Roman eines Unglücklichen* von Emil Mario Vacano (Mannheim 1886).

Die politischen Texte der Schwulenbewegung wie die Broschüren von Ulrichs oder das *Jahrbuch für sexuelle Zwischenstufen* enthielten zuweilen dichterische Versuche.[1] Adolf Brands Zeitschrift *Der Eigene* war seit 1898, als sie sich als Propagandaorgan für »Freundesliebe und Lieblingminne« zu verstehen begann, das vielleicht wichtigste Experimentierfeld für schwule Lyrik und schwule Epik. Die eigene Terminologie, die vor allem Brand und sein damaliger Mitstreiter Elisar von Kupffer entwickelten, sollte dem ganzen Projekt den damals modernen Glanz einer Kunstreligion verleihen und einer doppelten Abgrenzung dienen: sowohl von der alltäglichen Vulgärsprache des Volkes (und der Naturalisten) wie von der medizinischen und juristischen Fachsprache, die im *Wissenschaftlich-humanitären Komitee* üblich war. Den Ausdruck »Freundesliebe« hatte man bei Jean Paul gefunden, während »Lieblingminne« von Kupffers eigene Erfindung war. Beide Wörter meinten ungefähr dasselbe, die schwulen Dichter operierten aber bewußt mit dem poetischen Effekt der nebulösen Undeutlichkeit, die es ihnen erleichterte, die Unterscheidung zwischen dem gewöhnlichen und als irgendwie schmutzig empfundenen Männersex und dem als rein, hoch und heilig vorgestellten »Eros« der Männerfreundschaft zu verwischen. Diese angestrebte Alternative zur wissenschaftlich-humanitären Propagandastrategie geriet aber überraschenderweise in viel heftigere Konflikte mit den Zensurbehörden als die mit der Aura von Objektivität und Wissenschaft à la Hirschfeld und Krafft-Ebing ausgestattete. Die Anthologie *Lieblingminne und Freundesliebe in der Weltliteratur*, die von Kupffer in Brands Verlag 1900 herausgab, wurde bald darauf verboten, weil unter anderem das Gedicht *Der Lieblingsjünger*, in dem von Kupffer Jesus und Johannes als Freundespaar zeigt, Religion und Kirche beleidige.[2]

Nicht nur in den Verlagen der Schwulenbewegung, bei Brand und bei Spohr, erschien in den Jahren bis zum ersten Weltkrieg eine beachtliche Zahl von Gedichtbänden und Werken der erzählenden Prosa, weitaus größer dürfte die Zahl der Titel sein, die in ganz gewöhnlichen Verlagen herauskamen. Parallel dazu entstand in der Presse der Schwulenbewegung so etwas wie eine schwule Literaturkritik, und es sind vor allem Autoren wie Numa Praetorius (Eugen Wilhelm), Peter Hamecher und Richard Meienreis, deren Buchbesprechungen im *Eigenen* oder im *Jahrbuch für sexuelle Zwischenstufen* die Erinnerung an viele Werke bewahren, die heute längst vergessen wären, weil sie allzu sehr dem Zeitgeschmack der wilhelminischen Epoche verpflichtet waren.

John Henry Mackay
Heimliche Aufforderung

Auf, hebe die funkelnde Schale empor zum Mund
und trinke beim Freudenmahle dein Herz gesund.
Und wenn du sie hebst, so winke mir heimlich zu
Dann lächle ich und dann trinke ich still wie du ...
Und still gleich mir betrachte um uns das Heer
Der trunknen Schwätzer. Verachte sie nicht zu sehr,
Nein, hebe die blinkende Schale gefüllt mit Wein,
Und laß beim lärmenden Mahle sie glücklich sein.
Doch hast du das Mahl genossen, den Durst gestillt,
Dann verlasse der lauten Genossen festfreudiges Bild,
Und wandle hinaus in den Garten zum Rosenstrauch,
Dort will ich dich dann erwarten nach altem Brauch,
Und will an die Brust dir sinken, eh' du's gehofft,
Und deine Küsse trinken wie ehmals oft
Und flechten in deine Haare der Rose Pracht,
O komm, du wunderbare, ersehnte Nacht.

Romane und Erzählungen

Otto Julius Bierbaums Romangroteske *Prinz Kuckuck – Leben, Taten, Meinungen und Höllenfahrten eines Wollüstlings* (3 Bände München und Leipzig 1907–1908) und Thomas Manns Novelle *Der Tod in Venedig* (Berlin 1913) sind wohl die beiden einzigen epischen Werke aus jener Zeit, die den Gegenstand ihrer Erzählkunst in der Welt der Männerliebe fanden und noch heute immer wieder aufgelegt werden. Thomas Mann hat weder vorher noch nach dem *Tod in Venedig* eine derart ausschließlich schwule Geschichte erzählt wie die von der unerfüllten und tödlichen Liebe des alternden Schriftstellers Aschenbach zu einem langhaarigen Knaben »von vielleicht vierzehn Jahren«. Die Thematik wird zwar in den meisten späteren Werken Thomas Manns wenigstens angedeutet, explizit kommt sie aber nur noch in einigen seiner politischen Aufsätze und, wie wir heute wissen, in den Tagebüchern und Briefen vor.[3]

Numa Praetorius, der den außergewöhnlichen Rang von Thomas Manns Novelle erkannte und in seiner Besprechung[4] würdigte, betonte auch in seiner *Prinz Kuckuck*-Rezension die Neuartigkeit und künstlerische Vollendung des Romans, der die Geschichte von Freundschaft und Kampf zwischen dem heterosexuellen und einfältigen Millionär Henry und dem schwulen, aber bösen und intelligenten Karl erzählt: »In diesem großartigen Zeit- und Charakterroman von bleibender Bedeutung, voll satyrischen Schwunges, gallischem Esprit, deutschen Humors und echt modernen Geistes kommt der Homosexualität eine Rolle zu, wie man sie bisher in der Belletristik nicht findet.«[5]

Das Gedicht

Das Gedichteschreiben war auch in der Zeit von Naturalismus, Symbolismus und Jugendstil ein weites Feld, auf dem sich schwules Lebensgefühl und Liebesverlangen mit reicher Produktion um Ausdruck bemühte. Aus dem frühen 19. Jahrhundert hatte man die Oden, Chaselen und Sonette des Grafen August von Platen als unerreichte Vorbilder zur Verfügung, wenn man nicht die Ausdrucksformen der heterosexuellen Liebeslyrik in einer Art Geschlechtsumwandlung ins Gleichgeschlechtliche transponieren wollte. Ein drittes Verfahren, gewissermaßen ein Trick, das Geschlecht der im Gedicht vorkommenden Personen zu verschweigen, wandten die Dichter ziemlich häufig an, etwa John Henry Mackay in der von Richard Strauss vertonten *Heimlichen Aufforderung*.

Peter Hamecher betonte immer wieder, daß er selbst in solchen Werken Stefan Georges »die weltschaffende Kraft der übergeschlechtlichen Liebe« spüre, in denen das Geschlecht der Beteiligten nicht verschwiegen bleibt, sondern von der Liebe des Dichters zu dem Jüngling Maximin die Rede ist.[6] Den Ausdruck »weltschaffende Kraft der übergeschlechtlichen Liebe« hat Hamecher von George übernommen, der ihn in der Vorrede zu seinen Übertragungen der Sonette Shakespeares gebraucht. Es geht dabei anscheinend um eine Art Verleugnungsstrategie: Die Geschlechtsliebe der Männer untereinander wird nicht mehr als »namenlose Liebe« poetisiert und für die lyrische Produktion verwertbar gemacht, vielmehr wird sie in einer Art mystischer Transformation aus der sexuellen in die religiöse Sphäre verschoben; das Gleichgeschlechtliche wird zum Übergeschlechtlichen umgedeutet und verliert damit – wie man wohl hoffte – alles Anstößige und Profane, es wird quasi geheiligt um den Preis der Desexualisierung. Das Verfahren erwies sich als recht erfolgreich.
Wenn man fragt, ob von der schwulen deutschsprachigen Lyrik aus jener Zeit heute überhaupt noch etwas außerhalb von schwulen Germanistenkreisen zur Kenntnis genommen wird, bleibt der Name Stefan George zu

nennen. Wenn man des Kaisers neue Kleider unbefangen anschaut und viele Verse des Meisters als schwule Lyrik etikettiert, mag das sogar heute noch Widerstand provozieren, aber bereits George selbst mußte sich mit einem gesteigerten Interesse schwuler Literaturfreunde an seinen Gedichten auseinandersetzen. Er tat dies so souverän wie hochmütig, indem er in das von seinen Adepten Gundolf und Wolters herausgegebene *Jahrbuch für die geistige Bewegung* die folgende, von Magnus Hirschfeld mit Respekt zitierte Sentenz einrücken ließ:

»Wir fragen nicht danach, ob des Schillerschen Don Carlos Hingabe an Posa, des Goetheschen Ferdinand an Egmont, der leidenschaftliche Enthusiasmus des Jean Paulischen Emanuel für Viktor, Roquairols für Albano irgend etwas zu tun hat mit einem hexenhammerischen Gesetzesabschnitt oder einer läppischen medizinischen Einreihung: vielmehr haben wir immer geglaubt in diesen Beziehungen ein wesentlich Bildendes der ganzen deutschen Kultur zu finden.«[7]

Hirschfeld zitiert nicht mehr die gegen die Schwulenbewegung gerichtete Tirade am Schluß des Abschnitts: »Daß wir nichts zu tun haben mit jenen keineswegs erfreulichen Leuten, die um die Aufhebung gewisser Strafbestimmungen wimmern, geht schon daraus hervor, daß gerade aus solchen Kreisen die widerlichsten Angriffe gegen uns erfolgt sind.«[8]

Das Gerangel um die Eingemeindung der Georgeschen Gedichte in den Bezirk der schwulen Lyrik hatte damals eine interessante Parallele in dem Streit um manche Gedichte des Amerikaners Walt Whitman. Dieser Streit wurde in Deutschland von dem WhK-Obmann Eduard Bertz im *Jahrbuch für sexuelle Zwischenstufen* und in Frankreich von Guillaume Apollinaire in der Pariser Zeitschrift *Mercure de France* ausgetragen und vor allem gegen die Behauptung der Whitman-Verehrer geführt, in seinen Gedichten könne es gar nicht um Homosexualität gehen, weil der Dichter absolut nicht homosexuell gewesen sei.[9]

Das Drama

Im 19. Jahrhundert gab es nur ganz wenige Theaterstücke, gegen die der Vorwurf erhoben wurde, der Dichter wolle die widernatürliche Unzucht auf die Bühne bringen. Während die Kritik das vermutlich niemals aufgeführte Drama *Die Freunde* (Leipzig 1836) von Sigismund Wiese tadelte (»Die beiden Freunde sprechen nämlich vollkommen wie zwei Liebende und wecken auch beim billigsten Leser eine widerliche Empfindung. Freundschaft ist einmal nicht Liebe.«), begrüßte es Heinrich Hössli eben deshalb als zeitgenössische Apotheose der griechischen Männerliebe.[10] Und Adolf Wilbrandt mußte sich im Vorwort zu seinem Lustspiel *Die Reise nach Riva* (Wien 1877) gegen »feindselige, giftige Kritiker« wehren, die ihm vorwarfen, daß er auf der Bühne »jene widernatürliche Verirrung dargestellt habe, die des edlen griechischen Alterthums traurigster Makel ist«. Sieht man einmal von jener kleinen Szene zwischen Mephisto und den Engeln in Goethes *Faust II* (1832)[11] und der »Weinbergszene« in Frank Wedekinds *Frühlings Erwachen* (1891) ab, so scheint erstmals 1898 ein neuer Dramentyp, das schwulenbewegte Tendenzstück, aufgekommen zu sein. Im Berliner Verlag Berndt & Klette erschien in jenem Jahr *Jasminblüthe*, ein Drama in fünf Akten mit einem Vorwort von dem sonst völlig unbekannten Ludwig Dilsner. Das Buch ist heute verschollen, so daß wir nur durch die ausführliche Besprechung im *Jahrbuch für sexuelle Zwischenstufen* davon Kenntnis haben. Dort ist davon die Rede, daß das Stück nicht nur als »erste dramatische Behandlung der Homosexualität« zu loben sei, sondern es sei auch sehr gut zur Aufführung geeignet.[12] Obwohl nach Einschätzung des Rezensenten Numa Praetorius die Zensur das Stück genehmigen müßte, ist es anscheinend niemals aufgeführt worden, und dieses Schicksal teilte es mit allen anderen schwulen Tendenzstücken jener Zeit, etwa Hanns Heinz Ewers, *Enterbt* (Berlin 1903), Herbert Hirschberg, *Fehler* (Straßburg 1906), Franz Reddi, *Der fremde Gott* (Leipzig 1907), Siegfried Moldau, *Wahrheit* (Leipzig 1908) und Sagitta (John Henry Mackay), *Über die Stufen von Marmor. Eine Szene der namenlosen Liebe* (Berlin 1913).

Nur zweimal gab es vor dem Krieg Inszenierungen, bei denen in den Publikationen der Schwulenbewegung über darin entdecktes Homosexuelles berichtet wurde, beide Male waren es Inszenierungen Max Reinhardts an seinem Deutschen Theater (1912). In Fritz von Unruhs Drama *Offiziere* entdeckte Magnus Hirschfeld »eine Freundschaft, die stark urnisch gefärbt ist«[13], und in Wilhelm Schmidtbonns Tragödie *Der Zorn des Achilles* ist die Freundschaft zwischen Achilles und Patroklus ebenfalls stark »urnisch gefärbt«, ohne auch nur entfernt beim unbefangenen Zuschauer den Eindruck zu erwecken, hier gehe es um Homosexualität oder Päderastie.[14]

Insgesamt muß man wohl feststellen, daß abgesehen von ›urnischen Färbungen‹, die Männerliebe in den Theatern der wilhelminischen Ära nicht auf der Bühne thematisiert werden durfte, sondern allenfalls hinter den Kulissen als Privatvergnügen der Beteiligten oder als Stoff für Intrigen stattfand. So mußte sich beispielsweise der Generalintendant der Königlichen Theater, Georg von Hülsen, 1907 vor Gericht gegen den Vorwurf wehren, er protegiere junge Schauspieler als Gegenleistung für sexuelle Dienste. Der Schauspieler Frank, der ihn denunziert hatte, konnte aber nichts beweisen und wurde deshalb, ähnlich wie Adolf Brand, der den Reichskanzler von Bülow denunziert hatte, zu einer Gefängnisstrafe verurteilt.[15] Das schwule Theater fand damals vor allem auf der Bühne des Gerichtssaals statt.

Manfred Herzer

---

1 Karl Heinrich Ulrichs, *Antinous*, in: Numa Numantius [d. i. Ulrichs], *Ara spei* (Leipzig 1865, Reprint Berlin 1994) S. 89–93. – Magnus Hirschfeld, *Drei Gräber in fernem Land, ein Bericht in gebundener Form*, in: *Vierteljahresberichte des Wissenschaftlich-humanitären Komitees*, Jg. 1, Heft 1 (Oktober 1909) S. 31–35.

2 *Lieblingminne und Freundesliebe in der Weltliteratur. Eine Sammlung mit einer ethisch-politischen Einleitung von Elisarion von Kupffer*. Nachdruck der Ausgabe von 1900 mit einem Vorwort von Marita Keilson-Lauritz (Berlin 1995) S. 180–181.
3 Gerhard Härle, *Männerweiblichkeit. Zur Homosexualität bei Klaus und Thomas Mann* (Frankfurt a. M. 1988).

4 *Zeitschrift für Sexualwissenschaft*, Jg. 4 (1917/18) S. 247–248.
5 *Jahrbuch für sexuelle Zwischenstufen*, Jg. 9 (1908) S. 581.
6 Peter Hamecher, *Der männliche Eros im Werke Stefan Georges*, in: *Jahrbuch für sexuelle Zwischenstufen*, Jg. 14 (1914) S. 11.
7 Magnus Hirschfeld, *Die Homosexualität des Mannes und des Weibes* (Berlin 1914) S. 1022.

8 *Jahrbuch für die geistige Bewegung*, Jg. 3 (1912) S. VI.
9 Numa Praetorius, *Der Streit um Walt Whitmans Homosexualität im Mercure de France und den Archives d'anthropologie criminelle vom Jahre 1913–14* (Nachdruck), in: *Capri*, Nr. 15 (Mai 1993) S. 16–29.

10 Heinrich Hössi, *Eros*, Band 2 (St. Gallen 1838, Reprint Berlin 1996) S. 326 ff.; die Rezension von Wolfgang Menzel ist im Hössli-Materialienband (Berlin 1996) S. 21–22 zitiert.
11 Paul Derks, *Die Schande der heiligen Päderastie* (Berlin 1990) S. 281–285.
12 *Jahrbuch für sexuelle Zwischenstufen*, Jg. 3 (1901) S. 431–438.

13 Magnus Hirschfeld, *Die Homosexualität des Mannes und des Weibes* S. 1019.
14 Peter Hamecher, *Berliner Bühne. Der Zorn des Achilles*, in: *Extrapost des Eigenen*, Heft 4 (März 1912) S. 147–148.
15 *Monatsbericht des Wissenschaftlich-humanitären Komitees*, Jg. 6 (1907), Nr. 11, S. 219.

II. 4
KUNSTBETRIEB UND HOMOSEXUALITÄT

Guglielmo Plüschow
Männlicher Akt mit Heiligenschein
Um 1900. Fotografie
München, Münchner Stadtmuseum, Fotomuseum

Guglielmo Plüschow
Freundschaft
Um 1900. Fotografie
München, Münchner Stadtmuseum, Fotomuseum

Die Arbeiten der deutschen Fotografen Wilhelm von Gloeden und Guglielmo Plüschow, die beide in Italien tätig waren, nehmen in der homoerotischen Kunst Ende des 19. Jahrhunderts eine Sonderstellung ein. Ausgehend von den traditionellen »Akademien«, den Modell-, Bewegungs- und Aktfotografien für Künstler, schufen sie antikische Szenerien, die neben den archäologischen Instituten einen breiten, auch bürgerlichen Käuferkreis fanden. Zugleich lieferten sie Fotografien, die Posen der Kunstgeschichte nachahmten und für das Kunststudium in den Akademien dienten, aber auch erotische Sehnsüchte erfüllten. Neben recht keuschen Bildern sind von beiden Fotografen in sehr geringer Anzahl auch ›eindeutige‹ Bilder überliefert. 1902 wurde Guglielmo Plüschow wie der Zeichner Christian Wilhelm Allers in den Skandal um Alfred Krupp verwickelt und verhaftet. Da jedoch zahlreiche hochstehende Persönlichkeiten als seine Kunden ebenfalls in den Fall verwickelt waren, wurde das Verfahren verzögert und Veröffentlichungen in der Presse wurden weitgehend unterbunden, um diesen eine unbehelligte Abreise aus Italien zu ermöglichen. Wie aus den wenigen Zeitungsberichten hervorgeht, blieb Plüschow längere Zeit in Untersuchungshaft. Nach der Verbüßung einer Strafe von einigen Monaten konnte er sein Fotostudio in Rom ungehindert weiterbetreiben.

Die Ablehnung der Thematisierung von Homosexualität machte nur einen Teil der Kunstzensur im wilhelminischen Deutschland aus. Die offizielle Kunstpolitik des deutschen Kaiserreichs war allgemein gekennzeichnet von restriktiven Kunstauffassungen und bürgerlichen Moralvorstellungen. Fast alle Akademien in Deutschland gingen mit der Kunstauffassung Kaiser Wilhelms II. konform. Allerdings formierte sich in den neunziger Jahren eine Opposition gegen die offiziellen Beschränkungen sowie gegen die Doppelmoral der Gesellschaft. Eine jüngere Generation von Künstlern verfolgte andere ästhetische, malerische und inhaltliche Ansichten. Es war der grundsätzliche Kampf um künstlerische Freiheit und gegen bürgerlich-kaiserliche Bevormundung, der in ganz Deutschland zur Gründung von Secessionen führte. Französische Kunst galt dabei in vielerlei Hinsicht als vorbildlich. Bundesgenossen dieser Opposition gegen die wilhelminische Kunstpolitik waren Galeristen, Ausstellungsmacher und Museumsleute. Hugo von Tschudi in Berlin versuchte in der Nationalgalerie den kaiserlichen Kunstgeschmack zu unterlaufen und erwarb französische Impressionisten. Der Kunsthändler Paul Cassirer zeigte in seiner Galerie ebenfalls diese Bilder und wurde der Sekretär der Berliner Secession. Julius Meier-Graefe forcierte in seinen Publikationen eine Erneuerung der Kunst. Diese Alternativbewegung schuf sich ihre eigenen Zeitschriften, die so programmatische Namen wie *Jugend* oder *Pan* trugen. Hier wurden die Rückschrittlichkeit der Gesellschaft attackiert und die neuen Kunstströmungen literarisch begleitet. In Weimar wagte sich Harry Graf Kessler 1905 mit einer Ausstellung von Zeichnungen Auguste Rodins sogar auf das Gebiet der erotischen Kunst.

Die Behandlung von Sinnlichkeit und Erotik ging oftmals einher mit dem Wunsch nach künstlerischer Freiheit, doch muß hervorgehoben werden, daß die offizielle Ablehnung und Zensur vorrangig gegen heterosexuelle Darstellungen gerichtet war. Bei Fortbestehen des § 175 konnte es im offiziellen Kunstbetrieb homosexuelle Darstellungen gar nicht erst geben. Kam es zu noch so unscheinbaren homoerotischen Anklängen, wurden selbst diese angefeindet. Doch die Künstlergeneration, die um 1900 die Secessionen in Deutschland bildete, nahm eine durchaus tolerante Haltung gegenüber den Homosexuellen und ihrer Liebe ein, und einige heterosexuelle Künstler waren von ihr fasziniert. Schließlich hatten die weltoffenen Künstler fast alle Kontakt zu schöngeistigen Homosexuellen, die damals den Kunstmarkt mitgestalteten. Von Max Slevogt über Ludwig von Hoffmann bis hin zu Ernst Ludwig Kirchner läßt sich eine solche Offenheit feststellen. Aber selbst innerhalb der Secessionen gab es unterschiedliche Einstellungen zu sinnlicher Darstellung. In der Ausstellung der Münchner Secession 1899 mußte Slevogts Gemälde *Danae* abgehängt werden, nachdem schon 1893 seine *Ringerschule* als unsittlich beanstandet worden war. Beide Gemälde zeigen eine vergleichsweise verhaltene Sinnlichkeit: *Danae* thematisiert die Liebesbegegnung zwischen dem Göttervater Zeus in der Gestalt des Goldregens und seiner Geliebten, bei der *Ringerschule* wurde bereits die Berührung zweier nackter männlicher Körper beim Sport, also keineswegs in einer Situation gezielter Sinnlichkeit, als anstößig empfunden.

In der *Münchner Post* erschien am 11. Juni 1899 zur Entfernung von Slevogts *Danae* ein ironischer Artikel, der auch das Thema homoerotischer Bilder berührte: »Gott sei Dank! Nun ist doch wieder einmal unsere Moral gerettet. Und wir haben es so nöthig. Unsere Phantasie ist so verderbt, daß man uns Alles aus den Augen räumen muß, was uns auf böse Gedanken bringen könnte. Wo irgend eine bildliche Gelegenheit zu unlauteren Gedanken proscribirt wird, da handelt es sich in der Regel um etwas weibliches. Nur ganz abnorm veranlagte Leute – es soll auch solche unter den Frommen geben – entsetzen sich auch einmal vor der männlichen Natürlichkeit. Nicht den Damen gilt also die moderne Prüderiezensur, sondern den Herren der Schöpfung. Slevogts ›Danae‹ ist im Handumdrehen aus der heurigen Jahresausstellung der Sezession verschwunden. [...] Bei uns herrscht denn eben doch mehr Sittlichkeitsgefühl als bei den Parisern, den Kopenhagenern, den Wienern und anderen Böotiern. Seit fünf Jahren treibt sich diese ›Danae‹ auf allen möglichen außerdeutschen Kunstausstellungen herum. Nirgends hat sich die Sittlichkeit durch sie bedroht gefühlt.«

Kurz zuvor hatte es 1897 in München einen ›homosexuellen‹ Kunstskandal gegeben. Dabei ging es um ein Madonnenbild, bei dem nicht etwa erotische Sinnlichkeit die Moralapostel herausforderte, vielmehr hatten selbst Kleriker das Bild noch kurz zuvor bewundert. Aber Paul Höcker hatte für seine Darstellung der Mutter Gottes einen Münchner Strichjungen zum Modell genommen, von dem vermutet wurde, daß er auch sonst mit dem Professor der Akademie und Mitbegründer der Münchner Secession in Beziehung stand. Es ging also nicht um eine ›eindeutige‹ Darstellung – die hätte es schon aus Selbstschutz und Selbstzensur der Künstler kaum geben können –, sondern lediglich in den Köpfen der Sittenwächter hatte sich etwas Unanständiges abgespielt. Paul Höcker mußte die Akademie verlassen.

Diese Form der Diskriminierung sollte kein Einzelfall bleiben. Nur fünf Jahre später verfiel Christian Wilhelm Allers der Verdammung, der mit seinen Bismarck- und Marinezeichnungen das Entzücken des deutschen Bürgertums erlangt hatte. Nach Bekanntwerden seiner Verurteilung wegen Beziehungen zu Jungen auf Capri waren seine Kunstwerke, zuvor in höchsten Auflagen gedruckt und vertrieben, in Deutschland nicht mehr verkäuflich. Und wieder einige Jahre später traf es den ehemaligen Professor der Weimarer Akademie, Sascha Schneider, der, um gesellschaftlichen Moralvorstellungen Genüge zu tun, sich 1908 für mehrere Jahre nach Italien ins Exil begab. 1912 wurden Ankäufe seiner Plastiken durch Deutsche Museen mit dem Hinweis, es handele sich um »Aufreizung zur widernatürlichen Unzucht«, verhindert. Dabei war an diesen Einzelfiguren nichts unkeusch oder sinnlich. Allein der Gedanke an die Homosexualität des Künstlers verband in den Köpfen einiger Juroren die Skulptur mit der verfemten Liebe.

Wenn es wirklich um »zu sinnliche Darstellungen« gegangen wäre, hätten ganz andere Kunstwerke von der öffentlichen Zurschaustellung ausgeschlossen werden müssen, aber diese schützte die wilhelminische Doppelmoral. Es gab sehr wohl Kunstwerke, die, geschützt durch das Thema, die Grenze zu homoerotischer Sinnlichkeit so weit wie nie zuvor überschritten. Hierzu muß Gustav Eberleins Plastik *Gott Vater haucht*

Max Koch
Modellstudie in freier Natur
Lichtdruck nach einer Fotografie
Aus der Mappe *Freilicht*
Leipzig: Internationaler Kunstverlag M. Bauer & Co. 1897 ff.
Berlin, Privatbesitz

Adam den Odem ein von 1897/98 gezählt werden. Eine Darstellung des antiken Göttervaters Zeus mit Ganymed hätte nicht so weit gehen können, hätte es sich dabei doch um eine erotische Beziehung gehandelt. Eberleins Plastik des christlichen Gottes konnte dagegen zwei Männer in einer erotisch-sinnlichen Nähe zeigen, die sonst immer beanstandet wurde. Auch in seinen damals beliebten weiblichen Allegorien spielte Eberlein immer wieder mit sinnlicher Erregung und Ekstase. Dreißig Jahre später (1922) brachte *Der Eigene* eine Abbildung der Plastik. So wie man Jesus und Johannes als Vorläufer in die eigene Geschichte integrierte, ließ sich Eberleins Gruppe in die Reihe künstlerischer Vorbilder einfügen.

Gustav Eberlein
Gott Vater haucht Adam den Odem ein
1897/98. Bronze. Höhe 60 cm
Berlin, Staatliche Museen zu Berlin, Nationalgalerie

Mit seinem neobarocken Pathos war Gustav Eberlein (1847–1926) einer der meistbeschäftigten Bildhauer des deutschen Kaiserreichs. 1880 erzielte er mit seinem Dornauszieher *den künstlerischen Durchbruch; sieben Jahre später wurde er Mitglied der Preußischen Akademie der Künste und Professor. Er schuf zahlreiche offizielle Standbilder und Monumentalwerke und gehörte zu den Künstlern, gegen deren Werk und Stil die jüngere Generation der Secessionisten am Ende des Jahrhunderts opponierte. In dieser Zeit wandte sich Gustav Eberlein christlichen Themen zu. Die Plastik* Gott Vater haucht Adam den Odem ein *hat er 1897 entworfen und in den folgenden Jahren mehrfach ausgeführt. Schon immer hatten Erotik und Sinnlichkeit eine große Rolle in seinen Arbeiten gespielt, und so war er sich wohl der besonderen Homoerotik seiner Skulptur bewußt. Konnte »Gott Vater« im ersten Entwurf Adam den Odem noch wie bei einem Kuß durch den Mund eingeben, so wurde in der endgültigen und offiziellen Fassung daraus ein Einhauchen durch die Nase.*

Paul Höcker
Nino
Um 1908. Öl auf Leinwand, 156 x 98 cm
Privatbesitz

Nach seiner Ausbildung an der Münchner Akademie (1874–1879) und längeren Aufenthalten in Paris, Holland und Berlin ließ sich Paul Höcker (1854–1910) in München nieder, wo er 1891 auf den ehemaligen Lehrstuhl von Friedrich August von Kaulbach an die konservative Akademie berufen wurde. Nur ein Jahr darauf wurde unter seiner Federführung die erste Secession Deutschlands gegründet. Paul Höcker gehörte zu den wenigen Künstlern, die Magnus Hirschfeld 1922 in seinen Erinnerungen Von einst bis jetzt *als homosexuell erwähnt. Hirschfeld hatte Paul Höcker zur Unterschrift unter die Petition gegen den § 175 zu gewinnen versucht, Höcker allerdings hatte ablehnend geantwortet: »Sie widmen Ihre Kräfte einem der humansten Zwecke, und mit Freude sehe ich, wie viele Männer der einschlägigen Wissenschaften und andere hervorragende und einflußreiche Leute beitragen wollen, daß dieses grausame Gesetz beseitigt werde, allein ich kann Ihnen meine Unterschrift nicht geben, – weil ich selbst konträrsexuell veranlagt bin.« (Magnus Hirschfeld,* Von einst bis jetzt, *Berlin 1986, S. 108)*

Noch 1897 verließ Paul Höcker München und ging nach Italien. Es war bekannt geworden, daß ihm für ein Madonnenbild ein Münchner Strichjunge Modell gesessen hatte. Höcker stand zur Entstehungsgeschichte des Bildes und zu seinem Kontakt zu dem Jungen. So verlor er seine Stellung und lebte die nächsten Jahre in Italien und in seinem Heimatort Oberlangenau in Schlesien. In Italien kam Paul Höcker in Kontakt mit dem Dichter Jacques d'Adelsward-Fersen, der sich gleichfalls nach einem Skandal in Paris nach Capri in seine Villa Lysis zurückgezogen hatte. Dessen Liebhaber Nino Cesarini malte Paul Höcker in den nächsten Jahren mehrfach. Guglielmo Plüschow hat wiederholt das Innere der Villa Lysis festgehalten, auf einer Fotografie sieht man links an der Wand das Gemälde Nino mit grünem Tuch, *das erst in den letzten Lebensjahren Höckers entstand. Bereits vor 1904 hatte er* Nino mit blauem Tuch unter Bäumen *gemalt. Zu diesem Zeit-*

Die Beziehungen der Künstler zur sich formierenden Schwulenbewegung des Kaiserreiches waren vielfältig und unterschiedlich. Im *Wissenschaftlich-humanitären Komitee* sind neben zahlreichen aktiven Medizinern, Juristen, Wissenschaftlern und Literaten fast keine bildenden Künstler beteiligt. Unter den sogenannten Fondszeichnern, den eigentlichen Mitgliedern vor der Eintragung ins Vereinsregister, fällt nur der Zeichner Marcus Behmer auf, der mit vollem Namen und Adresse in den Jahresberichten von 1902–1904 aufgeführt ist. In seinen künstlerischen Arbeiten trat schon damals eine animalische Sexualität, verschlüsselt in Darstellungen von Tieren und Pflanzen, hervor. In den Veröffentlichungen des *WhK* spielte die Kunst kaum eine Rolle, wohl aber in Adolf Brands Zeitschrift *Der Eigene*. Er bildete zeitgenös-

sische Kunstwerke und Fotografien ab und versuchte in Artikeln die Aneignung einer homoerotischen Kunstgeschichte. Brand hatte Kontakte zu Künstlern der Sozialreformbewegung wie Fidus (Hugo Höppener) und Franz Metzner und nannte weitere Künstler in den Statuten der *Gemeinschaft der Eigenen* als Mitarbeiter, auch wenn diese ihm nur vereinzelt Zeichnungen oder Fotografien zur Verfügung stellten. So druckte er auch Fotografien von Wilhelm von Gloeden. Adolf Brands Kreis gab Anregungen zur Gestaltung weiterer Arbeiten wie beispielsweise der Skulpturengruppe *Die Freunde* von Ernst Jaeger-Corvus. Daneben wurden im *Eigenen* immer wieder die traditionellen homoerotischen Themen der Kunstgeschichte in Abbildungen vorgestellt.

punkt scheint sein Skandal in München in Vergessenheit geraten zu sein, zumindest wagte die Zeitschrift Jugend eine andere Version des Gemäldes (Nino bekleidet) in ihrer Nummer 26 von 1904 als Titelblatt zu drucken.

Elisar von Kupffer
Schleiertanz
1918. Öl auf Leinwand
Minusio, Centro Culturale del Comune di Minusio

Sofern man den Begriff »schwule Kunst« überhaupt benutzen kann, trifft er auf den autodidaktisch arbeitenden Elisar von Kupffer (1872–1942) am ehesten zu. In seinen Berliner Jahren vor 1902 stand er in engstem Kontakt zu Adolf Brand, von 1902 bis 1915 lebte er aus gesundheitlichen Gründen in Florenz, wo er auch öfters mit Sascha Schneider zusammentraf. In ihrer Behandlung männlicher Modelle verfolgten beide ähnliche Ziele. War dies für Schneider die Betonung einer männlichen Körperlichkeit, so für Elisar von Kupffer die androgyn jugendliche Gestaltung von Selbstbildnissen. Ihre kitschige Schönheit ist Ausdruck seiner Sehnsucht nach einer heilen Welt, einem schwulen Paradies. Ab 1915 lebte von Kupffer zusammen mit seinem Lebensgefährten Eduard von Mayer in der Schweiz, wo es ihnen nach 1925 gelang, in Minusio den Tempelbau Sanctuarium Artis Elisarion zu verwirklichen. In das Gesamtkunstwerk wurden ein großes Rundbild der Jünglinge in den vier Jahreszeiten und zahlreiche ältere Arbeiten integriert.

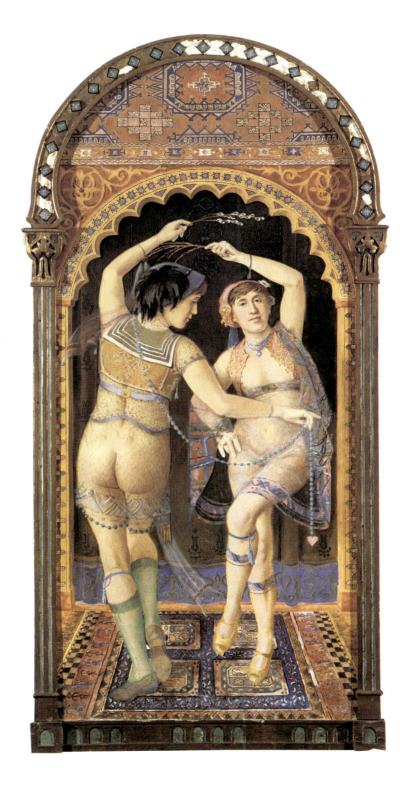

An der Aufweichung überkommener Moralvorstellungen wurde an verschiedensten künstlerischen Fronten gearbeitet. Zu erwähnen ist hier die Tätigkeit des Schriftstellers Franz Blei, der immer wieder versuchte, dem Publikum einen freien Zugang zu erotischen Bearbeitungen in Kunst und Literatur zu verschaffen. In seinen aufwendig gedruckten Zeitschriften *Amethyst* und *Opale* konnten erstmals Marcus Behmers erotische Zeichnungen sowie Paul Verlaines schwule Gedichte in deutscher Übersetzung veröffentlicht werden. In der Produktion erotischer Literatur war Paris mit seiner bis ins 17. Jahrhundert zurückreichenden Tradition leuchtendes Vorbild in Europa. 1907 erschien eine Neuausgabe von Friedrich Karl Forbergs ›erotischem Handbuch‹ *De Figuris Veneris*, in dem sämtliche sexuellen Themen an Hand antiker Gedichte vorgestellt werden. Das aufwendig ausgestattete Buch erschien gleichzeitig auf Französisch, Deutsch und Englisch, die Illustrationen stammten von Paul Avril. Im gleichen Jahr erschien ebenfalls in Paris Paul Verlaines *La Trilogie Erotique. Amies – Femmes – Hombres* als Privatdruck in 235 Exemplaren. Fünf der fünfzehn Illustrationen des (sonst unbekannten) Zeichners Van Troiziem thematisieren Homosexualität. Auch dieses Werk wurde wie so viele erotische Klassiker von der Zensur beschlagnahmt und ist nur in wenigen Exemplaren erhalten.

Zur schwulen Kunstgeschichtsschreibung gehört seit Jahrhunderten die Beziehung homosexueller Mäzene zu ihren Künstlern. Solche Beziehungen fanden nach 1900 einen neuartigen Niederschlag in den Arbeiten meist heterosexueller Künstler. War es bei Harry Graf Kessler noch am ehesten der traditionelle Wunsch nach einem den eigenen erotischen Vorlieben entsprechenden modernen Kunstwerk, den er gegenüber dem Bildhauer Aristide Maillol äußerte, so werden die Darstellungen von Max Slevogt und

Maurice Besnaux (Marcus Behmer)
»Le Gourmand« und »Le Gourmet«
Zwei Illustrationen.
Aus: *Der Amethyst. Blätter für seltsame Literatur und Kunst*, Wien: Verlag C. W. Stern (1906). Herausgeber: Franz Blei
Berlin, Privatbesitz

Marcus Behmer entstammte einer Weimarer Künstlerfamilie und hatte an der dortigen Kunstschule seine Ausbildung erhalten. 1900 veröffentlichte er seine ersten Arbeiten – Zeichnungen nach fantastischen Tierpflanzen – in den Zeitschriften Simplicissimus *und vor allem* Die Insel; *bekannt wurde er 1903 durch seine Illustrationen zu Oscar Wildes* Salome, *ebenfalls für den Insel-Verlag in Leipzig. Behmer lebte jetzt bereits in Berlin, wo er den Archäologen und Kunsthistoriker Botho Graef kennenlernte. Über Graefs Kreis, zu dem Friedrich Gundolf, Lothar Treuge und Franz Deibel gehörten, kam er in Kontakt zu Stefan George. Als Graef 1904 als Professor nach Jena berufen wurde, widmete er dort noch im selben Jahr seinem Freund eine Ausstellung. Genauso wichtig wie dieser Kreis junger Intellektueller wurde für Marcus Behmer der Kontakt zu Magnus Hirschfeld und zum Wissenschaftlich-humanitären Komitee. Mindestens von 1902 bis 1904 gehörte Behmer zu den sogenannten Fondszeichnern, war also Mitglied der ersten Homosexuellen-Organisation. Kaum ein anderer deutscher Künstler hat in seinem Werk Homosexualität so früh und so intensiv bearbeitet. Bereits in seinen noch unter dem Pseudonym Maurice Besnaux 1906 im* Amethyst *veröffentlichten Zeichnungen steht der Kult des Phallus im Vordergrund. Wie in vielen seiner Arbeiten werden die menschlichen Bedürfnisse und Sehnsüchte Tieren zugewiesen. Auf den Zeichnungen* Le Gourmand *und* Le Gourmet *sind es ein Vogel und eine Kröte, die von den phallischen Früchten genießerisch oder zart nippend kosten. 1905 ging Marcus Behmer nach Italien, wo er in Florenz künstlerisch tätig war und mit seinem italienischen Freund Luigi zusammenlebte. 1909 kehrte Behmer nach Berlin zurück.*

Ernst Ludwig Kirchner zu Dokumentationen der schwulen Lebenszusammenhänge ihrer Mäzene auf höchstem künstlerischen Niveau. Dies weist voraus auf die künstlerische Offenheit in der Behandlung homosexueller Themen in den zwanziger Jahren in Deutschland. Gleichzeitig erzählen diese Arbeiten von den besonderen Möglichkeiten der gehobenen Gesellschaft im Kaiserreich, sich trotz anhaltender Unterdrückung eine eigene Lebenswelt zu gestalten.

Andreas Sternweiler

Harry Graf Kessler
Aristide Maillol bei der Arbeit an der Skulptur »Radfahrer« und das Modell Gaston Collin
Um 1908. Fotografie
Marbach am Neckar, Schiller-Nationalmuseum

Von 1903 bis 1907 war Harry Graf Kessler Direktor des Kunst- und Kunstgewerbe-Museums in Weimar. Eine Ausstellung erotischer Zeichnungen von Rodin (1906) führte ein Jahr später zu seiner Entlassung. Einer der wichtigen mäzenatischen Aufträge Kesslers an den Bildhauer Aristide Maillol steht in einer erstaunlichen Gleichzeitigkeit mit dem Homosexuellen-Skandal, der das Kaiserreich 1907 erschütterte. Im April hatte Maximilian Harden seinen Artikel gegen Philipp zu Eulenburg veröffentlicht. Nur drei Monate später bestellte Kessler bei Maillol neben dem Relief Le Desire *auch den Jünglingsakt des Radfahrers Gaston Collin, den er Maillol als Modell vermittelte. Angeregt durch das besondere Interesse Kesslers wandte sich der Bildhauer, der bis dahin nur weibliche Akte geschaffen hatte, dem Männerakt zu. Kesslers Auftrag erscheint als stolze Antwort eines kultivierten Schöngeistes auf die Schmutzkampagne, die sich gleichzeitig gegen alles Homosexuelle richtete.*

Kessler verkehrte in den gleichen gesellschaftlichen Kreisen und kannte einige der angegriffenen Personen wie den Hofmarschall der Kaiserin, Bodo von dem Knesebeck, persönlich. In zahlreichen Fotografien hat Kessler den Entstehungsprozeß der Skulptur festgehalten. Maillol hat 1908 ebenfalls unter Kesslers Einfluß noch einen zweiten männlichen Akt geschaffen, und auch für das von Kessler mit großem Enthusiasmus geplante, aber nie ausgeführte Nietzsche-Denkmal hat er Aktzeichnungen nach dem Tänzer Nijinsky angefertigt. Aus der Begegnung mit Diaghilew und seinem Startänzer ging auch das Ballett Josephslegende *von Richard Strauss hervor, dessen Libretto Kessler und Hugo von Hofmannsthal verfaßten.*

Max Slevogt
**Doppelbildnis Johannes Guthmann
und Joachim Zimmermann**
1915. Öl auf Leinwand
Hamburg, Privatbesitz

Johannes Guthmann und Joachim Zimmermann hatten sich 1895 in einem Seminar des Historikers Heinrich von Treitschke an der Berliner Universität kennengelernt und verbrachten fortan ihr Leben bis zum Tode von Zimmermann über 50 Jahre gemeinsam. Nach Studien und ausgedehnten Reisen hatten sich die beiden 1909 in Berlin im ehemaligen Gutshaus Neu-Kladow auf den Havelanhöhen niedergelassen und einen Musenhof um sich gebildet. Als promovierter Kunsthistoriker arbeitete Guthmann unter Hugo von Tschudi an der Nationalgalerie. Über den Kollegen Johannes Sievers vom Kupferstichkabinett lernte er Max Slevogt kennen, den er 1911 mit der Ausmalung ihres Teepavillons beauftragte. Im Verlauf dieser Arbeit wurde das Verhältnis zwischen Slevogt und seinen Mäzenen so eng, daß er das Freundespaar 1912 in einer sehr intimen Situation festhielt. Das durchaus revolutionär zu nennende Aquarell zeigt die beiden Männer nackt beim Sonnenbaden. Die Darstellung spricht für die große Offenheit, mit der die Mäzene dem Maler begegneten, und für dessen Unvoreingenommenheit und Sensibilität. 1915 folgte das eher offizielle Doppelporträt des Freundespaars in Öl.

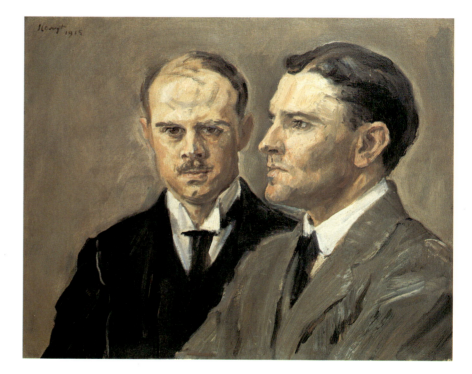

Alexander (Sascha) Schneider
Gymnasion
(nach dem Ölgemälde »Knabenkriege«)
Um 1912. Kunstdruck, farbig getönt
Breitkopf & Härtels Zeitgenössische Kunstblätter
Berlin, Privatbesitz

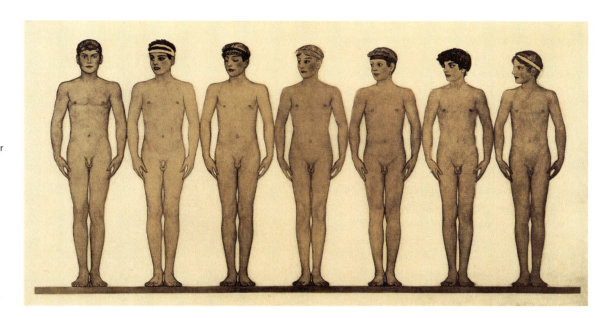

Sascha Schneider (1870–1927) studierte an der Akademie in Dresden, hatte dort im September 1894 seine erste Einzelausstellung und wurde 1904 an die Weimarer Kunstschule berufen. Schneider war eng mit Karl May befreundet, für dessen Gesamtausgabe er die Titelblätter entwarf. Als Homosexueller war er sehr selbstbewußt. So schrieb er etwa am 19. Mai 1904 an Karl May: »Mein Standpunkt ist außerhalb des Normalen. Diese meine mir angeborene Naturanlage ist nicht zu bekämpfen und zu unterdrücken. Wozu auch? Sünde gibt es nicht für mich in diesem Sinn. Und bin ich dadurch bislang verhindert worden an Großes und Edles zu denken? Nicht Erlösung aus dieser Welt, sondern Freiheit in dieser Welt ist mein heißester Wunsch.« (Hansotto Hartzig, Karl May und Sascha Schneider, Bamberg 1967, S. 160)

1905 erschien im Eigenen sein Bild Morgendämmerung. *Liiert war Sascha Schneider damals mit dem Maler Hellmuth Jahn, den er »Galubschik« (Täubchen) nannte. 1906 versuchte dieser ihn zu erpressen. Schneider gab seine Stellung in Weimar auf und ging nach Italien. In Florenz lebte er mit dem russischen Maler und Bildhauer Daniel Stepanoff und mit dem Maler Robert Spies zusammen, mit dem er 1910 eine Reise in den Kaukasus unternahm.*

In Italien beschloß Schneider, seine Arbeit fortan nur noch dem männlichen Körper zu widmen und die »Ideenmalerei« aufzugeben. In seinem Buch Mein Gestalten und Bilden *(Dresden 1912) schrieb er: »Die Freude am rein Physischen überwog, je mehr ich in die Geheim-*

nisse des menschlichen Körpers eindrang, und jetzt denke ich nicht mehr daran, etwas anderes geben zu wollen, als was direkt zum Auge spricht. Mich interessiert ausschließlich der männliche Körper, d. h. die Kraft, die ich aber auch schon im Knaben liebe. Kraft ist für mich Schönheit, und ich denke da so radikal, daß ich eine höchst entwickelte Muskulatur für absolut schön halte. Des Mannes Schönheit ist seine Kraft. Der schöne Mann ist mir der stärkste.« (S. 4)

Von 1909 bis 1911 entstanden in Italien zahlreiche Darstellungen nackter Jünglinge, u. a. Badender Knabe *(1909),* Gürtelbinder *(1910),* Knabenfigur mit hängenden Armen *und* Idolino *(1911). Programmatisch für Schneiders Arbeiten ist auch das Ölgemälde* Knabenkriege, *das sieben Knaben und Jünglinge zeigt. Schneider nannte diese Figuren Sportgestalten.*

Im Oktober 1912 meldete sich Sascha Schneider mit einer Einzelausstellung in Dresden aus dem Exil zurück. Gerüchte über Schneiders Homosexualität führten dazu, daß seine Werke von den Ankaufskommissionen der Museen abgelehnt wurden. Der Ankauf des Badenden Knaben *für das Albertinum in Dresden scheiterte; die Skulptur wurde als »Aufreizung zur widernatürlichen Unzucht« abgelehnt. Auch der Ankauf des* Gürtelbinders *für Leipzig scheiterte; er wurde als »zu erotisch« boykottiert. Sascha Schneiders Freunde bemühten sich, diesen Skandal öffentlich zu machen. Am 20. Dezember 1912 erschien in der Kunstzeitschrift* Pan *eine anonyme Zuschrift aus Italien:*

»Das Unrecht gegen Sascha Schneider.
Boykott – in Anlehnung an § 175?

... *in einem aus Italien an den Pan gerichteten Brief heißt es:* ... *Beide Ankäufe waren so gut wie sicher. Auf einmal, nach hitzigen Debatten in den Kommissionen, tritt man zurück. Man könne die Figuren nicht erwerben, weil sie zu ›sinnlich‹ seien.* ... *Für zehnjährige Schöpferqual die Beschuldigung unsittlichen Strebens! Wenn die Figuren weibliche Akte wären, ließe sich das verhältnismäßig leicht ertragen; aber es sind Knaben, Jünglinge, Männer. Sehr versteckt, aber ganz positiv enthält die Beschuldigung die andere: Diese Kunst ist eine Verherrlichung der Homosexualität. Schneider hat in der*

Öffentlichkeit wenig Rückhalt. Dank seinem Auslandsaufenthalt hat er mit Publikum und Presse die Fühlung verloren. Er steht also heute, da unterirdisch gegen ihn miniert wird, ziemlich hülflos ...«
(Pan Nr. 12 vom 20. Dezember 1912, S. 290–291)

Die Stellungnahme zeigte Wirkung. 1914 konnte Schneider eine der Skulpturen in einer Monumentalfassung für das Berliner Stadion verwirklichen, und selbst das Albertinum in Dresden erwarb später den Idolino. 1919 gründete Schneider in Dresden sein »Kraft-Kunst Institut«, eines der ersten Bodybuilding-Studios in Deutschland. Bis zu seinem Tode 1927 versuchte er in seinen Arbeiten sein Ideal einer Männer- und Knabenwelt zu verwirklichen.

Alexander (Sascha) Schneider
Idolino (Knabe mit Siegerbinde)
1911. Kupfer, Hohlgalvano. Höhe 173,5 cm
Dresden, Staatliche Kunstsammlungen, Skulpturensammlung

Ernst Ludwig Kirchner
Zwei Männer im Bade
(Botho Graef und Hugo Biallowons)
1915. Radierung (Nachdruck), 24,7 x 19,3 cm
Karlsruhe, Staatliche Kunsthalle

Kirchner hielt zwischen 1914 und 1917 das Freundespaar auf mehreren Gemälden und Zeichnungen in unterschiedlicher Intimität fest: die beiden Freunde ausgestreckt auf zwei Sofas oder auch zusammen im Bad. Die künstlerische Verarbeitung schwulen Privatlebens war das Zusammenspiel dreier starker Persönlichkeiten. Der Professor der Archäologie und Kunstgeschichte Botho Graef, der zusammen mit seiner Schwester Sabine Lepsius zum George-Kreis gehörte, hatte 1899 den 22 Jahre jüngeren Hugo Biallowons in Berlin kennengelernt, als dieser seinen Militärdienst ableistete. Die beiden sollten bis zum frühen Tod Biallowons im ersten Weltkrieg verbunden bleiben. Im Mai 1904 war Botho Graef als Professor an die Universität Jena berufen worden, wo er sich besonders für zeitgenössische Künstler einsetzte. Waren es zuerst Künstler des Jugendstils, die er favorisierte (u. a. Marcus Behmer), so wurde er schon bald einer der großen Förderer Ernst Ludwig Kirchners.

II. 5
LEBEN IN DER UNTERDRÜCKUNG

In seiner Schrift § 175 des Reichsstrafgesetzbuchs (1898) ging Magnus Hirschfeld auch kurz auf das homosexuelle Leben in den Großstädten Europas ein und stellte fest, daß das »Urningtum« sich unabhängig von der Existenz eines entsprechenden Paragraphen wie in London, Berlin und Hamburg oder seiner Nichtexistenz wie in Rom, Paris und Brüssel entwickelte. Symptomatisch ist der Brief eines deutschen Aristokraten, der 1897, im Jahr der Gründung des *Wissenschaftlich-humanitären Komitees* (WhK), nach Berlin zurückkehrte. Er hatte mehrere Jahre im Ausland verbracht, um dem § 175 aus dem Wege zu gehen. »Nein diese Thorheit, treibe mich da nahezu 40 Jahre im Exil herum, um am Ende meiner Tage zu sehen, dass in der Hauptstadt des Vaterlandes, das ich so schwer vermisste, das urnische Leben unter dem § 175

Belle-Alliance-Brücke in Berlin
Um 1895. Fotografie
Berlin, Zentral- und Landesbibliothek

Am südlichen Rande der expandierenden Großstadt Berlin gelegen, hatte sich die Gegend um das Hallesche Tor schon im Verlauf des 19. Jahrhunderts zum beliebten Soldatentreff entwickelt. In der Nähe der Kasernen und des Manövergeländes auf dem damaligen Tempelhofer Feld war der Uferweg südlich des Landwehrkanals von der Flottwellstraße bis zum Urbanhafen zum bevorzugten Promenierweg der Soldaten und ihrer Liebhaber geworden. »Die Gründe, welche den Soldaten zum Verkehr mit Homosexuellen veranlassen, sind mannigfach«, schrieb Hirschfeld 1914 in seinem Werk Die Homosexualität des Mannes und des Weibes, *»einmal der Wunsch, sich das Leben in der Großstadt etwas komfortabler zu gestalten, besseres Essen, mehr Getränke, Zigarren und Vergnügungen [...] zu haben; dazu kommt, daß der oft sehr bildungsbedürftige Landwirt, Handwerker oder Arbeiter im Verkehr mit den Homosexuellen geistig zu profitieren hofft; dieser gibt ihm gute Bücher, spricht mit ihm über Zeitereignisse, geht mit ihm ins Museum, zeigt ihm, was sich schickt, und was er nicht tun soll; das oft drollige Wesen des Urnings trägt auch zu seiner Erheiterung bei. Weitere Momente sind der Mangel an Geld oder an Mädchen, die den Soldaten nichts kosten, die Furcht vor Geschlechtskrankheiten und die gute Absicht, der daheim bleibenden Braut treu zu bleiben«. (S. 731)*

In einem der Gebäude des Waterloo-Ufers, links im Bild, befand sich eines der bekanntesten Soldatenlokale: »Zur Katzenmutter hieß das niedrige, aus zwei kleinen Räumen bestehende Parterrelokal, wahrscheinlich weil in dem hinteren (Haupt)Zimmer an den Wänden kleine Bilder mit Katzen hingen. Beide Zimmer waren übervoll, und fast die Hälfte der Besucher waren Soldaten verschiedener Gattung, aber jeder für sich und unter Zivilisten sitzend. Die Wirtin brachte Bier. Hier ist ein Hauptort, wo man Soldaten ›haben‹ kann, von denen die meisten heterosexuell sind, gern aber einen Nebenverdienst mitnehmen. Hier sucht man sich zu engagieren, und nach abgeschlossenem Handel entfernt sich das Paar in die Privatwohnung des Zivilisten.« (Paul

ausgedehnter, ungenierter, ungezwungener ist, wie nur je an einem Orte im Orient und Occident.« (S. 67–68)

Die Wurzeln einer schwulen Subkultur lassen sich in Berlin bis weit ins 18. Jahrhundert zurückverfolgen. Trotz der antihomosexuellen Gesetzgebung konnte sich hier eine Vernetzung entwickeln, die den einzelnen Hilfestellung bot. Allerdings geschah dies immer unter dem wachsamen Auge der Obrigkeit, und die Polizei konnte jederzeit zur Wiederherstellung der herrschenden Moral einschreiten. Es wurden Verhaftungen vorgenommen, Anklage wegen § 175, wegen Erregung öffentlichen Ärgernisses oder wegen Kuppelei erhoben, schwule Lokale wurden geschlossen, homosexuelle Gesellschaften observiert und einschlägige Badehäuser dicht gemacht. Zwischen 1885 und 1900 wurden im Deutschen Reich jährlich 400 bis 500 Personen nach § 175 verurteilt. Zumeist zog eine Verurteilung den Verlust der gesellschaftlichen Stellung, des Berufes und des sozialen Umfeldes nach sich. Selbstmorde und das Ausweichen ins Ausland waren an der Tagesordnung.

Mit unterschiedlichen Strategien reagierten die Homosexuellen auf die beständige Bedrohung und Vernichtung ihrer Lebenswelt. Ein Teil entschied sich für einen Rückzug ins Private. In unterschiedlichen Abstufungen gab es aber auch für diesen Personenkreis schwule Lebensmöglichkeiten. Ein Zusammenleben mit einem Sekretär oder Angestellten war in gewissen Gesellschaftskreisen unverfänglich und toleriert. In anderen Kreisen erweckte das Zusammenleben zweier unverheirateter Männer den Argwohn der Mitbewohner. Immer war Selbstbewußtsein Voraussetzung für die gezielte Gestaltung eines schwulen Lebens. Wie schon 1910 in der anonymen Schrift *Das perverse Berlin* festgehalten, reagierten die meisten Berliner eher gelassen auf eine solche Lebensform. »Im allgemeinen jedoch ist der Berliner hinreichend ›helle‹, um zu wissen, ob es stimmt oder ob nicht. Seine tiefgewurzelte

Näcke, Ein Besuch bei den Homosexuellen in Berlin. In: Archiv für Kriminalanthropologie und Kriminalistik, Band 15, 1904, S. 247) 1903 wurde das Lokal polizeilich geschlossen, doch schon ein Jahr später war es wieder als einschlägig bekannt und existierte als Soldatentreff mindestens bis 1910.

So wie dieses Lokal wurde auch der gesamte umliegende Bereich observiert. Sobald das Militär über Treffpunkte unterrichtet war, verbot es den Soldaten den Aufenthalt dort. So war es eine Zeitlang verboten, abends am Waterloo-Ufer, auf einem bestimmten Weg dicht am Tempelhofer Feld und auf etlichen Promenaden im Tiergarten spazieren zu gehen. Letztlich konnte das Treiben aber nicht unterbunden werden, denn es gab sofort Ausweichplätze, an denen der Soldatenstrich weiter funktionierte. Auch noch in der Weimarer Zeit waren das Tempelhofer Ufer und das Waterloo-Ufer mit seinen Pissoirs an der Bahnüberführung Ecke Flottwellstraße, Ecke Möckernbrücke und am Blücherplatz ein beliebter Weg von Strichjungen und Freiern.

Pornofotografie, Frankreich
Um 1890.
Berlin, Privatbesitz

Der Fremde
Kunstdruck nach einer Fotografie von Henry Gretschmer
Aus: *Der Eigene*, Jg. 1905, Heft 2
Berlin, Privatbesitz

Verhaftung und Verurteilung des Berliner Fotografen Henry Gretschmer werfen ein Schlaglicht auf die Versuche, immer wieder Netzwerke aufzubauen, um trotz der beständigen Unterdrückung durch die heterosexuelle Gesellschaft ein schwules Leben gestalten zu können. Henry Gretschmer lieferte den Homosexuellen fotografische Wunschbilder ihrer erotischen Sehnsüchte, zumeist ziemlich keusche Bilder junger Männer, bekleidet und unbekleidet. 1905 wurde einer seiner Jünglinge im Eigenen unter dem Titel Der Fremde gedruckt. Neben seinen Fotografien organisierte Gretschmer offenbar in seinem Atelier in der Oranienstraße 81–82 auch eine Art Kontaktbörse oder Partnervermittlung. Ob diese wie ein Bordell funktionierte, läßt sich kaum

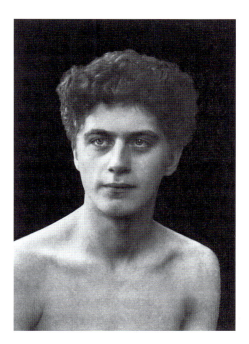

Gutherzigkeit, seine ebenso milde wie verständige Beurteilung der Konträrsexuellen und ihrer Bedürfnisse tritt dabei offenkundig zutage. Er nimmt die Tatsache hin, wie er sie findet. Er höhnt nicht über solchen Verkehr noch gar sucht er ihn zu verhindern. Mit schnellem Blick erfaßt er die Sachlage, söhnt sich mit ihr aus und schweigt. Öfter als einmal hatte ich Gelegenheit, diesen Takt und diese Menschlichkeit des Berliners gegenüber den armen, bedauernswerten Parias unter den Sterblichen zu bewundern. Und wünschte, daß man sich andernorts an ihm ein Beispiel nähme.« Und Hirschfeld fügt hinzu: »daß sich die Eltern mit der urnischen Natur, ja sogar mit dem homosexuellen Leben ihrer Kinder abfinden, ist in Berlin durchaus nichts seltenes«.[1]

Mit Sicherheit traf dies in der Metropole Berlin eher zu als in Provinzstädten. Zur organisierten Form schwuler Subkultur gehörten in Berlin und einigen anderen Städten Lokale von schwulen Wirten. Diese zu besuchen, setzte Mut voraus, denn jederzeit konnte man in eine Polizei-Razzia geraten. So gehörte es von Anfang an zu den Bestrebungen des WhK, die Polizei über das Wesen der Homosexualität aufzuklären, um ein unbeanstandetes Existieren der schwulen Lokale zu ermöglichen. Zwar konnte Hirschfeld auf diesem Gebiet viel erreichen, doch auch nach 1900 wurden Lokale und Ballhäuser immer wieder von der Polizei geschlossen. Um 1896 existierten in Berlin etwa sechs derartige Gaststätten, nach 1900 schon um die zwölf. Unverfänglicher waren schwule Treffpunkte in heterosexuellen Lokalitäten, etwa in den riesigen Bierhallen der Stadt, in denen sich immer wieder schwule Stammtische etablierten. Daneben existierten immer auch Privatgesellschaften, in denen sich Homosexuelle trafen. Diese schwulen Freundeskreise mit ihrem unterschiedlich starken Organisationsgrad sind ein Moment, das die schwule Geschichte Europas durch alle Zeiten der Freiheit und Unterdrückung entscheidend geprägt hat.

Es gab auch immer wieder Versuche, in Badehäusern, Privatquartieren, Zigarettenläden und Fotoateliers eine Partnervermittlung zu ermöglichen, doch wurden diese organisierten Plätze schwulen Lebens oft schnell entdeckt und vernichtet. In einer Zeit, die ihre gesellschaftlichen Wertvorstellungen nur durch Doppelmoral aufrechterhalten konnte, mutet dies besonders eigenartig an. Bordelle und Kurtisanen waren ein fester Bestandteil der Gesellschaft und existier-

noch feststellen. Wie so oft war es die heterosexuelle Umwelt, die diesen schwulen Freiraum denunzierte. »Den Hausbewohnern fiel es auf, daß dieses Atelier fast ausschließlich von männlichen Personen aufgesucht wurde.« In die polizeilichen Ermittlungen wurden zahlreiche Personen hineingezogen. Die Klassenjustiz des Kaiserreichs verhinderte eine Bestrafung »hochstehender Persönlichkeiten«, Anklage wurde nur gegen den Fotografen und zwei seiner jugendlichen Gehilfen erhoben. Sie wurden wegen Vergehen nach § 175 verurteilt, nicht wegen Kuppelei. Der 15jährige Apothekerlehrling Fritz Siering nahm sich aus Furcht vor Strafe das Leben.

Die Kriminalpolizei wußte von Gretschmers Verbindung zur Schwulenbewegung: »Wie sich später herausstellte, spielte G. seit geraumer Zeit als Fachphotograph in den homosexuellen Kreisen eine gewisse Rolle«. Die Vernetzung unter den Homosexuellen funktionierte auch im Prozeß: Als Sachverständiger trat der Arzt Dr. Burchardt auf, der zusammen mit dem Medizinalrat Dr. Hoffmann gutachtete, »daß Gretschmer ein degenerierter und neurasthenisch veranlagter Mensch sei, der für seine sexuellen Ausschweifungen auf homosexuellem Gebiet nur in geringem Maße verantwortlich zu machen sei.« Diese Strategie verfolgten die Gutachter aus dem Umkreis des WhK wie Hirschfeld und Burchardt immer wieder mit Erfolg. Trotz Fortbestands des § 175 konnte dadurch oftmals eine höhere Strafe verhindert werden, auch wenn man damit, der eigenen wissenschaftlichen Ansicht zuwiderhandelnd, nicht das Naturgegebene, sondern das Krankhafte homosexuellen Verhaltens betonte. Henry Gretschmer erhielt drei Monate Gefängnis, sein Angestellter Paul Gerhardt drei Wochen. Über den weiteren Lebensweg Gretschmers ist nichts bekannt.

ten neben der zum Ideal erhobenen monogamen Ehe, doch vergleichbare Orte für Homosexuelle gab es nicht. Nach der Verurteilung des Fotografen Henry Gretschmer veröffentlichte *Die Wahrheit* am 18. Mai 1907 die anonyme Zuschrift eines Mediziners: »Betrachten Sie doch, bitte, das ›Treiben jener Wüstlinge‹ vom Standpunkte des sogenannten Normalveranlagten! Was haben ›jene höheren Wüstlinge‹ denn getan? – Sie besuchen, um Befriedigung ihrer geschlechtlichen Gelüste zu erlangen, ein Bordell – nur mit dem Unterschiede, daß eben Angehörige des gleichen Geschlechts Gegenstände der Befriedigung waren. [...] Die homosexuelle Veranlagung schlechtweg als ›Humbug‹ zu bezeichnen, ist ein zu wenig überlegtes Urteil.«

Eine Grundbedingung für die Organisation eines schwulen Lebens in einer Welt der Unterdrückung war Unauffälligkeit in Benehmen, Erscheinung und Handeln. So erstaunt es kaum, wenn immer wieder in den zeitgenössischen Schriften in Umkehrung der Logik das auffällige Gehabe einiger Homosexueller als Grund für den Fortbestand von Diskriminierung und Verfolgung hervorgehoben wird. Es gehörte aber ein gewisses Selbstbewußtsein dazu, sich über die traditionellen Vorstellungen von Männlichkeit hinwegzusetzen. Das Tragen der Kleidung des anderen Geschlechts war verboten und wurde ebenfalls polizeilich verfolgt. Schon 1883 brachte die *Berliner Gerichts-Zeitung* folgende Notiz über die Anzahl der Berliner Transvestiten:

»Unter polizeilicher Kontrolle stehen gegenwärtig 13 700 weibliche Wesen. Überraschend aber dürfte es sein, daß die genannte Sittenpolizei auch 4 799 Männer in ihren Listen führt, welche in dem Verdacht stehen, sich in Weiberrollen zu gefallen oder die tatsächlich schon in weiblichen Kostümen ergriffen worden sind.«[2]

Das WhK druckte in seinen Monatsberichten immer wieder Zeitungsmeldungen über Verhaftung und Verurteilung von Transvestiten. So meldete die *Bodezeitung* am 26. November 1905: »Einem Berliner Schutzmann war eine ›Dame‹ aufgefallen, die nächtliche Spaziergänge machte und Männer ansprach. Als er sie verhaften wollte, rief sie entrüstet, sie sei ein anständiges Mädchen. Er ließ sich aber nicht beirren, lüftete den Schleier und zum Vorschein kam der graue Kopf eines Mannes, des ›Schauspielers‹ B. Vom Gericht wurde dieser zu 2 Monaten Gefängnis verurteilt.« Unter dem Einfluß der Aufklärungsarbeit Magnus Hirschfelds stellte die Berliner Polizei verstärkt Erlaubnisscheine für Transvestiten aus.

Erstaunlich ist, daß sich in Berlin schon seit Mitte des 19. Jahrhunderts die Tradition sogenannter Urnings- oder Tuntenbälle entwickelt hatte, die von Homosexuellen aus allen Teilen Deutschlands und des Auslandes besucht wurden. Diese Veranstaltungen waren geduldet, wurden aber gleichwohl polizeilich observiert. Um 1900 gelangten sie in den Blick der Öffentlichkeit und wurden schon damals Anziehungspunkt für Heterosexuelle.

Am 17. Oktober 1899 schrieb die *Berliner Morgenpost* in einem Artikel ausführlich über solch einen Ball im Hotel *König von Portugal*, in dem auch nach 1918 noch Tuntenbälle stattfanden.

Neben den organisierten Plätzen der schwulen Subkultur existierten immer auch Freiräume in den größeren Städten, an denen sich schwules Leben abspielte. Gerade für die Homosexuellen, die ihr privates Leben, ihre Wohnung und ihren engeren Lebenskreis aus Angst vor Vorurteilen und Unterdrückung strikt von ihren schwulen Bedürfnissen trennten, wurden die anonymen Treffpunkte wie Pissoirs (Klappen) und die Grünanlagen im Tiergarten oder entlang des Landwehrkanals am Halleschen Tor zur einzigen Möglichkeit, mit Gleichgesinnten in Kontakt zu kommen und Sex zu haben.

Amerikanischer Damenimitator:
Julian Eltinge in »The Crinoline Girl«
Um 1900. Starfotopostkarte
New York, Marshall Weeks

Damenimitatoren:
Otto Breden, Bobby Walden, Ernst de Lorenzo
Um 1900. Starfotopostkarten
Berlin, Privatbesitz

Dazu zählte auch die *Kaiserpassage* zwischen Friedrichstraße und Unter den Linden, die für ihre Strichjungen bekannt war. Ungefährlicher war der sogenannte Soldatenstrich, der in Berlin mit seinen zahlreichen Kasernen am *Tempelhofer Feld* sehr ausgedehnt war. Von den Soldaten drohte nur in den seltensten Fällen Erpressung, die Form schwuler Unterdrückung, die der § 175 hervorgebracht hatte. So lag Hirschfeld besonders daran, in Zusammenarbeit mit der Kriminalpolizei die Erpresser unschädlich zu machen.

Neben dem tatsächlichen Ausleben des homosexuellen Begehrens spielte die bildliche Erfüllung von Wunschträumen eine besondere Rolle. Seit der Erfindung der Fotografie übernahm das neue Medium die Rolle des Lieferanten von Wunschbildern, die zuvor Bilder und Grafiken nach antiken Statuen eingenommen hatten. Eine Fülle von Pornofotografien aus Frankreich, England und Deutschland ergoß sich über das prüde Europa, daneben wurden keusche Aktfotografien weiblicher und männlicher Modelle in allen Städten angeboten. Der Rückgriff auf die Exotik und Erotik fremder Länder, besonders des arkadischen Südens, erleichterte derartige Darstellungen. Die Kultur der Erotica des 18. Jahrhunderts erlebte ihre Auferstehung im Medium der Fotografie und erreichte eine weit größere Verbreitung. Wie die erhaltenen Abzüge belegen, schufen die Fotografen teilweise wahre Kunstwerke, die zwar von der offiziellen Gesellschaft nicht akzeptiert, in ihrem Kunstcharakter ihrer Zeit aber weit voraus waren.

Andreas Sternweiler

1 Magnus Hirschfeld, Berlins Drittes Geschlecht (Berlin 1904).
2 Urnische Chronik, in: *Die Freundschaft*, 27. Mai 1922.

Graf Wilhelm von Hohenau
1907. Fotografie
Berlin, Ullstein Bilderdienst

Der Berliner Kriminalkomissar von Tresckow erzählt in seinen Erinnerungen auch vom Skandal von 1907 um Graf Wilhelm von Hohenau, einen nahen Verwandten Kaiser Wilhelms II. »Der Bruder des Grafen Fritz Hohenau war Flügeladjutant des Kaisers und Kommandeur des Gardekürassierregiments, und darauf des Regiments Garde du Corps. Er war, wie ich wußte, ebenso veranlagt wie sein Bruder, aber noch viel unvorsichtiger in seinem Umgang, und das Allerschlimmste war, daß er seine dienstliche Stellung als Regimentskommandeur dazu mißbrauchte, um mit seinen Untergebenen seiner Leidenschaft zu fröhnen. Ich hatte mit einem Skandal Hohenau gerade genug, und ich ging daher zu ihm auf sein Regimentsbureau und warnte ihn. Er tat aber so, als ob er mich nicht verstände und ließ von seinem Treiben nicht ab, bis er angezeigt und durch das Militärgericht zu Gefängnisstrafe verurteilt wurde.« (Hans von Tresckow, Von Fürsten und anderen Sterblichen, Berlin 1922, S. 118–119)

**Kriminalbeamter als Badediener
zur Beobachtung von Uhren- und
Portemonnaiedieben und von Päderasten**
In: Max Weiß, *Die Polizeischule*, Band 2 (Berlin 1920)
Berlin, Jens Dobler

Kriminalbeamter als Badediener zur Beobachtung von Uhren- und Portemonnaiedieben und von Päderasten.
Verkleidung von Kriminalbeam

II. 6
ANFÄNGE EINER SCHWULENBEWEGUNG IM AUSLAND

Als 1897 das *Wissenschaftlich-humanitäre Komitee* gegründet wurde, gab es keinerlei Modelle oder Vorbilder, an denen man sich orientieren konnte. Der Anlaß für die Charlottenburger Gründung, der Wunsch, den § 175 aus dem Reichsstrafgesetzbuch zu beseitigen, wäre auch in anderen Ländern, in Österreich, Rußland oder England, in den größten Teilen der Schweiz oder in ganz Skandinavien gegeben gewesen, doch bis heute ist es nicht befriedigend erklärt, warum gerade in Deutschland die Idee der Schwulenemanzipation, die ja keineswegs eine deutsche Erfindung war, zuerst und in Form eines *Wissenschaftlich-humanitären Komitees* verwirklicht wurde.

Neben dem üblicherweise blinden Zufall, der den richtigen Männern im richtigen Augenblick die entscheidenden Gedanken eingab und sie zu gemeinsamer Tat zusammenführte, mag auch die jüdisch-liberale Herkunft des Dr. Magnus Hirschfeld, dieser wohl maßgeblichen Kraft des Komitee-Projekts, sowie der Genius loci Berlins mit seiner preußisch-protestantisch geprägten Aufklärungstradition von Einfluß gewesen sein. Ein unerklärter Rest bleibt freilich zurück. Der österreichische Schriftsteller Otto de Joux erzählt in seinem Buch *Die Enterbten des Liebesglücks* (1893), daß bereits damals, wie er es nennt, »Uraniden-Bünde« existierten, und zwar in Wien ein »Club der Vernünftigen«, in Rom ein »Club degli ignoranti« und in Brüssel eine »Réunion philantropique«.[1]

England

Leider teilt de Joux keine Einzelheiten mit, daß aber solche schwulen Geheimbünde spätestens seit den neunziger Jahren des 19. Jahrhunderts existierten, ist zumindest in einem Fall, dem *Order of Chaeronea* in London, recht gut dokumentiert, weil die Tagebücher eines der führenden Mitglieder und vermutlich auch Mitbegründers des Ordens, George Cecil Ives, aus den Jahren 1886–1949 mit zahlreichen Eintragungen zum »O of C« heute öffentlich zugänglich sind.[2] Es scheint sich um eine geheime schwule Selbsthilfeorganisation gehandelt zu haben, wobei unklar ist, worin die gegenseitige Hilfe und Förderung der Ordensbrüder bestanden haben mag. Zu den obersten Geboten der Vereinigung gehörte die Geheimhaltung, was ein Wirken in die Öffentlichkeit hinein ausschloß. Über die Uraniden-Bünde in Rom, Wien und Brüssel sagt de Joux ebenfalls nur, daß ihre Existenz »in tiefstes Geheimnis gehüllt« sei. Insofern waren all diese Vereinigungen etwas völlig anderes als das WhK, das zwar auch Urningen half, die von Erpressern oder von den Strafverfolgungsbehörden bedrängt wurden. Das Komitee war aber insofern eine Schwulenorganisation neuen Typs, als es jede Geheimniskrämerei vermied und sich statt dessen aufklärend und propagandistisch an die heterosexuelle Öffentlichkeit wandte, um für die »Befreiung der Homosexuellen« zu kämpfen. Daß Ives seinen *Order of Chaeronea* vermutlich auch als eine durch den gesellschaftlichen Druck erzwungene Notlösung der schwulen Organisationsfrage empfunden hat, könnte man aus seinem frühen Beitritt zum WhK schließen. Mindestens seit 1904 bestand eine Verbindung zum Komitee, und im Oktober 1907 wurde Ives zum Londoner WhK-Obmann gewählt.[3] Der nächste wichtige Schritt fand am 7. August 1913 statt, als sich Hirschfeld wieder einmal in London aufhielt. Im *Jahrbuch für sexuelle Zwischenstufen* heißt es darüber:

»Anläßlich dieses Kongresses [Internationaler Ärztekongreß zu London 6.–2. 8. 1913] wurden unter Vorsitz von Dr. Hirschfeld zwei Meetings im *Hotel Cecil* zu London abgehalten, an denen eine Reihe unserer englischen und in London weilenden deutschen und holländischen Freunde teilnahm. In diesen Meetings wurde die Bildung eines englischen Komitees beschlossen, welches es sich zur Aufgabe gesetzt hat, auch über die homosexuelle

George Ives
Um 1910. Fotografie
Austin, Humanities Research Center, The University of Texas
Der englische Schriftsteller George Cecil Ives (1867–1950) war neben Edward Carpenter die maßgebliche Gestalt in der frühen englischen Schwulenbewegung. Er gehörte 1893 zu den Gründern der konspirativen schwulen Selbsthilfegruppe Order Of Chaeronea, *wurde bald nach der Gründung Mitglied im Berliner* Wissenschaftlich-humanitären Komitee (WhK), *der ihn 1907 zum »Obmann« wählte, und gehörte 1914 zu den Gründern des »englischen« WhK, der* British Society for the Study of Sex Psychology *in London. Im Londoner Verlag Swan Sonnenschein erschien 1900 seine Gedichtsammlung* Eros Throne, *die (nicht allzu offen) Männerliebe thematisiert.*

Frage in allen Schichten des englischen Volkes die der wissenschaftlichen Forschung entsprechende Auffassung zu verbreiten.«[4]

Anders als in den Niederlanden, wo sich im Jahre 1911 eine *Niederländische Abteilung des W.-h. Komitees* bildete, wurde auf dem Meeting im Londoner Hotel Cecil nicht eine ›Britische Abteilung des W.-h. Komitees‹ gegründet, vielmehr wurde in den folgenden Monaten diskutiert, was zu tun sei, und erst am 12. Juli 1914 entstand *The British Society for the Study of Sex Psychology* (BSSSP), die alles tat, um ihre Verbindungen zum deutschen WhK zu verbergen, und die um jeden Preis in der englischen Öffentlichkeit den Eindruck vermeiden wollte, es handele sich um eine Schwulenorganisation.

D. Sdobnowo
Michail Kusmin
St. Petersburg um 1910. Fotografie
Berlin/Budapest, Viktor L. Menshikoff Foundation & Galleries

Michail Kusmin (1872–1936) war nicht nur einer der wichtigsten russischen Schriftsteller seiner Zeit, sondern auch eine der bedeutendsten Persönlichkeiten im schwulen St. Petersburg. Seinem Roman Flügel *(1907) über die glückliche Liebe eines Gymnasiasten zu seinem Lehrer und dem Gedichtband* Netze *(1908) folgten eine Reihe von Werken anderer russischer Autoren mit lesbischen und schwulen Themen. Zu diesen gehörten Lydija Sinowjewa-Annibals Roman* 33 Ungeheuer *(1907), Wjatscheslaw Iwanows Gedichtbände* Eros *(1907) und* Cor ardens *(1911), Nikolaj Klujews Gedichtbände* Kiefernklang *und* Brüderliche Liebe *(1912) sowie Jelena Nagrodskajas Roman* Die bronzene Tür *(1911). Treffpunkt der literarischen Bohème war von 1905 bis 1912 die Wohnung des Ehepaars Sinowjewa-Annibal und Iwanow in St. Petersburg,* Der Turm *genannt. Jeweils mittwochs fanden Diskussionsabende statt, die von einem gemeinsamen Essen eingeleitet wurden und mit Lesungen aus den neuesten Werken der anwesenden Literaten endeten. Die langen geselligen Nächte schufen eine freizügige Atmosphäre, die auch sexuelle Abenteuer ermöglichte. Ab 1906 fanden im* Turm *die sogenannten* Hafis-Abendmahle *statt, an denen außer der Hausherrin nur Männer teilnahmen. Diese Treffen, von der Forschung als »Maskenbälle« deklariert, hatten einen eindeutig schwulen Charakter. Michail Kusmin wurde zu* Antinoj, *sein baltendeutscher Übersetzer Johannes von Guenther zu* Ganymed *und der Mitbegründer der Künstlergruppe* Welt der Kunst, *Konstantin Somow, zu* Aladin. *1907 beabsichtigte Kusmin, »mit dem Ziel einer neuen Menschengemeinschaft« eine Gesellschaft für Homosexuelle zu gründen. Gleichzeitig fanden bei ihm und andernorts regelmäßige Treffen mit einer Gruppe schwuler Studenten statt. Kusmins* Flügel *wurde zur Bibel der russischen Schwulen und allein in Rußland bis 1923 mehrmals aufgelegt.*

Zwar waren die drei führenden Männer der Organisation, George Ives, Edward Carpenter und Laurence Housman, notorische Homosexuelle, und in einer der ersten Broschüren der BSSSP ging es um *The Social Problem of Sexual Inversion*, dennoch sollte die Inversion nur ein Thema neben anderen sein, alle Erscheinungsformen der Sexualpsychologie wollte man gleichermaßen studieren und die dabei gewonnenen Erkenntnisse im Volke verbreiten. Man hoffte, daß auf diese Weise allmählich eine gesellschaftliche Klimaveränderung eintreten werde mit der sehr langfristigen Perspektive einer Reform des Schwulenstrafrechts. Wenn man bedenkt, daß es mehr als fünfzig Jahre dauern sollte, bis es 1967 zur Reform des Schwulenstrafrechts in England kam, erscheint diese auf eine ferne Zukunft zielende Strategie als durchaus realistisch.

Es ist schwierig, sich ein Bild von den Aktivitäten der BSSSP in den ersten Jahren zu machen. Es gab »Members« – im ersten Jahr nach der Gründung etwa hundert – und ein zwölfköpfiges »Committee«, eine Art Vereinsvorstand, der von den Mitgliedern auf den »Annual Meetings« gewählt wurde

Jan Veth
Arnold Aletrino mit Katze
Um 1885. Öl auf Karton, 50 x 40 cm
Den Haag, Nederlands Letterkundig Museum

Der Arzt und Schriftsteller Arnold Aletrino (1858–1916) gehörte zu den ersten Autoren, die in den Niederlanden die Idee der Schwulenemanzipation zu verbreiten suchten und sich an der Gründung des Niederländischen WhK beteiligten. Seine Arbeiten erschienen auch in deutschen und französischen Zeitschriften, so daß er in Frankreich nach Marc André Raffalovich als ein weiterer Propagandist der Aufklärung zur homosexuellen Frage gilt. Seine Taktik war aber, wohl in Anlehnung an Raffalovich, die Schwulen oder Uranisten als »im allgemeinen sehr keusch« und mehr mit der Seele als mit dem Körper liebend darzustellen, so 1908 in der Pariser Zeitschrift Archives d'anthropologie criminelle. *Numa Praetorius kritisierte ihn daraufhin im* Jahrbuch für sexuelle Zwischenstufen: *Aletrino schildere »den Uranier hinsichtlich der sexuellen Befriedigung in allzu rosigem Licht«.*

Lucien Sophie Albert Marie von Römer
Um 1930. Fotografie
Amsterdam, Gert Hekma

Der niederländische Arzt Lucien Sophie Albert Marie von Römer (1873–1965) war einer der wichtigsten Organisatoren und fruchtbarsten Schriftsteller der Schwulenbewegung, bis er noch vor dem ersten Weltkrieg Europa verließ, um sich auf der Insel Java im heutigen Indonesien niederzulassen. Seit 1902 erschienen aus seiner Feder im Jahrbuch für sexuelle Zwischenstufen *mehrere Abhandlungen zur schwulen Geschichte. Bereits 1901 hatte er in einer Umfrage unter 595 Amsterdamer Studenten einen Prozentsatz Homosexueller ermittelt, den zwei Jahre später Hirschfeld in Berlin mit einer Befragung von einigen Tausend Männern bestätigte. An der Gründung der* Gemeinschaft der Eigenen *war von Römer im Jahre 1903 ebenso beteiligt wie an der Gründung des Niederländischen WhK 1911 in Den Haag. Er wurde 1904 in das erste WhK-Obmännerkollegium, eine Art Vereinsvorstand, gewählt und war wohl in jener Zeit der wichtigste Vermittler zwischen der deutschen und den Vorstufen der niederländischen Schwulenbewegung. Der schweizeri-*

und jährlich einen gedruckten Bericht über die Aktivitäten der Vereinigung vorlegte.[5] Im ersten Jahr ließ man zwei »Pamphlets« drucken, das bereits erwähnte über die sozialen Probleme der sexuellen Inversion und die programmatische Erklärung *Policy and Principles and General Aims*. Von Anfang an beteiligten sich auch Frauen an der Tätigkeit der BSSSP, und das dritte »Pamphlet«, das die Schriftstellerin F. W. Stella Browne 1915 verfaßte, handelte von der lesbischen Liebe: *Sexual Variety and Variability Among Women*.[6] Die Aufklärungsarbeit der BSSSP verfügte neben den »Pamphlets« noch über ein zweites Medium, die öffentlichen Vierteljahresversammlungen (»Quarterly Meetings«) mit Vorträgen und anschließenden Diskussionen. Der Beginn des Ersten Weltkriegs vier Monate nach Gründung der BSSSP bewirkte eine erhebliche Behinderung ihrer Aufklärungsarbeit. Immer wieder wird in den Jahresberichten über kriegsbedingten Geldmangel und über die Abwesenheit vieler Mitglieder geklagt, die als Soldaten an der Front mehr oder weniger freiwillig ihr Vaterland retten halfen.

Wien

Vor dem ersten Weltkrieg gab es nur in Deutschland mit dem WhK, in Großbritannien mit der BSSSP und in den Niederlanden mit dem NWHK (*Nederlandsch Wetenschappelijk Humanitair Komitee*) Vereinigungen, die man als »Schwulenbewegung« bezeichnen kann. Versuche, in anderen Ländern vor 1918 etwas Ähnliches zu organisieren, scheint es nur in Österreich gegeben zu haben, doch waren alle Bemühungen vergeblich. Es gab mindestens drei Anläufe zur Gründung eines *Wissenschaftlich-humanitären Komitees* in Wien (1904, 1906 und 1914)[7], alle kamen über eine Willenserklärung nicht hinaus. Für den Gründungsversuch von 1914 war Hirschfeld persönlich nach Wien gereist, und im *Jahrbuch für sexuelle Zwischenstufen* erschienen sogar zweimal »Mitteilungen des Gründungskomitees der W.-h. Gesellschaft zu Wien«, in denen es unter anderem heißt:

sche Freudschüler und spätere Nazisympathisant Carl Gustav Jung schrieb 1911 über von Römer an seinen Lehrer Freud: »Dr. Römer [...] ist ein Häuptling der Homosexuellen, der holländische Hirschfeld, mir persönlich von Amsterdam bekannt. Er ist, wie alle Homosexuellen, keine Freude.«

Akademos
Paris 1909. Zeitschrift
Berlin, Sammlung Herzer

Von der Pariser Zeitschrift Akademos, *herausgegeben von Jacques d'Adelsward-Fersen, erschienen nur zwölf Hefte im Jahre 1909. Insgesamt kann man sie nur mit Einschränkung als Schwulenzeitschrift bezeichnen, da viele Beiträge nichts mit Homosexualität zu tun haben. Mindestens zwei Mitarbeiter, der belgische Schriftsteller Georges Eekhoud und der Straßburger Jurist Eugen Wilhelm, waren zugleich Obmänner des Berliner* Wissenschaftlich-humanitären Komitees. *Das Juli-Heft enthielt den Aufsatz* Le préjuge contre les mœrs *von Guy Delrouze, der erstmals in Frankreich außerhalb der juristischen und medizinischen Fachliteratur die Ächtung der Homosexuellen kritisierte und die Arbeit des WhK schilderte.*

Jacques d'Adelsward-Fersen
Aus: *Chansons Légères. Poèmes de l'Enfance*, Paris: Librairie Léon Vanier 1901
Berlin, Sammlung Herzer

Der französische Dichter Jacques d'Adelsward-Fersen (1880–1923) hat in seinen vor dem ersten Weltkrieg erschienenen Romanen und Gedichtbänden nahezu ausschließlich die Knaben- und Männerliebe besungen. Sein Venedig-Buch Notre-Dame des mers morts *(Paris 1902) ist vielleicht die einzige Ausnahme von dieser Regel. Mehrmals wurde er verhaftet und bestraft, weil er Gymnasiasten zum Sex verführt hatte. Nachdem sein Zeitschriftenprojekt* Akademos *schon nach einem Jahr (1909) scheiterte, ging er nach Italien ins Exil. Durch eine Erbschaft war er sehr wohlhabend und konnte sich auf der Insel Capri eine Villa bauen, in der er im Dezember 1923 an einer Überdosis Rauschgift starb.*

»Trotz der leider noch verhältnismäßig geringen Beteiligung der interessierten Kreise ist mit der Aufklärungsarbeit in der Öffentlichkeit bereits begonnen worden, und zwar durch Veranstaltung einiger Vortragsabende. Den ersten Vortrag hielt Herr Dr. M. Hirschfeld–Berlin am 30. Januar 1914 im Kursalon der Stadt Wien und hat durch denselben unzweifelhaft einen für unsere Sache in Österreich grundlegenden Erfolg erzielt. Er legte zuerst in seinen Ausführungen in streng wissenschaftlicher Form sein an Tausenden gewonnenes Beweismaterial dar, um am Schlusse mit einem kräftigen Appell an die Wahrheit und Gerechtigkeit zur Abschaffung des unseligen Homosexualitätsparagraphen aufzufordern.«

Es werden noch ein zweiter öffentlicher Vortrag, den der Arzt und Psychoanalytiker Wilhelm Stekel hielt, sowie eine Sitzung des Gründungskomitees am 3. Juni 1914 erwähnt, doch von da an fehlen alle Nachrichten. Im Juli 1915 teilt Hirschfeld mit, daß die beiden Vorsitzenden der »Wiss.-humanitären Gesellschaft in Wien«, die Bankbeamten Rudolf Vieröckl und Georg Newekluff, die sich freiwillig zum Kriegsdienst gemeldet hatten, »vor dem Feinde gefallen« seien. Vermutlich war dieser personelle Verlust der Hauptgrund dafür, daß dieser dritte Anlauf zu einer österreichischen WhK-Gründung genau so scheiterte wie die, die in den zwanziger Jahren folgen sollten.

Vielleicht ist es für die Frage nach den Gründen für das Scheitern all dieser Initiativen nicht unwesentlich, daß Österreich ein katholisches Land war. Möglicherweise bot die vom Katholizismus geprägte Mentalität in Ländern wie Österreich, Frankreich, Italien, Spanien, Polen und Ungarn damals keine günstige Voraussetzung, um einen politischen Kampf gegen Verfolgung und Unterdrückung von Homosexuellen zu führen. Das protestantische Milieu scheint die öffentliche Rede über Fragen des Geschlechtslebens zu begünstigen, während eine hegemoniale katholische Ethik die Entstehung einer Schwulenbewegung eher hemmt oder ganz verhindert.

Niederlande

»Nach dem am 15. Juni 1911 erfolgten Inkrafttreten des holländischen Homosexualitätsparagraphen, Art. 248bis des Niederländ. Strafgesetzbuches, haben die Uranier Hollands sich zu organisieren begonnen und vor kurzem eine holländische Abteilung des Wiss.-hum. Komitees gegründet, an deren Spitze folgende bekannte Herren stehen, die zugleich Mitglieder des W.-h.K. in Berlin sind: Dr. A. Aletrino, z. Z. Chernex sur Montreux; M. J. J. Exler, Amsterdam; L. S. A. M. von Römer, Stabsarzt der Kgl. Niederl. Marine, z. Z. Nieuwe Diep; Jonkheer Dr. jur. J. A. Schorer, Haag (die letzteren beiden zugleich Obmänner des W.-h. Komitees in Berlin).«[8]

Die Idee, in den Niederlanden eine Schwulenorganisation nach WhK-Muster zu bilden, wurde zwar erst aus Anlaß des neuen Ausnahmestrafrechts verwirklicht, sie war aber schon im Jahre 1904 von dem Arzt Arnold Aletrino in dem Vorwort geäußert worden, das er der niederländischen Übersetzung von Hirschfelds Buch *Ursachen und Wesen des Uranismus* voranstellte. »Damals,« schreibt Hirschfeld später, »ist davon aber Abstand genommen, weil man fürchtete, daß die Aufklärungsarbeit dort zu schwer sein und man kein Interesse dafür finden würde.«[9] Als dann 1911 die parlamentarische Mehrheit von drei christlich-konservativen Parteien den neuen Artikel 248bis beschloß, der Sex mit minderjährigen Personen des gleichen Geschlechts (also lesbischen und schwulen Sex gleichermaßen!) mit bis zu vier Jahren Gefängnis bedrohte, ergab sich aus dieser veränderten Situation die Chance zur niederländischen WhK-Gründung. Von den vier Männern, die nach obiger Mitteilung die »Spitze« der neuen Organisation bildeten, scheint der Jurist Jonkheer Jacob Anton Schorer (1866–1957) die treibende Kraft gewesen zu sein. Schorer hatte Ende 1910 auf dem Höhepunkt der Auseinandersetzungen um das kommende Sexualstrafrecht eine Broschüre mit Argumenten für die rechtliche Gleichbehandlung von Homo- und Heterosexuellen verfaßt, *Tweeërlei Maat* (»Zweierlei Maß«), die er als eine Art Petition an alle Mitglieder der gesetzgebenden Parlamentskammern versandte. Nach und nach gelangte Schorer in die Position, die Hirschfeld im Berliner WhK einnahm: Er war bis zur Selbstauflösung der Organisation im Jahre 1940 ihr Vorsitzender, und seine Wohnung in Den Haag war wohl auch das Büro und die Zentrale des NWHK. Als 1913 der andere führende Kopf, der Arzt Lucien von Römer, endgültig in die ostindische Kolonie (Java) auswanderte und Aletrino, der Pionier der Bewegung, 1916 starb, fiel Schorer die bis zuletzt unumstrittene Führungsposition zu.

Die Aktivitäten der niederländischen Schwulenorganisation umfaßten in den ersten Jahren folgende Bereiche: Mitglieder- und Spendenwerbung (die Zahl der Beitragszahler, deren Einzahlungen in einer besonderen Rubrik im *Jahrbuch für sexuelle Zwischenstufen* quittiert wurden, wuchs allmählich auf über hundert Personen); Herausgabe und Verbreitung von Aufklärungsschriften (eine davon, der Roman *Levensleed* von Marie Jacobus Johannes Exler von 1911, erschien 1914 auch in deutscher Übersetzung mit einem Vorwort von Magnus Hirschfeld); Aufbau einer Bibliothek für urnische Literatur, die den Mitgliedern zur Verfügung stand. Nur ein einziges Mal ist davon die Rede, daß im NWHK auch Frauen mitarbeiteten: Nach dem Tod Arnold Aletrinos hat sich zumindest vorübergehend seine Witwe, Frau E. J. Aletrino-van Stockum, in der Leitung des NWHK betätigt.

Paris

Vielleicht ist es kein zu gewagtes Bild, wenn man den Schriftsteller Marc André Raffalovich (1864–1934), der in den Jahren 1890–1910 mit zahlreichen Aufsätzen und dem Buch *Uranisme et unisexualité* (Lyon–Paris 1896) hervortrat, als Stellvertreter oder Repräsentanten der damals in Frankreich ausbleibenden Schwulenbewegung bezeichnet. Raffalovich rezipierte eifrig die deutschsprachige psychiatrische Literatur wie auch die Autoren der Schwulenbewegung – den Terminus »Uranisme«, den er ins Französische einführte, hatte er Ulrichs' »Urningthum« nachgebildet – und entwickelte eine sonderbare Ethik und Psychologie der Schwulen, derzufolge es gute und böse Uranisten gibt. Die bösen sind sinnlich, lasterhaft und weibisch, die guten sind von männlichem Habitus und verwirklichen das Ideal der Keuschheit. Dieses Ideal müsse den Uranister durch eine nicht näher bezeichnete Erziehung nahegebracht werden. Die Schwulenbewegung in

Deutschland bedenkt Raffalovich mit Spott und Tadel; statt für Straffreiheit sollten die Uranisten für Keuschheit eintreten. Im *Jahrbuch für sexuelle Zwischenstufen*, das Raffalovichs Veröffentlichungen regelmäßig kommentierte, wurde er von Numa Praetorius für diese vielleicht durch seine katholische Frömmigkeit erklärbare Haltung heftig kritisiert:

»Mag man nun auch von den Homosexuellen Keuschheit verlangen, so darf man doch nicht gegen denjenigen, der dieser Forderung nicht nachkommt, die Anwendung einer Gefängnisstrafe gutheißen, wie dies anscheinend Raffalovich tut. Es ist unfaßbar, daß ein Mann, der, wie Raffalovich, das Angeborensein der Homosexualität anerkennt und die homosexuelle Handlung nicht anders beurteilt als den außerehelichen Geschlechtsverkehr der Normalen und moralisch beide Arten von Handlungen gleich wertet, nicht für die Aufhebung des § 175 eintritt.«

Einen zaghaften Schritt über Raffalovich hinaus wagte 1909 Jacques d'Adelsward-Fersen, der nur in diesem Jahr die Zeitschrift *Akademos* herausgab. Abgesehen davon, daß er (aus Furcht vor der Zensur) auf Fotos nackter Männer und Knaben verzichtete, war *Akademos* offensichtlich nach dem Berliner Vorbild von Adolf Brands *Der Eigene* konzipiert. Gedichte und erzählende Prosa, darunter ein Fortsetzungsroman (*Les fréquentations de Maurice. Mœurs de Londres* von Sydney Place) füllten die meisten Seiten der zwölf Hefte. Daneben gab es aber auch einige Aufsätze, die die gesellschaftliche Ächtung der Schwulen in Frankreich kritisierten, ohne aber zu der Frage vorzudringen, welche Chancen eine Organisation der Uranisten in Frankreich hätte. *Akademos* existierte nur bis Dezember 1909; das Thema der männlichen Homosexualität blieb wieder eine Domäne der Dichter und Literaten und der Aufsätze, die Raffalovich als *Chronique de l'unisexualité* in den *Archives d'anthropologie criminelle* erscheinen ließ.

Auch Magnus Hirschfeld, der auf Ersuchen eines *Cercle international d'études sociales et literaires* am 26. Februar 1910 im Pariser *Hôtel des Sociétés Savantes* über *Die Anomalien des Geschlechtstriebes mit besonderer Berücksichtigung der homosexuellen Frage* sprach, scheint die Organisationsfrage ausgeklammert zu haben. Im Anschluß an seinen Vortrag gab es allerdings eine »angeregte Diskussion«, von der wir leider nur wissen, daß »u. a. Comte d'Adelsward-Fersen, Numa Praetorius, Dr. Camille Spiess und Dr. phil Reichmann« sich beteiligten.[11]

Im Jahr darauf ließ André Gide eine private Kleinstauflage der ersten Fassung seines Traktates *Corydon* erscheinen. Daß Gide diese furchtsame und geradezu konspirative Publikationsform wählte, die sogar in England seit den Zeiten John Addington Symonds nicht mehr erforderlich war, ist vermutlich nicht einer persönlichen Marotte geschuldet, sondern wirft ein Licht auf die unterdrückte Situation der französischen Uranisten resp. Päderasten vor dem ersten Weltkrieg.

Manfred Herzer

(anonym)
Oscar Wilde
1894. Fotografie
Paris, Privatbesitz

Die Verurteilung des irischen Dichters Oscar Wilde wegen schwulem Sex, war zwar eine persönliche Tragödie und bedeutete das Ende seiner Karriere – das Aufsehen, das der Prozeß in ganz Europa erregte, trug aber zur Zerstörung des Tabus bei, das ein öffentliches Sprechen über die »namenlose Liebe« bis dahin nahezu unmöglich gemacht hatte. Auf diese Weise war der Wilde-Prozeß von 1895 eine Voraussetzung für die zwei Jahre später entstehende Schwulenbewegung.

1 Otto de Joux, *Die Enterbten des Liebesglücks*, (Leipzig 1893) S. 126.
2 Jeffrey Weeks, *Coming out. Homosexual Politics in Britain, from the Nineteenth Century to the Present* (London–Melbourne–New York 1977) macht einige Mitteilungen über seine diesbezügliche Lektüre der Ives-Tagebücher (S. 118–127).
3 Der *Monatsbericht des WhK* vom November 1907 zitiert einen Brief von Ives, mit dem er für seine Wahl zum Obmann dankt.
4 *Jahrbuch für sexuelle Zwischenstufen*, Jg. 14 (1914) S. 211.
5 *British Society for the Study of Sex Psychology. First Annual Report*. July 7th, 1915, S. 3.
6 Eine kritische Darstellung der Lesbentheorie Brownes gibt Weeks, *Coming out*, S. 99–100.
7 *Monatsbericht des WhK*, Januar 1904, [S. 3]; *Monatsbericht des WhK*, Dezember 1906, S. 240; *Jahrbuch für sexuelle Zwischenstufen*, Jg. 14 (1914) S. 256–257.
8 *Jahrbuch für sexuelle Zwischenstufen*, Jg. 12 (1912) S. 402.
9 *Jahrbuch für sexuelle Zwischenstufen*, Jg. 11 (1910/11) S. 285–286.
10 *Jahrbuch für sexuelle Zwischenstufen*, Jg. 7 (1905) S. 762.
11 *Jahrbuch für sexuelle Zwischenstufen*, Jg. 10 (1910) S. 342.

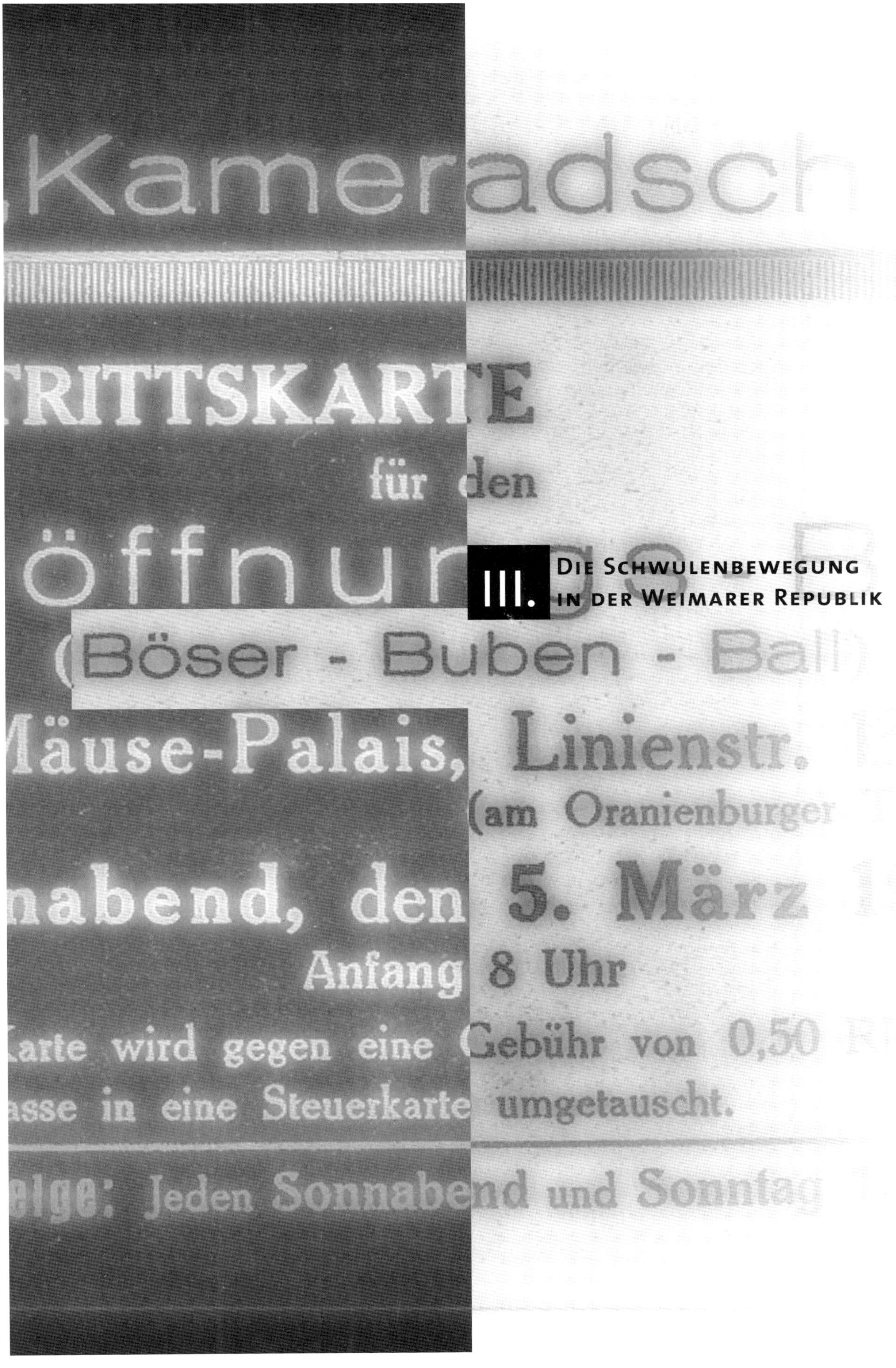

III. Die Schwulenbewegung in der Weimarer Republik

III. 1
DAS WISSENSCHAFTLICH-HUMANITÄRE KOMITEE – VOM INSTITUT FÜR SEXUALWISSENSCHAFT BIS ZUR SELBSTAUFLÖSUNG

Szenenfotos aus dem Stummfilm
»Anders als die Andern«
Berlin 1919
Berlin, Schwules Museum

Kurt Hiller
§ 175: Die Schmach des Jahrhunderts!
Hannover: Paul Stegemann Verlag 1922
Berlin, Egmont Fassbinder

Nach seiner Kritik des Schwulenstrafrechts in seinem Erstling Das Recht über sich selbst *(Heidelberg 1908) legte Hiller hier eine Sammlung seiner seitdem erschienenen Aufsätze zu Theorie und Taktik der Schwulenbewegung vor. Eigens für dieses Buch schrieb er den Beitrag »Befreiung durch das Parlament«, in dem er die SPD aufforderte, ihrem langjährigen Mitglied Magnus Hirschfeld zur nächsten Reichstagswahl ein Abgeordnetenmandat für den Reichstag zu überlassen (S. 55). Dieser Vorschlag erschien der SPD wohl so abwegig, daß sie ihn nicht einmal einer Ablehnung für würdig hielt.*

Erich Büttner
Bildnis des Kurt Hiller
25. Februar 1926. Braune Kreide auf Papier, 19 x 15 cm
Hannover, Bernd Schälicke

Zwiespältige Entwicklung nach dem Krieg

Die revolutionäre Situation in den Wochen nach dem Ende des Ersten Weltkriegs erzeugte auch bei den Schwulen im *Wissenschaftlich-humanitären Komitee* (WhK) eine hoffnungsfrohe Aufbruchstimmung, die in einigen neuen Projekten und Ideen zum Ausdruck kam. Hirschfeld schickte zu Weihnachten 1918 an alle Mitglieder ein Rundschreiben, in dem es unter anderem hieß: »Die großen Umwälzungen der letzten Wochen können wir von unserm Standpunkt aus nur freudig begrüßen. Denn die neue Zeit bringt uns Freiheit in Wort und Schrift und mit der Befreiung aller bisher Unterdrückten, wie wir mit Sicherheit annehmen dürfen, auch eine gerechte Beurteilung derjenigen, denen unsere langjährige Arbeit gilt.«[1]

Um die Jahreswende 1918/19 »trat der bekannte Leiter der Oswald-Film-Gesellschaft, Herr Richard Oswald, mit dem Plan an uns heran, einen homosexuellen Aufklärungsfilm aufzuführen. Da der Film heutzutage eines der wirksamsten Mittel für Massenaufklärung geworden ist, und es vor allen Dingen darauf ankommt, dem Stück die nötige wissenschaftliche Grundlage und die richtige Tendenz zu geben, so sagten wir unsere Mitarbeit zu. Zunächst aber setzten wir eine Komitee-Versammlung auf Montag, den 10. Februar 1919 an, um eine Aussprache über den beabsichtigten Aufklärungsfilm herbeizuführen. Den zahlreich Erschienenen wurden zunächst zwei bei uns eingegangene Film-Entwürfe vorgelesen, woran sich dann eine Diskussion anschloß.«[2] Bereits drei Monate später, am 24. Mai 1919, wurde *Anders als die Andern* im *Apollo-Theater* in der Friedrichstraße zum ersten Mal vorgeführt, dann in ganz Deutschland und in einigen Städten des Auslands. Doch bereits im Oktober verhängte die neu geschaffene Zensurbehörde ein Verbot über den Film; er durfte künftig nur noch »vor Ärzten und Medizinbeflissenen in Lehranstalten und wissenschaftlichen Instituten« vorgeführt werden.[3]

Das Filmverbot war nur einer von mehreren Rückschlägen, die Hirschfeld und das Komitee gleich zu Beginn der »neuen Zeit« hinnehmen mußten und die die Aufbruchsstimmung empfindlich dämpfen: Auf den noch 1918 an die neuen Regierungen in Preußen und im Reich gerichteten Vorschlag, alle Straftaten gegen den § 175, die während der Kriegszeit zur Anklage und Verurteilung gelangten, zu amnestieren, bekam das Komitee überhaupt keine Antwort. Als durch die deutsche Nationalversammlung in Weimar im Februar

E. Thöny
Hirschfeldiana
Karikatur in: *Simplicissimus* vom 1. April 1921, S. 11
Berlin, Zentral- und Landesbibliothek

»Bitte schreiben Sie, Fräulein: Beim Wiederaufbau unseres darniederliegenden Wirtschaftslebens erfordert das Gebot der Stunde den sofortigen Abbau des § 175«

Festschrift zum 25jährigen Bestehen des Wissenschaftlich-humanitären Komitees am 15. Mai 1922
Heft 3 und 4 des *Jahrbuchs für sexuelle Zwischenstufen* vom Juli und Oktober 1922, S. 1 (unten) und Vorsatz (rechts)
Herausgeber: Magnus Hirschfeld
Leipzig: Verlag von Max Spohr
Berlin, Egmont Fassbinder

Jubiläen wie das 25jährige oder das 30jährige Bestehen des WhK oder der fünfzigste und sechzigste Geburtstag Hirschfelds nutzte man stets auch, um in der Öffentlichkeit die Ziele des Komitees zu propagieren. Festschriften, öffentliche Empfänge und Meetings, über die die Tagespresse berichtete, waren bewährte Instrumente einer solchen Öffentlichkeitsarbeit.

1919 eine neuen Reichsregierung zustande kam, schlug das WhK dem sozialdemokratischen Justizminister Landsberg vor, im Vorgriff auf die Strafrechtsreform den § 175 durch ein Notstandsgesetz abzuschaffen; der Minister antwortete höflich, daß er das »nach Möglichkeit vermeiden« wolle und vertröstete auf die baldige Gesamtreform des Strafrechts.[4] Der 1921 von der damals noch sozialdemokratischen Regierung veröffentlichte »Entwurf 1919« eines neuen Strafgesetzbuches enthielt wieder einen Paragraphen, der schwulen Sex mit Strafe bedrohte.

Bei Aufführungen des Films *Anders als die Andern* war es schon vereinzelt zu Gewalttätigkeiten gekommen; eine Steigerung der Gewalttätigkeiten waren die Störungen von mindestens drei Vortragsveranstaltungen in Hamburg, München und Wien durch »junge Hakenkreuzler«. In München wurde Hirschfeld nach einem solchen Vortrag am 4. Oktober 1920 zusammengeschlagen und schwer verletzt. Beim Kapp-Putsch im März 1920 wurden von den Putschisten Flugblätter verteilt, die eine mehr oder weniger offene Morddrohung gegen Hirschfeld enthielten; er müsse von der neuen Regierung »unschädlich gemacht werden«, und zwar »wegen Einführung orientalischer Sitten in Deutschland«.[5]

War die Herstellung des Films *Anders als die Andern* und seine Aufführung fast überall in Europa eine schwulenpolitische Großtat und ein unschätzbarer Erfolg, so gab es noch einige weitere positive Ereignisse, die der Tendenz des Scheiterns entgegenstanden:

Führer des Wissenschaftlich-humanitären Komitees:
Georg Plock (1910), Dr. Ernst Burchard, Dr. Magnus Hirschfeld, Freiherr von Teschenberg (1904).

Nachdem Hirschfeld sein *Institut für Sexualwissenschaft* eröffnet hatte, bezog auch das Komitee am 1. Juli 1919 in der Prachtvilla im Tiergarten, In den Zelten 10, einige Räume. Als Hirschfeld bald darauf das Nachbargebäude, In den Zelten 9a, hinzuerwarb und dort am 5. März 1922 einen größeren Veranstaltungsraum, den *Ernst Haeckel Saal*, eröffnete, konnte auch dieser vom Komitee für seine Propagandatätigkeit genutzt werden.

Am 30. August 1920 gelang unmittelbar nach der WhK-Generalversammlung auf Initiative von Kurt Hiller eine vielversprechende Neuerung: Das Komitee ging mit der *Gemeinschaft der Eigenen* und dem kurz vorher entstandenen *Deutschen Freundschaftsverband* ein Bündnis ein »zum gemeinsamen Kampfe um die gesetzliche und gesellschaftliche Anerkennung der Homosexuellen mit dem nächsten Ziele der Aufhebung des § 175«. Man bildete aus Vertretern der beteiligten Organisationen einen *Aktions-Ausschuß*, der als erstes einen Aufruf »An Alle!« in der Schwulenpresse, also im *Jahrbuch*, im *Eigenen*, in der *Freundschaft* und in der Hamburger *Sonne* veröffentlichte, der vor allem »die eindringliche Bitte, unsere Aktion durch Zuweisung reichlicher Geldspenden zu ermöglichen«, enthielt.[6]

Hermann Weber
Um 1930. Fotografie
Frankfurt am Main, Dieter Schiefelbein

Der Bankangestellte Hermann Weber (1882–1955) war schon fast vierzig Jahre alt, als er in der Schwulenbewegung hervortrat. Im Jahrbuch für sexuelle Zwischenstufen von 1921 wird er erstmals als Leiter der kurz zuvor gegründeten WhK-Ortsgruppe Frankfurt am Main genannt. Er ist einer der wenigen Schwulen gewesen, die eine personelle Kontinuität der Bewegung von der Weimarer Republik bis in die Bundesrepublik gewährleisteten.

Richard Linsert
Fotografie
Aus: *Mitteilungen des WhK*, Nr. 34, Februar 1933
Berlin, Sammlung Herzer

Richard Linsert (1899–1933) erhielt als Nachfolger Georg Plocks 1923 »gegen ein winziges Monatsgehalt« die Stelle des WhK-Sekretärs. Spätestens zu dieser Zeit trat er auch in die Kommunistische Partei ein und arbeitete dort und im Roten Frontkämpferbund *für die Ziele der Partei. Seinem Einfluß ist es offensichtlich zu verdanken, daß im Strafrechtsausschuß des Reichstags als einzige die Abgeordneten der KPD für eine völlige Abschaffung des Schwulenstrafrechts eintraten. Daß bei seinem Kampf gegen Hirschfeld, der schließlich mit Hirschfelds Ausscheiden aus dem WhK endete, auch der parteipolitische Gesichtspunkt, der Kampf eines Kommunisten gegen einen Sozialdemokraten, eine Rolle spielte, ist zwar nicht nachweisbar, aber wahrscheinlich.*

Eine weitere Neuerung, die jedenfalls die Beteiligten als Verbesserung empfunden haben werden, war »nach langen Bemühungen« die Eintragung des WhK ins Vereinsregister des Amtsgerichts Berlin-Mitte am 2. Juni 1921. Der einzige Vorteil, der in der betreffenden Nachricht im *Jahrbuch* genannt wird, bestand in der Möglichkeit, daß das Komitee als juristische Person von nun an erbberechtigt war.[7] Die stets wiederkehrenden Klagen über Geldmangel hörten damit aber keineswegs auf, da anscheinend niemand dem Komitee daraufhin größere Vermögenswerte vermacht hat.

Alte und neue Mittel im vergeblichen Kampf gegen das Schwulenstrafrecht
Als erste – und wohl auch einzige – Aktion des *Aktions-Ausschusses* wurde die alte WhK-Petition gegen den § 175 neu formuliert und die Sammlung von neuen Unterschriften organisiert. Am 18. März 1922 überreichte sie der WhK-Sekretär Georg Plock mit einer nicht genannten Zahl von Unterschriften dem Reichstagspräsidenten Paul Loebe. »Dieser versprach, die Sache in die richtigen Wege zu leiten.«[8] Immerhin legte der damalige Reichsjustizminister Gustav Radbruch, der zu den Unterzeichnern der Petition gehörte, einen neuen Entwurf für ein Strafgesetzbuch bei der Reichsregierung vor, den »Entwurf 1922«, der erstmals Straffreiheit für Sex unter erwachsenen Männern vorsah.

Ein direkter Zusammenhang zwischen der Petition und dem »Entwurf 1922« ist sicher nicht nachweisbar, es mag aber von einiger Bedeutung sein, daß Radbruch zwei Monate nach seiner Ernennung zum Justizminister im Dezember 1921 einer Vertretung des *Aktions-Ausschusses*, »die aus den Herren Sanitätsrat Dr. Magnus Hirschfeld und Rechtsanwalt und Notar Dr. Walther Niemann, dem I. und II. Vorsitzenden des W.-h. Komitees, bestand«, eine Audienz gewährte. »Der Herr Minister zeigte sich über unsere Bewegung und die Motive zu der von ihm selbst unterschriebenen Petition [...] wohlunterrichtet und billigte unsere auf eine Abänderung des Gesetzes hinzielenden Bestrebungen durchaus.«[9] Radbruchs Entwurf blieb wegen der politischen Instabilität jener Jahre ohne Wirkung. Nach mehreren Umbesetzungen fiel das Justizministerium der rechtsradikalen *Deutschnationalen Volkspartei* zu, so daß deren Minister Hergt seinen *Amtlichen Entwurf 1925* vorlegen konnte, der den zaghaften Reformvorschlag Radbruchs wieder kassierte.

Das weitere Schicksal des *Aktions-Ausschusses* wurde nicht nur durch die äußere Erfolglosigkeit besiegelt, ausschlaggebend war letztlich das Gezänk im Inneren, hauptsächlich weil der *Deutsche Freundschaftsverband*, der sich inzwischen in Bund für Menschenrecht umbenannt hatte, sich von seinem neuen Führer Friedrich Radszuweit vertreten ließ. Radszuweits Machtpolitik lähmte die

Harald Isenstein
Magnus Hirschfeld. Büste
1926. Ton
Berlin, Stiftung Archiv der Akademie der Künste

Sittlichkeit und Strafrecht
Gegen-Entwurf herausgegeben vom Kartell für Reform
des Sexualstrafrechts
Berlin: Verlag der Neuen Gesellschaft 1927
Berlin, Sammlung Herzer

*Der von Kurt Hiller redigierte Gesetzgebungsvorschlag
sah für schwulen Sex (»Unzucht zwischen Männern«
des Regierungsentwurfs) keine strafrechtliche Regelung
vor. Allerdings sollte der § 261 der amtlichen Vorlage,
der Gefängnisstrafe für die Verführung eines unbescholtenen Mädchens unter sechzehn Jahren zum Beischlaf
vorsah, geschlechtsneutral gefaßt werden und »unbescholtene Personen« vor der Verführung zu beischlafähnlichen Handlungen schützen. Auch sexuelle Nötigung sollte ein geschlechtsneutrales Delikt werden.
Wer eine Person unter Ausnutzung der arbeitsrechlichen
Abhängigkeit zu »geschlechtlichen Handlungen«
mißbrauchte, sollte auf Antrag der verletzten Person
bestraft werden.*

ohnehin dürftige Arbeit des *Aktions-Ausschusses*. Als erster wich Adolf Brand den Angriffen Radszuweits, dann stellte auch das WhK seine Mitarbeit ein.

Nach der Vorlage des *Amtlichen Entwurfs 1925* hatte der unermüdliche Kurt Hiller eine neue Idee, die er auch gleich in die Tat umsetzte: Aus dem Fiasko mit den anderen Schwulenorganisationen im *Aktions-Ausschuß* zog er die Lehre, nunmehr die Kooperation mit sexualpolitisch engagierten Hetero-Vereinen zu suchen. So entstand auf seine Initiative aus dem WhK und fünf anderen – nichtschwulen – Vereinigungen das *Kartell für Reform des Sexualstrafrechts*, das 1927 als erstes und einziges Arbeitsergebnis unter dem Titel *Sittlichkeit und Strafrecht* einen Gegenentwurf vorlegte, der allen Bestimmungen, die im Regierungsentwurf das Geschlechtsleben betrafen, liberale Alternativen entgegenstellte. Auch die meisten Aktivitäten des WhK außerhalb des Kartells betrafen jetzt die erwartete Strafrechtsreform. Es entstanden zahlreiche Broschüren, man veranstaltete öffentliche Vorträge und versuchte wie zuvor in den Medien der Heterosexuellen für die Schwulenemanzipation zu werben.

Zu einem neuen Strafgesetzbuch sollte es jedoch wider Erwarten nicht kommen. Lediglich der Strafrechtsausschuß des Reichstags führte in seinen Sitzungen vom 16. und 17. Oktober 1929 Diskussionen und Abstimmungen über die beiden die Schwulen betreffenden Paragraphen 296 und 297 durch und entschied sich, ungefähr wie Radbruch in seinem Entwurf von 1922, für Bestrafung schwuler Prostitution, der Verführung Minderjähriger und der Unzucht mit Abhängigen. Die Entscheidung für die Straffreiheit von Sex unter erwachsenen Schwulen kam nur knapp mit der Stimme des Ausschußvorsitzenden Wilhelm Kahl zustande und hätte, falls es zur Abstimmung im Reichstagsplenum gekommen wäre, gewiß keinen Bestand gehabt. Zusätzlich verdüstert wurden die ohnedies minimalen Chancen für eine Abschaffung des Schwulenstrafrechts durch folgendes Ereignis:

»Im März [1930] hat der Interparlamentarische Ausschuß für die Rechtsangleichung des Strafrechts zwischen Deutschland und Österreich in Wien mit 23 zu 21 Stimmen beschlossen, die durch Streichung des § 296 grundsätzlich aufgehobene Bestrafung des geschlechtlichen Verkehrs zwischen Männern wiederherzustellen. Damit ist aus dem ohnehin äußerst bescheidenen Erfolg der deutschen Bewegung, den die Presse leider aufgebauscht und übertrieben hat, zunächst eine eklatante Niederlage geworden, weil neben dem § 296, welcher dem alten § 175 entspricht, obendrein jene schweren Verschärfungen des § 297 bestehen bleiben sollen, die weit über das hinausgehen, was das geltende Recht bestimmt. Ein voller Triumph einstweilen der klerikalen Reaktion.«[10]

Die Koalition zum Schutz der Päderastie.
Von Kahl bis Hirschfeld, Landsberg und Rosenfeld

Artikel aus: *Völkischer Beobachter* vom 2. August 1930
(Bayernausgabe)
Berlin, Schwules Museum

Besonders hervorzuheben sind die letzten Zeilen dieses Artikels auf der ersten Seite des Völkischen Beobachters *vom 2. 8. 1930. Dort wird angekündigt, daß die Nazis, wenn sie einmal zur Macht gelangt sein werden, die Todesstrafe für Schwule einführen wollen; ein mit Strang oder Ausweisung zu ahndendes Verbrechen sei die körperliche Beziehung zu Gleichgeschlechtlichen, schreibt der anonyme Autor, und bringt damit sicher nicht nur seine private Ansicht zum Ausdruck.*

Die Koalition zum Schutz der Päderastie
Von Kahl bis Hirschfeld, Landsberg und Rosenfeld

Moldenhauer mit seinen Steuer-„erleichterungen" war der eine Nagel zum Sarg der Deutschen Volkspartei, ein zweiter älterer hieß Thoiry-Young-Tributkoalition und ein dritter — Kahl. Da jetzt bei der Aufstellung der Kandidatenlisten zum Reichstag noch Zeit ist, Kahl durch einen „fernigen deutschen Mann" zu ersetzen, so können wir der Bank- und Börsenpartei nur raten, Herrn Kahl nicht wieder zur Reichstagswahl aufzustellen. Er hat sich beim deutschen Volk durch sein Eintreten für die Straflosigkeit der widernatürlichen Unzucht (§ 175) und für die Abschaffung der Todesstrafe (trotz Haarmann, Düsseldorf und Heidier, Köln) unmöglich gemacht. Nachdem er den Vorsitz auf dem Deutschen Juristentag niedergelegt hat, ist auch der Abgang im Reichstag erleichtert. Wo Kahl seiner heutigen Weltanschauung nach eigentlich steht, kann man aus dem jüdischen Kreis entnehmen, der Kahls 80. Geburtstag am innigsten feierte. Der Jude Landsberg (Soz.) hielt die Geburtstagsrede im Reichstag, der Jude Alsberg gab die Geburtstagsfestschrift im Verlag Heymann heraus, und die jüdische „Vossische Zeitung" (Dem.) brachte am 15. Juni 1929 einen vergötternden Geburtstagsartikel. Das jüdische „Berliner Tageblatt" hob die Jugendfrische Kahls hervor, die er durch sein Eintreten für die Freigabe der Päderastie bewiesen habe. Überschrift: „Ein kultureller Fortschritt. § 175 gefallen". (B. T. 17. 10. 29.) Selbst der Jude Magnus Hirschfeld war ziemlich zufrieden mit Kahl, nur bedauerte er, daß nach dem Beschluß des Reichstagsausschusses über den Fortfall des § 175 die männlichen Personen erst vom 21. Lebensjahr ab dem gierigen Gesindel der 175er als Beute preisgegeben seien. In der Zeitung „Berlin am Morgen" vom 20. 10. 29 erörterte er die Situation mit den Worten: „Ist das Mündigkeitsalter eingetreten, dann dürfen beide sich wieder in die Arme sinken und sind weiterhin straflos."

Wir gratulieren zu diesem Erfolg, Herr Kahl und Herr Hirschfeld! Aber glauben Sie ja nicht, daß wir Deutschen solche Gesetze auch nur noch einen Tag gelten lassen, wenn wir zur Macht gelangt sein werden. Deshalb hat auch die Weiterbearbeitung des neuen Strafgesetzbuches durch Sie, Herr Kahl, gar keinen Zweck. Wir werden in ganz kurzer Zeit alle die Zugeständnisse, die Sie an die Widernatürlichkeit verweichlichter und entnervter „deutscher" Demokraten und rassebewußter jüdischer Demokraten gemacht haben, aus dem Gesetz entfernen und dem deutschen Volk ein urkräftiges deutsches Strafgesetzbuch geben.

Ihr Kollege, Jude Rosenfeld (Sozialdemokrat), wird alsdann keine Gelegenheit mehr haben, seine unerhörten, tatsächlich ihm ohne jedes Erröten gestellten Anträge im Reichstag zu wiederholen, die Blutschande unter Geschwistern und den Geschlechtsverkehr mit Tieren zu erlauben. Alle boshaften Triebe der Judenseele, den göttlichen Schöpfungsgedanken durch körperliche Beziehungen zu Tieren, Geschwistern und Gleichgeschlechtlichen zu durchkreuzen, werden wir in Kürze als das gesetzlich kennzeichnen, was sie sind, als ganz gemeine Abirrungen von Syriern, als allerschwerste mit Strang oder Ausweisung zu ahndende Verbrechen.

Also, abtreten im Reichstag, Herr Kahl und Deutsche Volkspartei!

Der Deutsche Metallarbeiterverband hat das Arbeitszeitabkommen gekündigt. Essen, den 31. Juli. Der Deutsche Metallarbeiterverband, der am Mittwoch den Vorschlag der Arbeitgeber abgelehnt hatte, hat am Donnerstag das Arbeitszeitabkommen für die Nordwestl. Gruppe gekündigt. Der Deutsche Metallarbeiterverband fordert die achtstündige Arbeitszeit mit Lohnausgleich.

Zwar hatte der Beschluß des Interparlamentarischen Ausschusses nur empfehlenden Charakter, er zeigte aber untrüglich die Richtung der kommenden Entwicklung an, und das Wörtchen »einstweilen« im letzten Satz der WhK-Stellungnahme war eher Ausdruck verzweifelten Trotzes als einer realistischen Hoffnung.

Abgesehen von nahezu belanglosem Geplänkel etwa der Auseinandersetzung mit der Kampagne der Linkspresse gegen den schwulen Naziführer Ernst Röhm, beschränkte sich die Tätigkeit des WhK in den letzten drei Jahren vor der Nazidiktatur aufs bloße Überleben. Man zeigte sich nach außen fest in dem Glauben, daß der Tag nicht mehr fern sei, an dem die Weltwirtschaftskrise überwunden sein werde und in politisch besseren Zeiten ein neues Strafrecht ohne Ausnahmeparagraphen gegen Schwule erkämpft werden könne.

Manfred Herzer

Zum Tode von Georg Plock
Von San.-Rat Dr. Magnus Hirschfeld

Im Begriff, einer Einladung nach Amerika zu sexualwissenschaftlichen Vorträgen zu folgen, trifft mich, bereits ganz in der Abschiedsstimmung, die Nachricht, daß unser alter Mitkämpfer für die zu Unrecht verfolgten Homosexuellen, unser lieber Georg Plock, aus der Lebensarbeit herausgerissen, nach kurzer Krankheit (er war nur zwei Stunden im Krankenhaus) am 10. November von uns gegangen ist. Unsere Bewegung verliert in Georg Plock einen Mann, der über 20 Jahre seine ganze Kraft restlos und unentwegt für die Befreiung der Homosexuellen einsetzte. Seine Wirksamkeit war eine zweifache, eine allgemeine mittelbare durch Wort und Schrift, namentlich als Sekretär des Wissenschaftlich-humanitären Komitees und Redakteur der „Freundschaft", und eine mittelbare, die darin ihren Ausdruck fand, daß er unendlich vielen Menschen, die sich in ihrer Not an uns und ihn wandten, mit Rat und Tat zur Seite stand. Seine hervorragendste Eigenschaft war eine Zutrauen erweckende Ruhe und Milde, die es sehr schnell mit sich brachte, daß man sich ihm erschloß. Zu wie vielen Eltern ist er gegangen, um ihnen klar zu legen, daß ihr Sohn, den sie wegen seiner Homosexualität verstoßen hatten, nur das bedauernswerte Opfer einer unglücklichen Veranlagung sei und noch in höherem Grade das Opfer einer falschen Vorstellung und ebenso unrichtigen wie unrechten Beurteilung. Wie viele Kinder hat er den Eltern, wie viele Eltern den Kindern wiedergewonnen. Es ist mir in den drängenden Reisevorbereitungen nicht möglich, hier eine volle Würdigung von Georg Plock zu geben, nur das will ich noch sagen, daß er ein nie versagender Helfer war, sein Leben (er ging aus dem geistlichen Stande hervor) war schwer, aber wenn das alte deutsche Sprichwort „Ende gut, alles gut" begründet ist, so war es in diesem Falle gewiß, da sein Leben gekrönt wurde während der letzten zehn und mehr Jahre durch die Güter, die ihm sicherlich am höchsten standen: Arbeit und Freundschaft, und zwar beides in einer seiner Natur entsprechenden Weise: Arbeit im Dienste der Erlösung der Homosexuellen von unverdienter Schmach und Freundschaft mit einem Jüngling, der zugleich sein Jünger wurde und der sicherlich in seinem Sinne und seinem edlen Geiste weiter leben und sein Werk fortsetzen wird!

Georg Plock †

Magnus Hirschfeld
Zum Tode von Georg Plock
In: *Die Freundschaft*,
Ausgabe Nr. 12 vom 12. Dezember 1930 (Jg. 12)
Berlin, Schwules Museum

1 Hirschfeld, Situationsbericht, in: *Jahrbuch für sexuelle Zwischenstufen*, Jg. 18 (1919) S. 159–160.
2 Ebd. S. 171–172.
3 *Jahrbuch für sexuelle Zwischenstufen*, Jg. 20 (1921) S. 119.
4 *Jahrbuch für sexuelle Zwischenstufen*, Jg. 18 (1919) S. 167–170 und 173–175.

Vgl. James Steakley, *Film und Zensur in der Weimarer Republik: Der Fall Anders als die Andern*, in: *Capri*, Nr. 21 (März 1996) S. 2–36.

5 *Jahrbuch für sexuelle Zwischenstufen*, Jg. 19 (1920) S. 121.
6 *Jahrbuch für sexuelle Zwischenstufen*, Jg. 20 (1920/21) S. 107–108.
7 *Jahrbuch für sexuelle Zwischenstufen*, Jg. 21 (1921) S. 182–191.
8 *Jahrbuch für sexuelle Zwischenstufen*, Jg. 22 (1922) S. 78.
9 *Jahrbuch für sexuelle Zwischenstufen*, Jg. 22 (1922) S. 60.
10 *Mitteilungen des Wissenschaftlich-humanitären Komitees e.V.*, Nr. 27 (Februar/März 1930) S. 251.

III. 2
Die Gemeinschaft der Eigenen

Der Eigene
Zeitschrift für Freundschaft und Freiheit
Ausgabe Nr. 9 vom 26. November 1920 (Jg. 8)
Herausgeber: Adolf Brand
Berlin, Privatbesitz

In den dreizehn Jahren zwischen 1906, als der vorerst letzte Eigene *erschien, und 1919 hat Adolf Brand mehrmals angekündigt, daß* Der Eigene *wieder erscheine, weil endlich die Finanzierung gesichert sei. Das war jedoch erst nach dem Krieg der Fall. Von nun an erlebte* Der Eigene *seine glücklichste Phase, von polizeilicher Verfolgung und finanziellen Sorgen nur noch wenig, jedenfalls bedeutend weniger als in der Kaiserzeit, behindert.*

Im Mai 1919 gab es wieder ein Lebenszeichen der *Gemeinschaft der Eigenen*: die Nummer 1 eines *Nachrichten- und Werbeblattes*, in dem Adolf Brand ankündigte, *Der Eigene* werde »am 1. Oktober endlich wieder erscheinen«. Zugleich teilte er mit, daß »unsere Gemeinschaftsabende« immer montags um 8.30 Uhr im *Berliner Klubhaus*, Ohmstraße 2 stattfinden, zehn Minuten Fußweg vom S-Bahnhof Jannowitzbrücke entfernt. Für den ersten dieser Gemeinschaftsabende, am 15. Juni 1919, wird ein Hanns Trautner angekündigt, der »Lieder zur Laute« vortragen werde. Der Gemeinschaftsabend am 30. Juni werde von dem pensionierten Gymnasialprofessor Karl Friedrich Jordan gestaltet, der »Teile aus seinem Jesus-Drama« vorlesen soll. Jordan war einer der Veteranen der Schwulenbewegung, seit

1900 im *Wissenschaftlich-humanitären Komitee* aktiv und Mitarbeiter des *Eigenen*. Im Nachrichten- und Werbeblatt vom August 1919 teilt Brand mit, daß Jordan »das Amt des 2. Vorsitzenden« in der GdE angetreten habe, »um den Bundesvorsitzenden Adolf Brand in seiner Arbeit zu entlasten«. Eine neue Zielbeschreibung für die GdE gibt Brand ebenfalls: »Die Gemeinschaft der Eigenen will ein großer internationaler Bund für Freundschaft und Freiheit werden.«[1]

Anscheinend traten in den folgenden Jahren einige Ausländer der GdE bei; es scheint aber trotz vielfacher Bemühungen noch nicht einmal in anderen deutschen Städten gelungen zu sein, auch nur eine einzige Zweigstelle der GdE ins Leben zu rufen, ganz zu schweigen von einem internationalen Bund. Zwar berichtet Brand im August 1919, daß in Leipzig »eine lebensfrohe Vereinigung junger Studenten« und in Hamburg »eine mutige Gruppe junger Männer, die aus dem ›Wandervogel‹ hervorgegangen ist«,

89

Freundschaft u. Freiheit
Ein Blatt für Männerrechte gegen Spießbürgermoral, Pfaffenherrschaft und Weiberwirtschaft
Ausgabe Nr. 6 vom 10. März 1921
Herausgeber: Adolf Brand, Berlin
Berlin, Egmont Fassbinder

Der Zusatz zum Titel dieser Zeitschrift, die Brand nur einige Monate 1921 herausgab, drückt besonders plastisch die stark frauenfeindliche Grundtendenz in der Ideologie der Gemeinschaft der Eigenen *aus. Das Wort »Männerrechte« umschreibt euphemistisch, was man eigentlich wollte: Sex unter Männern, frei von gesellschaftlichen Sanktionen. Spießbürger, Pfaffen und, last but not least, die »Weiber« sind gewissermaßen die Sündenböcke, die daran schuld sind, daß es nicht mehr so zugeht wie bei den alten Griechen.*

die ersten Zweigvereine der GdE außerhalb Berlins bilden wollten; später werden diese Zweigvereine aber nie mehr erwähnt. Und in der folgenden Notiz von 1921 kommt auch nur Brands Wunsch zum Ausdruck, daß Auslandsgruppen für die ausländischen GdE-Mitglieder gegründet werden sollten; tatsächlich ist es wohl nie dazu gekommen:

»Auslands-Gruppen der G. D. E. sind eine Notwendigkeit geworden, seitdem das Interesse für unsere Sache im Auslande rapide wächst. Besonders in der Schweiz scharen sich Anhänger der Freundesliebe in immer größerer Anzahl um unsere Fahne. Und unsere Ortsgruppen in Basel, Zürich, Bern und Genf sind erfreulicherweise in ständiger Zunahme begriffen. Ebensolche Entwicklung unserer Bewegung ist in Holland zu verzeichnen. Dann folgen Norwegen, Schweden, Dänemark, Belgien, Frankreich, Italien, Griechenland, Spanien, Nordamerika, Niederländisch-Indien, China, Japan und Brasilien. Ohne jede Reklame spricht sich die Sache herum. Einer macht den anderen aufmerksam auf unsere Schriften und auf unsere Bilder ...«[2]

Immerhin erschien 1924 eine Ausgabe des *Eigenen*, in der es nur um die Freundesliebe in der Schweiz ging. Eine Schweizerische Schwulenbewegung oder gar »Ortsgruppen in Basel, Zürich, Bern und Genf« kommen darin nicht vor[3], erst in Brands Zeitschrift *Eros* Nr. 4 von 1931 findet sich ein Inserat einer vermutlich befreundeten Organisation: »Herren Klub Basel (Schweiz) Vornehmer Aufenthalt für In- und Ausländer. Klub-Abende Sonntag, Sonnabend und jeden Mittwoch Restaur. Sternwarte Basel, Mittelerestraße 11.«

Lediglich in Dresden scheint es einen etwas dauerhafteren Kreis von GdE-Mitgliedern gegeben zu haben; im August 1920 wird mitgeteilt, daß die »Tafelrunde« sich regelmäßig in der Gaststätte *Armin-Diele* zu Gemeinschaftsabenden mit Vorträgen und Musik treffe, und 1929 gibt es eine kurze Notiz über ein Stiftungsfest der Dresdener Tafelrunde der GdE.[4] Die *Gemeinschaft der Eigenen* blieb aber, von der Dresdener Ausnahme abgesehen, im wesentlichen immer das, was sie vor dem Krieg war, »ein Privatverein des Schriftstellers Adolf Brand«.

Das gesamte Projekt des Verlages und der Organisation war von Anfang bis zum Schluß in so hohem Maß ein »eigenes« Ein-Mann-Unternehmen Adolf Brands, daß nichts aufkommen konnte, was der persönlichen Kontrolle und Machtausübung Brands entzogen war. Zwar war es möglich, wenn man nicht in Berlin wohnte, beitragzahlendes Mitglied der GdE und Abonnent der Brandschen Druckerzeugnisse zu werden; auswärtige organisatorische Initiativen scheiterten aber stets an der von Brand geforderten Unterwerfung unter seine Kontrolle. Brands Regiment verhinderte jedoch nicht, daß sich sein Verlag und sein Privatverein im Verlauf der zwanziger Jahre im großen und ganzen positiv entwickelten. Obwohl keine Auflage-

Karl Günter Heimsoth
Hetero- und Homophilie
Rostock 1925
Berlin, Staatsbibliothek zu Berlin

*Im Jahre 1925, als Karl Günter Heimsoth (1899–1934)
mit seiner Abhandlung* Hetero- und Homophilie *an
der Rostocker Universität promoviert wurde, schrieb er
auch zahlreiche Beiträge zu Adolf Brands Zeitschrift*
Der Eigene. *Heimsoth war der erste Mediziner, der in
seiner Dissertation die Homosexualität als nichtpatho-
logisches Phänomen darstellte und dennoch den medizinischen Doktortitel verliehen bekam. Trotz seiner
antisemitischen Gesinnung und seiner Freundschaft
mit dem Naziführer Ernst Röhm trat er erst im Mai
1933 in die NSDAP ein. Im Juli 1934 wurde er beim sogenannten Röhm-Putsch von seinen Parteigenossen
ermordet. Von Adolf Brand hatte er sich 1926 getrennt.
Der Ausdruck »Homophilie« scheint Heimsoths Erfindung zu sein. Er wurde erst seit den fünfziger Jahren
von der Schwulenbewegung als Selbstbezeichnung verwendet und erlangte in den meisten Ländern des
Westens eine gewisse Popularität.*

Hetero- und Homophilie.

Eine neuorientierende An- und Einordnung
der Erscheinungsbilder der
„Homosexualität" und der „Inversion"
in Berücksichtigung
der sogenannten „normalen Freundschaft"
auf Grund der
zwei verschiedenen erotischen
Anziehungsgesetze
und der bisexuellen Grundeinstellung des Mannes.

Inaugural-Dissertation
zur Erlangung der Doktorwürde
der medizinischen Fakultät der Universität zu Rostock

vorgelegt von
Karl-Günther Heimsoth
zu Dortmund.

---

zahlen und Mitgliederzahlen bekannt sind, erweckt die ziemlich stabile und stetige Erscheinungsweise des *Eigenen* über mehr als zehn Jahre – von 1919 bis 1932 – den Eindruck einer Aufwärtsentwicklung, die wohl erst im Gefolge der Weltwirtschaftskrise wegen Geldmangels ins Gegenteil umschlug.

Mit Datum vom 15. November 1919 war das erste Nachkriegsheft des *Eigenen* erschienen, der jetzt erstmals als Wochenschrift konzipiert war. Nach zwölf Heften gab es im Februar 1920 die erste größere Unterbrechung, weil die *Wirtschaftsstelle für das deutsche Zeitungsgewerbe*, eine Behörde, die damals für die rationierte Zuteilung von Druckpapier an die Verlage zuständig war, das Papier für den *Eigenen* verweigerte, was einem Verbot gleichkam. Im Oktober 1920 erschien *Der Eigene* wieder, doch mußte er jetzt im Ausland, in der Druckerei Henrik de Jong in Amsterdam, gedruckt werden.[5] So bekam *Der Eigene*, wenn auch nur von einer deutschen Behörde erzwungen, einen Hauch von »internationaler Freundschaft und Freiheit« zu spüren, was allerdings auch zur Erhöhung des Verkaufspreises von 60 Pfennige auf 1 Mark führte. Wenige Monate später führte die Obrigkeit den nächsten Schlag gegen Brands Zeitschrift: Diesmal lautete der Vorwurf der Staatsanwaltschaft nicht nur auf Verbreitung unzüchtiger Schriften, sondern auch auf »gewerbsmäßige Kuppelei«, weil Brand von Anfang an Bekanntschaftsinserate in seinen Blättern veröffentlicht hatte. Das Berliner Landgericht verurteilte Brand daraufhin am 3. Januar 1922 zu einer Geldstrafe von 5000 Mark.[6]

Brand vs. Hirschfeld

In den Anfangsjahren der Weimarer Republik war Adolf Brand gegenüber seinem alten Rivalen und Erzfeind Magnus Hirschfeld und dessen WhK ausgesprochen milde und kooperationsfreudig gestimmt. Er ließ sich von der Generalversammlung des WhK am 29. August 1920 zum WhK-Obmann wählen, arbeitete als Repräsentant seiner GcE im *Aktions-Ausschuß für die Beseitigung des § 175* mit und ließ sich zu seinem 50. Geburtstag vom WhK im Institut für Sexualwissenschaft einen aufwendigen Geburtstagsempfang ausrichten. Es scheint jedoch vor allem dem Einfluß seines neuen und sehr rührigen Mitarbeiters Ewald Tscheck geschuldet zu sein, daß Brand spätestens 1925 wieder in die alte Kampfhaltung gegen Hirschfeld und das WhK verfiel. Zwei schriftstellernde Jünglinge, der 1895 geborene Ewald Tscheck und der 1899 geborene Karl Günter Heimsoth, spezialisierten sich unter den neuen Autoren des *Eigenen* schon bald auf die Polemik gegen Hirschfeld und das WhK, wobei sie die alten Vorkriegsvorwürfe wieder aufwärmten, das WhK würde den Schwulen ihre Männlichkeit abstreiten und sie mit Hilfe medizinischer Theorien zu halben Weibern erniedrigen, obwohl sie doch die wahrhaft männlichen Männerhelden seien, die nicht um Mitleid und Strafrechtsreform betteln, sondern für die Renaissance einer männlichen Kultur nach germanisch-griechischem Muster kämpfen möchten. Neu war allerdings, daß die beiden ihre Angriffe auf die Person Hirschfelds mit antisemitischen Phrasen anreicherten. In gewissem Sinne war die Nummer 9 des *Eigenen* aus dem Jahr 1925 ein Höhepunkt dieses neuerlichen Propagandafeldzuges gegen Hirschfeld und das WhK. Sie trug einen besonderen Titel: *Die Tante. Eine Spott- und Kampf-Nummer der Kunst-Zeitschrift Der Eigene* und enthielt vor allem Aufsätze von Brand, Heimsoth und Tscheck, in denen gegen Hirschfeld und das WhK polemisiert wurde. Brand folgte in seinen Beiträgen dem Vorbild seiner jungen Mitarbeiter, bediente sich aber älterer Muster, indem er die alten Angriffe gegen Hirschfeld aus der Vorkriegszeit wiederholte: Hirschfeld sei schuld, daß er, Brand, 1907 ins Gefängnis gekommen sei, denn Hirschfeld hätte damals die Beweise für die Homosexualität des Reichskanzlers Bülow besessen, diese aber nicht

Ewald Tscheck
Aus: *Der Eigene*, Jg. 10 (1924) Nr. 3
Berlin, Schwules Museum

Es gab zwischen 1919 und 1926 kaum eine Zeitschrift aus Adolf Brands Verlag, die nicht wenigstens einen Artikel oder ein Gedicht des damals jungen Autors Ewald Tscheck (1895–1956) enthielt. Ein durchgehendes Motiv seiner Publizistik war sein eifernder Kampf gegen Hirschfeld und das WhK. Abrupt und überraschend beendete er sein Engagement in der Schwulenbewegung, nachdem es aus unbekanntem Anlaß zum Streit mit Adolf Brand gekommen war. Seit weiteres Schicksal, bis er 1956 bei einem Unfall in Potsdam starb, ist so gut wie unbekannt. Er hat nach der Trennung von Brand kaum noch etwas publiziert, nach 1933 überhaupt nichts mehr. Die Nazizeit hat er unbehelligt und wohl auch, ohne bei den Nazis mitgemacht zu haben, in Berlin überlebt.

dem Gericht vorgelegt, nur um Brand ins Unglück zu stürzen und seine Ansichten von der Erhabenheit, Reinheit und Überlegenheit der Freundesliebe zu bekämpfen. Brand behauptete, es bestehe »ein gewaltiger und fundamentaler Unterschied« zwischen ihm und seinem Widersacher Hirschfeld:

»Es war der ewig junge, uralte und riesengroße Unterschied zwischen Sexualität und Liebe überhaupt, der unüberbrückbare Gegensatz, der hier durch die beiden Führer der Bewegung rücksichtslos zum Austrag kam und der nun einmal gerade diesen elementaren Erscheinungen des Lebens gegenüber zwischen orientalischer und nordischer Einstellung besteht.«[7]

Die »orientalische Einstellung« zu Sexualität und Liebe, die Brand hier bei Hirschfeld entdeckte, war eine kaum verhüllte Umschreibung dessen, was Brands Kampfgenosse Tscheck ganz ungeniert urteilen ließ, Hirschfeld sei »als Jude [...] der ungeeignetste Führer« der »Sache des Eros« (»Sache des Eros« und »Vorkämpfer der Freundesliebe« sind Tschecks Bezeichnungen für die Schwulenbewegung)[8] Im Sommer 1933, als die Nazis gerade die Macht im Staat erobert und neben anderen das Hirschfeldsche *Institut für Sexualwissenschaft* zerstört hatten, gab Brand noch zwei Ausgaben seines Anzeigenblattes *Extrapost* heraus. In beiden Ausgaben warb er für eine demnächst erscheinende

Schrift aus seiner Feder, die die Schädlichkeit und Gefährlichkeit Hirschfelds beweisen werde. Der Werbetext ist eine gute Zusammenfassung der Brandschen Schmähungen gegen Hirschfeld aus den vergangenen drei Jahrzehnten. An dieser Stelle wollte Brand offenbar versuchen, die eigene Haut zu retten, indem er auf den von den Nazis gehaßten Hirschfeld einschlug; genutzt hat ihm dieser letzte schäbige Versuch vielleicht insofern, als seine persönliche Sicherheit in den zwölf Jahren der Nazidiktatur niemals gefährdet war:

»Adolf Brand. Gegen die Propaganda der Homoxualität. Eine Kampfschrift gegen Dr. Magnus Hirschfeld, deren 1. Auflage i. J. 1905 erschien, und eine scharfe Ablehnung seiner pseudowissenschaftlichen Betteltheorie von der Existenz eines Dritten Geschlechtes, die die männlichsten Männer der Tat dem feixenden Pöbel in urnischen Unterröcken präsentierte und durch deren geschäftstüchtige Sensationsmache zum Schaden männlicher Freundschaft und Freiheit alle großen Freunde der Kriegs- und Kulturgeschichte als halbe Narren dem Gespött und Gelächter der ganzen Welt verfielen. 4. Auflage. Preis 0.50 Mk. Gegen Voreinsendung des Betrages in Briefmarken direkt vom Adolf Brand Verlag Berlin-Wilhelmshagen.«[9]

Kunst und Politik
Die beiden Interessengebiete, die Brands Leben vor allem prägten, das Literarisch-Künstlerische und das Politische, versuchte er immer wieder in seinen diversen publizistischen Unternehmen zu trennen. *Der Eigene* sollte der künstlerischen Gestaltung der sogenannten männlichen Kultur vorbehalten sein, während für die Kämpfe auf dem Gebiet der Schwulenpolitik, aber auch für die Kleinanzeigen, die für Brand eine wichtige Einnahme-

Adolf Brand

Um 1930. Fotopostkarte mit handschriftlicher Widmung
Berlin, Schwules Museum

Es gab vermutlich keinen Schriftsteller in der Schwulenbewegung vor 1933, der nicht Friedrich Nietzsche mehr oder weniger glühend verehrt hätte. Der Kult um den populären Dichterphilosophen einte so gegensätzliche Gestalten wie Hirschfeld und Brand, Hiller, George und Blüher.

Max Miede

Um 1927. Fotografie
Berlin, Schwules Museum

Etwa zur gleichen Zeit, als Adolf Brand am Ende des Ersten Weltkrieges heiratete, fand er in einem jungen Mann namens Max Miede einen Geliebten, der mit ihm vermutlich für den Rest seines Lebens zusammenblieb. Von Max Miede ist nur sein Geburtstag bekannt (15. Oktober 1900) und daß er im Eigenen einige Fotos und Artikel veröffentlichte. Zu Beginn der Nazizeit war er Inhaber eines Buchladens in der Friedrichstraßenpassage. Er soll in den sechziger Jahren in Spanien gelebt haben.

quelle bildeten, meist parallel erscheinende Zeitschriftenprojekte existierten. Nach dem Krieg war es zunächst das bereits erwähnte *Nachrichten- und Werbeblatt*, in dem Brand zwischen 1919 und 1925 seine Kämpfe mit den anderen Strömungen der Schwulenbewegung und mit den Zensurbehörden austrug. Von 1926 bis 1932 erschien sehr unregelmäßig (etwa 20 Hefte in sieben Jahren) ein Blatt mit dem Titel *Eros*, und im ersten Halbjahr 1921 experimentierte Brand mit einer Wochenzeitung *Freundschaft u. Freiheit. Ein Blatt für Männerrechte gegen Spießbürgermoral, Pfaffenherrschaft und Weiberwirtschaft*, von der nur elf Ausgaben erschienen. Die Aufteilung des Politischen und des Literarisch-Künstlerischen auf verschiedene Blätter wurde nicht konsequent durchgeführt. So erschienen etwa Brands Einschätzungen der politischen Lage und seine Empfehlungen zur Reichstagswahl öfters im *Eigenen* und nicht im *Eros*, seiner *Zeitschrift für Freundschaft und Freiheit, Liebe und Lebenskunst*. Andererseits bringt der *Eros* neben den überwiegend politischen Kommentaren immer mal wieder Gedichte, Kurzgeschichten und Aktfotos.

Bei den Wahlempfehlungen die Brand nach 1925 mehrfach abgab, blieb er erstaunlich konsequent und geradlinig an der Haltung der Parteien zum Schwulenparagraphen des Reichsstrafgesetzbuches orientiert. Etwas umständlich, aber doch unmißverständlich schreibt er beispielsweise zur Reichstagswahl 1926:

»Darum ist es schließlich auch nötig, im Hinblick auf die kommenden Reichstagswahlen ebenso mit allen Mitteln dafür zu sorgen, daß die Anhänger der Freundesliebe nur diejenigen Parteien mit Geldmitteln und mit ihrer Stimme unterstützen, die bisher allein den Mut hatten, für unsere Forderungen im Reichstag offen einzutreten, und die es allein fertig bringen, die Sache der persönlichen Freiheit, das Selbstbestimmungsrecht über Leib und Seele und die Sache des § 175 auch zu der ihrigen zu machen. Niemand unter unseren Anhängern kann im Zweifel darüber sein, daß das nur die Sozialdemokraten, Kommunisten und Demokraten tun. Sie nur allein dürfen in Zukunft unsere Stimmen haben, zum Heile für unsere Sache und zum Weiterbestehen, Blühen und Wachsen der Deutschen Republik.«[10]

Möglicherweise war es Brand erst nach der Trennung von seinen beiden jugendlichen und politisch rechtslastigen Mitarbeitern Tscheck und Heimsoth möglich, sich derart deutlich zu äußern, denn vor dieser Trennung, die irgendwann Ende 1925 stattfand, sind keine parteipolitischen Stellungnahmen Brands bekannt. Seine Ablehnung der Rechtsparteien begründet Brand zum einen damit, daß sie »der Republik und unserer Sache als geschworene Feinde gegenüber stehen«. Außerdem argumentierte er recht originell, daß die Rechte als Feinde der Republik womöglich das Regime des Kaisers Wilhelm zurückholen könnte, jenes Kaisers, »der immer feige wie ein Weib gewesen ist« und der mit seinem »von einwandfreier Seite beglaubigten homosexuellen Einschlag« die Hauptschuld trage an den Skandalprozessen von 1907/08 und an den Verfolgungen, die Brand damals erdulden mußte.[11]

Als 1931 der Nazi-Führer Ernst Röhm in der Links-Presse als Homosexueller entlarvt wurde, kommentierte Brand in einer für seine Verhältnisse ungewöhnlich scharfsinnigen und angemessenen Weise. Zwar sei die Neigung zum gleichen Geschlecht unbedingt die Privatsache der Beteiligten; wenn sich aber jemand einer Partei wie der NSDAP anschließe, die den Liebesverkehr anderer unter entehrende Kontrolle und unter schwere Strafe stellen möchte – »mit dem Augenblick hat auch sein eigenes Liebesleben aufgehört, eine Privatsache zu sein […] Wenn die nationalsozialistische Partei die homosexuelle Bewegung öffentlich bekämpft, und wenn von ihr die Parole ausgegeben wird, wie es bei der Anpöbelung des hochverdienten Strafrechtslehrers Professor Dr. Kahl im *Völkischen Beobachter* tatsächlich geschehen ist: daß sie alle Homosexuellen und alle Befürworter der Abschaffung des § 175 aus Deutschland ausweisen oder am Galgen aufhängen lassen wird, sobald sie zur Macht gekommen sei – dann darf sich diese Partei, die in ihrer Presse jede homosexuelle Betätigung so gern für eine Schweinerei erklärt, auch nicht wundern, wenn man jetzt aus Anlaß des Falles Röhm ohne jede Zimperlichkeit einmal feststellt, wie stark der homosexuelle Verkehr gerade in ihren eigenen Reihen selber verbreitet ist.« Die sozialdemokratische Presse lobt er dafür, daß sie mit ihrer grellen Beleuchtung des homosexuellen Tun und Treibens in der Nationalsozialistischen Partei »der deutschen Öffentlichkeit auch endlich die Augen über die Tatsache geöffnet [habe], daß gerade die gefährlichsten Feinde unseres Kampfes oftmals selber Homosexuelle sind, die aus politischer Heuchelei und Verlogenheit heraus wissentlich dazu mithelfen, daß alle moralischen Erfolge, die wir durch unsern Kampf und durch unsere Arbeit erzielt haben, immer wieder vernichtet werden.«[12]

Diese Worte hatten durchaus prophetische Bedeutung, wenn es auch nicht »oftmals«, sondern nur vereinzelt Schwule wie Röhm gewesen sein mögen, die der Nazipartei zur Macht verhalfen und damit die Zerstörung aller Erfolge mitverantworteten, »die wir durch unsern Kampf und durch unsere Arbeit erzielt haben.«

Manfred Herzer

Der Burmane Ba
Fotografie von Max Miede
In: *Der Eigene*, Jg. 13 (1932) Heft 9
Berlin, Privatbesitz

1 *Die Gemeinschaft der Eigenen. Ein Nachrichten- und Werbeblatt*, Nr. 1 (Mai 1919) [S. 4] und Nr. 3/4 (August 1919) [S. 4].
2 *Die Gemeinschaft der Eigenen.* Nr. 3 (1921), S. 6.

3 *Der Eigene*, Jg. 10 (1924), Nr. 1/2, »der freien Schweiz gewidmet«.
4 *Nachrichten- und Werbeblatt*, Nr. 5/6 (7. August 1920) S. 38; *Extrapost*, Nr. 5 (1929) S. 2.
5 *Der Eigene*, Jg. 8, Nr. 2 (8. 10. 1920) S. 24.

6 *Nachrichten- und Werbeblatt* (1922) Nr. 6, S. 1–3.
7 Adolf Brand, *Gegen die Propaganda der Homosexualität*, in: *Der Eigene*, Jg. 10 (1925), Nr. 9, S. 405–413, Zitat S. 407.

8 Ewald Tscheck, *Das Wissenschaftlich-humanitäre Komitee: Warum ist es zu bekämpfen und sein Wirken schädlich für das deutsche Volk* (Berlin-Wilhelmshagen 1925) S. 12.

9 *Extrapost. Anzeigen* (1933) Nr. 1 und Nr. 2, jeweils auf der ersten Seite.
10 Adolf Brand, *Volksentscheid und Reichstagswahlen*, in: *Der Eigene*, Jg. 11 (1926) S. 80.

11 Adolf Brand, *Rechtsparteien und Freundesliebe*, in: *Der Eigene*, Jg. 11 (1926) S. 78–79.
12 Adolf Brand, *Politische Galgenvögel, ein Wort zum Falle Röhm*, in: *Eros*, Jg. 2 (1931), Nr. 2, S. 1–2.

III. 3
Die Freundschaftsbünde – eine Massenbewegung

Die Freundschaft
Ausgabe Nr. 8 von 1924 (Jg. 6)
Berlin: Verlag »Die Freundschaft«
Berlin, Privatbesitz

Mit der Gründung der Freundschaft *am 13. August 1919 durch Karl Schultz war die erste schwule Wochenzeitschrift geboren, die frei am Kiosk gekauft werden konnte. Die Karl Schultz Verlagsgesellschaft übernahm Herstellung und Vertrieb der Zeitschrift, später kam ein Versandbuchhandel mit Buchladen hinzu. Gleich die zweite Nummer der* Freundschaft *wurde am 26. August 1919 vom Oberkommando Noske verboten; als Ersatz erschien sie bis zu ihrer Wiederzulassung im November unter dem Namen* Der Freund. *Mit Max H. Danielsen als Redakteur ab 1. September 1920 erhielt die Zeitschrift ein neues Profil und eine breitere Basis. Anfang 1922 wurden zwei ehemaligen Konkurrenzunternehmen, die Zeitschrift* Freundschaft u. Freiheit *von Adolf Brand und der wissenschaftlich-literarisch orientierte* Uranos *von René Stelter mit der* Freundschaft *verschmolzen. Wie so viele Aktive in den neuen Zeitschriften und Freundschaftsbünden waren auch Max H. Danielsen und René Stelter bereits zuvor im WhK organisiert gewesen. 1922 wurden* Die Freundschaft *und ihr Redakteur wegen angeblich unzüchtiger Inserate angeklagt; Max H. Danielsen wurde im September 1922 zu 4.000 Reichsmark Strafe verurteilt. Schon zuvor war er mehr oder weniger gezwungen von seinem Amt als Redakteur und im Vorstand des Deutschen Freundschafts-Verbandes zurückgetreten; sein Nachfolger wurde der frühere WhK-Sekretär Georg Plock. Während der Inflation mußte die Zeitschrift auch wegen interner Auseinandersetzungen ihr Erscheinen vorübergehend einstellen, erschien dann aber von 1924 durchgehend bis 1933.*

Mit der Gründung zahlloser Freundschaftsbünde überall im Deutschen Reich erreichte nach 1919 die Schwulenbewegung eine neue Qualität als Massenbewegung. Erstmals gelang es, die Homosexuellen in großer Zahl zu motivieren und zu aktivieren, weit mehr als es die sich elitär gebende *Gemeinschaft der Eigenen* (GdE) und das eher wissenschaftlich orientierte *Wissenschaftlich-humanitäre Komitee* (WhK) je vermochten. Im Abstand von nur wenigen Wochen bildeten sich in größeren und kleineren Städten Vereinigungen und Clubs nach dem Berliner Vorbild. Eine Euphorie hatte die Homosexuellen nach der Zerschlagung der alten gesellschaftlichen Ordnung erfaßt. Sie dachten, die Gunst der Stunde für ihre Ziele nutzen zu können. Man orientierte sich an den Freundschaftszirkeln, die sich schon

vor 1914 im Kaiserreich gegründet hatten. Dazu zählte der *Verein der Musik- und Kunstfreunde* von 1912 oder der *Märkische Wanderklub* von 1917, die beide noch bis weit in die zwanziger Jahre hinein als selbständige Gruppen aktiv blieben.

Den neuen Gruppenbildungen unter den Namen *Club der Freunde und Freundinnen*, *Freundschaftsbund* oder *Club der Freunde* war schon am 13. August 1919 die Gründung der Zeitschrift *Die Freundschaft* durch den Kaufmann Karl Schultz vorausgegangen. *Die Freundschaft* führte zeitweise den Untertitel *Mitteilungsblatt des Klubs der Freunde und Freundinnen* und forcierte die Bildung weiterer Freundschaftsbünde. In ihr wurden erstmals vor einem breiten schwulen Publikum unterschiedliche Ansichten publiziert und Probleme und Forderungen diskutiert. Wie solche Freundschaftsbünde entstanden, zeigt eine Notiz, die Anfang 1920 in der *Freundschaft* erschien:

»Kattowitz. Es wird beabsichtigt, auch hier einen *Klub der Freunde* zu gründen. Herren aus dem gesamten oberschlesischen Industriebezirk, die geneigt wären, die Sache zu unterstützen bzw. sich dem Klub anschließen würden, werden gebeten, ihre Adressen, die mit Rücksicht auf die kleinen Ortschaften streng geheim gehalten werden, unter *Klub Oberschlesien* an den Verlag dieser Zeitung in Berlin, Alexandrinenstraße 8, einzusenden.«[1]

In der Zeitschrift erschienen Anzeigen von Lokalen, die bis dahin aus Selbstschutz nicht möglich gewesen waren. Jede öffentliche Werbung für ein Lokal oder eine schwule Veranstaltung hätte die Polizei verboten oder zum Anlaß für eine Razzia genommen. Nach und nach fanden sich immer mehr Mitglieder bereit, mit ihrem Namen für ihr Geschäft oder ihre Praxis in der Zeitschrift zu werben. Ein bisher nicht gekanntes Spektrum schwulen Lebens tat sich auf. So warb die Zahnarztpraxis Jacob in der Alten Schönhauserstraße neben dem Spezialarzt für Haut-, Blut-, Geschlechts- und Nervenleiden Dr. J. Schmidel, das Fotoatelier Lissy Beinlich und Ethel Thede neben dem Ingenieur Hinrich Ulbert, usw. Diese Offenheit verdankte sich einem neuen Selbstverständnis und war auf übergreifende Solidarität angelegt. Es bildete sich erstmals eine schwule

Friedrich Radszuweit
Aus: *Blätter für Menschenrecht*, Oktober 1929
Berlin, Schwules Museum

Friedrich Radszuweit gehört zu den zentralen Gestalten der Schwulenbewegung der Weimarer Zeit. Den 1920 gegründeten Deutschen Freundschafts-Verband *baute er unter dem programmatischen Namen* Bund für Menschenrecht *zu einer schwulen Massenorganisation aus. Sein Organisationstalent und sein Durchsetzungsvermögen prädestinierten ihn für das Amt des 1. Vorsitzenden, das er bis zu seinem frühen Tode 1932 innehatte. Am 15. April 1876 in Ostpreußen geboren, machte er sich 1901 in Berlin selbständig und führte einen Betrieb für Damenkonfektion und ein Detailgeschäft. Er hatte schon in dieser Zeit Kontakt zur Schwulenbewegung, engagierte sich aber erst nach 1919. 1922 wurde er zum Vorsitzenden der Berliner Vereinigung der Freunde und Freundinnen gewählt, der er mit dem Namen* Bund für Menschenrecht *ein neues Selbstverständnis gab. In Abgrenzung zu den bestehenden schwulen Zeitschriften baute er ein Verlagsunternehmen auf, das Zeitschriften und Bücher für unterschiedliche Interessen druckte:* Die Freundin *für die Frauen in der Bewegung,* Die Insel *mit eher literarischem Anstrich,* Das Freundschaftsblatt *als aktuelle Wochenschrift und* Das 3. Geschlecht, *das sich an den »ordentlichen Transvestiten« wandte. Nach seinem Tod gingen sein Verlag und ein Teil seiner Verantwortung im BfM an seinen Lebensgefährten Martin Budszko-Radszuweit über.*

Klientel, deren Ansprüche und Vorstellungen bedient werden konnten. Das Heraustreten aus der Anonymität durch Nennung von Namen wurde durch eine Diskussion in der *Freundschaft* vorbereitet. Die Benutzung von Pseudonymen, wie sie in den ersten Heften und in den Gruppen anfangs noch üblich war, wurde als unzeitgemäß und kontraproduktiv für einen offenen Kampf um Gleichberechtigung kritisiert. Der Entschluß immer weiterer Personen, ihr Pseudonym zu lüften, führte zu einem Schneeball-Effekt. Mit immer größerer Selbstverständlichkeit ging man zumindest in Berlin mit den Namen der Beteiligten um. Schließlich konnte auch eine offizielle Anerkennung erreicht werden, die Eintragung ins Vereinsregister beim Amtsgericht am 28. September 1920 für den *Berliner Freundschaftsbund* (am 2. Juni 1921 folgt die für das WhK). Wie die Zuschriften an *Die Freundschaft* zeigen, stand ein großer Teil der engagierten Homosexuellen selbstbewußt zur Weimarer Republik.

»Wir sind erst durch die Novemberrevolution in die Lage versetzt worden, daß wir uns überhaupt an die Öffentlichkeit wagen durften. Solange das alte imperialistische Kaiserreich bestand, waren wir überhaupt weiter nichts als unterdrückte und verfolgte Parias. Wir haben deshalb auch nicht das geringste Interesse an einer Wiederkehr der alten Zustände. Im Gegen-

Walter Bahn
Aus: *Das Kriminalmagazin*,
Heft 9 (Dezember 1929)
Berlin, Privatbesitz

Der renommierte Rechtsanwalt Walter Bahn, der am Moabiter Kriminalgericht tätig war und eine der führenden Anwaltskanzleien in Berlin leitete, war eine der juristischen Stützen der Schwulenbewegung. Über ein Jahrzehnt stand er dem Bund für Menschenrecht *als Rechtsbeistand zur Seite. Ob sein Engagement auch aus persönlichen Beweggründen gespeist wurde oder einem rein humanitären Interesse entsprang, muß dahingestellt bleiben. Er war verheiratet, sein Sohn war in seiner Praxis als Rechtsanwalt tätig. Eine erste nachweisbare Verbindung zur Schwulenbewegung ergab sich Mitte 1922, als Walter Bahn die Verteidigung des Redakteurs der* Freundschaft *Max H. Danielsen im Prozeß wegen angeblich unzüchtiger Inserate übernahm. Noch im selben Jahr forderte Friedrich Radszuweit ihn auf, für den BfM in Hamburg einen öffentlichen Vortrag über Homosexualität zu halten. Damit begann die bis 1933 anhaltende Zusammenarbeit mit dem BfM.*

E. Friedrich
Maskenball des »Freundschaftsbunds Geselligkeit«
Brandenburg Havel am 11. Januar 1920
Fotopostkarte
Berlin, Privatbesitz

teil – wir müssen danach streben, daß diese niemals wiederkehren mögen, damit uns auch endlich die Freiheit wird, auf die wir als Bürger des Staates, dem wir in mehr als einer Beziehung ebenso wertvolle Dienste leisten wie seine sogenannten ›normalen‹ Mitglieder, denselben Anspruch haben wie diese. Von einer etwa wiederkehrenden kaiserlich-imperialistischen Regierung haben wir in dieser Beziehung nichts zu hoffen, wie wir in den hinter uns liegenden Zeiten wohl zur Genüge erfahren haben.«[2]

Ein wichtiges Standbein der Schwulenbewegung war neben der politischen Arbeit die Geselligkeit. Kombiniert mit wissenschaftlichen Vorträgen und der Aktivierung der Mitglieder wurde das gesellige Beisammensein gepflegt. Selbst auf den Bällen wurde immer auf den Kampf für Gleichberechtigung hingewiesen und versucht, neue Mitglieder zu gewinnen. Wichtig war das Gemeinschaftsgefühl, das hier vermittelt wurde und das erst ein schwules Selbstbewußtsein ermöglichte. Besonders in kleineren Städten konnte man so der Vereinzelung der Homosexuellen eher entgegenwirken als durch reine Agitationsveranstaltungen. Geschickt nutzte man das Bedürfnis nach Zerstreuung und Amüsement, um die Menschen für den Kampf zu aktivieren. Die schwulen Bälle erreichten im Verlauf der zwanziger Jahre bis dahin nicht gekannte Ausmaße. Die großen Ballhäuser mit mehreren Tanzsälen für einige Tausend Personen ließen sich spielend füllen. Nicht nur Berliner nahmen daran teil, Gäste aus ganz Deutschland und sogar aus dem Ausland reisten in der winterlichen Ball-Saison nach Berlin.

Karl Arnold
Gleiches Recht für Alle! Auch der Geselligkeitsverein Lotos wählt dieses Jahr seine Schönheitskönigin
Karikatur für den *Simplicissimus*
1929. Tusche, Feder. 28,5 x 25,2 cm
Hornburg, Claus Arnold

**Eintrittskarte für den Eröffnungs-Ball
(»Böser-Buben-Ball«) des Club »Kameradschaft«**
Berlin 1932
Berlin, Schwules Museum

Der Club Kameradschaft war eine der zahlreichen Initiativen von Schwulen, neben den großen Organisationen einen eigenen Zusammenhalt zu bilden. Am 1. November 1929 gegründet, bestand der Club bis ins Jahr 1933 und umfaßte in seinen Spitzenzeiten über hundert Personen. Schwulenpolitisch wurde er kaum aktiv, aber an Hand der erhaltenen Dokumente läßt sich ein einzigartiger Blick auf das soziale Gefüge einer schwulen Kleinstgruppe werfen. Einer der Beteiligten hat einige Blätter aus dem Vereinsbuch und die Einladung zu einem ihrer Bälle über die Zeiten gerettet. Zusammen mit den Anzeigen der Gruppe im Freundschaftsblatt und den Fotografien aus dem Privatalbum von Franz Britvec läßt sich ein Kapitel schwuler Sozialgeschichte rekonstruieren. Das Berlin der zwanziger Jahre war nicht nur golden. Neben dem reichen Berlin/West wuchs die Zahl derer, die von der Wirtschaftskrise betroffen waren. Auch in den Arbeitergegenden des nordöstlichen Berlin gab es das Bedürfnis nach schwuler Lebensgestaltung. Der Club Kameradschaft dokumentiert den Versuch, unter ungünstigen finanziellen Vorgaben einen schwulen Zusammenhalt aufzubauen. Ab 1931 traf sich die Gruppe in Köhlers Festsaal in der Tieckstraße 24 am Stettiner Bahnhof. »Wöchentlich einmal fanden unsere Treffen statt, auf denen Vorträge im kleinen Kreis gehalten wurden. Aber mindestens so wichtig für uns war es, mit den anderen über unsere auch ganz privaten Probleme reden zu können. Das gab uns damals einen gewissen Halt. Und am Wochenende haben wir zumeist zum Tanz eingeladen. Da kamen dann auch neue Besucher in unseren Kreis. Wir warben ja mit Anzeigen in den einschlägigen Zeit-

Schon bald gab es weitere Angebote, die bereits in den ersten Aufrufen der Freundschaftsbünde angekündigt worden waren. »Wir bieten unseren Mitgliedern: gleichgesinnten Verkehr, Gedankenaustausch und Geselligkeit. Jedes Mitglied findet Unterhaltung und Geselligkeit in der Musik-, Schauspiel- oder Sport-Abteilung unseres Klubs, in der Pflege edlen Spiels, Schach und dergleichen. Namhafte Künstler sind bereits dafür gewonnen. Unsere Bestrebungen gehen dahin, gute Klubräume mit eigener, ausgesuchter Bibliothek zu schaffen, die unseren Mitgliedern, besonders Durchreisenden, anstatt der faden Hotelräume angenehmen Aufenthalt bieten. Einen Rechts- und ärztlichen Beistand zu schaffen, sowie gegen Erpresser und dergleichen energisch vorzugehen.«[3] So wurden eine Religionsgemeinschaft, Wander-, Jugend- und Frauengruppen gegründet, und die Besitzer schwuler Kneipen und Bars organisierten sich im *Lokalinhaberklub*.

Dem stand der Wunsch nach einer übergreifenden Dachorganisation gegenüber, um die einzelnen verstreuten Kräfte schlagkräftig zu bündeln. So wurde am 30. August 1920 der *Deutsche Freundschafts-Verband* (DFV) aus der Taufe gehoben. In ihm waren der *Berliner Freundschaftsbund* und die Bünde aus Hamburg, Frankfurt und Stuttgart zusammengeschlossen, und weitere Gruppen folgten. Anfang 1921 trat auch der *Lokalinhaberklub* dem DFV bei.

Auch der heterosexuellen Mehrheit konnte die offensive Selbstorganisation der Schwulen nicht verborgen bleiben. Ihre Reaktionen waren sehr unterschiedlich, selten wohlwollend, oftmals eher gehässig kritisierend. Selbst der Artikel »Sexual-Schlaraffia« von Peter Squenz in der liberalen *Weltbühne* machte sich über die Bedürfnisse der Homosexuellen lustig. Mit Vereinsmeierei hatte die Gründung der Freundschaftsbünde zwar auf den ersten Blick etwas gemein, aber der besondere emanzipatorische und politische Charakter dieser Bewegung unter dem immer noch existierenden § 175 blieb dem Schreiber völlig verborgen. Im *Simplizissimus* wurde selbst der erneute Vorstoß gegen den § 175 ins Lächerliche gezogen. Immer wieder hat der DFV zu derartigen Vorwürfen in Artikeln Stellung bezogen. Denn auch in den zwanziger Jahren waren die Freiheiten keine Selbstverständlichkeit und mußten immer wieder gegen Angriffe von vielerlei Seiten verteidigt werden.

Auf den mehrtägigen Verbandstagen wurde versucht, die Forderungen nach gesellschaftlicher Gleichstellung zusammenzufassen, um wirkungsvoller arbeiten zu können. Der erste Verbandstag fand am 27. und 28. März 1921 in Kassel statt, der zweite vom 15. bis 17. April 1922 in Hamburg. Das

reichhaltige Tagungsprogramm verdeutlicht, welch umfassenden Zusammenhalt der *Deutsche Freundschafts-Verband* in kurzer Zeit erreicht hatte. Viele Aktivisten aus dem WhK engagierten sich jetzt ebenfalls in den Freundschaftsbünden. Hirschfeld hielt einen der einleitenden Festvorträge und wurde in Hamburg zum Ehrenvorsitzenden gewählt. Auch bei dieser Zusammenkunft der Schwulenbewegung kam die Geselligkeit nicht zu kurz. Stadtführungen, Auftritte und ein Fest ergänzten das Vortragsprogramm und die Aussprache der Mitglieder.

Den Anspruch, die Dachorganisation der deutschen Schwulen zu sein, konnte der DFV aber auf Dauer nur bedingt erfüllen. Schon die beiden wesentlich älteren Gruppen, das WhK und die GdE, ließen sich kaum unter

schriften. Bei uns spielte eine Drei-Mann-Kapelle, der Eintritt war niedrig, so daß auch Arbeitslose aus der Gegend kommen konnten. So um die 70 Personen waren an solch einem Abend wohl anwesend und manchmal kamen auch Leute von außerhalb, aus Fürstenwalde oder Bernau.« Laut Anzeige im *Freundschaftsblatt* vom November 1932 lud man jeden Donnerstag, Sonnabend und Sonntag zu »gemütlichen Clubabenden mit Tanz« ein. Am 5. März 1932 fand der Böse-Buben-Ball *im* Mäuse-Palais *in der Linienstraße 132 statt. Die Gruppe kehrte danach wieder in ihr Stammlokal bei Köhler zurück, wo sie sich im Februar 1933 das letzte Mal traf.*

Die Fanfare
Für freies Menschentum
Berlin 1925
Berlin, Privatbesitz

1924–1926 gab der Schriftsteller Curt Neuburger (1902–1996) fast als ein Ein-Mann-Unternehmen die Zeitschrift Die Fanfare *heraus. Er kämpfte nicht nur hier »für ein freies Menschentum«, sondern organisierte gleichzeitig auch einen eigenen Klub, den* Internationalen Freund Bund *(IFB), mit Vortragsreihen und geselligen Veranstaltungen. In Rostock aufgewachsen, hatte Curt Neuburger eine Ausbildung zum Schauspieler durchlaufen, war in Berlin mehrfach aufgetreten und hatte sich unter dem Einfluß von Magnus Hirschfeld der Schwulenbewegung zugewandt. Seine Zeitschrift wurde »Offizielles Organ des Kultur Cartells«, in dem sich einige Gegner des* Bundes für Menschenrecht *zusammengeschlossen hatten.*

eine Führung zwingen und schon gar nicht unter eine neue Organisation. Aber auch innerhalb des DFV kam es schon kurz darauf zur Krise. Wie in jeder sozialen Bewegung gab es auch unter den Homosexuellen-Vereinigungen immer unterschiedlichste Gruppierungen mit verschiedenen Ansichten darüber, wie der Befreiungskampf zu führen sei, welche Ideen verwirklicht, welche wissenschaftlichen Theorien genutzt werden sollten und welche internen Außenseiter anzufeinden seien. Je größer die organisierte Gruppe von Homosexuellen wurde, desto mehr Aufspaltungen entstanden. Aus diesen Richtungskämpfen, die sich auch um die lang geplante Umbenennung und damit verbunden die neue Zielrichtung entsponnen hatten, sollte eine bis dahin eher unbeschriebene Persönlichkeit als neue Leitfigur hervorgehen: Der eben erst zum neuen Vorsitzenden der Berliner *Vereinigung der Freunde und Freundinnen* gewählte Friedrich Radszuweit (1876–1932) erreichte nicht nur im Mai 1922 die Umbenennung seiner

99

Neue Freundschaft
Wochenblatt für Freundschaft, Bildung und Aufklärung, Organ des deutschen Freundschaftsverbandes
Nr. 2 von 1928 [mit Stempel »Prüfstelle Berlin für Schund- und Schmutzschriften«]
München, Bayerische Staatsbibliothek

1928 gründete Max H. Danielsen die Zeitschrift Neue Freundschaft. *1885 geboren, hatte er schon in Kiel als Vorsitzender der dortigen WhK-Gruppe gewirkt. Danach war er als Chefredakteur der* Freundschaft *nach Berlin gegangen, hatte Positionen im Vorstand des DFV bekleidet, war im Aktions-Ausschuß tätig gewesen und zum Obmann des WhK ernannt worden. Immer wieder war sein Weg von Konkurrenten behindert worden. Nach einer Anklage wegen angeblich unzüchtiger Anzeigen in der* Freundschaft *hatte er 1922 seine Ämter verloren, und auch die Zusammenarbeit mit Friedrich Radszuweit im BfM ging nicht gut. Ende 1924 versuchte er zusammen mit einigen alten Freunden wie dem ehemaligen Schriftführer des DFV,*

Untergruppe in *Bund für Menschenrecht* (BfM), sondern auch ein Jahr später die Eingliederung der gesamten Dachorganisation und weiterer Untergruppen. Sein straffer Führungsstil, der offenbar nur selten Widerspruch duldete, wurde immer wieder zum Kritikpunkt für einen Teil der Mitglieder. Diese Kräfte waren zumindest in der Redaktion der *Freundschaft* weiterhin in der Überzahl, so daß Radszuweit eine Trennung von der Zeitschrift forcierte. Gelegen kam ihm deren vorübergehende Einstellung während der Inflation. Mit der Herausgabe der *Blätter für Menschenrecht* im Februar 1923 wurde der Grundstein zu einem eigenen Verlagsimperium gelegt. Zuerst versuchte man die *Orplid-Verlags A. G.* als Aktiengesellschaft zu führen, deren Anteilseigner einzelne Mitglieder waren. Doch bei der Umstellung nach der Inflation waren die Aktienbesitzer finanziell nicht stark genug, um die gesetzlich festgelegte Höhe des Goldmarkkapitals aufzubringen. So übernahm Friedrich Radszuweit den Verlag als Alleininhaber und baute ihn weiter aus. Die bereits in den *Blättern für Menschenrecht* eingeführten Beilagen erschienen bald als eigenständige Zeitschriften, ab September 1924 *Die Freundin*, ab November 1924 die literarisch orientierte *Insel* und ab Juni 1925 die Wochenschrift *Das Freundschaftsblatt*. Da der Verlag jetzt auch den Namen des Vereinsvorsitzenden führte, kam es zu weiteren Anfeindungen. Nichtsdestotrotz erlebte der BfM unter Radszuweits Führung eine Stärke und Schlagkraft, wie sie keine andere schwule Organisation sonst erreichte. War die Mitgliederzahl des DFV schon von anfänglichen rund 1.000 auf ungefähr 2.500 im Jahre 1922 gestiegen, so umfaßte der BfM 1924 bereits über 12.000 Mitglieder und überstieg im August 1929 die Zahl 48.000.

Allerdings war auch diese Entwicklung nicht unbeanstandet von seiten der Obrigkeit vor sich gegangen. In verschiedenen Städten hatten die Polizeibehörden die Gründung von Ortsgruppen des BfM zu verhindern gesucht. Man drohte den Gastwirten mit Entziehung der Konzession, wenn sie Ortsgruppen in ihrem Lokal tagen ließen. Und der Polizeidezernent Dr. Haas in Düsseldorf machte aus seiner Homophobie keinen Hehl: »Solange der § 175 besteht, dulde ich keine Ortsgruppe des Bundes«. Er meinte, die Homosexuellen sollten Deutschland verlassen und in solche Länder auswandern, in denen keine Strafbestimmungen gegen sie bestünden.

»Der Männergesangsverein in Düsseldorf, der in einem Lokal tagte, in dem eine Volksversammlung des Bundes abgehalten werden sollte, drohte dem Wirt mit der Boykottierung seines Saales, wenn er diese Versammlung gestatte. Die Düsseldorfer Sangesbrüder erklärten: ›Sie nehmen Anstoß daran, sich auf die Stühle zu setzen, auf denen Homosexuelle gesessen haben.‹ (Jedenfalls hielten sie die Homosexualität für eine ansteckende Krankheit.) Der Gastwirt inhibierte dann auch die gutbesuchte Versammlung dadurch, daß er, als ich mit meinem Referat beginnen wollte, das Licht ausdrehte und die Besucher im Dunkeln das Lokal verlassen mußten. Aber die Aversion der Sangesbrüder und auch die Drohungen der Polizei nützten nichts. Vierzehn Tage später wurde in dem großen Saal Tannhäuser eine überfüllte Volksversammlung abgehalten. Die Ortsgruppe blieb bestehen bis auf den heutigen Tag und hat nach vielen Wechselfällen jetzt ein wirklich gutes Lokal bekommen.«[4]

Der Vorstand des BfM beschwerte sich über das schikanöse Verhalten des Düsseldorfer Polizeidezernenten beim Preußischen Innenminister und wurde auch in weiteren vergleichbaren Fällen aktiv. Im Mai 1925 beschwerte er sich beim Reichswehrminister Dr. Geßler wegen der Entlassung von homosexuellen Reichswehrsoldaten. Noch im selben Monat versuchte man in Hamburg die dortige Behinderung des Verkaufs schwuler Zeitschriften zu unterbinden. Im August 1926 ging eine Eingabe an den Reichspräsiden-

100

Arthur Liebenow, einen Neuaufbau des Deutschen Freundschafts-Verbandes *mit Ortsgruppen überall im Reich. Anfangs nutzte er* Die Freundschaft *für Vereins-Mitteilungen, wechselte dann zu Curt Neuburgers* Fanfare *und gründete 1928 seine eigene Zeitschrift. Als die* Neue Freundschaft, *vermutlich nach einer Denunziation durch Radszuweit, verboten wurde, mußte Danielsen sein junges Verlagsunternehmen noch im gleichen Jahr wieder aufgeben.*

Phoebus-Bilderschau
Nr. 4 vom April 1929 (Jg. 2)
Berlin: Phoebus-Verlag Kurt Eitelbuss
Berlin, Privatbesitz

1927 wurde für den expandierenden schwulen Buchhandel zusätzlich zur Karl Schultz Verlagsgesellschaft *der* Phoebus Verlag Kurt Eitelbuss *gegründet. Der 1902 in Berlin geborene Kurt Eitelbuss war schon seit Ende 1922 bei Karl Schultz angestellt und hatte seit 1924 die Hauptbuchhandlung des Verlages geleitet. Das Verbot einiger Hefte der* Freundschaft *1927 und*

ten von Hindenburg, in der man die ungerechtfertigte Entlassung von Beamten wegen ihrer Homosexualität anprangerte. Und auch die Äußerungen des Berliner Polizeivizepräsidenten Friedensburg konnten nicht unwidersprochen bleiben. Dieser hatte den schwulen Vereinen andere Schließzeiten für Abendveranstaltungen verordnet als allgemein üblich. Auch hier konnte nach einem Gespräch beim Preußischen Innenminister Severing Abhilfe erlangt werden.

Die gesamten zwanziger Jahre blieb der § 175 bestehen, und es kam jedes Jahr nach wie vor zu entsprechenden Verurteilungen. Eine der Hauptaktivitäten des BfM lag so in der Agitation gegen den Fortbestand des Paragraphen, ferner versuchte man bei den Gerichten mildere Urteile oder Freisprüche zu erreichen. Den Mitgliedern stand ein Rechtsbeistand zur Verfügung. Zumeist wurden Angeklagte von der renommierten Rechtsanwaltskanzlei Walter Bahn verteidigt, die sich seit Jahren in der Schwulenbewegung engagierte. Nach einem Bericht in den *Blättern für Menschenrecht* faßte Friedrich Radszuweit in seiner Neujahrsansprache 1925 die nach wie vor katastrophale Situation folgendermaßen zusammen:

»Es wurden im Jahre 1924: 5 homosexuelle Männer ermordet. – 4 begingen Selbstmord, weil sie wegen Vergehen gegen den § 175 bestraft wurden. 32 schieden durch Freitod aus dem Leben, weil sie vor ihren Eltern bzw. Angehörigen wegen ihrer Veranlagung aus dem Hause und aus der Familie verstoßen wurden. 716 Personen wurden wegen Vergehen gegen § 175 verfolgt – davon wurden 371 bestraft. Die Gesamtstrafe für diese 371 Personen betrug 42 Jahre 6 Monate und 3 Wochen Gefängnis, dazu kamen noch erhebliche Geldstrafen. Für 83 Angeklagte stellte der Bund für Menschenrecht, e. V., die Verteidigung, 16 Verurteilte wandten sich während der Verbüßung ihrer Gefängnisstrafe an den Bund, um ein Wiederaufnahmeverfahren einzuleiten. 21 Personen suchten beim BfM Schutz vor Erpressern bzw. Erpressungsversuchen. Diese Zahlen sprechen deutlich für die Unhaltbarkeit des § 175. Wie nötig aber die Aufklärung über das Wesen der Homosexualität ist, dafür führte der Vortragende folgende bemerkenswerte Zahlen an. In 91 Fällen hat der Hauptvorstand zwischen Eltern und Kindern vermittelt und Aussöhnung herbeigeführt. In 14 Fällen mißlang die Aussöhnung, da die Eltern nicht begreifen konnten, daß ihre Söhne solche ›Verbrecher‹ seien. In vier Fällen fand Vermittlung zwischen Arbeitnehmer und Arbeitgeber statt, die vollen Erfolg hatte.«[5]

So drängte der BfM immer wieder in Schreiben an Juristen, die Reichsregierung, das Justizministerium und einzelne Gerichte auf Änderung des § 175. In die Debatte um die Neufassung des Strafgesetzbuches 1925 schaltete er sich mit einem Schreiben an den Reichsjustizminister Dr. Franken ein. 1927 verschickte man die Broschüre *§ 175 muß abgeschafft werden! Denkschrift an den Deutschen Reichstag zur Beseitigung einer Kulturschande* an alle Reichstagsabgeordneten. Daneben äußerte sich der BfM genau wie das WhK und die GdE zu Ereignissen der Tagespolitik. Als Vertreter der Homosexuellen meldete sich der BfM 1924 mehrfach zum Fall Haarmann in Hannover zu Wort:

»Der *Bund für Menschenrecht e. V.* als Massenorganisation aller gleichgeschlechtlich liebenden Männer und Frauen, erhebt hiermit schärfsten Protest gegen die üblen Publikationen einiger Tageszeitungen und Wochenschriften, die den Verbrecher Haarmann-Hannover, den homosexuellen Menschen an die Rockschöße zu hängen versuchen. Die homosexuell veranlagten Menschen sind erstaunt und befremdet, daß einige unserer Tageszeitungen und Wochenschriften, die dauernd das Wort ›Kultur und

Wissenschaft‹ in ihren Spalten predigen, nichts von den wissenschaftlichen Forschungen über das Problem der Homosexualität wissen, oder aus parteipolitischen Gründen nicht wissen wollen. Die homosexuelle Minderheit in unserem Volke weist mit Empörung und Entrüstung die Beschimpfungen zurück, die darin liegen, daß Homosexualität und Verbrechen in einem Atemzuge genannt werden.«[6]

Durch zahllose öffentliche Vorträge in fast allen deutschen Städten versuchte der BfM eine weitreichende Aufklärung über das Phänomen Homosexualität zu erreichen. Daneben wurde die Schriftenreihe *Volksbücherei für Menschenrecht* im Januar 1924 ins Leben gerufen. Hier erschienen in hoher Auflage *Die deutsche Bewegung zur Beseitigung des § 175* von Ferdinand Karsch-Haack, *Unsittliche Sittlichkeitsbestimmungen* des Rechtsanwalts E. E. Schweitzer und von Kurt aus Leipzig *Gesetz wider Gesetz*.

Die Bemühungen, einen von den drei großen schwulen Gruppen organisierten gemeinsamen Kampf gegen § 175 und um gesellschaftliche Gleichstellung im *Aktions-Ausschuß* zu gestalten, scheiterten fast zwangsläufig an der Unterschiedlichkeit der jeweiligen Führungsköpfe und endete 1924 unter gegenseitigen Beschimpfungen. Vom WhK Hirschfeldscher Prägung suchte sich der BfM forthin streng abzugrenzen. Man fühlte sich durch die biologistischen Studien und Darstellungsweisen in keiner Weise vertreten, die oftmals nur das Abnorme und Besondere unter den Homosexuellen hervorhoben. Ein naturrechtlicher Ansatz, der davon ausging, daß das, was niemandem schadet, auch nicht zu verbieten sei, sowie die Betonung der Normalität auch des schwulen Lebens und Liebens entsprachen den ideologischen Vorstellungen des BfM eher. In offensichtlicher Abgrenzung vom Hirschfeldschen *Institut für Sexualwissenschaft* suchte sich der BfM mit dessen wissenschaftlichem Gegner, dem Sexualwissenschaftler Albert Moll, zu verbünden. Im Oktober 1926 nahm der BfM offiziell an dessen *Internationalem Kongreß für Sexualforschung* teil und schloß sich dessen *Internationaler Gesellschaft für Sexualforschung* an. Andererseits wurde der BfM von seiten des WhK nicht am *Kartell zur Reform des Sexualstrafrechts* beteiligt, mit Hilfe dessen man eine Änderung der entsprechenden Paragraphen erreichen wollte.

Anläßlich der Aufführung von Hirschfelds Film *Gesetze der Liebe*, der eine Wiederaufnahme seines Films *Anders als die Andern* mit der Vorführung einiger Lichtbilder verband, die Homosexualität unter Tieren und Menschen zeigten, kam es zu scharfen Vorwürfen seitens des BfM. Mit den dargebotenen Absonderlichkeiten und der Betonung des transvestitischen Elementes wollte sich ein Großteil der Homosexuellen nicht identifizieren und betrachtete die Vorführung als kontraproduktiv.

1928 brachte Karl Schultz dazu, sich ganz aus dem Verlag zurückzuziehen. Um weitere Beschlagnahmungen auszuschließen, erschien ab August 1928 Die Freundschaft *im Phoebus Verlag nur noch im Abonnement und nicht mehr im Straßenverkauf. Selbst auf die Veröffentlichung von Abbildungen wurde über Jahre hin verzichtet. Dafür hatte man die* Phoebus-Bilderschau, *die nur Abbildungen enthielt, ins Leben gerufen. Alle Bilder konnten in Originalabzügen beim Verlag bestellt oder in der Verlagsbuchhandlung gekauft werden.*

Zeitungskiosk in Berlin
Um 1926. Fotografie
Berlin, Schwules Museum

»Wann endlich wird Hirschfeld einsehen, daß er durch seine Abnormitätenschau, die er der Öffentlichkeit vorführt, den Kampf der Homosexuellen nicht fördert, sondern schädigt? [...] Es wäre an der Zeit, daß es endlich im *Institut für Sexualwissenschaft* zu dämmern beginnt, daß die Aufgabe der Sexualforschung und Wissenschaft darin bestehen soll, Aufklärung und nicht Verwirrung über das sexuelle Problem in das Volk hineinzutragen. [...] Warum Herr Dr. Hirschfeld, stellen Sie immer nur diese Abnormitäten dar, deren es doch nur ganz vereinzelte gibt, und nicht eine Anzahl von homosexuellen Männern und Frauen, wie sie in Wirklichkeit aussehen? Für die Beantwortung dieser Frage stelle ich Ihnen in den Bl. f. M. einen genügenden Platz zur Verfügung.«[7]

Friedrich Radszuweit-Verlags-Buchhandlung

Anzeige in: *Die Insel* von August 1929
Berlin, Privatbesitz

Nach dem Vorbild der Karl-Schultz-Verlagsgesellschaft gründete auch der Bund für Menschenrecht *eine Buchhandlung in Berlin (ab 1. August 1923 in der Prinzenstraße), später wurde daraus die* Friedrich Radszuweit-Verlags-Buchhandlung *(Neue Jakobstr. 9). Auch hier wurde ein breites Sortiment an homosexueller Belletristik, wissenschaftlicher Fachliteratur und populären Aufklärungsschriften bereitgehalten. Mehr oder weniger offen konnten auch Akt- und Pornofotos gekauft werden.*

Hirschfelds Konstruktion eines eigenständigen dritten Geschlechts der Homosexuellen war durchaus zu kritisieren, aber in seiner Panik vor den allzu auffälligen Tunten und Transvestiten gingen der BfM und sein Vorsitzender Friedrich Radszuweit zu weit, wenn er in seiner Zeitschrift *Das 3. Geschlecht* vorschrieb, wie sich der ordentliche Transvestit zu kleiden und benehmen habe. Dahinter stand die alte Angst, von der Gesellschaft an dem Auftreten einiger weniger gemessen zu werden. Die Abbildungen in der Zeitschrift bekamen entsprechende Unterschriften wie »Ein gut angezogener männlicher Transvestit« und »Ein gut gekleideter unauffälliger Transvestit«. Im Laufe der Jahre verschärften sich die Gegensätze zwischen WhK und BfM zunehmend. Die unterschiedlichen Ansichten in der Frage des Schutzalters machten ein gemeinsames Vorgehen 1929 fast unmöglich. Auch die Einstellung gegenüber Strichjungen wurde beim BfM eher von bürgerlichen Moralvorstellungen geprägt und keineswegs von einer weitgefaßten Toleranz, wie sie einer diskriminierten Minderheit gut zu Gesicht gestanden hätte.

Mit Adolf Brands *Gemeinschaft der Eigenen* und seinem Chefideologen Ewald Tscheck konnte man im BfM auch nur wenig anfangen. Immer wieder kam es zu Abgrenzungsversuchen auch nach dieser Seite, die nicht immer sehr sachlich waren. »Von der männlichen Kultur und den Schwarmgeistern« sprachen die *Blätter für Menschenrecht* am 21. März 1924 und meinten Brand und seine Anhänger.

Die Aktivitäten des BfM zur Erreichung einer gesellschaftlichen Akzeptanz der Homosexuellen waren äußerst vielfältig. Zu den spektakulären Aktionen gehörte eine »Demonstration der Homosexuellen« in der Berliner Komischen Oper, über die auch die Berliner Presse positiv berichtete. Im Juli 1927 wurde dort in der Revue *Streng verboten* von James Klein die Schwulenbewegung karikiert. Das 14. Bild spielt »Im Klub der Freunde«. Der BfM fühlte sich durch die Darstellung diskriminiert und lancierte einen kleinen Aufstand seiner Mitglieder, die die nächste Vorstellung sprengten. Daraufhin wurde das Bild abgeändert und weniger tuntig dargestellt.

Der BfM befragte wie die anderen Schwulenorganisationen auch die politischen Parteien vor den Reichstagswahlen nach ihren Ansichten zum § 175, um dann eine Wahlempfehlung formulieren zu können. Aus guten Gründen bemühte sich der Bund um politische Unabhängigkeit. Besonders wichtig waren Anfragen an die NSDAP, die eine explizit homophobe Haltung einnahm, aber – wie sich bei einer 1930 durchgeführten Mitgliederbefragung herausstellte – dennoch auch in den Reihen des BfM Wähler hatte, »und zwar mit der Motivierung, daß sie nur von der Nationalsozialistischen Partei die Herausführung aus der Wirtschaftsmisere erhoffen«. Auch gaben sie ihrer trügerischen Hoffnung Ausdruck, daß die Nazis, einmal an der Macht, sich nicht so schlimm gegen die Homosexuellen verhalten würden, da es ja auch in ihren Reihen genügend gäbe. Dies wurde spätestens 1932 mit der Veröffentlichung der Privatbriefe des SA-Chefs Ernst Röhm unübersehbar. Auch jetzt bezog der BfM Stellung gegen die Unmoral einer politischen Denunziation, mit der die SPD gezielt die gesellschaftlichen Vorurteile gegen Homosexualität für ihre parteipolitischen Interessen zu nutzen suchte. In diesem Zusammenhang wurde auch bekannt, daß Röhm Mitglied im BfM war.

Wie schon im *Deutschen Freundschafts-Verband* (DFV) waren auch im BfM verschiedene Untergruppen organisiert. Seit Februar 1923 gab es eine eigene Religions-Gemeinschaft und im Juni 1923 erfolgte die Gründung einer freimaurerisch orientierten Loge in Berlin. Dem BfM untergeordnet war die *Schauspielvereinigung*, die sich später in *Theater des Eros* umbenannte, und auch der *Lokalinhaber-Klub*, der schon im DFV organisiert gewesen war. Im Mai 1923 erfolgte die Gründung einer *Damengruppe* im BfM, die den schon seit Beginn in den Freundschaftsbünden beteiligten Frauen eine gewisse Eigenständigkeit gab. Innerhalb des Radszuweit-Verlages wurde 1924 für die Frauen *Die Freundin* als eigenständige Zeitschrift gegründet.

War Berlin das Zentrum der Schwulenbewegung, so gab es doch überall in Deutschland Ortsgruppen des BfM, die sich kontinuierlich an der Arbeit beteiligten. Ausländische angegliederte Organisationen gab es 1929 laut *Blätter für Menschenrecht* in der Schweiz, in Österreich, in der Tschechoslowakei, in New York, Argentinien und Brasilien. Leider ist kaum etwas über diese Gruppen bekannt. Die Gruppe in Buenos Aires hatte der schon im Vorstand des DFV und später im BfM aktive Elektrotechniker Leopold Strehlow nach seiner Auswanderung Mitte der zwanziger Jahre gegründet und lange Jahre am Leben erhalten.

Walther Jaeger
Bruno Balz
Berlin, 1930er Jahre. Fotografie
Berlin, Schwules Museum

Schon mit 17 Jahren wußte der Berliner Bruno Balz (1902–1988), daß er schwul war, und machte sich auf die Suche nach einem Freund. So kam er zu Magnus Hirschfeld, der ihn seinen »Psychobiologischen Fragebogen« ausfüllen ließ. Als junger selbstbewußter Schwuler wurde Bruno Balz in der damaligen Schwulenbewegung herumgereicht und lernte so auch Adolf Brand kennen, der ihn nackt fotografiert hat. Spätestens 1926 wurde Bruno Balz nach einer kaufmännischen Ausbildung selber aktiv in der Schwulenbewegung. Bis 1932 war er für den Radszuweit-Verlag *als kaufmännischer Angestellter tätig und schrieb zahlreiche Kurzgeschichten, Gedichte und andere Beiträge für Radszuweits Zeitschriften. Viele seiner Arbeiten gingen auf das Bedürfnis der Leser nach Liebesgeschichten in einer heilen schwulen Welt ein. Einer seiner großen Erfolge wurde der Schlagertext* Bubi laß uns Freunde sein, *dessen Noten der* Radszuweit-Verlag *vertrieb. In den dreißiger Jahren begann er eine Karriere als Schlagertexter für UFA-Stars wie Heinz Rühmann und Zarah Leander.*

Neben den Zeitschriften des Radszuweit-Verlags konnte *Die Freundschaft* weiter gut bestehen. Dagegen mußte der *Hellasbote*, den Hans Kahnert, einer der Mitbegründer und einstiger Verlagsleiter der *Freundschaft*, 1923 gegründet hatte, nach zwei Jahren sein Erscheinen einstellen. Auch die *Fanfare* von Curt Neuburger führte ihren Kampf insbesondere gegen Radszuweit von 1924 bis 1926 und ging dann ein. Sie war in dieser Zeit auch das Sprachrohr des von Max H. Danielsen wiederbelebten *Deutschen Freundschafts-Verbandes*, der sich als eine Gegenorganisation zum BfM verstand. Immer wieder forderten der Alleinvertretungsanspruch des BfM und die starke Persönlichkeit Radszuweits ehemalige Kampfgefährten zum Widerspruch heraus. 1928 gab Danielsen die *Neue Freundschaft* in Konkurrenz zu den bestehenden schwulen Zeitschriften heraus. Aber auch diese konnte sich nur ein Jahr halten, da sie in die Beschlagnahme-Aktion der Prüfstelle für Schund- und Schmutzschriften geriet und für mehrere Monate verboten wurde.

Andreas Sternweiler

1 *Die Freundschaft*, Jg. 1920, Nr. 4.
2 *Die Freundschaft*, Jg. 1920, Nr. 4.
3 *Die Freundschaft*, Jg. 1919, Nr. 14.
4 *Blätter für Menschenrecht*, Jg. 1929, Nr. 10, S. 23.
5 *Blätter für Menschenrecht*, Jg. 1925, Nr. 2, S. 32.
6 *Blätter für Menschenrecht*, Jg. 1924, Nr. 24, S. 2.
7 *Blätter für Menschenrecht*, Jg. 1928, Nr. 1, S. 2.

III. 4
Die Erlösung der Freunde –
Literatur, Theater und Film

Es könnte sein, daß die starke Zunahme schwuler Charaktere in literarischen Texten der zwanziger Jahre damit zusammenhängt, daß die Menge der Texte, der Buchneuerscheinungen und Theateraufführungen insgesamt wuchs. In diesem Fall wäre der Anteil derselbe geblieben und zugenommen hätte nur die absolute Menge. Es könnte aber auch sein, daß der Weltkrieg so etwas wie einen Enttabuisierungsschub ausgelöst hat, der eine wachsende Zahl von Autoren zu dem Experiment ermutigte, die Freuden und Leiden der Schwulen in Literatur zu verwandeln. Der Trivialroman *Die Erlösung der Freunde* (Berlin 1920) von Eugen Ludwig Gattermann, zu dem Magnus Hirschfeld das Vorwort schrieb, ist ein typisches Beispiel der neuen Massenliteratur, die den »Freundschaftseros« als Themenbereich für populäre Unterhaltungs- und Erbauungslektüre entdeckt und verwertet.

Die auffälligsten Neuerungen gab es auf der Bühne. Begünstigt durch eine liberalere Zensur und Polizeiaufsicht glaubten viele Autoren, sie brauchten sich nicht mehr mit verschlüsselten Botschaften und heimlichen Andeutungen zu begnügen, und ließen sich auf das Wagnis ein, Klartext zu reden.

Theater des Eros – Im Dickicht der Städte

Den Anfang machten nicht die kleinen Experimentalbühnen oder gar die Staatstheater, die Initiative kam 1921 aus der schwulen Subkultur in Berlin. Das *Jahrbuch für sexuelle Zwischenstufen* berichtete darüber: »Seit vorigem Jahre hat sich auch die Schauspielkunst in den Dienst der Aufklärung auf homosexuellem Gebiet gestellt. Unter der Leitung des Herrn Bruno Matussek ist das *Theater des Eros* in Berlin entstanden, welches am 6. Juli 1921 zum ersten Male ein homosexuelles Stück von Hans Wedell aufführte, und seitdem eine ganze Reihe anderer einschlägiger Stücke zur Darstellung gebracht hat.«[1]

Etwa bis 1924 gab es an stets wechselnden Spielstätten in Berlin einige Dutzend Aufführungen von Stücken, die die Mitglieder des *Theater des Eros* meist selbst verfaßt hatten und von denen wir heute nur deshalb Kenntnis haben, weil in der Schwulenpresse, und anscheinend nur dort, Kritiken und Werbeinserate zu den Aufführungen erschienen. Es gibt keine Fotos von auch nur einer Aufführung, wir wissen nichts über das Ende der Gruppe und über die weiteren Schicksale der Schauspieler, Regisseure und Stückeschreiber. Ein möglicher Grund für das nahezu spurlose Verschwinden des *Theater des Eros* aus dem öffentlichen Gedächtnis könnte in der Qualität seiner Inszenierungen liegen. Vielleicht ist das sehr strenge Urteil, das René Stelter rückblickend über die Gruppe fällte, einigermaßen gerecht: »Herr Matussek, ein einfacher Mann mit viel gutem Willen, aber wenig dramatischem Wissen und dramatischem Können, gründete [...] das *Theater des Eros* zur Aufführung homoerotischer Stücke. Diese fielen mit verschwindender Ausnahme kitschig-sentimental homosexuell aus [...] Das Theater mietete jeweils irgend einen größeren Theatersaal. Das Publikum zählte immer mehrere hundert Köpfe.«[2]

Erst 1923, allerdings in München, gab es zum ersten Mal einen schwulen Charakter auf einer gewöhnlichen Bühne: In Bertolt Brechts *Im Dickicht der Städte*, das am 9. Mai 1923 im Residenztheater Premiere hatte, erklärt einer der beiden Helden, Shlink, kurz bevor er sich umbringt, seinem Gegenspieler Garga, er habe nur deshalb einen Kampf gegen ihn geführt, weil er ihn liebe. Nach sechs Aufführungen wurde das Stück abgesetzt; mehr als ein Jahr später wurde es am Deutschen Theater in Berlin mit Fritz Kortner in der Rolle des schwulen Shlink erneut herausgebracht. Ebenfalls in München wurde am 18. März 1924 an den Kammerspielen *Leben Eduards des Zweiten von England*, das Bertolt Brecht gemeinsam mit Lion Feuchtwanger nach

Bertolt Brecht
Um 1923. Fotografie
Berlin, Ullstein Bilderdienst

Fast alle Theaterstücke, die zu Beginn der zwanziger Jahre in München und Berlin aufgeführt wurden und Männerliebe zur Sprache brachten, hatten den jungen Bertolt Brecht (1898–1956) entweder zum Autor oder wenigstens zum Regisseur. Keines der Stücke – Vatermord von Arnolt Bronnen, Pastor Ephraim Magnus von Hans Henny Jahnn, Leben Eduard des Zweiten und Im Dickicht der Städte von Brecht – war jedoch auch nur entfernt mit den Ideen und Zielen der Schwulenbewegung verbunden: Die Schwulen in diesen Stücken sind lächerliche oder dekadente Bösewichter. Brecht ist geradezu ängstlich einer Auseinandersetzung mit der Schwulenbewegung ausgewichen; nicht einmal die Petition gegen den § 175 hat er unterschrieben.

dem Original des Shakespeare-Zeitgenossen Marlowe bearbeitet hatte, mit etwas mehr Erfolg als *Im Dickicht der Städte* uraufgeführt; im Dezember des gleichen Jahres fand die Berliner Premiere statt. Über diese und über die wenig später erfolgte Aufführung des *Oscar Wilde* von Carl Sternheim bemerkte Hirschfeld, als er die Frage erörterte, warum Normalsexuelle sich nicht für schwule Kunstwerke interessieren: »An homosexuellen Kunst- und Literaturwerken wird außer Fachleuten nur derjenige ein stärkeres Interesse nehmen, der dafür eine bestimmte Empfänglichkeit besitzt [...] Es mußten beispielsweise in Berlin zwei Dramen homosexuellen Inhalts: *Eduard II.* von Marlowe und *Oscar Wilde* von Sternheim, trotz vorzüglichster Aufführung sehr bald vom Spielplan abgesetzt werden, weil das Durchschnittspublikum von dem dramatischen Konflikt nicht persönlich berührt wurde und sich langweilte.«[3] Dennoch gelangten bis zum Beginn der Nazizeit auf deutschen Bühnen noch eine ganze Reihe von Stücken mit schwulen Protagonisten zur Aufführung, z. B. Klaus Manns *Anja und Esther* (1925), Peter Martin Lampels *Pennäler* (1929), Ferdinand Bruckners *Die Verbrecher* (1929) oder das Eulenburg-Stück *Kamarilla* (1932) von Bettauer und Lichey.

Anders als die Andern

Es war das Lichtspieltheater (wie man das Kino damals gern nannte), das diese Neuerungen mit *Anders als die Andern*, dem ersten Schwulenfilm überhaupt, im Jahre 1919 vorweggenommen hatte. Nach der Premiere am 24. Mai 1919 wurde *Anders als die Andern* in ganz Deutschland und im europäischen Ausland mit beträchtlichem Erfolg aufgeführt. Das von Hirschfeld so genannte Durchschnittspublikum war von dem dramatischen Konflikt anscheinend so stark berührt und langweilte sich so wenig, daß der Film nach einigen Monaten verboten wurde. Das damals noch junge Medium Filmtheater hatte mit *Anders als die Andern* im Verhältnis zu dem uralten Medium Sprechtheater eine Avantgarde- und Erprobungsfunktion übernommen und dabei bewiesen, daß sich die schwule Liebe »wie jede andere Liebe auch« als Bühnenstoff eignet. Es bedurfte noch einiger Jahre der Latenz, der amateurmäßigen und subkulturellen Experimente im halbverborgenen *Theater des Eros*, bis sich schwule Charaktere ihren Platz auf dem Theater zu erobern begannen. Um noch ein Beispiel zu erwähnen: Bis zur Inszenierung an der Berliner Volksbühne im Herbst 1929 hatte es kein Theater gewagt, Frank Wedekinds *Frühlings Erwachen* von 1894 vollständig, das heißt mit der kleinen schwulen Weinbergszene im dritten Akt, aufzuführen. Anfangs unter dem Druck der Zensurbehörde, später als freiwillige Selbstzensur hatten die Theaterleiter diese überaus zarte und keusche Episode aus der Wedekindschen Kindertragödie weggelassen.

Es gab natürlich vor und nach *Anders als die Andern* Filme, die mehr oder weniger versteckte Andeutungen über »homoerotische« Verhältnisse unter Männern enthielten. In diesen Filmen achtete man aber stets darauf, daß eine Eindeutigkeit wie in *Anders als die Andern* peinlichst vermieden wurde. Wer in Filmen wie *Vingarne* (1916), *Michael* (1924), *Revolte im Erziehungshaus* (1929) oder *Der Fall des Generalstabs-Oberst Redl* (1931) Schwules entdecken wollte, mußte schon sehr gewaltsame Interpretationsverfahren anwenden, denn die Bilder und Stories der Filme waren auf heterosexuelle Assoziationen hin konstruiert und allenfalls in Tiefenstrukturen schwul.

Das trifft im großen und ganzen auch auf jenen Typ von Theater- und Filmkomödien zu, in denen Männer in Frauenkleidern auftraten. Der überwältigend populäre Schwank *Charley's Aunt* des englischen Autors Brandon Thomas aus dem Jahre 1892 kann als exemplarisch für dieses Genre angesehen werden, das von Anfang an einen festen Platz im Theater- und Kinobetrieb einrahm und vielleicht in besonderem Maße die Vorstellung nahelegt, Geschlechtsrollenwechsel und Homosexualität gehörten zusammen. Es bedurfte aber nicht erst der Forschungen von Magnus Hirschfeld (*Die Transvestiten*, Berlin 1910), um zu beweisen, daß dieser Zusammenhang allenfalls zufällig besteht. Nur so ist es zu erklären, daß Travestiekomödien à la *Charleys Tante* im Kino und im Theater niemals verboten wurden, daß aber in der angeblich so freiheitlichen Weimarer Republik ein Film wie *Anders als die Andern* keine Chance hatte. Eine leicht veränderte Fassung mit dem neuen Titel *Gesetze der Liebe* kam 1927 überhaupt nicht in die Kinos, sondern wurde von der inzwischen üblichen Vorzensur mit einem Totalverbot belegt.[4]

Erzählende Prosa

Zu dem großen satirischen Schwulenroman des preußisch-deutschen Kaiserreichs, Otto Julius Bierbaums *Prinz Kuckuck*, gab es in der deutschsprachigen Literatur zwischen den Weltkriegen keine Entsprechung. Witz und Satire kamen nach dem Krieg nur in kleinen Formen vor, etwa in Salomo Friedländers Groteske *Der homosexuelle Bandwurm* (1921), in Granands (Erwin von Busse) *Das erotische Komödiengärtlein* (1920) oder in Hans Reimanns Parodiensammlung *Schlichte Geschichten fürs traute Heim* (1921).

Wenn in den großen Romanen jener Zeit am Rande explizit Schwules vorkam wie in Hermann Brochs *Schlafwandler* oder Hans Henny Jahnns *Perrudja*, war der Ernst der Sache den Dichtern wichtiger als der Scherz, und wenn Schwules andeutungsweise und mit Dezenz eingebracht wurde (der Großschriftsteller Arnheim in Robert Musils *Mann ohne Eigenschaften* oder die Herren Settembrini und Naphta in Thomas Manns *Zauberberg*), dann mußte die vermutete Verbindung zwischen Witz und Ironie und der streng latenten Homosexualität mit beträchtlichem Deutungsaufwand hineininterpretiert werden.

Gemischter sind die Gefühle in Alfred Döblins *Berlin Alexanderplatz* (1929), wenn der Romanheld Franz Bieberkopf unfreiwillig in eine schwulenpolitische Protestversammlung gerät: »Leid können einem ja die Jungs tun, aber eigentlich gehen sie mir nichts an [...] Franz sagte eine Stunde lang kein Wort, hinter seinem Hut griente er viel. Nach 10 Uhr konnte er nicht mehr an sich halten, er mußte sich drücken, die Sache und die Leutchen waren zu komisch, so viele Schwule auf einem Haufen und er mitten drin, er mußte rasch raus und lachte bis zum Alexanderplatz.«[6]

Dieser Blick von außen auf die Welt der Schwulen begegnet dem Leser in mehreren Romanen der zwanziger und dreißiger Jahre. Die Zahl der Werke, in denen eine schwule Hauptperson mehr oder weniger einfühlsam porträtiert wird und die nicht nur im Getto des schwulen Verlags- und Pressewesens verbreitet wurden, nahm jedoch bis 1933, dem endgültigen Wendepunkt in Deutschland, zu. Der erfolgreichste Roman dieses Typs war wohl Otto Zareks *Begierde – Roman einer Weltstadtjugend* (1930); der vielleicht schönste, Joseph Breitbachs *Die Wandlung der Susanne Dasseldorf*, erschien 1933 und wurde noch im gleichen Jahr verboten.

Die Fülle der unzweideutig schwulen Literatur war auch in den zwanziger Jahren in der Schwulenpresse zu finden. Zeitschriften wie *Die Freundschaft*, *Der Eigene*, *Die Insel* oder *Blätter für Menschenrecht* bestanden zum größten Teil aus Kurzgeschichten, Erzählungen und Gedichten, in denen poetisierend und vor allem unterhaltend von den Freuden und Leiden der Männerliebe gehandelt wurde. Es waren meist Erzeugnisse dilettierenden Nachahmungstriebes, die in keiner Weise an ihre offensichtlichen Vorbilder heranreichten. Andererseits haben auch einige Autoren, die damals am Anfang einer beachtlichen Schriftstellerkarriere standen, wie Erich Ebermeyer oder Klaus Mann im *Eigenen* ihre frühen Versuche drucken lassen, und Bruno Balz, der vielleicht erfolgreichste Autor von Schlagertexten in der Nazizeit (*Kann denn Liebe Sünde sein? Ich weiß es wird einmal ein Wunder geschehn*) erprobte sein Talent mit Gedichten und Geschichten in den *Blättern für Menschenrecht*.

Die Gedichte

Außerhalb der Schwulenzeitschriften, von denen wohl kein Heft erschien, das nicht wenigstens ein einschlägiges Gedicht enthielt, kam so etwas wie eine schwule Lyrik nur in einigen wenigen Gedichtbänden vor. Kurt Hillers *Unnennbar Brudertum* (1918), Alfred von Liebers' *Orphische Küste* (1921) oder Olafs (Carl Maria Weber) *Der bekränzte Silen – Verse des antiken Eros* (1920) seien hier erwähnt. Die stärkste und originellste Leistung auf dem Gebiet homosexueller Verskunst in jenen Jahren liegt in der 1929 erstmals als Privatdruck in Berlin erschienenen Sammlung *Die braune Blume* vor.[5] Der Ton dieser Gedichte ist witzig und elegisch zugleich, und die sprachliche Technik des anonymen Dichters befindet sich durchaus auf gleicher Ebene mit den damals avanciertesten Autoren von Gedichten wie Bertolt Brecht oder Gottfried Benn.

Zwei Typen von Gedichten, die man vielleicht als Grenzfälle der hier erörterten Thematik bezeichnen könnte, seien abschließend erwähnt: das schwulenfeindliche Spottgedicht und das besonders in Nazideutschland vertretene Gedicht mit derart kryptisch schwulem Gehalt, daß er kaum noch wahrnehmbar ist.

Bertolt Brechts *Ballade vom 30. Juni* gilt gewöhnlich als treffendes Beispiel für antifaschistische Homophobie. Hitler wird hier dafür verhöhnt, daß er seinen einstigen Intimfreund Röhm ermordete und dies nachträglich mit Röhms homosexuellen Verfehlungen rechtfertigte, wobei die Pointe der Ballade in der unbewiesenen Annahme besteht, Hitler und Röhm hätten miteinander ein schwules Verhältnis gehabt. Ob hier aber Brechtscher Schwulenhaß im Spiel ist, oder ob der Dichter nicht vielmehr die groteske Realität (der zweite Mann im Nazistaat, Röhm, wird von seinem Führer und Freund umgebracht, weil angeblich erst jetzt, nach zehn Jahren, Röhms Homosexualität als Gefahr erkannt wird) in der Schauerballade treffend karikiert, erscheint in hohem Maße strittig.

Im Jahre 1944 besprach Rolf, der Herausgeber der schweizerischen Schwulenzeitschrift *Der Kreis*, einen Gedichtband aus Nazideutschland, *Die Götter leben* (Königsberg 1941) von Hans Gstettner: »Nicht zum ersten Male begegnen wir der Tatsache, daß sich im nationalsozialistischen Deutschland homoerotisches Fühlen und Denken ganz in die künstlerische Form ›flüchtet‹ und sich nur dort auszudrücken wagt, wo es, in einem Reich der Vergottung der Masse, dem Urteil der Masse entzogen bleibt. Lebendiges Zeugnis scheinen mir diese Gedichte und die dazu gehörigen Zeichnungen der Sintenis zu sein. Können die ersten Verse ›Von Hermes berührt‹ einfach noch als Loblied des schönen männlichen Menschen gewertet werden [...] so ist das ›Lied des Bildners‹ Aussage unseres Innersten geworden. Ich kenne seit Stefan Georges ›Was kann ich tun, als daß ich dies vergönne‹ kein Gedicht, das das Unsagbare im Homoerotischen so ausdrückt, wie diese Verse.«[6] Auch hier wäre zu fragen, ob in dem Gedicht wirklich »das Unsagbare im Homoerotischen« zum Ausdruck kommt oder ob nicht eher ein Homoerot hier etwas hineininterpretiert hat:

Lied des Bildners

Nimm mich in deine Ruhe,
Hermaphrodite, zurück.
Was ich wünsche und tue,
immer ist es nur Stück.
Deine Seele vollendet,
was immer neu mir zerreißt:
Liebe, die Einheit spendet
zwischen Sinnen und Geist.
Laß mich schauen und formen
deinen gelassenen Leib,
der nach vergessenen Normen
Jüngling wurde und Weib.
Mondenkühl rundende Brüste,
Hüften, knabenhaft schlank.
Antlitz, frei aller Lüste,
freundlich erhoben zum Dank.
Kaum berührt deine Sohle
noch das Geklüft, das ihr weicht.
Und die feindlichen Pole
hältst in der Hand du so leicht

Etwas weniger unsagbar, aber vom *Kreis* unbemerkt geblieben ist das sogenannt Homoerotische in dem Gedichtzyklus *Der Missouri* (Leipzig 1940) von Friedrich Georg Jünger, wo neben dem langen Gedicht *Begegnung* (Der Dichter verbringt einen Nachmittag mit einem schlanken, andauernd errötenden Knaben am Fluß) einige gleichgeschlechtliche Rollergedichte zu finden sind, etwa:

An den Geliebten

Du bist der Euphrat, du der Tigris,
Geliebter, dem ich mich ergeben.
Dem Wasser gleichst du, gleichst den Strömen,
Denn wie die Ströme bringst du Leben.
Vergessen sind der Trennung Leiden.
Du bist die Flut; die Wasser steigen.
Es blühen Rosen, blühen Reben,
Es grünt in allen Palmenzweigen.

Manfred Herzer

---

1 *Jahrbuch für sexuelle Zwischenstufen*, Jg. 22 (1922) S. 80.
2 René Stelter, *Rückblick und Ausblick auf die Bewegung*, in: *Uranos*, Jg. 2 (1923) S. 169.
3 Magnus Hirschfeld, *Geschlechtskunde*, Band 1 (Stuttgart 1926) S. 578.

4 James Steakley, *Film und Zensur in der Weimarer Republik: Der Fall Anders als die Andern*, in: *Capri*, Nr. 21 (März 1996) S. 2–33. Steakley behauptet (S. 30), daß *Gesetze der Liebe* »knapp eine Woche ohne Eingriff gezeigt werden« konnte, kann dafür aber keine Belege nennen.

5 Neu gedruckt bei Manfred Herzer, *Ungeheuere Unzucht / Unnennbar Brudertum – Anmerkungen zur schwulen Lyrik und zu braunen Blumen*, in: *Capri*, Nr. 22 (August 1996) S. 2–21.
6 *Der Kreis / Le Cercle*, Jg. 12 (1944) Nr. 8, S. 20 (das Gedicht *Lied des Bildners* ist dort auf S. 11 abgedruckt).

III. 5
Das Lusthaus der Knaben – Homosexualität und Kunst

Marcus Behmer
Initiale T
Entwurf zum »Satyricon« des Petron
Um 1930. Holzschnitt
Offenbach, Klingspor-Museum

In den Jahren der Weimarer Republik arbeitete Marcus Behmer (1879–1958) als Illustrator und Zeichner in Berlin. Den Auftrag zu den Illustrationen zu dem erotischen Klassiker der Antike, dem Satyricon des Petron, das in aller Ausführlichkeit auch homosexuelle Abenteuer schildert, hatte ihm 1927 Harry Graf Kessler gegeben, der das Buch in seiner Cranach-Presse herausgeben wollte. Leider ist aus dem Projekt nichts geworden, nur einige Entwürfe und Andrucke sind fertiggestellt worden. Zuerst war es offenbar Marcus Behmer, der wegen anderer Aufträge die Arbeit liegen ließ, dann machte Kessler Einschränkungen: die homosexuellen Abenteuer der Protagonisten sollten nicht illustriert werden. Eine von Kessler vorgeschlagene Reise nach Griechenland, wo in Phaleron die Jungen besonders schön und die richtigen Modelle seien, lehnte Behmer ab. Lieber ging er in den Freibädern Berlins auf Motivsuche. Nach 1930 hat Kessler seine Cranach-Presse aufgegeben.

Behmers Beschäftigung mit dem Thema Homosexualität in der Antike belegt auch seine Mappe Divertimenti, *die 1931 in Florenz in einer Auflage von nur zwölf Exemplaren gedruckt wurde.*

Um 1900 hatte es bereits eine Fülle heterosexueller und lesbischer (pornographischer) Darstellungen in der Kunst gegeben, aber erst nach 1918 wurde auch männliche Homosexualität dargestellt und immer häufiger in illustrierten Büchern oder Mappenwerken verbreitet. Hatte es um 1900 Versuche gegeben, Homoerotisches zu umschreiben, so wurde jetzt eine Darstellung im zeitgenössischen Ambiente, ohne den Umweg über antike Mythologie, möglich. Es war jetzt auch nicht mehr nur ein Anliegen der Homosexuellen, vielmehr wurde Homosexualität zu einem Thema, das die gesamte Gesellschaft berührte. In vielerlei Hinsicht kam nach 1918 zur vollen Blüte, was sich einige Jahre zuvor bereits angekündigt hatte. In den unterschiedlichsten Kunstrichtungen loteten vorwiegend heterosexuelle

Künstler neue Freiheiten aus. Voraussetzung dafür war eine wissenschaftliche und literarische Bearbeitung des Themas gewesen. Neben Magnus Hirschfeld übte Sigmund Freud einen besonderen Einfluß aus, der Homosexualität als Phänomen der Pubertät und damit als Entwicklungsmoment auch des heterosexuellen Mannes beschrieben hatte.

1918 erschien Kurt Hillers Gedichtband *Unnennbar Brudertum* mit Illustrationen von Josef Eberz, 1919 die damals Oscar Wilde zugeschriebene Erzählung *Der Priester und der Messnerknabe* mit Illustrationen von E. Schütte, der später in Berlin Bühnenbilder für Max Reinhardt am Deutschen Theater entwarf. Im Jahr zuvor war schon Helmuth Stockmanns Blatt *Der Priester und der Ministrant* neben zahlreichen heterosexuellen Bildern in der Mappe

Otto Schoff
Knabenliebe
Radierung, 35 x 30 cm
Fritz Gurlitt Verlag (o. O., o. J.)
Berlin, Privatbesitz

Otto Schoff (1884–1938) schuf ab 1920 zahlreiche graphische Blätter, Buchillustrationen und Mappenwerke für die Galeristen Fritz Gurlitt und Alfred Flechtheim. Mit seinen Gemälden war er auf der Großen Berliner Kunstausstellung, der Juryfreien Kunstschau Berlin und der Berliner Secession vertreten. In einer 1921 für Gurlitt verfaßten biografischen Selbsteinschätzung schrieb er: »Neben meiner künstlerischen Arbeit gaben hauptsächlich die Frauen meinem Leben Anreiz. So wie ich stets Wert darauf legte, meine Kunst aus dem Erleben zu gestalten, so machte ich immer wieder Jagd auf die Frauen, jedoch nie mit einem befriedigenden Ergebnis.« (Das Graphische Jahr, Fritz Gurlitt-Verlag, Berlin 1921, S. 118–119). Trotz seiner ausgesprochenen Vorliebe für das weibliche Geschlecht hat sich Otto Schoff in seinen Arbeiten immer wieder mit homosexuellen Inhalten beschäftigt. Es ist anzunehmen, daß der Schriftsteller Hans Siemsen, mit dem Otto Schoff gut befreundet war, ihn zu diesen Arbeiten angeregt hat. So entstanden 1921 Illustrationen zu Pierre Louys (Sappho oder die Lesbierinnen), zu August von Platen (Der Verfemte Eros) sowie 1923 zu Tibull (Das Buch Marathus. Elegien der Knabenliebe) und Mappenwerke wie Götterliebschaften (1922), die alle von Fritz Gurlitt in Berlin verlegt wurden. Nachdem der Privatdruck der Gurlittpresse Der Venuswagen beschlagnahmt worden war, erschienen Otto Schoffs Mappenwerke wie Bordell, Orgien und Liebesspiele aus Sicherheitsgründen ohne Orts-, Verlags- und Jahresangabe; die Mappen, zu denen auch Knabenliebe gehörte, wurden jedoch ebenfalls in Berlin bei Gurlitt gedruckt. Immer wieder hielt Otto Schoff seine Eindrücke von lesbischen und schwulen Lokalen und Bällen fest. So entstand um 1923 die Radierung Männerball und um 1929 das Blatt Tanzlokal am Berliner Bülowbogen, auf dem weibliche Paare miteinander tanzen.

Puder erschienen. Diese Mappe wurde 1919 vom Landgericht Berlin verboten. 1919 war auf Druck konservativer Kreise die Zensur wieder eingeführt worden, die »Prüfstelle für Schund und Schmutzschriften« nahm ihre Arbeit wieder auf. Dennoch erschienen weitere homoerotische Bücher mit Illustrationen und Mappenwerke. 1920 illustrierte der Bühnenbildner und Grafiker Ludwig Kainer *Das erotische Komödien-Gärtlein* von Granand (Erwin von Busse), das im selben Jahr noch in einer zweiten Ausgabe mit Bildern von Rudolf Pütz gedruckt wurde. Otto Schoff behandelte den »verfemten« Eros 1921 in Illustrationen zu August von Platen, 1922 in der Mappe *Götterliebschaften*, kurz darauf in den Radierungen *Knabenliebe*. Es waren schwule Klassiker wie Oscar Wilde, Paul Verlaine und Walt Whitman, die die Künst-

ler inspirierten. Marcus Behmer zeichnete 1922 das erotische Frontispiz zu einer Ausgabe von Verlaines *Hombres* und arbeitete von 1927 bis 1931 für Harry Graf Kessler an den Illustrationen zum *Satyrikon* des Petronius. Willy Jaeckel illustrierte 1921 die *Grashalme* von Walt Whitman. Auch von Renée Sintenis, Georg Ehrlich, Martel Schwichtenberg, Margit Gaal, Paul Kamm, Karl Arnold und Christian Schad gibt es aus den zwanziger Jahren homoerotische Darstellungen. Dabei handelte es sich fast durchgehend um Abbildungen pubertärer Knaben und Jünglinge; erwachsene Männer wurden fast nie gezeigt.

Der Schriftsteller Kurt Martens beschrieb zeitgleich in seiner Autobiografie homosexuelle Jugenderfahrungen. Rudolf Schlichter, für den die

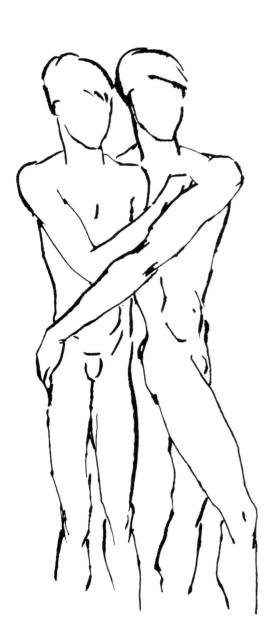

Renée Sintenis
Illustration zu »Das Tigerschiff«
In: Hans Siemsen, *Das Tigerschiff* (Berlin 1923)
Berlin, Privatbesitz

Auseinandersetzung mit allen Formen der Sexualität zum künstlerischen Programm wurde, erzählt in seinen Erinnerungen, wie er, fasziniert von schwuler Liebe, diese selbst ausprobierte.

Viele selbstbewußte und interessierte Verleger haben an dieser Entwicklung mitgewirkt. In Hannover waren es der *Verlag Heinrich Böhme*, der 1917 die Zeitschrift *Agathon* herausgab, der *Zweemann Verlag* und der *Verlag Paul Steegemann*. Als zentrale Anreger und Vermittler in Berlin fungierten die Kunsthändler und Verleger Fritz Gurlitt und Alfred Flechtheim. Gurlitt gab von 1919 bis 1921 die erotische Reihe *Venuswagen* heraus, die das Mißfallen der Sittenwächter erregte. Dabei handelte es sich um heterosexuelle Darstellungen bekannter Künstler wie Lovis Corinth, Heinrich Zille, Paul Scheurich, Willi Geiger, Richard Janthur und Georg Walter Rössner. Lediglich Otto Schoff streifte in seinen Illustrationen zu Sappho die lesbische Liebe. Die einzelnen Bände waren aufwendig ausgestattet, kleine Auflagen und der hohe Preis verhinderten eine weite Verbreitung. Beim Prozeß wies die Verteidigung darauf hin, daß nur das Empfinden des kleinen Kreises von Bibliophilen und Kunstkennern in Betracht zu ziehen sei, Normalbürger, die bei Nackttänzen und anderen Zeitschriften realere Genüsse geboten bekämen, seien auszuschließen. Trotzdem verbot das Gericht die Bände mit dem Hinweis: »Es ist sich auch bewußt, daß nicht alles, was nackt ist, unzüchtig ist, und daß in einem Werk dadurch, daß es ein Kunstwerk ist, das Geschlechtliche so in den Hintergrund gedrängt werden kann, daß das Werk künstlerisch geläutert und geadelt wird. Ohne die Absichten der Verfasser in Zweifel ziehen zu wollen, hat das Gericht doch vom Standpunkt des normalen geschlechtlichen Empfindens vier Bilder aus dem *Venuswagen*, die eine ganz krasse geschlechtliche Beziehung erkennen lassen, für unzüchtig gehalten, andere für sehr gewagt erklärt.«[1] Der Prozeß wurde auch von der schwulen Presse kommentiert. Nach dem Urteil fand die *Berliner Secession* deutliche Worte zur Verteidigung der künstlerischen Freiheit. »Die Künstlerschaft muß wissen, ob ihre Werke tatsächlich einer polizeilichen Kontrolle unterstehen, und ob die Polizei und Gerichte dabei ebenso achtlos an dem Ansehen großer Künstlernamen vorübergehen dürfen, wie am Urteil von Sachverständigen, die im Kulturleben eine anerkannte Stellung halten. Sie muß wissen, ob die Schnüffelei einzelner, die unter dem Vorwand verletzten Schamgefühls überragende Meisterschaft begeifern, dem Staate wertvoller ist, als der ehrliche Versuch einer künstlerisch veredelten Auseinandersetzung mit entscheidenden Problemen der Menschheit. Wir warnen davor, daß die Trennung in Normalmensch und Künstler in der Rechtspflege Deutschlands allgemeiner Brauch wird.«[2] Letztlich war nur ein Teil der Gesellschaft bereit, eine öffentliche Darstellung von Sexualität zu akzeptieren, und bei der künstlerischen Umsetzung von Homosexualität schmolz diese Toleranz nochmals.

Als politischer Akt ist das Vorgehen des Künstlers Erich Godal zu sehen. Er reichte zur Juryfreien Schau in Berlin 1923 einige erotische Blätter ein,

Christian Schad
Liebende Knaben
1929. Silberstift, 30 x 23,5 cm
Aschaffenburg, Kurt-Gerd-Kunkel-Stiftung

Die Silberstiftzeichnung Liebende Knaben *stammt aus demselben Jahr wie Christian Schads Darstellungen schwuler Lokale in Berlin. Das Blatt ist einzig in seinem Werk, weniger wegen der Direktheit als wegen der Innigkeit und besonderen Sympathie des Künstlers, die in der Darstellung zum Ausdruck kommt. Alle vergleichbaren Schilderungen von Sexualität bei Schad beziehen sich auf lesbische Frauen, deren Einsamkeit betont wird oder deren sexuelle Praktiken karikierend bloßgestellt werden. Nur im Blatt* Liebende Knaben *scheint das Unbehagen des Künstlers gegenüber allzu großer Nähe und Intimität gewichen zu sein.*

Guy de Laurence (Erich Godal)
Das Lusthaus der Knaben
Undatiert. Lithographie, 40 x 30 cm
Berlin, Sammlung Wolfgang Theis

Der Maler und Pressezeichner Erich Goldmann, 1899 in Berlin geboren, wandte sich in seinem Frühwerk intensiv dem Thema Sexualität zu. Seine Zeichnungen und Drucke zu Beginn der zwanziger Jahre streifen sporadisch auch homosexuelle Themen, obwohl sein Interesse eindeutig dem weiblichen Geschlecht galt, sei es nun heterosexuell oder lesbisch. 1921 wurde eine Mappe erotischer Zeichnungen, unter denen sich auch einige homosexuelle Szenen befanden, beschlagnahmt, 1923 einige seiner in der Juryfreien Schau ausgestellten Werke. Unter dem Pseudonym Guy de Laurence erschien Goldmanns (Godals) Arbeit, die sich ausschließlich schwulem Sex widmet: Das Lusthaus der Knaben, *eine Mappe mit 10 kolorierten und signierten Original-Lithographien. Die elegant gezeichneten Blätter geben Jungen wieder, die, offenbar Godals Geschmack entsprechend, sehr feminin und mädchenhaft aussehen.* Die Freundschaft *druckte 1924 und 1925 Zeichnungen von Godal, allerdings handelte es sich dabei nicht um ›gewagte‹ Darstellungen, denn solche wären für eine Zeitschrift, die von der Zensur scharf beobachtet und wegen weit geringfügigerer Dinge wie Kontaktanzeigen und Gedichten beanstandet wurde, nicht möglich gewesen.*

obwohl schon ein Jahr zuvor einige seiner Zeichnungen konfisziert worden waren. Er wollte bewußt schockieren und dadurch die Öffentlichkeit zu mehr Akzeptanz zwingen. Indem er das Publikum auch mit der noch kurz zuvor tabuisierten Homosexualität konfrontierte, suchte er Gegendruck auszuüben. Allerdings stellte nur ein Blatt Homoerotisches und ein weiteres Lesbisches dar. Die Blätter wurden beschlagnahmt und der Skandal in den Zeitungen besprochen. Fritz Gurlitt gab Otto Schoffs Mappe *Knabenliebe* 1923 anonym heraus. Eines der letzten dieser Projekte war sein Auftrag an Jeanne Mammen, Pierre Louys' *Lieder der Bilitis* zu illustrieren. 1931 und 1932 arbeitete sie daran, und es entstanden beeindruckende Zeichnungen lesbischer Liebe. Die Mappe wurde wegen der Zeitumstände aber nicht mehr gedruckt.

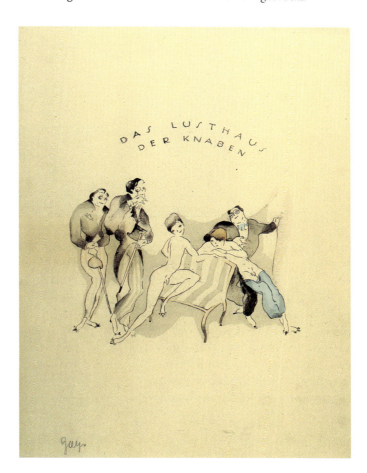

Der Galerist Alfred Flechtheim, selbst homosexuell und verheiratet, hatte 1921 seine Berliner Filiale eröffnet und war 1923 nach Berlin übergesiedelt. Er stand im Mittelpunkt der damaligen Gesellschaft. Flechtheims Zeitschrift *Der Querschnitt* vermittelte den modernen Lebensstil seines Künstlerkreises auf der Suche nach Freiheit und Offenheit für neue Strömungen. Die Vorliebe für das Androgyne und ein sexuell-erotisches Interesse an beiden Geschlechtern gehörten dazu. Dem entsprach das Künstlerehepaar Renée Sintenis und Emil Rudolf Weiss. Den Freundeskreis Flechtheims zu beschreiben, fällt des Umfangs wegen schwer. Bunt gemischt trafen sich hier Menschen aus Politik, Kunst, Wissenschaft und dem schwulen Berlin. Einen Einblick in diese Welt gibt die Beschreibung des Filmregisseurs Jean Renoir:

»Während meines Berlin-Besuches nahm ich mir vor, Alfred Flechtheim zu besuchen, den Kunsthändler, Künstler und Schriftsteller, den ich unbedingt näher kennenlernen wollte. Ich klingelte an seiner Galerie und nannte meinen Namen einem jungen Mann mit seltsam weibischem Gehabe; er trug

K. Oechsler
Nach dem Picknick
Um 1930. Öl auf Karton,
54 x 70,5 cm
Berlin, Privatbesitz

Christian Schad
**Porträtstudie des
Journalisten Georg Stein**
Berlin um 1930. Bleistift,
12 x 8,7 cm
Keilberg, Privatbesitz

Schon bevor Christian Schad 1927 nach Berlin kam, hatte ihn die Welt der Homosexuellen interessiert. Dies dokumentiert sein Porträt des Grafen d'Anneaucourt, das kurz zuvor entstanden war. Zwei Jahre später kulminiert in seinen Arbeiten das schwule Thema. Wohl aufgrund seiner Illustrationen zu Werken Walter Serners war er von Curt Moreck beauftragt worden, für seinen geplanten Führer durch das lasterhafte Berlin die Zeichnungen für das Kapitel über die schwulen und lesbischen Lokale anzufertigen. Ihm zugewiesen waren

eine Chauffeursuniform und schien mit dem Öffnen der Tür betraut zu sein. Er ließ sich meinen Namen ein paar Mal wiederholen, musterte mich mißtrauisch und ließ mich warten. Dann verschwand er in der Tiefe der Galerie. Später erfuhr ich, daß er mich folgendermaßen angekündigt hatte: ›Da draußen ist einer, der behauptet er wäre Renoir. Passen Sie auf, der nächste ist Rembrandt!‹ Nachdem ich den zweideutigen Zerberus hinter mich gebracht hatte, fand ich mich dem Herrn des Hauses gegenüber. [...] Flechtheim war vertraut mit den seltsamsten Aspekten dieser großen Stadt. Die beiden bevorzugten Vergnügungen im Berlin der Zeit zwischen den Weltkriegen waren, so kann man wohl sagen, Boxen und Homosexualität.«[3]

Flechtheim animierte seine Künstler, sich Sportlern, Tänzern, Matrosen und Boxern zuzuwenden. Für seine Galerie entstand 1921 die Mappe *Boxer* mit acht Lithographien von Rudolf Grossmann und einem Vorwort des Boxers Heinz Breitensträter (mit letzterem war Flechtheim damals liiert). 1922 erschien *Das Wannseebad* mit Lithographien von Otto Schoff und einem Vorwort von Hans Siemsen, in dem ein Verweis auf die homosexuellen Besucher nicht fehlte. Nach dem Gastspiel des Schwedischen Balletts gab es einen Artikel im *Querschnitt*, und Renée Sintenis fertigte eine Skulptur des Tänzers Jean Börlin. Auch ihre Plastiken der Boxer Erich Brandl (1925) und Hartkopp (1927) gehen wohl auf eine Anregung Flechtheims zurück. 1923 erschien bei Flechtheim das eindrucksvollste homoerotische Buch, Hans Siemsens *Tigerschiff*. Die Illustrationen von Renée Sintenis sind weniger direkt als so manche andere Illustration der Knabenliebe, aber in der besonderen Intimität der Jungen werden die Radierungen zu einem Sinnbild homosexueller Liebe und der menschlichen Liebe und Zuneigung überhaupt.

Auch Karl Hofer konnte sich dem aktuellen Thema nicht entziehen. Mit seinem Ölbild *Zwei Freunde* von 1926 hat er einen ähnlichen Versuch unternommen, ein Idealbild der Liebe zu schaffen. Angelehnt an heterosexuelle Vorgänger, die wie beispielsweise Manet bekleidete und unbekleidete Personen zu einer erotischen Gruppe vereinten, zeigt Hofer einen älteren Mann, der einen jüngeren von hinten umfaßt. Obwohl beide mit freiem Oberkörper nicht lustbetont dargestellt sind, verweist ihre Nacktheit auch auf den sexuellen Aspekt der Berührung. Schon zuvor hatte sich Karl Hofer immer wieder mit gleichgeschlechtlichen Zweifigurengruppen beschäftigt. In seiner Silberstiftzeichnung *Liebende Knaben* von 1929 schuf Christian Schad ein mit Renée Sintenis' Zeichnungen vergleichbares Sinnbild homosexueller Liebe. Eine ähnliche homoerotische Darstellung im Stil der Neuen Sachlichkeit lieferte auch der heute vergessene Maler K. Oechsler mit seinem *Freundespaar* um 1930: Zwei Wanderburschen liegen eng aneinandergelehnt nach dem Picknick im Grünen

die Kaschemmen in Kreuzberg und Berlin-Mitte, nicht die mondänen Bars des Berliner Westens. Schad machte sich mit großem Interesse ans Werk. Der Journalist Georg Stein, selbst homosexuell, zeigte Schad die entsprechenden Plätze. So entstanden die Zeichnungen zu den Lokalen Adonisdiele, Bürger-Casino, Voo Doo, Zauberflöte *und* Mikado. *Schad liefert Einblicke in Lokale, in denen sich oftmals Jungen mit älteren Herren trafen (*Adonisdiele *und* Voo Doo*). Die dargestellten Homosexuellen sind weder Objekte der Begierde des Künstlers, noch werden sie von ihm bloßgestellt. Mit positiver Sachlichkeit wird das dortige Treiben als normales gesellschaftliches Phänomen festgehalten. Einige Überzeichnungen ins Feminine sollen vielleicht das Ambiente eindeutig machen, aber es ist nicht auszuschließen, daß es sich auch dabei um ein Abbilden von Realität handelt. Die Darstellung des traditionsreichen Transvestitenlokals* Mikado *lag Schad weniger, nur hier wird er bissig karikierend. Wie weit die Einstellung seines Begleiters hier abgefärbt hat, muß dahingestellt bleiben. Sicherlich hat Georg Stein den Künstler auch an andere, öffentliche Orte schwulen Lebens geführt: Das Blatt* An der Ecke *zeigt den Berliner Jungenstrich, die Blätter* Handel *und* Versprechung *offenbar eine Kupplerin, einen Jungen und einen Freier.*

Peter Martin Lampel
Fürsorgezöglinge, Freunde
Um 1929. Öl auf Leinwand, 74,5 x 60 cm
Berlin, Privatbesitz

Als typischer Vertreter seiner Zeit machte Peter Martin Lampel (1894–1965) eine Wandlung vom rechtsradikalen Freikorpssoldaten zum sozialkritischen Kämpfer für die Jugend durch, der mit seinen Büchern für eine Neuorganisation der Jugendfürsorge eintrat. Als Sohn eines Pfarrers in Schoenborn im Kreis Liegnitz geboren, meldete er sich zu Beginn des Ersten Weltkriegs freiwillig. Resultat seiner Freikorpszeit waren die Romane Wie Leutnant Jürgens Stellung suchte *(1919) und* Der Revolutionsoffizier *(1920). Danach studierte er in Breslau, Berlin und München und wandte sich der Malerei zu. Seit 1923 lebte er in Berlin, wo er Magnus Hirschfeld kennenlernte, in dessen Haus in der Beethovenstraße*

Unter dem Einfluß der Psychoanalyse und hier besonders des Freud-Schülers Otto Gross wurde eine positive Stellungnahme zum Thema Homosexualität für zahlreiche Künstler zur Selbstverständlichkeit. Bereits 1913 hatte Gross unter dem Titel *Anmerkungen zu einer neuen Ethik* in Pfempferts *Aktion* Homosexualität in sein Ziel der »Zertrümmerung der Monogamie« einbezogen: »Die freigelegte primäre Homosexualität kennt keine Vergewaltigung und keine Umkehrung. Sie ist dasjenige Lebenselement, das in dem Miterleben, in der Mitfreude ausgedrückt ist. Sie ist frei von Sentimentalität, Eifersucht und Masochismus, sie kennt nur die Konstellation einer Verschmähung, deren Überwindung zugleich einen Lebenselan bedeutet.« Damit richtete er sich durchaus an die heterosexuelle Leserschaft. Otto Gross gehörte von 1915 bis 1917 in Berlin zum Kreis der Künstler und Schriftsteller um den *Verlag freie Strasse*, an dem Franz Jung, Max Herrmann-Neiße, Georg Schrimpf, Oskar Maria Graf, Cläre Jung und Richard Oehring beteiligt waren.

Für die Dadaisten hat Raoul Hausmann, der von Gross' Ideen stark beeinflußt war, ein freimütiges Statement geliefert. »In den Jugendfreundschaften z. B. wird die Homosexualität als naturgegebener Trieb des Menschen sichtbar. Beinahe jedes Kind hat homosexuelle Einstellungen, die nicht aus seiner Anpassungstechnik gegenüber der Familie sich herleiten. Die bürgerliche Familie verpönt die Homosexualität und stellt den Sexualkomplex um auf entweder männlich oder weiblich. Das Kind ist eine instinktiv hochentwickelte Form des Menschen, die Homosexualität ist nicht etwa nur vor oder während der Pubertät vorhanden, aus einem Schwanken über die eigentliche Sexualrolle, sie ist dem Menschen überhaupt eigen. Die Erweiterung seiner Sexualkomplexe durch Homosexu-

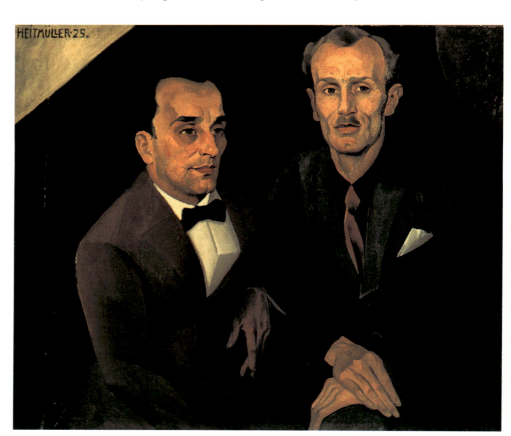

er eine Zeitlang als Untermieter lebte. Gleichzeitig machte er Adolf Brands Bekanntschaft, für dessen Zeitschrift Der Eigene *er 1926 mehrfach Illustrationen zur Verfügung stellte. Berliner Großstadtjungen waren sein Thema. 1928 porträtierte er den Sekretär des Wissenschaftlich-humanitären Komitees* Richard Linsert, *mit dem ihn ein ähnliches sozialpolitisches Engagement verband. Angesichts der Nöte der Nachkriegsjugend, die gerade in der Metropole Berlin nicht zu übersehen waren, wandte sich Lampel mit Leidenschaft der Jugendarbeit zu und arbeitete zeitweise in Fürsorgeanstalten. Aufgerüttelt durch die Erzählungen der Jungen, suchte er die Probleme der Jugendfürsorge öffentlich zu machen. Sein Buch* Jungen in Not *(1928) fußt auf seinen Erfahrungen als Erzieher in den Jugendanstalten in Struveshof. Die Jungen erzählten ihm voller Zutrauen auch von ihren sexuellen Spielen und Beziehungen. Beigegeben waren dem Buch sieben Abbildungen nach seinen Gemälden und Zeichnungen der Jungen. Das ausgestellte Ölgemälde gibt eine der Abbildungen mit geringfügigen Veränderungen wieder. Wahrscheinlich entstand es kurz nach Erscheinen des Buches als Auftragsarbeit. Gezeigt werden zwei Fürsorgezöglinge aus Struveshof, deren Freundschaft und Zusammenhalt Lampel beeindruckt hatte. Nachdem Lampels Theaterstück* Revolte im Erziehungshaus *auf die Bühnen Deutschlands gelangte, wurden auch seine Gemälde und Zeichnungen ab 1929 in Kollektivausstellungen gezeigt. Viele seiner Bilder sind heute verschollen und nur durch Abbildungen in den Zeitschriften der Jugendbewegung und Schwulenbewegung bekannt. Postkarten nach seinen Gemälden und Zeichnungen von Pfadfindern haben überlebt.*

alität wird in der Familienerziehung durch eine christlich-romantische Einstellung fortgeleugnet.«[4]

Das Androgyne als Triebfeder künstlerischer Produktion beflügelte auch die Künstler des Dadaismus. In der von Hannah Höch und Raoul Hausmann 1918 entdeckten Foto-Montage ließ sich das Aufbrechen überlebter gesellschaftlicher Normen besonders gut darstellen. Eine der frühesten Collagen, *Oz der Tragöde* von 1919, zeigt ein androgynes Zwitterwesen, halb Mann, halb Frau. Hinter Oz verbarg sich der Maler Otto Schmalhausen, Studienkollege, Freund und Schwager von George Grosz. In Hannah Höchs Zwitter-Collagen verbindet sich das aktuelle Thema mit der Diskussion um eine grundsätzliche Ambisexualität des Künstlers, die es in sozialreformerischen Kreisen bereits nach 1900 gegeben hatte und die auch in der Zeitschrift *Geschlecht und Gesellschaft* diskutiert wurde. Höchs Collagen spielen mit dem Mythos des Hermaphroditen, sind Karikaturen und Selbstbespiegelung zugleich. Die Kritik an den bestehenden festgefahrenen Ordnungen verbindet sich mit dem Wunsch nach Identitätserweiterung, wie ihn Hausmann formuliert hatte.

August Heitmüller
Freundespaar
1925. Öl auf Leinwand
Berlin, *Wandas Kleine Philharmonie*

Nach Studien bei Franz von Stuck und Lovis Corinth ließ sich der 1873 geborene August Heitmüller (1873–1935) in Hannover nieder und konzentrierte sich auf Porträts. Das Bildnis eines Freundespaares stellt der Überlieferung nach ein Paar dar, das in Hannover lebte; einer der beiden ging später nach Berlin. Heitmüllers Gemälde greift auf die Tradition des Freundschaftsbildes zurück und ist vergleichbar mit Slevogts Bild seiner schwulen Mäzene Guthmann und Zimmermann. Zwischen den Dargestellten kommt eine besondere Nähe zum Ausdruck, betont durch den Freiraum in der linken Bildhälfte. Auch wenn sie sich nicht ansehen, wird doch durch die Parallelität ihrer rechten Arme eine Gleichgestimmtheit angedeutet. In dem Wunsch der Dargestellten, ihre Beziehung festhalten zu lassen, offenbart sich ihr Selbstbewußtsein – zu einer Zeit, als mit der Festnahme von Haarmann und dem Prozeß gegen ihn eine wahre Hatz auf Homosexuelle stattfand.

Alexander Uschin
Das Haus der Jünglinge
Um 1930. Bleistift, aquarelliert, 26 x 20 cm
Berlin, Privatbesitz

Über die sexuellen Präferenzen von Oz und auch Raoul Hausmann weiß man nichts, aber Hannah Höch suchte eine solche Identitätserweiterung nicht nur in ihren künstlerischen Arbeiten zu formulieren, sondern auch zu leben. Nach der Trennung von ihrem Lebensgefährten Hausmann lebte sie von 1926 bis 1935 mit der niederländischen Schriftstellerin Til Brugman zusammen. Ihre Freundin hat in *Liefdeswarenhuis* einen Besuch in Hirschfelds *Institut für Sexualwissenschaft* festgehalten, das Hannah Höch sicherlich seit Jahren kannte. Aus dieser Zeit (1930) stammt eine ihrer vollendetsten androgynen Collagen, *Dompteuse*, ein weibliches Wesen mit kräftigen Männerarmen. Auch Leben und Werk von Renée Sintenis und Lene Schneider-Kainer waren von dem Wunsch beseelt, das erotische Umfeld nach allen Richtungen zu erproben.

Selbst in den Arbeiten politisch engagierter Künstler wie denen der *Sezession Gruppe 19* in Dresden taucht das Thema Homosexualität und Kampf gegen den § 175 auf. Die 1919 gegründete Künstlergruppe war an einer sozialkritischen Darstellung der Umwelt und an direkter politischer Einwirkung auf die Gesellschaft interessiert. Sie engagierte sich in der 1921 von der *Internationalen Arbeiterhilfe* gegründeten *Künstlerhilfe*. Aus dem Jahre 1922 stammt die Gemeinschaftsarbeit *Ich liebe der deutsche Universuhm* von Otto Griebel, Eric Johansson und Hans Clar. Auf dieser Politkarikatur wird dem häßlichen Deutschen mit Schweinsfratze u. a. auch der § 175 zugewiesen.

Magnus Hirschfeld war auch in den zwanziger Jahren für die Öffentlichkeit der wichtigste Vorkämpfer für eine Gleichstellung der Homosexuellen. Er selbst und sein Kreis wurden des öfteren von Künstlern verewigt. Leider ist davon durch die Zerstörungen der Nazis heute nur noch wenig erhalten. Schon während der Eulenburg-Affäre hatten sich 1907 zahlreiche Künstler in Karikaturen mit Hirschfelds Wirken befaßt. In dieser Nachfolge steht Eduard Thönys Darstellung von Magnus Hirschfeld für die April-Ausgabe des *Simplicissimus* von 1921. Von Erich Godal stammen zwei Porträtzeichnungen von Magnus Hirschfeld, die sich in seinem Nachlaß erhalten haben. Rudolf Schlichter hat in einer verschollenen Zeichnung Magnus Hirschfeld und seinen Kreis um 1928 festgehalten. Aus diesem Jahr stammt auch das Porträt, das Peter Martin Lampel von Richard Linsert, dem Sekretär des *Wissenschaftlich-humanitären Komitees*, malte. Vergleichbar mit diesem eher offiziellen Porträt ist die Büste, die der Bildhauer Harald Isenstein 1926 von Magnus Hirschfeld schuf. Ganz sachlich wird hier der Wissenschaftler Hirschfeld mit Brille vorgeführt. Es gibt keinen Verweis auf seine Theorien und auch keine Anspielung auf seine Homosexualität oder gar auf sexuelle

Zwischenstufen. Hirschfeld hatte den weithin bekannten Spitznamen *Tante Magnesia*. So benannte der Kabarettist Wilhelm Bendow eine Nummer seiner *Tätowierten Dame* und persiflierte damit auch Hirschfelds Theorie der Zwischenstufen.

Die Gemeinschaft der Eigenen hatte im Vergleich mit dem *Wissenschaftlich-humanitären Komitee* immer ein größeres Interesse an der Mitarbeit von Künstlern. Ihrer Zielrichtung entsprechend gab es hier immer nur Darstellungen erotischer Jünglinge und Männer, Effemination oder Transvestitismus waren verpönt und wurden bekämpft. In Adolf Brands Zeitschrift wurde Hirschfelds Ansicht vom dritten Geschlecht entschieden abgelehnt, und einige Künstler beteiligten sich an dieser Auseinanderset-

Helmut Kolle
Lebensgroßer männlicher Akt
1926. Öl auf Leinwand, 162 × 114 cm
Privatbesitz, vermittelt durch
Galerie Gunzenhauser, München

Als Helmut Kolle (1899–1931) mit dem Kunstsammler und Schriftsteller Wilhelm Uhde 1918 zusammentraf, war das der Beginn einer lebenslangen Beziehung. Von 1919 bis 1921 lebten sie zusammen auf der Burg Lauenstein in Oberfranken, in der Nähe der Freien Schulgemeinde Wickersdorf, *an der Gustav Wyneken tätig war. Auch Uhde und Kolle wollten am geistigen Aufbau Deutschlands mitwirken. Kontakte zu den verschiedensten Gruppierungen der Jugendbewegung nutzend, wollten sie alle Kraft in die Erziehung einer freien deutschen Jugend setzen. Uhde schwebte die Bildung eines Ordens vor, »dessen Exklusivität nicht durch den Luxus der Traditionspflege, sondern das Bekenntnis zu einem gemeinsamen deutschen Menschentum begründet wäre«. Neben der geistigen und politischen Erneuerung Deutschlands war für die beiden die Errichtung der »Vereinigten Staaten Europas« ein gemeinsames Ziel. In dieser Zeit entstand Uhdes Roman* Die Freundschaften Fortunats *(1920), in dem er rückblickend auf seine Pariser Jahre eine intensive Künstler-Freundschaft schildert. 1922 mußten Uhde und Kolle ihren Traum von einer Kulturburg aus Geldmangel aufgeben und zogen nach Berlin. Hier war Uhde kurzfristig für den Galeristen Wolfgang Gurlitt tätig, und Kolle hatte erste Erfolge als Maler. Für Helmut Kolle wurde 1924 der Umzug nach Paris zum Wendepunkt seines künstlerischen Schaffens. Bilder Manets inspirierten ihn zu seinem großformatigen Männerakt von 1925. Jean Cocteau verfaßte für den Katalog seiner ersten Einzelausstellung in Paris das Vorwort und schrieb, anspielend auf Kolles Gemälde, ein Gedicht auf die erotische Ausstrahlung der Radrennfahrer:*
  »Ich grüße euch mit Versen, Radrennfahrer
  Die auf den Bänken der Vororte sitzen
  Mit einer großen Hand keusch inmitten
  Eurer Beine, Landschaftsmaler.«
(Hartwig Garnerus, Helmut Kolle 1899–1931, München 1994, S. 14)

zung. Oskar Nerlinger schuf 1925 für das Sonderheft *Die Tante* karikierende Darstellungen: neben dem Titelblatt, das eine Tunte zeigt, die Zeichnung *Sexualkönig*, die mit ihrem »We! We! Ha! Ha! Ka! Ka!« direkt auf Hirschfeld anspielt.

Adolf Brand ließ sich 1924 von einem seiner Hauskünstler, Arnold Siegfried, nicht mehr als Dandy, der typischen Form schwuler Selbstdarstellung um 1900, darstellen. Oscar Wilde, Aubrey Beardsley, Herman Bang, Stefan George und auch Harry Graf Kessler hatten sich noch als Dandy gegeben, doch für Adolf Brand war dies offenbar zu feminin. Entsprechend seiner Ablehnung der Hirschfeldschen Thesen von einem Zwittergeschlecht ließ er sich sehr männlich, aber nicht weniger selbstbewußt als Homosexueller abbilden, umgeben von den nackten Objekten seines Begehrens. Diese Darstellungsweise war neuartig und in ihrer erotischen Offenheit einzig in ihrer Zeit. Der amerikanische Fotograf George Platt Lynes sollte dieses Schema ab Mitte der dreißiger Jahre für seine Porträtfotos schwuler Schriftsteller und Künstler benutzen. Christopher Isherwood, Somerset Maugham und Frederick Ashton sind von ihm in erotischer Verbindung mit einem oder mehreren nackten Männern fotografiert worden.

Dem Typus des femininen Homosexuellen mit weichen Hüften und weiblichen Brüsten ist Otto Dix' Porträt des Juweliers Karl Krall aus Elberfeld von 1923 verpflichtet. Selbstbewußt präsentiert sich der effeminierte

Paul Strecker
Jüngling auf Fels
Um 1925. Öl auf Leinwand, 52 x 44 cm
Berlin, Privatbesitz

Der Maler Paul Strecker (1898–1950) studierte ab 1918 an der Münchner Akademie, wo er seinen Studienkollegen Walter Lindgens traf. 1924 übersiedelten sie nach Paris, wo sie zuerst auch das Atelier teilten. Hier hat Strecker die von Hyppolyte Flandrins Gemälde abgeleitete Version des auf einem Felsen hockenden Jünglings geschaffen. In die Bildsprache Picassos übertragen, steht wie in allen seinen Arbeiten das Malerische im Vordergrund. Seit 1922 wurde Paul Strecker von der Galerie Flechtheim vertreten, die ihm 1929 eine Einzelausstellung in Berlin widmete. Aus diesem Anlaß wurde im Querschnitt sein heute verschollenes Gemälde Jünglinge am Meer *abgebildet.*

Homosexuelle. Die Spannung des Bildes erwächst aus den unterschiedlichen Rot-, Orange-, Rosa- und Brauntönen, die mit dem Nebeneinander männlicher und weiblicher Indizien der abgebildeten Person einhergehen. Angelehnt an Hirschfelds Theorie hat Dix dem Juwelier Brüste unters Jackett gemalt. Karl Krall war so angetan von seinem Abbild, daß er es der Berliner Nationalgalerie zum Geschenk machte. Auch der Schwede Gösta Adrian Nielsen, der lange Zeit in Berlin lebte und auch Kontakt zu Hirschfeld und der Schwulenbewegung hatte, hat den Typus des femininen Homosexuellen aufgegriffen, sogar für ein Selbstporträt.

Andere Homosexuelle haben sich zur gleichen Zeit weniger drastisch malen lassen. Zu erwähnen ist August Heitmüllers Gemälde eines unbekannten Hannoveraner Freundespaares von 1925. Es steht in der Tradition der Freundschaftsbilder und nutzt die erotischen Metaphern, die schon die Renaissance kannte. Ein Kombinieren und Verschränken der Arme bringt eine besondere Nähe ins Bild und schafft eine intime Situation. Ein weiteres Moment bringt Christian Schad mit seinem sachlichen *Porträt des Grafen d'Anneaucourt* 1927. Das Bild umschreibt einen eher angepaßten Homosexuellen, wie Schad berichtet. Er zeigt ihn zwischen seiner Alibi-Frau, mit der er sich in der Gesellschaft zu zeigen pflegte, und einem Transvestiten aus dem Berliner *Eldorado*, der seine wahren Neigungen verkörperte.

Waren es besonders in der ersten Hälfte der zwanziger Jahre die illustrierten Bücher und Mappenwerke, die Homosexualität als fast unschuldige Knabenliebe abbildeten, so gibt es aus der zweiten Hälfte plötzlich zahlreiche künstlerische Abbildungen der schwulen Subkultur. Und wieder waren es zumeist heterosexuelle Künstler, von denen derartige Darstellungen überliefert

Charles Demuth
Distinguished Air
1930. Aquarell, 35,6 x 30,5 cm
New York, Whitney Museum of American Art

Charles Demuth (1883–1935) hat sich mehrfach mit dem Thema Homosexualität beschäftigt. Ausgebildet in Pennsylvania und Europa, hatte er im Kreis um Gertrude Stein in Paris Marsden Hartley getroffen und zusammen mit ihm auch Berlin besucht. Seine frühen erotischen Schilderungen waren im Umkreis von Greenwich Village in New York angesiedelt, um 1930 wandte er sich dann erneut dem Thema zu, angeregt durch die Kurzgeschichte Distinguished Air *von Robert McAlmond über das zeitgenössische Berlin und seine erotischen Freiheiten. Das Blatt ist mehr eine Hommage oder künstlerische Umsetzung als eine direkte Illustration. Abgebildet werden Besucher einer Ausstellung um ein modernes Kunstwerk von unübersehbar phallischer Form. Ein Männerpaar, das sich umarmt, wird zum Kristallisationspunkt der anderen Besucher und ihrer Sehnsüchte. Charles Demuth wollte dieses Blatt zusammen mit seinen Stilleben und Stadtansichten ausstellen, doch wurde es wegen seiner erotischen Eindeutigkeit mehrfach von Ausstellungen ausgeschlossen.*

sind. Deren Interesse, weniger Voyeurismus, ging einher mit ihren sonstigen Darstellungen von sozialen Außenseitern der Gesellschaft und sozialkritischer Anklage. Das schwule Berlin mit seinen rund hundert einschlägigen Lokalen wurde Ziel der Künstler und Literaten. Hans Siemsen schrieb 1927: »Es ist, besonders in literarischen und halbliterarischen Kreisen, schon beinahe Mode geworden, ›mal einen Bummel durch schwule Lokale‹ zu machen.« So verwundert es kaum, wenn in dieser Zeit erstmals auch direkte Schilderungen der schwulen Bars entstanden. Einen Vorläufer dieser Gruppe stellt Karl Arnolds Zeichnung *Schwuhl* von 1923 in seiner Mappe *Berliner Bilder* dar, die als Karikatur das Treiben der Schwulen auf einem Ball oder in einem Tanzlokal bloßstellt. Das kritische Verhältnis der Außenwelt zur einschlägigen Welt und umgekehrt wird in dem Untertitel deutlich, der sich auf einen Eindringling in diese noch abgeschlossenen Bereiche bezieht: »Ick jlaube, det Schwein is jar nich pervers«. Schon auf seiner Zeichnung *Amor ist tot, es lebe das Schwein* von 1921 hatte Karl Arnold die neuen erotischen Freiheiten und die Fülle erotischer Zeitschriften und Veröffentlichungen kritisiert. Am abgebildeten Zeitungskiosk sind deutlich auch die schwulen Hefte zu erkennen.

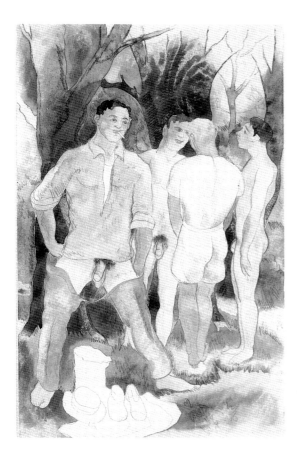

Charles Demuth
Four Male Figures
Um 1930. Aquarell. 33,1 x 20,3 cm
San Francisco, Collection of Bill Rush

Der kritische Blick von außen scheint sich auf den Bildern schwulen Lebens aus den Jahren 1927–1932 zu verflüchtigen. Eine neue Gelassenheit der Künstler und der Dargestellten macht sich bemerkbar. Vom Eindringen in eine andere Welt oder einer Abwehr gegenüber dem Künstler ist wenig zu spüren, auch nicht auf dem Aquarell, das Otto Dix noch im Jahr der Eröffnung (1927) vom Eldorado anfertigte. Die schrillen Farben sollen das sonst recht normal wirkende Treiben der Transvestiten kennzeichnen. Die exklusive Welt der Transvestiten beeindruckte Otto Dix, wie er erzählte, und er übernahm deren ausgefallene Kostüme und Stoffe für sein Großstadt-Triptychon von 1927/28. Ein weiterer Maler, den die Welt des Eldorado faszinierte, war Ernst Fritsch; in mehreren Studien und Gemälden hielt er die Tanzszenen fest. Fritschs Bilder des Eldorado wirken sehr normal und keinesfalls schillernd oder anrüchig. Den korpulenten Damen ist nicht anzumerken, daß sie dem anderen Geschlecht angehören, einzig das tanzende Damenpaar irritiert. Aber auch hier schwankt der Betrachter, ob es sich um echte Damen, Lesben oder die berühmten Herren-Damen handelt. Mit solchen Geschlechtermischungen warb das Eldorado für sich. Sachlich, ohne jegliche Beurteilung des abgebildeten Milieus, erscheinen Christian Schads Zeichnungen schwuler Lokale aus dem Jahre 1929. In ihrer Vielfalt und Vielzahl stellen sie die wichtigste künstlerische Auseinandersetzung mit der schwulen Welt dar. Nicht nur die schwule Welt Berlins animierte die Künstler. George Grosz hat das Pariser Homosexuellenlokal Petite Chaumière auf einer heute verschollenen Zeichnung festgehalten. Dieses Lokal hatte schon 1922 in der Berliner Schwulenzeitschrift Die Freundschaft annonciert.

Die Künstler haben in den zwanziger Jahren die unterschiedlichsten Anregungen aufgenommen, um sich dem Thema Homoerotik, Freundschaft und Homosexualität zuzuwenden. Inspiriert wurden sie auch durch die Ideenwelt Stefan Georges. So hat sich Erich Heckel in seinen Wandbildern im Angermuseum zu Erfurt 1922/23 intensiv mit Georges Gedankenwelt auseinandergesetzt. Im zentralen Wandbild Die Welt des Mannes steht George mit Maximilian Kronberger als Lehrer und Schüler aber auch als Freundespaar im Zentrum seiner Männerwelt. Heckel hat sich des öfteren mit vergleichbaren Männerpaaren beschäftigt. Im Ersten Weltkrieg hatte er den Juristen und Dichter Ernst Morwitz aus dem engsten Kreis um Stefan George kennengelernt. Diese Verbindung sollte sich nach 1918 noch intensivieren und auf die Künstler Ludwig Thormaehlen und Alexander Zschokke sowie den Kunsthistoriker Wilhelm Stein in Berlin ausdehnen. Zu diesem Kreis gehörte auch der Kunsthistoriker Walter Kaesbach, der wie Thormaehlen unter Ludwig Justi an der Berliner Nationalgalerie tätig war, bis er 1920 als Direktor ans Städtische Museum nach Erfurt ging. Er hat dann Heckel mit dem Auftrag für die Raumausgestaltung im Museum betraut.

Auch für einen jungen Maler in München, Walter Lindgens, selbst homosexuell, bildete im selben Jahr die Ideenwelt Stefan Georges die Anregung für eine ganze Reihe von Gemälden. Nach dem ersten Weltkrieg begann er sein Studium an der Münchner Akademie bei Josef Eberz und Carl Casper, die ihm beide Vorbild und Anregung waren. Casper hatte schon 1916 karg und unsentimental das mittelalterliche Motiv der Liebe von Jesus und Johannes als Johannes-Minne dargestellt. Lindgens übersetzte dies 1922 in die Bildsprache der Zeit und säkularisierte das Thema. Menschliche Grunderfahrungen wie Geborgenheit, Trennung, Abschied und Schmerz wurden von ihm expressionistisch gewendet als Darstellungen einzelner, zweier oder mehrerer Männer. Anzunehmen ist, daß Lindgens' Variationen des Themas Freundschaft auf persönliche Erlebnisse zurückgehen. Beim Studium in München hatte er den fünf Jahre jüngeren Paul Strecker kennengelernt, mit dem er über Jahre aufs engste befreundet sein sollte und zusammenlebte.

Oskar Nerlinger
**Die Homosexualität vor dem Staatsanwalt:
Sexual-König »We! We! Ha! Ha! Ka! Ka!«**
Karikatur für *Die Tante* (Spott- und Kampfnummer
des *Eigenen*, April 1925)
1924. Feder auf Pergament, 24 x 16, 5 cm
Berlin, Privatbesitz

Bekannt wurde Oskar Nerlinger (1893–1969) durch seine sozialrevolutionären Arbeiten am Ende der zwanziger Jahre. 1893 in Württemberg geboren, war Nerlinger 1911 nach Berlin gekommen. Wohl im Jahre 1924 lernte er Ewald Tscheck und Adolf Brand kennen. Unter seinem Kürzel NO erschienen ein Jahr später vier Zeichnungen in der Sondernummer des Eigenen »Die Tante«. *Alle karikieren Magnus Hirschfelds Ansichten zur Homosexualität, seine Theorie der Zwischenstufen und die Aktivitäten des* Wissenschaftlich-humanitären Komitees. *Sie stehen in engstem Zusammenhang mit den Texten von Ewald Tscheck, Adolf Brand und Karl Günter Heimsoth. Nur ein Jahr nach der Versöhnungsfeier anläßlich des fünfzigsten Geburtstages von Adolf Brand, die Hirschfeld in seinem* Institut für Sexualwissenschaft *ausgerichtet hatte, waren die Richtungskämpfe zwischen den beiden Organisationen aufs schärfste neu entbrannt. Angeprangert wurde Hirschfelds taktisches Vorgehen, medizinisch zu argumentieren, sogar Heilung in Erwägung zu ziehen und Behandlungen durchzuführen. Wie Oskar Nerlinger persönlich zum Problem Homosexualität stand, ist unklar. Der Künstler wird im Heft als Totengräber No bezeichnet, genau wie eine der Personen des persiflierenden Textes. Ob er sich selbst zu den in* Die Homosexualität auf dem Kirchhof *von Ewald Tscheck beschriebenen vermeintlichen Bisexuellen zählte, muß offen bleiben. Nerlingers Beteiligung am* Eigenen *blieb ein Intermezzo, lediglich für ein (nicht verwirklichtes) Zeitschriftenprojekt Ewald Tschecks war auch eine Mitarbeit von Oskar Nerlinger angekündigt.*

Auch Lindgens' Lehrer Josef Eberz (1880–1942) hatte sich schon seit längerem mit dem Thema Männerfreundschaft auseinandergesetzt. 1912 hatte er Kurt Morecks *Pole des Eros* illustriert (eine Neuauflage erschien 1918 mit dem Untertitel *Ein Roman um Stefan George*), 1918 folgte Kurt Hillers Gedichtband *Unnennbar Brudertum*, und aus dem Jahre 1922 stammt Eberz' Illustrierung der *Sonette an den geliebten Knaben* von William Shakespeare. Eberz thematisierte im selben Jahr auch die lesbische Liebe in der Kaltnadelradierung *Freundinnen*.

Der Galerist und Mentor junger Künstler Alfred Flechtheim schlug im Frühjahr 1924 seinen jungen Künstlern zur Horizonterweiterung einen Aufenthalt in Sanary im Süden Frankreichs vor. Dazu gehörten neben Lindgens und Strecker auch der junge Maler Helmut Kolle mit seinem Freund Wilhelm Uhde und Rudolf Levy. Für sie wurde Paris, das sie auf der Reise besuchten, zum einschneidenden Erlebnis. Alle drei übersiedelten noch im selben Jahr dorthin. Auch wenn es keine direkten Darstellungen von Homosexualität in den Arbeiten von Helmut Kolle gibt, so war ihm seine Homosexualität doch Antrieb für seine künstlerischen Arbeiten. Für ihn wurde die Welt junger Männer, der Toreros und Radfahrer, zum fast alleinigen Bildgegenstand, noch eindeutiger als bei Lindgens, der sich neben Sportlern auch Handwerkern zuwandte. Es war wiederum Flechtheim, der Lindgens ermutigte, sich entsprechend seiner erotischen Vorlieben einer männlichen Bilderwelt zuzuwenden. Lindgens berichtet, daß ihn Flechtheim immer wieder zu Boxkämpfen mitnahm.

Den Künstlern einer jüngeren Generation, die wie Werner Heldt, Horst P. Horst, Herbert List und Willi Maywald, erst nach 1930 zu eigenständigen künstlerischen Aussagen fanden, blieb kaum noch Zeit, sich dem Thema Homoerotik zu widmen: Mit dem Jahr 1933 war für solcherlei Experimente in Deutschland die Zeit vorbei.

Andreas Sternweiler

1 *Berliner Tageblatt* Nr. 496 vom 28. 10. 1921.
2 *Berliner Tageblatt* Nr. 520 vom 11. 11. 1921.
3 Jean Renoir, *Mein Leben und meine Filme* (München 1980) S. 71.
4 Raoul Hausmann, *Zur Weltrevolution*, Manuskript vom Juni 1919, zitiert nach: Hannah Höch, *Eine Lebenscollage*, bearbeitet von Cornelia Thater-Schulz (Berlin 1989) S. 582.

III. 6
Schwules Selbstbewusstsein

Mit der Revolution von 1918/19 fielen in Deutschland nicht nur gesellschaftliche Normen und Einschränkungen, sondern auch künstlerische Tabus. Symptomatisch für den rigorosen Kulturwandel waren die vielbewunderten *Tänze des Lasters, des Grauens und der Ekstase* der skandalumwitterten Tänzerin Anita Berber und ihres schwulen Partners Sebastian Droste von 1923. Ihre Auftritte konfrontierten die damalige Gesellschaft mit den Themen Lust, Liebe, Ausschweifung, Homosexualität und Drogenkonsum. Schon 1920 war Sebastian Droste mit dem Tanz *Heliogabal* aufgetreten, den Anita Berber 1922 übernehmen sollte. Der römische Kaiser und seine Ausschweifungen, die der holländische Schriftsteller Louis Couperus in seinem gleichnamigen Roman geschildert hatte, entsprachen den Vorlieben der beiden Tänzer und ihrer Zeit. In ihrer Direktheit, mit der die beiden ihr Leben und ihre Kunst zelebrierten, wurden sie Vorbild für zahllose Diseusen, Kabarettisten, Transvestiten, Literaten und Künstler, homosexuelle wie heterosexuelle. Hirschfeld hat Sebastian Droste in seiner *Geschlechtskunde* 1930 als Inbegriff des invertierten Künstlers abgebildet.

Neben vielen anderen waren es jetzt auch die emanzipierten Juden und die selbstbewußten Homosexuellen, die das Leben auf der Bühne, im Film und in der Kunst mitgestalteten. Bisexualität und das Kokettieren mit schwulen und lesbischen Vorlieben wurden zum Ideal erhoben. Schauspieler wie Wilhelm Bendow, Max Hansen, Adolf Wohlbrück, Hubert von Meyerinck, Hans Heinrich von Twardowsky und viele andere machten kein Hehl aus ihrer Homosexualität. Darüber wurde zwar nicht in den Illustrierten berichtet – so weit war man noch nicht –, aber ›man‹ wußte Bescheid, und Andeutungen gab es genug. Über die Homosexualität anderer Berühmtheiten wurde durchaus geschrieben, etwa im *Querschnitt*, dem Lifestyle-Magazin der Weimarer Republik, in Artikeln über Marcel Proust und den russischen Großfürsten Youssupoff, deren Homosexualität wie selbstverständlich erwähnt wurde.

Das Tuntige und das Schwule hatten damals avantgardistische Qualität. Der Kabarettist Wilhelm Bendow machte das Töler zu seinem Markenzeichen, Max Hansen, Hubert von Meyerinck und Theo Lingen spielten damit. Möglich schien alles – jeder Mann war auch ein bißchen feminin. Vieles wurde gebrochen und in Frage gestellt. Das Androgyne zeigte sich

Wilhelm Bendow als »Magnesia«
Die Tetovirte Dame
Um 1927. Fotografie aus dem Atelier Ebert
Berlin, Schwules Museum

Die »Rockey-Twins« als »Dolly Sisters«
Um 1930. Fotografie
Berlin, Schwules Museum

nicht nur im Bubikopf, auch die Männer konnten sich à la Valentino oder Dorian Gray schminken und verfeinern. Die schwule Welt war Bestandteil der Kultur, und die Künstler und Literaten entdeckten die Welt der Schwulen für ihre Arbeit. Je offensiver die schwule Welt an die Öffentlichkeit trat, um so mehr wurde sie auch von der heterosexuellen Gesellschaft mit Interesse zur Kenntnis genommen.

An den unterschiedlichsten Orten Berlins mischte sich die schwule und die heterosexuelle Welt, in den Privatzirkeln und Salons der Künstler, Galeristen und Filmleute genauso wie in einigen der schickeren schwulen Lokale des Berliner Westens und auf den großen Bällen. Ähnlich wie der Galerist Alfred Flechtheim hatte auch der Produktionsleiter der Kulturfilm-

Wege zu Kraft und Schönheit
1924. Filmfotografie
Berlin, Stiftung Deutsche Kinemathek

Aufgewachsen in Berlin, arbeitete Nikolaus Kaufmann (1892–1970) als Arzt an der Charité ab 1919 für eine kleine Berliner Filmgesellschaft an medizinischen Aufklärungsfilmen mit und wurde schon bald Produktionsleiter der UFA-Kulturfilmabteilung. Sein größter Erfolg wurde der Dokumentarfilm Wege zu Kraft und Schönheit *über die deutsche Freikörperkulturbewegung und den Ausdruckstanz. In seiner Wohnung (Motzstraße 41) trafen sich zahlreiche Personen aus der Welt*

abteilung der UFA Dr. Nikolaus Kaufmann einen Jour fixe. In seiner Wohnung in der Motzstraße mischte sich das kulturelle Berlin mit der Schwulenbewegung. Immerhin waren der Hausherr und einige der Teilnehmer Mitglieder im WhK.

Nach 1918 hat die schwule Subkultur Berlins eine später nie wieder erreichte Blüte erlebt. Über hundert schwule Lokale gab es bis 1933 nebeneinander, wenn eines schloß, eröffnete schon bald ein neues. Im Aufwind der allgemeinen Befreiung hatte auch die Kriminal- und Sittenpolizei gegenüber schwulen Lokalen zu einer neuen Toleranz gefunden. Lediglich der Besuch von Minderjährigen und Strichjungen wurde von ihr beobachtet. Trotzdem kam es noch zu Polizeikontrollen, und das Tragen der Kleidung des anderen Geschlechts in der Öffentlichkeit konnte immer noch als

»Öffentliches Ärgernis« verfolgt werden. So kam es auch jetzt immer wieder zu Diskriminierungen von Transvestiten, wie sie der Journalist PEM in seinen Erinnerungen überliefert hat.

»Einmal saßen wir im *Mikado* in der Puttkamerstraße, dem Treffpunkt der Transvestiten, der Männer in Frauenkleidung, zumal der männlichen Prostituierten unter ihnen, im Bereich der südlichen Friedrichstadt. Die Herren, die in großen Abendkleidern tanzten, genierte es nicht, wenn ein Kriminalbeamter unter ihnen weilte. Sie hatten offiziell die Erlaubnis in ihren Lokalen in ihrer abwegigen Kostümierung zu verkehren. Nur auf der Straße durften sie nicht promenieren. Aus diesem Umstand hatte der ›dicke Maier‹ eine Sondernummer gemacht. Er ließ in jener Nacht ein paar Beamte vor dem *Mikado* warten, und, wenn ein Jüngling dennoch in Frauenkleidern auf die Straße ging, diesen verhaften. Die ›Herren‹ wußten ja, daß sie es nicht durften. Am nächsten Morgen rief uns der ›Dicke‹ in den Redaktionen an, schnell mal zu ihm zu kommen. Da stand er schon vor einem Seitenausgang und lächelte in Erwartung der kommenden Dinge vor sich hin. Die am Abend zuvor Verhafteten sollten entlassen werden; er hatte sie ja nur aus Spaß hochgehen lassen. Da huschten sie auch schon aus dem großen Steinbau in ihren ausgeschnittenen Abendkleidern; der Bart war ihnen auf den geschminkten Wangen inzwischen gewachsen. Sie genierten sich furchtbar. Wie von Furien gepeitscht sprangen sie in den nächsten Friseurladen, um sich zuerst einmal rasieren zu lassen. Wir hänselten Maier: ›Sie sind natürlich an dem Friseurgeschäft beteiligt, wie?‹«[1]

Abgesehen von einigen Ausnahmen, den bekannten Stars der Kabaretts und Bühnen, gab es nur eingeschränkte Möglichkeiten, als Transvestit zu leben. Entweder verschoben sie das Tragen der Frauenkleider auf den Abend und waren tagsüber Männer, oder sie konnten als Animierdamen in den Bars oder auf dem Strich arbeiten. Das ersehnte Ziel blieb ein Auftritt in einem schwulen Lokal oder in einem der professionellen Kabaretts und Transvestitentreffs. Das *Mikado*, das *Bülow-Kasino*, das *Kleist-Kasino* und das *Eldorado* zeigten komplette Transvestiten-Revuen. Einer Berühmtheit wie *Voo Doo* gelang es, eine eigene Bar zu eröffnen.

des Films, des Theaters und des Tanzes. In diesem Kreis war das schwule Element allgegenwärtig. Der Intimus von Nikolaus Kaufmann war der sechs Jahre jüngere Willi Tesch. Wie einer der ehemaligen Teilnehmer an diesen Abenden berichtete, gab es unter den Berühmtheiten wie den Tänzern Harald Kreutzberg, Jens Keith, Max Terpis oder Rolf Arco immer auch schöne unbekannte Jünglinge und junge Männer. »Man unterhielt sich über Politik und Kultur, man tanzte und man lernte interessante Menschen kennen.« Auch zur damaligen Schwulenbewegung, insbesondere zum WhK, gab es Kontakte.

Roman Malecki
Um 1930. Fotografie
Berlin, Privatbesitz

Der aus Polen stammende Roman Malecki, um 1880 geboren, erhielt seine Ausbildung in den Modezentren Paris, London und Berlin. Nach 1900 arbeitete er als Konfektionär in Berlin für Gerson und machte sich später selbständig. In seiner Wohnung führte er schon vor Nikolaus Kaufmann einen Salon mit sonntäglichem Jour fixe. Das alljährlich stattfindende Kostümfest mit gedruckten Einlaßkarten zählte in den zwanziger Jahren zu den gesellschaftlichen Ereignissen Berlins. Roman Malecki war über mehrere Jahrzehnte Mitglied im WhK, und so nahmen auch Magnus Hirschfeld, Kurt Hiller und Richard Linsert an seinem Salon teil. Maleckis Engagement spiegelt die Kurzgeschichte Auf der Terrasse, *die er in der Zeitschrift* Uranos *1923 veröffentlichte.*

Hugo Marcus
1931. Fotopostkarte
Nienhagen, Islam-Institut

Geboren 1880 in Posen, lebte der Schriftsteller und Philosoph Hugo Marcus später in Berlin und wurde um 1900 Mitglied im WhK. Seine frühen Veröffentlichungen

Innerhalb der Großstadt Berlin entstanden mehrere Zentren schwulen Nachtlebens mit Lokalitäten von unterschiedlichem Typus. Im vornehmen Westen der Stadt lagen die luxuriös ausgestatteten Bars. Sie zogen sich die Bülowstraße entlang, umfaßten die Gegend um den Nollendorfplatz bis hin zu Ausläufern in den Seitenstraßen des oberen Kurfüstendamms. Im Zentrum Berlins hatte sich eine Fülle kleiner Kaschemmen und Dielen entwickelt, die Arbeiterkneipen imitierten und Besucher aus allen Schichten und Berufen anzogen. Sie befanden sich im Herzen der Stadt, auf der Fischerinsel, und konzentrierten sich in der nördlichen Vorstadt um die August- und Linienstraße herum. Dort hatte auch das sonstige, etwas billigere Vergnügen seine Treffpunkte. In den Ballhäusern südlich des Zentrums, besonders in der Kommandantenstraße und in der Alten Jakob Straße, am Halleschen und Kottbusser Tor trafen sich die Freundschaftsbünde zu ihren Veranstaltungen, Vorträgen, Aufführungen und Bällen. Verstreut über die anderen Bezirke von Groß-Berlin gab es weitere Ballhäuser, Nachtclubs und schwule Kneipen. So verwundert es kaum, wenn die Schwulen Berlins in dieser Zeit von einem starken Selbstbewußtsein geprägt waren.

Neben den großen Bällen, die die Freundschaftsbünde und zum großen Teil die Lokalbesitzer organisierten, zählten die Lokale zu den zentralen Stützen der damaligen Schwulenbewegung. Ein Teil der Wirte war im *Lokalinhaberklub* organisiert. Einige der Inhaber waren gleichzeitig in Schwulenorganisationen aktiv. Der Besitzer des traditionsreichen Restaurants *Alte Jakob Straße 49*, Carl Terlichter, war 1919 Mitbegründer des *Berliner Freundschaftsbundes* und später im Hauptvorstand des *Bundes für Menschenrecht*. Das *Dorian-Gray* in der Bülowstraße, das donnerstags Herrenabend und freitags Damenabend hatte, wurde von Richard Bytomski geleitet, der gleichfalls über Jahre im Hauptvorstand des BfM gewesen ist.

Ein wichtiges Moment der Lokale und Tanzpaläste waren die Auftritte bekannter und unbekannter Künstler von Film, Theater, Tanz und Kabarett. Hier waren die russischen Emigranten wie überall in Berlin unübersehbar. Im *Kurfürsten Kasino* trat der »weltberühmte russische Tänzer« Sascha Orloff auf, nebenan im *Palais Papagei* der lettische Nacktänzer Alexandre. Auftritte der Schauspieler wie Ludwig Trautmann, Wilhelm Bendow, Georg Alexander oder Conrad Veidt wurden in den schwulen Zeitschriften mit Extra-Anzeigen angekündigt und hinterher auch rezensiert. So erfuhr die schwule Welt, wer zu ihr gehört. Es entwickelte sich eine schwule Kleinkunst mit eigens komponierten oder umgearbeiteten Schlagern und Couplets. Im *Eldorado* sang man »Heute will mein Süßer mit mir angeln gehn, das wäre wunderschön«, in den Zeitschriften wurden die Noten von »Bubi laß uns Freunde sein« mit dem Text von Bruno Balz angeboten. Im *Winterfeld-Kasino* wurde das schwule Kabarett *Die Bombe* von dem Kabarettisten W. Adam Traut geleitet, und in der Alten Jakob Straße wandte sich das Kabarett *Die*

setzten sich mit philosophisch-ästhetischen Themen auseinander. Er trat später zum Islam über und wurde Sekretär der Berliner Moschee und Vorsitzender der Deutsch-Muslimischen Gesellschaft. Gleichzeitig war er an der Schwulenbewegung und deren Problemen interessiert. So engagierte er sich 1922 als Sachverständiger im Prozeß gegen Max H. Danielsen, den Chefredakteur der *Freundschaft*, wegen Veröffentlichung angeblich unzüchtiger Inserate. In der Nazi-Zeit war der aus jüdischer Familie stammende Hugo Marcus doppelter Diskriminierung ausgesetzt. Mit Hilfe der Muttermoschee in Pakistan gelang es ihm und seiner Mutter, um 1937 in die Schweiz auszureisen. Auch dort hatte er wieder Kontakt zur Schwulengruppe *Der Kreis* und schrieb Artikel unter Pseudonym. 1961 erschien in Heidelberg sein Buch *Einer sucht den Freund*.

Christian Schad
Bürger-Casino
1930. Feder, gespritzt, 26,9 x 19,6 cm
Berlin, Stiftung Stadtmuseum Berlin

»Es geht ein paar ausgetretene Steinstufen hinauf. Durch die Türe dringt Klaviermusik. Blonde Burschen hocken an der Theke bei ihrem Bier und rauchen Zigaretten. Die Luft ist ein wenig unsichtig vom blauen Rauch. Wolljacken und Pullover an den Tischen, dazwischen reifere Männer in gutgebürsteten Anzügen und steifen Kragen, auf der Grenze der besseren Bürgerlichkeit, Mittelstand, Kaufleute und Beamte. In flüsternder Unterhaltung beugen sie sich zu ihren jüngeren Begleitern, trinken Bier und Likör, sitzen da in Lauben aus grünem Holzgitter, an dem künstlicher Wein sich heraufrankt. Zwischen den Tischen tanzen Knaben, Männer mit Knaben. Schieben sich hin und her, denn zum Tanzen ist zu wenig Raum. Biegen sich in den Hüften wie ganz schlanke, junge Mädchen, werfen schmachtende Blicke zu den Tischen, Blicke aus dunkelumrän-

derten Augen. Puder und Schminke sieht man hier nicht auf den Gesichtern. Sie haben nichts als ihre junge Frische, die etwas überschattet ist von den durchwachten Nächten und dem langen Hocken in rauchiger Luft. Sie mustern jeden Gast, ob er ihnen nicht eine Einladung zuwinkt zu einem Glase Bier, zu einer Zigarette [...] Ein kesser Bursche, der sein Blondhaar immer zurückwerfen muß, weil es ihm auf die Stirne fällt, geht in Kniehosen und zeigt seine nackten Knie.« (Curt Moreck, Führer durch das lasterhafte Berlin, Berlin 1930, S. 134–136)

Otto Dix
Eldorado
1927. Aquarell über Bleistift, 56 x 34 cm
Berlin, Berlinische Galerie

Das »Eldorado« in Berlin, Motzstraße 15
1932. Fotografie
Berlin, ADN Bildarchiv

Spinne an das schwule Publikum. Auch die Transvestiten und die professionellen Damenimitatoren gehörten zur schwulen Subkultur der zwanziger Jahre, auch wenn sie wegen ihrer Auffälligkeit von einem Teil der Schwulenbewegung immer wieder angegriffen wurden.

Einige der mondänen Lokale des Berliner Westens wurden von den heterosexuellen Nachtschwärmern entdeckt und Bestandteil des allgemeinen Nachtlebens. So ging es auch der *Silhouette*, der Lieblingsbar des schwulen Schauspielers Hubert von Meyerinck, »dieses schmale, anrüchige Lokal in der Geisbergstraße, in dem ein geschniegelter, schwarzer Kellner bediente und vorne an der Bar Jünglinge in Frauenkleidern saßen. Dort ging damals alles hin, die große Welt und die Halbwelt. Conrad Veidt, Iwar Petrowitsch, Marlene Dietrich, die kleine Baronin von Rheinbaben, Anita Berber, Graf Jürgen-Ernst Wedel, Hilde Hildebrandt, Prinz Ratibor, die Orska und Baron Bleichröder. Wir saßen nächtelang in den roten Nischen, und die Kapelle spielte immer wieder: ›Schöner Gigolo, armer Gigolo‹ und ›Ich küsse Ihre Hand, Madame‹, das Haupterfolgslied von Hans Albers.«[2]

Den Anfang dieser Entwicklung hatten die reinen Transvestitenlokale gemacht, die traditionell ein eher heterosexuelles Publikum ansprachen. Nach der Eröffnung des vergrößerten *Eldorado* in der Motzstraße, Ecke Kalkreuthstraße, wurde dieses 1927 von der schwulen Presse angegriffen, da es lediglich dem Amüsement der Heterosexuellen diene. Gleichzeitig wollte man sich wie so oft von den besonders auffälligen

Freunde am Meer
(Auf der Rückseite handschriftlich:
»Zur Versöhnung von Rudi«)
Um 1923. Fotografie
Berlin, Privatbesitz

Martha Astfalck-Vietz
Der Tänzer Henri
1931. Fotografie
Berlin, Berlinische Galerie

Tunten und Transvestiten absetzen. Tatsächlich wurde das *Eldorado* zum Anziehungspunkt für Künstler, Schriftsteller, Filmschauspieler und die Schickeria. Anita Berber gehörte zu den Stammgästen des *Eldorado* und zog eine ganze Schar von Gästen nach sich. Ihr Tanzpartner und Ehemann Henri Châtin Hofmann trat hier auf. Der Schriftsteller Ottomar Starke erinnerte sich in seinen Memoiren auch an das *Eldorado*: »Es wurde nicht nur von Pervertierten besucht, sondern von allen Nachtlokalfans, es gehörte zum ›guten Ton‹, dagewesen zu sein.« Hier mischte sich die schwule und die heterosexuelle Welt. Um 1930 wurde es sogar für Touristen aus der Provinz ein Muß, einmal in Berlin im *Eldorado* gewesen zu sein. Das Reiseunternehmen *Cook* bot Fahrten durch die schwule Subkultur an.

Einen weiteren Höhepunkt dieser Entwicklung stellt Curt Morecks *Führer durch das lasterhafte Berlin* von 1930 dar, der seinem Bummel durch die Vergnügungsstätten, Kaffeehäuser, Kabaretts, Kaschemmen und Tanzlokale nun auch ein Kapitel über Stammlokale des mannmännlichen Eros beigab. Von besonderer kunsthistorischer Bedeutung sind die für diesen Teil bei Christian Schad in Auftrag gegebenen Illustrationen. Einige der schwulen Lokale wie das *Bürger-Casino* und das *Voo-Doo* sind nur noch in diesen visuell überliefert.

Berlins Ruf als schwule Metropole ging um die Welt. Nicht nur die Tuntenbälle in Paris wurden an denen Berlins gemessen, auch die Bälle in New York versuchten dem Berliner Vorbild nachzueifern. Diese beiden Städte sollten in den dreißiger Jahren die Rolle Berlins als Vorreiterin schwuler Freiheit übernehmen und fortsetzen. Zum Ruf Berlins trugen auch die Freunde und Förderer der Schwulenbewegung außerhalb Europas bei. Menschen aus fast allen europäischen Ländern kamen nach Berlin, um hier ihr Glück zu probieren, um an den neuen Entwicklungen und Freiheiten teilzuhaben. Nicht nur russische Emigranten, sondern auch Künstler, Schauspieler und Musiker aus der Bukowina, aus Ungarn, Rumänien, Dänemark, Schweden, England und Frankreich waren elektrisiert vom neuen Berlin. Das alte Image des preußischen Militarismus verblaßte vor dem

neuen Bild eines brodelnden Zentrums der Moderne, das neue Lebensformen, intellektuellen Austausch und neue Kunstströmungen forcierte. So flohen die Schriftsteller Christopher Isherwood, W. H. Auden und Stephen Spender aus dem prüden England ins freie Berlin und nach Hamburg. Denn überall in Deutschland hatte in den zwanziger Jahren eine mehr oder weniger tolerierte und umfangreiche Subkultur entstehen können.

Andreas Sternweiler

1 PEM, *Heimweh nach dem Kurfürstendamm* (Berlin 1962) S. 198.
2 Hubert von Meyerinck, *Meine berühmten Freundinnen. Erinnerungen*, München 1969, S. 109.

Durch Kampf zum Sieg.

...SCHAFTS-BANNER.
=*=*=§o§o§ =*=*=*=*=*=*=*=
Schweiz. Freundschaftsbewegung.
& Verlag: Fredy-Torrero
...121, Helvetiapost Zürich 4.

IV. Homoeroten aller Länder, vereinigt Euch!

Zum Geleit !
=================

...ter hat ein kühner Sonnenstrahl
...genes Pflänzchen geküsst. Und
...flänzchen reckte sich und ward
...denes Veilchen. Ein zartes Veil-
... — wem lachte da das Herz
... es schon Frühling werd...

IV. 1
SCHWEIZERISCHES FREUNDSCHAFTSBANNER

Protocoll.
Schweizerischer »Freundschafts-Verband«
Zürich
Vereinsbuch mit handschriftlichen Eintragungen
aus den Jahren 1932–1938
Zürich, Schweizerisches Sozialarchiv

»Schweizerisches Freundschafts-Banner«
Erste Ausgabe vom 1. Januar 1932, S. 1
Basel, Staatsarchiv des Kantons Basel-Stadt

Inspiriert von deutschen Vorbildern stellten die ›Artgenossin‹ Laura Thoma gemeinsam mit ihrem ›Artgenossen‹ August Bambula als »Neujahrsgabe« für 1932 in Zürich die erste Schweizer Zeitschrift für ihresgleichen zusammen. Im ersten Jahr erschienen zwanzig Ausgaben mit je acht Seiten Umfang. Nachdem am 4. März 1933 die Schweizerische Freundschaftsbewegung eine vereinsmäßige Form erhalten hatte und sich seitdem Schweizerischer Freundschafts-Verband nannte, erschien nach mehrmonatiger Unterbrechung vom »I. Organ« die Nummer 21 mit leicht verändertem Namen und in ansehnlicherem Buchdruck Ende Mai 1933. Eine weitere Namensänderung erfolgte 1937, von nun an hieß das Blatt Menschenrecht. Ab Dezember 1941 brachte es für »unsere welschen Kameraden« Beiträge in französischer Sprache. Ab 1943, nachdem in der Schweiz Straffreiheit für Sex unter erwachsenen Schwulen galt, hieß die nunmehr zweisprachige Zeitschrift Der Kreis / Le Cercle.

Mit Heinrich Hössli aus Glarus, dem wohl ersten Schriftsteller, der in seinen Werken die Idee der Schwulenemanzipation propagierte, war der deutschsprachigen Schweiz auf diesem Gebiet gewissermaßen eine Avantgarderolle zugefallen. Nach Hösslis Tod im Jahr 1864 verbreitete sich über die »Männerliebe« in der Schweiz wieder die alte Friedhofsruhe, nur kurz und von den Zeitgenossen unbemerkt durch Jakob Rudolf Forsters Agitation und Eingaben an die Obrigkeit unterbrochen. Forsters Aktivitäten hatten aber nur zur Folge, daß er als »geistig abnorm Beanlagter« in seinem Heimatkanton St. Gallen in eine »Arbeitserziehungsanstalt« gesperrt wurde.[1]

Erst als in Berlin das *Wissenschaftlich-humanitäre Komitee* seine Tätigkeit aufnahm, kam es zu einem Neubeginn in der Schweiz auf bescheidenem

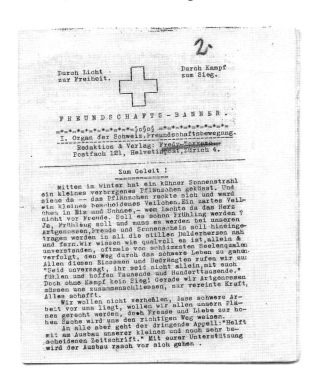

Niveau: Der Züricher Theologe Caspar Wirz wurde Mitarbeiter des Berliner Komitees als eine Art Experte für religiöse Angelegenheiten[2]; Ferdinand Karsch unternahm »im Herbste 1902 eine Forschungsreise in die Schweiz«, wandelte dort auf den Spuren von Heinrich Hössli und publizierte im *Jahrbuch für sexuelle Zwischenstufen* seine Entdeckungen über die schwule Schweiz im 19. Jahrhundert[3], und der Stuttgarter Schriftsteller und WhK-Mitarbeiter Max Kaufmann unternahm in den Jahren 1904 und 1905 mehrere Vortragsreisen durch die Schweiz und sprach dort über *Die Enterbten des Liebesglücks und die homosexuelle Frage*; sein Vortrag in Zürich, der am 18. Oktober 1905 stattfinden sollte, wurde allerdings von der dortigen Polizei verboten.[4]

Magnus Hirschfeld war mehrmals in die Schweiz gereist; mehr als ein Jahr seines Exils – vom Mai 1932 bis zum Mai 1933 – verbrachte er dort, wo auch sein letztes Buch *Die Weltreise eines Sexualforschers* 1933 erschien. In seinem Buch *Die Homosexualität des Mannes und des Weibes* (Berlin 1914, S. 540 f.) beschreibt er die urnischen Zustände der Schweiz sehr anschaulich:

»Die deutschrussischen Urninge haben mich in einer gewissen Derbheit ihres Wesens immer am meisten an die der deutschen Schweiz erinnert, aus der ich in Berlin und im Lande selbst zahlreiche Homosexuelle kennen lernte. Hauptstätten homosexuellen Verkehrs sind Zürich und Basel, Luzern

Mammina
Aus: *Der Kreis*, Jg. 31 (1963), Nr. 1
Berlin, Schwules Museum

Mammina wurde 1885 geboren und starb »nach einem schmerzvollen Krankenlager« und »als gläubige Katholikin« am 17. Dezember 1962 in Zürich. In den Anfangsjahren war sie die unangefochtene »Präsidentin« des Schweizerischen Freundschafts-Verbandes *und verantwortliche Redakteurin der Verbandszeitschrift, die sie unter ihrem bürgerlichen Namen Anna Vock herausgab. 1941 zog sie sich gemeinsam mit ihren Freundinnen mehr und mehr aus der Vereinsarbeit zurück. Allmählich wurde aus dem* Schweizerischen Freundschafts-Verband, *der sich inzwischen* Liga für Menschenrechte *nannte, ein reiner Männerbund.*

Rolf (Karl Meier)
1950er Jahre. Fotografie
Frauenfeld, Staatsarchiv des Kantons Thurgau

Der Schauspieler Karl Meier (1897–1977) hörte 1934 »zum ersten Male von der Existenz« des Schweizerischen Freundschafts-Banners. *In der Ausgabe vom 15. Mai 1934 schrieb er unter dem Pseudonym »Rudolf Rheiner« seinen ersten Beitrag für das Blatt, einen Appell an alle »Homoeroten der Schweiz«, sich gegen die »ungeheuerliche Verleumdung« durch das Zürcher Heteroblatt Scheinwerfer zur Wehr zu setzen. Wenig später erfand er für sich den Namen »Rolf«, unter dem er Zeitschrift und Verein mehr als dreißig Jahre lang leitete. Ende der zwanziger Jahre hatte sich Rolf,*

und Bern, denen sich in der französischen Schweiz Genf anschließt. Ob ein Kanton Strafbestimmungen gegen die Urninge hat oder nicht, hat nach übereinstimmender Versicherung einheimischer Kenner nicht den geringsten Einfluß auf die Betätigung, eher tritt in der deutschen Schweiz, die noch Gesetze hat, der Uranismus etwas merklicher zutage als in den französischen und italienischen Landesteilen, in denen bereits seit langem keine Verfolgung mehr existiert. Namentlich an bestimmten Stellen der Quais am Vierwaldstätter-, Züricher-, Genfer- und Luganer See stößt der fremde Urning stets auf gleichempfindende oder zum Verkehr sich anbietende oder bereite Partner. Man könnte daraus folgern, daß der starke Fremdenverkehr für den Uranismus in der Schweiz im wesentlichen verantwortlich zu machen sei. Das würde aber ein Irrtum sein. Man muß allerdings in der Schweiz wie in Italien, Berlin und anderswo unterscheiden zwischen dem homosexuellen Leben, das dem Reisenden entgegentritt und das in der Hauptsache prostitutiven Charakter trägt, und dem urnischen Innenleben des Landes selbst, das sich fast nur dem Eingesessenen offenbart. Daß es in der eidgenössischen Bevölkerung viele Eingeborene gibt, denen auch die homosexuelle Anlage eingeboren ist, kann nicht dem mindesten Zweifel unterliegen. In Luzern lernte ich drei Homosexuelle in mittleren Jahren kennen – zwei von ihnen waren Vettern –, die lange Zeit ein gemeinsames Unternehmen leiteten, ohne von ihrer gegenseitigen Veranlagung zu wissen. Eine urnische Sammelstätte von internationalem Rufe ist ein Bahnhof in der Schweiz. Man kann die Zahl derjenigen, die in seinen Hallen Männerbekanntschaften suchen, gering gerechnet, auf 20.000 im Jahr, während des Tages auf 60–70 Personen beziffern. Trotzdem die Sexualheuchelei im Schweizer Lande der englischen

nicht viel nachsteht, hat es eine Reihe von Männern hervorgebracht, die sich um eine Besserstellung der Urninge große Verdienste erwarben, vor allem Heinrich Hössli in Glarus, [...] zu dem sich in unserer Zeit mehrere Schweizer Vertreter der exakten Wissenschaft, wie Caspar Wirz, August Forel und Eugen Bleuler gesellten.«

Die Zeit nach dem ersten Weltkrieg bis zu dem denkwürdigen Jahr 1932, als die *Schweizerische Freundschaftsbewegung* an die Öffentlichkeit trat, verzeichnet wie in fast allen europäischen Ländern eine deutliche Tendenz zur Überwindung der »Sexualheuchelei«, von der Hirschfeld sprach. Der schwule Reiseführer, den der Verlag der Berliner Zeitschrift *Die Freundschaft* 1920 herausgab, enthält in der Rubrik »Ausland« immerhin drei Schweizer Einträge, in Basel werden das *Café Spitz* und das *Hotel Bristol* als »Verkehrslokale« genannt, für Zürich und St. Gallen wird vermerkt: »Auskunft vermittelt für einwandfreie Durchreisende der Verlag des Reiseführers.«[5] Und in den Jahren 1922 und 1925 erschienen ebenfalls in der *Freundschaft* mehrmals Inserate, mit denen ein *Schweizer Freundschafts-Bund* in Luzern und Zürich um neue Mitglieder (»einwandfreie Herren und Damen«) warb.[6]

wie er selbst berichtet, in Berlin aufgehalten und hier erste Erfahrungen mit der schwulen Presse gesammelt. Mindestens ein Artikel aus seiner Feder ist 1929 in Adolf Brands Blatt Der Eigene *gedruckt worden. Im letzten Heft des* Kreises *vom Dezember 1967 erzählt Rolf, daß er zusammen mit Mammina, als ihre Zeitschrift noch* Menschenrecht *hieß, »eines Morgens verhaftet (wurde), weil man dahinter eine kommunistisch getarnte Angelegenheit vermutete. Die Grundlosigkeit wurde zwar bald erkannt und wir wiederum freigelassen, aber wir suchten für das neue Jahr 1943 einen anderen, politisch weniger verfänglichen Namen,* Der Kreis, *den die Zeitschrift bis heute unbeanstandet getragen hat.«*

Der Kreis
Ausgabe Nr. 1 von Januar 1943 (Jg. 11)
mit einem Gedicht von Stefan George: *Waller im Schnee*
Berlin, Schwules Museum

Nicht nur der Name der Zeitschrift war seit Januar 1943 ein anderer, auch der Inhalt war verändert. Erstmals fehlten Beiträge von und für Lesben. Noch im letzten Heft mit dem Titel Menschenrecht *hatte es einen Auszug aus dem englischen Lesbenroman* Quell der Einsamkeit *von Radclyffe Hall, ins Deutsche übertragen von Eva Schumann, gegeben.*

Für die Zeit um 1930 gibt es Hinweise auf zwei organisatorische Versuche in Zürich: In den *Mitteilungen des Wissenschaftlich-humanitären Komitees* Nr. 30 (März/August 1931, S. 305–309) ist erstmals die Rede von Schweizer WhK-Mitgliedern, einem »sehr kleinen Kreis Züricher Herren«, der mit einer Enquête zur Lage der Schweizer Schwulen, die er dem einflußreichen Juristen Ernst Hafter übergab, in die Strafrechtsreformdebatte eingegriffen habe. (Und in Genf gebe es, so heißt es weiter, einen »Kreis« von Schwulen um einen Herrn Charles Rappaport.) Kuno Trüeb führt in einer Liste »Schwule Organisationen Zürichs und Basels der dreissiger Jahre« eine »Sektion Zürich des *Bundes für Menschenrecht* (Berlin), ›Herren-Club‹« auf, der »einige Jahre existiert haben (soll), vor 1931« und nennt Robert S. als wahrscheinlichen Gründer/Leiter.[7]

Ende 1931 gab es in Zürich zwei Organisationen, den *Damen-Club Amicitia* für Lesben und den *Excentric-Club Zürich* für Schwule, die mit dem Datum »1. Januar 1932« als erstes Produkt ihrer Kooperation eine neue Zeitschrift vorlegten: *Freundschafts-Banner. I. Organ der Schweiz. Freundschaftsbewegung.* Hinter der seltsamen Impressumsangabe »Redaktion & Verlag: Fredy Torrero« verbargen sich Laura Thoma und August Bambula, die wohl noch im Laufe des Jahres 1932 durch Anna Vock abgelöst wurden.[8] Diese Frau, die sich schon bald mit dem zärtlich-vertraulichen Namen »Mammina« anreden ließ, erwies sich als die Seele, als mutige Kämpferin, aber auch als gestrenge Beherrscherin der schweizerischen und speziell der Züricher Schwulen- und Lesbenbewegung. Hatte sie bereits im ersten Heft der neuen Zeitschrift ihre Privatadresse »Anwandstr. 5, I. Stock, Zürich 4« als die Stelle genannt, wo Einzelnummern des *Freundschafts-Banners* für 30 Cts. zu kaufen waren, so erschien spätestens mit dem neuen Jahr 1933 ihr Name auf dem Umschlag der Zeitschrift, die von nun an mit leicht verändertem Namen und in einem professionelleren Druckverfahren vorlag: *Schweizerisches Freundschafts-Banner. Oblig. Organ des »Schweiz. Freundschafts-Verbandes«* in Zürich.

Wahrscheinlich ist es ein historischer Zufall, daß die Züricher Schwulenbewegung als Gemeinschaftprojekt von Schwulen und Lesben entstand, wobei anfangs die Lesben, allen voran Mammina, die Initiative und Führung innehatten. Vielleicht hat dabei eine gewisse Rolle gespielt, daß das damalige Strafrecht in vielen Kantonen die ›widernatürliche Unzucht‹ von Lesben genau so bestrafte wie die der Männer. Im § 126 des Züricher Strafrechts war der Tatbestand geschlechtsunspezifisch formuliert, obwohl in der Praxis nur Männer verfolgt wurden.[9] Als Mammina am 17. Dezember 1962 starb, schrieb »Rolf« (Karl Meier), der zunächst ihr Kampfgefährte und ab 1942 ihr Nachfolger war, in einem Nachruf, daß von einem Zeitpunkt an, den er nicht näher benannte – vermutlich seit 1942 –, »keine Frauen mehr in unsere Kameradschaft aufgenommen wurden«, nur Mammina blieb »geehrt von allen, die sie kannten, und mehr noch: geliebt von uns allen« bis zuletzt als einzige Frau bei den »Artgenossen«.[10]

Das Wesentlichste am *Freundschafts-Banner*, das von 1937 bis 1942 *Menschenrecht* hieß und seit 1943 *Der Kreis*, ist die Tatsache, daß es in den zwölf Jahren der Nazidiktatur in Deutschland, die der deutschen Schwulenpresse und -bewegung ein Ende bereitet hatte, die einzige deutschsprachige Schwulenzeitschrift war, die es damals weltweit überhaupt gab. Und als die Deutschen 1940 die Niederlande überfielen und auch die dortige Schwulenbewegung zerschlugen und in den Untergrund drängten, war es allein die Schweiz mit Zürich als geistigem Zentrum, wo die Idee der Freiheit für Schwule überdauerte.

Manfred Herzer

Paul Camenisch
Schweizer Narziß
1944. Öl auf Leinwand, 116,5 x 82 cm
Basel, Öffentliche Kunstsammlung Basel, Kunstmuseum

1 René Hornung, *Schwule Schweizer im 19. Jahrhundert* (unveröffentlichtes Typoskript 1993).
2 Caspar Wirz, *Der Uranier vor Kirche und Schrift*, in: *Jahrbuch für sexuelle Zwischenstufen*, Jg. 5 (1903) S. 449–556; auch in: Heinrich Hössli, *Eros – Materialien* (Berlin 1996) S. 35–142.
3 Ferdinand Karsch, *Heinrich Hössli*, in: *Jahrbuch für sexuelle Zwischenstufen*, Jg. 6 (1904) S. 63–108.
4 *Monatsbericht des WhK*, Juni 1904, S. 12; November 1905, S. 19; Dezember 1905, S. 17.
5 In: *Capri*, Jg. 4 (1991), Nr. 4, S. 41–42.
6 *Die Freundschaft*, Jg. 7 (1925), Nr. 10, S. 242.
7 In: *Männergeschichten* (Basel 1988) S. 25.
8 Ebd. S. 22.
9 Walter Basler, *Homosexualität im Strafrecht* (Zürich 1941) S. 65.
10 Rolf, *Abschied von Mammina*, in: *Der Kreis / Le Cercle / The Circle* (1963), Nr. 1, S. 6–7.
10 »Artgenosse« und »Artgenossin« waren nach der Sprachregelung des *Freundschafts-Banners* die zulässigen Bezeichnungen; »Kamerad« und »Homoerot« wurden erst in späteren Jahren üblich.

IV. 2
NEDERLANDSCH WETENSCHAPPELIJK HUMANITAIR KOMITEE

Robert Thé Tjong Tjioe
Jonkheer Jacob Anton Schorer
1947. Öl auf Leinwand, 80 x 60 cm
Amsterdam, SAD-Schorerstichting

Jonkheer Jacob Anton Schorer (1866–1957) war nach dem ersten Weltkrieg, als sich die Niederländische Abteilung des WhK von der deutschen Gruppe trennte und ihren Namen in Nederlandsch Wetenschappelijk Humanitair Komitee *änderte, die dominierende Gestalt des NWHK.*

WIJ (Het Maandblad)
No. 1 (erste und einzige Ausgabe der Zeitschrift)
Amsterdam 1932
Amsterdam, Homodok

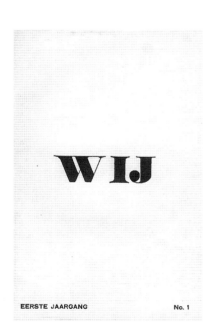

Nach dem ersten Weltkrieg erhielt die Niederländische Abteilung des WhK einen neuen niederländischen Namen und hieß nun *Nederlandsch Wetenschappelijk Humanitair Komitee*. Es war faktisch ein Einmannbetrieb des Freiherrn Jacob Anton Schorer. Die Schriftsteller Marie Jacobus Johannes Exler und Joannes Henri François und der Arzt Lucien von Römer waren eigentlich nur nominell dabei, so daß das NWHK letztlich mit der Person und der Wohnung Schorers in Den Haag identisch war. Lediglich in den Jahren 1919 und 1920 gab es in Rotterdam eine Abteilung, die Wim Roos gegründet hatte. Roos beendete seine Aktivitäten, als ihm sein Arbeitgeber mit Entlassung drohte, nachdem ihn die Polizei über die Freizeitbeschäftigung seines Angestellten informiert hatte. Daraufhin wurde die Rotterdamer Abteilung durch Schorer und Roos wieder aufgelöst.

Schorer verfaßte über die Komitee-Tätigkeit 1915–1920 und 1933–1940 insgesamt vierzehn Jahresberichte. Seine vermutlich wichtigste Aktivität in jener Zeit war der Aufbau einer schwulen Bibliothek, von der heute nur noch der gedruckte Katalog erhalten ist, da die Nazis sie während der Besatzung raubten; sie ist bis heute unauffindbar. Weiterhin hat Schorer persönlich und schriftlich viele Schwule beraten, hat ihnen geholfen oder sie einfach nur miteinander in Kontakt gebracht.

Insgesamt herrschte in Holland zwischen den Weltkriegen eine äußerst schwulenfeindliche Atmosphäre. Es gab mehrere große Skandale, beispielsweise als die Polizei 1920 in Den Haag mehrere achtbare Bürger verhaftete und in Amsterdam Razzien in schwulen Kneipen durchführte. Ebenfalls in Den Haag kam es 1936 zur Verhaftung des höchsten Beamten im Finanzministeriums, Mr. L. A. Ries, wegen Sex mit einem Minderjährigen. Obwohl sich später herausstellte, daß der junge Mann seine Anschuldigungen erfunden hatte, wurde Ries entlassen und emigrierte mit seiner Mutter ins Ausland. Stets gab es von seiten katholischer und protestantischer Gruppen und später auch der holländischen Nazis eine heftige Agitation gegen die Schwulen. Immer wieder kam die Forderung nach einem Verbot des NWHK auf, das aber niemals erfolgte. Eine katholische Ärzteorganisation veranstaltete 1939 einen Kongreß über Homosexualität. In dem Kongreßbericht, der 1941 unter der deutschen Besatzung gedruckt wurde, ist die Genugtuung darüber zum Ausdruck gebracht, daß in der »neuen Zeit« kein Platz mehr da sei für so etwas wie das NWHK.

P. A. Begeer
Jef Last
1929. Öl auf Leinwand, 60 x 50 cm
Den Haag, Nederlands Letterkundig Museum
Der links-sozialistische Schriftsteller und Politiker Jef Last (1898–1972) hatte vor dem zweiten Weltkrieg einige Romane mit vagen schwulen Andeutungen geschrieben. Er hatte seinen Freund André Gide auf dessen Reise in die Sowjetunion begleitet und ihm als Dolmetscher gedient. Nach dem Krieg begann er, schon fast fünfzigjährig, sich der Schwulenbewegung anzunähern und arbeitete im COC mit.

The Empire
Um 1924. Fotografie
Amsterdam, Collection Jan Carel Warffemius
Die Zeitschrift Wij, *von der nur eine einzige Ausgabe 1932 erschien, war das erste einschlägige Blatt der*

Kaum jemand trat der herrschenden Schwulenfeindlichkeit entgegen, allenfalls schöne Literatur, Romane und Lyrik mit schwulenfreundlicher Tendenz wurden veröffentlicht. Während aber die einschlägigen Autoren vor dem ersten Weltkrieg wie Louis Couperus und M. J. J. Exler unter ihren wirklichen Namen veröffentlicht hatten, war jetzt das Pseudonym üblich geworden. So schrieb Joannes Henri François als Charley van Heezen und P. C. Boutens als Andries de Hoghe. Nur die nichtbetroffene, aber sympathisierende christliche Autorin Wilma Vermaat schrieb unter ihrem eigenen Namen. Wichtige nichtbelletristische Werke aus jener Zeit waren etwa das Buch *Homosexualiteit* des sozialistischen Autors Albert Jan Luikinga (1927) und eine Sammlung lesbischer und schwuler Autobiographien, die der Jurist Benno Stokvis 1939 herausgab.

Der sozialistische und schwule Autor Jef Last wagte es, seine Romane, in denen Homosexualität als Nebenthema vorkommt, unter seinem wirklichen Namen erscheinen zu lassen. Last wurde zudem bekannt, als er André Gide auf dessen Reise durch die Sowjetunion begleitete, wo er ihm als Dolmetscher diente und mit Gide gemeinsam die Ablehnung des antischwulen Strafrechts zum Ausdruck brachte, das 1934 in der Sowjetunion eingeführt worden war.

Niederlande. Wij wurde von den Mitarbeitern der Amsterdamer Schwulenbar The Empire gestaltet und herausgegeben. Eine überfallartige Polizeirazzia gegen die Bar, kurz nachdem Wij erschienen war, brachte das Ende für Wij und für The Empire.

Willem Arondéus
Um 1930. Fotografie
Amsterdam, Gert Hekma

Der Maler und Schriftsteller Willem Arondéus (1894–1943) war im sogenannten Künstlerwiderstand gegen die Nazis aktiv und führend am Überfall auf das Bevölkerungsregister in Amsterdam beteiligt. Die Gruppe wurde entdeckt und Arondéus zum Tode verurteilt. Er beauftragte seine Anwältin, nach dem Krieg seine Geschichte zu erzählen und dabei zu betonen, daß es Schwule wie ihn gegeben habe, die keine Feiglinge, sondern mutige Widerstandskämpfer waren.

Treffen der NHWK-Gruppe in Rotterdam
(zweiter von rechts: Jonkheer Jacob Anton Schorer)
19. März 1918. Fotografie
Berlin, Schwules Museum

Die Rotterdamer Gruppe des Nederlandsch Wetenschappelijk Humanitair Komitee existierte nur kurze Zeit 1918/1919. Außer ihrer bloßen Existenz, die durch dieses Foto dokumentiert wird, ist von der einzigen NWHK-Gruppe neben der in Den Haag nichts weiter bekannt.

Von deutscher Vorbildern inspiriert, erschien 1932 die erste niederländische Schwulenzeitschrift *Wij* (»Wir«), allerdings nur in einer einzigen Ausgabe. Erst im Januar 1940 gab es einen zweiten Versuch mit der Zeitschrift *Levensrecht*. Die beiden wichtigsten Mitarbeiter von *Levensrecht*, Nico Engelschman und Jaap van Leeuwen, schrieben nur unter ihren Pseudonymen Bob Angelo und Arent van Sarthorst. Zwischen van Leeuwen und Schorer bestand eine enge Freundschaft und rege Korrespondenz. Engelschman war Sekretär des international bekannten sozialistischen Politikers Henk Sneevliet. Nach dem Einmarsch der Deutschen mußte *Levensrecht*, von der es immerhin drei Ausgaben gegeben hatte, ihr Erscheinen einstellen, und die Besatzer erließen ein neues Schwulenstrafrecht, das den nazistischen §§ 175 und 175 a nachgebildet war. Doch weder für die Nazis noch für die niederländische Polizei hatte die Verfolgung der Schwulen eine besondere Priorität, so daß viele Schwule, die sich heute an die Besatzungszeit erinnern, von einer ›goldenen Zeit‹ sprechen, weil sie durch die häufigen Sperrstunden oft nicht in ihre Wohnungen zurückkehren konnten und ›gezwungen‹ waren, bei Freunden zu übernachten.

Gert Hekma

IV. 3
BRITISH SEXOLOGICAL SOCIETY

In der Zeit zwischen den Weltkriegen blieb die rechtliche Stellung der Homosexuellen unverändert. Männer konnten unter Berufung auf die gleichen Gesetze strafrechtlich verfolgt werden, nach denen Oscar Wilde im Jahre 1895 zu zwei Jahren Gefängnis verurteilt worden war. Die lesbische Liebe blieb außerhalb der Rechtsprechung, obwohl es einen Versuch gegeben hatte, die gegen männliche Homosexualität gerichteten Gesetze auf Frauen auszudehnen. Ein entsprechender Gesetzentwurf scheiterte jedoch 1920 im Parlament.

Die breite Öffentlichkeit blieb in jener Zeit von Informationen über Homosexualität ausgeschlossen. Das Thema galt als zu schockierend und geschmacklos, um in der Presse diskutiert zu werden. Daher stammten die Klischeevorstellungen vom Homosexuellen aus der Zeit der Prozesse um Oscar Wilde und hatten seitdem eher noch an Realitätsferne gewonnen. Bei dem Prozeß um das Verbot des Romans *The Well of Loneliness* (dt. *Quell der Einsamkeit*) ging es 1927 nur vordergründig um Zensur, unterschwellig war die lesbische Liebe das eigentliche Thema. Die sehr maskuline Erscheinung der Autorin Radclyffe Hall bestimmte seitdem für Generationen die Wahrnehmung der Lesbe.

»The Green Bay Tree«
von Mordaunt Shairp

1933. Szenenfoto mit Hugh Williams (l.)
und Frank Vosper (r.)
Beckenham, Mander & Mitchenson

Nach der Premiere im Londoner St. Martin's Theatre am 25. Januar 1933 lief Mordaunt Shairps sehr melodramatisches Stück The Green Bay Tree *beachtliche sechs Monate, um danach mit dem jungen Laurence Olivier leicht verändert am Broadway herauszukommen. 1950 und 1951 kam es in London und New York zu Wiederaufführungen. Obwohl das Wort »homosexuell« niemals fällt, ist von der ersten Szene an klar, worum es hier geht: um die Bemühungen eines älteren, offensichtlich schwulen Mannes, einen charakterschwachen Jüngling unter seinen Einfluß zu bekommen.*

Angus McBean
Quentin Crisp

1941. Fotografie
Brighton, The Estate of Angus McBean

»Von Anfang an war ich von gewissen eindeutigen äußerlichen Merkmalen der Homosexualität so deutlich gezeichnet, daß ich schon früh außerstande war, meine Lage zu ignorieren. Ich war schon früh nicht nur ein bekennender, sondern auch ein offensichtlicher Homosexueller. Ich offenbarte mich also nicht nur gegenüber Leuten, die mich kannten, sondern auch Fremden gegenüber. Das war nicht schwierig. Ich schminkte mich zu einer Zeit, als sogar bei Frauen Lidschatten als sündig galten.« (Quentin Crisp, The Naked Civil Servant, *dt.* Crisperanto. Aus dem Leben eines englischen Exzentrikers*).*

Quentin Crisp, Jahrgang 1908, stürzte sich als effeminierter homosexueller Jüngling mit hennagefärbtem Haar und getuschten Wimpern zu einer Zeit in die Londoner Schwulenszene, als Verfolgung durch die Polizei und Ächtung durch die Öffentlichkeit an der Tages-

Der Versuch von 1914, eine britische Version des *Wissenschaftlich-humanitären Komitees* in London zu gründen, führte nur zu bescheidenen Resultaten. Als Ende der zwanziger Jahre der extravagante, aber dynamische Arzt Norman Haire in das »executive committee« der *British Sexological Society* (BSS) eintrat, konnte zwar noch unter Beteiligung der BSS 1929 der dritte Kongreß der *Weltliga für Sexualreform* in London stattfinden, aber die folgenden politischen Ereignisse, die Weltwirtschaftskrise, die Machtergreifung der Nazis in Deutschland und schließlich der Tod Magnus Hirschfelds, des Präsidenten der *Weltliga*, im Jahre 1935 führten dazu, daß diese sexualpolitischen Initiativen mit ihren zarten Andeutungen von Schwulenpolitik verschwanden. Norman Haire gab noch einige Bücher heraus, die schüchterne Hinweise auf die Ungerechtigkeit enthielten, die in England den homosexuellen Menschen angetan werde: die später auch in viele Sprachen übersetzte *Encyclopedia of Sexual Knowledge* (1934) und eine Zusammenstellung von Hirschfeld-Texten, *Sexual Anomalies and Perversions* (1936).

Als der Krieg begann, war in London als ein offensichtlich kriegsbedingter Nebeneffekt ein Aufblühen der homosexuellen Subkultur zu verzeichnen. Die soziale Kontrolle und polizeiliche Überwachung lockerte sich merklich. Wie Quentin Crisp schrieb, glich London im Krieg einem »asphaltierten Doppelbett«.

James Gardiner und Peter Burton

ordnung waren. Manieriertheit und sprühender Witz kennzeichnen seine Autobiographie The Naked Civil Servant von 1968 (dt. 1988), doch erlangte er erst Weltruhm, als das Werk 1975 mit John Hurt in der Hauptrolle verfilmt wurde. Seither hat er noch weitere Bücher verfaßt und ist mit seiner Ein-Mann-Show Ein Abend mit Quentin Crisp auf Tournee gegangen. Nachdem er einige Jahrzehnte seines Lebens in einer schäbigen Einzimmerwohnung in Chelsea verbracht hatte, zog er nach New York, wo er eine Art Guru werden sollte. Sting schrieb über ihn den Song Englishman In New York, und Crisp hatte Auftritte in Filmen wie Philadelphia und – als Königin Elizabeth I. – in Orlando.

The Quorum.
A Magazine of Friendship
Specimen Copy. Privately Published
London 1920
Brighton, Collection of Peter Burton

Die Londoner Zeitschrift The Quorum *mit dem Untertitel »Ein Freundschaftsmagazin« versuchte im Jahre 1920 die Tradition von* The Spirit Lamp *und* The Chameleon *aus den neunziger Jahren aufzunehmen. Es erschien nur eine einzige Ausgabe, die von Mitgliedern der Schwulenvereinigung* Order of Chaeronea *gestaltet und an die Mitglieder der* British Society for the Study of Sex Psychology *und an einige öffentliche Bibliotheken verschickt wurde. Warum es nur bei dieser einen Ausgabe blieb, ist unbekannt. Das Heft enthielt eine lange Besprechung des in England beliebten Internatsromans* Prelude *von Beverly Nichols sowie Gedichte von E. E. Bradford, Leonard Green, Dorothy L. Sayers und John Gambril Nicholson.*

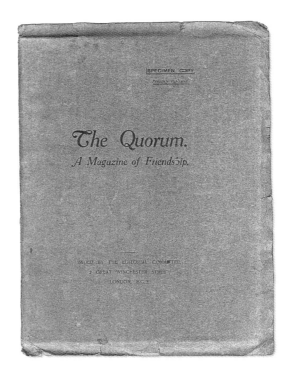

Herbert List
Stephen Spender mit Heinrich am Rhein
1929. Fotografie
Hamburg, Herbert List Nachlaß – Max Scheler

Howard Coster
Wystan Hugh Auden mit Christopher Isherwood und Stephen Spender
(von links nach rechts)
Um 1938. Fotografie
London, National Portrait Gallery

Die Auden Generation, so genannt nach ihrem berühmtesten Vertreter, dem Dichter und Essayisten Wystan Hugh Auden (1907–1973), war eine lose Verbindung von zumeist schwulen Schriftstellern und Musikern, deren Karrieren um das Jahr 1930 begannen. Auden lebte wie seine Freunde Christopher Isherwood (1905–1986) und Stephen Spender (1909–1996) damals längere Zeit in Berlin und gewann aus der Atmosphäre der Stadt am Vorabend der Naziherrschaft wichtige Eindrücke, die in seinen Werken zur Geltung kamen. In weit höherem Maß war dies bei Christopher Isherwood der Fall, der Berlin zum Schauplatz für seine bekanntesten Romane Mr. Norris Changes Train *(1935, dt.* Mr. Norris steigt um*) und* Goodbye to Berlin *(1939, dt.* Leb' wohl, Berlin*) wählte. Aus* Goodbye to Berlin *entnahm Isherwood Motive für das Theaterstück und den Film* I am a Camera *(1951 und 1955) sowie für das 1972 verfilmte Musical* Cabaret *(1966). Während der Ich-Erzähler in* Goodbye to Berlin *als sexuell unbestimmt erscheint, ist die entsprechende Figur in* I am a Camera *eindeutig heterosexuell, was auch noch in dem Musical von 1966 der Fall war. Erst in Bob Fosses Filmversion wurde die Figur von Michael York als zumindest bisexuell dargestellt.*

Elliott and Fry
Alan Turing
1951. Fotografie
London, National Portrait Gallery

Alan Turing (1912–1954) lehrte Mathematik in Cambridge und war einer der Pioniere der Computerentwicklung. Während der U-Boot-Blockade Englands im Zweiten Weltkrieg gelang es ihm, den Enigma-Code der Wehrmacht zu entschlüsseln, was ihm den Ruf eines Nationalhelden eintrug. 1952 wurde er wegen homosexueller Vergehen verhaftet, für schuldig befunden und gezwungen, sich einer »Hormontherapie« zu unterziehen. Zwei Jahre später beging er Selbstmord.

George Platt Lynes
Edward Morgan Forster
1936. Fotografie
New York, DC Moore Gallery

Edward Morgan Forster (1879–1970) gilt als einer der bedeutendsten englischen Romanciers des 20. Jahrhunderts. Seinen posthum veröffentlichten Roman Maurice (1971, dt. 1988), 1913/14 in einer ersten Fassung niedergeschrieben, hat er bis zu seinem Lebensende immer wieder überarbeitet. Die Romanhandlung war inspiriert durch Forsters Bekanntschaft mit Edward Carpenter und dessen aus der Unterschicht kommendem Geliebten George Merill und handelt »von unterdrückter Homosexualität und Liebe jenseits der Klassenschranken«. In keinem anderen seiner Werke bringt Forster das Problem seines Lebens, die Homosexualität, so explizit zur Sprache wie in Maurice. Vermutlich wollte Forster deshalb nicht, daß der Roman zu seinen Lebzeiten veröffentlicht wurde. 1987 diente Maurice als Vorlage für einen erfolgreichen Film gleichen Titels.

IV. 4
Die Invertierten von Paris

Malheur à celui par qui le scandale arrive

Noch geprägt von der Losung »Freiheit, Gleichheit, Brüderlichkeit!« hatte Napoleon 1804 mit dem *Code civil* seinem Reich eine rechtliche Grundlage für die Organisation des gesellschaftlichen Lebens gegeben und seinen Bürgern ein Minimum an Rechtssicherheit garantiert. Vergehen, deren Sühne bis zur Revolution Kirche und Monarchie in geheimen Prozessen diktiert hatten, mußten nun nach einer fixierten Strafprozeßordnung behandelt werden. Das kam auch denjenigen zugute, die gegen religiöse Sittennormen verstoßen hatten. Zwar wertete der *Code pénal* von 1810 die Homosexualität nicht mehr als eine Handlung »gegen die menschliche Natur«, sie galt aber weiter als ein *délit*, das bestraft werden mußte, sofern die *invertis* dabei gegen die öffentliche Ordnung verstießen.

Praktisch wurde jedoch nur die männliche Prostitution verfolgt. Der Eifer in der Ahndung solcher Delikte hing in starkem Maße von den Personen ab, die die Gesetze exekutierten. Die Berichte der *Sûreté parisienne* zeigen, daß der polizeiliche Blick sich ideologisch kaum unterschied von dem in Preußen oder später im Deutschen Reich. Die Reaktion der französischen Öffentlichkeit zeigte aber auch, daß sie nicht in jedem Fall bereit war, die Moralvorstellungen der Sittenpolizei nachzuvollziehen. So mußte der erste Chef der *Sûreté*, François-Eugène Vidocq, abgelöst werden, als sein Eifer, die Homosexuellen in den Parks und öffentlichen Bädern aufzuspüren, selbst zum öffentlichen Ärgernis geworden war. Bezeichnend ist, daß Vidocq durch einen Homosexuellen ersetzt wurde, den ehemaligen Polizeispitzel Coco Lacour.

Die Öffentlichkeit war eher bereit, nach der Devise zu handeln: *Malheur à celui par qui le scandale arrive* (»Schande über den, durch den der Skandal bekannt wird«). In der zweiten Hälfte des 19. Jahrhunderts hatte man andere Sorgen. Mit der Parole *Enrichissez-vouz et vous serez considéré!* (»Bereichert euch und ihr seid geachtet!«) hatte Louis-Philippes Minister François Guizot das Interesse der bürgerlichen Klasse auf den Begriff gebracht. Das Bürgertum der *Belle Epoque* war mehr auf die Entfaltung seiner ökonomischen und politischen Möglichkeiten bedacht als auf die Durchsetzung und Einhaltung einer verbindlichen gesellschaftlichen Sexualmoral.

Christian Gerschel
Jean Lorrain
Paris um 1890. Fotografie
Paris, Privatbesitz

Jean Lorrain (Paul Alexandre Martin Duval), französischer Schriftsteller und Gesellschaftsjournalist (1855–1906), Autor von La Ville empoisonnée *und* Monsieur de Phocas *(1901). In seinem Roman* Monsieur de Phocas *erzählt er die Geschichte eines Mannes, der als Elfjähriger Zeuge des Unfalls eines Spielkameraden wird. Die im Tode strahlenden Augen des Knaben bilden fortan eine Obsession, hinter dem sich seine homoerotischen Neigungen verbergen.*

(anonym)
Comte Robert de Montesquiou
Um 1885. Fotografie
Caen, Le Gangneux

Robert de Montesquiou (1855–1921), schriftstellernder Dandy, war neben Jean Lorrain und Oscar Wilde Vorbild für den Baron de Charlus in Marcel Prousts Auf der Suche nach der verlorenen Zeit.

War die Homosexualität der unteren Schichten auch kein Thema, so begegnete die liberale Bourgeoisie den *invertis* der eigenen Klasse mit Neugier. Literaten schmückten die exklusiven Salons und ließen auf den gastgebenden Besitzbürger etwas von ihrem Glanz fallen. Die Beziehung zwischen Arthur Rimbaud und Paul Verlaine war bekannt, und der *Peuple Souverain* konnte in den Achtzigern, ohne Anstoß zu erregen, über die Besucher einer Theaterpremiere im Odéon notieren: »Der saturnische Dichter Paul Verlaine reichte seinen Arm einer charmanten Person, Mademoiselle Rimbaud.« Daß die Leidenschaft eines der populärsten Trivialautoren um die Jahrhundertwende, Pierre Loti, nicht nur dem Meer, sondern auch den Matrosen galt, blieb ebenfalls nicht verborgen. Marcel Proust fiel zumin-

(anonym)
André Gide
1897. Fotografie
Caen, Le Gangneux

dest in den Salons durch seine hartnäckigen und häufig wechselnden Anhänglichkeiten auf, wobei es ihm offensichtlich die Söhne Prominenter angetan hatten. Seine unerfüllte Zuneigung zu Jacques Bizet, Sohn des Komponisten, trug ihm den Spitznamen *le Collant*, »der Anhängliche«, ein, was aber auch als »der Klebrige« verstanden werden konnte. Der Schriftsteller und Gesellschaftsjournalist Jean Lorrain, einer der auffälligsten Dandys der *Belle Epoque*, thematisierte in seinem Roman *Monsieur de Phocas* offen seine homoerotischen Sehnsüchte. Und der Graf Robert de Montesquiou, Lorrain an poetischer und persönlicher Exzentrik ebenbürtig, zelebrierte seine Tuntenphantasien, ohne sich dabei um die Öffentlichkeit zu scheren. So war es kein Zufall, daß Oscar Wilde nach der Verbüßung seiner Haftstrafe nach Paris flüchtete, um der moralischen Enge Englands zu entgehen.

Vor diesem Hintergrund nachsichtiger, wenn auch häufig spöttischer Duldung knüpften die Homosexuellen ihr Beziehungsnetz. Man liebte sich und man haßte sich, man förderte einander mit freundlichen Rezensionen oder verriß die letzte Veröffentlichung, man schrieb wohlwollende Vorworte oder brach unverständliche Streitereien vom Zaun. (Proust nahm neben Oscar Wilde und de Montesquiou auch Lorrain zum Vorbild seines Charlus in der Suche nach der verlorenen Zeit, Lorrain wiederum benutzte Züge de Montesquious für seinen Monsieur de Phocas usf.)

Das bizarrste Beispiel für den gesellschaftlichen Freiraum, den die Literaten genossen, in dem sie aber auch gefangen blieben, war die groteske Auseinandersetzung, in die sich 1897 Lorrain und Proust verstrickten – ein

Rogi André
René Crevel
1933. Fotografie
Paris, Christian Bouqueret

Der Schriftsteller René Crevel (1900–1935), Autor von Mon Corps et moi *(1926, dt.* Mein Körper und ich*),* La Mort difficile *(1926, dt.* Der schwierige Tod*),* Babylone *(1927, dt.* Babylon*), gehörte zu den Surrealisten und sympathisierte mit den Kommunisten. Crevel beging 1935, am Vorabend des Internationalen Kongresses zur Verteidigung der Kultur, Selbstmord. Klaus Mann, dessen* Wendepunkt *auch ein Zeugnis seiner engen Freundschaft mit Crevel ist, hat anrührend geschildert, wie er davon erfuhr: »Am Morgen […] läutete das Telephon. Es war einer der Veranstalter des antifascistischen Kongresses, Johannes R. Becher. […] Schließlich sagte Becher: ›Diese Geschichte mit dem armen René Crével, scheußlich, nicht wahr?‹ […] Am gleichen Tage begannen die Sitzungen des Kongresses. Mein Onkel Heinrich sprach gegen Krieg und Fascismus. Mein großer Freund André Gide sprach gegen Krieg und Fascismus. Der gescheite Huxley, der symphatische E. M. Forster, der wirkungsvolle André Malraux: sie sprachen alle gegen Krieg und Fascismus. Und René war tot.«*

Streit, der auch damals schon nur als ›Tuntenstreit‹ begriffen werden konnte. Lorrain war mit dem Comte de Montesquiou befreundet, seit dieser Lorrains Sonett-Zyklus Les Ephèbes gelesen und seine Bewunderung für den Autor geäußert hatte. Als der streitsüchtige Lorrain 1896 im Vorwort von Montesquious Les Hortensias bleus Proust freundlich erwähnt fand, folgerte er, der »hübsche kleine Gesellschaftsjüngling« habe ein Verhältnis mit dem Grafen. In einer Rezension von Prousts Les Plaisirs et les jours (Tage der Freuden) in der Massenzeitung Le Journal merkte er Monate später maliziös an, daß Anatole France Proust die Gunst eines Vorwortes gegeben habe, und prophezeite nicht minder hinterhältig, daß »M. Proust für sein nächstes Buch selbst dem aufrechten Alphonse Daudet ein Vorwort abpressen wird«, da dieser »seinem Sohn Lucien kaum diesen Gefallen

wird abschlagen können«. Auf den darin kaum versteckten (allerdings
nicht ganz erfundenen) Vorwurf, Proust und der Dichter-Sohn Lucien Daudet
hätten ein Verhältnis, reagierte Proust, indem er seinen Bediger zum
Duell forderte. Am 6. Februar 1897 wechselten Lorrain und Proust zwei
Pistolenschüsse, die – dem Ritual für geringere Ehrverletzungen folgend –
in die Luft abgefeuert wurden. Der Figaro meldete am nächsten Morgen,
die Sekundanten hätten nach dem Duell den Streit für beigelegt erklärt.

Die Dreyfus-Affäre, die die Dritte Republik am Ende des 19. Jahrhunderts
erschütterte, bedeutete das Ende der Salons, die sich in Verteidiger und
Gegner des als Landesverräter beschuldigten Offiziers spalteten, und sie
entzog vielen Homosexuellen die gesellschaftliche Bühne. Beziehungen,

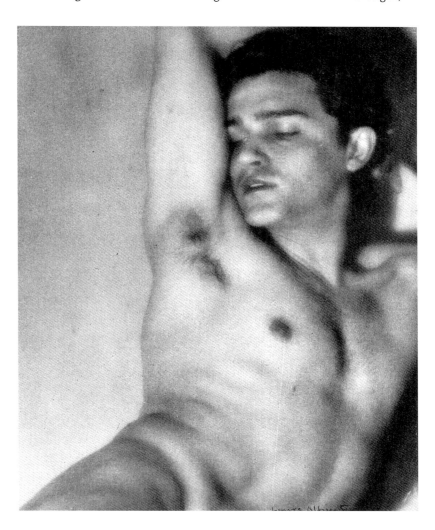

Laure Albin Guillot
Aus der Serie »Le Narcisse«
1933/34. Fotografie
Paris, Christian Bouqueret

Laure Albin Guillot (1880–1939) war die erste französische Frau, die sich in der weitgehend von Männern dominierten Werbe- und Kunstfotografie durchsetzen konnte. Sie arbeitete in den zwanziger Jahren vor allem für die Zeitschriften Vu *und* Art. *Herausragend waren ihre Porträt- und Aktfotos. Albin Guillot erhielt 1933 den Auftrag, die fotografischen Illustrationen zu Paul Valérys Buch* Le Narcisse *anzufertigen, nachdem Valéry die Arbeiten des (homosexuellen) Fotografen Raymond Voinquel als »zu realistisch« (also zu homoerotisch) abgelehnt hatte.*

die sich Jahre zuvor noch durch die kollektive Erfahrung sexuellen Andersseins gebildet hatten, zerbrachen nun im Streit, und neue Koalitionen entstanden, die geprägt waren von politischem Engagement.

Solche Erfahrungen mußten sich auch auf die soziale Identität der
Homosexuellen auswirken. 1911, am Vorabend des Ersten Weltkrieges, in
dem auch die *Belle Epoque* untergehen sollte, erschien das Pamphlet eines
anonymen Autors, in dem erstmals die gesellschaftliche Existenz der
Homosexualität thematisiert wurde. Der Verfasser André Gide, der sich
erst in den zwanziger Jahren zu *Corydon* bekennen sollte, unternahm den
Versuch, die Homosexualität naturwissenschaftlich, moralisch und gesellschaftlich zu rehabilitieren. Homosexualität, schrieb Gide, sei ebenso
natürlich wie Heterosexualität, Aufgabe des homosexuellen Menschen sei

es, diese Anlage nicht zu unterdrücken, sondern bewußt anzunehmen: eine deutliche Forderung an die Homosexuellen selbst, sich nicht als Angehörige einer *race maudite* (Proust), eines verdammten Geschlechtes, zu sehen.

Le Bluff sur le moi

1920 erschien *Corydon* in einer erweiterten Fassung, wieder als Privatdruck und immer noch ohne Nennung seines Urhebers. Eines der 21 aufgelegten Exemplare ließ Gide Marcel Proust lesen, den er zu Beginn der zwanziger Jahre häufig besuchte. Dazu notierte er im Mai 1921 in sein Tagebuch: »Ich bringe ihm *Corydon* mit, wovon mit niemandem zu sprechen er mir zusagt.« Gides Zögern, sich zur Autorschaft des Buches zu bekennen, das er immer für sein wichtigstes hielt, war nur allzu verständlich, hatten ihn doch Freunde eindringlich vor einem solchen Bekenntnis gewarnt, da sie einen Skandal fürchteten.

Frankreich war aus dem Ersten Weltkrieg als Sieger hervorgegangen, und die Ergebnisse des Krieges schienen die traditionellen gesellschaftlichen Strukturen und das moralische Wertesystem der Dritten Republik bestätigt zu haben. Dem konnten die *invertis*, deren soziales Netz durch die Dreyfus-Affäre zerstört worden war, nicht mehr mit einem Schutz bietenden eigenen Milieu begegnen, als sie die Erfahrung machen mußten, daß es mit Chauvinismus und Antisemitismus gesellschaftliche Konflikte gab, die das eigene psychosexuelle Schicksal unterlagerten.

1924 immerhin entschloß sich Gide, *Corydon*, die »Vier sokratischen Dialoge«, unter seinem Namen zu veröffentlichen. Dem folgte 1926 auch das Bekenntnis zu *Si le Grain ne meurt* (dt. *Stirb und werde*), 1920 noch anonym erschienen, in dem Gide sein erstes homosexuelles Erlebnis beschreibt. Zu diesem Schritt trug neben seinem protestantischen Pathos sicher auch seine persönliche Situation bei. Er litt unter der ausweglosen Situation, in die seine Ehe durch die Beziehung zu dem jungen Marc Allégret geraten war. Er teilte auch nicht die Haltung Prousts, dem es gelang, Homosexualität als eigene und als literarisch-öffentliche Konstruktion voneinander zu trennen, wobei aber die Distanz in der Literarisierung nicht nur künstlerische Absicht war, sondern auch von Selbsthaß diktiert zu sein schien.

In der Person Prousts hat Gide den Zustand, in dem sich der Homosexuelle zu jener Zeit befand, sehr genau beschrieben. Nach der Lektüre von Prousts *Sodom und Gomorrha* notierte er in sein Journal: »Für mich, der ich Prousts wahre Ansichten und Neigungen so gut kenne, ist es beinahe unmöglich, hier irgend etwas anderes zu sehen als einen Trick zum Zwecke des Selbstschutzes.« Und nach einem Besuch bei Proust heißt es in seinem Tagebuch (1921): »Wir haben auch heute abend von fast nichts anderem gesprochen als vom Uranismus; er sagte, er bereue die ›Unentschlossenheit‹, die ihn bewog, alles, was seine homoerotischen Erinnerungen an Graziösem, an Zärtlichem, an Charmantem hergaben, in den ›Schatten junger Mädchen‹ zu transponieren, um den heteroerotischen Teil seines Buches zu beleben, so daß ihm für *Sodom und Gomorrha* nur noch Groteskes und Verächtliches [für die *invertis*] bleibt.« Das Abtauchen in die Kunst, in das soziale und politische Engagement oder der Rückzug aus der Öffentlichkeit waren daher für die Schriftsteller, die bisher das Reden über Homosexualität bestimmt hatten, notwendige Reflexe auf den Zerfall des Ortes sozialer Identitätsgewinnung.

(anonym)
**Henry de Montherlant
mit jungem Mann beim Fußballspielen**
1923. Fotografie
Berlin, Klaus Behnken

Der Romancier und Dramatiker Henry de Montherlant (1896–1972), Mitglied der Académie Française, Autor von Les Célibataires *(1934, dt.* Die Junggesellen *) und* Les Garçons *(1969, dt.* Die Knaben*), idealisierte in seinem Werk immer wieder den männlichen Heroismus, den er besonders im Sportler verkörpert sah. Besonders deutlich wurde dies in* Les Olympiques *(1926), einer Sammlung von Prosa, Lyrik und Notizen, in der der Mann als der Frau überlegen geschildert wird.*

André Steiner
Jean Marais und Jean Cocteau bei den Dreharbeiten zu »Les Parents terribles« in den Studios Pathé
1947. Fotografie
Paris, Christian Bouqueret

Jean Marais (J. Alfred Villain-Marais, * 1913) lernte Cocteau 1937 kennen, als er bei diesem wegen einer Rolle in dessen Stück König Ödipus *vorsprach. Marais, der Cocteau stark beeindruckte, erhielt die Titelrolle, wobei Cocteau ihn warnte, man werde ihn künftig für seinen Geliebten halten. Marais beschrieb 1996 in einem Interview seine Reaktion auf die Liebeserklärung als opportunistisch: »Ich behauptete, ich würde ihn auch lieben. Ich war zu fast allem bereit, um Karriere zu machen. Also spielte ich Cocteau die Komödie der Liebe vor.« Aus dieser Komödie wurde jedoch eine lebenslange private und künstlerische Beziehung. Marais übernahm in zahlreichen Theater- und Filminszenierungen Cocteaus die führenden Rollen, so in* La Belle et la bête *(1946),* Les Parents terribles *(1948) und* Orphée *(1950).*

Der verklärte Blick auf die Kultur jener Jahre, auf die Unterhaltungsindustrie, auf die Literatur, die bildenden, angewandten und darstellenden Künste scheint merkwürdig unscharf. Der Krieg hatte in Frankreich nicht wie in Deutschland zu tiefen sozialen und kulturellen Erschütterungen geführt. Die existentiellen Erfahrungen des Zusammenbruchs, die das Land jenseits des Rheins empfänglich gemacht hatten für die Aufnahme neuer Ideen, fehlten. So haben sich weder eine autonome Jugend-Kultur wie der *Wandervogel* noch sexuelle Reformbewegungen durchsetzen können, wie sie sich in der Weimarer Republik im Schatten der linken Parteien entwickelten. Zwar hatte nach 1910 auch in Frankreich die Freud-Rezeption den Diskurs über Sexualität verändert, doch fand er – abgesehen vom Surrealismus, von der Literatur und der bildenden Kunst – nur sehr langsam Eingang in die Öffentlichkeit.

Noch in den dreißiger Jahren bestimmten Ansichten wie die des populären Sexualwissenschaftlers René Allendy die »Conceptions modernes de la Sexualité« (so der Titel eines vielbeachteten Essays). In seinem Katalog der sexuellen Psychopathologie erklärte Allendy die männliche und weibliche Homosexualität zu einer Variante von Impotenz und Frigidität. Aber auch die Surrealisten bewiesen in dieser Frage ein hohes Maß an Ignoranz. Ein 1928 in *La Révolution surréaliste* veröffentlichtes Gespräch zwischen Mitgliedern der Gruppe zeigt, wie tief sie in ihrer Bewertung der Homosexualität gespalten waren. Während Raymond Queneau, Jacques Prévert und Louis Aragon sie als eine mögliche sexuelle Haltung verteidigten, ereiferte sich vor allem André Breton über das »mentale und moralische Defizit« der Schwulen – neben dem politischen Engagement ein Konflikt,

an dem der einzige Homosexuelle unter den Surrealisten, der Schriftsteller René Crevel, enger Freund Klaus Manns, schließlich zerbrach.

Gides Eintreten für die Rechte Homosexueller machten ihn zum begehrten Adressaten junger Schwuler, denen er sich jedoch zu entziehen verstand. So scheiterte 1933 Jean Genets Versuch, sich der Hilfe des Dichters zu versichern. Mehr Glück sollte er dagegen Jahre später bei einem anderen haben, der nicht ganz so viel Wert auf bürgerliche Distanz legte. Die meisten homosexuellen Schriftsteller, wie Marcel Jouhandeau, Henri de Montherlant und Max Jacob, verkehrten untereinander, mieden jedoch den öffentlichen Auftritt oder zogen sich selbst von jenen zurück, mit denen sie Beruf und sexuelle Neigungen teilten, wie dem von seinen religiösen Obsessionen

Roger Schall
George Hoyningen-Huene im Studio
Paris 1937. Fotografie
Caen, Le Gangneux

Der baltische Baron George Hoyningen-Huene (1900–1968) verließ Rußland 1917 nach der Oktoberrevolution und ging über England nach Paris. Ausgebildet u. a. bei André Lhote wurde er Modezeichner für die französische Ausgabe von Vogue. 1925 begann er zu fotografieren und arbeitete als Modefotograf für die Zeitschrift. 1929 traf Hoyningen-Huene den jungen Deutschen Horst P. Horst, mit dem ihn eine lebenslange Freundschaft verbinden sollte. 1935 wechselte er zu Harper's Bazaar, *seine Position bei* Vogue *wurde von Horst übernommen. In der zweiten Hälfte der dreißiger Jahre siedelt Hoyningen-Huene in die USA über.*

(anonym)
Abel Bonnard bei seinem Besuch eines Berufsausbildungszentrums in Pantin
Februar 1944. Fotografie
Paris, Privatbesitz

Abel Bonnard (1883–1969), Schriftsteller, Mitglied der Académie Française, stand in den zwanziger und

geplagten Julien Green. Ganz anders dagegen der neusachliche Dandy Jean Cocteau. Er beherrschte die Balance zwischen multikünstlerischer Produktion und ihrer kulturellen Inszenierung so virtuos, daß 1924 das Magazin *Fantasio* ihn mit dem Titel *Le Bluff sur le moi* (etwa: »Mein Bluff«) verspottete – einer Paraphrase auf sein Buch *Le Boeuf sur le toit* (*Der Ochs auf dem Dach*). Nichts anderes war es wohl, was seinen Kollegen Gide schon früh zu der Bemerkung veranlaßte, Cocteau würdige die Kunst unaufhörlich zum Kunststück herab (Tagebuch 1923). Immerhin, Cocteaus Versuch, mit pädagogischem, aber auch ganz handfestem Eros den Salon zu erneuern, machte ihn zum Entdecker und Förderer vieler junger Künstler. Unter ihnen war der früh verstorbene Raymond Radiguet, der als Sekretär angestellte Maurice Sachs, der 1928 Cocteaus *Livre blanc* (dt. *Das Weißbuch*, 1982) verlegte, Cocteaus späterer Lebensgefährte, der Schauspieler Jean Marais, aber auch der junge Jean Genet, dessen Manuskript von *Notre-Dame-des-Fleurs* er Anfang der vierziger Jahre an Marcel Jouhandeau und den einflußreichen Literaturkritiker Jean Paulhan weitergab und das mit seiner Hilfe 1944 auch als Buch erscheinen konnte.

Der künstlerische Avantgardismus Frankreichs, der heute unsere Erinnerung an die *Années folles* bestimmt, war im wesentlichen ein euphorischer Ausdruck des Industrialisierungsschubs, den das Land in der zweiten Hälfte der zwanziger Jahre erfuhr. Da Frankreichs Industrieproduktion bis dahin im wesentlichen noch auf Klein- und Familienbetrieben beruht hatte, wurde dieser Expansionsprozeß auch als viel einschneidender begriffen als im ökonomisch weiter entwickelten Deutschland. Für die, deren berufliche

dreißiger Jahren der Rechten nahe. Nach einem Gespräch, das er 1937 für Le Journal mit Hitler geführt hatte, begann Bonnard sich dem faschistischen Deutschland anzunähern. Als Erziehungsminister in der Vichy-Regierung schuf er an der Sorbonne Lehrstühle für Rassenkunde und Judentum. Bonnards Engagement für eine christliche und autoritäre Nationalerziehung und sein Interesse für junge Männer waren ein offenes Geheimnis. Während der Okkupation trug er den Beinamen la Gestapette (Neologismus aus »Gestapo« und »tapette«, »Tunte«). Vermutlich handelt es sich bei dem Bild um ein Propagandafoto der Pétain-Regierung, das die Fürsorge des Regimes für Jugendliche belegen sollte.

(anonym)
André Gide auf dem »Congrès international des Ecrivains pour la Défense de la Culture«
Paris 1935. Fotografie
Paris, Privatbesitz

Die Abbildung zeigt den französischen Schriftsteller André Gide (1869–1951), der zeitweise mit den Kommunisten sympathisierte, neben Heinrich Mann, Henri Barbusse, André Malraux und Paul Nizan auf dem Internationalen Schriftstellerkongreß gegen den Faschismus.

Tätigkeit eng an die Dynamik der Produktivkräfte und deren Vergesellschaftungsprozeß gekoppelt war, schufen neue Produktionsformen auch die Freiheit individueller Lebenspläne. Noch bevor die aus ihrer Heimat vertriebenen ungarischen und deutschen Emigranten in Frankreich Zuflucht suchten, war Paris bereits zum Treffpunkt junger Leute aus der Provinz und aus dem Ausland geworden, denen freie Künste, Architektur, Werbung, Gestaltung, Fotografie, Mode scheinbar unbegrenzte Möglichkeiten versprachen. Mit ihnen entstanden auch neue Subkulturen, unter denen die Schwulenszene die bedeutendste war. Zu ihren Treffs gehörten das *Magic City*, das für seine Travestie-Bälle berühmt war, die Bars *Tonton, Chez ma Cousine, La Petite Chaumière* u. v. a. m., aber auch *Boeuf sur le toit* und *Grand-Écart*, von denen H. von Wedderkop 1929 in seinem Paris-Führer sagte, Cocteau habe die »Spezialität, nach gewissen Titeln seiner Bücher sehr smarte Restaurants in Paris anzuregen«.

Wie sehr diese Freiheiten unter den Homosexuellen jedoch klassen- und schichtengebunden blieben, macht die Geschichte der ersten französischen Schwulenzeitschrift deutlich. In das Jahr von Gides Bekenntnis zu *Corydon*, 1924, fiel auch das Erscheinen von *Inversions*. Ihr Geschäftsführer – einen Redakteur nannte die Monatszeitschrift nicht –, ein Bürogehilfe namens Gustave-Léon Beyria, kannte offensichtlich die deutschen Zeitschriften *Die Freundschaft* und *Der Eigene*. *Inversions*, die sich auch auf Jacques d'Adelsward-Fersens nur 1909 erschienene Literaturzeitschrift *Akademos* berief, beschwor unter dem einfachen Motto ›Die Homosexuellen sind weder anormal noch krank« die berühmten Homosexuellen in Literatur, Kunst und Philosophie und machte ihre Leser mit Texten aus deutschen Schwulenzeitschriften bekannt. Nach vier Ausgaben schon mußte *Inversions* wegen Verstoßes gegen die öffentliche Moral eingestellt werden. Kurze Zeit darauf erschien sie, nun herausgegeben von Gaston Lestrade, einem

Boris Lipnitzki
Maurice Sachs
1938. Fotografie
Paris, Privatbesitz

*Der schriftstellernde Desperado Maurice Sachs
(1906–1945), jüdischer Herkunft, homosexuell, Antisemit, Autor von* Le Sabbat *(dt. Der Sabbat), war in
den zwanziger Jahren bei Jean Cocteau als Sekretär
angestellt. Sachs verlegte 1928 Cocteaus* Le Livre blanc.
*Während der Okkupation schlug er sich als Schwarz-
händler durch. 1943 ging Sachs nach Deutschland und
arbeitete in Hamburg als »G 117« für die Gestapo.
Aber schon im Dezember 1943 wurde er aus nicht
geklärten Gründen verhaftet und im Gefängnis Fuhls-
büttel inhaftiert. Beim Vormarsch der britischen Armee
im April 1945 wurde Sachs mit anderen Häftlingen
evakuiert und in der Nähe von Gadeland von einem
flämischen SS-Mann erschossen.*

Freunde Beyrias, unter dem Titel *L'Amitié* weiter. Auch diesmal war ein Richter zur Stelle, der den *Code Napoléon* rigide auslegte. 1926 wurden die beiden Freunde zu zehn bzw. sechs Monaten Haft ohne Bewährung und zu einer Geldstrafe verurteilt.

Obwohl es eine starke schwule Subkultur gab, fanden sich in der Öffentlichkeit weder für *Inversions* noch für *L'Amitié* Verteidiger. Für den schwulen Kulturbourgeois schienen Konzeptionen, die zu unmittelbar auf die psychosexuelle Existenz ausgerichtet waren, ›anrüchig‹. Zwar lobte André Gide *Inversions* 1925 in einem Brief an Paul Valéry für die »vernünftige« Rezeption seines Buches *Corydon*, nannte die Zeitschrift aber »une revue un peu spécial«. Andere, wie Jean Cocteau, vermißten wohl den Glamour, mit dem sie selbst die Homosexualität umgaben, oder wollten sich nicht über ihre Sexualität definieren lassen.

Mit schweren sozialen und politischen Kämpfen kündigte sich in der zweiten Hälfte der dreißiger Jahre das Ende der Dritten Republik an. Der Spanische Bürgerkrieg und die Volksfront in Frankreich zwangen auch die Homosexuellen zur Parteinahme für die Linke oder die Rechte. Nach der Niederlage Frankreichs 1940, die das Land in einen von den Deutschen besetzten Teil, zu dem Paris gehörte, in den von der kollaborierenden Vichy-Regierung verwalteten *État Français* und in eine unbesetzte Zone im Süden teilte, bezog ein Teil der Intellektuellen Position gegen Pétain und jede Zusammenarbeit mit den Deutschen und ging schließlich in den Widerstand, andere, wie Gide und Jean Giraudoux, verhielten sich abwartend, und eine dritte Gruppierung – weitaus bedeutender und größer als z. B. in Deutschland – bekannte sich mehr oder weniger eindeutig zur Kollaboration. Zu ihnen gehörten die Schriftsteller Louis-Ferdinand Céline, Abel Bonnard, Pierre Drieu La Rochelle, Abel Hermant, Robert Brasillach, Maurice Rostand, Marcel Aymé, Sascha Guitry, Marcel Jouhandeau, Künstler wie Maurice de Vlaminck, Kees van Dongen und Charles Despiau, die Schauspieler Robert Le Vigan und Danielle Darrieux, der Regisseur Henri-Georges Clouzot, der Choreograph Serge Lifar, die Chansonniers Mistinguett, Charles Trenet, Maurice Chevalier und viele andere.

An Robert Brasillach und Maurice Sachs mag Jean-Paul Sartre gedacht haben, als er 1945 in »Qu'est-ce qu'un collaborateur?« zu der Feststellung gelangte, daß »die Pariser homosexuellen Kreise [der Kollaboration] zahlreichen und glänzenden Nachwuchs geliefert« hätten. Nach der Befreiung war dem jungen Schriftsteller Brasillach, Chefredakteur der Kollaborationszeitschrift *Je suis partout*, in seinem Prozeß auch der Vorwurf der Homosexualität gemacht worden. Und der Kollaborateur Sachs, jüdischer Herkunft und Antisemit, einst zum Cocteau-Klüngel gehörig, war 1943 nach Deutschland gegangen und hatte in Hamburg für die Gestapo gearbeitet. Gezielt war Sartres Denunziation auf die arrivierten Homosexuellen, die bereit gewesen waren, sich mit den Deutschen zu arrangieren oder mit ihnen zusammenzuarbeiten. Neben Hermant, Jouhandeau, Rostand, Cocteau, Lifar, Trenet u. a. war es wohl vor allem der homosexuelle Konservative Abel Bonnard, Mitglied der Académie Française, dem in der Besatzungszeit der Spitzname *la Gestapette* (Neologismus aus »Gestapo« und ›tapette‹, »Tunte«) anhing.

Als erster französischer Autor von Rang engagierte sich Abel Bonnard 1940, unmittelbar nach der Niederlage gegen Deutschland, für die »nationale Revolution« Marschall Pétains. Seit 1942 Erziehungsminister in der Vichy-Regierung, schuf er an der Sorbonne Lehrstühle für Rassenkunde und Judentum. Bonnards Name stand neben dem von Staatschef Pétain und Ministerpräsident Pierre Laval auch unter dem Gesetz Nr. 744, mit dem am 6. August 1942 der *Code pénal* um den § 334 ergänzt wurde, nach dem

homosexuelle Handlungen unter Männern mit Gefängnis bestraft werden konnten – *au nom du Peuple Français*. Nach der Befreiung im Jahre 1944 wurden zwar die meisten Gesetze und Verordnungen der Vichy-Regierung aufgehoben, die Strafgesetzgebung gegen die Homosexuellen jedoch nicht: Der Paragraph änderte nur seine Nummer, aus dem § 334 wurde § 331, Absatz 3, und er galt fortan in ganz Frankreich

Die in Frankreich nach dem Kriege diskutierte und von George L. Mosse (1987) wieder aufgegriffene Vermutung, die Homosexuellen unter den Kollaborateuren seien durch den faschistischen Männlichkeitskult angezogen worden, greift in ihrer ästhetisch-psychologisierenden Interpretation zu kurz. Sie läßt zum einen außer acht, daß das auch – wie Mosse selbst schreibt – auf die nicht homosexuelle Rechte zutrifft, zum anderen und wichtigeren aber ignoriert sie, daß die politischen Fronten in Frankreich seit der Dreyfus-Affäre vor allem durch den Antisemitismus geprägt waren. Es ist kein Zufall, daß schwule Kollaborateure wie Jouhandeau, Sachs und Bonnard sich in dieser Frage nur graduell unterschieden und selbst ein Mann wie Gide nicht frei war von antisemitischen Vorurteilen. Homosexuelle fanden sich also auf seiten der Täter und der Opfer, der Kollaborateure und der Résistance wieder, wobei die schwulen Widerständler in einer besonders prekären Lage waren, da sie nicht nur der gesetzlichen Ächtung unterlagen, sondern auch dem sozialen Vorurteil der eigenen Leute. So berichtet Philippe Péan in seiner Mitterrand-Biographie (1994), daß der spätere französische Präsident 1944 zwei Angehörige seiner Résistance-Gruppe des Verrats verdächtigte und ihre Tötung befahl. Zu den Indizien gehörte die Tatsache, daß die beiden in einer Wohnung zusammenlebten, und das Gerücht, sie seien ein Paar.

Mosse liegt offensichtlich auch daneben, wenn er schreibt, »Frankreich unter deutscher Besetzung war ein Sonderfall, da – mit einigen Ausnahmen – die Deutschen Homosexuelle in besetzten Ländern nicht aktiv verfolgten. Zum Beispiel wiesen die Deutschen die Vichy-Regierung zurück, als diese Cocteaus Theaterstücke verbieten lassen wollte«. Abgesehen davon, daß der § 334 auch in Paris galt, und abgesehen davon, daß bei der Cocteau-Fürsprache ja auch andere Motive mitspielten (wie wir aus Gerhard Hellers Erinnerungen an die deutsche Kulturpolitik wissen), haben die französische Schwulenzeitschrift *Gai Pied Hebdo* und die 1994 von Jean Le Bitoux herausgegebenen Erinnerungen des Lagerhäftlings Pierre Seel deutliche Belege für die Verfolgung Homosexueller durch die Deutschen (und Franzosen) geliefert.

Seit in Frankreich der fast fünfzig Jahre andauernde nationale Konsens über die Einheit im Widerstand gegen die deutschen Besatzer aufgebrochen ist, gibt es Hoffnung, daß die französische Regierung auch den Zugang zu den Archiven nicht länger verweigert. Sie erst könnten verläßlich Auskunft geben über das Ausmaß der Kollaboration, über die Verfolgung und Deportation französischer Juden, aber auch über das Leiden der Homosexuellen nach 1940.

Christian Bouqueret

V. Schwule in der Nazizeit – Goodbye to Berlin

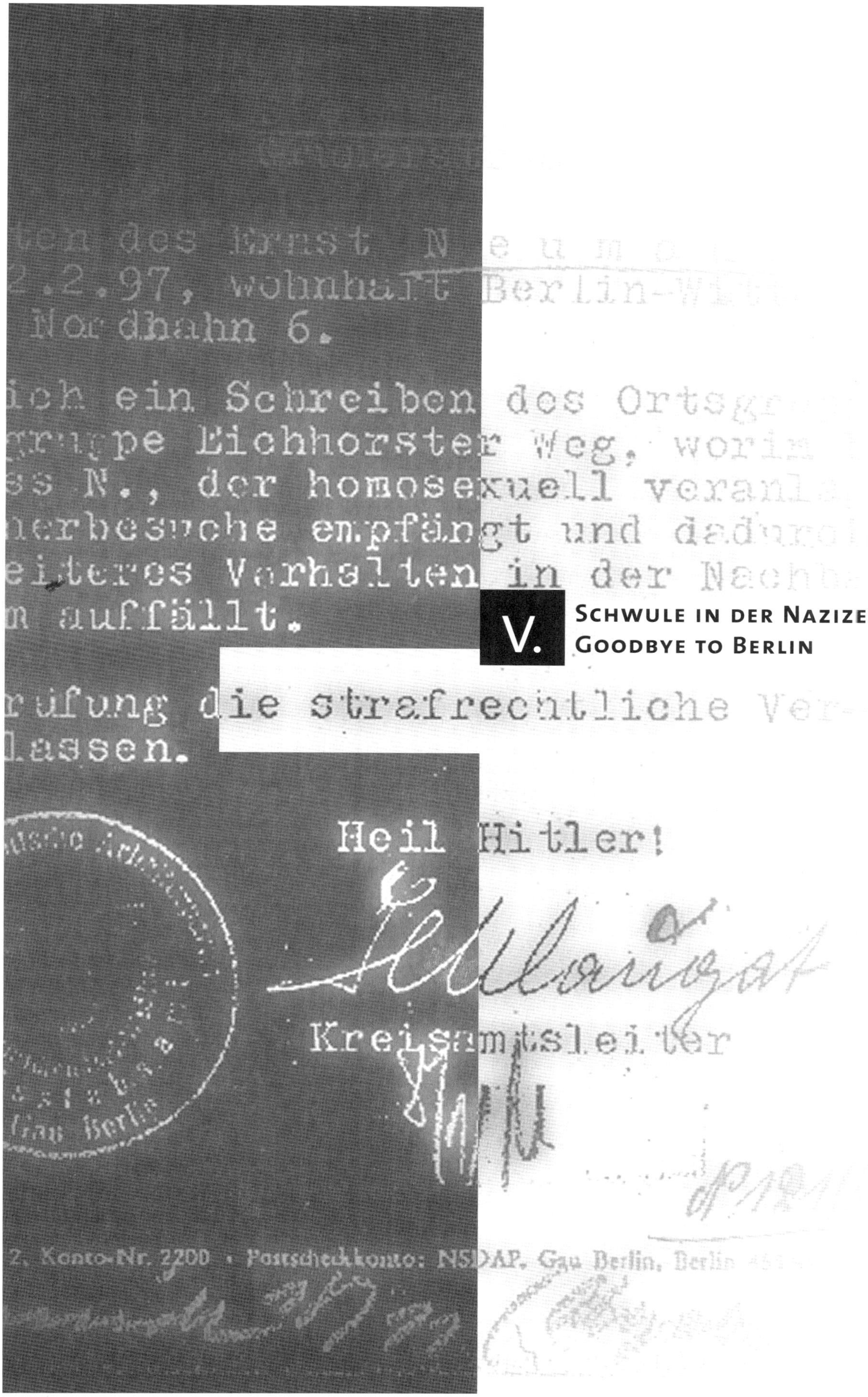
ten des Ernst N e u m a
2.2.97, wohnhaft Berlin-W
Nordhahn 6.

ich ein Schreiben des Ortsgr
gruppe Eichhorster Weg, worin
ss N., der homosexuell veranl
nerbesuche empfängt und dadurc
eiteres Verhalten in der Nach
m auffällt.

rufung die strafrechtliche Verlassen.

Heil Hitler!

Kreisamtsleiter

2, Konto-Nr. 2200 · Postscheckkonto: NSDAP, Gau Berlin, Berlin

Folge 6 — Der Notschrei — Seite 7

Der Berliner Polizeipräsident Pg. von Levetzow hat die Schließung einer Reihe unsittlicher Lokale in Berlin angeordnet

Schwierige Polizeiaktion

Es war amol ä schenes Poor,
Die Sarah und der Isidor;
Sie lebten friedlich in Berlin
Und taten was rentabel schien.

Er machte mit Glück und viel Geschick
Wo sunst? Natürlich in Politik,
Schrieb Brandartikel je nach Konjunktur;
Sie aber machte in Nacktkultur.

Da sperrt' eines Tages die Polizei
Isidors Redaktion und Kanzlei.
Beklebte die Tür mit amtlichem Siegel,
Der Isidor kam hinter Schloß und Riegel.

Der „Jüdische Klub für Nacktkultur"
Hatt' jedoch immer noch Hochkonjunktur,
Doch schon kam die Verfügung von oben:
„Der Klub werde schleunigst ausgehoben!"

Gleich wurden die mutigsten Schupos geschickt,
Die vieles Grausige schon erblickt
Sie kamen, sahen — und suchten das Weite ...

Der Judenklub ging schließlich — pleite.

L. H.

Rechts: Kundgebung der Wiener Nationalsozialisten am 6. März in der Nordwestbahnhalle

Wir feiern den Sieg

Als der Führer den Ruf an sein Volk richtete, da wußte er, daß es ihn nicht verlassen würde. Und ein Sieg ist es geworden, wie ihn niemand erträumt hatte: Deutschland für Hitler, der Kanzler für das Volk!

Niemand ließ sich durch den strömenden Regen abhalten, zur Siegesfeier in die Nordwestbahnhalle zu kommen; am späten Nachmittag begann Schar um Schar über den Donaukanal zu ziehen, um inmitten des jüdischsten Teiles Wiens Zeugnis zu geben davon, daß es kein österreichisches Volk gibt, sondern nur ein deutsches, daß ein Feiertag des Reiches auch ein Tag der Weihe für jeden Deutschen jenseits aller künstlichen Grenzen ist.

Und so kamen sie alle: Die Arbeiter aus Fabriken und Werkstätten, Gewerbetreibende, Straßenbahner und Arbeitslose, Hochschullehrer und Hörer: Es wurde eine Feier des Volkes, das, geeint über alle Gegensätze der Bildung und Stellung, kam, um seinen Willen zur Mitarbeit an der Genesung und am Wiederaufbau Großdeutschlands kundzutun.

Lange vor Beginn ist die weite Halle übervoll: Strahlende Gesichter überall, Stimmengewirr und freudiges Warten. Scharfe Befehle durchschneiden den Raum — und plötzlich klingt heller Jubel empor, gefolgt vom tosenden Wirbel der Musik: Die Fahnen kommen! Tausende Arme strecken sich ihnen entgegen, Heilrufe branden auf und fluten durch die Halle. Da werden sie vorbeigetragen, die uns in jedem Kampf vorausleuchten, ihre goldglitzernden Spitzen steil gegen die Decke gestoßen, da wehen sie, die blutig roten und malen immer wieder in strahlend weißem Feld das Zeichen der Freiheit. Und nun stehen sie oben im Glanz der Lichter und über sie steigt das Dankgebet zum Himmel: „Wir treten zum Beten vor Gott, den Herren..."

In stummer Andacht lauschen alle, der harte Arbeiter, den Hut in den schwieligen Händen, all die Männer und Frauen, die Not und Kummer zerfurcht, die Klassenhaß getrennt — sie alle stehen von etwas Großem, Mächtigem ergriffen, das sie mitreißt, über alle Sorgen des Alltags hinweg, wo über dem grauen Regenhimmel die Sterne glitzern, wo sich der unendliche Himmel der Freiheit über der Nacht der Menschen spannt, zur Höhe, wo die Hoffnung und der Glaube herrschen. Dann schaut das deutsche Volk von Wien zu seinen Führern auf. Landesleiter Proksch, Prof. Dr. Suchenwirth, Dr. Riehl und Gau-

V. 1
DIE ZERSCHLAGUNG DER SCHWULENBEWEGUNG

Schließung der Bars in Berlin
Collage aus der Wiener Zeitung *Der Notschrei*,
Mai 1933
Berlin, Privatbesitz

Die Fotocollage zeigt Interieurs und die Außenfassade von einigen der geschlossenen Gaststätten. Bei dem Gebäude mit den Hakenkreuzen in den Fenstern (links neben dem Kleist-Kasino) handelt es sich um das über Berlin hinaus bekannte Eldorado, das anscheinend schon vorher geschlossen und in eine Nazipropagandastelle umfunktioniert worden war.

Polizeifoto von Kurt Eitelbuss
1937
Potsdam, Brandenburgisches Landeshauptarchiv

Als die Polizei Kurt Eitelbuss, den einstigen Verleger der Freundschaft, *verhaftete, weil er widernatürliche Unzucht mit einem Minderjährigen begangen haben sollte, wurde er für die Verbrecherkartei fotografiert. Es sind die einzigen Porträts von Eitelbuss, die wir heute besitzen.*

Bevor die Nazis der Schwulenbewegung in Deutschland den Garaus machten, war dem schon – etwa seit dem Scheitern des Kampfes gegen den § 175 im Oktober 1929 – eine Phase des Niedergangs und Verfalls vorausgegangen. Die Verelendung großer Teile der Bevölkerung infolge der Weltwirtschaftskrise spielte dabei sicher eine größere Rolle als der Demoralisierungseffekt, den das Erstarken der politischen Rechten, der erklärtermaßen aggressivsten Feinde jedweder Schwulenbewegung, hervorrufen mußte.

Der am besten dokumentierte Terrorakt der Nazis in diesem Zusammenhang, die Zerstörung des Hirschfeldschen *Instituts für Sexualwissenschaft* am 6. Mai 1933, war genau genommen nicht gegen die Schwulenbewegung gerichtet, sondern gegen eine liberale und freizügige Sexualpolitik im allgemeinen. Die *Weltliga für Sexualreform*, deren Zentralbüro sich seit 1929 im Institut befand, hatte eine Reform des Schwulenstrafrechts nur als ein Ziel neben anderen auf ihrem Programm, und zum *Wissenschaftlich-humanitären Komitee* (WhK) bestand etwa seit der gleichen Zeit keinerlei personelle und räumliche Verbindung mehr. Hirschfeld und sein Institut waren den Nazis kaum in erster Linie als Symbole der Schwulenemanzipation verhaßt, sondern weitaus stärker verkörperte Hirschfelds Lebenswerk eine von den Parteien der neuen Regierung, NSDAP, DNVP und Zentrum, gefürchtete allgemeine sexuelle Revolution.

Selbstauflösung des *Wissenschaftlich-humanitären Komitees*
Das WhK, das sich nach der unbefriedigenden Entscheidung im Strafrechtsausschuß des Reichstages von Hirschfeld und dem *Institut für Sexualwissenschaft* getrennt hatte, reduzierte seine Tätigkeit seitdem immer stärker. In den mehr als drei Jahren vom November 1929 bis zum Februar 1933 wurden zwar noch acht Hefte der vereinsinternen *Mitteilungen des Wissenschaftlich-humanitären Komitees e.V.* herausgegeben, aber fast in jedem Heft wird von neuen, durch Geldmangel verursachten Einschränkungen der Aktivitäten berichtet. Als dann am 30. Januar 1933 Hitler zum Reichskanzler ernannt wurde, sah es zunächst so aus, als ob das für das WhK keine Auswirkungen haben würde. Folgenschwerer war der plötzliche Tod des zweiten WhK-Vorsitzenden Richard Linsert, der am gleichen Tag an Grippe erkrankte und vier Tage später starb. Linsert war sicher neben Hiller das rührigste WhK-Mitglied nach der Trennung von Hirschfeld, und sein Tod war ein schwerer Schlag für das ohnehin geschwächte Komitee. Das letzte Heft der *Mitteilungen* vom Februar 1933 enthält daher vor allem Ehrungen des Verstorbenen, daneben Beiträge, die heute wegen ihres zur Schau gestellten Zukunftsoptimismus gespenstisch wirken, etwa Entwürfe einer »neuen Satzung für das WhK«, einer »Rechtsschutzordnung« und einer »Kassenordnung«, die »nach monatelanger gründlicher Durchberatung« in der Generalversammlung am 18. März 1933 im »Klub-

Paul Weber
Antrag beim Vereinsregister zur Löschung des Vereins »Bund für Menschenrecht«
Berlin, 9. November 1934
Berlin, Landesarchiv

Wir wissen über das Ende des Berliner Bundes für Menschenrecht und seine Presse eigentlich nichts außer der Tatsache, daß es nach dem März 1933 keine Aktivitäten mehr gegeben hat. Es ist daher um so rätselhafter, daß im Landesarchiv Berlin die Akten über die verwaltungsmäßig völlig korrekte Auflösung des Bundes vorhanden sind. Der Vorgang zog sich bis in das Jahr 1935 hin. Spätere Spuren sind nicht bekannt. Wir wissen nur, daß der Inhaber des Bundesverlages, Martin Butzkow-Radszuweit, in den achtziger Jahren in Berlin-Köpenick lebte.

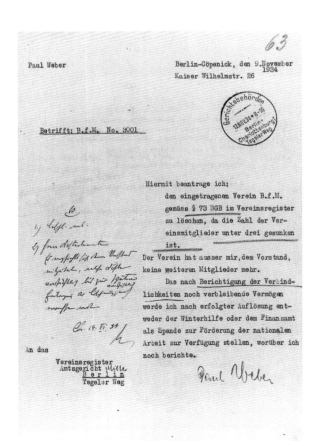

haus am Knie, Berlin-Charlottenburg« beschlossen werden sollten. Auf der vorletzten Seite finden sich seltsame Sätze Hillers, die vielleicht nur heute so bizarr wirken, damals aber Ausdruck der Stimmung bei den Nazis und Antinazis im WhK gewesen sein mögen:

»Was aber die Nationalsozialistische Partei anlangt, so dürfen wir uns vielleicht der Hoffnung hingeben, daß sie, schon mit Rücksicht auf die nicht geringe Zahl männerliebender Männer in ihren eigenen Reihen, zum § 175 allmählich die Stellung gewinnt, die unser Komitee bereits im Jahre 1897 eingenommen und den Gerechtdenkenden zugemutet hat.«[1]

Ob die Generalversammlung am 18. März 1933 überhaupt stattgefunden hat, erscheint zweifelhaft, denn Hiller berichtet in seinen Memoiren, daß die Polizei am 7. März seine Friedenauer Wohnung, in der er mit seiner alten Mutter wohnte, in seiner Abwesenheit durchsuchte und plünderte und daß er daraufhin am 10. März nach Frankfurt am Main flüchtete, wo er am 23. März zum ersten Mal verhaftet wurde. Nach fünf Tagen wieder freigelassen, kehrte er nach Berlin zurück, wurde hier am 2. April erneut verhaftet und am 9. Mai entlassen. Die folgenden beiden Monate lebte er, bis er am 14. Juli ins KZ gesperrt wurde, in Berlin in Freiheit.[2] In diese Zeit fällt der denkwürdige Termin, von dem wir nur durch eine zufällig erhalten gebliebene Einladungskarte wissen:[3]

Einladung
zu der am Donnerstag, d. 8. Juni 1933 um
19 Uhr in den Räumen des Komitees, Berlin W 50, Prager
Str. 17, bei Limann, stattfindenden
Mitgliederversammlung.
Einziger Punkt der Tagesordnung:
Auflösung des Wissenschaftlich-humanitären Komitees e. V.
Ferner zu der am gleichen Tage und am gleichen Ort um
21 Uhr stattfindenden zweiten Mitgliederversammlung.
Tagesordnung:
Bestätigung des Auflösungsbeschlusses.
Beschliessung über die Verwendung des Vereinsvermögens.
Mit ausgezeichneter Wertschätzung
Wissenschaftlich-humanitäres
Komitee E.V.

Über die weiteren Schicksale der WhK-Aktivisten des letzten Jahres sind wir nur sehr unzureichend unterrichtet; von dem letzten Vorsitzenden, dem Arzt Heinrich Stabel, ist genau wie von den beiden Vorstandsmitgliedern Dr. med. Gerhard Kirchner und Fabrikbesitzer Horst Winckelmann nicht einmal das Sterbedatum bekannt, und wie es ihnen unter der Nazidiktatur ergangen ist, wissen wir auch nicht. Über den WhK-Sekretär Peter Limann teilt Hiller im zweiten Band seiner Memoiren mit, er sei »1941 oder 42 in Rußland gefallen«, und über den Rechtsanwalt des WhK Dr. Fritz Flato heißt es, er endete irgendwann in den vierziger Jahren »zu New York in bitterstem Elend durch Freitod«.[4]

Adolf Brand und die *Gemeinschaft der Eigenen* im Jahre 1933
Die letzten Ausgaben der beiden Zeitschriften aus Adolf Brands Verlag, *Der Eigene* und *Eros*, tragen kein Erscheinungsdatum, man kann jedoch aus manchen Textstellen schließen, daß sie spätestens im ersten Halbjahr 1932 erschienen sein müssen, daß also beide Zeitschriften mehrere Monate vor der ›Machtübernahme‹ und ohne Zutun der Nazis eingegangen sind. Wie schon oft vorher war auch jetzt Geldmangel die Ursache für das Ende, und

man kann annehmen, daß Brand auch diesmal wieder einen Neuanfang unternommen hätte – wenn nicht die Nazidiktatur dazwischen gekommen wäre. Insofern waren die Nazis zumindest indirekt an der Zerstörung des *Eigenen* und des Adolf Brand-Verlages beteiligt. Daß sie seit dem Mai 1933 durch unmittelbares Eingreifen das Zerstörungswerk vollendeten, wissen wir dank eines schriftlichen Berichts, den Brand im Februar 1934 an die *British Sexological Society* in London sandte, die ihn gleich nach dem Krieg zum Ehrenmitglied ernannt hatte. Danach ist zwischen dem 3. Mai und dem 24. November 1933 sein Haus in Berlin-Wilhelmshagen fünfmal von

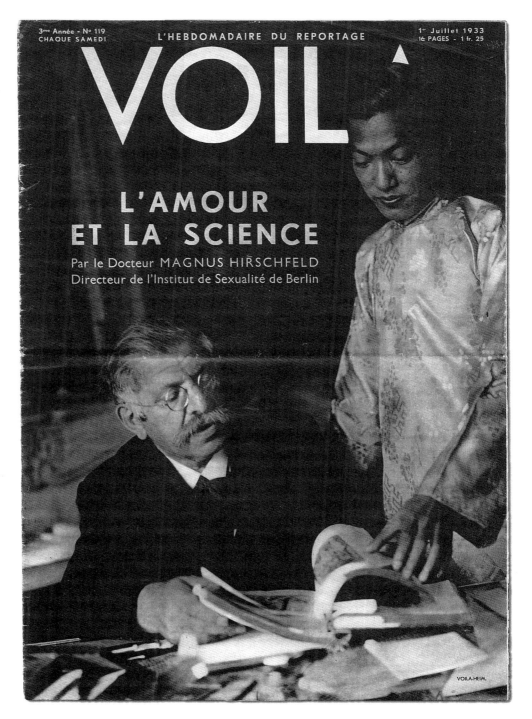

Magnus Hirschfeld und Tao Li

Titelseite der Pariser Wochenzeitschrift *Voilà* vom 1. Juli 1933
Berlin, Schwules Museum

Frankreich war nach Österreich und der Schweiz die letzte Station auf Hirschfelds Reise ins Exil. Vom Mai 1933 bis Ende 1934 lebte er mit seinem chinesischen Freund und Geliebten Tao Li in Paris. Dort entstand dieses Doppelporträt; in der Zeitschrift Voilà *hat Hirschfeld mehrere Aufsätze veröffentlicht. Sein letztes Lebensjahr verbrachte er mit seinen beiden Freunden Tao Li und Karl Giese an der französischen Riviera in Nizza.*

»uniformierter Polizei« oder »Kriminalpolizei« durchsucht worden. Beim ersten Mal wurden nur Aktfotos, beim zweiten und dritten Mal etwa 6.000 Hefte von *Eros* und vom *Eigenen*, beim vierten und fünften Mal Bücher und vorher übersehene Zeitschriften und Bilder beschlagnahmt. »Ich wurde,« schreibt Brand, »durch diese 5 Konfiskationen vollständig ausgeplündert, habe nichts mehr zu verkaufen und bin geschäftlich ruiniert. Ich weiß auch nicht mehr, wovon ich mit meinen Angehörigen zusammen noch weiter leben soll.«[5] Brand scheint, nach allem was bisher bekannt ist, in den folgenden Jahren (er starb am 26. Februar 1945 nach einem Bombenangriff) keinen weiteren Verfolgungen ausgesetzt gewesen zu sein. Allerdings muß er, weil er offensichtlich »geschäftlich ruiniert« war, wenigstens bis zum Eintritt ins Rentenalter 1939, erhebliche materielle Not gelitten haben.[6]

Nach dem Januar 1933 erschienen als die letzten beiden Erzeugnisse des Brand-Verlages zwei Einblattdrucke mit Kleinanzeigen, *Extrapost. Anzeigen. Nr. 1. 1933* und *Extrapost. Anzeigen. Nr. 2. 1933*. Die Nr. 2 kann frühestens im Juni 1933 erschienen sein, weil sie einen Nachruf auf den am 16. Mai verstorbenen Dichter John Henry Mackay enthält, zudem weist Brand mit zwei Mitteilungen darauf hin, daß die Zukunft der Schwulenbewegung nicht in Nazideutschland, sondern im Ausland liege: In Prag gebe Josef Hladky die Zeitschrift *Novy Hlas* heraus, die, wie Brand schreibt, »mutig und kühn für die gleichen Ziele kämpft, denen *Der Eigene* seit über dreißig Jahren dient«, und in Österreich gebe Erich Herbertsen eine Zeitschrift *Offener Brief aus dem Kreis der Freunde* heraus, deren Besprechung Brand mit den Worten schließt: »Wir begrüßen Erich Herbertsen als unseren Mitkämpfer!«.

Die Presse des *Bundes für Menschenrecht* im Jahre 1933

Die Zeitschriften aus dem Radszuweit-Verlag, *Blätter für Menschenrecht*, *Die Freundin* und *Das Freundschaftsblatt* erschienen bis zum März 1933. Blättert man in den letzten Ausgaben, findet man darin nicht den geringsten Hinweis auf das bevorstehende Ende. Im *Freundschaftsblatt* vom 9. März 1933 wird allerdings unter der seltsamen Überschrift »Amtlich wird mitgeteilt« über die Schließung einiger Schwulen- und Lesbenkneipen in Berlin kommentarlos berichtet, und in der nächsten und letzten Ausgabe ist eine typografisch auffallende »Mitteilung des Bund für Menschenrecht, E. V. an alle Mitglieder!« mit folgendem Wortlaut eingerückt: »Aus besonderen Gründen können zur Zeit die geselligen Veranstaltungen der Ortsgruppe Berlin des B. f. M., E. V. nicht stattfinden.« Die Wendung »aus besonderen Gründen« hat in ihrer verschleiernden, aber indirekt die Angst vor dem Terror andeutenden Bürokratensprache fast schon poetische Qualität. Vor allem aber bringt sie die Hoffnung zum Ausdruck, daß man doch noch wie bisher weitermachen könne, wenn man nur unnötige Provokationen der neuen Herren vermeide. In der Einladung zu einem »Abend der Freundin« am 6. März 1933 im *Luisenstadt-Kasino* in Kreuzberg wird ausdrücklich vermerkt: »Kein Tanz«, statt dessen wird geboten: »Vortrag: Paul Weber, I. Vors. des B. f. M., e. V. anschl. Freie Diskussion.«[7] Was dann im März 1933 wirklich geschah, um das Ende der Zeitschriften aus dem Radszuweit-Verlag herbeizuführen, wissen wir nicht. Für die immer wieder in der schwulen und lesbischen Literatur behauptete Plünderung eines »Verlagshauses in Potsdam« gibt es keine Belege. Das Verlagshaus befand sich in der Neuen Jakobstraße 9 im Berliner Bezirk Mitte, und gedruckt wurden alle Zeitschriften des Radszuweit-Verlages laut Impressum in der Druckerei Karl Meyer in Zossen.

Die von Martin Radszuweit herausgegebene Wochenzeitschrift *Die Freundin* bringt in ihren letzten Ausgaben im Februar und März 1933 ein

Inserat, das, ähnlich wie die Mitteilungen Adolf Brands, auf die Zukunft der Schwulenbewegung außerhalb des nazistischen Machtbereichs hinweist:

Schweiz. Freundschaftsverband
Damenklub »Amicitia«, Postfach 121, Helvetiapost, Zürich 4

Der Sinn des Inserats wird nicht ganz deutlich, immerhin informiert es darüber, daß zu einer Zeit, als in Deutschland alles zu Ende ging, im Ausland, in der ›freien Schweiz‹, die Fortsetzung der Geschichte bereits begonnen hatte.

Das Ende der Schwulenzeitschrift *Die Freundschaft*

Ähnliches galt für die seit 1919 erscheinende *Freundschaft*: Seit dem Juli 1932 kostete jedes Heft nur noch 30 statt vorher 50 Pfennige. Es könnte sein, daß schon zu Beginn des Jahres 1933 alle Schwulen- und Lesbenzeitschriften nur noch über Abonnement verkauft werden durften. Die letzten drei Ausgaben der *Freundschaft* vom Januar, Februar und März 1933 waren im Impressum mit dem Vermerk versehen: »Diese Zeitschrift ist im Buch- und Zeitschriftenhandel nicht erhältlich; sie wird nur denjenigen Personen geliefert, die den Subskriptionsschein unterschrieben haben.« Also war *Die Freundschaft* schon vor der Machtübergabe an die Nazis, offensichtlich Ende 1932, verboten worden, denn nichts anderes als ein Verbot war es, wenn eine Zeitschrift nicht mehr im freien Handel verkauft werden durfte. Die drei Ausgaben, die der Verlag nun als Privatdrucke an die Abonnenten verschickte, beeindrucken durch die geradezu verbissene Harmlosigkeit und Politikferne der redaktionellen Beiträge. Die allerletzte Ausgabe vom März enthält zwei historische Beiträge des damals achtzigjährigen Veteranen der Schwulenbewegung, Professor Ferdinand Karsch-Haack, eine populär-psychologische Plauderei über Seele und Körper, ein Gedicht, eine Kurzgeschichte, zwei Aktfotografien und – als einzige direkte Reaktion auf die Tagesereignisse – einen Nachruf auf Richard Linsert. Die Hohlheit der Phrase am Schluß des Nachrufs wirkt in dem zeitgeschichtlichen Kontext rührend und unheimlich zugleich: »Der Tod Richard Linserts sei uns ein Mahnruf: Männer wie Linsert auf den Plan!«

Wie die Nazis konkret auf den Plan traten, um *Die Freundschaft* im März am Weitererscheinen zu hindern, wissen wir leider nicht. Kam es zu Verhaftungen, zu Plünderungen der Redaktionsräume? Verzichteten Verlag und Redaktion in vorauseilendem Gehorsam freiwillig auf ihr Blatt? Eine Strafakte aus dem Jahre 1937 dokumentiert immerhin zwei überraschende Details zur Person des letzten Verlegers der *Freundschaft*, Kurt Eitelbuss: Demnach ist Eitelbuss im Jahre 1933 in die NSDAP eingetreten und wurde im Jahre 1934 nach § 184 RStGB wegen sogenannter Verbreitung unzüchtiger Schriften zu einer Geldstrafe vom 100 RM, ersatzweise 30 Tage Gefängnis, verurteilt. Ob und wie der Eintritt in die Nazipartei und die Verurteilung mit dem Ende der *Freundschaft* in Verbindung steht, ist unbekannt.

Manfred Herzer

---

1 [Kurt Hiller], *Antworten*, in: *Mitteilungen des Wissenschaftlich-humanitären Komitees*, Nr. 34 (Februar 1933) S. 431.

2 Kurt Hiller, *Leben gegen die Zeit, Band 1: Logos* (Reinbek 1969) S. 227 ff.

3 *Mitteilungen des Wissenschaftlich-humanitären Komitees*

(Reprint Hamburg 1985) S. XXX.

4 Kurt Hiller, *Leben gegen die Zeit, Band 2: Eros* (Reinbek 1973) S. 105 und *Logos* S. 285.

5 Der Brief befindet sich im Nachlaß von George Ives im Harry Ransom Humanities Research Center der University of Texas at Austin, USA.

6 Richard Schultz, *In memoriam Adolf Brand*, in: *Rundblick* (Reutlingen 1965, Heft 9, S. 180–181.

7 *Die Freundin*, Nr. 8 vom 22. Februar 1933, ohne Seitenzählung.

V. 2
TERROR UND VERFOLGUNG

Übersicht über die in der Zeit vom 11. 5. – 10. 6. 1935
länger als sieben Tage einsitzenden Schutzhäftlinge
Berlin, Bundesarchiv

Bericht eines SS-Mannes über eine Razzia in
Homosexuellentreffpunkten im März 1935
Freiburg, Bundesarchiv – Militärarchiv

*»Am 9. 3. 35 stellte der Sturm unter meiner Führung ein
Kommando von 20 Mann, das zur Unterstützung von
Kriminalbeamten der Gestapo zur Razzia auf Homosexuelle bestimmt war. Um 21.15 Uhr fuhr das Kommando
auf zwei LKWs von der Kaserne ab und meldete sich
befehlsgemäß um 22 Uhr beim Kriminalkommissar
Kanthak. Außer unserem Kommando waren für die
geplante Razzia 10–12 Kriminalbeamte bestimmt, die
zum Teil zur Sicherung der Durchführung vorher eingesetzt wurden. Einige von diesen kamen vor unserem
Einsatz wieder zurück. Während dieser Zeit unterrichtete
Kriminalkommissar K. mich über das Vorhaben. Um
22.45 Uhr fuhren wir vom Gestapa ab und begaben
uns mit mehreren Transportwagen nach dem Lokal*
Weinmeister Klause *in der Weinmeisterstraße, in dem
sich viele homosexuell veranlagte Menschen aufhalten
sollten. Gemäß der vorherigen Besprechung besetzten je
zwei Mann von uns die beiden Ausgänge des Lokals mit
dem Auftrag, keinen raus-, aber jeden Einlaßbegehren-
den reinzulassen. Acht Mann, die vorher bestimmt waren, riegelten den Raum von dem Schanktisch nach
dem anderen Teil des Lokals ab. Zwei Mann durchsuchten die Toiletten. Krimko K. holte mit seinen Beamten
all die Personen von den Tischen weg, die ihm verdächtig
erschienen. Diese mußten sich auch zu denen vor dem
Schanktisch stellen, und von hier aus wurden sie dann
auf die Transportwagen verladen und unter Bewachung
durch unsere Männer in das Gestapa gebracht.*

*Unter den Festgenommenen befand sich auch eine
Frau, die sowjetrussische Hetzschriften bei sich getragen
haben soll. Vom Hof der Gestapa wurden die Festgenommenen wieder unter Bewachung auf den Korridor
der sich im vierten Stock befindlichen und für diese Fälle
in Frage kommenden Abteilungen gebracht. Hier wurden
sie alphabetisch geordnet aufgestellt und mußten mit*

Erste Opfer unter den Homosexuellen waren neben den politisch engagierten Köpfen wie Kurt Hiller die Unangepaßten und die besonders
auffälligen Tunten und Transvestiten. In seinen Erinnerungen erzählt der
Schauspieler Harry Pauly von einem Bekannten, der Susi, die noch vor der
Röhm-Ermordung von HJ-Leuten in Berlin-Charlottenburg erstochen wurde,
weil sie jüdisch und so tuntig war. Von der Verhaftung des Tänzers Egon
Wüst, einem Star des Berliner Transvestiten-Lokals *Eldorado*, berichtete erst
kürzlich dessen Kollegin Lilian Karina, die gemeinsam mit ihm Schülerin
von Victor Gsovsky war. Egon Wüst wurde 1933 verhaftet und zur »erziehe-
rischen Behandlung« ins KZ Dachau gebracht. Nach seiner Entlassung 1934
zeigte er seiner Tanzkollegin die Spuren der Mißhandlungen: Narben auf
Rücken und Armen, die von Schlägen und Brandwunden durch Zigaretten
herrührten. Klaus Mann notierte am 14. März 1933, dem ersten Tag seiner
Emigration in Paris, was er gerade über einen seiner Berliner Freunde, Charly Wollenweber, erfahren hatte: »Benzo über Wolle, der in Berlin verprügelt
worden, weil jüdisch, ausländisch und homosexuell.«

Bis zum 30. Juni 1934 konnte sich das Gros der Schwulen in Deutschland in Sicherheit wähnen. Als eine Art Aushängeschild beruhigte der
homosexuelle SA-Führer Ernst Röhm die Gemüter. Solange konnte man
zumindest glauben, daß die antischwule Politik der Nazis nicht so schlimm
werden würde, sich der angekündigte Haß gegen alles Homosexuelle und
Andersartige in Grenzen halten würde. Auch vor 1933 hatte es Homosexuelle unter den Nazis gegeben. Oftmals war dafür die grundsätzliche Ablehnung der Weimarer Republik und die erzkonservative und zumeist deutschnationale Sehnsucht nach dem verlorenen starken Mann des Kaiserreiches
ausschlaggebend.

Mit der Ausschaltung des SA-Stabschefs Ernst Röhm am 30. Juni 1934
übernahmen auch die Nazis die durchaus übliche Praxis bürgerlicher Politik, politische Gegner als Homosexuelle zu denunzieren. Besonders perfide
war, daß auf diese Weise jemand aus den eigenen Reihen geopfert wurde,
um der Reichswehr habhaft zu werden. Neuartig oder besser mittelalter-
lich war die Tötung des Opfers und weiterer Feinde. In einer Linie mit den
vorausgegangenen Ereignissen offenbarten sich hier die Willkür und Brutalität, mit der gegen politische Gegner, Andersdenkende, Freigeister, Juden,
Zigeuner und viele mehr im Dritten Reich auch in Zukunft vorgegangen
werden sollte. Und doch stand ein großer Teil der Bevölkerung hinter der
Aktion gegen diese »Volksschädlinge«, wie Röhm und die anderen von der
gleichgeschalteten Presse diffamiert wurden. Dem »gesunden Volksempfinden« entsprach der Kampf gegen die Andersartigen. Hier hatten die
bürgerliche Moral der Konservativen und die Ansichten der Kirchen gute
Vorarbeit geleistet.

Die allgemeine Verfolgung der Homosexuellen wurde auf verschiedene
Weise vorbereitet. Zuerst ergoß sich eine wahre Hetzkampagne gegen Homosexualität über das Land, um die Bevölkerung auf ihre Ausgrenzung vorzubereiten und um eine Solidarität mit den Verfolgten zu verhindern. Es folgte
der Versuch einer systematischen Erfassung der Homosexuellen, die der
Polizei bereits aufgefallen waren. Mit einem Telegramm der Gestapo Berlin
vom 24. Oktober 1934 wurden alle Kriminalpolizeistellen im Land aufgefor-
dert, entsprechende Listen anzulegen und nach Berlin zur zentralen Erfassung an die Gestapo zu schicken. Besonderes Augenmerk sollte auf Personen
in der NSDAP und in anderen NS-Organisationen gerichtet werden. Daneben
sollten auch politische Persönlichkeiten erfaßt werden, zumeist Nazi-Gegner,
um deren Homosexualität als Waffe gegen sie einsetzen zu können.

Trotz der bürokratischen Zentralisierung in Berlin wurde nie eine
systematische Verfolgung der Homosexuellen erreicht. Jede Kripo-Stelle

Übersicht

über die in der Zeit vom 11.5. bis 10.6.1935 über 7 Tage einsitzenden Schutzhäftlinge.

Königsberg	Tilsit	Allenstein	Marienwerder	Berlin	Potsdam	Frankfurt/Oder	Stettin	Köslin	Schneidemühl	Breslau	Liegnitz	Oppeln	Magdeburg	Halle	Erfurt	Kiel (Altona)	Hannover	Harburg-Wilhelmsburg	Wesermünde	Osnabrück	Wilhelmshaven	Recklinghausen	Bielefeld	Dortmund	Kassel	Frankfurt/Main	Koblenz	Düsseldorf	Köln	Trier	Aachen	Sigmaringen	Saarbrücken	Politische Häftlinge	Homosexuelle	Insgesamt	
15	11	9	7	247	24	12	8	4	7	104	69	84	20	121	17	48	14	5	-	3	25	48	63	238	35	52	2	130	29	6	19	1	3	124	513	2117	Gesamtzahl der Schutzhäftlinge
4	1	-	6	52	10	-	2	18	8	10	1	19	2	4	3	2	-	1	5	4	16	4	1	-	12	9	1	3	-	2	13	100	316				Zahl der Entlassenen
2	-	-	7	-	-	-	1	-	1	-	-	4	1	1	-	1	-	-	4	-	-	8	-	31												" " in gerichtl. Haft überführt
9	10	9	1	188	14	11	7	3	6	85	61	73	19	102	11	43	11	2	-	3	24	42	59	222	31	50	2	114	20	5	16	-	1	103	413	1770	Zahl der Schutzhäftlinge am 10.6.35
-	1	-	-	24	3	1	-	-	2	-	2	2	15	3	29	4	2	-	3	-	34	9	73	7	7	1	70	10	-	8	-	-	12	-	322		Zahl der Häftlinge im Kz.-Lager Esterwegen
6	8	4	-	102	7	8	2	3	4	22	30	56	11	61	9	4	1	-	-	3	1	4	14	-	10	-	-	14	325	706							" " Lichtenburg
-	-	-	-	18	-	-	-	2	1	-	2	3	1	2	-	-	1	-	7	-	4	-	-	49												" " Moringen
3	1	5	1	44	4	2	5	-	59	30	15	4	23	1	8	6	-	24	4	49	144	10	36	1	30	10	5	6	1	73	88	693					in sonstigen Gefängnissen

dem Gesicht zur Wand unter Bewachung durch unsere Männer auf ihre Vernehmung warten, die sofort durch den größten Teil der vorhin erwähnten Kriminalbeamten einsetzte. Nach diesen Vernehmungen kamen diese Leute bis zur Entscheidung ihrer Schuld in einen anderen Teil des Korridors, wo sie auch wieder durch einen Teil unserer Leute bewacht wurden.

Nachdem die Vernehmungen der zuerst Festgenommenen begonnen hatten, setzte Krimko K. mit einigen seiner Leute, die für die Vernehmungen nicht gleich benötigt wurden, und dem Rest unserer Männer die Razzia fort. Das zweite Lokal, in dem Homosexuelle festgenommen werden sollten, war ein Bierlokal am Cottbusser Damm. Die Abriegelung und Durchsuchung erfolgte in der selben Art wie zuerst geschildert. Von hier aus wurden auch annähernd zwei Transportwagen voll ins Gestapa gebracht und in gleicher Art mit ihnen verfahren. Unmittelbar im Anschluss daran wollte Krimko K. mit sechs Männern von uns und vier Kriminalbeamten die Residenzfestsäle in der Landsberger Straße ausheben. Hieraus wurde aber nichts, weil, wie er später sagte, die Aktion gegen sich dort befindliche Elemente um acht Tage verspätet hätte. Aufgrund eines telefonischen Anrufes sollte auf dem Wege dorthin noch ein Lokal in der Alten Jakobstraße 50 durchsucht werden, in dem sich vorwiegend SA und SS Männer, die mit homosexuell Veranlagten verkehren sollten, aufhalten sollten. Diese Aktion verlief ebenfalls ergebnislos. Nachdem wir in das Gestapa wieder zurückgekehrt waren, setzten mit Nachdruck die Vernehmungen ein und einer der Kriminalbeamten mußte mit den Personalien aller bis jetzt Festgenommenen ins Polizeipräsidium zum Feststellen evtl. anderer Strafdelikte fahren ...

reagierte unterschiedlich auf die Vorgaben aus Berlin. Abhängig von den einzelnen Mitarbeitern und ihrem Verhältnis zur neuen Regierung, wurde die Suche nach und die Observierung von Homosexuellen entweder aktiv von Kripo und Gestapo forciert oder es wurde lediglich wie bisher auf Anzeigen, Denunziationen oder andere Formen des Bekanntwerdens reagiert. Auch mußte für eine Verurteilung eine homosexuelle Handlung nachgewiesen werden; nur die Tat und nicht der Homosexuelle an sich wurde verfolgt. Denunzieren konnte man jeden Mann. Schon vor der Verschärfung des § 175 im Sommer 1935 konnte mit Hilfe der Schutzhaft gegen unliebsame Personen vorgegangen werden, auch wenn die Gründe nicht zu einer Verurteilung ausgereicht hätten. Die Ersetzung des Begriffs »widernatürliche Unzucht« durch bloße »Unzucht« in der Neufassung des § 175 bedeutete eine beträchtliche Ausweitung des Straftatbestandes. Wurde unter »widernatürlicher Unzucht« nur eine beischlafähnliche Handlung verstanden, so konnte jetzt bereits jeder Versuch einer homosexuellen Annäherung bestraft werden. Und das Strafmaß wurde drastisch heraufgesetzt bis zu einer Höchststrafe von zehn Jahren Zuchthaus.

Der nationalsozialistische Staat suchte mit Verordnungen, Erlassen und Schutzhaft seine Gegner zu beherrschen. Dazu zählten die unterschiedlichsten Personenkreise; zuerst Sozialdemokraten und Kommunisten, zunehmend Juden, später Geistliche verschiedener Religionen und nach der Ermordung Röhms auch Homosexuelle. Zur Unterdrückung jeglichen schwulen Zusammenhalts und schwulen Lebens nahm die Gestapo Razzien in den verbliebenen Lokalen, an Treffpunkten und in Privatkreisen überall in Deutschland vor. Ende 1934, Anfang 1935 kam es zu einer sprunghaft steigenden Zahl von Verhaftungen, so daß nach den Statistiken des Jahres 1935 die Homosexuellen fast ein Viertel der Schutzhäftlinge in Gefängnissen und Konzentrationslagern ausmachten. In den frühen Konzentrationslagern wie dem Columbiahaus in Berlin, der Lichtenburg bei Torgau oder Dachau bei München wurde systematisch gefoltert und gemordet. In einem Brief vom Juni 1935 forderte einer der Entlassenen von Reichsbischof Ludwig Müller ein Einschreiten:

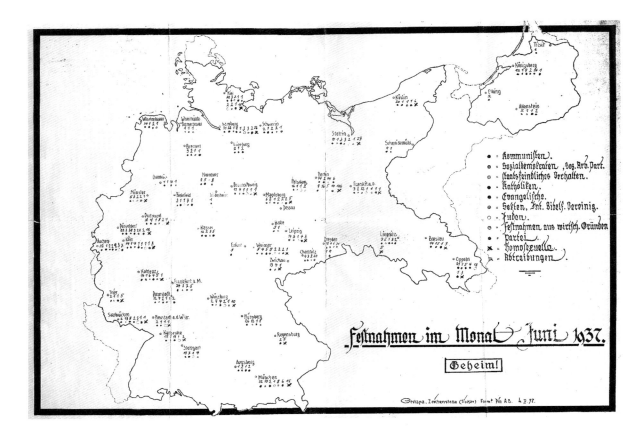

Im Anschluß hieran setzte die nächste Aktion ein und mit wiederum vier Kriminalbeamten und ca. acht Männern von uns wurde die Milch Bar in der Augsburger Straße und eine andere Bar in der Kant – Ecke Fasanenstraße ausgehoben. Hier war die Beute ein Transportwagen voll. Nachdem wir die Festgenommenen wiederum ins Gestapa geschafft hatten, wollte Krimko K. gern noch eine bestimmte Persönlichkeit, deren Namen er aber nicht nannte, festnehmen. Zu diesem Zwecke begab er sich mit zwei Kriminalbeamten und drei Männern von uns und mir auf die Fahrt. Zunächst durchsuchten wir ein größeres Bierlokal am Schiffbauerdamm und nachdem diese Durchsuchung ergebnislos verlaufen war, fuhren wir nach Schöneberg und hielten vor dem Lokal Die Insel. Dieses betrat Krimko K. und seine Beamten nur allein, während wir Uniformierten den Eingang besetzten. Nachdem diese Durchsuchung auch ergebnislos verlaufen war, wurde die Razzia abgeschlossen und im Gestapa mit der Sortierung der Festgenommenen begonnen. Am 10. 3. 35 ging der erste Transport Schuldiger unter meiner Führung und Bewachung durch acht SS Männer in das Columbiahaus. Nachdem alle Vernehmungen beendet waren, wurden diejenigen, denen nichts nachzuweisen war, entlassen. Hierzu mußte das Kommando von uns eine Kette bis zum Ausgang bilden, die alle zur Entlassung Gekommenen passieren mußten. Gegen 10 Uhr war alles bis auf die nächsten Schuldigen entlassen. Diese haben wir dann auf unserem Rückweg zur Kaserne, wo wir gegen 11.15 Uhr wieder eintrafen, mit in das Columbiahaus genommen.«

»Es handelt sich bei diesen Häftlingen um Menschen, die entweder irgendwie durch sexuelle Veranlagung oder auch nur durch Verdächtigungen, daß sie so veranlagt seien, dorthin gekommen sind. Kein einziger von ihnen aber war vor einem ordentlichen Richter! (Einigen von ihnen soll erst der Prozeß gemacht werden in den nächsten Wochen!) Einige Hundert hat man aus der Lichtenburg schon entlassen. Davon ist ein Teil an Leib und Seele gebrochen, andere sind grauhaarig wieder rausgekommen, obwohl sie noch ganz jung sind, wieder andere leiden an Verfolgungswahn, irren umher usw. Die meisten von ihnen haben ihre Stellungen verloren, obwohl man ihnen keine strafbaren Handlungen nachweisen konnte. [...] Die Martern gehen weiter. Während Sie diese Zeilen lesen, leiden viele Hunderte die gräßlichsten Qualen.«[1] Selbst in der Auslandspresse wurde die Verhaftungswelle gegen Homosexuelle registriert.

In immer neuen Erlassen und Dienstanweisungen wandte sich die Gestapo gegen Homosexuelle, vorrangig unter den politischen Gegnern, aber auch in den eigenen Reihen, in der NSDAP, SA, SS und besonders in der HJ. Der Mythos vom homosexuellen Jugendverführer, der die deutsche Jugend unterwandere und verseuche, lebte neu auf, die Wachsamkeit der Eltern, Jugendlichen und Nachbarn war gefordert und führte zu erschreckend häufigen Denunziationen. In der Dienstanweisung vom 3. Mai 1935 bot die Gestapo bei der Verfolgung Homosexueller in der HJ jede erdenkliche Unterstützung an: »Den Ersuchen der Reichsjugendführung oder einer Gebietsführung um Festnahme von HJ-Angehörigen wegen sittlicher Verfehlungen ist grundsätzlich ohne weitere Prüfung zu entsprechen.«[2] So konnten auch die Reste freien bündischen Lebens unter Kontrolle gebracht werden. Besonders inszeniert wurde 1936 der Prozeß gegen den Nerother Wandervogel, in dem es auch um die Homosexualität des Gründers Robert Oelbermann ging.

In unterschiedlicher Intensität und zu unterschiedlichen Zeitpunkten gab es in den einzelnen deutschen Städten Verhaftungswellen von Homo-

Festnahmen im Monat Juni 1937.
Geheim!

Landkarte des Deutschen Reichs
mit Eintragungen der Anzahl
der Festnahmen unterteilt
nach verschiedenen Verhaftungsgründen.
Herausgegeben von der Zeichenstelle
des Geheimen Staatspolizeiamts
Lichtdruck
Berlin, Privatbesitz

Tafel aus dem Konzentrationslager Dachau
mit den in Form und Farbe verschiedenen
»Kennzeichen für Schutzhäftlinge«
Undatiert
Berlin, Schwules Museum

sexuellen. Zumeist gingen diese im Schneeballsystem vor sich, Adreß-
bücher, Fotoalben und in der Haft erpreßte Namen führten die Gestapo
oder Kriminalpolizei zu immer weiteren Personen. So gab es Ende 1934 /
Anfang 1935 nach der Verhaftung der sogenannten Teegesellschaft der
Gräfin Bentheim eine Verhaftungswelle in Berlin und mehrfach Razzien in
Lokalen. In Würzburg kam es Anfang 1935 nach der Festnahme des jüdischen Rechtsanwalts Dr. Leopold Obermayer zu einer Verhaftungswelle von
Homosexuellen, in Hamburg 1936 und in Köln 1938. Die Verfolgungsinten-
sität nahm in Deutschland bis Kriegsbeginn kontinuierlich zu. Waren 1934
knapp tausend Personen – mehr als im Jahresdurchschnitt der Weimarer
Zeit – verurteilt worden, so verfünffachte sich die Zahl 1936. 1938 wurden
8.562 Männer verurteilt.

Zur Intensivierung der Verfolgung war 1936 in Berlin eine eigene
Behörde innerhalb der von Himmler umstrukturierten Kriminalpolizei ein-

gerichtet worden: die *Reichszentrale zur Bekämpfung der Homosexualität und Abtreibung*. Die Zusammenlegung der beiden Bereiche in einem Amt verdeutlicht die insbesondere »rassehygienisch« motivierte Verfolgung der Homosexualität. Die nationalsozialistischen Ideologen sahen in homosexuellen Männern eine unmittelbare Gefahr für das Volkswachstum, genau wie in der Abtreibung. In einem Geheimerlaß vom Oktober 1936 hatte Himmler an alle Kriminalpolizeistellen geschrieben: »Die erhebliche Gefährdung der Bevölkerungspolitik und Volksgesundheit durch die auch heute noch verhältnismäßig hohe Zahl von Abtreibungen, die einen schweren Verstoß gegen die weltanschaulichen Grundsätze des Nationalsozialismus darstellen, sowie die homosexuelle Betätigung einer nicht

Schutzhaftbefehl der Polizeidirektion Würzburg gegen Jakob Zorn, einen Angehörigen der SA

18. Januar 1935
Würzburg, Bayerisches Staatsarchiv

Bei der Beurteilung des Jurastudenten Jakob Zorn spielte seine Mitgliedschaft in der SA eine Rolle. Durch seine geschickten Aussagen konnten ihm keine strafbaren Handlungen nachgewiesen werden. Daraufhin beantragten die Rechtsanwälte seine Entlassung aus der Schutzhaft. Dies wurde jedoch vom Gestapo-Chef Gerum mit folgendem Vermerk zurückgewiesen: »Einer Entlassung vor Abschluss des Verfahrens kann nicht zugestimmt werden. Zorn war S. A. Mann und ist deshalb ganz anders zu behandeln als irgend ein anderer in die Strafsache verwickelter.« Zorn verblieb bis zum Mai 1935 in Schutzhaft; danach verliert sich seine Spur.

Fernschreiben der Politischen Polizei Würzburg an die Bayerische Politische Polizei München zu Wilhelm S., SS-Mann im Lager Dachau

27. Januar 1936
Würzburg, Bayerisches Staatsarchiv

Wilhelm S., geboren am 1. Dezember 1912 in Würzburg, war als SS-Mann im Konzentrationslager Dachau tätig, als bekannt wurde, daß auch er mit dem Rechtsanwalt Dr. Leopold Obermayer Verkehr gehabt hatte. Bei seiner ersten Vernehmung bestritt er noch alles, doch dann wurde die Beweislage erdrückend und Wilhelm S. schließlich selbst im KZ Dachau inhaftiert. Aus seiner erhaltenen Gestapoakte geht hervor, daß er bis April 1936 ohne Verfahren dort verblieb. Im März wurde er aus der SS ausgeschlossen und danach aus dem Lager entlassen. Über sein weiteres Schicksal ist nichts bekannt.

unerheblichen Schicht der Bevölkerung, in der eine der größten Gefahren für die Jugend liegt, erfordert mehr als bisher eine wirksame Bekämpfung dieser Volksseuchen.« Bei »staatspolizeilichen Maßnahmen« sollte die Berliner Zentrale eingeschaltet werden. Darunter fielen alle auch extra erwähnten Meldungen über Mitglieder der Partei, Mitglieder anderer Nazi-Organisationen und der Wehrmacht, aber auch Mitglieder einer Ordensgemeinschaft, Beamte, Juden und ehemalige Repräsentanten der Weimarer Republik.

Das Mittel der sexuellen Denunziation ließ sich 1938 genauso gegen den unbequemen General Werner von Fritsch benutzen wie gegen die noch nicht angepaßte katholische Kirche seit 1936. Im letzteren Fall konnte man mit der urchristlichen Verdammung homosexueller Gelüste nun auch gegen die Institution vorgehen, die sie eigentlich erfunden hatte. Man hoffte mit dieser Strategie das Vertrauen des Kirchenvolkes in die Geistlichen erschüttern zu können.

Stets wurde die Verfolgung propagandistisch durch entsprechende Hetzartikel vorbereitet und nachträglich ausgeschlachtet. Hier spielten zumeist *Der Stürmer* und die Zeitschrift der SS, *Das Schwarze Korps*, die Vorreiterrolle, und die noch halbwegs bürgerliche Presse zog nach. Kurz nach Himmlers Geheimerlaß brachte *Das Schwarze Korps* mit seinem Leitartikel »Das sind Staatsfeinde!« vom 4. März 1937 die nazistische Denunzierung der Homosexuellen als »Volksschädlinge« auf den Punkt.

Entsprechend der nazistischen erbbiologischen Doktrin und anknüpfend an eugenische Theorien ihrer Vorgänger, suchte die Gestapo auch verstärkt Kastrationen im Kampf gegen die Homosexualität durchzuführen. Zunehmend wurde Druck auf verurteilte Homosexuelle ausgeübt, sich ›freiwillig‹ entmannen zu lassen. Dabei wurde eine Entlassung aus der Straf- oder Schutzhaft in Aussicht gestellt, aber nicht immer eingehalten.

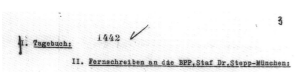

Schreiben der Geheimen Staatspolizei Würzburg an die Gauleitung Mainfranken der NSDAP zu einem Rundfunkvortrag im Reichssender München mit dem »berüchtigten 175iger« Hugo Welle
27. Januar 1937
Würzburg, Bayerisches Staatsarchiv

Dem Schauspieler und Journalisten Hugo Kalb-Welle gelang es, in den Vernehmungen der Gestapo die Aussage zu verweigern und so mangels Beweisen freigesprochen zu werden. Allerdings behielt die Gestapo ihn noch Jahre später im Visier. So informierte sie die Münchner Gauleitung darüber, daß er dort am Rundfunk tätig sei, und forderte seine Entlassung.

Die Willkür der Gestapo bei der Verfolgung zeigen die verschiedenen Verfahren, die in Würzburg von 1934 bis 1936 gegen Homosexuelle aus dem Umkreis um den verhafteten Rechtsanwalt Dr. Leopold Obermayer erfolgten, besonders deutlich. Das Verfahren gegen Obermayer, das sich von Oktober 1934 bis zum Urteil im Dezember 1936 hinzog, wurde genutzt, um die landesweite Kampagne gegen Juden und Homosexuelle zu schüren. Obermayer hatte den besonderen Haß des Würzburger Gestapo-Chefs herausgefordert, da er sich noch in der allerschlimmsten Lage im KZ Dachau und in der brutalen Untersuchungshaft mit schriftlichen Eingaben und Beschwerden selbstbewußt an die Vorgesetzten wandte und sich nicht in sein Schicksal fügte. Im Oktober 1936 schrieb er an den Oberstaatsanwalt:

»In der Wahrung meiner Rechte und in der Ablehnung jeder Diffamierung als Jude bin ich unnachgiebig, auch auf die Gefahr hin, mir dadurch in der Jetztzeit zu schaden. In puncto Recht und Gleichheit vor dem Gesetz lehne ich jetzt und künftig jeden Kompromiß ab. Ich weise auch die Unterstellung, daß ich irgendwie ein Rechtsgut verletzt hätte, zurück. Ich hoffe, daß

Satan vor Gericht

Titelseite aus: *Der Stürmer*, Nr. 52, Dezember 1936
Würzburg, Bayerisches Staatsarchiv

Ende 1936 begann der Schauprozeß gegen den als Juden besonders diffamierten homosexuellen Rechtsanwalt Dr. Leopold Obermayer aus Würzburg. Unter der Schlagzeile »Satan vor Gericht« suchte Der Stürmer Obermayer als typischen »jüdischen Volksverführer« hinzustellen. Obermayer wurde zu der enormen Strafe von zehn Jahren Zuchthaus verurteilt. 1942 wurde er auf Grund der Absprache zwischen dem Reichsjustizministerium und dem Reichsführer-SS, die zu langjährigen Justizstrafen Verurteilten zur »Vernichtung durch Arbeit« an ein Konzentrationslager zu überstellen, ins KZ Mauthausen gebracht. Dort wurde er am 22. Februar 1943 ermordet.

Polizeifoto von Hans Schmitt

1940
Würzburg, Bayerisches Staatsarchiv

Nach der Entlassung aus der Schutzhaft, die Hans Schmitt vom März 1935 bis zum Februar 1936 im KZ Dachau verbringen mußte, wurde er weiter polizeilich überwacht. Im Januar 1940 wurde ihm ein Brief an den in Amerika lebenden Bruder, in dem er die miserable Ernährungslage beschrieb, als staatsfeindliches Verhalten ausgelegt. Im Schlußbericht zu diesem Vorfall hielt der Kriminalbeamte auch die Lage des von der Gesellschaft gemiedenen Außenseiters und die Folgen seiner KZ-Haft fest.

»Schmitt war vom 6. 3. 35 bis 3. 2. 36 im Verlauf eines Verfahrens wegen Vergehens nach § 175 RStGB im Konz. Lager Dachau untergebracht. Das Verfahren wurde auf Grund der Amnestie vom 7. 8. 34 eingestellt. Vorbestraft ist Schmitt nicht; er ist auch in politischer Hinsicht noch nicht beanstandet worden.
   Bei seiner Vernehmung brachte er immer wieder zum Ausdruck, er habe lediglich die Not in seiner Familie schildern und erreichen wollen, daß sein Bruder wieder ein Paket schicken werde. Wenn in diesem Briefe etwas Unrechtes stehen sollte, so habe er dies nicht gewollt. In seiner damaligen seelischen Verfassung habe er nicht genau überlegt, was er alles schreibe.

auch für Ihr Deutschland der Tag kommen wird, wo man die Bestrafung der Homosexualität auf die gleiche Stufe wie die letzte Hexenverbrennung in Oberzell stellen wird. Vielleicht ist Ihnen bekannt, daß bis ca. 1862 in Bayern jede homosexuelle Betätigung straffrei war.«[3]

In das Verfahren gegen Obermayer wurden unzählige Homosexuelle in Würzburg und anderen Städten hineingezogen. Die Akten geben Aufschluß über das unsystematische Vorgehen der Gestapo, aber auch über die Verteidigungsstrategien der Betroffenen und die unterschiedlichen Konsequenzen. Für einen Teil der Mitangeklagten wurde Schutzhaft im KZ Dachau beantragt, aber nur in denjenigen Fällen von der Gestapo angeordnet, in denen eine gerichtliche Bestrafung unwahrscheinlich war. So kam Hans Schmitt im März 1935 für fast ein Jahr nach Dachau. Da ihm keine

strafbare Handlung nachgewiesen werden konnte, wurde er ein Jahr später freigesprochen. Die Gestapo hatte also in diesem Fall eine Haft verhängt, ohne daß diese zumindest nachträglich gerichtlich bestätigt worden wäre.

Wie unterschiedlich die Gestapo mit den Beteiligten selbst nach einer Strafverbüßung verfuhr, zeigt sich im Vorgehen gegen zwei weitere Angeklagte. Max Bienen und Albrecht Becker waren beide zu drei Jahren Gefängnis verurteilt worden. Blieb Albrecht Becker nach der Haft unbehelligt, so veranlaßte die Gestapo bei Max Bienen, daß dieser vom Gefängnis zur weiteren Schutzhaft ins KZ Dachau überstellt wurde, wo er bis zum Januar 1945 bleiben mußte, um dann noch in den letzten Kriegstagen einer der »Bewährungseinheiten« zugeteilt zu werden.

Andreas Sternweiler

Eine am 19. 1. 1940 in der Wohnung des Schmitt vorgenommene Durchsuchung ergab nichts Belastendes. Es wurde vielmehr festgestellt, daß Schmitt neue nat. soz. Bücher liest. Außerdem wurden die letzten Briefe des in Amerika lebenden Josef, gen. Walter Schmitt vorgefunden und diese zeigen eine äußerst deutschfreundliche Einstellung, obwohl der Briefschreiber amerikanischer Staatsbürger geworden ist.

Die wirtschaftlichen Verhältnisse des Schmitt sind nach eigener Wahrnehmung tatsächlich nicht gut; sie werden außerdem von dem Vater des Schmitt in beiliegender Niederschrift näher geschildert.

Die Angaben des Schmitt bezüglich seiner Zugehörigkeit zum Freikorps Würzburg wurden durch den Hptm. a. D., jetzt Kreisschulrat, August Müller, wohnh. hier Edelstraße 13, bestätigt.

Schmitt macht den Eindruck eines verschüchterten Menschen. Durch seine früheren homosexuellen Verfehlungen fühlt er sich offensichtlich ausgestoßen. Seit seiner Entlassung aus dem Kz. meidet er die Gesellschaft und lebt äußerst zurückgezogen. Wie er offen erzählte, hat er in den letzten Jahren mehrfach versucht, mit Frauen Verkehr zu unterhalten, doch will er nicht zu einer Befriedigung gekommen sein.

Nach dem Ergebnis der Ermittlungen und dem Gesamteindruck des Schmitt kann nicht angenommen werden, daß er den Brief aus einer staatsfeindlichen Gesinnung heraus geschrieben hat. Es dürfte sich vielmehr um eine Entgleisung handeln, die auf die Gemütsverfassung des Schmitt zurückzuführen ist.
Jungwirth
Krim. O. Ass.«

Marcus Behmer
Der bittere Kelch
1937. Feder in Braun, Blatt 21 x 14,8 cm
Berlin, Staatliche Museen zu Berlin, Kunstbibliothek

Im Klima zunehmender Ausgrenzung aller freigeistigen Strömungen der Weimarer Jahre können Behmers Zeichnungen vom November 1934 als Ausdruck seines ungebrochenen Selbstbewußtseins als Homosexueller verstanden werden. Seinem besonderen Humor entsprechend, zeichnete er nur wenige Monate nach der

1 *Homosexualität in der NS-Zeit. Dokumente einer Diskriminierung und Verfolgung,* hrsg. von Günter Grau (Frankfurt am Main 1993) S. 85.

2 Ebd. S. 82.

3 Bayerisches Staatsarchiv Würzburg, Gestapostelle Würzburg, Akte Obermayer 8873.

Ermordung Röhms und im heraufziehenden Gewitter der Verfolgung in ein Schulheft gewagte Entwürfe für alltägliche Gebrauchsgegenstände. Milchkännchen, Zuckerzange und Teesieb wurden ihm zu erotischen Objekten und zu gezeichneten ›Widerstandshandlungen‹: jeder, der die Zuckerzange in die Hand nehmen würde, würde einen unsittlichen Akt vollführen. Selbst noch nach seiner Verhaftung und Verurteilung wegen § 175 zu drei Jahren Haft legte dieser charakterstarke Künstler im Gefängnis Zeugnis ab von seiner geschundenen homosexuellen Seele. In der Zelle entstanden 1937 Zeichnungen, die die Zerstörung schwuler Kultur zum Inhalt haben. Der bittere Kelch der Dichter und Künstler wie Paul Verlaine, Oscar Wilde, Benvenuto Cellini, Sandro Botticelli, Leonardo da Vinci und Sokrates wird mit Exkrementen angefüllt. Deprimiert signierte Marcus Behmer diese Arbeiten mit seinen Initialen MB und einem Strichmännchen am Galgen.

Marcus Behmer
Das Schulheft I
1934
Offenbach, Klingspor-Museum

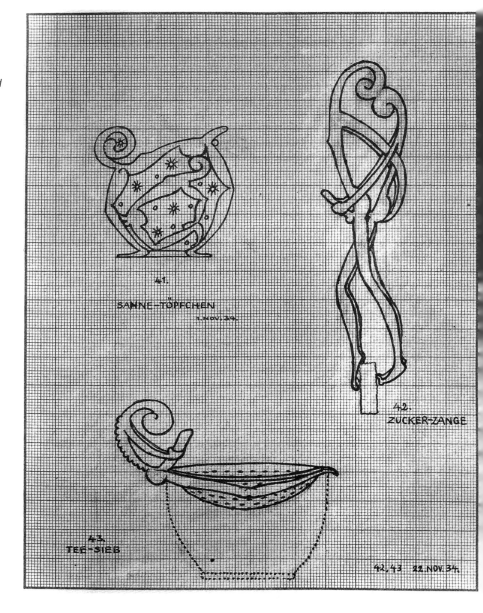

V. 3
Exil

Viele der politisch engagierten Homosexuellen, zumeist aus dem linken sozialistischen Lager, sahen nach der Machtübernahme und dem Reichstagsbrand nur noch die Möglichkeit, vom Ausland aus nach Deutschland zu wirken. Zu diesen engagierten Gegnern des Nationalsozialismus zählten unter vielen anderen Klaus Mann, Ludwig Renn und Hans Siemsen, aber auch unbekanntere wie der junge Jurist Joachim Dänhardt, der 1934 versuchte, seinen Freund Gerhard F. zur gemeinsamen Emigration nach Frankreich zu veranlassen. Da dieser in Deutschland bleiben und am »Neuaufbau« teilnehmen wollte, trennten sich die politisch so unterschiedlich denkenden Freunde. Dänhardt ging 1935 nach Schweden.

Wie für die meisten Emigranten gab es auch für die homosexuellen Antifaschisten genügend Gründe, den deutschen Unrechtsstaat zu verlas-

Gerhard F. und Joachim Dänhardt
1930er Jahre. Zwei Fotografien
Berlin, Privatbesitz

Im März 1934 unternahmen Joachim Dänhardt und Gerhard F. eine Reise nach Paris, wo Dänhardt vorher internationales Recht studiert hatte. Aus dieser Zeit kannte er einen adligen Maler, auch homosexuell, der den beiden anbot, in seinem Landhaus zu bleiben, wenn sie emigrieren wollten. Für den 23jährigen Gerhard, der in Berlin Kriegsgeschichte bei dem George-Anhänger Professor Walter Elze studierte, kam dies auf keinen Fall in Frage. »Dänhardt hätte schon gewollt, als Jurist lehnte er den Unrechtsstaat der Nazis ab. Einer seiner Bekannten war bereits im KZ gewesen. Ich allerdings konnte nirgends außer in Deutschland leben. Ich war als Historiker damals der Ansicht, daß jede Veränderung gesellschaftlicher Umstände immer Greuel und Untaten hervorgerufen hat. Wenn erst vernünftige Menschen das Ruder in die Hand nehmen, wird sich das wieder ändern. Ich und viele meiner Freunde waren national und eher monarchistisch und keineswegs Anhänger der Weimarer Republik gewesen. Das Ausmaß des Terrors war für uns nicht vorhersehbar. Bei aller Distanziertheit zum Nazi-Regime setzte ich wie auch andere George-Anhänger damals ein Stück Hoffnung in den Umschwung und dachte anfangs dabei mitgestalten zu können. Aber immer deutlicher mußte man das Geistlose der Diktatur erkennen, im Vorgehen gegen die Juden, gegen das Christliche und gegen die Homosexuellen nach der Röhmmordung«, erinnert sich Gerhard F. heute. Dänhardt hat als »hundertprozentiger Anti-Nazi« 1935 Deutschland verlassen und ging nach Schweden.

sen. Meist waren politische und persönliche Erwägungen maßgebend. So verließ Richard Plaut Deutschland, weil ihm als Jude das Doktorexamen verweigert wurde. Auch wenn er anfangs wie so viele andere nur an einen vorübergehenden Aufenthalt im Ausland glaubte, beängstigten ihn die nazistischen Parolen und Terrorakte, zu denen auch die Zerstörung der schwulen Subkultur gehörte.

Bisher zu wenig beachtet wurden die Homosexuellen, die durch Anzeigen, Denunziationen und Vorladungen oder durch die Verhaftung von Freunden und Bekannten gefährdet, sich durch Flucht ins Ausland dem Zugriff der Gestapo zu entziehen suchten. Dies betraf mehr Personen, als in den bisherigen Veröffentlichungen erwähnt wird. Angesichts der Verhaftungswellen, die für jeden Homosexuellen spätestens seit 1935 spürbar wurden, trafen einige Vorbereitungen für eine plötzlich notwendig werdende Abreise. So erkundigte sich Hugo Schreiner aus Aschaffenburg beim französischen Konsulat in Frankfurt nach den Einreisemodalitäten und bat um ein persönliches Gespräch. Trotz der Vorbereitungen wurde er im Herbst 1937 verhaftet. Dabei fand die Kripo auch die Antwortschreiben des Konsulats, und Hugo Schreiner mußte dazu Stellung beziehen:

»Wenn ich in meinem Schreiben erwähnte, daß die zu klärenden Fragen auf schriftlichem Wege zu viel Zeit in Anspruch nehmen würden, so meinte ich Fragen über die Lebensverhältnisse in Frankreich und ob Aussicht für meine Unterbringung in Frankreich besteht. Auch wollte ich dem Konsul vortragen, daß ich wegen widernatürlicher Betätigung in der Zukunft evtl. einmal mit meiner Festnahme u. Bestrafung zu rechnen hätte und auch aus diesem Grunde auswandern wolle und zwar in ein Land, wo die widernatürliche Unzucht nicht verfolgt wird.«[1]

Hellmut von Schiller und Karl Blutau
Berlin 1962. Fotografie
Berlin, Privatbesitz

Am 14. November 1926 hatten sich Karl Blutau und Hellmut von Schiller, beide 1901 geboren, kennengelernt. Blutau stammte aus Hamburg und studierte Germanistik, Geschichte und Kunstgeschichte; von Schiller hatte Chemie studiert und gerade sein Staatsexamen abgelegt. Um die beiden bildete sich schon bald ein Kreis von Freunden, die sich bis 1933 wöchentlich im schwulen Lokal Hollandais trafen. 1934 wurde Karl Blutau Lehrer am Grunewald-Gymnasium. »Dort mußte ich Deutsch und Geschichte gegen meine innerste Überzeugung schon im neuen Geiste unterrichten.« Die zunehmende Homosexuellen-Verfolgung ließ auch ihren Freundeskreis nicht unbehelligt. Freunde setzten ihr Studium in Österreich fort oder gingen nach Schweden. 1937 wurde Helmut von Schiller in einen Prozeß wegen § 175 verwickelt und verhaftet. Da die beiden Freunde zu dieser Zeit ganz offiziell zusammenlebten und wohnten, wurde auch Karl Blutau vorgeladen. Er verweigerte jedoch die Aussage, und so begannen die Schikanen gegen ihn. »Ich war daraufhin für den Schuldienst nicht mehr tragbar. Ja, sie haben mir mein Assessorexamen, das zweite Staatsexamen, verweigert, ohne das ich nicht im Schuldienst bleiben konnte. Zuerst gab es noch den Vorschlag, in der Berufsbildung für Jugendliche zu arbeiten, aber das wollte ich nicht. So bin ich dann nach Dänemark gegangen.« Die Trennung von seinem Lebensgefährten konnte er nur schwer akzeptieren. Aber auch während der Nazi-Zeit kamen sie noch öfters zusammen, bis zum Kriegsbeginn in Dänemark, wo Karl Blutau in Jütland eine Stelle als Deutschlehrer gefunden hatte. Nach 1939 trafen sich die beiden in Schweden, wohin Karl vor der drohenden deutschen Besetzung Dänemarks geflohen war. Hellmut war in der Zwischenzeit wieder bei einer Straßenbaugesellschaft tätig, die auch in Norwegen arbeitete. So konnte er zweimal einen Zwischenstop in Schweden einlegen. Für Karl war das Exil endgültig, nach 1945 kehrte er nicht nach Deutschland zurück.

Auch in den Akten der Berliner Kriminalpolizei finden sich immer wieder Hinweise auf Homosexuelle, die wegen einer drohenden Verfolgung Deutschland verlassen hatten. Andere folgten dem bedrohten Freund ins Ausland. So begleitete der junge Student der Kunstgeschichte Hans Ludwig Mettelmann seinen Freund nach Wien. Österreich wurde für zahlreiche Homosexuelle zur Zuflucht vor dem verschärften deutschen § 175. Auch in Prag registrierte die emigrierte Ärztin Käthe Frankenthal einen großen Ansturm von geflohenen, offenbar sehr selbstbewußten Homosexuellen. »Als ich 1935 nach Prag kam und mit der Leiterin des Immigrationskomitees sprach, war eine ihrer ersten Fragen: Können Sie mir erklären, warum die jungen Leute, die aus Deutschland kommen, sofort jedem alles erzählen, was niemand wissen will? Es verging kein Tag, an dem nicht ein neu angekommener Flüchtling in das Komitee kam und ihr sofort erzählte, daß er homosexuell sei. [...] Nach dem Mord an Ernst Roehm und seinen Leuten setzte eine große Verfolgung der Homosexuellen ein. Viele mußten vor einer Denunziation fliehen. Zahlreiche andere erschienen und stellten sich als Homosexuelle vor, und zwar waren dieselben dann sehr überrascht, daß sie keinen Flüchtlingsschutz bekamen, sondern daß ihre Aktivität auch in Prag verboten war.«[2]

Aus Nazi-Deutschland wegzugehen, zog für die meisten Emigranten erhebliche Schwierigkeiten nach sich; zugleich bedeutete es aber auch das Wiederfinden einer gewissen Normalität des Lebens und des Liebens. So funktionierte in der Schweiz, in Basel und Zürich, die schwule Subkultur, und Paris, die heimliche Hauptstadt der Liebe, sollte bis zur deutschen Besetzung

die Rolle Berlins als schwuler Weltmetropole übernehmen. Die Schauspielerin Salka Viertel beschreibt die Stadt in ihren Memoiren: ›Die warmen Sommernächte zogen große Scharen von Bummlern auf die Boulevards: junge und weniger junge Paare aller Hautfarben aus allen möglichen Ländern. Nach elf Jahren in den Vereinigten Staaten beeindruckte mich die Freiheit des Liebeslebens in Paris, das rassische, bi- und homosexuelle Gemisch, das in Deutschland nach den Nürnberger Gesetzen undenkbar geworden war.‹[3]
Nach Paris floh auch der ehemalige Startänzer der Staatsoper und Choreograph der UFA, Jens Keith, als er eine Vorladung zur Kriminalpolizei erhielt.

Paris entwickelte sich zu einem der Zentren des Widerstands gegen Nazi-Deutschland. Hier wurde 1935 der internationale Schriftstellerkongreß

**Jens Keith und Willi Tesch
in Heidelberg bei den Reichsfestspielen**
1934. Fotografie
Berlin, Privatbesitz

Als einer der wichtigsten Tänzer und Choreographen war Jens Keith an fast allen Bühnen in Deutschland tätig. Wie so vielen gelang es auch ihm, seine Karriere nach 1933 nahtlos fortzuführen. 1934 nahm er mit seinem Essener Ballett an den Reichsfestspielen in Heidelberg teil. Danach lebte er wieder in Berlin und arbeitete als Choreograph für die UFA. Er wirkte im Sommer 1936 an der Realisierung von Reinhold Schünzels Film Das Mädchen Irene *mit und wohl auch noch an der Verfilmung des Lebens der Tänzerin Fanny Elßler mit Lilian Harvey in der Hauptrolle. Doch bei der Uraufführung war er nicht mehr zugegen und sein Name aus dem Vorspann gestrichen. Er hatte im Frühjahr 1937 fluchtartig Deutschland verlassen, da er wegen seiner Homosexualität denunziert worden war und eine Vorladung zur Gestapo erhalten hatte. Angeblich stellte ihm Lilian Harvey einen größeren Betrag von ihrem Auslandskonto zur Verfügung, da er selbst kein Geld aus Deutschland transferieren konnte. In den selben Fall war auch Willi Tesch, der Lebensgefährte des UFA-Kulturfilmproduzenten Nikolaus Kaufmann, verwickelt, zu dessen Freundeskreis Jens Keith gehörte. So gingen die beiden zusammen nach Paris. Nach der Besetzung durch die Deutschen ging Willi Tesch in den französischen Widerstand, Jens Keith kehrte nach Berlin zurück und arbeitete hier unter anderem für das* Metropol-Theater.

abgehalten, und hier fanden nicht nur deutsche Verfolgte, sondern auch spanische Revolutionäre zumindest vorübergehend Zuflucht. Die deutschsprachige Exilpresse registrierte die zunehmende Verfolgung der Homosexuellen; zumeist wurden die Nachrichten von weiteren Verhaftungen für den antifaschistischen Mythos von den schwulen Nazis instrumentalisiert. Bereits im *Braunbuch* nach dem Reichstagsbrand war dieser antifaschistische Mythos propagiert worden. Selbst einige der emigrierten schwulen Schriftsteller beteiligten sich an dieser Form der Homosexuellendiffamierung von Links. Auch sie übernahmen diese Gleichsetzung in ihre Werke, so Hans Siemsen in seinem Roman *Hitler Youth*, der 1940 in London auf Englisch und 1947 auf Deutsch erschien (*Die Geschichte des Hitlerjungen Adolf Goers*). In Ludwig Renns Exilroman *Vor großen Wandlungen* (1937) treten nur die Nazis und ein adliger Selbstmörder als Schwule auf. Die kommunistischen Widerstandskämpfer sind heterosexuell, männlich und normal. Dabei gab es unter den Antifaschisten genauso viele Schwule wie unter den Nazis. Einer der Kommunisten, die jahrzehntelang ihr schwules Privatleben der Partei unterordneten, war Franz Schneider aus Wien. Er ging 1938 nach Frankreich, arbeitete hier im französischen Widerstand und lebte bis zur Verhaftung als »feindlicher Ausländer« mit seinem Freund im Untergrund bei Paris.

Da man keine Devisen mit ins Ausland nehmen konnte, mußte man erfinderisch sein und Naturalien mitnehmen. Besonders gut im Ausland abzusetzen waren optische Geräte und Fotokameras. So gab es in den Orten der Emigration einen schwunghaften Handel mit deutschen Produkten von Zeiss und Leica. Hatte man Freunde im Ausland, so konnten diese eher etwas aus Deutschland herausschaffen. So bezahlte die mit dem Arzt Heinz Breitkreuz von der Berliner Charité befreundete Schweizer Ärztin Dr. Klesirossi ihm den kruzfristigen Aufenthalt in der Schweiz und die Fahrkarte nach Shanghai. Als Schweizerin konnte sie nach Berlin fahren und von den Eltern des Emigrierten den Gegenwert in Pelzen und Schmuck erhalten und ungehindert wieder ausreisen. Nach Shanghai gingen auch Horst Riehmer und Freddy Kaufmann, letzterer hatte in Berlin die Szenebar *Freddy's Jockey* betrieben. In Shanghai führten die beiden eine Zeitlang ein Emigrantencafé. Vicki Baum hat in ihrem Emigrantenroman *Hotel Shanghai* nicht nur die damalige Atmosphäre der chinesisch-europäischen Metropole

Franz Schneider mit seinem Freund
1939. Fotografie
Berlin, Schwules Museum

Als Mitglied der Kommunistischen Partei wurde Franz Schneider 1933 und dann wieder 1934 in Wien verhaftet. Nach dem Anschluß Österreichs ging er nach Frankreich. Da die Partei nichts von seiner Homosexualität wußte, wurde sein ihn begleitender Freund als Sympathisant getarnt. In Frankreich war Franz Schneider am Widerstand beteiligt. Mit seinem Freund fand er in der Nähe von Paris Aufnahme im Haus einer Kommunistin. Nach dem Einmarsch der Deutschen wurden beide als Ausländer im Lager Gurs interniert, wo Franz Schneider wegen seiner guten Französisch-Kenntnisse zum Leiter ihrer Baracke avancierte. Als er an einer Lungenentzündung erkrankte, meldete er sich im November 1941 beim Roten Kreuz für einen Rückwandererpaß nach Österreich. So gelang es ihm als ein von den Deutschen befreiter ›Beutegermane‹ unbehelligt nach Wien zurückzukehren. Von seinem Bruder, der als Spanienkämpfer in Auschwitz inhaftiert war, erhielt er ein Kassiber über die dortigen Morde. Daraufhin gründete Franz Schneider in Wien eine illegale kommunistische Gruppe, die Flugblätter verteilte und Sabotageakte vornahm. So gelang es, die Wiener Arbeiterbezirke den Russen kampflos zu übergeben. Die Niederschlagung des Ungarn-Aufstandes wurde für den überzeugten Kommunisten zum Scheideweg. Franz Schneider trat noch im selben Jahr aus der Partei aus.

beschrieben, sondern auch verschiedene Homosexuelle in die Romanhandlung eingewoben. Zwar gibt es bei ihr auch schwule Nazis, aber im Gegensatz zum gängigen antifaschistischen Mythos wird ebenso ausführlich ein positives schwules Paar unter den Emigranten beschrieben.

Zu den Schicksalen im Exil zählten auch das von Heinrich Heinz Simon (1880–1941), dem ehemaligen Verleger der *Frankfurter Zeitung*. Bis 1934 war er mit seinem Bruder Kurt Geschäftsführer des Blattes gewesen und dann in die USA ausgewandert. Die Nachricht von seiner Ermordung ging 1941 durch die Emigrantenpresse. Man vermutete einen nazistischen Anschlag, doch – wie auch Thomas Mann in seinem Tagebuch festhielt – es waren andere Gründe: »Nachricht vom Tode Heinz Simons, der in Washington, offenbar im Verlauf eines homosexuellen Abenteuers, erschlagen wurde«.[4]

Ein weiterer Aspekt des Exils waren die Schutzheiraten deutscher Emigrantinnen mit ausländischen Homosexuellen. Sowohl Valeska Gert als auch Erika Mann griffen darauf zurück. Für Valeska Gert war es eher eine Enttäuschung, daß der junge Ehemann nicht einmal die Hochzeitsnacht mit ihr verbrachte. Erika Mann und ihr Ehemann W. H. Auden kannten sich bereits seit Jahren über den Bruder Klaus Mann und Christopher Isherwood. Einer der Freunde von Auden, der Schriftsteller John Hampson-Simpson, wurde kurze Zeit später mit Erikas Lebensgefährtin Therese Giese verheiratet.

Andreas Sternweiler

Zweitschrift meiner Strafanzeige vom 20. 12. 42

Schreiben von Dr. med. Wolfgang-Eberhard Schmitt
Abschrift vom 13. Februar 1943
Würzburg, Bayerisches Staatsarchiv

»An die Staatsanwaltschaft bei dem Landgericht Berlin NW 40, Turmstr. 91.

Hiermit erstatte ich gegen Dr. Wilhelm Pohlandt und seine Ehefrau Lotte, beide wohnhaft Berlin-Charlottenburg 9, Bolivarallee 9 Strafanzeige unter folgender Begründung:

Frau Lotte Pohlandt, die vor der Machtübernahme und auch noch danach fast ausschliesslich in jüdischen Kreisen verkehrte, hielt diese Bekanntschaft vornehmlich mit der Volljüdin Margarete Maas, wohnhaft Berlin-Charlottenburg, Nähe Saaigagplatz [Savignyplatz?] bis zu ihrem Selbstmord um die Jahreswende 1941/42 aufrecht. Bis zum Jahre 1941 fanden wöchentlich gegenseitige Kaffeebesuche statt. Als allgemein die Übernahme des jüdischen Besitzes durch den Staat erfolgte, versuchten die Jüdin und Lotte Pohlandt diese Massnahme zu umgehen, indem Frau Lotte Pohlandt Vorräte, Wohnungsgegenstände, Wäsche usw. in den Abendstunden aus der Wohnung der Jüdin in Koffern persönlich abholte und im Haus aufbewahrte. Ferner hat Frau Lotte Pohlandt wiederholt erzählt, dass sie bei der Vermögenserklärung ihren Schmuck nicht vollzählig angegeben und denselben durch Imitationen verschleiert hätte.

Es ist anzunehmen, dass der Ehemann Dr. W. Pohlandt von all diesen Vorgängen unterrichtet ist, da ihm der Verkehr seiner Ehefrau mit der Jüdin, den auch er bei den Kaffeebesuchen pflegte, bekannt war. Dr. W. Pohlandt hat ausserdem die Ausreise seines Sohnes ? nach Changhei im Jahre 1934 finanziert damit dieser sich als Homosexueller weiterer polizeilichen Nachforschungen und der entsprechenden Strafe entziehen konnte.

Da es mir im Felde nicht möglich ist, mich über die zuständigen § zu unterrichten und die Strafanzeige dementsprechend zu formulieren, erbitte ich darum, dass die Staatsanwaltschaft für das für meine Begriffe strafwürdige Verhalten die entsprechenden § heranzieht.
Heil Hitler!
gez. Dr. Schmitt.«

1 Bayerisches Staatsarchiv Würzburg, Gestapostelle Würzburg, Akte 13501.

2 Käthe Frankenthal, *Jüdin, Intellektuelle, Sozialistin. Lebenserinnerungen einer Ärztin in Deutschland und im Exil* (Frankfurt am Main und New York 1985) S. 114 und 203.

3 Salka Viertel, *Das unbelehrbare Herz*, Reinbek 1979, S. 238
4 Thomas Mann, *Tagebücher 1940 –1943* (Frankfurt am Main/ 1982) S. 265.

Herbert List
Freunde
Santorin 1937.
Fotografie
Hamburg,
Herbert List Nachlaß –
Max Scheler

V. 4
TROTZDEM LEBEN

Tanzprobe auf dem Reichssportfeld
Der Tänzer Harald Kreuzberg, Hanns Niedecken-Gebhard und der Solotänzer Stammer (v. l. n. r.) beobachten von einer Tribüne aus die Proben der Tanzgruppe im Sportforum Berlin 1936. Fotografie
Berlin, Ullstein Bilderdienst

Der Intendant und Choreograph Hanns Niedecken-Gebhard war eine der zentralen Persönlichkeiten des deutschen Musiklebens und Tanztheaters. Immer wieder zwangen ihn Anfeindungen wegen seiner Homosexualität, seine Karriere in neue Bahnen zu lenken, selbst in den angeblich so freien zwanziger Jahren. Seit 1921 war er an den jährlich stattfindenden Händelfestspielen in Göttingen federführend beteiligt, von 1922 bis 1924 war er Regisseur an der Oper in Hannover und ging dann als Intendant nach Münster. Unter seiner Ägide wurde die Neue Tanzbühne von Kurt Joos begründet, der Inbegriff des modernen Tanzes. Zusammen mit Rudolf von Laban bereitete Niedecken-Gebhard den ersten deutschen Tänzerkongreß für Magdeburg 1927 vor. Wie schon in Hannover mußte Hanns Niedecken-Gebhard auch in Münster seine Stellung wegen der Gerüchte um seine Homosexualität verlassen. 1928 ging er für drei Jahre nach New York und erhielt ein Engagement als Oberregisseur an der Metropolitan Opera. Zurück in Deutschland inszenierte er an der Städtischen Oper in Charlottenburg als Gastspielleiter mehrere Ballette. Auch nach 1933 war Hanns Niedecken-Gebhard an einflußreicher Stelle tätig. Er leitete im Sommer 1934 die Reichsfestspiele in Heidelberg und inszenierte 1935 in Halle und Göttingen. Noch im selben Jahr wurde er mit der Durchführung der offiziellen Festspiele zur Olympiade 1936 in Berlin betraut, an denen fast die gesamte deutsche Tänzerschaft teilnahm. Allerdings wurde Hanns Niedecken-Gebhard noch vor der Umsetzung Anfang 1936 von einem Kollegen, dem Generalmusikdirektor Rudolf Schulz-Dornburg, als homosexuell denunziert. Teils aus Neid, teils um von sich selbst abzulenken, hatte Schulz-Dornburg seine Anschuldigung vorgebracht, da er in Verwechselung mit seinem Bruder Hans Schulz-Dornburg in ein Verfahren wegen § 175 verwickelt worden war. Niedecken-Gebhard wurde daraufhin polizeilich überwacht, seine

Ernst Röhm war keineswegs der einzige hohe schwule Funktionär in der Nazi-Bewegung, aber seit der Veröffentlichung seiner Liebesbriefe durch die Presse 1932 der bekannteste. Neben ihm gab es weitere Homosexuelle, deren Privatleben aber zumeist weniger im Licht der Öffentlichkeit stand, die aber dennoch am Aufbau des Unrechtsstaates mitgewirkt haben. Bekannt sind heute zumeist nur diejenigen, die durch ein entsprechendes Verfahren wegen § 175 enttarnt und dann fast immer aus der Partei und ihren Untergruppen ausgeschlossen wurden. Zu den führenden und mit Macht und Gewalt ausgestatteten schwulen Nazi-Größen zählte der Gauleiter von Schlesien, Helmut Brückner, der nach der Röhm-Affäre 1934 entmachtet wurde. Besonders vielschichtig erscheint der Fall von Dr. Achim Gercke,

der als Sachverständiger für Rasseforschung im Reichsministerium an der Ausgrenzung der Juden beteiligt war. Seine Sympathien und Aktivitäten für die Nazis reichten bis 1925 zurück, sollten ihm aber nichts nutzen. Selber bisexuell, wurde er 1935 wegen eines Jahre zurückliegenden homosexuellen Abenteuers von der Gestapo observiert. Zwar konnte er der Verdacht abwenden, doch wurde er von eifersüchtigen Kollegen aus seiner Stellung gedrängt. Zu erwähnen ist auch Ernst vom Rath, der als Homosexueller mit Parteibuch von 1932 an im Auswärtigen Amt Karriere machen konnte. 1938 wurde er Legationssekretär an der Deutschen Botschaft in Paris, wo er als Vertreter Nazi-Deutschlands von Herschel Grynszpan erschossen wurde, der damit die Welt auf das deutsche Unrecht gegen die Juden aufmerksam machen wollte.

Genau wie unter den Heterosexuellen gab es genügend Homosexuelle, die sich mit der Politik der Nazis einverstanden erklärten und gleich nach dem 30. Januar in die NSDAP oder eine andere Nazi-Organisation eintraten. Darunter befanden sich Professoren ebenso wie Arbeiter, Angestellte wie Selbständige. Aus all diesen Gruppen ließen sich auch Homosexuelle finden, die den Nazis in die Arme liefen oder auch, umgekehrt, sich von ihnen abgestoßen fühlten. Die These einer besonderen erotischen Faszination der Nazi-Formationen auf die Homosexuellen mag auf einige zugetroffen haben, ist jedoch in der Verallgemeinerung bisher noch nirgends bewiesen worden. Zu bestätigen scheint sich lediglich, daß die Homosexuellen in genauso starkem Maße an der Nazi-Herrschaft beteiligt waren wie ihre heterosexuellen Zeitgenossen.

Allerdings betraf die Verfolgung der Homosexuellen jeden einzelnen, selbst wenn er nicht direkt hineingezogen wurde. Jeder kannte zumindest

175

einen Freund oder Bekannten, der verhaftet oder verurteilt worden war. Es genügte durchaus, im Verlauf der zwölf Jahre gegen 100.000 Homosexuelle Verfahren einzuleiten, um den weitaus größeren Rest einzuschüchtern. Die psychische Anspannung, die Angst vor Verhaftung beeinträchtigte das Leben der Schwulen insgesamt. Jeder Homosexuelle mußte sein bisheriges Leben umstellen, Abstriche an bisherigen Freiheiten machen und sich in irgendeiner Form den neuen gesellschaftlichen Bedingungen einfügen. Mimikry und Versteckspiel waren Lebensvoraussetzungen geworden. Noch schlimmer wurde es für die junge Generation, die gerade ihre homosexuellen Wünsche zu entdecken begann. Daß sich unter den gegebenen Umständen kaum freie Geister entwickeln konnten, erscheint zwangsläufig.

Umgebung über seinen Lebenswandel befragt und seine ehemaligen Kollegen und Vorgesetzten in Münster und Hannover über die damaligen Entlassungsgründe ausgefragt. Niedecken-Gebhard erfuhr über Mitarbeiter von den Vorwürfen und plante zielbewußt seine Verschleierungstaktik. Nur wenige Wochen später heiratete er am 20. März 1936 die Bühnenbildnerin Lotte Brill und zog mit ihr zusammen in ein Haus im Grunewald. In den Zeitungen wurde das Ereignis als die »Olympische Hochzeit« groß besprochen, auch im Völkischen Beobachter. Trotz eines riesigen Aufwandes – eine umfangreiche Akte ist erhalten – mußte die Kriminalpolizei nach einiger Zeit das Verfahren einstellen. Hanns Niedecken-Gebhard haben die Verdächtigungen nicht geschadet, schon bald wurde er auch mit der Durchführung der Festspiele zur 700- Jahrfeier Berlins für 1937 betraut. Bis 1945 arbeitete er weiter an herausragender Stelle im deutschen Kulturbetrieb, Anfang 1940 in den Deutschen Meisterstätten für Tanz in Berlin. Auch nach 1945 gelang es ihm, seine Karriere erfolgreich fortzusetzen.

Suse Byk
Hans Henninger
Um 1932. Fotografie
Berlin, Privatbesitz

Der Schauspieler Hans Henninger war im Berlin der zwanziger Jahre an unterschiedlichen Theatern in kleineren Rollen aufgetreten. In dieser Zeit hatte er Kontakt zur Gemeinschaft der Eigenen und nahm an den Abenden im Hause von Adolf Brand teil. In den dreißiger Jahren hatte er verschiedene kleinere Filmrollen, zuletzt 1937 in dem Film Gabriele 1. 2. 3. unter der Regie von Rolf Hansen. Kurz darauf beging er Selbstmord, als die Gestapo ihn wegen Verdachts auf ein Vergehen nach § 175 abholen wollte.

Die NS-Politik zielte auf die Vereinzelung der Homosexuellen und die Unterbindung jeglichen Zusammenhaltes. Einzelne Mitarbeiter des Unrechtsstaates gingen in ihrer Homophobie soweit, selbst das Privatleben der Rechtsanwälte, die sich noch trauten, Homosexuelle zu verteidigen, unter die Lupe zu nehmen. Verteidigte jemand auffällig viele Homosexuelle, so mußte er selbst homosexuell sein, lautete die Annahme. So wurden im Fall des Dr. Leopold Obermayer in Würzburg alle seine Verteidiger derart verdächtigt. Am 11. Januar 1937 schrieb die Gestapo Würzburg an die Zentrale nach Berlin: »Ein Dr. S. steht scheinbar mit Obermayer in Verbindung und hat Rechtsanwalt Meissner aus Dresden als Anwalt empfohlen, der auch die Revision übernommen hat. Meissner sprach hier im Gefängnis vor und der Oberstaatsanwalt teilte mir mit, dass Meissner einen ausgesprochenen 175iger Eindruck machte. Ich bitte Dich, von dort aus gegen Meissner und insbesondere den Freund S. in Berlin, dessen Adresse wahrscheinlich bei Dr. jur. Walter Niemann, Berlin W 15, Kaiserallee 203, zu erfahren sein wird,

Schreiben der Reichsfilmkammer, Fachschaft Film in Berlin an die Geheime Staatspolizei Berlin
24. August 1936
Potsdam, Brandenburgisches Landeshauptarchiv

> Reichsfilmkammer
> Fachschaft-Film
>
> Berlin SW 68, den 24. 8. 36.
> Friedrichstraße 210
> Fernruf: Sammel-Nr. A 9 Blücher 3068 u. 3611
>
> An die
> Staatspolizeistelle
> Berlin.
> Alexanderplatz, Polizeipräsidium.
>
> 25. AUG. 1936
> Stapo Berlin.
>
> Geschäftszeichen: P/1 5602.
> (In der Antwort anzugeben)
>
> Wie uns von privater Seite mitgeteilt wird, soll unser Mitglied, der Filmkomparse Gerhard A m u n d s e n geb. am 6. 9. 84 zu Dresden, wohnhaft Berlin-Charlottenburg, Savignyplatz 8 wegen Verbrechens nach § 175 STGB zu einer Zuchthausstrafe von 2 Jahren verurteilt worden sein. Briefe, die wir an Amundsen richteten, kamen als unbestellbar zurück.
>
> Wir bitten um Benachrichtigung, ob A. tatsächlich zu dieser Freiheitsstrafe verurteilt wurde und bejahendenfalls erbitten wir Bescheid, von welchem Gericht er verurteilt wurde.
>
> Falls seine Verurteilung zutreffen sollte, beabsichtigen wir das Ausschlussverfahren wegen Unzuverlässigkeit zu beantragen.
>
> Heil Hitler!
> Im Auftrage:

vorzugehen.« Am 27. Januar 1937 ging die Antwort ein: »Niemann ist Parteigenosse und wird seit einiger Zeit fast ausschliesslich bei der Kammer des Amtsgerichtsrates Sponer, Berlin, als Offizialverteidiger der Homosexuellen bestellt. Niemann vermutet nun, dass er dem Schreiber aus diesem Anlass bekannt geworden ist, ohne dass er diesen persönlich kennen gelernt hat. Im allgemeinen erfreut sich Dr. Niemann eines sehr guten Rufes. Er ist verheiratet. Nachteiliges über ihn konnte nicht festgestellt werden.«[1] Walter Niemann war allerdings in der Schwulenbewegung aktv gewesen. Er hatte dem *Aktions-Ausschuß* der Schwulengruppen in den zwanziger Jahren angehört. Für ihn war es ein Glück, daß er verheiratet war. Der Rechtsanwalt Werner Hesse, der in den fünfziger Jahren der Verteidiger Berliner Schwuler werden sollte, war auch schon in der Nazi-Zeit in dieser Weise tätig und aufgefallen. Ende 1944 wurde er in einen Fall, den er betreute, hineingezogen, verhaftet und ins KZ Sachsenhausen gebracht. Ihm hat seine zuvor arrangierte Schutzheirat nicht geholfen.

Die vollständige Zerstörung schwuler Organisationen und Sozialstrukturen bedingte den fast völligen Rückzug der Schwulen in die Privatsphäre. Einzelne Lokale, die aber immer gemischt waren, existierten zwar in den Großstädten, aber eine Razzia konnte jederzeit auch diesen Rest schwuler Freiheit zunichte machen. Während der Olympiade wurde in Berlin wieder schwules Leben toleriert. Am 20. Juli 1936 erging ein Sondererlaß, daß Ausländer von einer Verhaftung wegen § 175 auszunehmen seien. Dieser kurzfristigen Pseudo-Toleranz waren besondere Razzien vorausgegangen, die

die Reichshauptstadt von Strichjungen befreien sollte. Einzelne wurden ohne Verfahren kurzerhand für die entsprechende Zeit in Schutzhaft genommen. So erging es dem in Moskau geborenen Juri S., der bei seiner Mutter in Berlin-Charlottenburg wohnte. »S. wurde von der Geheimen Staatspolizei – Geheimes Staatspolizei Amt II. L. H. 3. – bei einer Kontrolle während der Säuberungsaktion für die Olympiade, festgenommen. S. war vom 22. 5. 36 bis 20. 11. 36 wegen Verdachts widernatürlicher Unzucht im Konzentrationslager.«[2]

Eine der gängigsten Strategien, sich einen Deckmantel für sein Privatleben zu schaffen, war die Schutzheirat. Nicht nur Berühmtheiten aus Film, Theater und Oper beschritten diesen Weg der Verschleierung, auch für

Jaro von Tucholka
Hans Spann
Berlin 1939. Fotografie
Tübingen, Privatbesitz

ganz ›normale‹ Homosexuelle und ehemalige Aktivisten der Schwulenbewegung war dies ein Ausweg. So heiratete Bruno Balz, der ehemalige Mitarbeiter schwuler Zeitschriften, 1936 nach seiner Gefängnishaft, und einer der Mitarbeiter im *Institut für Sexualwissenschaft*, Günter Maeder, heiratete 1940 in Italien. Eine solche Heirat konnte in vielen Fällen tatsächlich schützen, zumal sie der weitverbreiteten Theorie entsprach, Homosexualität sei erwerbbar und daher veränderbar. Eine Garantie oder gar ein Freibrief war eine solche Heirat allerdings nicht. Selbst die Gestapo hatte begriffen, daß es auch unter Eheleuten praktizierende Homosexuelle gab.

Bisher kaum beachtet wurden diejenigen Schwulen, die dem psychischen Druck der öffentlichen Diskriminierung und Verfolgung nicht standhalten konnten und sich aus Angst vor Haft, brutalen Verhörmethoden, der Willkür der Schutzhaft oder einer Einlieferung ins Konzentrationslager das

Leben nahmen wie 1937 der Schauspieler Hans Henninger, der in den zwanziger Jahren regelmäßig an den Abenden Adolf Brands teilgenommen hatte, kurz vor der Verhaftung in seiner Wohnung. Im selben Jahr nahm sich auch der 24jährige Gerhard Grünewald in Berlin das Leben. Nach dem Geständnis eines Mitverdächtigen war er selbst verhaftet worden und hatte auch ein Geständnis abgelegt. Daraufhin wurde er zwar am nächsten Tag entlassen, doch weiter beobachtet. Noch unter dem Eindruck der Vernehmung erhängte er sich aus Angst vor einer Anklage und Verurteilung. Kurz zuvor hatte sich auch sein Liebhaber das Leben genommen.

Eine Verhaftung zog automatisch den Ausschluß aus entsprechenden Fachschaften, Parteiorganisationen und Institutionen nach sich. Entspre-

Jaro von Tucholka
Richard Schultz
Berlin, 1939. Fotografie
Tübingen, Privatbesitz

Im Salon von Richard Schultz (1899–1977) überlebte der Geist der Gemeinschaft der Eigenen *die Nazi-Zeit. Sein Zirkel stellt ein Verbindungsglied zur Homosexuellen-Bewegung der fünfziger Jahre dar. Im geselligen Kreis trafen sich bei Richard Schultz viele Personen, die schon in den zwanziger Jahren im Hause von Adolf Brand verkehrt hatten. Seit 1920 lebte Richard Schultz in der Fridericiastraße in Berlin-Charlottenburg in einer geräumigen Altbauwohnung, die mit kostbaren Antiquitäten angefüllt war. In diesem Rahmen fand der wöchentliche Jour fixe statt und vermittelte den Anwesenden einen Hauch von Geborgenheit und Schutz in den Zeiten der Verfolgung. In dem von Richard Schultz aufrechterhaltenen Zusammenhalt der Freunde kann durchaus ein Stück schwulen Widerstandes gesehen werden. Leider läßt sich der Freundeskreis, der hier zusammenkam, nur sehr bruchstückhaft rekonstruieren. Von überlebenden Zeitzeugen wissen wir lediglich, daß der Kreis sehr groß war, sich aber nicht alle Teilnehmer untereinander kannten. Zu den alten Stammgästen, die schon bei Adolf Brand verkehrt hatten, gehörten unter anderen der Journalist Arnold Bauer, der Nervenarzt Dr. Hans Henke, die Fotografin Jaro von Tucholka, Friedrich Weigelt und bis zu seinem Selbstmord 1937 der Schauspieler Hans Henninger. Jaro von Tucholka und Friedrich Weigelt waren eine schwul-lesbische Schutzehe eingegangen. Anwesend war auch der Lebensgefährte von Richard Schultz, der um einige Jahre jüngere Hans Spann, der im April 1944 in Rußland gefallen ist. Jaro von Tucholka hatte in den dreißiger Jahren von den beiden sich ergänzende Freundschafts-Porträts aufgenommen. Richard Schultz stand auch mit Adolf Brand bis zu dessen Tod am 26. Februar 1945 in Verbindung und war einer der wenigen schwulen Freunde, die an seiner Beerdigung teilnahmen.*

chende Nachrichten flossen zügig. So forderte die Fachschaft Film der Reichskulturkammer gleich nach der Verurteilung des Filmkomparsen Gerhard Amundsen von der Gestapo nähere Angaben, um ihn daraufhin auszuschließen. Von dieser Praxis konnte aber auch in Ausnahmefällen abgesehen werden. Angesichts seiner Bekanntheit im Ausland und möglicher ausländischer Propaganda wurde für den Startänzer Alexander von Swaine trotz seiner Verurteilung wegen § 175 und Haftverbüßung der Ausschluß aus der Fachschaft Bühne der Reichskulturkammer, allerdings mit Auflagen, im März 1937 zurückgenommen.

Da auch das Naziregime trotz der zunehmenden Verhaftungswelle wegen § 175 auf seine homosexuellen Künstler angewiesen war, wurde am 29. Oktober 1937 eine Ausnahmeregelung für Schauspieler und Künstler erlassen: »Betrifft: Festnahmen von Schauspielern und Künstlern wegen

Paul Otto mit Ehefrau und Harry
1937. Fotografie
Berlin, Privatbesitz

Mit 27 Jahren hatte der Schneidermeister Paul Otto in dem schwulen Lokal Hollandais *seinen zwei Jahre jüngeren Freund Harry kennengelernt, mit dem er die nächsten zwölf Jahre zusammenleben sollte. Harrys Eltern hatten ihren Sohn zu Hirschfeld in die Beratung geschickt, als sie merkten, daß er sich nur für Männer interessierte. Nach Hirschfelds Beratung akzeptierten die Eltern, die überzeugte Baptisten waren, die Homosexualität des Sohnes und nahmen auch dessen Freund Paul Otto wie selbstverständlich auf. Die Beziehung der beiden überdauerte auch das Jahr 1933. 1937 war es Harry, der seinem Freund nahelegte, daß er aus Vorsicht besser heiraten sollte. Er schlug ihm auch gleich eine passende Frau vor, die in ihr Verhältnis eingeweiht wurde und die Neigungen ihres Ehemannes toleriert hat. Noch vor der Hochzeit wurden sämtliche Fotos, Bücher, Schriften und Zeitschriften aus ihrem schwulen Leben vernichtet. Die Heirat hat das schwule Freundespaar, das bis zum Tode von Harry 1983 befreundet blieb, tatsächlich vor Angriffen und Denunziationen schützen können. Als seine Ehefrau mit den beiden kleinen Söhnen während der Fliegerangriffe im nahegelegenen Bunker übernachtete, traute sich Paul Otto auch wieder Männer kennenzulernen und mit nach Hause zu nehmen. Wie er erzählte, waren es in dieser Zeit oftmals Fremdarbeiter, die damals ihr Leben in Berlin fristeten und für jede Form der Zuwendung empfänglich waren.*

widernatürlicher Unzucht. Der Reichsführer-SS und Chef der Deutschen Polizei im Reichsministerium des Innern hat angeordnet, daß jede Inhaftierung eines Schauspielers oder Künstlers wegen widernatürlicher Unzucht seiner vorherigen Genehmigung bedarf, es sei denn, daß einer der Genannten auf frischer Tat ertappt wird.«[3] So gelang es beispielsweise den Regisseuren Rolf Hansen und Hans Deppe, die gesamte Nazi-Zeit hindurch unbeschadet Filme herzustellen. Protektion konnte besonders im künstlerischen Bereich Homosexuelle schützen, war aber auch hier kein Freibrief für ein Leben, wie es vor 1933 möglich gewesen war.

Eine direkte künstlerische Umsetzung des Themas Homosexualität war nicht möglich, lediglich im privaten Bereich konnten solche Bilder entstehen wie das *Erotische Schulheft* von Marcus Behmer von 1934 oder die Zeichnungen des unbekannten Künstlers Ernst Hildebrand. Denjenigen Künstlern, denen es gelang, sich mehr oder weniger von Deutschland abzusetzen, wurden Spanien, Griechenland und besonders Italien nicht nur zur Zuflucht, sondern auch zur Anregung für eine Verarbeitung des eigenen Gefühlslebens. Von Werner Gilles (1894–1961) stammen beispielsweise aus den Jahren 1939 bis 1941 zahlreiche Aktzeichnungen und Gemälde nackter Jünglinge an italienischen Stränden. Die fast obsessiv zu nennende Auseinandersetzung mit seiner Liebe dokumentiert Gilles' Widerstand gegen die offizielle Verteufelung durch die Nazis und deren Männerbild vom heroischen Kriegskameraden. Gleich nach der Machtübernahme hatte auch Werner Heldt (1904–1954) Deutschland verlassen und war nach Mallorca in die Einsamkeit gegangen. Dort verfaßte er 1935 den Text *Einige Beobachtungen über die Masse*, eine Rechtfertigung und Selbstbehauptung zugleich. Hier formuliert er seine Ansichten zur Homosexualität und betont die Sinnlosigkeit von Verboten, wie sie die Masse wünscht. Der Fotograf Herbert List (1903–1975) hat in Griechenland in Zusammenarbeit mit George Hoyningen-Huene einige neuartige Metaphern der Freundschaft und zugleich politische Statements geschaffen. Rudolf Levy legte in Florenz seine psychische Verfaßtheit in seinen *Trauernden Jünglingsakt*. Dieser entstand 1942, zwei Jahre bevor Levy aus dem von Deutschen besetzten Italien deportiert wurde und auf dem Transport nach Dachau umkam.

Dem Terror zu widerstehen, weiter an seinem schwulen Leben festzuhalten, erforderte mit zunehmender Dauer der Naziherrschaft und verstärkter Verfolgung Mut und Selbstbehauptung. Trotzdem existierten einige der schwulen und gemischten Freundeskreise über Jahre unbeschadet, aber jetzt in Heimlichkeit und unter bestimmten Vorsichtsmaßnahmen. So erhielt Richard Schultz seinen Jour fixe mit seiner schwulen Vernetzung, mehr oder weniger getarnt als literarischer Salon, über all die Jahre aufrecht. Und auch der künstlerische Salon des UFA-Kulturfilmproduzenten Dr. Nikolaus Kaufmann bestand bis zur Ausbombung seiner Wohnung in der Motzstraße 41 weiter. Allerdings verkleinerte sich der Kreis stark, da viele jüdische Teilnehmer emigrierten oder abgeholt wurden und zahlreiche Homosexuelle gleichfalls wegen einer drohenden Verhaftung das Land verließen. So waren Kaufmanns Lebensgefährte Willi Tesch und der Choreograph Jens Keith 1937 nach Paris geflohen. Der Ballettmeister Victor Gsovsky kehrte 1936 von einer Europa-Tournee nicht mehr nach Berlin zurück, da man ihn rechtzeitig vor der Vorladung zur Gestapo warnen konnte. Der Widerstandsgeist derartiger Freundeskreise und der hier zu beobachtende Zusammenhalt sind bisher zu wenig beachtet worden.

Kollektive Widerstandshandlungen der Schwulen sind nur in geringem Maße überliefert. Trotzdem kann nicht davon ausgegangen werden, daß diese nicht stattfanden. Der Schwulenbewegung gelang es wohl insgesamt noch rechtzeitig, die Adressenkarteien der Mitglieder und Abonnenten zu vernichten, so daß sie nicht der Gestapo in die Hände fallen konnten. Die erhaltenen Akten der Gestapo und Kriminalpolizei und Zeitungsmeldungen der Zeit geben keinerlei Hinweise darauf, daß dies irgendwo der Fall gewesen wäre. Die Kripo erfuhr lediglich bei Vernehmungen von derartigen ehemaligen Mitgliedschaften. In Kassel wurde so 1938 ein Freundeskreis ehemaliger Mitglieder des *Bundes für Menschenrecht* aufgedeckt, in Würzburg wurde einem Geistlichen die Anschrift eines ›schwulen‹ Buchladens in seinem Adreßbuch zum Verhängnis, einem weiteren der Besitz schwuler Zeitschriften. Dies scheinen aber eher Ausnahmen gewesen zu sein, da die meisten Schwulen aus Vorsicht derartig belastendes Material bereits vernichtet hatten. Zu einer gemeinschaftlichen Tat kam es in Duisburg am 17. August 1936, als mehrere Homosexuelle bei einer Polizeirazzia im Park gemeinschaftlich einen bereits Festgenommenen aus den Händen der Kripo zu befreien suchten. Zu den eher privaten Widerstandshandlungen müssen die Hilfestellungen der Familie und Freunde bei drohender Verhaftung und plötzlicher Abreise ins Exil gezählt werden.

Eine Mitarbeit von Homosexuellen am deutschen Widerstand gegen die Nazis ist in unterschiedlichen Bereichen überliefert. Dazu zählt Theo Haubach mit seinen Verbindungen zum Kreisauer Kreis genauso wie der Berliner Professor Albrecht Haushofer. Wolfgang Cordan und Percy Gothein aus dem Kreis um Stefan George waren in den Niederlanden am Widerstand beteiligt. Mindestens bis zum Kriegsausbruch war Peter Limann, ehemaliges Mitglied im *Wissenschaftlich-humanitären Komitee* und Freund des WhK-Sekretärs Richard Linsert, im kommunistischen Widerstand aktiv. Er wohnte im Hause Prager Straße 17, in dessen Gartenhaus auch die Fotografin Marta Astfalck-Vietz lebte. Diese hat die Widerstandstätigkeit Peter Limanns in mehreren Interviews beschrieben. Für eine von Limann vermittelte, ihr nicht näher bekannte kommunistische Gruppe stellte Frau Astfalck-Vietz ihre Dunkelkammer zur Verfügung. Mit dem Kennwort ›Rudi‹ gelangten immer wieder Menschen, die sich nur mit ihrem Decknamen vorstellten, zu ihr: »... dann kamen zwei oder drei Personen, die damals noch in der Reichskanzlei arbeiteten. Denen gab ich meine Dunkelkammer, ... es war die frühere Mädchenkammer. Da haben sie die ganze Nacht gearbeitet, haben Blätter kopiert, die sie tagsüber aus der Reichskanzlei entwendet hatten.«[4]

Andreas Sternweiler

1 Bayerisches Staatsarchiv Würzburg, Gestapostelle Würzburg, Akte Obermayer 8873.
2 Brandenburgisches Landeshauptarchiv Potsdam, Rep. 30, Berlin , Tit. 198 A Ausländer 639

3 *Homosexualität in der NS-Zeit*, hrsg. von Günter Grau (Frankfurt am Main 1993) S. 179.
4 Felicitas Bothe-von Richthofen, *Widerstand in Wilmersdorf* (Berlin 1993) S. 88.

V. 5
Die Männer mit dem Rosa Winkel

Mit Beginn des Krieges veränderte sich die Situation der Homosexuellen radikal. Der Runderlaß des Reichssicherheitshauptamtes vom 12. Juli 1940 legalisierte formal eine Einweisung in ein Konzentrationslager ohne Gerichtsurteil und dehnte die »vorbeugende Verbrechensbekämpfung« durch die Polizei enorm aus. Mit einem lapidaren Satz wurde der Tod vieler Homosexueller festgeschrieben. »Ich ersuche, in Zukunft alle Homosexuellen, die mehr als einen Partner verführt haben, nach der Entlassung aus dem Gefängnis in polizeiliche Vorbeugungshaft zu nehmen.« Der Erlaß ging an sämtliche Kriminalpolizeistellen. Es waren jetzt die einzelnen Kripobeamten, die eine Verbringung ins KZ beantragten und damit über das Leben der Betreffenden mitentscheiden konnten.

Fernschreiben der Geheimen Staatspolizei Berlin mit der Anordnung der Schutzhaft gegen Hans Retzlaff
5. September 1940
Potsdam, Brandenburgisches Landeshauptarchiv

Für den 39jährigen Hans Retzlaff wurde diese Verfügung der Geheimen Staatspolizei Berlin, die seine »Schutzhaft bis auf weiteres« anordnete, tödlich. Nur wenige Wochen überlebte er die Einweisung ins KZ Sachsenhausen. Den Angehörigen wurde dies mitgeteilt, doch wollten sie nur bedingt etwas mit der Nachlaßregelung zu tun haben. Der Vater »erklärte, daß er auf den gesamten Nachlaß seines verstorb. Sohnes verzichte und mit der Angelegenheit nichts zu tun haben wolle, da er sich seit mehreren Jahren von seinem Sohne losgesagt habe.« Der Bruder »erklärte, daß er zur Annahme des Nachlasses seines Bruders bereit sei, sofern damit nicht die Übernahme etwaig vorhandener Schulden verbunden sei.«

Auch in den Konzentrationslagern veränderte sich die Situation durch den Krieg dramatisch. Nach jedem weiteren Überfall auf ein Nachbarland wurden Tausende von Menschen in die KZs überstellt. Aus den Umziehungs- und Arbeitslagern in Deutschland mit ihren brutalen Methoden einer Umziehung durch Arbeit wurden Stätten, die der Vernichtung von Menschen durch Arbeit dienten. Im besetzten Polen wurden die eigentlichen Vernichtungslager errichtet, die auf planmäßige Ermordung ausgerichtet waren. Aber auch in den Lagern in Deutschland lag die Sterblichkeit immer noch bei 50 %, wurde gezielt sogenanntes »unwertes Leben« ausgemerzt, wurden »Untermenschen aus dem Osten«, Juden, Sinti und Roma sowie Homosexuelle ermordet. Auch hier war das Überleben nicht nur abhängig von der eigenen Aktivität und Stärke sowie vom Überlebenswillen, sondern auch von Protektion, Macht und Glück.

Insbesondere im KZ Sachsenhausen bei Berlin war für viele der Homosexuellen der Tod schon bei der Einlieferung vorbestimmt. Zusätzlich ausgegrenzt, kamen sie automatisch in die isolierte Strafkompanie. Dort herrschten besonders brutale Aufseher, und den Häftlingen wurden besonders schwere Arbeiten zugewiesen. Das Schuhläufer-Kommando, die Arbeit

Polizeifoto von Alois Timmer
1937
Potsdam, Brandenburgisches Landeshauptarchiv

Die Milchbar *in der Augsburger Straße war als Treff von Schwulen schon 1935 bekannt, die Gestapo hatte hier mehrfach Razzien durchgeführt. Immer wieder taucht das Lokal auch später noch in den Akten der Kriminalpolizei auf. Ganz gezielt ließ man dieses Lokal weiterbestehen, um die Homosexuellen so unter Kontrolle zu behalten und dort immer wieder Verhaftungen vornehmen zu können. In der Großstadt gab es auch in den Kriegsjahren noch weitere derartige Treffpunkte wie das Weinlokal* Bart *in der Fasanenstraße, die aber immer von der Kripo und Gestapo observiert wurden. Für Alois Timmer hatte die Verhaftung in der* Milchbar *am 9. Juli 1940 tödliche Folgen. Als mehrfach Vorbestrafter stand er im Verdacht, ein Strichjunge zu sein. So wurde er sofort in ein Konzentrationslager überstellt. Seine Akte bei der Berliner Kriminalpolizei endet mit einem Schreiben von 1942, in dem sie Antwort erhält auf ihre Anfrage, was mit den von Alois Timmer einbehaltenen Schriftstücken zu geschehen habe. Lapidar heißt es dort: »Wie festgestellt, ist Timmer am 24. 12. 1941 im Konzentrationslager verstorben.«*

im Klinkerwerk und in der Tongrube gehörten dazu. Die Akte der Kriminalpolizei Berlin über Hans Retzlaff erzählt von einem solch erschreckenden Schicksal. Hans Retzlaff, geboren 1901 in Stettin, war schon 1927 in den Gesichtskreis der Berliner Kriminalpolizei geraten und wurde immer wieder wegen des Verdachts auf widernatürliche Unzucht observiert und verurteilt. Letztmals wurde er am 2. August 1940 festgenommen. Auf Grund des Erlasses vom 12. Juli 1940 wurde diesmal sofort seine Unterbringung im KZ beantragt, und schon am 18. September 1940 kam er, bevor irgendein Verfahren stattgefunden hatte, ins KZ Sachsenhausen. Er überlebte die Strapazen nur wenige Tage: am 25. November 1940 ist er dort, angeblich »an chronischer Herzschwäche und Lungenembolie« gestorben. Fast zeitgleich wurde

der 28jährige Heinz Dörmer ins KZ Sachsenhausen gebracht, auch er ohne jedes Verfahren, nur wegen des neuen Erlasses. Heinz Dörmer hatte kurz zuvor eine fünfjährige Zuchthausstrafe von 1935 bis 1940 hinter sich gebracht und zwei Monate Freiheit genossen. Ihm widerfuhr im Gegensatz zu Hans Retzlaff das ›Glück‹, daß er für einen Transport ins KZ Neuengamme ausgesucht wurde und dort die nächsten fünf Jahre überleben konnte. Im nachhinein bezeichnet Heinz Dörmer die drei Monate in Sachsenhausen als »Hölle auf Erden«. Die dortigen brutalen Tötungsmethoden sind ihm ins Gedächtnis gebrannt. »Der Blockführer war ein ganz brutaler Kerl, ein besonders gräßlicher Mensch, ein Schwulenverderber. Der bekam seine Anweisung: ›Der lebt heute nicht mehr. Mach ihn fertig!‹ usw. Mit Fäusten und mit Fußtritten hat der auf den Häftlingen rumgetrampelt, bis sie tot waren. Wir standen dabei und mußten zuschauen. Wir konnten ja nichts machen. Das war jedenfalls mehr als ein Schwein. Das Krauchen auf der Erde wie ein Hund, auf den Knien robben, wurde auch laufend angewandt. In der Baracke mußte man den Mittelgang runterrobben bis hinten hin, bis zum Waschraum und zurück. Wenn es dem SS-Mann gefiel, nochmal, und dabei immer mit Peitschen und mit Knüppeln traktiert. Das waren ihre Waffen, die sie reichlich anwendeten.« 1942 wurden in Sachsenhausen in einer gezielten Mordaktion gegen Homosexuelle in wenigen Tagen 300 bis 400 Häftlinge im Klinkerwerk ermordet.

Im KZ Buchenwald kam es zu medizinischen Versuchen an Homosexuellen, wie sie viele andere Häftlinge auch erlitten. An den Homosexuellen wurden neben einer ›Heilung durch freiwillige Kastration‹ auch Versuche einer ›hormonellen Umpolung‹ durch den dänischen Arzt Carl Vaernet vorgenommen. Derartige ›Heilungsversuche‹ an Homosexuellen fanden Himmlers ungeteiltes Interesse. So ordnete er im Dezember 1943 die unbedingte Unterstützung der Menschenversuche durch die SS-Ärzte des Lagers an.

Im KZ Sachsenhausen wurde eine medizinische Testreihe im sogenannten Schuhläuferkommando, einem der schwersten und brutalsten Kommandos, durchgeführt. Erprobt wurden Drogen zur Energiesteigerung bei enormer Belastung, gedacht zum Einsatz bei den Soldaten an der Front.

An diesem Test mußten auch Homosexuelle teilnehmen, z. B. Ernst Haase, der sich in Sachsenhausen mit dem Kabarettisten Robert T. Odeman angefreundet hatte, oder Heinz Beerbaum, ehemaliger SS-Wachmann des Lagers. Selbst schwul, war er kurz zuvor ebenfalls Häftling geworden. Erwin Rathmann hat diesen Vorfall in seiner Zeugenaussage am 15. Februar 1946 vor dem *War Crimes Investigation Team* der britischen Rhein-Armee zu Protokoll gegeben:

»Am 27. 10. 44 erschienen in der Strafkompanie Block 13 der erste Lagerarzt Dr. Baumkötter, der erste Lagerführer Kolb und ein mir nicht namentlich bekannter Marinestabsarzt, sowie der SS-Unterführer Behrens aus dem

Richtlinien
für Sonderermittlungen
zur Beurteilung homosexueller
Verfehlungen
von Wehrmachtangehörigen

Herausgegeben von der
Reichszentrale zur Bekämpfung
der Homosexualität, undatiert
Berlin, Schwules Museum

Reichszentrale
zur Bekämpfung der Homosexualität

Streng vertraulich!
Nur für den Dienstgebrauch!

Richtlinien

für Sonderermittlungen zur Beurteilung homosexueller Verfehlungen von Wehrmachtangehörigen

1. Es gilt festzustellen, ob
   a) der Täter sich aus Veranlagung oder einem erworbenen, offenbar unverbesserlichen Trieb vergangen hat,
   b) der Täter vorübergehend abgeirrt ist, insbesondere dann, wenn er verführt wurde,
   c) der Hang des Täters zweifelhaft ist.

2. Die Entscheidung gemäß Ziff. 1 bedarf ausführlicher Begründung, weshalb eingehende Ermittlungen über Herkunft, Entwicklung, Gesamtverhalten und sexuelle Lebensführung des Täters erforderlich sind, für die eine bindende Norm nicht vorgeschrieben werden kann. Die Hinweise unter Ziff. 3, 5 und 6 sind vielmehr weder erschöpfend noch in jedem Falle vollzählig anwendbar.

3. Die Ermittlungen haben sich im allgemeinen auf folgendes zu erstrecken:
   a) Kriminalität oder sonstige Auffälligkeiten in der Familie;
   b) Fehlentwicklungen als Kind oder Jugendlicher (Fürsorgeerziehung);
      grobe Erziehungsmängel (einziges Kind, sogenanntes Muttersöhnchen);
   c) Eigene Kriminalität (sämtliche Vorgänge nachweisen);
   d) Zugehörigkeit zu bündischen oder konfessionellen Gemeinschaften (evtl. Geheime Staatspolizei befragen);
   e) Tätigkeit in der Jugendarbeit; Vereinstätigkeit;
   f) Auffälliger Verkehr mit männlichen Personen, insbesondere Jugendlichen;
      Umgang mit weiblichen Personen (angeblichen Geschlechtsverkehr möglichst einwandfrei nachweisen);
      Eheverhältnisse, Kinderzahl (Scheinehe);
   g) Besondere Auffälligkeiten körperlicher Art (gegebenenfalls ärztliche Gutachten beifügen), in der äußeren Erscheinung (z. B. Putzsucht), im Wesen oder im Auftreten.

4. Die Ermittlungen sind grundsätzlich auf folgende Weise durchzuführen:
   a) Nachweisung von schon bekanntem Material über den Täter (büromäßige Bearbeitung);
   b) Zusätzliche Ermittlungen an Ort und Stelle (Exekutivmaßnahmen).

5. Zu Ziff. 4 a):
   a) Aktenzeichen und Verbleib a l l e r Vorgänge sind anzugeben; über einschlägiges Material ist ausführlicher zu berichten, besonders wenn keine Verurteilung erfolgte (z. B.: Straftat erwiesen aber verjährt, gegenseitige Onanie gem. § 175 StGB. alter Fassg.).
   b) Strafen wegen Beleidigung, Körperverletzung, Volltrunkenheit usw. liegen nicht selten gleichgeschlechtliche Annäherungsversuche zu Grunde.
   c) In geeigneten Fällen ist auch staatspolizeiliches Material zu berücksichtigen. Ebenso geben die Akten der Wohlfahrts- und Jugendämter sowie Ehescheidungsakten oft wertvolle Aufschlüsse.
   d) Über HJ-Angehörige (auch frühere) ist stets bei der zuständigen Bannführung — Überwachungskartei — Nachfrage zu halten.

6. Zu Ziff. 4 b):
   Die Außenermittlungen (vgl. Ziff. 3) sind in rücksichtsvoller (vertraulicher) Weise durchzuführen. Auskünfte können in der Wohngegend, auf Arbeitsstellen, bei Lehrpersonen, Verwandten usw. eingeholt werden. Über besonders wichtige Bekundungen sind auch Vernehmungsprotokolle anzufertigen (zweifache Ausfertigung), vor allem dann, wenn sich greifbare Anhaltspunkte für weitere Verfehlungen (neue Fälle) des Täters ergeben. In diesem Falle sind die nach Lage der Sache notwendigen Maßnahmen unverzüglich zu ergreifen und ein Zwischenbericht an die Reichszentrale zu erstatten.

7. Die Ermittlungsberichte werden zu wehrpolitisch und auch für den Betroffenen bedeutungsvollen Entscheidungen benötigt. Bei ihrer Abfassung ist deshalb — ebenso wie bei den Erhebungen selbst — größte Sorgfalt und Gewissenhaftigkeit geboten.

Harry Pauly (Pauline Courage)
1930er Jahre. Fotografie
Berlin, Schwules Museum

Der Schauspieler Harry Pauly wurde in der Nazi-Zeit mehrfach wegen § 175 verhaftet. 1936 kam er nach seiner Verurteilung zu einer Haftstrafe von 15 Monaten ins Moorlager Neusustrum, wo er bei den bunten Abenden auch Theater gespielt hat. 1939 wurde er sofort zur Wehrmacht eingezogen. Auch hier war er bald am Fronttheater tätig. Von dort wurde er durch die Beschuldigungen zweier junger Männer, die sie unter Druck in der Gestapohaft gemacht hatten, erneut abgeholt. Nach der Verbüßung von acht Monaten wurde Harry Pauly in ein Ersatzbataillon überstellt. »Es hat sich natürlich schnell überall rumgesprochen, daß ich ein ›warmer Bruder‹ war und wegen §175 gesessen hatte. Es gehört ja nicht viel Phantasie dazu, um sich auszumalen, was da in der Truppe los war. Ich bin denn auch bald versetzt worden. Nach Frankreich. Aber da ging dasselbe Theater wieder von neuem los: ›Da läuft die schwule Sau, das warme Schwein, der schwule Hengst‹ usw. Es war unerträglich. Ich bin dann wieder nach Iserlohn gekommen. Von dort bin ich ausgerückt. Die haben mich aber wieder eingefangen und für sechs Wochen in eine Arrestzelle gesperrt. Bald darauf bin ich zum zweitenmal getürmt, weil ich die ewigen Beschimpfungen nicht mehr ausgehalten habe: ›Da geht der Warme, der Hinterlader‹, immerzu dies Krakehle, das konnte doch kein Mensch aushalten. Und ich war ja auch der einzige, von dem sie das wußten, und ich stand wirklich ganz allein da. Mich kotzte das alles an.« (Hans-Georg Stümke – Rudi Finkler, Rosa Winkel, Rosa Listen, Reinbek 1981, S. 314) Auch diesmal wurde er wieder gefangen genommen, nach seiner erneuten Verurteilung aber nicht ins Gefängnis eingeliefert, sondern an das schon damals berüchtigte Strafbataillon Dirlewanger überstellt.

Krankenbau, dem die Apotheke und das Laboratorium unterstand. Der Vorarbeiter der Schuhläuferkolonne Wilhelm Jakob aus Frankfurt/M wurde gerufen und erhielt den Auftrag, sofort 27 kräftig gebaute Häftlinge für einen Sonderversuch mit einem synthetischen Opiat (eine Art Kaugummi) bereitzustellen. Jakob bestimmte folgende Häftlinge für diesen Versuch: [... es folgt eine Liste der Namen, darunter mehrere Homosexuelle, unter anderen auch Ernst Haase aus Hamburg] Jeder der angeführten Häftlinge erhielt von dem Marinestabsarzt ein eiförmiges Stück weisslichen Kaugummis, wurde mit 25 Pfund Sand beladen, und alle 27 Mann marschierten los. Der erste Lagerarzt Dr. Baumkötter, der Chef der Apotheke Behrens und der Marinestabsarzt marschierten mehrere Runden mit. Ohne irgendwelche

Verpflegung, ohne irgendeine Ruhepause marschierten ununterbrochen Tag und Nacht diese 27 Schuhläufer 8 Tage lang! Die dann eintretende Reaktion war zwiefältig: 1) Gesundheitlich kein sichtbarer Schaden außer dass sich die Gesichter ununterbrochen rot und bleich färbten. 2) Die versprochene vorzeitige Entlassung aus der Strafkompanie als Verdienst für diesen Einsatz wurde durch 160 Gramm trockenes Brot ausgeglichen.«[1]

Schreiben der NSDAP an die Staatspolizeileitstelle Berlin zum »Verhalten des Ernst Neumann«
3. November 1944
Potsdam, Brandenburgisches Landeshauptarchiv

Robert T. Odeman
Zum 32. Geburtstage hinter geladenem Draht!
Gedicht für Ernst Haase mit handschriftlichem Gruß
Konzentrationslager Sachsenhausen, 16. Februar 1945
Berlin, Schwules Museum

Der Kabarettist Robert T. Odeman war wegen politischer und homosexueller Vergehen im Konzentrationslager Sachsenhausen inhaftiert und in der Schreibstube tätig. So hatte er die Möglichkeit, seinem Kameraden Ernst Haase, mit dem er sich im Lager angefreundet hatte, diesen Freundschaftsdienst zu erweisen. Ernst Haase hatte lange Zeit in der isolierten Strafkompanie des Lagers zugebracht, der die Homosexuellen automatisch zugeteilt wurden. Er hatte unsägliche Peinigungen durchstehen müssen. Das Gedicht Zum 32. Geburtstag hinter geladenem Draht! dokumentiert nicht nur den Überlebenswillen und den Glauben an die Kraft geistiger Betätigung, sondern stellt auch eine der bewunderungswürdigen Solidaritätsakte angesichts des Todes dar. Bei der Evakuierung des Lagers gelang es den beiden, sich zusammen mit einem dritten Homosexuellen vom Rest abzusetzen und zu fliehen. Bis zu ihrem Tode 1984 standen sie in engem freundschaftlichen Kontakt.

Eine Fülle von neuen Richtlinien und Vorschriften wurde während des Krieges erlassen. Der Erlaß zur »Feststellung der Volks- und Staatsfeindlichkeit und staatsfeindlichen Betätigung im Sinne des § 615a der RVO« vom 2. April 1941 konnte auch auf Sittlichkeitsverbrecher angewendet werden. Nach einer Verurteilung wegen § 175 konnte jetzt das Vermögen eingezogen werden. Am 23. Dezember 1942 erging ein Erlaß zur vorbeugenden Verbrechensbekämpfung durch die Polizei, der eine »Unterbringung Vollzugsuntauglicher« vorsah. Dies richtete sich gegen »Kriminelle und Asoziale«, die aus den Gefängnissen und Zuchthäusern automatisch in ein KZ überstellt werden konnten. Auch dieser Erlaß wurde auf Homosexuelle angewandt. So wurde daraufhin der Rechtsanwalt Dr. Leopold Obermayer aus Würzburg aus dem Zuchthaus ins KZ Mauthausen überwiesen, das er nicht überlebte. Die Verurteilungen von homosexuellen Zivilisten gingen in den Kriegsjahren zwar zurück und pendelten sich bei ungefähr 3.700 pro Jahr ein, doch hinzu kamen die Verurteilungen von Wehrmachtsangehörigen und die sogenannten »Vorbeugemaßnahmen«, nach denen willkürliche KZ-Einweisungen erfolgten.

Die Nazis hatten Angst, die Homosexualität könnte sich im Männerverband der Wehrmacht explosionsartig ausbreiten. So gab es auch für diesen Bereich besondere Erlasse. Darin wurde unterschieden, ob der Betreffende zu den Männern gehörte, die aus einer »unverbesserlichen Veranlagung« handelten, oder zu denen, die an sich geschlechtlich »gesund« empfanden, aber »verführt oder infolge geschlechtlicher Überreizung abgeirrt« waren. Erstere sollten entsprechend härter bestraft werden. Im August 1941 hatte

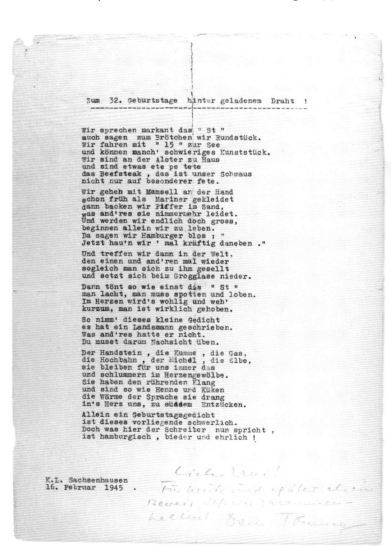

sich Adolf Hitler in einer Besprechung im Führerhauptquartier über die »Pest der Homosexualität« geäußert und eine »rücksichtslose Strenge« in Wehrmacht, Partei und HJ gefordert. Drei Monate später folgte der Erlaß »Reinhaltung von SS und Polizei«, der die Todesstrafe für entsprechende Vergehen vorsah.

Trotzdem kann auch für die Zeit des Krieges nicht von einer systematischen Verfolgung der Homosexuellen gesprochen werden. Viel eher herrschten auch jetzt Willkür und Zufall. Der großen Mehrheit der Homosexuellen gelang es, sich zu verstecken, ihr Privatleben zu verheimlichen, ihre Sexualität zumeist zu sublimieren und angepaßt die Zeit zu überstehen. Aber selbst Personen, die bereits in den dreißiger Jahren wegen § 175 verurteilt

Blick in die Messap-Werkhalle
(Heinz Dörmer am vierten rechten Tisch auf der linken Seite)
Anfang 1945. Fotografie (aufgenommen vom Zivilarbeiter Belitz)
Berlin, Schwules Museum

Im Jahr 1942 kam es angesichts des Kriegsverlaufes zu einer Umstrukturierung in den Konzentrationslagern. Die bisherige »Umerziehung« der Häftlinge durch Brutalität und Schikane machte einer gezielten Ausbeutung der Arbeitskräfte für kriegswichtige Unternehmen, die jetzt zunehmend in den Lagern eingerichtet wurden, Platz. Zu diesen Firmen zählte auch die Rüstungsfirma Messapparatebau, Messap, die im KZ Neuengamme 1942 eine Produktionshalle einrichtete. Hier wurden Zeitzünder für Bomben hergestellt. Durch seine Freundschaft mit einem schwulen Häftling der Schreibstube, Karl Heinz Kitta, der das neu eingerichtete Arbeitskommando zusammenstellte, gelangte auch Heinz Dörmer dort hinein. Dies bedeutete letztendlich sein Überleben, denn bei der Messap arbeiteten auch Zivilarbeiter, so daß im Winter geheizt, regelmäßiger und teils besseres Essen ausgegeben wurde und die Brutalität der SS dort zumindest nachließ.

und im Gefängnis gewesen waren, also der Gestapo durchaus bekannt waren, gerieten trotz der zahlreichen neuen Erlasse nicht unbedingt wieder in die Verfolgungsmaschinerie. So konnte beispielsweise Albrecht Becker, der in Nürnberg von 1935 bis 1938 im Gefängnis gesessen hatte, nach seiner Entlassung in Würzburg weiter in seinem Beruf arbeiten und ab 1940 »fürs Vaterland am Rußlandfeldzug« teilnehmen. Seine Vorstrafe war bei der Wehrmacht entweder nicht registriert oder spielte keine Rolle.

Im deutschen Heer kämpften auch die jungen Homosexuellen mit, die jahrgangsweise eingezogen wurden oder sich freiwillig gemeldet hatten. Gelenkt von der Nazi-Propaganda wurde es für sie schwer, in Rußland nicht zu Vollstreckern eines rassistischen Wahnsinns zu werden, der sich in der Heimat gegen sie selbst richtete. Einige Homosexuelle, die wegen Verdachts auf Vergehen nach § 175 verhaftet oder sogar schon verurteilt waren, konnten durch eine »freiwillige Meldung« an die Front eine vorzeitige Haftentlassung erreichen. Später kam es vor, daß der Haftantritt nach einer Verurteilung wegen § 175 bis nach Kriegsende verschoben wurde, da jeder Soldat an der Front gebraucht wurde. Am 14. September 1943 hatte das Hauptamt SS-Gericht vorgeschlagen, verurteilte Homosexuelle in Strafbataillone zu stecken. Dies konnte aber nur für die leichten Fälle der sogenannten Verführten gelten. Gegen die »unverbesserlichen Gewohnheitsverbrecher« wurde mit zunehmender Dauer des Krieges immer schärfer vorgegangen. Am 12. Mai 1944 erging ein Schreiben des Chefs der Sicherheitspolizei und des Sicherheitsdienstes (SD) an die Kriminalpolizeileitstellen Deutschlands über »Vorbeugende Maßnahmen gegen Homosexuelle, die aus der Wehrmacht entlassen werden«. Dies bedeutete auch für diese zumeist jungen Männer die Überstellung in ein Konzentrationslager. Das führte dazu, daß einige der Verurteilten zwar gleich in ein Gefängnis oder Lager eingeliefert wurden, aber festgelegt wurde, daß die eigentliche Strafzeit erst nach

Antinazi-Propaganda der Alliierten
Karikatur: »He who stops is lost (Mussy) / Hitler: I almost think I shall stop …«
Um 1944. Postkarte
New York, Marshall Weeks

187

Kriegsende beginnen sollte. So erreichte man eine nochmalige Erhöhung des Strafmaßes, obwohl die »schweren Fälle« der »gewohnheitsmäßigen Verbrecher« in den letzten Kriegsjahren ohnehin nach § 2 der Volksschädlingsverordnung abgeurteilt wurden, der höhere Strafen vorsah.

Inwieweit es im deutschen Heer bei der ständigen Kontrolle des Gemeinschaftslebens Möglichkeiten für homosexuelle Betätigung gab, ist nur noch schwer festzustellen. Daß es diese aber gegeben hat, belegen die entsprechenden Verurteilungen der Militärsondergerichte. Von der unterschwelligen Erotik in dieser reinen Männergesellschaft erzählen die Fotografien von Herbert Tobias und Albrecht Becker. Aber auch im Heer war die Sublimation sexueller Wünsche unter den eigentlichen Homosexuellen weit verbreitet. Für Albrecht Becker beispielsweise wurde das Fotografieren und das Tätowieren ein Ersatz für reale Sex-Erlebnisse, denn nach seiner Verurteilung verbot er sich jeden Sex aus Angst vor erneuter Bestrafung. Unter den im Krieg gefallenen deutschen Soldaten befanden sich auch zwangsläufig eine ganze Reihe Homosexueller. Aus der Schwulenbewegung stammten u. a. Peter Limann, der Freund Richard Linserts, der 1942 in Rußland gefallen war, und der Fotograf Walther Jaeger, der viele Fotografien für die schwulen Blätter der Weimarer Zeit geliefert hatte.

Hans Wiese in Hamburg
1930er Jahre. Fotografie (letzte Aufnahme vor seiner Verhaftung)
Berlin, Schwules Museum

Der junge Hamburger Hans Wiese war nach seiner Verurteilung wegen § 175 ins KZ Neuengamme gekommen und arbeitete dort zusammen mit Heinz Dörmer bei der Messap. Auch ihn schützte die Protektion des schwulen Kommando-Schreibers Karl Heinz Kitta, so daß er Neuengamme überlebte. Nach der Evakuierung des Lagers gehörte er zu den Häftlingen, die von Nazi-Schergen auf Schiffe in der Lübecker Bucht gebracht wurden, die noch in den letzten Kriegstagen von den Alliierten als feindliche Schiffe bombardiert wurden und untergingen. Auch Hans Wiese fand dabei den Tod.

Richard Grune
Kameraden
Aus dem Mappenwerk *Passion des XX. Jahrhunderts*
Um 1946. Lithographie
Berlin, Privatbesitz

Der Zeichner und Grafiker Richard Grune wurde in der Nazi-Zeit wegen Vergehens nach § 175 verurteilt. Er überlebte eine jahrelange Haft in den Konzentrationslagern Sachsenhausen, in das er am 2. Oktober 1937 mit der Häftlingsnummer 1296 gekommen war, und Flossenbürg. In einer ganzen Serie beeindruckender Zeichnungen hat er nach der Befreiung sein damaliges Schicksal festgehalten. Sie erreichten als Mappenwerk unter dem Titel Passion des XX. Jahrhunderts *weite Beachtung. Auch das Blatt* Kameraden, *das einen Moment solidarischer Hilfe wiedergibt, stammt aus diesem Zyklus.*

Schreiben der Staatlichen Kriminalpolizei zu Sergej Nabokows Verhaftung am 15. Dezember 1943

10. Januar 1944 mit Vermerk vom 15. März 1944 (zur Überführung in das Konzentrationslager Neuengamme) Potsdam, Brandenburgisches Landeshauptarchiv

Sergej Nabokow (1900–1945), der jüngere Bruder des Schriftstellers Wladimir Nabokow, entdeckte schon in frühester Jugend seine Zuneigung zu Männern. Trotz der aufgeklärten Haltung des Vaters und seines Engagements für die Abschaffung der Strafbarkeit von Homosexualität war das Verhältnis zu seinem schwulen Sohn gestört. Auch dem Bruder Wladimir fiel es schwer, einen unvoreingenommenen Umgang mit Sergej zu führen. Nach der Flucht aus Rußland im April 1918 hatte Sergej in Cambridge studiert und war danach mit Wladimir nach Berlin gekommen, wo der Rest der Familie lebte. Im Frühjahr 1922 nahm er an den Feiern zum 25jährigen Bestehen des Wissenschaftlich-humanitären Komitees teil und lernte hier Magnus Hirschfeld kennen. Seit Ende 1923 lebte er als Sprachlehrer in Paris, eine Zeitlang in der schwulen Wohngemeinschaft von Pawel Tschelischtschew und Allen Tanner. Durch seine Kritiken erhielt er Zugang zu Theater- und Musikkreisen. Nachdem Wladimir Nabokow 1937 aus Nazi-Deutschland nach Paris übergesiedelt war, sahen sich die Brüder öfters, doch die Verbindung riß 1940 ab, als Wladimir in die USA ging. Sergej lebte die nächste Zeit in Österreich, wo er im Herbst 1941 wegen Beziehungen zu Männern zu 4 Monaten Kerkerhaft verurteilt wurde. Nach der Entlassung ging er nach Berlin zu seiner Cousine. Doch die Gestapo ließ ihn fortan polizeilich überwachen. Spitzel kamen ins Haus, um die Nachbarn über ihn zu befragen, und auf seine Arbeitsstelle. Er war damals für das Propagandaministerium in der Abteilung Ostraum-Redaktion tätig. Am 15. Dezember 1943 wurde er wegen »staatsfeindlicher Äußerungen« verhaftet. Er hatte, wie er noch seiner Cousine berichten konnte, geäußert: »Trotz allem, England ist das zivilisierteste Land der Welt!« Von Berlin wurde Sergej Nabokow ins KZ Neuengamme gebracht, wo er im Januar 1945 an Entkräftung gestorben ist.

1   Fotokopie im Archiv der Mahn- und Gedenkstätte Sachsenhausen.

2   Brandenburgisches Landeshauptarchiv Potsdam, Rep. 30, Berlin, Tit 198 A 5. Allgemein 661.

Mit zunehmendem Chaos durch die Kriegszerstörungen ergaben sich auch in der Reichshauptstadt Berlin wieder Möglichkeiten, ein schwules Leben freier zu gestalten, sofern man von der Wehrmacht freigestellt und selbstbewußt genug war. Beziehungen zu den Tausenden von Fremdarbeitern, die in Deutschland zur Schwerstarbeit gezwungen wurden, konnten sich ergeben. Zeitzeugen wie Gerd Weimann und Paul Otto erzählen von solchen Freiheiten im zerstörten Berlin. In der Augsburger Straße, dort wo sich schon in den zwanziger Jahren schwule Lokale befunden hatten, existierte immer noch die *Milchbar*, Schauplatz zahlreicher Razzien der Gestapo auf Homosexuelle. Und in den benachbarten Ruinen trafen sich nicht nur heterosexuelle Pärchen zur Liebesnacht. Trotzdem kam es bis in die letzten Kriegstage zu Denunziationen, Verhaftungen und Verurteilungen. Die Gestapo und die Kriminalpolizei arbeiteten unbeirrt weiter. So wurde noch im Oktober 1944 Ernst Neumann in Berlin-Reinickendorf von seinen Nachbarn angezeigt. Die Kreisleitung gab die Denunziation an die Gestapo weiter: »dass N., der homosexuell veranlagt ist, laufend Männerbesuche empfängt und dadurch und durch sein weiteres Verhalten in der Nachbarschaft unangenehm auffällt. Ich bitte nach Prüfung die strafrechtliche Verfolgung zu veranlassen.«[2]

Andreas Sternweiler

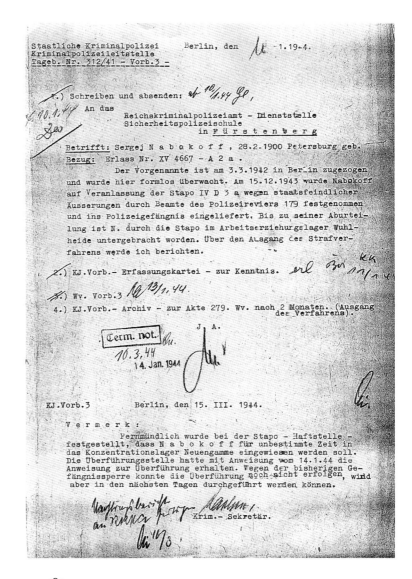

V. 6
ERNST NOBIS UND
DER *BUND FÜR MENSCHENRECHT*
IN KASSEL

Unter der Rubrik »Briefkasten« findet sich in der *Freundschaft* Nr. 16 vom 24.–30. April 1920 die Notiz: »In Cassel gibt es noch keine Vereinigung. Vielleicht nehmen Sie die Sache in die Hand.« Der anonyme Aufruf erfolgte zu der Zeit, als sich in Berlin *Der Klub der Freunde und Freundinnen* in *Freundschaftsbund* umbenannt hatte. Am 20. Oktober 1920 wurde ein Kasseler *Freundschaftsbund* gegründet. Im gleichen Jahr bildeten andere Freundschaftsbünde aus Hamburg, Frankfurt am Main, Stuttgart und Berlin den *Deutschen Freundschaftsverband* (DFV). Die Kasseler Gruppe richtete Anfang März 1921 den ersten gemeinsamen Verbandstag aus. Dieses Ereignis fand Niederschlag in der Presse und brachte der Kasseler Gruppe großen Zulauf. Zeitweilig bot der Verein seinen Mitgliedern drei Termine pro Woche, zwei Diskussionsabende und einen vergnüglichen Abend mit Tanz.

Ernst Nobis trat als 23jähriger dem Kasseler *Freundschaftsbund* bei. Zusammen mit seiner Mutter betrieb er ein renommiertes Delikatessengeschäft mit Weinhandlung in der heutigen Friedrich-Ebert-Straße. Als Mitglied unterstützte Ernst Nobis den Verein finanziell während der Inflationszeit. Die starke Arbeitslosigkeit wirkte sich auch auf die Mitglieder des Vereins aus. Da der Verein sich immer gegen Prostitution und Erpressertum gestellt hatte, gab es Streit, wenn Mitglieder junge Gäste mitbrachten, die im Ruf standen, Stricher zu sein. Austritte aus der Gruppe waren die Folge. Erst mit der Umbenennung des Vereins 1923 in *Bund für Menschenrecht* (BfM) trat eine Konsolidierung ein. Adolf Linke wurde der tatkräftige Leiter der Gruppe. Ernst Nobis berichtet von drei Vorträgen Magnus Hirschfelds in Kassel. »Aufklärungsabende« gehörten ebenso zum Vereinsleben wie »Landpartien« in den Rheinhardswald und Tanzveranstaltungen, zu denen der Polizeipräsident eingeladen war. Der polizeilichen Aufsicht im Schloß Schönfeld wurden Schnäpse gereicht, bis diese einschliefen, danach konnte unbekümmert getanzt und geküßt werden.

Alle Gruppen des BfM erfuhren durch das Vereinsorgan, die *Blätter für Menschenrecht*, von den Aktivitäten des Bundes. In der Bahnhofstraße gab es schwule Zeitschriften an einem Kiosk zu kaufen. Als die Nazis an die Macht kamen, war eine der ersten Bestimmungen, die homosexuellen Zeitungen zu verbieten. Wie viele andere unterschätzte Ernst Nobis die Brutalität der Nazis. Immerhin war ihm bekannt, daß Röhm Mitglied im BfM war. Die Aktivitäten des Vereins waren schon vor 1933 eingeschlafen. Ernst Nobis wurde am 6. Mai 1937 bei einer großangelegten Aktion der »Staatlichen Kriminalpolizei« gegen Schwule verhaftet und in einem Schnellverfahren am 15. Juni zu einer einjährigen Gefängnisstrafe verurteilt. Über 200 Schwule waren mit ihm zusammen in der *Elbe*, einem Kasseler Stadtgefängnis. Nach Verbüßung der Strafe wurde Nobis ständig observiert und sein Geschäft mit Sprüchen wie »Judennest«, die auf seine jüdische Kundschaft anspielten, boykottiert.

Am 28. März 1942 wurde er zum zweiten Mal verhaftet und am 18. August 1942 vom Landgericht Kassel wegen »fortgesetzter widernatürlicher Unzucht« zu anderthalb Jahren Gefängnis verurteilt. Wegen Überfüllung des Kasseler Gefängnisses mußte er seine Strafe in Wolfenbüttel absitzen. Gegen Ende seiner Haftzeit eröffneten ihm zwei Gestapobeamte, daß er weiter in staatspolitischer Haft bleiben müsse und wahrscheinlich in das KZ Buchenwald überführt werde. Auf Fürsprache der Gefängnisverwaltung wollte die Gestapostelle Kassel auf eine Überführung ins KZ verzichten, wenn Ernst Nobis sich entmannen ließe. Als gebrochener Mann wurde er in Wolfenbüttel entlassen und fragte Bekannte, wie er sich verhalten solle. Über die Zustände in den Konzentrationslagern wußte er Bescheid. Schließlich gab er dem Druck der Gestapo nach und erklärte sich mit dem Eingriff einverstanden. In der Universitätsklinik Marburg wurde Ernst Nobis am 15. Februar 1944 kastriert.

Einige aus dem Klub der Menschenrechte.
Weitere Sittenverderber abgeurteilt
Über die Verhaftung von ehemaligen Mitgliedern der
Ortsgruppe des *Bundes für Menschenrecht* in Kassel
Aus: *Kasseler Post* vom 25. Juni 1937
Berlin, Schwules Museum

Weiterhin mußte er sich wöchentlich bei der Gestapo melden. »Nach
meiner Rückkunft am 8. März 1944 empfing mich Hellwig mit den Worten:
›Da sind Sie ja schon wieder, da haben Sie großes Glück gehabt. Wir hatten
einmal ein Schwein kastriert, das ist dabei krepiert‹. Und Dittmar sagte
einige Tage später: ›Wir haben Ihnen das kleinste Übel zugefügt, das verdanken Sie ihrem sonstigen guten Ruf. Die anderen wurden erschossen‹.«
1947 beschrieb Nobis diesen Terror der Gestapo für die Widergutmachungs-
behörde; sein Bericht wird heute im Stadtarchiv Kassel unter der Signatur
A5-55 verwahrt. Bei seinem Wiedergutmachungsantrag wurde er von dem
Strafverteidiger Walter Isele vertreten. In dem Formular für die Entschädi-
gung ist in der für die Schädigungsbeschreibung vorgesehenen Spalte eingetragen: »In einer ausgeführten Entmannung aus politischen Gründen
und der damit verbundenen körperlichen Schädigung«. Da der § 175 in der
von den Nazis verschärften Fassung weiterhin gültig war, gab es für Ernst
Nobis nur die Möglichkeit einer Schadensbegründung aus »weltanschaulich-
politischen Gründen« als »Mitglied des *Bundes für Menschenrecht*«.

Der Antrag wurde abgelehnt. Sein 1943 völlig zerstörtes Geschäft
konnte Ernst Nobis nicht wieder aufbauen. Stattdessen verrichtete er einfache Büroarbeiten im Kasseler Rathaus. Zu seinem »Geburtstag am 17. 5«
gab es in bösartiger Anspielung regelmäßig einen Blumenstrauß von ›netten‹
Kollegen. Ständige Alpträume und Angstzustände zwangen ihn, sich in
neurologische Behandlung zu begeben. Trotzdem beteiligte er sich an den
Initiativen für die Abschaffung des § 175 und veröffentlichte in der Juliaus-
gabe 1949 des *Kreises* den Artikel: »Der Kampf um ein neues, deutsches
Recht«. 1973 erfuhr er am 18. Juni durch einen Bericht in der *Hessischen Allgemeinen* von den Aktivitäten der *Homosexuellen Aktion Kassel* (HAK) und
erzählte dem Autor sein Schicksal.

Manfred Baumgardt

Einige aus dem Klub der Menschenrechte

Weitere Sittenverderber abgeurteilt

Daß der Staat und die Justiz gegen die Sexual-
verbrecher mit der rücksichtslosesten Strenge vorgeht,
beweisen wieder einige Prozesse, die in den letzten
Tagen vor dem Schöffengericht verhandelt wurden.
So wurde am Dienstag, den 22. Juni, der am 7. Oktober 1904 in Ulm geborene Erwin H
, der zuletzt in Kassel seinen Wohnsitz
hatte, wegen fortgesetzten Vergehens gegen § 175 zu
sechs Monaten Gefängnis verurteilt. H
beging die ihm zur Last gelegten Straftaten
im Jahre 1936 in Kassel mit dem vor einigen Tagen
abgeurteilten F .

Am Mittwoch fand eine außerordentliche Sitzung
des Schöffengerichtes statt, in der nicht weniger als
sechs Fälle abgeurteilt wurden. Sämtliche Angeklagten und auch der größte Teil der Zeugen be-
finden sich in Untersuchungshaft. In fast allen Prozessen wurde der „Klub der Menschenrechte",
der als eine Organisation der Kasseler Homosexuellen galt und deren Vorsitzender längere Zeit ein gewisser schon zu einer mehrjährigen Gefängnisstrafe
verurteilter Sch war, erwähnt.

Durch diesen Sch will auch der 23jährige
Paul Ha aus Kassel in den Klub eingeführt
worden sein. Trotz seiner Jugend ist Ha ein vollkommen verdorbener Mensch, der vom Jahre 1929
bis 1934 seinem Laster nachging. Das Schöffengericht verhängte gegen ihn ein Jahr vier Monate Gefängnis.

Ebenso wie Ha will auch der 31jährige Adolf
W aus Spickershausen durch Sch
in den „Klub der Menschenrechte" eingeführt worden sein. W ist in den Jahren 1926 bis

1936 in Kassel und Götingen dem Laster nachgegan-
gen. Nunmehr hat er ein Jahr lang Zeit, im Gefängnis über seine Schandtaten nachzudenken. Da er
sich zu keinem lückenlosen Bestänntis bequemen
konnte, wurde ihm die erlittene Untersuchungshaft
auf die Strafe nicht angerechnet.

Weiter verurteilte das Schöffengericht den 26
Jahre alten Paul Schm aus Kassel unter
Anrechnung der erlittenen Untersuchungshaft zu
zehn Monaten und den 36jährigen Robert
Hu aus Witzenhausen zu sieben Monaten
Gefängnis. Schm hat in der Zeit von
1931 bis 1932 mit einem Kasseler Homosexuellen sein
Unwesen getrieben. Hu dagegen hat sich seit dem
Jahre 1921 auf dem Gebiet der widernatürlichen
Unzucht betätigt. Dies soll bis Anfang 1936 gedauert
haben. Da die übrigen Fälle verjährt waren, konnte
er nur wegen des letzten Falles verurteilt werden.
Während die übrigen Angeklagten sich zum Teil her-
auszureden versuchten, war er im vollen Umfange
geständig.

Zum Schluß wurde gegen den 33 Jahre alten Rudolf K aus Kassel verhandelt. Die ihm nach-
gewiesenen beiden Fälle fallen in das Jahr 1936.
Sein Partner, der mit ihm auf der Anklagebank saß,
wurde mangels ausreichenden Beweises freigesprochen. Das Urteil gegen K lautet auf ein
Jahr Gefängnis.

Sämtliche Verurteilten verzichteten auf Rechtsmittel. Die Strafen sind demnach, falls die Staatsanwaltschaft ihrerseits von dem Rechtsmittel keinen
Gebrauch macht, rechtskräftig.

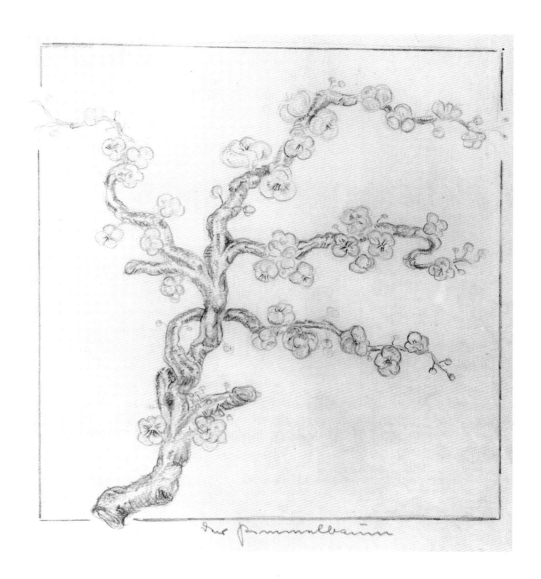

Albrecht Becker
Der Pimmelbaum
Würzburg 1946. Blei- und Farbstift, 32,5 x 26,5 cm
Berlin, Schwules Museum

*Die Zeichnung des Schaufensterdekorateurs
Albrecht Becker vermittelt sein zweites sexuelles
Erwachen. Nach seiner Gefängnishaft von 1935 bis 1938
wegen Vergehen nach § 175 hatte er sich aus Angst
vor weiterer Verfolgung jedes sexuelle Verhältnis
bis zum Ende der Nazi-Zeit untersagt.*

VI. Internationalisierung der Schwulenbewegung 1945 bis 1969

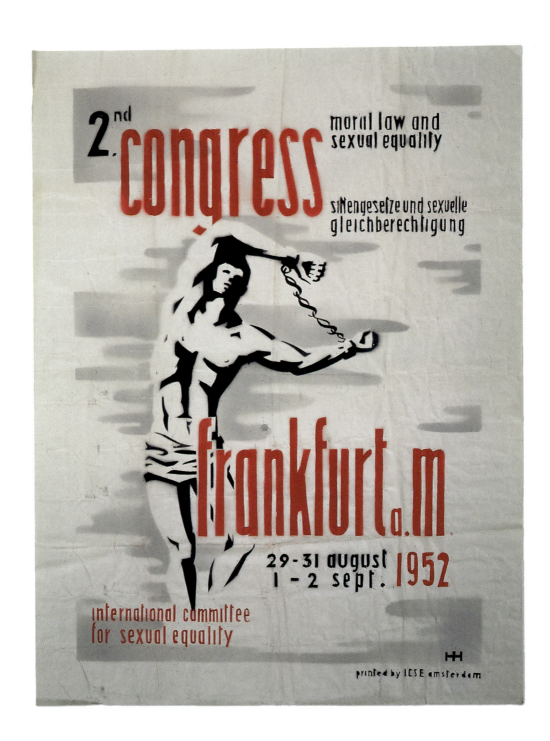

VI. 1
Homophiles Deutschland – West und Ost

Zweiter ICSE-Kongreß in Frankfurt am Main, 29. August – 2. September 1952
Plakat
Haugastøl, Karen-Christine Friele

Aus der Erfahrung des Faschismus heraus war der Bedarf an internationalen Kontakten und Austausch sehr groß. Entsprechend war die sich neu formierende Homophilenbewegung nach 1945 um eine internationale Vernetzung bemüht. Anknüpfungspunkte boten vor allem Organisationen, die, wie der Schweizer Kreis, *während des Krieges kontinuierlich weiterarbeiten konnten oder sich kurz nach Kriegsende gründeten, wie das* International Committee for Sexual Equality (ICSE) *in den Niederlanden. Als Antwort auf die* Frankfurter Prozesse 1950/51 *richtete das ICSE den 2. Internationalen Kongreß für sexuelle Gleichberechtigung in den Räumen der Universität Frankfurt am Main aus. Eröffnet wurde er von Hermann Weber, der bis 1933 Leiter der Frankfurter Gruppe des* Wissenschaftlich-humanitären Kommitees (WhK) *war. 1949 wirkte er in Frankfurt an der Neugründung des WhK mit und wurde dessen Präsident. Nach der Auflösung engagierte sich Weber im* Verein für humanitäre Lebensgestaltung, *der 1950 in Frankfurt von Heinz Meininger ins Leben gerufen wurde, und publizierte in der Zeitschrift der Gruppe* Die Gefährten.

Kurfürstendamm, Ecke Uhlandstraße in Berlin
mit Werbeschriftzug *Nina Kropotkin*
1949. Fotografie
Berlin, Landesbildstelle

Obwohl von Fürst Alexander Kropotkin weder genaue Lebensdaten noch persönliche Dokumente und Fotos vorliegen, ist er heute noch vielen homosexuellen Zeitzeugen aus der Nachkriegszeit in Erinnerung. Er war ein Symbol für das in die Emigration gerettete luxuriöse Leben russischer Adliger, vor allem aber stand sein legendärer Salon für die Aufbruchstimmung der Homosexuellen in der Nachkriegszeit wie auch für die Exotik der Vier-Sektoren-Stadt Berlin. Alexander Kropotkin war im Alter von etwa zehn Jahren zusammen mit seiner Mutter Nina im Zuge der russischen Emigrationswelle Anfang der zwanziger Jahre nach Berlin gekommen, wo sie eine Wohnung im ersten Stock des Eckhauses Kurfürstendamm / Uhland-

Nachkriegsjahre 1945–1949: Berechtigte Hoffnungen

Nach den Jahren der Unterdrückung und Verfolgung führte der Zusammenbruch des nationalsozialistischen Systems sofort nach Kriegsende zu einer Wiederbelebung homosexueller Kultur. Schon im Sommer 1945 öffneten erste Lokale in den Ruinen der großen Städte, die sich offen als homosexuelle Treffpunkte anboten: 1945 gab es in Berlin das Lokal *Bei Barth*, 1946 in Hannover die *Schloßklause*, 1948 in Köln das Lokal *Zum steinernen Kännchen*. Auch private Freundeszirkel, die, wie der Salon von Fürst Kropotkin in Berlin, schon während des Krieges bestanden hatten, luden nun ohne konspirative Vorsichtsmaßnahmen zu Zusammenkünften ein. 1948 erschien in Berlin mit Lizenz der amerikanischen Militärverwaltung das von Martin Knop herausgegebene Anzeigenblatt *Amicus Briefbund*, das aus einschlägigen Kontaktanzeigen und Inseraten von Homosexuellenlokalen bestand.

Der Erlaß des Alliierten Kontrollrats, alle Rechtsvorschriften der Nationalsozialisten aufheben, die im Widerspruch zu einer demokratischen Rechtspflege standen, gab Anlaß zur Hoffnung auf Liberalisierung des 1935 verschärften § 175 und auf Streichung des damals neueingeführten § 175 a. Obgleich sich der juristische Prüfungsausschuß beim Magistrat von Groß-Berlin auf seiner Sitzung am 6. Dezember 1946 für die Aufhebung des § 175 ausspach, wirkte sich diese Empfehlung nicht auf die Rechtsprechung in den vier Besatzungszonen aus. Das Fehlen einer einheitlichen Gesetzgebung führte bei den zahlreichen Anträgen auf Revision der vor 1945 gefällten Urteile zu widersprüchlichen Entscheidungen. Während die Oberlandesgerichte in Halle, Oldenburg, Braunschweig und Kiel auf der Grundlage des Strafrechts der Weimarer Republik urteilten, legten die Oberlandesgerichte in Hamburg, Celle, Düsseldorf und Hamm die Paragraphen als nicht nazistisch geprägt aus. Die Fortsetzung der nationalsozialistischen Rechtsprechungspraxis wurde von kritischen Stimmen begleitet. Hier sind vor allem die Ärzte Hans Giese aus Frankfurt am Main und Rudolf Klimmer aus Dresden zu nennen, die sich von Anfang an für eine Reform einsetzten: Giese mit seiner 1946 an der Universität Marburg vorgelegten Dissertation *Formen männlicher Homosexualität*, Klimmer 1948 in der Zeitschrift *Geist und Tat*.

Bundesrepublik 1949–1969: Von der Restauration zur Reform

Mit der Konstituierung der Bundesrepublik und dem Inkrafttreten des Grundgesetzes setzten sich die von den Nationalsozialisten geprägten §§ 175 und 175 a als Bundesrecht durch. Damit blieben selbst einvernehmliche sexuelle Handlungen zwischen Männern über 21 Jahren strafbar, und jede Form der Sexualität, sei es Onanie oder Küssen, konnte als unzüchtiges Verhalten

straße bezogen. Schon in der Nazizeit war Kropotkins Wohnung Treffpunkt für junge Homosexuelle, als deren Gönner und Förderer sich Kropotkin zeitlebens verstand. Die Zusammenkünfte wurden nach Kriegsende in der unzerstört gebliebenen Wohnung fortgesetzt. Zusammen mit öffentlichen Treffpunkten wie Walterchens Ballhaus, *in dem ab 1946 die ersten Tuntenbälle stattfanden, und der Robby-Bar, die jeden Donnerstag Schauringkämpfe veranstaltete, waren die Parties bei* ›Fürst Sascha‹ *Teil der neuen Freiheiten im Nachkriegs-Berlin. Zu den ständigen Gästen des Salons gehörten Exponenten der jungen Theaterszene wie Klaus Kinski, Jan Hendriks und Friedrich Joloff, die Kropotkin förderte. So ermöglichte er 1948 die Inszenierung von Jean Cocteaus* La voix humaine *mit Kinski in der Rolle der Frau, die sich nach dem Telefonat mit ihrem Ex-Geliebten mit dem Telefonkabel erdrosselt. Noch aus den Memoiren von Kinski, der zeitweise bei Kropotkin wohnte, spricht die Faszination, die von seinem Salon ausging:* »In seiner Acht-Zimmer-Wohnung trifft sich alles, was sich eben in solchen Salons trifft, sogar Sowjetrussen, Agenten des C. I. C., der Chef der amerikanischen Militärpolizei, hohe französische, englische, amerikanische Besatzungsoffiziere, Schleichhändler, Adlige, Modeschöpfer, Diebe, Strichjungen, Mörder, Künstler und vor allem die arrivierten Homos von Berlin.« *Der restaurative Charakter und die homophobe Haltung der Bundesrepublik hatten jedoch auch für Kropotkin und seinen Kreis Konsequenzen. 1957 wurde Simon Karlinsky, Dolmetscher bei den Amerikanern, unter dem Vorwand, er sei sowjetischer Agent, ausgewiesen. 1960 bereitete ein medienwirksamer Prozeß wegen Verstoßes gegen § 175 Jan Hendriks' Karriere ein vorläufiges Ende, und der durchaus mit Kropotkin identifizierbare Kunsthändler Boris Winkler in Veit Harlans Film* Anders als du und ich *(1957), gespielt von Friedrich Joloff, weist deutlich dämonische Züge auf.*

interpretiert und geahndet werden. Die Aufrechterhaltung des § 175 stand in einer Linie mit der Nichtanerkennung und Nichtentschädigung der homosexuellen KZ-Opfer. Trotz zahlreicher Reformvorschläge und Eingaben wurde der § 175 durch das Bundesverfassungsgericht im Mai 1957 mit dem Verweis auf seine sittenbildende Wirkung erneut bestätigt und hatte bis zur ersten Reform des Sexualstrafrechts 1969 unverändert Bestand.

Rückhalt fand die Reformfeindlichkeit vor allem bei den beiden großen Konfessionen. Auf katholischer Seite trat besonders der in Köln beheimatete *Volkswartbund* hervor, dessen Vorstand hohe Ämter bekleidete. In zahlreichen Broschüren wie *Das Dritte Geschlecht* (1951) und *Der Kampf um den § 175 geht weiter* (1957) rief dessen Wortführer Richard Gatzweiler zu restriktiven Maßnahmen gegen jegliche Form der Homosexualität auf. Der vehementen Ablehnung einer Strafrechtsreform lag die These zugrunde, daß Homosexualität auf Verführung zurückzuführen sei. Mit der Einführung des *Gesetzes über die Verbreitung jugendgefährdender Schriften* 1953 und der Einrichtung der *Bundesprüfstelle für jugendgefährdende Schriften* wurde der Polizei und den Behörden eine Handhabe zur strafrechtlichen Verfolgung von Publikationen zum Thema Homosexualität gegeben. Dieser Schritt beendete den bis dahin möglichen freien Verkauf von Homosexuellenzeitschriften am Kiosk. Eine Welle von Indizierungen und Prozessen folgte, so daß Ende der fünfziger Jahre von den vielen Zeitschriften nur noch *Der Weg zu Freundschaft und Toleranz* existierte.

Wie sehr die Justiz bei der Legitimation der strafrechtlichen Verfolgung von Homosexualität auf nationalsozialistisches Gedankengut zurückgriff, belegt noch 1962 die Begründung zum *Entwurf eines Strafgesetzbuches* (E-1962), der auch Vorschläge zur Neuregelung des Sexualstrafrechts enthielt. Dort heißt es u. a.: »Wo die gleichgeschlechtliche Unzucht um sich gegriffen und großen Umfang angenommen hat, war die Entartung des Volkes und der Verfall seiner sittlichen Kräfte die Folge.«[1] Die Vorlage löste Empörung aus, der Religionswissenschaftler Hans Joachim Schoeps konstatierte 1963: »Für die Homosexuellen ist das Dritte Reich noch nicht zu Ende.«[2] Es kam zu einer breiteren öffentlichen Diskussion über Homosexualität, die allerdings kaum Niederschlag in Regierungskreisen fand. Vielmehr erging 1965 sogar die Weisung, alle mit dem § 175 in Konflikt geratenen Beamten vom Dienst zu suspendieren.

Aus der Kriminalstatistik wird deutlich, welches Ausmaß die Anwendung des § 175 annahm. Waren es 1950 noch 1.920 Verurteilungen, erreichten sie 1959 den Höchststand von 3.530. Insgesamt erfolgten von 1950 bis 1965 fast 45.000 Verurteilungen von Homosexuellen. Im Vergleich dazu wurden in den 15 Jahren der Weimarer Republik 9.375 Personen verurteilt. Die Zahl der gemeldeten Fälle betrug von 1953 bis 1966 über 100.000.

Daß es 1969 zu einer Reform des § 175 kam, lag vor allem daran, daß sich mit der Beteiligung der SPD an der Regierungsverantwortung ab 1966 ein reformfreudigerer Kurs in der Bundesrepublik abzeichnete. Trotz großer Einwände vor allem seitens der katholischen Kirche griff Justizminister Gustav Heinemann Reformvorschläge auf und leitete die Liberalisierung des § 175 ein. Anstoß dazu gab der Jurist Ernst-Walter Harnack mit seinem Rechtsgutachten *Zur Revision des Sexualstrafrechts*, das er für den 47. Deutschen Juristentag 1968 verfaßt hatte. In dem Gutachten wurde gefordert, den § 175 auf den Tatbestand gleichgeschlechtlicher Handlungen mit Jugendlichen zu reduzieren. Am 25. Juni 1969 beschloß der Bundestag die Neuregelung des § 175: Einvernehmliche homosexuelle Handlungen zwischen Männern über 21 Jahren standen nun nicht mehr unter Strafe. Der schon in den fünfziger Jahren von den Homosexuellengruppen aufgestellten Forderung nach Senkung des Schutzalters auf 18 Jahre wurde allerdings erst vier Jahre später entsprochen. Die Wiedergutmachung an ehemaligen homosexuellen KZ-Opfern unterblieb weiterhin.

Die Liberalisierung des § 175 und die Wiedergutmachung an den KZ-Opfern waren Hauptziele der sich ab 1949 formierenden Homophilenbewegung. Geprägt von der Emanzipationsbewegung der Weimarer Republik traten unter den Wortführern Hermann Weber, Charles Grieger und Richard Schultz hervor. Auch in der theoretischen Auseinandersetzung knüpfte man an die zwanziger Jahre an. Vorbild blieb das Vorgehen Magnus Hirschfelds, die Emanzipationsbestrebung wissenschaftlich zu legitimieren und publizistisch zu begleiten. Mit zahlreichen Zusammenschlüssen und Gruppengründungen in den ersten Jahren der Bundesrepublik griff man auf traditionelle Organisationsformen und Strukturen zurück. In Frankfurt gründete sich 1949 das *Wissenschaftlich-humanitäre Komitee* neu und 1950 der *Verein für humanitäre Lebensgestaltung*. Zu einem Zentrum der Homosexuellenbewegung der fünfziger und sechziger Jahre entwickelte sich Hamburg. Neben dem *Club der Freunde* und

Rechtsanwalt Dr. Werner Hesse mit seiner Frau Hannah
Berlin 1961
Berlin, Privatbesitz

Der Berliner Rechtsanwalt Werner Hesse (1907–1989) hatte schon unter den Nationalsozialisten Homosexuelle vor Gericht verteidigt. Die Heirat mit der »Halbjüdin« Hannah Gais im Jahre 1940 sollte beide vor Zugriffen schützen, dennoch wurde er Ende 1944 verhaftet und ins Konzentrationslager Sachsenhausen eingewiesen. Auf Intervention seines Vaters, eines einflußreichen Bankiers, wurde er wieder freigelassen. Nach Kriegsende setzte er sein Engagement für Homosexuelle fort und eröffnete eine Privatkanzlei in der Grunewaldstraße 28, die bis Ende der sechziger Jahre Anlaufstelle für ratsuchende Homosexuelle blieb (»Gibt's Prozesse, geh zu Hesse«). Zusammen mit dem Medizinstudenten Werner Becker leitete Hesse die Gruppe Groß-Berlin als Außenstelle des 1949 von Hans Giese in Frankfurt am Main neugegründeten Wissenschaftlich-humanitären Komitees. Der Versuch, im November 1949 die Gruppe als eigenständigen Verein einzutragen, scheiterte. Unter dem neuen Namen Gesellschaft für die Reform des Sexualrechts (GfRdS) und mit dem Vereinszweck, sich für die »wissenschaftliche Durchdringung des Sexuallebens der menschlichen Gesellschaft und einer dem heutigen Stand der Sexualforschung angemessenen Reform des Sexualrechts, insbesondere des Sexualstrafrechts« einzusetzen, erwirkte Hesse am 29. Januar 1952 die Eintragung ins Vereinsregister. Erster Vorsitzender der GfRdS war bis zu ihrer Auflösung 1960 Hans Borgward, in dessen Wohnung in der Schöneberger Grunewaldstraße 19 sich die Geschäftsstelle und die für alle zugängliche Bibliothek befanden. Dort fanden auch die Sprechstunden von Werner Hesse statt. Der Vereins- und Versammlungsraum der Gruppe befand sich zunächst im Hinterzimmer des Lokals Pilsator in der Potsdamer Straße 102 und wurde 1958 in den Burghof (Hauptstraße 85) verlegt – offensichtlich eine Reaktion auf das härtere Einschreiten der Berliner Polizei gegen Homo-

der *Gesellschaft für Menschenrechte*, die sich 1951 und 1953 gründeten, beheimatete die Stadt mit den Verlagen von Charles Grieger, Rolf Putziger und Gustav Leue nahezu die gesamte Homosexuellenpresse. Hier erschien 1950 mit der *Freundschaft* auch die erste Homosexueller zeitschrift der Bundesrepublik.

Die Gruppen versuchten, mit dem Vereinsstatus wieder staatliche Anerkennung zu erlangen und sich einen juristisch abgesicherten Rahmen zu schaffen. Mit Ausnahme der *Gesellschaft für die Reform des Sexualrechts* in Berlin wurde den Gruppen die Lizenz verweigert. Vereins- und Klublokale wurden aber geduldet. Wegen der rigiden Anwendung des § 175 richteten die Gruppen einen Rechtsbeistand für ihre Mitglieder ein. Einige dieser Rechtsanwälte waren, auch um sich gegen den Vorwurf der Befangenheit abzusichern, verheiratet. Nicht zuletzt wegen der häufigen Erpressungsfälle wurde der kostenlose Rechtsbeistand als Werbung für die Mitgliedschaft stets hervorgehoben. Auch deshalb fanden die Gruppen regen Zulauf. Ungeachtet der Existenz einer homosexuellen Subkultur boten sie den Rahmen für Tanz- und Vortragsveranstaltungen und stellten vor allem eine der wenigen Bezugsmöglichkeiten einschlägiger Literatur dar. Dazu gehörten die gruppeneigenen Zeitschriften sowie Sonderdrucke und Bildhefte der homosexuellen Verlage. In den Zeitschriften fanden sich zahlreiche Serviceangebote wie Kontaktanzeigen, Adressen von Lokalen im In- und Ausland und Rubriken wie »Die Rechte des Beschuldigten und Angeklagten« oder »Unser Anwalt spricht«. Vor allem aber verfolgten die Zeitschriften die Diskussion um die Liberalisierung des § 175, die ansonsten kaum Öffentlichkeit fand. Der von Johannes Werres in Amsterdam aufgebaute internationale homosexuelle Pressedienst, der *ICSE-Kurier für alle deutschsprachigen Länder*, informierte ab 1956 die Gruppen umfassend über die internationale Homosexuellenbewegung. Im Namen der Gruppen erfolgten Eingaben und Protestnoten an die Mitglieder von Bundestag und Bundesregierung, in denen man auf die

sexuellentreffpunkte seit Anfang 1958. Hesses politisches Engagement machte die Gruppe über die Grenzen Berlins hinaus bekannt. Bereits im Oktober 1951 hatte er sich im Namen der Gruppe vehement gegen das von den Nationalsozialisten übernommene Vorgehen der Berliner Kriminalpolizei gewandt, mit einer Vorladung aufgrund des § 175 automatisch die Arbeitsstelle zu benachrichtigen; 1952 war er federführend an einer Eingabe an das Bundesverfassungsgericht beteiligt, in der unter Berufung auf die juristische Gleichstellung von Mann und Frau eine Revision des § 175 gefordert wurde. Nicht zuletzt diesen Aktivitäten war es zu verdanken, daß prominente auswärtige Referenten an den Vortragsabenden auftraten. Kurt Hiller kam aus seinem Londoner Exil angereist, der Sexualwissenschaftler Rudolf Klimmer aus Dresden berichtete über seine Eingaben an die SED mit der Forderung nach Revision des § 175, und Ernst Stadler aus Zürich warb 1958 für die Gründung eines eigenständigen Homosexuellenstaates in Paraguay.

Die Teilnehmer des Literarischen Kreises
(vorne links: Richard Schultz, hinten rechts: Adolf Vollmer)
Um 1965. Farbfotografie
Tübingen, Privatbesitz

Die Anfänge des Literarischen Kreises, *der sich Anfang der sechziger Jahre um Richard Schultz (1898–1977) bildete, gehen bis in die zwanziger Jahre zurück. Damals war Schultz Mitglied der* Gemeinschaft der Eigenen; *in der Nazizeit lud er zu einem eigenen Jour fixe. Nach der Auflösung der* Gesellschaft für die Reform des Sexualrechts *1960, in der Schultz aktiv war, knüpfte er an diese Tradition an. Ehemalige Mitglieder trafen sich jeden ersten Montag im Monat in seiner Wohnung in der Charlottenburger Fredericiastraße 5 A. Nach einem gemeinsamen Essen kam man im Nebenraum zusammen, um aus bibliophilen Ausgaben der homoerotischen Weltliteratur zu lesen oder neuere Publikationen zum Thema Homosexualität wie Roger Peyrefittes* Heimliche Freundschaften *oder Botho Lasersteins* Strichjunge Karl *zu besprechen.*

liberalere Gesetzgebung in den Niederlanden, in der Schweiz und in Skandinavien verwies. Gleichzeitig sorgten die Gruppen für die Übersetzung und Verbreitung von Publikationen wie *Wolfenden-* und *Griffin-Report* aus England, die den Stand der Diskussion gegen den bestehenden Homosexuellenparagraphen in diesen Ländern belegten.

Wie schon an den Namen der Gruppen (*die runde, Gesellschaft für Menschenrechte, Verein für humanitäre Lebensgestaltung* usw.) zu erkennen ist, vermieden es die Gruppen, sich ungeachtet ihrer politischen Initiativen öffentlich als Homosexuellenvereine zu präsentieren. Die Verabschiedung des *Gesetzes über die Verbreitung jugendgefährdender Schriften* und die damit einhergehende Indizierung von Zeitschriften hatte zur Folge, daß die Gruppen eine der wenigen Möglichkeiten verloren, auf sich aufmerksam zu machen. Die Auflösung aller Gruppen mit Ausnahme der Reutlinger *runde* bis Anfang der sechziger Jahre war die Folge. Abgesehen von dem gescheiterten Versuch einer Neugründung des *Wissenschaftlich-humanitären Komitees* durch Kurt Hiller 1962 in Hamburg gab es bis Ende der sechziger Jahre keine einzige Gruppengründung mehr. Die Auseinandersetzung um den *Entwurf zum Strafgesetzbuch* 1962 fiel damit in eine Zeit, in der von einer organisierten Homosexuellenbewegung kaum noch gesprochen werden konnte. Die Diskussion um die Liberalisierung des § 175 wurde aber von einzelnen Vertretern einer sich öffnenden Gesellschaft geführt. Davon zeugen die zahlreichen Unterschriften von Persönlichkeiten aus Kultur, Politik und Wissenschaft unter zwei Petitionen von 1962, in denen Straffreiheit für homosexuelle Handlungen zwischen erwachsenen Männern gefordert wurde. Ausgelöst wurde das öffentliche Interesse durch den Religionswissenschaftler Hans-Joachim Schoeps, dessen Beitrag *Soll Homosexualität strafbar bleiben?* 1962 in der Zeitschrift *Monat* Leserdiskussionen und Polemiken auch in anderen großen Printmedien nach sich zog.

Die Öffnung der Medien für das Thema Homosexualität ist nicht zuletzt auch der Sexualforschung in den USA und in Deutschland zu verdanken, die die Verführungstheorie ad absurdum führte. Insbesondere der *Kinsey-Report*, der 1954 auf Deutsch erschien, revolutionierte die Auffassung, Homosexualität betreffe nur eine kleine Gruppe. Laut seinen Erhebungen hatten 37 % der männlichen Bevölkerung in den USA homosexuelle Erfahrungen. Um eine objektive Bewertung der Homosexualität bemühten sich in Deutschland insbesondere Hans Giese mit seinem *Institut für Sexualforschung* und der Konstitutionsbiologe Willhart Schlegel, der in seinen Untersuchungen von einer konstitutionellen Veranlagung zur Homosexualität ausging.

Tischwimpel der Kameradschaft »die runde«
Reutlingen um 1956
Berlin, Schwules Museum

Die Reutlinger Kameradschaft die runde, die von 1955 bis 1969 bestand, war keine Vereinigung mit Mitgliedsbeiträgen und Statuten, sondern verstand sich als ein geselliger Kreis Gleichgesinnter, der unter dem Motto »suum Cuique« (jedem das Seine) an den Wochenenden bei dem Freundespaar Harry Hermann und Willy Stiefel zusammenkam. Monatlich traf man sich in der Gaststätte Katharinen-Eck in Stuttgart, wo der Wimpel aus dem Jahre 1956 auf dem Tisch stand. Bei den jährlichen Vatertagsausflügen wurde die Vereinsfahne gehißt, dabei gab man sich als Männerchor, Kegel- oder Schützenverein aus. Zu den Höhepunkten der Gruppenausflüge zählten heimliche Trauungen von Freundespaaren durch einen befreundeten elsässischen Priester in seiner Dorfkirche bei Hagenau. Trotz des eher familiären Charakters der Zusammenkünfte verfügte die runde über weitreichende internationale Kontakte. Sie war dem Verteiler des ICSE-Kuriers für alle deutschsprachigen Länder in Amsterdam angeschlossen, und ein intensiver Austausch bestand mit Rolf, dem Herausgeber der Schweizer Zeitschrift Der Kreis. Rechtlicher Beistand der runde und engagierter Verteidiger in Prozessen wegen § 175 war der deutsch-englische Anwalt Dr. Albrecht Dieckhoff aus Hamburg, der für die Übersetzung und Verbreitung des Wolfenden- und des Griffin-Reports sorgte. Nach Dieckhoffs Tod (1965) übernahm Erich Ebermayer aus Berlin diese Aufgabe. In der gleichnamigen, oft heimlich hektographierten Zeitschrift die runde und im 1958 erstmals erschienenen Rundblick wurde Stellung zur aktuellen »Homophilendiskussion« bezogen, aber z. B. auch der Bericht eines ehemaligen KZ-Häftlings veröffentlicht. Die unregelmäßig erscheinende Zeitschrift nebenbei. von uns – für uns war rein literarisch orientiert und enthielt Gedichte und Kurzgeschichten der Gruppenmitglieder. Als sich 1969 die Liberalisierung des § 175 ankündigte, trat die runde an die Öffentlichkeit und verschickte an alle Mitglieder von Bundestag und Bundesregierung Harry Schulze-Wildes Buch Das Schicksal der Verfemten (1969). Auf der Weihnachtsfeier 1969 gab Hermann die Auflösung der runde bekannt.

Seit Mitte der sechziger Jahre fand das Thema Homosexualität Platz in den (zumeist dritten) Programmen der öffentlich-rechtlichen Medien. Für den Westdeutschen Rundfunk produzierte 1965 Peter von Zahn eine Fernsehsendung, die eine Diskussion zum Thema Homosexualität mit Aufnahmen aus einer Homosexuellenbar und einem Live-Interview mit einem anonymen Homosexuellen verband. Die Moderation hatte Hans Giese. 1966 sendete Radio Bremen ein Radiofeature von Wolfgang Harthauser, in dem erstmals das Schicksal von ehemaligen homosexuellen KZ-Häftlingen und ihr vergeblicher Kampf um Wiedergutmachung thematisiert wurde. Große Verlage veröffentlichten zahlreiche Essay-Sammlungen zum Thema Homosexualität: *Plädoyer für die Abschaffung des § 175* (Suhrkamp 1966), *Das große Tabu* (Rütten und Loening 1967) und *Homosexualität oder Politik mit dem § 175* (Rowohlt 1967). Rolf Italiaander veröffentlichte 1969 sein Buch *Weder Krankheit noch Verbrechen* mit positiven Kommentaren zur Revision des § 175 von Personen aus Politik und Gesellschaft, das 1968 als Vorabdruck an Bundestag und Bundesregierung geschickt worden war. Einen Beitrag dazu schrieb auch Justizminister Gustav Heinemann, der 1969 für die Liberalisierung verantwortlich zeichnete.

DDR 1949–1968

Im Gegensatz zur Bundesrepublik übernahm die DDR nicht den § 175 in der von den Nationalsozialisten verschärften Fassung, sondern orientierte sich am Wortlaut, der bis 1935 gültig war. Geahndet wurden beischlafähnliche Handlungen zwischen erwachsenen Männern über 21 Jahren. Der 1935 eingeführte § 175 a, der männliche Prostitution und Verführung Minderjähriger unter Strafe stellte, wurde im Interesse der Erhaltung der Rechtseinheit Deutschlands beibehalten, die Höchststrafe jedoch auf fünf Jahre Zuchthaus herabgesetzt. Homosexuellengruppen und Zeitschriften für Homosexuelle blieben in der DDR bis 1988 faktisch verboten. Eine öffentliche Diskussion über Homosexualität wurde verhindert. Eine strafrechtliche Verfolgung der

Barmann Helmut Peters mit Gästen im »Felsenkeller« in Frankfurt
Um 1950. Fotografie
Frankfurt am Main, Dieter Schiefelbein

Der Felsenkeller, Luginsland 1, *wurde schon in den zwanziger Jahren von der Familie Peters geleitet. Nachdem er 1939 in Freya umbenannt und als vegetarisches Lokal weitergeführt worden war, öffnete er 1949 wieder unter altem Namen. Mit polizeilicher Genehmigung konnten hier Männer miteinander tanzen. Zusätzlich fungierte er als Vereinsraum der ersten Frankfurter Homosexuellengruppe nach dem Krieg, des* Vereins für humanitäre Lebensgestaltung.

Frankfurt Main 1950/51
Zeichnung aus: *Die Freundschaft* Nr. 3/1951
Berlin, Schwules Museum

Bezeichnend für die Bandbreite einer Rechtsauslegung des § 175 in den fünfziger und sechziger Jahren sind die Frankfurter Prozesse *von 1950/51 und das* Hamburger 3-Mark-Urteil *von 1951. Während in den Frankfurter Prozessen höchste Strafen verhängt wurden, beschränkte sich das Hamburger Urteil auf das Mindeststrafmaß.*

Den Frankfurter Prozessen *vorangegangen war die Verhaftung mehrerer Strichjungen in der Frankfurter Taunusanlage. Einer der Verhafteten, der spätere Hauptbelastungszeuge, hatte über seine Kontakte detailliert Buch geführt. Seine Bereitschaft zur Zusammenarbeit mit der Polizei sowie Razzien führten zu 240 Ermittlungen, denen 100 Verhaftungen folgten. Der zuständige Richter Romini konnte bei sogenannten »Unzuchtsdelikten« auf eine langjährige Erfahrung zurückgreifen: schon als Staatsanwalt unter den Nationalsozialisten war er für seine Härte gegenüber Homosexuellen bekannt und an der Verhaftung von 400 Frankfurter Homosexuellen in den Jahren 1938/39 beteiligt. In der Begründung zum ersten Urteil vom Oktober 1950 (15 Monate Freiheitsentzug) ist die Rede von »Entartung«, die geeignet sei, »die öffentliche Moral zu beeinträchtigen und die Grundlagen des Staates zu zerstören« (Frankfurter Neue Presse, 24. Oktober 1950). Das harte Vorgehen der Polizei und die minimalen Aussichten auf eine faire Verhandlung ver-*

Homosexualität in dem Ausmaß, wie sie in der Bundesrepublik stattfand, hat es allerdings nicht gegeben.

Bereits 1946 forderte der Mediziner Rudolf Klimmer die *Vereinigung der Verfolgten des Naziregimes* auf, sich auch für Homosexuelle einzusetzen und diese in ihren Verband aufzunehmen. Mit kameradschaftlichem Gruß antwortete der Verband am 23. Juni 1949 unmißverständlich: »Hat ein Antifaschist Widerstand geleistet, kann er aufgenommen werden, auch dann, wenn er u. U. nicht verhaftet war; ist ein solcher Antifaschist ein Homosexueller, steht seiner Aufnahme nichts im Wege. Lediglich der Grund der Verfolgung seitens des Naziregimes gegenüber einem Homosexuellen ist für uns noch kein Aufnahmegrund.«[3] In ähnlicher Weise entschied auch später die SED die Frage der Wiedergutmachung an homosexuellen KZ-Opfern.

Unter dem Vorsitz der Richterin des Obersten Gerichts der DDR, Hilde Benjamin, wurde 1952 eine Gesetzgebungskommission beim Ministerium der Justiz einberufen, die auch eine Neuregelung des § 175 für einen Entwurf des Strafgesetzbuches der DDR debattierte. Dies sollte bis zum Ende der DDR die ausführlichste Debatte einer Regierungskommission zum § 175 bleiben. Der Entwurf 1952 sah vor, auf die Verfolgung einvernehmlicher sexueller Handlungen zwischen Männern über 21 Jahren zu verzichten, den § 175 a aber aufrechtzuerhalten. Mit dem dehnbaren Straftatbestand »Verletzung der sittlichen Anschauungen der Werktätigen« wurde allerdings klargestellt, daß homosexuelles Verhalten keinesfalls gebilligt wurde. Die Homosexualität wurde im Jargon der UdSSR als »typische Entartungserscheinung der Herrschenden«[4] beschrieben, deren Überreste bekämpft werden sollten. Der Entwurf 1952, als geheime Verschlußsache behandelt, hatte keine Auswirkungen auf die gesetzgebenden Organe, da es nicht zu einer Abstimmung in der Volkskammer kam. Gründe dafür waren neben der homophoben Haltung der UdSSR, die jegliche Reformansätze ablehnte, auch die Ereignisse um den Aufstand vom 17. Juni 1953, mit denen Justizminister Max Fechner in Verbindung gebracht wurde. Da er sich auf das Streikrecht berufen konnte, wurde er mit dem zusätzlichen Vorwurf, er habe Unzucht mit seinem Chauffeur begangen, zu acht Jahren Zuchthaus verurteilt.

Da neben Gruppen und Zeitschriften auch Homosexuellenlokale verboten waren, etablierten sich Treffpunkte, die als einschlägig gehandelt

setzten viele Homosexuelle der Stadt in Panik; im Zusammenhang mit den Prozessen kam es zu mindestens fünf Selbstmorden. Ein Großteil der Beschuldigten verlor allein durch die Vorladung ihre berufliche Existenz. Erst als die Frankfurter Rundschau, die Frankfurter Neue Presse und der Spiegel Prozeßberichte brachten, in denen die Glaubwürdigkeit des Hauptzeugen und die Art der Verfahren angezweifelt wurden, nahmen die Prozesse einen anderen Verlauf. Aufgrund eines Gutachtens, das den Zeugen als unglaubwürdig bezeichnete und wegen § 175 wurde dieser zu 2 1/2 Jahren Gefängnis verurteilt. Romini wurde versetzt.

Auf die Frankfurter Prozesse bezog sich Rolf Italiaanders Das Recht auf sich selbst, das 1952 von Ida Ehre in den Hamburger Kammerspielen uraufgeführt wurde. Mit dem Einakter, in dem eine Mutter ihren homosexuellen Sohn gegenüber dem Vater verteidigt, wurde erstmals seit 1933 wieder ein Stück mit homosexuellem Inhalt auf die Bühne gebracht.

Das Hamburger 3-Mark-Urteil belegt die zur gleichen Zeit mögliche liberale Auslegung des § 175. Vorangegangen war die Verurteilung eines homosexuellen Freundespaares zu acht Monaten Haft wegen »einfacher« homosexueller Betätigung. Das Berufungsverfahren leitete der aus der Emigration zurückgekehrte Landgerichtsdirektor Fritz Valentin. Er verminderte die Strafe auf einen Tag Haft, die er in die mindestmögliche Geldstrafe von 3 DM umwandelte. Sein Urteil begründete er damit, beide Angeklagten seien nicht verführt, sondern in echter Weise homosexuell. Da der Geschlechtstrieb im Leben eine ungemein große Rolle spiele, überschreite die auferlegte Triebenthaltung die Grenzen der Zumutbarkeit. Dieser für jene Zeit ungewöhnliche Präzedenzfall wurde in den Homosexuellenzeitschriften frenetisch gefeiert: »Ein ganz erstaunliches Ergebnis im heutigen Deutschland! – So klein und unscheinbar diese Zeitungsnotiz sich ausnehmen mag – sie kann einen Stein ins Rollen bringen, der vielleicht den Turm von Babel des Mißverstehens, der böswilligen Verleumdung und des Un-Rechtes stürzen wird. – Hoffen wir es für unsere deutschen Kameraden! – Der Name eines tapferen und vorurteilslosen Mannes aber – Landesgerichtsdirektor Valentin – soll für alle Zeiten festgehalten werden als der eines unbestechlichen Richters über Wahrheit und Menschenrecht.« (Der Kreis, Heft 7, 1951)

wurden. Neben wenigen Lokalen wie Zum Hattenheimer in Dresden, Tante Anna in Leipzig oder das Tanzcafé Grinzing in Halle waren dies in den größeren Städten insbesondere Parkanlagen und öffentliche Toiletten, die allerdings von der Volkspolizei kontrolliert wurden. In einer besonderen Situation lebten die Homosexuellen in Ost-Berlin. Hier gab es Lokale wie die Geh-Bierbar und den Esterhazy-Keller, der mit dem Motto »Laß sie reden, denn sie reden über jeden« warb. Bis zum Mauerbau 1961 konnten auch die Westberliner Homosexuellenlokale aufgesucht, die Westpreise wegen des hohen Umtauschkurses aber kaum bezahlt werden. An den S-Bahn-Kiosken der Grenzbahnhöfe waren auch Publikationen wie der Kinsey-Report zu bekommen, die andernorts in der DDR nicht zu finden waren. Als eine der wenigen der Öffentlichkeit zugänglichen Publikationen zum Thema Homosexualität erschien 1963 Die Homosexualität beim Mann des tschechoslowakischen Sexologen Kurt Freund, der sich erklärtermaßen an Mediziner wandte. Seine »Aversionstherapie« versprach eine Umorientierung zur Heterosexualität.

Die Freundschaft
Monatsschrift für Sexualprobleme
Ausgabe November 1950 (Jg. 1), Hamburg
Berlin, Privatbesitz

Die Gefährten
Monatsschrift für Menschlichkeit, Wahrheit und Recht
Ausgabe Januar/Februar 1954 (Jg. 3), Frankfurt
Berlin, Privatbesitz

Mit der Gründung von Homosexuellengruppen kamen auch wieder die ersten Homosexuellenzeitschriften auf den Markt. In Hamburg konzentrierte sich die Homosexuellenpresse. Neben der ersten westdeutschen Homosexuellenzeitschrift Die Freundschaft *erschienen hier auch* Vox, Der Weg zu Freundschaft und Toleranz, Der Ring, Pan, Hellas, Humanitas *und die einzige Zeitschrift für homosexuelle Frauen,* Wir Freundinnen. *Publiziert wurden die Zeitschriften von den Verlagen Charles Grieger, Rolf Putziger, Gerhard Prescha, Christian Hanssen-Schmidt und Gustav Leue. Neben den Zeitschriften wurden auch Bildhefte wie* Jünglinge *und* Männer im Bild *herausgegeben, in denen Aktfotos und Reproduktionen von Kunstwerken abgebildet waren. Zusätzlich verlegten sie Belletristik mit homosexuellem Inhalt, beispielsweise die Heftreihe* Erzählungen für die Freunde *mit Titeln wie* Angst *und* Gefahr durch Liebe, *aber auch Auszüge aus dem* Kinsey-Report *oder Botho Lasersteins* Strichjunge Karl. *Während die Titelbilder der Zeitschriften in eindringlicher Weise den ›sauberen‹ Homosexuellen vermitteln sollten und auf das Wort homosexuell verzichteten, enthielten die Innenseiten auch Aktfotos. Insbesondere diese Tatsache führte schon vor Einrichtung der* Bundesprüfstelle für jugendgefährdende Schriften *häufig zu Indizierungen. Um das Erscheinen weiterhin zu ermöglichen, wählten die Herausgeber neue Titel. So wurde* Die Freundschaft *1951 in* Die Freunde *und 1952 in* freond *umbenannt.*

Mit der Verabschiedung des neuen Strafgesetzbuches 1968 erfolgte die Streichung des § 175. Einvernehmliche sexuelle Handlungen zwischen Männern über 18 Jahre waren nicht länger strafbar. Statt dessen wurde der § 151 neu eingeführt, der gleichgeschlechtliche Handlungen zwischen Erwachsenen und Jugendlichen im Alter von 16 bis 18 Jahren unter Strafe stellte. Als Novum in der deutschen Rechtsgeschichte galt diese Regelung auch für Frauen. Damit war für die SED bis in die achtziger Jahre jede weitere Diskussion über den Paragraphen beendet. Homosexuellengruppen und -zeitschriften blieben weiterhin verboten.

Karl-Heinz Steinle

ICSE-Kurier für die deutschsprachigen Länder
Zeitschrift des *International Committee for Sexual Equality* (ICSE)
Ausgabe November 1957
Hannover, Rainer Hoffschildt

Eine zentrale Figur in der weltweiten Vernetzung der deutschsprachigen Zeitschriften und Gruppen war Johannes Werres (1923–1990). Seit 1948 arbeitete er als Feuilletonredakteur bei verschiedenen Tageszeitungen und schrieb unter zahlreichen Pseudonymen (u. a. Jack Argo, Julius Wiesenbach, Robert Weissenhagen) für die internationale Homosexuellenpresse. Über den Frankfurter ICSE-Kongreß 1952 kam Werres in Kontakt mit dem Amsterdamer Büro des ICSE, wo er von 1956 bis 1958 tätig war. Von dort aus baute Werres einen internationalen homosexuellen Pressedienst auf: ICSE-Kurier für alle deutschsprachigen Länder, ICSE-Newsletter und argo-press versorgten die Homosexuellengruppen in Deutschland, Österreich und der Schweiz mit Informationen, die sonst nicht zugänglich waren. Auch an die deutschsprachige Tagespresse verschickte Werres regelmäßig Pressetexte, die allerdings kaum veröffentlicht wurden. Gleichzeitig vertrieb er das 1957 von der amerikanischen Gruppe ONE herausgegebene Handbuch Homosexuals Today, *eine Art Vorläufer des heutigen* Spartacus Gay Gide. *Nach seiner Ausweisung aus den Niederlanden 1958 fand Werres in Deutschland eine veränderte Situation vor. Aufgrund der Indizierungen existierte von den vielen Homosexuellenzeitschriften der fünfziger Jahre nur noch* Der Weg zu Freundschaft und Toleranz. *Enttäuscht von der mangelnden Durchschlagskraft der deutschen Homosexuellenbewegung zog er sich Mitte der sechziger Jahre von der aktuellen Berichterstattung zurück; erst nach der Strafrechtsreform von 1969 wurde er wieder journalistisch aktiv und gründete den Pressedienst* Gay News Germany, *der 1980 eingestellt wurde.*

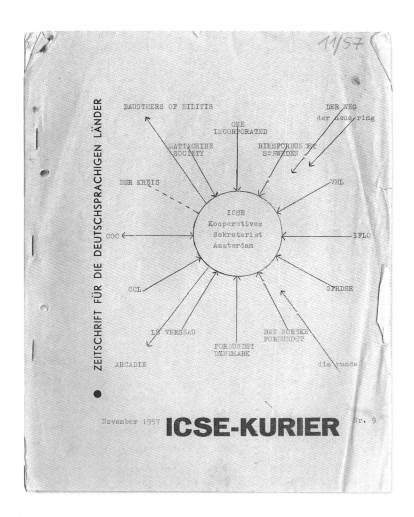

1 *Entwurf eines Strafgesetzbuches (StGB), E-1962 mit Begründung* (Bundesrat-Drucksache 200/62, Bonn 1962) S. 377.
2 Hans Joachim Schoeps, Überlegungen zum Problem der Homosexualität, in: *Der homosexuelle Nächste* (Hamburg 1963) S. 86.
3 Nachlaß Klimmer, Schwules Museum, Berlin.
4 Günter Grau, Im Auftrag der Partei, in: *Zeitschrift für Sexualforschung*, Jg. 9 (1996), Heft 2 S. 126.

Fritz Kempe
Kurt Hiller
Hamburg 1965. Fotografie
Hamburg, Staatliche Landesbildstelle

Petition an die Abgeordneten des Deutschen Bundestages von Isermeyer, Reinhard und Rogozinski
Hamburg 1962. Acht Originalunterschriften
Berlin, Schwules Museum

Kennzeichnend für die Situation der Homosexuellenbewegung in den sechziger Jahren war, daß ihre Protagonisten nur noch mit einzelnen Aktionen hervortraten, sich aber gleichzeitig in der Gesellschaft ein breiterer Konsens für eine Liberalisierung des § 175 entwickelte. Davon zeugen zwei im Mai und Juni 1962 an die Abgeordneten des Deutschen Bundestages gerichtete Petitionen mit der Forderung nach Entkriminalisierung einvernehmlicher Homosexualität. Initiiert wurden sie vom ehemaligen Mitstreiter Magnus Hirschfelds, Kurt Hiller, und dem Professor für Kunstgeschichte, Christian Adolf Isermeyer, die ursprünglich ein gemeinsames Vorgehen geplant hatten. Mitinitiatoren waren Franz Reinhard, Jürgen Roggenhausen, Walter Stellmann, Wolfgang Wenzel und Jürgen Rogozinski. Anlaß für die Petitionen war die Tatsache, daß das Votum der 1959 eingesetzten Großen Strafrechtskommission für die Abschaffung des § 175 im Entwurf für ein neues Strafgesetzbuch von 1962 unberücksichtigt geblieben war. Das Vorgehen des Justizministeriums, die Beschlüsse des eigens eingesetzten Fachausschusses zu ignorieren, sowie die Begründungen für die Aufrechterhaltung des § 175 führten nicht nur unter Juristen zu erneuten Diskussionen. Die Petitionen fanden breite Unterstützung bei den angeschriebenen Personen aus Wissenschaft, Kultur und Politik, führten aber nicht zu einer Änderung des Strafrechts.

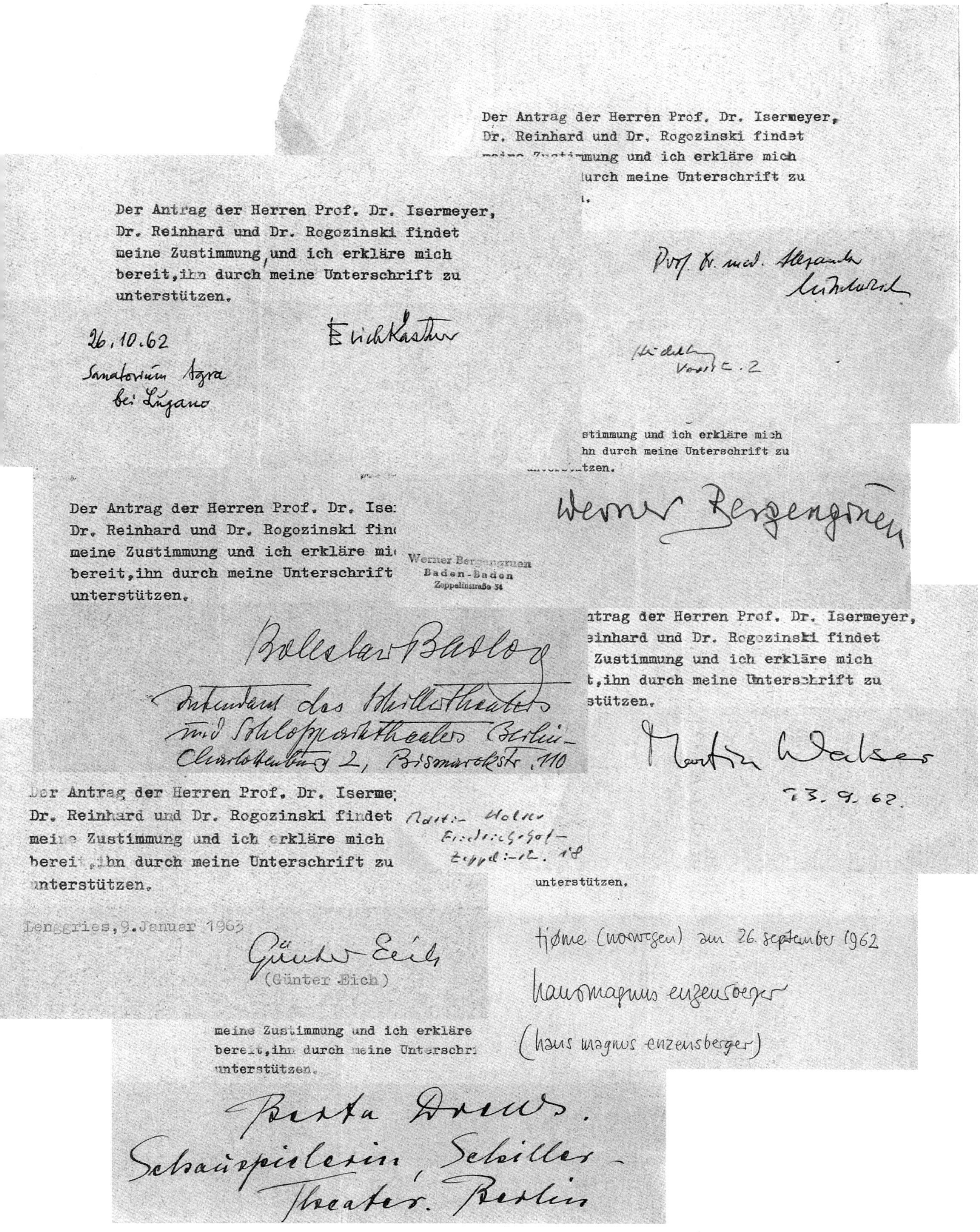

Der Antrag der Herren Prof. Dr. Isermeyer,
Dr. Reinhard und Dr. Rogozinski findet
meine Zustimmung und ich erkläre mich
bereit,ihn durch meine Unterschrift zu
unterstützen.

26.10.62
Sanatorium Agra
bei Lugano

Erich Kästner

Der Antrag der Herren Prof. Dr. Isermeyer,
Dr. Reinhard und Dr. Rogozinski findet
meine Zustimmung und ich erkläre mich
durch meine Unterschrift zu

Prof. Dr. med. Alexander Mitscherlich

Heidelberg
Vossstr. 2

Der Antrag der Herren Prof. Dr. Ise:
Dr. Reinhard und Dr. Rogozinski fin:
meine Zustimmung und ich erkläre mi:
bereit,ihn durch meine Unterschrift
unterstützen.

Werner Bergengruen
Baden-Baden
Zeppelinstraße 34

...stimmung und ich erkläre mich
...hn durch meine Unterschrift zu
...unterstützen.

Werner Bergengruen

Boleslaw Barlog

Intendant des Schillertheaters
und Schlossparktheaters Berlin-
Charlottenburg 2, Bismarckstr. 110

...ntrag der Herren Prof. Dr. Isermeyer,
...einhard und Dr. Rogozinski findet
...Zustimmung und ich erkläre mich
...t,ihn durch meine Unterschrift zu
...stützen.

Martin Walser

13.9.62.

Der Antrag der Herren Prof. Dr. Iserme:
Dr. Reinhard und Dr. Rogozinski findet
meine Zustimmung und ich erkläre mich
bereit,ihn durch meine Unterschrift zu
unterstützen.

Martin Walser
Friedrichshafen-
Zeppelinstr. 18

Lenggries, 9.Januar 1963

Günter Eich
(Günter Eich)

---

meine Zustimmung und ich erkläre
bereit,ihn durch meine Unterschri
unterstützen.

Tjøme (Norwegen) am 26. September 1962

hans magnus enzensberger
(hans magnus enzensberger)

Berta Drews.
Schauspielerin, Schiller-
Theater. Berlin

Rosemarie Klausen
Hans Giese
Um 1965. Fotografie, handsigniert
Hamburg, Gunter Schmidt

Der in Frankfurt am Main geborene Psychiater und Sexualwissenschaftler Hans Giese (1920–1970) war in den ersten beiden Jahrzehnten der Bundesrepublik der bedeutendste Protagonist im Kampf um die Revision des § 175. Bei seinem Engagement knüpfte er an Magnus Hirschfeld an. Dem 1949 in Frankfurt am Main neugegründeten Wissenschaftlich-humanitären Komitee *wurde die Eintragung ins Vereinsregister verweigert. Noch im gleichen Jahr rief er das in der Bundesrepublik bis zu seinem Tod einmalige* Institut für Sexualforschung *ins Leben. Im Namen des Instituts machte er am 1. November 1950 die seit Inkrafttreten des Grundgesetzes erste Eingabe an die gesetzgebenden Organe in Bonn, in der die Straffreiheit für einvernehmliche homosexuelle Handlungen zwischen erwachsenen Männern gefordert wurde. Giese erreichte als Institutsleiter und Mitherausgeber der noch heute erscheinenden* Beiträge zur Sexualforschung, *daß auch Wissenschaftler aus anderen Bereichen Homosexualität als Forschungsaufgabe betrachteten. Die von ihm mitbegründete* Deutsche Gesellschaft für Sexualforschung *lieferte auf ihrer Tagung im April 1950 in Frankfurt am Main erstmals in der Bundesrepublik eine interdisziplinäre Bestandsaufnahme der Forschung zur Homosexualität. Anfang der fünfziger Jahre führte Giese die in der Bundesrepublik erste empirische Erhebung zum Sexualverhalten der Homosexuellen durch, aus der seine 1958 veröffentlichte Studie* Der homosexuelle Mann in der Welt *hervorging. Da die Frankfurter Medizinische Fakultät Giese eine Habilitation mit dieser Studie verweigerte, verlegte er 1959 sein Institut nach Hamburg. Die Eingliederung des Instituts in die Universität Hamburg 1969 brachte die endgültige Anerkennung der Sexualforschung als wissenschaftliche Disziplin. Dezidiert Stellung zur Liberalisierung des § 175 bezog Giese mit den Büchern* Kriminalität und Verbrechen *(1963) und* Homosexualität oder Politik mit dem § 175 *(1967). Trotz seiner Verdienste war Giese unter den Homosexuellen nicht unumstritten, wollte er doch allein in der Fähigkeit zur beständigen Partnerschaft die ›Normalität‹ der Homosexuellen bewiesen sehen.*

Erhard Günzler mit Volki und Ede
Berlin 1959. Fotografie
Berlin, Erhard Günzler

Reservate homosexuellen Lebens bildeten in der DDR neben den wenigen Lokalen und den anonymen Treffpunkten private Zirkel. Einen solchen stellte der Hauskreis von Erhard Günzler dar, der von 1952 bis Mitte der sechziger Jahre existierte. Inspiriert von Hans Blühers Die deutsche Wandervogelbewegung als erotisches Phänomen *wurde Günzler 1948 Leiter der Bezirksgruppe Prenzlauer Berg des Deutschen Jugendverbandes, der 1952 verboten wurde. Aus der Bezirksgruppe hatte sich während seiner Zeit als Bezirksleiter ein fester Kreis junger Männer herausgebildet, der sich nach dem Verbot weiterhin bei ihm traf. Man fand sich abends zu gemeinsamer Lektüre von Stefan George oder zum Tanz zusammen. Höhepunkte waren die Geburtstagsfeiern, auf denen der Gastgeber Klavier- und Gesangsvorträge zum besten gab.*

Rudolf Klimmer und James Steakley
Berlin 1975. Fotografie
Berlin, Schwules Museum

Der Mediziner Rudolf Klimmer (1905–1977) war in der DDR der unermüdlichste Verfechter der Rechte Homosexueller und setzte sich mit Eingaben, Vorträgen und Publikationen für eine Reform des § 175 ein. Schon 1947 plädierte Klimmer als Mitglied der neugegründeten SED im sächsischen Landtag für die Streichung des § 175. Eine Entscheidung des Landtags wurde aber mit dem Hinweis, diese könne nur im Zuge einer allgemeinen Strafrechtsreform erfolgen, nicht getroffen. Nachdem auch seine Eingabe § 175 StGB und die Verfassung der DDR vom 16. Oktober 1952 *an den Rechtsausschuß der Volkskammer der DDR ebensowenig*

Gehör fand wie sein Antrag auf Gründung eines Instituts für Sexualforschung, trat er aus der SED aus, setzte sich aber weiterhin als Wissenschaftler für die Liberalisierung des § 175 ein. Neben seiner Tätigkeit als Facharzt für Neurologie an der Poliklinik Freital bei Dresden leitete Klimmer die dortige Abteilung für Ehe- und Sexualberatung, die bis in die siebziger Jahre hinein die einzige Beratungsstelle für Homosexuelle in der DDR blieb. In seinen Studien konzentrierte sich Klimmer auf die Erforschung der Homosexualität. Er stand im wissenschaftlichen Austausch mit dem Kinsey-Institut *in den USA, der* Gesellschaft für Sexualforschung *in Frankfurt am Main und mit westlichen Homosexuellengruppen wie* die runde, der Kreis *und die* Gesellschaft für die Reform des Sexualrechts. *Über die häufige Beschlagnahme der von ihm abonnierten Schweizer Homosexuellenzeitschrift* Der Kreis *legte er bei den zuständigen Behörden Beschwerde ein. In dem Antwortschreiben des Ministeriums für Gesundheitswesen vom 26. August 1955 heißt es dazu: »Wir haben der Zeitschrift entnommen, daß sie lediglich zur Propagierung des homosexuellen Gedankens dient und in keiner Weise für wissenschaftliche Zwecke geeignet ist.« 1957 legte er sein umfassendes enzyklopädisches Hauptwerk* Die Homosexualität als biologisch-soziologische Zeitfrage *vor, doch seine Bemühungen, das Buch in der DDR zu veröffentlichen, scheiterten; es erschien 1958 im Kriminalistik-Verlag Hamburg und erlebte drei Auflagen. Auch nach der Liberalisierung des § 175 im Jahr 1968 durfte Klimmer nicht uneingeschränkt publizieren, selbst Veröffentlichungen in ausländischen Zeitschriften wurden untersagt. So schrieb er am 7. Dezember 1968 an die Reutlinger* runde: *»Leider muß ich Ihnen mitteilen, daß ich vom Rat des Bezirkes nicht die Genehmigung erhalten habe, die Arbeit* Zur Frage des Schutzalters bei homosexuellen Handlungen *in einer medizinischen Fachzeitschrift in der BRD zu veröffentlichen.« Noch in den siebziger Jahren nahm Klimmer regen Anteil an homosexuellen Emanzipationsbestrebungen und hatte Kontakt zur Ostberliner* Homosexuelleninitiative Berlin (HIB) *und zur* Homosexuellen Aktion Westberlin (HAW).

Jochen Hass
Transvestiten-Ball in West-Berlin
Um 1954. Öl auf Sperrholz, 21,7 x 22 cm
Berlin, Schwules Museum

Herbert Tobias
Zwei
Berlin 1958. Fotografie
Berlin, Sammlung Volker Janssen

Herbert List
**Der Schweizer Maler Rolf Dürig
mit seinem italienischen Freund Luigi
an der Piazza del Popolo in Rom**
1950. Fotografie
Hamburg, Herbert List Nachlaß – Max Scheler

Oesterle
Das Tüntchen
Karikatur in: *Simplicissimus* Nr. 30/1956
Berlin, Sammlung Volker Janssen

VI. 2
Amsterdam –
die schwule Hauptstadt
der Nachkriegszeit

Nico Engelschman weiht das neue COC-Zentrum in Amsterdam ein
1953. Fotografie
Amsterdam, Gert Hekma

Nico Engelschman (1913–1988) war 1940 Mitbegründer der Zeitschrift Levensrecht *und 1946 Gründungsmitglied des Amsterdamer COC, der ersten Schwulengruppe, die nach dem Krieg weltweit überhaupt entstanden ist. Von 1946 bis 1962 war er Vorsitzender des COC und in dieser Funktion eine der führenden Kräfte in der internationalen Schwulenbewegung der vierziger und fünfziger Jahre. Ähnlich wie Karl Meier in Zürich fast nur unter seinem Pseudonym »Rolf« bekannt war, benutzte Engelschman für seine schwulenpolitischen Aktivitäten den Namen »Bob Angelo«.*

COC-Mitgliedskarte von 1947
Amsterdam, Homodok
Eine Mitgliedskarte für den COC, der 1947 noch unverfänglich Shakespeare Club. Wetenschappelijk-, Cultureel- & Ontspanningscentrum *hieß.*

Gleich nach dem Krieg begannen die Redakteure der 1940 für kurze Zeit erschienenen Zeitschrift *Levensrecht* wieder mit der Herausgabe einer Schwulenzeitschrift, die später *Vriendschap* hieß. Wichtiger als die Zeitschrift war die Beteiligung am Aufbau der homophilen Bewegung: Am 7. Dezember 1946 gründeten sie in Amsterdam den *Shakespeare-Club*, der 1949 in *Cultuur- en Ontspannings Centrum* (COC) umbenannt wurde, was man mit *Zentrum für Kultur und Erholung* übersetzen könnte. Man betrieb eine Art Öffentlichkeitsarbeit zur Verbreitung homophilenfreundlicher Ideen. Ferner organisierte man gesellige Abende für die Mitglieder. 1952 eröffnete in Amsterdam die damals größte schwule Tanzdiele Europas, das berühmte DOK (*De Odeon Kelder*). Drei Jahre später wurde nach einigen Streitigkeiten

das DOK vom COC abgetrennt und von dem bisherigen Verwalter Lou Charité in eigener Regie übernommen. Das COC eröffnete daraufhin eine neue Tanzdiele *De Schakel* (*Das Kettenglied*). So kam es in Amsterdam schließlich zu einem Ende der schwulenfeindlichen Epoche: Die beiden Tanzdielen waren bei den Amsterdamern sehr beliebt und darüber hinaus eine Attraktion für Männer aus aller Welt. Amsterdam gilt seither als Schwulenmetropole. Die Polizei verhielt sich duldsam, weil sie der Ansicht war, es sei besser, die Schwulen blieben unter sich im DOK und im *De Schakel*, als daß sie auf den Straßen Amsterdams die Jungen verführen.

Der andere Schwerpunkt der COC-Aktivitäten war die Politik. Der Ausdruck »Homophilie«, den besonders Jaap van Leeuwen favorisierte, schien für die politische Agitation besonders gut geeignet, weil er das Sexuelle an der Homosexualität verschwieg. Nico Engelschman war für die Verbindung zur Polizei zuständig und konnte dafür sorgen, daß die Tanzveranstaltungen nicht allzu sehr von der Polizei behindert wurden. Die Aufklärungsarbeit unter Psychiatern und Geistlichen sollte eine Einstellungsänderung bei den einflußreichen Intellektuellen Hollands bewirken. Der Psychiater Kees Trimbos, der noch Anfang der fünfziger Jahre die Schwulen öffentlich als »Dreck« bezeichnet hatte, ist ein gutes Beispiel für die Erfolge dieser Aufklärung, denn zehn Jahre später begann Trimbos die ungewöhnliche Fähigkeit der Homophilen zu Liebe und Freundschaft zu rühmen und das Ende der Kriminalisierung zu fordern. Die nichtöffentlichen Gespräche mit den maßgeblichen Kräften in den religiösen und weltlichen Gesellschaftsgruppen stärkte auch die Toleranz anderer Bevölkerungskreise gegenüber den Schwulen. Insofern war die Aufklärung von Meinungsführern eine überaus erfolgreiche und effektive Arbeit des COC in jenen Jahren. Nachdem Engelschman 1962 von der Leitung des COC zurückgetreten war, wirkte sein Nachfolger Benno Premsela, als erster ohne Pseudonym, als Repräsentant der niederländischen Homosexuellen in der Öffentlichkeit. 1964 machte er Geschichte, indem er sich erstmals in einem Fernsehinterview zu seinem Schwulsein bekannte.

Die sexuelle Revolution der sechziger Jahre beflügelte die homosexuelle Emanzipation. Das repressive Klima, das die Niederlande in den fünfziger Jahren beherrscht hatte und von den christlichen Parteien gefördert wurde, änderte sich um das Jahr 1960 rapide. Zunehmender Wohlstand, stärkeres Hervortreten der Jugendkultur und Befreiung der Sexualität durch die Antibabypille veränderten die Gesellschaft entscheidend. Die *Nederlandse Vereniging voor Sexuele Hervorming* (NVSH) mit ihren 200.000

10. Jahrestag des COC 1956
Fotoalbum
Amsterdam, Homodok
Führende COC-Mitglieder ließen sich zum zehnjährigen Jubiläum 1956 fotografieren (von links): Bothma, Henk Siliakus, Cramer, Nico Engelschman, Henri Methorst, Marg Huis, Van Win, Hugo van Wieringen, Benno Premsela

Mitgliedern Ende der sechziger Jahre war in diesem Prozeß ein Motor. Die Vorsitzende Mary Zeldenrust-Noordanus nannte 1967 die Ziele, die die NVSH bis zum Jahr 2000 verwirklichen wollte: Freigabe von Verhütungsmitteln und Pornographie, Straffreiheit für Abtreibung und Homosexualität. Unvorstellbar war damals, daß diese Ziele bereits zehn Jahre später erreicht werden sollten und daß die holländische Bevölkerung in der gleichen Zeit ihre eher repressiven Ansichten über Sexualität vollständig durch tolerantere Sichtweisen ersetzte. Verändert hatte sich aber nicht so sehr das Sexualleben als vielmehr die Sexualideologie. All das, was man vor 1970 an Sexualität moralisch ablehnte, wurde nach 1970 gebilligt, nur traute sich nun nicht jeder, die neuen Freiräume auszuleben.

Die sexuelle Revolution war ein großer Umbruch. Noch Anfang der fünfziger Jahre taten sich konservative Kräfte wie die Partei der Katholiken in ihrer Homophobie besonders hervor. Sie forderten die Verschärfung des § 248 [bis], der zu diesem Zeitpunkt schon rigide angewandt wurde. Symptomatisch für die großen Wandlungen der sechziger Jahre waren die schwulen und sadomasochistischen Texte des Schriftstellers Gerard Reve. Neben Premsela gehörte Reve zu den Herausgebern der neuen COC-Zeitschrift *Dialoog* (1965–1967), die das Gespräch zwischen Homo- und Heterosexuellen fördern sollte. Ein von Reve verfaßter Text im *Dialoog*, eine Art Glaubensbekenntnis, in dem er selbst in Gestalt eines Esels vorkommt, der sich mit

Jesus in mystisch-realistischer Weise sexuell vereint, hatte eine ganze Serie von Prozessen wegen Gotteslästerung zur Folge, die zwar mit einem Freispruch endeten, aber lange Zeit reichlich Stoff für die Presse boten. Kurze Zeit später erhielt Reve aus den Händen der katholischen Kulturministerin Klompé den wichtigsten Literaturpreis der Niederlande überreicht. Reve feierte die Preisverleihung in einer katholischen Kirche und inszenierte die Feier, die das niederländische Fernsehen übertrug, als eine Hochzeitszeremonie mit seinem Geliebten.

Zu Beginn der sexuellen Wendezeit, 1964, wurde das COC umbenannt in *Nederlandse Vereniging van Homofielen COC*. Die zweite Namensänderung folgte 1971 mit *Nederlandse Vereniging tot Integratie van Homosexualiteit COC*. Der neue Name sollte die neuen Ziele aufgreifen, die Ende der sechziger Jahre außerhalb des COC zuerst in Studentengruppen artikuliert worden waren, die sich in vielen niederländischen Universitätsstädten gegründet hatten. Diese neuen Gruppen traten offensiv nach außen, veranstalteten Tanzaktionen in heterosexuellen Tanzdielen und organisierten 1969 in Den Haag die erste schwule Straßendemonstration der Niederlande. Die Studenten organisierten Tanzabende für junge Schwule und Lesben und »Integrationsfeste«, auf denen ›ho‹ und ›hé‹ zusammen tanzten. Sie formulierten ein linkes schwul/lesbisches Politikkonzept, das auf ein stärkeres Hineinwirken in die heterosexuelle Gesellschaft ausgerichtet war. Doch schon bald wurde auch dieses Integrationskonzept als eine Form der Anpassung kritisiert, die die Heterosexualität als Norm nicht in Frage stelle. Neben diesen linken Ansätzen einer Schwulenpolitik gab es seit 1969 auch eine rechte Alternative, die sogenannte *Homofielenpartij*, die, allerdings ohne Erfolg, die gleichgeschlechtliche Ehe und Sitze in den Parlamenten forderte.

Gert Hekma

Harry de Waard
Lederboys
Um 1955. Fotografie
Amsterdam, Gert Hekma

Der Amsterdamer Fotograf Harry de Waard hat Mitte der fünfziger Jahre eine Ledermänner-Fotoserie geschaffen. Es war die Zeit, als in Amsterdam die erste schwule Lederkneipe öffnete: Argos *in der Warmoesstraat.*

Maria Austria, Henk Jonker
Ballett »De Disgenoten« von Rudi van Dantzig
(von links nach rechts: Rudi von Dantzig, Jaap Flier, Hennie van Leeuwen, Toer van Schayk, Annemarie Verhoeven, Aart Verstegen)
1958. Fotografie
Amsterdam, Collectie Theater Instituut Nederland

Der Tänzer, Choreograph und Schriftsteller Rudi van Dantzig hat 1958 in Amsterdam das Ballett Disgenoten *inszeniert und damit erstmalig die Männerliebe zum Thema des Tanztheaters gemacht. Sein autobiografischer Roman* Der verlorene Soldat *diente als Vorlage für einen Spielfilm gleichen Titels.*

VI. 3
DER WOLFENDEN REPORT UND DIE BRITISCHE SCHWULENBEWEGUNG

Die sexuelle Freizügigkeit, die während des Zweiten Weltkrieges geherrscht hatte, konnte in den ersten Nachkriegsjahren zwar zurückgedrängt, aber nicht völlig unterdrückt werden. Ein Wandel kündigte sich an, als sich eine Reihe von Skandalen ereignete, die damit begann, daß sich die schwulen Spione Guy Burgess und Donald Maclean 1951 in die Sowjetunion absetzten. Dieses Ereignis wurde zum Gegenstand intensivster Nachforschungen in einer zunehmend weniger eingeschränkten Presse. Als Lord Montagu of Beaulieu, ein prominentes Mitglied der Aristokratie, wegen Sexualdelikten mit Jugendlichen aus der Arbeiterklasse angeklagt wurde, war der nachfolgende Skandal mit Gerichtsverhandlung und Haftstrafe für den Lord viel zu spektakulär, um vertuscht werden zu können. Zum ersten

Ramsey & Muspratt
Guy Burgess und Donald Maclean
1932 und 1930er Jahre. Zwei Fotografien (Bromsilberpapier)
London, National Portrait Gallery

Die vier berüchtigtsten Spione Englands, Guy Burgess, Donald Maclean, Kim Philby und Anthony Blunt, studierten in den dreißiger Jahren in Cambridge. Der Kommunismus war bei den jungen englischen Intellektuellen als Reaktion auf den Aufstieg des Faschismus sehr in Mode, und nirgends fanden sich glühendere Anhänger als in Cambridge. Es gibt Hinweise darauf, daß sich alle vier schon in ihren ersten Studienjahren als Sowjetagenten betätigten und daß nur einer von ihnen, Kim Philby, heterosexuell war. Der feminine Maclean war bisexuell, er heiratete und zeugte Kinder. Blunt lebte seine Homosexualität versteckt, während Burgess gar nicht erst versuchte, seine Neigungen zu verheimlichen. Burgess und Maclean, die beide als britische Diplomaten tätig waren, setzten sich 1951 nach Moskau ab, gerade als sich das Netz um sie zu schließen drohte. Philby machte zunächst weiter und floh erst 1965 in die Sowjetunion. Blunt erfreute sich einer langen glänzenden Karriere als Kunsthistoriker und »Surveyor of the Queen's pictures« (Kurator der königlichen Gemäldesammlung). Er wurde 1956 geadelt, verlor aber 1979, nach seiner Enttarnung als Spion, den Adelstitel wieder. Er starb vier Jahre später.

Homosexual Law Reform Society
1958. Broschüre
Brighton, Anthony Grey

A. E. Dyson vom University College North Wales initiierte 1958 die Gründung der Homosexual Law Reform Society *(HLRS), die später unter dem Namen* Albany Trust *bekannt wurde. Man wollte mit Hilfe eines hundertköpfigen Ehrenkomitees, dem prominente Persönlichkeiten aus allen Bereichen des gesellschaftlichen Lebens angehörten, bei Parlamentariern und in der Öffentlichkeit für eine Reform des britischen Schwulenstrafrechts*

Mal wurde Homosexualität zu einem Gegenstand öffentlicher Erörterung. Die britische Öffentlichkeit war von den Details in den Zeitungen so schockiert, daß nach Maßnahmen gerufen wurde, diese angeblich »zunehmende Bedrohung« einzudämmen. Dies führte 1954 zur Einsetzung einer Regierungskommission unter Leitung von John Wolfenden, deren Ergebnisse drei Jahre später in Form eines Berichtes, des *Wolfenden Reports*, vorlag. Der Bericht empfahl, homosexuelle Praktiken zwischen erwachsenen Männern im Privatbereich zu entkriminalisieren. Erst 1967 wurden diese Empfehlungen geltendes Recht.

Im Vergleich zu den Jahrzehnten vorher verschlechterte sich die gesellschaftliche Situation der Homosexuellen in den fünfziger Jahren zunehmend, da infolge der gesteigerten öffentlichen Beschäftigung mit dem Thema die britische Engstirnigkeit und Doppelmoral voll zur Geltung kamen.

James Gardiner und Peter Burton

werben, wie sie der Wolfenden Report von 1957 vorgeschlagen hatte. Homosexuelle Handlungen in der privaten Sphäre sollten, so lautete die Forderung, künftig straffrei sein. Schon bald erwarb sich die HLRS den Ruf, zuverlässig über ein Thema Auskunft geben zu können, das damals für die Mehrheit der Bevölkerung ein Buch mit sieben Siegeln war. Als schließlich 1967 das Ziel der Straffreiheit für Erwachsenenhomosexualität im Privatbereich erreicht war, hatte die HLRS mit zahllosen Artikeln in der Presse, mit Leserbriefen, Broschüren und öffentlichen Versammlungen dazu den vielleicht entscheidenden Beitrag geleistet. Einige der frühesten Auftritte von offen schwulen Männern im Radio und im Fernsehen waren den Bemühungen der HLSR zu verdanken.

Duncan Grant
Descent from the Cross 1
1950er Jahre. Kugelschreiber und Aquarell, 65 x 53 cm
New York, Douglas Blair Turnbaugh

Der Bloomsbury Kreis, zu dem anfangs neben dem Maler Duncan Grant (1885–1978), dessen Vetter, der Schriftsteller Lytton Strachey, und die beiden malenden und dichtenden Schwestern Vanessa Bell und Virginia Woolf gehörten, war als Reaktion auf die viktorianischen Moralvorstellungen der Familien der Gründungsmitglieder entstanden. Die Gruppe erwarb sich bald den Ruf einer besonders lockeren Einstellung zu sexuellen Fragen. So unterhielt die verheiratete Virginia Woolf ein lesbisches Verhältnis zu der Schriftstellerin Vita Sackville-West, während der homosexuelle Lytton Strachey seine wahrscheinlich emotionell befriedigendste Beziehung mit der heterosexuellen Malerin Dora Carrington einging. Der gleichfalls schwule Duncan Grant lebte meist mit der Malerin Vanessa Bell zusammen, mit der er eine Tochter hatte. Grant und Bell teilten sich ein Haus in Charleston, Sussex, das heute als Museum zu besichtigen ist. Grants umfangreiches Œuvre enthält sehr viele Gemälde und Zeichnungen, die männliche Akte bei verspieltem sexuellem Treiben zeigen.

Duncan Grant
The Steam Bath
1950er Jahre. Öl auf Leinwand, 30 x 39 cm
New York, Douglas Blair Turnbaugh

William Drummond
Victim
1961. Paperback
Brighton, Collection of James Gardiner

Der 1961 uraufgeführte Film Victim *(dt. Der Teufelskreis) des Regisseurs Basil Dearden spielte eine wichtige Rolle in der Debatte, die mit der Veröffentlichung des Wolfenden Reports einige Jahre vorher begonnen hatte.* Victim *sollte Mitleid für die Opfer einer ungerechten Gesetzgebung wecken, die diejenigen bestrafte, die, wie man damals glaubte, schon von der Natur schwer genug gestraft seien. Gemeint sind schwule Männer, deren Leben allzu leicht durch Erpressung zerstört werden konnte. Dirk Bogarde spielt in* Victim *einen homosexuellen Rechtsanwalt, der gezwungen wird, sich seiner Veranlagung zu stellen. Als sich ein junger Arbeiter in ihn verliebt und Selbstmord begeht, findet er zu einer Art Coming-out und offenbart sich seiner Frau.*

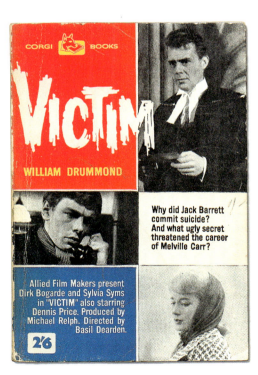

**»Entertaining Mr. Sloane«
von Joe Orton**
1963. Szenenfoto
Brighton, Collection
of James Gardiner

Joe Orton, ein proletarischer Anarchist und eine schwule Identifikationsfigur, war einer der international bekanntesten Bühnenautoren, die Großbritannien in den sechziger Jahren hervorgebracht hat. In seinen schwarzen Komödien persifliert er die geheiligten britischen Institutionen. Die meisten seiner Figuren sind amoralisch; die Schwulen unter ihnen pervers, wobei er effeminierte Stereotype stets vermeidet. In seinem bekanntesten Stück Entertaining Mr. Sloane *(dt.* Seid nett zu Mr. Sloane*) wetteifern eine ältliche und etwas infantile Frau und ihr Bruder, der beim Militär ist, um die Gunst von Sloane, einem gewalttätigen Schläger. Als das Stück 1964 im New Arts Theatre Club in London seine Premiere erlebte, erhielt es sehr gemischte Kritiken, doch war sein Erfolg nicht aufzuhalten. 1967, auf der Höhe seines Schaffens, wurde Orton von seinem Geliebten Kenneth Halliwell erschlagen, der ihn um seinen künstlerischen wie sexuellen Erfolg beneidete. Die posthume Veröffentlichung seines Tagebuches aus den letzten Jahren dokumentiert die stürmische Beziehung der beiden und beschreibt drastisch Ortons Jagd nach Sex auf den öffentlichen Toiletten Londons. Ortons Stücke* Entertaining Mr. Sloane *und* Loot *wurden verfilmt, ebenso John Lahrs Orton-Biographie* Prick up your Ears *(Regisseur Stephen Frears).*

Vince Green / Man's Shop
Katalog von 1963
Brighton, Collection of James Gardiner

David Hockney
Two Boys aged 23 and 24
Aus: *Fourteen Poems* by C. P. Cavafy
1966. Radierung
Berlin, Sammlung Wolfgang Theis

VI. 4
Professor Kinsey und die Gays von Los Angeles

Im Jahre 1922 wanderte der Braunschweiger Arzt Arthur Weil (1887 – nach 1967) in die USA aus, nachdem er mindestens zehn Jahre lang an führender Stelle im *Wissenschaftlich-humanitären Komitee* tätig gewesen war. In seiner neuen Heimat scheint er aber, soweit bekannt, schwulenpolitisch abstinent geblieben zu sein. Es gab zwar in Amerika eine mit Europa vergleichbare schwule Subkultur, aber Ansätze zu einer Selbstorganisation waren damals noch nicht vorhanden. Zudem soll sich Weil auch im Streit von Hirschfeld und dem WhK getrennt haben, so daß er womöglich mit solchen Dingen wie Schwulenbewegung nie wieder etwas zu tun haben wollte.[1]

Es war erst der ebenfalls aus Deutschland in die USA eingewanderte Henry Gerber (1892–1972), der 1924 in Chicago diese Pionierrolle übernahm.

Charta der »Society for Human Rights«

Chicago 1924
New York, Collection of Jonathan Katz

Die erste amerikanische Schwulengruppe, die Society for Human Rights, *wurde in Chicago, Illinois, mit dieser staatlichen Genehmigungsurkunde offiziell gegründet. Nachdem die Polizei dennoch deren Mitglieder verhaftet hatte, löste sich Henry Gerbers Society auf.*

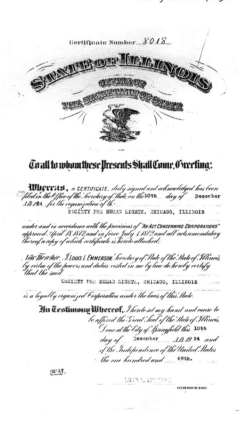
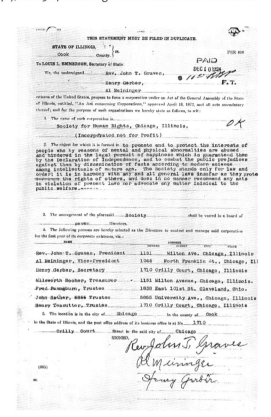

In den Jahren 1920 bis 1923 war er als amerikanischer Besatzungssoldat im Rheinland stationiert und hatte in diesen Jahren mehrere Reisen nach Berlin unternommen, wo er mit dem *Bund für Menschenrecht* in Verbindung trat.[2]

Society for Human Rights

Gerber gründete im Dezember 1924 in Chicago gemeinsam mit sechs anderen Männern die erste Schwulenorganisation Amerikas, die *Society for Human Rights*, deren Name offensichtlich dem des Berliner Vereins nachempfunden war. Gerber produzierte auch die erste amerikanische Schwulenzeitschrift, deren Name *Friendship and Freedom* ebenfalls einem Berliner Vorbild folgte, der 1920 von Adolf Brand herausgegebenen Zeitschrift *Freundschaft u. Freiheit*. Nur zwei Ausgaben von *Friendship and Freedom* konnten erscheinen, dann wurden Gerber und zwei seiner Genossen, Al Meininger und John T. Graves, verhaftet, weil sie »strange sex acts« begangen haben sollten. Als sie nach langwierigen und kostspieligen Gerichtsverfahren freigesprochen und entlassen wurden, war an eine Weiterführung des Vereins und der Zeitschrift nicht mehr zu denken. Gerber ging von Chicago nach New York, wo er immer wieder versuchte, sein Thema in Zeitschriftenbeiträgen zu lancieren. Ende der zwanziger Jahre erschienen sogar drei Artikel von ihm in den Berliner *Blättern für Menschenrecht*. Aus einer Übersicht über das Schwulenstrafrecht in den verschiedenen US-Staaten, die Gerber 1929 schrieb (*Blätter für Menschenrecht*, Jg. 7, 1929, Nr. 8, S. 5–11), gewinnt man einen Eindruck vom Ausmaß der staatlichen Unterdrückung, der gegen die Männerliebe zum Einsatz kam: Die maximale Strafe betrug in einigen Staaten lebenslängliche Haft (Nevada, Colorado und Georgia), in dreizehn Staaten zehn Jahre Haft, aber in keinem Staat der USA bestand Straffreiheit. Man weiß nichts über die Praxis der Rechtsprechung angesichts dieser Gesetzeslage; Verurteiltenzahlen sind anscheinend nicht veröffentlicht worden. Vergleicht man nur die Gesetzestexte, übertreffen

George Platt Lynes
Dr. Alfred C. Kinsey
1950. Fotografie
Bloomington, The Kinsey Institute for Research in Sex, Gender, and Reproduction

1948 erregte die Veröffentlichung der Studie Sexual Behavior in the Human Male *(dt.* Das sexuelle Verhalten des Mannes*) von Alfred Kinsey und seinem Soziologenteam weltweit Aufsehen. Aufgrund der persönlichen Befragung tausender Männer durch Kinseys Mitarbeiter kam man zu dem Schluß, daß mindestens 37 % der männlichen Bevölkerung nach der Pubertät homosexuelle Erfahrungen gemacht hatten. Durch die Kontroversen um den* Kinsey-Report *wurde Homosexualität in den amerikanischen Massenmedien zu einem geläufigeren Thema.*

diese an Grausamkeit und Ungerechtigkeit die entsprechenden Bestimmungen, die ab 1935 in Deutschland unter der Naziherrschaft galten, beträchtlich.

Diese strafrechtliche Situation könnte einer der Gründe sein, daß mehr als 25 Jahre vergehen mußten, bis 1951 mit der *Mattachine Society* ein neuer und erfolgreicherer Versuch unternommen wurde, auf dem amerikanischen Kontinent eine Schwulenbewegung zu etablieren. Zu den wichtigsten Voraussetzungen dieses zweiten Versuches gehörte zweifellos der Wandel des gesellschaftlichen Klimas nach dem Zweiten Weltkrieg, der sich in dem großen Aufsehen andeutete, den 1948 der *Kinsey-Report* hervorrief. Die weite Verbreitung von schwulem Sex in der männlichen Bevölkerung der USA, die Alfred Kinsey und sein Forscherteam in diesem Buch belegen, wurde heftigst diskutiert, was die soziale Atmosphäre für die Entstehung einer Schwulenorganisation positiv beeinflußte.

Norman Sansom

Um 1943. Fotografie
San Francisco, Gay and Lesbian Historical Society
of Northern California

Ab 1943 entließ das US-Militär tausende Homosexueller wegen »unerwünschter Angewohnheiten oder Charakterzüge« gemäß »Absatz VIII« der Armeevorschriften. Die Soldaten nannten diese Mitteilungen »Blaue Entlassungen«, weil sie auf blauem Papier gedruckt waren. Die Entlassung machte die Homosexualität eines Soldaten öffentlich, ihm wurden seine Veteranenleistungen aberkannt und die Arbeitssuche im Zivilleben erschwert. Norman Sansom, ein schwuler Angehöriger des Fliegercorps der Armee, erhielt seine Entlassung im Dezember 1943.

Jim Gruber
Harry Hay mit weiteren Gründungsmitgliedern der »Mattachine Society«
Fotografie
Berlin, Schwules Museum

Während der antikommunistischen und antihomosexuellen Hexenjagd der fünfziger Jahre vermieden es die Gründer der Mattachine Society, *sich in Gruppen fotografieren zu lassen. Auf diesem Foto, einem der wenigen aus dieser Zeit, sitzt Harry Hay mit anderen Mattachine-Aktivisten zusammen: Dale Jennings, Rudi Gernreich, Stan Witt, Bob Hull, Chuck Rowland und Paul Bernard (von links nach rechts).*

Mattachine Society

Harry Hay, der so etwas wie der Magnus Hirschfeld der amerikanischen Schwulenbewegung gewesen ist, erinnert sich in einem Gespräch, das er 1974 mit Jonathan Katz führte, an die Zeit des Anfangs: »Der Gedanke an eine Schwulengruppe kam mir zuerst im August 1948 in Los Angeles. Damals geschah Folgendes: Ich ging zu einem Bierbesäufnis an der Universität von Süd-Kalifornien, zu dem einige mir bekannte schwule Freunde eingeladen hatten. Die Hälfte der Leute dort waren Studenten, […] und unser Gespräch kam bald auf den Wahlkampf des Präsidentschaftskandidaten Henry Wallace, der als ein Mann des Fortschritts galt. Ich hatte die Idee, daß wir eine Gruppe gründen sollten, die sich ›Junggesellen für Wallace‹ nennen könnte. Nach einigen Glas Bier stellten wir einen Aufgabenkatalog für die ›Junggesellen für Wallace‹ zusammen, welche Fragen in Wahlveranstaltungen zu stellen wären, über die Verwirklichung der Grundrechte, wie sie in der Verfassung stehen usw. Die Idee gefiel allen. [Frage: Das sollte eine offen schwule Gruppe werden?] Ja. Wir hatten damals keine Worte, um die Sache zu benennen, aber letztlich war es das, was wir anstrebten. Als ich nach Hause ging, war ich so aufgeregt, daß ich die ganze Nacht nicht schlafen konnte, sondern mich hinsetzte und meine Gedanken aufschrieb, die erste Fassung einer Programm- und Werbeschrift für die neue Vereinigung. Am nächsten Tag rief ich den Freund an, der die Party gegeben hatte, und bat ihn um Adressen und Telefonnummern von allen, die dabei gewesen waren. Ich habe dann die Jungs angerufen und gesagt: ›Wir sollten gleich mit der Sache anfangen.‹ Sie fragten alle: ›Welche Sache?‹, und ich mußte einsehen, daß ich der einzige war, der von jenem Besäufnis mehr als einen Kater zurückbehalten hatte.«[3] Es sollte noch bis zum November 1950 dauern, bis Hay vier weitere Schwule überzeugt hatte, daß man die Gründung einer Schwulengruppe wagen könne. Hay nennt drei Namen seiner ersten Kampfgenossen: Bob Hull, Chuck Rowland, Dale Jennings. Den Namen eines vierten Beteilig-

Charles Jackson
The Fall of Valor
(1946), Paperback von 1949
New York, Collection of Allan Bérubé

Ende der vierziger Jahre, nachdem der Kinsey-Report zum Bestseller geworden war, brachten Verlage in zunehmender Zahl Romane schwuler Autoren über schwule Themen heraus. Gore Vidal erklärte diese Zeit zum »Goldenen Zeitalter«. Ablehnende Kritiker sprachen von den Romanen als der »Stöhnecke« oder der »Psychopathen«-Literatur. Der Taschenbuchboom der Nachkriegsjahre verhalf den Schwulenromanen zu einer Massenleserschaft. 1949 erschien The Fall of Valor *(»Untergang der Tapferkeit«) von Charles Jackson mit der wahrscheinlich ersten eindeutig schwulen Illustration auf dem Titelblatt eines Taschenbuches.*

Alexander Anderson
José Sarria als Carmen
Um 1958. Öl auf Leinwand, 140,6 x 79,4 cm
San Francisco, José Sarria

In den fünfziger Jahren wurden Bars zu den Haupttreffpunkten von Lesben und Schwulen. Schwule entwickelten die typischen »campy« Verhaltensstile und Bekleidungen, die wichtige Elemente der Schwulenkultur wurden. Schwule und Lesben verstießen bei Barbesuchen gegen örtliche Gesetze, die Homosexuellen untersagten, sich öffentlich zu versammeln. Es gab Gesetze, die ihnen verboten, sich Alkohol servieren zu lassen, Kleidung des anderen Geschlechts zu tragen, einander zu berühren und einander nach Hause einzuladen, um dort sexuell zu verkehren. Aus den Konfrontationen

ten, seines damaligen Geliebten, nennt er nicht, sondern bezeichnet ihn stets mit der Chiffre »X«. Erst nachdem der inzwischen weltberühmte Modeschöpfer Rudi Gernreich 1985 an Lungenkrebs gestorben war, gab Hay diesen Namen preis. In Stuart Timmons' Hay-Biographie von 1990 (*The Trouble with Harry Hay*, Boston 1990, S. 139–171) wird diese intensive Verbindung von Liebe und Befreiungskampf aus der Frühzeit der amerikanischen Schwulenbewegung detailliert dargestellt.

Im Frühjahr 1951 einigte man sich auf einen Namen für die Gruppe, den Hay erfunden hatte und zu dem er in dem Interview mit Katz erzählt: »Eines der Themen, über die ich in dem Kurs ›Historisch-materialistische Entwicklung der Musik‹ in einem Arbeiterbildungsverein von Los Angeles sprach, waren die *Sociétés Joyeux* im Frankreich des Spätmittelalters. Eine davon hieß *Société Mattachine*. Diese Gesellschaften waren geheime Bruderschaften unverheirateter Stadtbürger, die in der Öffentlichkeit, wenn sie bei den Narrenfesten zum Frühlingsanfang rituelle Tänze aufführten, stets maskiert auftraten. Manchmal entstanden aus diesen Maskeraden und Tänzen Bauernproteste gegen die Unterdrückung, und die Maskierten mußten stellvertretend für das Volk die ganze Wucht der Vergeltungsmaßnahmen des jeweiligen Landadligen ertragen. Wir übernahmen also den Namen Mattachine, weil wir Schwule in den fünfziger Jahren uns wie Maskierte empfanden, unbekannt und anonym für Gerechtigkeit und gegenseitige Hilfe kämpfend, um eine totale Veränderung und Besserung zu bewirken.«

Auf die Frage, ob auch Frauen von Anfang an mitmachten, erzählt Hay, daß er seine eigene Mutter dazu brachte, Mitglied des Vorstands zu werden. Die Mutter und die Schwester eines anderen Schwulen beteiligten sich ebenfalls an der Organisation. Die Psychologin Evelyn Hooker, die mit Hilfe der *Mattachine Society* ihre bahnbrechenden Forschungen über die psychische Krankheit und Gesundheit schwuler Männer betrieb, trat ebenfalls schon vor 1953, dem Jahr der ersten großen Krise der *Mattachine Society*, in den Vorstand ein. Nicht zuletzt vom damaligen Klima der antikommunistischen Hexenjagd beeinflußt, für die der Senator Joseph McCarthy zum Symbol werden sollte, kam es zu einer Art Rebellion eines Teils der Mitglieder gegen den politisch links orientierten Vorstand, die mit einem Sieg der Rechten und dem Herausdrängen der Kommunisten und Sozialisten aus der Organisation endete. Auch Harry Hay verließ damals die *Mattachine Society*, deren Selbstverständnis sich grundlegend änderte. Man wollte nicht länger Gerechtigkeit für eine Minderheit und Entfaltungsmöglichkeiten für die entsprechende Minderheitenkultur einfordern. Vielmehr sollte es von nun an darum gehen, die Homosexuellen, die

Schwuler mit der Polizei, die Razzien durchführte oder Bars schlossen, entwickelte sich ein politischer Kampf um die Rechte Homosexueller. José Sarria war Kellner im Black Cat Cafe von San Francisco, wo Schwule, Künstler und Hafenarbeiter verkehrten. Sonntags nachmittags führte José große Opern der Welt in abgeänderten Fassungen auf. Hier konnten Schwule lernen, wie man sich gegen die Polizei verteidigt. Am Ende der Aufführungen stand sein Publikum auf, faßte sich an den Händen und sang God Save Us Nelly Queens. 1961 kandidierte José Sarria als City Supervisor von San Francisco; das Black Cat Café war sein Wahlkampfhauptquartier. Er war der erste offen schwule Kandidat um ein öffentliches Amt in den Vereinigten Staaten und erhielt 5.600 Stimmen. Obwohl dies nicht ausreichte, um gewählt zu werden, hatte Sarria bewiesen, daß Schwule und Lesben einen populären schwulen Kandidaten wählen würden.

Victory! Supreme court upholds homosexual rights
Artikel von Don Slater in ONE von Februar 1958
San Francisco, Gay and Lesbian Historical Society
of Northern California

ONE, Incorporated, 1952 in Los Angeles gegründet, ist die älteste noch bestehende Homosexuellenorganisation in den USA. Ihr Monatsmagazin ONE war die erste größere Veröffentlichung der Homosexuellenbewegung. Von Anfang an waren Inhalt und Abbildungen durch die Obscenity Laws stark eingeschränkt. Publikationen, die sich offen mit dem Thema Homosexualität befaßten, konnten jederzeit verboten werden. 1954 verhinderte der Postminister in Los Angeles die Auslieferung der Oktoberausgabe von ONE auf dem Postweg, da sie angeblich »obszön, unanständig, lasziv und schmutzig« sei. Beanstandet wurden eine Kurzgeschichte, in der sich zwei Lesben küßten, und ein Gedicht, in dem gespottet wurde, daß einige britische Adelige schwul seien. Die Herausgeber gingen gerichtlich gegen die Zensur ihres Magazins vor, und zwar bis zum Supreme Court, der 1958 einstimmig beschloß, daß ONE nicht obszön sei. Die Homosexuellenorganisationen hatten damit zum erstenmal das Recht erstritten, ihre Veröffentlichungen durch die US-Post versenden zu lassen.

sich nur in einem einzigen Punkt, dem Verlangen nach einem Partner des gleichen Geschlechts, von den Heterosexuellen unterschieden, in die Gesellschaft der Heterosexuellen zu integrieren. Dies sollte nicht von den Schwulen, sondern von einsichtigen und aufgeklärten Experten und Wissenschaftlern stellvertretend vollbracht werden.[4] Tatsächlich erholte sich die Mattachine Society von der 1953er Krise nicht mehr. Niedergang und Verfall zogen sich bis zum Ende der sechziger Jahre hin. Immerhin war es der Zweiggruppe in San Francisco noch möglich, zehn Jahre lang (1955–1965) eine eigene Monatszeitschrift herauszugeben, die Mattachine Review. Im Schatten des neuen Radikalismus nach der Stonewall-Rebellion verschwand die Organisation vollständig.

ONE, Incorporated
Ein schwuler Diskussionszirkel in Los Angeles, deren Mitglieder meist in der Mattachine Society organisiert waren, gab im Januar 1953 das erste Heft einer schwulen Monatszeitschrift ONE Magazine heraus. Aus dem Mitarbeiterkreis der Zeitschrift, die schon bald eine Auflage von 5.000 Exemplaren erreichte, entstand eine neue Schwulenorganisation, ONE, Incorporated, die noch heute in Los Angeles existiert und dort eine vom Staat Kalifornien anerkannte Lehr- und Forschungsstätte für »Homophile Studies« unterhält. ONE Magazine wurde 1958 abgelöst von einer wissenschaftlich orientierten

Vierteljahresschrift, ONE Institute Quarterly of Homophile Studies, die bis 1973 erschien und in dem seit 1974 in San Francisco herausgegebenen Journal of Homosexuality einen Nachfolger fand.

Die amerikanische Schwulenbewegung der fünfziger und sechziger Jahre wies viele Ähnlichkeiten mit den gleichzeitigen Bewegungen in Westeuropa, in Holland, Frankreich, der Bundesrepublik, Skandinavien, England und der Schweiz auf. Bei den wechselseitigen Einflüssen gab es, anders als in der Zeit nach 1969, keine eindeutige Dominanz der USA. Die Bilanz des Nehmens und Gebens zwischen den schwulen Welten Nordamerikas und Westeuropas war durchaus ausgeglichen. Die Attraktion, die vor dem Hintergrund des Protestes gegen den amerikanischen Vietnamkrieg von der in

Maschine zur Schockbehandlung

(ECT = Electroconvulsive Therapy)
Hersteller: ECT Unit, Medcraft Electronic Corporation
New York, Bert Hansen

Seit Ende des 19. Jahrhunderts wurden in den USA Männer, die erotische Beziehungen zu anderen Männern suchten, von den Psychiatern als »pathologisch«, »morbid«, »krank« und »degeneriert« bezeichnet. Diese negative Einschätzung der Homosexuellen führte zu einer großen Zahl sogenannter Behandlungen und Kuren, bei denen Kastration, Hypnose, Hormonspritzen, die Freudsche Psychoanalyse und andere Psychotherapien, die »Aversions-Therapie« und Elektro- und chemische Schocks eingesetzt wurden. Maschinen des hier ausgestellten Typs für die Elektroschocktherapie wurden bis Ende der siebziger Jahre gelegentlich zur Behandlung Homosexueller in den USA eingesetzt. Schockbehandlungen sollten das homosexuelle Verlangen dämpfen oder ausschalten. Bis Mitte der sechziger Jahre zögerten homosexuelle Gruppen, gegen die Vorstellung vorzugehen, daß Homosexualität eine Geisteskrankheit sei. Erst im März 1965 rang sich die Mattachine Society *von Washington, D. C. unter der energischen Führung von Frank Kameny zu einer militanteren Haltung durch, indem sie verkündete: »Solange es keine gültigen Beweise des Gegenteils gibt, ist die Homosexualität keine Krankheit, Störung oder Pathologie, sondern lediglich eine Vorliebe, Orientierung oder Neigung, die der Heterosexualität gleichzusetzen ist und sich in keiner Weise von ihr unterscheidet.« Nach dieser politischen Erklärung begannen* Mattachine-*Mitglieder in weiteren Städten gegen die Idee vorzugehen, Homosexualität sei eine Art von Geistesstörung. Im Juni 1969 griffen die* Gay Activists Alliance of New York *und andere Organisationen Psychologen und Psychiater an, die weiterhin die Idee vertraten, Homosexuelle seien geistig krank und bedürften einer Behandlung oder Heilung. Als 1972 die* Association for the Advancement of Behavioral Therapy *(»Gesellschaft zur Förderung der Verhaltenstherapie«) in New York City zusammentrat, gab die* Gay Activists Alliance *ein Flugblatt mit dem Titel »Folter gefällig?« heraus und forderte ihre Mitglieder auf, gegen die Konferenz zu demonstrieren. Nach Jahren*

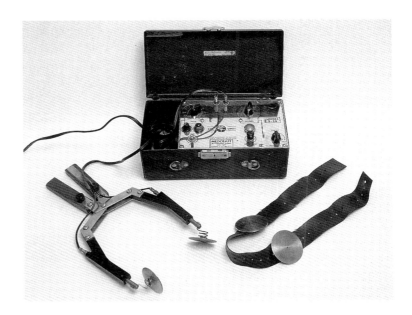

New York geborenen Idee der *Gay Liberation Front* seit den siebziger Jahren auf die europäischen Schwulen ausstrahlte und die Erscheinungsformen der westeuropäischen Schwulenbewegungen prägte, war das epochale neue Phänomen der siebziger Jahre. Der internationale Modellcharakter des alten Berliner *Wissenschaftlich-humanitären Komitees* vor dem Ersten Weltkrieg wiederholte sich jetzt auf einem globalen Niveau mit der *Gay Liberation*. Waren es damals mehr zaghafte, jahrelang verzögerte und meist sehr schnell scheiternde Versuche in ein paar Nachbarländern (Holland, England, Österreich, Frankreich), entstanden nun Schwulenbewegungen nach dem New Yorker Modell in allen westlichen Industrieländern und mehr und mehr auch in der übrigen Welt.

Manfred Herzer

1 Mitteilung von Warren Johansson an den Verfasser.

2 Jonathan Katz, *Gay American History* (New York 1976) S. 388–397.
3 Katz, *Gay American History* S. 407–420.

4 Warren Johansson, *Mattachine Society*, in: *Encyclopedia of Homosexuality* (New York und London 1990) S. 779–782.

der Attacken durch schwule Aktivisten beschloß die Amerikanische Psychiatrische Vereinigung im Dezember 1973, die Homosexualität aus ihrer offiziellen Liste der Geistesstörungen zu streichen.

»Tool-Box«-Bar in San Francisco
In: *Life*-Magazin, 26. Juni 1964
New York, Collection of Jonathan Ned Katz

1964 erschien im Magazin Life *ein Artikel über* Homosexuality in America, *in dem über die erste Leder-Bar in San Francisco, die* Tool Box, *berichtet wurde, die im später als Lederbezirk bekannten Stadtteil South of Market eröffnet hatte. Das Wandgemälde im Hintergrund stammt von Chuck Arnett, der auch auf dem Foto zu sehen ist (dritter von rechts, nach links blickend, mit Lederkappe). Anfang der siebziger Jahre wurde die* Tool Box *im Zuge der Stadterneuerung abgerissen, aber an der Stelle nichts Neues gebaut; die bemalte Wand blieb so noch viele Jahre stehen.*

Allen Ginsberg und andere ›Beat writers‹ in San Francisco

1955. Aus: *snapshot poetics / a photographic memoir of the beat era – Allen Ginsberg*, hg. von Michael Köhler (San Francisco: Chronicle Books 1993)
New York, Collection of Jonathan Ned Katz

Ab Mitte der fünfziger Jahre galt San Francisco als Heimat einer »Beat Generation« von Dichtern, Romanschriftstellern, Malern und rebellierenden Jugendlichen, von denen einige als homosexuell bekannt waren. Unter den homosexuellen Dichtern stand Allen Ginsberg im Brennpunkt des Medieninteresses, nachdem die Polizei von San Francisco seinen Gedichtband Howl and Other Poems *in der Buchhandlung* City Lights *wegen angeblicher Obszönität beschlagnahmt und deren Besitzer, den Dichter Lawrence Ferlinghetti, festgenommen hatte. Im Prozeß, der landesweite Publizität erreichte, wurde der Vorwurf des Verkaufs obszöner Literatur zurückgewiesen. Das Foto zeigt von links nach rechts: Robert Donlon, Neal Cassady, Allen Ginsberg, Robert LaVigne und Lawrence Ferlinghetti vor seiner Buchhandlung.*

Bayard Rustin und James Baldwin

1963. Fotografie
Frankfurt am Main, AP / Wide World Photos

Zu Beginn der sechziger Jahre erregte die Bürgerrechtsbewegung der Afroamerikaner landesweit Aufsehen und gab den Anstoß zu einer militanteren organisierten politischen Bewegung für die Bürgerrechte der Homosexuellen. Die Taktiken des gewaltfreien zivilen Ungehorsams der schwarzen Aktivisten und die später folgende Taktik der dramatischen Konfrontation der schwarzen Revolutionäre regte die homosexuellen Aktivisten zu ähnlichen Strategien an. Das Foto zeigt Bayard Rustin (links), Bürgerrechtsaktivist seit den frühen dreißiger Jahren, und den Schriftsteller James Baldwin auf einer Pressekonferenz in New York City Anfang der sechziger Jahre. Sie protestierten gegen den Mord an schwarzen Kindern, die einem Bombenanschlag auf eine Kirche in Birmingham, Alabama, zum Opfer gefallen waren. Von beiden Bürgerrechtlern war bekannt, daß sie homosexuell waren, obwohl sie erst in den letzten Jahren ihres Lebens öffentlich darüber sprachen.

**Demonstration
vor dem Weißen Haus in Washington**
21. Mai 1965. Fotografie
New York, UPI / Bettman Newsphotos

*Im Mai 1965 vereinbarten Mitglieder der
Mattachine Society, die sich auf einer Konferenz homophiler Organisationen der Ostküste trafen, eine Reihe von Demonstrationen an prominenten Orten in Washington, D. C. Dies wurden die ersten nationalen Demonstrationen für die Rechte der Schwulen. Am 21. Mai 1965 versammelten sich Demonstranten vor dem Weißen Haus mit der Forderung »Staatsbürgerschaft Erster Klasse für Homosexuelle« und dem Aufruf »Sexuelle Neigung irrelevant für Beschäftigung«. 1966 gab es den ersten Protest gegen den Ausschluß von Homosexuellen beim Militär: Am Tag der Streitkräfte veranstalteten 15 Homosexuellenorganisationen in mehreren Städten Demonstrationen. Das dabei verteilte Flugblatt gelangte auch in die Akten des FBI, das die politischen Aktivitäten der Homosexuellen überwachen ließ.*

**Razzia auf dem Drag Ball
in der California Hall in San Francisco**
1. Januar 1965. Fotografie
San Francisco, Gay and Lesbian Historical Society
of Northern California

Am Neujahrstag 1965 veranstaltete der soeben gegründete Council on Religion and the Homosexual, *eine Gruppe, die für die Rechte der Homosexuellen eintrat, einen Kostümball, verbunden mit einer Spendenaktion, in der* California Hall *in San Francisco. Die Polizei versuchte, die Gäste dadurch einzuschüchtern, daß sie sie beim Betreten des Gebäudes fotografierte. Dennoch durchschritten Hunderte herausfordernd die Reihen der Polizei. Frustriert nahm die Polizei einige Gäste aufgrund absurder Beschuldigungen fest. Am nächsten Tag hielten heterosexuelle Geistliche und Rechtsanwälte, die festgenommen worden waren, eine Pressekonferenz ab, um ihrer Empörung über »ungerechtes Verhalten gegenüber Homosexuellen« Aus-*

druck zu verleihen. Nach diesem Vorfall vollzog sich ein Wandel in der öffentlichen Meinung San Franciscos zugunsten der Homosexuellen. Die Schwulenzeitschrift Cruise News veröffentlichte Aufnahmen, auf denen zu sehen war, wie Gäste beim Betreten der Halle von der Polizei fotografiert wurden. Das Foto eines anderen Paares beim Eintritt in die Halle wurde von Ray »Scotty« Morris für den Examiner, eine lokale Tageszeitung, aufgenommen.

Male Nudist Portfolio
Magazin. Ausgabe Nr. 9 von 1967
San Francisco, Gay and Lesbian Historical Society of Northern California

Während die Herausgeber des Magazins ONE das Recht erstritten hatten, Homosexuellenliteratur per Post zu versenden, riskierten es die Herausgeber von Akt-Magazinen, die erotische Fotos von Männern für ein schwules Publikum veröffentlichten, immer noch, für obszön erklärt zu werden. 1967 erhoben Regierungsbehörden Anklage gegen die Herausgeber des Male Nudist Portfolio, Directory Services Incorporated (DSI), wegen Produktion und Versand obszöner Darstellungen und drohten ihnen Haftstrafen von 145 Jahren und Geldstrafen von 145.000 $ an. Die Herausgeber sicherten sich die Unterstützung der Mattachine Society und von Sexualwissenschaftlern, gingen vor einem Bundesgericht gegen die Anklagen vor und gewannen. Das Gericht befand in seinem Urteil von 1967: »Die Rechte von Minderheiten, die individuell in sexuellen Gruppen zum Ausdruck kommen […] sind zu respektieren.« Die erste Ausgabe von Advocate brachte eine Titelgeschichte über diesen bahnbrechenden juristischen Erfolg. In weiteren Gerichtsentscheidungen gegen Ende der sechziger Jahre wurde die Veröffentlichung von Fotos, auf denen Frontalakte und sexuelle Handlungen abgebildet waren, endlich legalisiert. Die Herausgeber des Male Nudist Portfolio gaben ihren Lesern den Sieg bekannt, indem sie Aktfotos im Inneren des Magazins überdruckten: »Dieses Photo wurde von einem Bundesgericht für NICHT obszön erklärt.«

VI. 5
Frankreich –
Der literarische Beitrag

Roger Parry
Jean Genet
Paris 1946. Fotografie
Berlin, Schwules Museum

Ähnlich wie Arthur Rimbaud verweigerte sich Jean Genet (1910–1986) sowohl in seinem literarischen Werk (Wunder der Rose, Querelle, Notre-Dame-des-Fleurs u.a.), als auch in seiner sozialen Existenz den kulturellen und politischen Forderungen der Gesellschaft. Mit seinem Versuch, Liebe und Verbrechen miteinander zu verbinden, Homosexualität und Revolte, hatte er erheblichen Einfluß auf die Entstehung der Schwulenbewegung in Frankreich.

Galifi Crupi
André Gide in Taormina
1950er Jahre. Fotografie
Paris, Christian Bouqueret

Le Fléau social

Für die Homosexuellen waren die fünfziger und sechziger Jahre von einer eigentümlichen Ambivalenz geprägt. Einerseits wurde Homosexualität unter dem Einfluß der kulturellen Amerikanisierung Frankreichs in der Öffentlichkeit neu diskutiert, andererseits bedrohte der *Code pénal* seit dem Vichy-Regime die Homosexuellen weiter mit harten Strafen. Während neben eindeutigen literarischen Texten Roger Peyrefittes auch Jean Genets Arbeiten erscheinen konnten, in denen nicht nur die Homosexualität gefeiert, sondern auch eine in der Öffentlichkeit verwirrende Faszination für den Verbrecher und Kollaborateur beschrieben wurde, ignorierte man das Schicksal homosexueller Zwangsarbeiter in deutschen Konzentrationslagern völlig. Und zur gleichen Zeit, als in den Pariser Varietés Transvestitenshows Erfolge feierten, verschärfte das autoritäre Regime General de Gaulles 1960 die Strafandrohungen für Homosexuelle noch einmal, ohne dabei auf nennenswerten gesellschaftlichen Widerstand zu stoßen.

Mitte der Fünfziger wurde erstmals der Versuch unternommen, die Interessen Homosexueller zu organisieren. André Baudry, ein ehemaliger katholischer Priester, der in Kontakt mit dem Schweizer *Kreis* stand, gründete 1954 die Zeitschrift *Arcadie*, die bis 1984 monatlich und in einer Auflage von etwa 3.000 bis 10.000 Exemplaren erschien. *Arcadie* knüpfte an André Gides *Corydon* und seine Bemühungen an, die Homosexualität kulturell und anthropologisch zu begründen. Dazu reklamierte Baudry, wie 1924/25 schon die Schwulenzeitschriften *Inversions* und *L'Amitié*, den ganzen Katalog homosexueller Wissenschaftler und Künstler, vor allem Schriftsteller wie Oscar Wilde, Arthur Rimbaud und Paul Verlaine, Jean Lorrain, André Gide und sogar Jean Cocteau. Die Leistungen großer »Homophiler« – ein Begriff, den Baudry in Frankreich einführte, um der Eindeutigkeit zu entgehen – sollten den menschlichen Wert auch aller anderer Schwulen belegen. Die manchmal von grotesken Anstrengungen um Integration in das *juste milieu* bemühte Zeitschrift war auch bereit, die von der Fétain-Regierung eingeführten Strafgesetze gegen Homosexuelle zu rechtfertigen. So schrieb Marc Daniel, ein ständiger Mitarbeiter von *Arcadie*, 1955 unter völliger Ignorierung der politischen und historischen Entwicklung, die »Exzesse und Übertrei-

Philippe Halsman
Jean Cocteau und der Tänzer Leo Coleman
1949. Fotografie
Hamburg, Sammlung F. C. Gundlach

Arcadie. Revue littéraire et scientifique
Ausgabe Nr. 110, Februar 1963 (Jg. 10)
Berlin, Schwules Museum

Futur
Paris, Ausgabe Juli 1954 (Jg. 3)
Berlin, Privatbesitz

Goor
**Lithographie zu »Les Amitiés Particulières«
von Roger Peyrefitte**
Aus der Mappe *Suite de Gravures*
Paris 1945. 29 x 19,5 cm (Blatt)
Hamburg, Sammlung Leonhardt

bungen« der *années folles* hätten eine harte Reaktion »der Heterosexuellen« gegen die Schwulen herbeiführen müssen. Es war daher nur konsequent, daß die später auch in Clubs organisierten *Arcadie*-Mitglieder Minderheiten wie Tunten oder sonstwie auffällige Schwule nicht zuließen oder ausschlossen. Noch 1965 polemisierte André Baudry gegen amerikanische Schwule, die Rechte für sich als gesellschaftliche Minderheit forderten.

Baudrys Bereitschaft zur Anpassung, die sich in der auf den Kopf gestellten Parole »Mach dein Schwulsein nicht öffentlich« zusammenfassen ließe, führte so weit, daß *Arcadie* auf jeden Versuch politischer Intervention verzichtete. Selbst als 1960 in einem Zusatzantrag zur Strafrechtsverschärfung der konservative Abgeordnete André Mirguet die Homosexualität als *fléau social*, als »gesellschaftliche Plage« bezeichnete, die neben Prostitution, Tuberkulose und Alkoholismus das französische Volk bedrohe, reagierte die Zeitschrift nur mit Larmoyanz und gab sich schließlich mit einem abwiegelnden Schreiben Mirguets zufrieden, Homosexuelle seien keine Perversen.

Zu den Mitarbeitern von *Arcadie* gehörten gelegentlich Roger Peyrefitte und häufiger, wenngleich unter Pseudonym, der rechtsextreme Schriftsteller Jacques de Ricaumont. Aber auch Autoren, die eher der Linken zuzurechnen waren, stießen zum Kreis der Mitarbeiter, so der Anarchist Daniel Guérin und die lesbische Feministin Françoise d'Eaubonne, deren Roman *Les Tricheurs* (»Die sich selbst betrügen«) in den sechziger Jahren von Marcel Carné mit großem Erfolg verfilmt worden war. Beide, Guérin und d'Eaubonne, sollten nach dem Mai 1968 zu den militanten Homosexuellen gehören, die entscheidende Anstöße für das Entstehen einer politischen Schwulenbewegung in Frankreich gaben.

Die Revolte im Mai 1968 überholte *Arcadie* und machte deutlich, daß sich soziale und politische Interessen nicht durch Anpassung erreichen ließen. Die Annahme des Andersseins, die Verweigerung, sich gegebenen gesellschaftlichen Bedingungen zu unterwerfen, hatte der Außenseiter Jean Genet den Schwulen vorgemacht durch seine Versuche, Liebe und Verbrechen miteinander zu verbinden. Homosexualität und gesellschaftliche Revolte – darin waren schon wesentliche Elemente der Schwulenbewegung enthalten, wie sie dann für wenige Jahre mit der *Front Homosexuel d'Action Révolutionnaire (F. H. A. R.)* in Frankreich entstand. Ihre Forderung, Identität durch eigenes Handeln zu gewinnen und nicht durch Berufung auf Stellvertreter, mündete schließlich in der Streichung der einschlägigen Strafbestimmungen im Jahre 1982 durch die Regierung Mitterrand.

Christian Bouqueret

Herbert List
Edouard Dermit vor Jean Cocteaus Gemälde
»Judith und Holofernes«
1948. Fotografie
Hamburg, Herbert List Nachlaß – Max Scheler

Jean Boullet
Aus dem Illustrationswerk »Antinous«
(Exemplar Nr. 353)
Nizza 1954. Druck,
32 x 24,2 cm
Berlin, Sammlung Volker Janssen

VI. 6
SKANDINAVIEN: GRUNDSTEINLEGUNG UND KONSOLIDIERUNG

»Verlobungsfoto« von Axel und Eigil Axgil
15. Januar 1950
Valby, Axel Axgil

Axel Lundahl Madsen (*1915), der Gründer des dänischen Forbundet af 1948, *und sein Freund Eigil Eskildsen (1922–1995) ›verlobten‹ sich am 15. Januar 1950 und nahmen ab 1956 den gemeinsamen Familiennamen Axgil an. Knapp 40 Jahre später gingen die beiden als »erstes schwules Ehepaar der Welt« in die Geschichte ein. 1950 gründeten sie auch die Firmen* International Modelfoto Service (IMS) *und* Dansk Forretnings Tjeneste (DFT) *und gehörten damit zu den führenden Homoporno-Produzenten Skandinaviens. Als die Pornografie-Affäre 1955 und 1956 die dänische Öffentlichkeit erschütterte, wurden sie zu einem Jahr strenger Isolationshaft verurteilt. In der Urteilsbegründung hieß es unter anderem, sie hätten »Spekulation mit der Sinnlichkeit anderer Leute betrieben«. Axel Lundahl Madsen und Eigil Eskildsen gründeten 1954 die* International Homosexual World Organisation (IHWO), *die nicht als Konkurrenz, sondern als Ergänzung zu bereits bestehenden Vereinigungen verstanden werden wollte.*

Der Grundstein für die skandinavische Schwulen- und Lesbenbewegung wurde am Abend des 23. Juni 1948 im norddänischen Ålborg gelegt. Bestärkt durch Gespräche mit Freunden faßte Axel Lundahl Madsen an diesem Abend den Entschluß, seine lang gehegte Idee einer Gemeinschaft für Homosexuelle in Dänemark in die Tat umzusetzen. Die Sache richtig ins Rollen brachte indes erst ein »Mann aus Rudkøbing«, der eine eigene Zeitschrift herausgeben wollte, um für die Rechte der Homosexuellen zu streiten, und von dem Lundahl Madsen erzählen hörte: Helmer Fogedgaard. Die beiden Dänen können heute mit Recht als die zentralen Pioniere der homosexuellen Emanzipation in Skandinavien bezeichnet werden. Für beide bedeutete ihre erste Begegnung den Beginn einer langjährigen Freundschaft und eines regen gemeinsamen Engagements für die Sache der Schwulen und Lesben.

Während Fogedgaard im Herbst 1948 daran ging, die Herausgabe der Monatsschrift *Vennen* (»Freund«) vorzubereiten, arbeitete Lundahl Madsen an der Satzung für die neue Vereinigung. Sie erhielt den Namen *Kredsen af 1948* (»Kreis von 1948«), nachdem ausländische Freunde auf die schon seit längerem bestehende Gruppe *Der Kreis* in der Schweiz und das holländische *Cultuur en Ontspanningscentrum* (COC) aufmerksam gemacht hatten. Rolf (Karl Meier) und Bob Angelo (Nico Engelschman), mit denen man in der Folge Kontakt aufnahm, standen bei der Gründung der dänischen Vereinigung mit Rat und Tat zur Seite und fungierten als wichtige Geburtshelfer.

Vorrangiges Ziel der neuen Organisation sollte es sein, »durch persönliche Bekanntschaft und Korrespondenz Verbindungen zu knüpfen und einen freien Verband von Menschen zu schaffen, die sich solidarisch mit anderen Mitmenschen der gleichen Einstellung gegenüber homo- und bisexuellen Problemen fühlen, sowie sie bei eventuellen Schwierigkeiten zu unterstützen und ihnen zu helfen.« Dabei legte man allerdings Wert auf äußerste Vorsicht und Diskretion. Um in den *Kredsen af 1948* aufgenommen zu werden, mußte man nicht nur mindestens 21 Jahre alt sein, die Aufnahme mußte auch von einem oder mehreren Mitgliedern empfohlen werden. Eine Broschüre, die über die Organisation und die Vereinszeitschrift informierte, wurde an ungefähr 2.000 Personen verschickt, deren Adressen man über eine Art Schneeballsystem von Freunden und Bekannten erhalten hatte. Bis zum Januar 1949, als die erste Ausgabe von *Vennen* erschien, waren bereits mehrere hundert Personen der Vereinigung beigetreten bzw. hatten ein Abonnement der Zeitschrift gezeichnet.

Obschon von vielen erwartet, führte die Gründung des *Kredsen af 1948* nicht dazu, daß die dänische Presse Zeter und Mordio schrie. Allerdings sah sich der Vorstand der Vereinigung schon bald gezwungen, eine Namensänderung vorzunehmen, um einen Prozeß zu vermeiden. Man wählte den Namen *Forbundet af 1948* (»Verband von 1948«) und konnte so dem Schlimmsten entgehen. In die Schußlinie der Berichterstattung kam jetzt aber Lundahl Madsen, denn die dänische Presse interessierte sich zwar weniger für die Ziele der neuen Organisation, aber dafür um so mehr für die Personen, die in ihr engagiert waren. Als man herausfand, daß das Postfach des Verbandes mit dem von Lundahl Madsen identisch war und dieser in Ålborg u. a. im Jugendausschuß des Stadtrates saß, war der Skandal perfekt. Lundahl Madsen verlor nicht nur umgehend seine politischen Ämter, auch die Wohnung und die Arbeitsstelle wurden ihm gekündigt. Schließlich meldeten sich »Freunde« bei ihm mit der Bitte, ihre Namen und Adressen nicht weiterzugeben.

Das erste offizielle Treffen des *Forbundet af 1948* fand am 17. April 1949 in Kopenhagen statt. 200 Teilnehmer aus ganz Dänemark, aber auch aus dem skandinavischen Ausland hatten sich eingefunden. Es wurden Reden gehalten und Filme vorgeführt, aus der Schweiz und Holland wurden

233

Die verschlungenen Hände
Anstecknadel mit dem Emblem
des dänischen *Forbundet af 1948*
Berlin, Schwules Museum

Das Emblem des dänischen Forbundet af 1948, *unter dem die Verbandsarbeit der ersten Jahre geführt wurde, wurde in der zweiten Ausgabe der Zeitschrift* Vennen *im Februar 1949 zum erstenmal präsentiert. Die verschlungenen Hände unter einem vierblättrigen Kleeblatt schmückten fortan nicht nur das Briefpapier des Verbandes und dessen Verlautbarungen. Das Emblem war auch als Fingerring, Schlipsnadel und Anstecker zu erhalten. In den sechziger Jahren wurde es indes von jüngeren Mitgliedern der skandinavischen Schwulen- und Lesbenbewegung als ›die kleinen kalten Hände‹ verhöhnt und kam allmählich außer Gebrauch.*

Was wir wollen
Erstes Manifest der norwegischen
Schwulen- und Lesbenbewegung
November 1951
Oslo, Leif Pareli

Die achtseitige Broschüre Hva vi vil (»Was wir wollen«) *war das erste Manifest der norwegischen Schwulen- und Lesbenbewegung, als diese noch eine norwegische Sektion im dänischen* Forbundet af 1948 *war. Das zeigt auch das Emblem der verschlungenen Hände. Die Broschüre, die von Rolf Løvaas, Øivind Eckhoff und Arne Heli ausgearbeitet worden war, wurde im November 1951 an alle Ärzte und Zeitungsredaktionen Norwegens verschickt. Sie informierte über den drei Jahre zuvor gegründeten Verband für Homosexuelle in Skandinavien und war in erster Linie ein Plädoyer für Verständnis und Toleranz: »Weil die Natur uns so geschaffen hat, daß wir definitiv ein drittes Menschengeschlecht (›das dritte Geschlecht‹) ausmachen, verlangen wir, unser Leben so zu leben, wie es natürlich für uns ist, so lange wir dadurch anderen nicht direkt schaden«.*

Blumengrüße übermittelt. Das erste eigene Klublokal im Zentrum Kopenhagens eröffnete nur ein halbes Jahr später. Hier wurde bald ein umfassendes Programm mit Vorträgen, klassischer und moderner Musik, Gesang und Unterhaltung auf die Beine gestellt. Anfang 1951 war die Mitgliederzahl des Verbandes bereits auf 1.339 gestiegen. Doch auf die anfänglichen Erfolge des *Forbundet af 1948* folgten turbulente Zeiten, die von internen Streitigkeiten, Konkurrenzkampf und persönlichen Angriffen geprägt waren. Lundahl Madsen verließ den Vorstand der Vereinigung, die er selbst ins Leben gerufen hatte, bereits im Mai 1952 wieder. Zu dieser Zeit wurde den Homosexuellen in Dänemark von seiten des Staates und der Öffentlichkeit ganz erheblich zugesetzt – nicht nur in Form von »Onaniepatrouillen« der Kopenhagener Polizei, die an öffentlichen Toiletten Jagd auf Schwule machte. Die Hetze der dänischen Presse kulminierte in den Jahren 1955/56 in der sogenannten Pornographie-Affäre.

Der erste Vorstand des *Forbundet af 1948* wollte keinen »Bilderdienst« nach schweizerischem Vorbild einrichten, um dem Bedürfnis eines Teils der Verbandsmitglieder nach einschlägigem Bildmaterial entgegenzukommen. Indes waren von Axel Lundahl Madsen und seinem Freund Eigil Eskildsen auf privater Basis bereits 1950 die Firmen *International Modelfoto Service* (IMS) und *Dansk Forretnings Tjeneste* (DFT) gegründet worden. Sie betrieben einen diskreten Verkauf von Nacktbildern männlicher Modelle und von in- und ausländischen Zeitschriften und Büchern zum Thema Homosexualität. Die Büroräume teilte man sich mit der Zeitschrift *Vennen*. Am 29. März 1955 erwirkte Jens Jersild, Polizeiinspektor von Kopenhagen und berüchtigt für seine antihomosexuelle Umtriebigkeit, einen Durchsuchungsbefehl für IMS und DFT. Das war der Auftakt zu einer erbarmungslosen Verfolgung von Homosexuellen, wie man sie in Dänemark noch nicht gesehen hatte. In einschlägigen Kreisen herrschte Panik, verfügte der eifrige Jens Jersild doch über eine Namendatei, die er im Zuge zahlreicher Verfahren gegen Kopenhagener Strichjungen zusammengetragen hatte. Diesen Strichjungen war versprochen worden, die Anklage gegen sie zurückzuziehen, wenn sie die Namen und Adressen ihrer Kunden mitteilten. Zudem kam jetzt auch die Versanddatei von *Vennen* in die Hände der Polizei. Im folgenden wurden über 1.000 dänische Homosexuelle zu Haftstrafen von mindestens sechs Monaten verurteilt.

Die Pornographie-Affäre schadete der Sache der Homosexuellen in Dänemark über Jahre. Ein Ergebnis der im Kielwasser der Affäre mit Empörung geführten öffentlichen Debatte war die Annahme des sogenannten »häßlichen Gesetzes«, das die Altersgrenze für gleichgeschlechtlichen Sex auf 21 Jahre hochsetzte. Seit 1930 hatte man in Dänemark eine Schutzaltersgrenze von 18 Jahren für homosexuelle Kontakte, während für heterosexuellen Verkehr die Altersgrenze von 15 Jahren galt. Dennoch beschloß das Kopenhagener Parlament am 19. Mai 1961 mit großer Mehrheit einen Zusatz zum § 225 des dänischen Strafgesetzbuchs, nach welchem Sex mit Personen des gleichen Geschlechts unter 21 Jahren fortan mit einer Haftstrafe bis zu einem Jahr bestraft werden konnte. Erst ein mühseliger Einsatz von seiten des *Forbundet af 1948* gegenüber der Öffentlichkeit und den Politikern des Landes führte dazu, daß das »Häßliche Gesetz« am 31. Mai 1965 wieder abgeschafft wurde. Der erste Sieg der dänischen Schwulen- und Lesbenbewegung war errungen. Bis zur Durchsetzung einer einheitlichen Schutzaltersgrenze für homo- wie heterosexuelle Kontakte war es allerdings noch ein weiter Weg.

Sind die Homosexuellen Rechtlose oder Verbrecher?
Plakat von 1933
Stockholm, Riksarkivet

Vermutlich einen der ersten öffentlichen Vorträge zum Thema Homosexualität in Schweden hielt Eric Thorsell (1898–1980) am 10. Februar 1933 unter dem Titel »Sind die Homosexuellen Rechtlose oder Verbrecher?«. Ein Jahr zuvor war Thorsell eigens für einige Monate nach Berlin gefahren, um sich an Magnus Hirschfelds Institut für Sexualwissenschaft umfassend über Homosexualität zu informieren. Auf diesen Umstand wies auch das Plakat zu seinem Stockholmer Vortrag hin. Bis in die siebziger Jahre tat Thorsell sich immer wieder als eifriger Redner und Vortragsreisender in Sachen Homosexualität hervor, auch wenn er sich dabei nie zu seinem Schwulsein bekannte. 1951 und 1952 hielt er als schwedischer Abgesandter auch Vorträge auf den Kongressen der ICSE in Amsterdam und Frankfurt am Main. In seinen Memoiren hielt er noch 1980 fest, Magnus Hirschfeld sei stets sein großes Vorbild gewesen.

Der *Forbundet of 1948* verfügte bereits 1950 über eine norwegische und eine schwedische Abteilung, die sich zwei Jahre später von der dänischen Mutterorganisation lösten und den Namen *Det Norske Forbundet av 1948* (DNF-48) (»Der norwegische Verband von 1948«) bzw. *Riksförbundet för Sexuellt Likaberättigande* (RFSL) (»Nationaler Verband für sexuelle Gleichberechtigung«) annahmen. Erst ab 1952 kann man deshalb von drei nationalen Schwulen- und Lesbenverbänden in Skandinavien sprechen, auch wenn die Organisationen in Norwegen und Schweden bis Ende der sechziger Jahre kaum die Bedeutung erlangen konnten, die dem dänischen *Forbundet af 1948* zukam.

Der norwegische Verband führte in den ersten Jahren seines Bestehens eine eher stille Existenz. Von jüngeren Mitgliedern ist er später als exklusiver und schwer zugänglicher Gesellschaftsklub beschrieben worden, der einmal im Monat ein Treffen arrangierte. Noch 1959 hatte er nicht mehr als 160 Mitglieder. Erst Mitte der sechziger Jahre vollzog sich ein Wandel zu mehr Offenheit, und die Mitgliederzahlen stiegen. Die Zeitenwende wird dabei traditionell an einer Person festgemacht: Karen-Christine Friele, der späteren langjährigen Generalsekretärin des DNF-48, die 1965 die Anonymität brach, als sie zur Redakteurin der Verbandszeitschrift *OSS* gewählt wurde und sich als erste in Norwegen öffentlich zu ihrem Lesbischsein bekannte. Allerdings war man auch vor Friele nicht ganz tatenlos gewesen. Die Broschüre *Hva vi vil* (»Was wir wollen«), mit der man erstmals auf die Ziele der norwegischen Abteilung im *Forbundet af 1948* aufmerksam machte, war bereits im Herbst 1951 an sämtliche Zeitungsredaktionen und Ärzte in Norwegen verschickt worden.

Die zentrale Aufgabe des DNF-48 in den fünfziger und sechziger Jahren bestand im Kampf gegen den § 213 des norwegischen Strafgesetzbuchs, welcher männliche Homosexualität unter Strafe stellte. Der Paragraph, der noch aus dem Jahre 1902 stammte, hatte ein Strafmaß von einem Jahr Haft und wurde erst 1972 abgeschafft. Mitte der fünfziger Jahre wurde indes diskutiert, ihn dahingehend zu ändern, eine Schutzaltersgrenze für »unzüchtige Handlungen« zwischen Personen des gleichen Geschlechts von 18 bzw. 21 Jahren einzuführen, gleichzeitig aber das Strafmaß auf zwei Jahre anzuheben. Zusätzlich versuchte man, einen Paragraphen durchzusetzen, nach dem die Vereinstätigkeit Homosexueller verboten werden konnte. Glücklicherweise konnten beide Gesetzentwürfe verhindert werden.

Schweden wurde Anfang der fünfziger Jahre von einer Reihe von »Homosex-Skandalen« erschüttert, in die neben einigen hochrangigen Politikern selbst König Gustaf V. verwickelt war. Angst vor einer »homosexuellen Verschwörung« machte die Runde. Seit der Entkriminalisierung einvernehmlicher homosexueller Kontakte in Schweden 1944 waren erst wenige Jahre vergangen, die Vorurteile den Homosexuellen gegenüber saßen noch immer tief. In dieser Situation war Allan Hellman aus dem westschwedischen Lysekil der erste und lange Zeit der einzige im Lande, der sich öffentlich zu seinem Schwulsein bekannte. »Mutigster Mann Schwedens« ist er deshalb genannt worden. Selbst Eric Thorsell, der seit Mitte der dreißiger Jahre eifrig das Land bereiste und zahllose Vorträge zum Thema Homosexualität hielt, räumte nie

Toni Simon

Kornwestheim (undatiert). Fotocollage
Berlin, Schwules Museum

Der wohl prominenteste Schmuggler schwuler Pornos aus Dänemark nach Deutschland war Toni (Anton) Simon (1887–1979). Er war Kunde der von Axel und Eigil Axgil gegründeten und betriebenen Firma DFT. Als die Axgils Toni Simon 1969/70 persönlich kennenlernten, war er bereits über achtzig Jahre alt und sicherte sich durch den Handel mit schwulen Magazinen einen Nebenverdienst zu seiner Rente. Nach dem zweiten Weltkrieg hatte er von den deutschen Behörden die Erlaubnis bekommen, sich öffentlich in Frauenkleidern zu bewegen. Auch der Name in seinem Paß war geändert worden. So konnte er als ehrwürdige alte Dame zu Besuch zu den dänischen Freunden reisen, wo er seine Koffer im DFT-Lager bis zum Rand mit Magazinen füllte, um sie an seine deutschen Kunden weiterzuverkaufen. »Oft waren die Koffer schwer wie Blei, wenn wir Frau Simon zum Zug nach Ringsted fuhren und ihr auf ihren Platz halfen«, erzählten Axel und Eigil Axgil. »An der Grenze bat sie dann die deutschen Zollbeamten, ihr behilflich zu sein, die schweren Koffer hinüber in den deutschen Zug zu tragen. Keiner der deutschen Zöllner schöpfte Verdacht gegen den Inhalt der Koffer. So etwas hätte von der netten alten Dame doch niemand erwartet.«

ein, daß er dies in eigener Sache tat. Überhaupt hatten Schwule und Lesben zu jener Zeit in Schweden nur wenige, auf die sie zählen konnten. Es waren gerade Radikale und Antifaschisten, die am ärgsten gegen sie hetzten. »Wo die Diktatur der Homosexuellen sozial und politisch hinführen kann, haben die Männer um Hitler zur Genüge offenbart«, war eine gängige Meinung. Daß eine sexuelle Interessenvertretung wie der RFSL gebildet worden war, wurde als »nicht glücklich für die Nation« angesehen. Und daß die Zahl der Mitglieder im RFSL anfangs unbekannt war und die Mitglieder selbst die Anonymität vorzogen, machte die Sache nicht besser.

UNI

Mitgliederzeitschrift der IHWO in den Jahren 1968/69
Berlin, Schwules Museum

In den Jahren 1968 und 1969 erschien die Mitgliederzeitschrift UNI *der IHWO mit insgesamt 12 Ausgaben. Chefredakteur der »Internationalen Zeitschrift für Freundschaft, Information und Toleranz« – so der deutsche Untertitel – war von der ersten bis zur letzten Nummer der Schwede Michael Holm. »UNI ist im Wesen die erste wirklich internationale Zeitschrift für Homophile«, hieß es im Geleitwort zur ersten Ausgabe, schließlich bot sie Artikel in sieben Sprachen an: in Dänisch, Deutsch, Englisch, Französisch, Italienisch, Niederländisch und Schwedisch. Unter dem Pseudonym* Spectator *lieferte ein deutscher Journalist aus Köln, dessen Anonymität bis heute gewahrt ist, für* UNI *regelmäßig »Berichte aus Deutschland«.*

Gut zehn Jahre später, als im Umfeld der Bücher von Lars Ullerstam und Henning Pallesen in Schweden eine lebhafte Debatte zu den Themen Sexualität und Pornographie geführt wurde, waren die Argumente aus den frühen fünfziger Jahren nicht mehr zu hören. Homosexualität nahm in der öffentlichen Diskussion einen zentralen Stellenwert ein. Der RFSL befand sich aber immer noch in seiner Aufbauphase. Nach außen trat er kaum in Erscheinung, wie sich auch in den sechziger Jahren neben Allan Hellman kaum jemand in Schweden öffentlich zu seiner Homosexualität bekannte.

Hatte die Organisation *International Commite for Sexual Equality* (ICSE) (»Internationales Komitee für sexuelle Gleichberechtigung«), schon Anfang der fünfziger Jahre in mehreren Ländern Europas von sich reden machen können, blieb es um die *International Homosexual World Organisation* (IHWO) (»Internationale homosexuelle Weltorganisation«) zunächst lange still. Die Organisation, die 1954 von Axel Lundahl Madsen und Eigil Eskildsen in Dänemark gegründet worden war und im wesentlichen auf Korrespondenzbasis arbeitete, erlebte ihre Blütezeit erst von 1968 bis 1972, als sie von dem schwedischen Redakteur Michael Holm und seinem Freund Guert Staal geleitet wurde. In den Jahren 1968 und 1969 erschien auch die Mitgliederzeitschrift *UNI*, die in sieben Sprachen über die Tätigkeit der Vereinigung informierte, internationale Neuigkeiten brachte und in einer gesonderten Beilage Bekanntschaftsannoncen abdruckte.

Die IHWO gab Schwulen und Lesben jedoch nicht nur die Möglichkeit, in Kontakt miteinander zu treten. Die Vereinigung machte mehrfach Eingaben auch an staatliche Stellen im Ausland, so in Finnland, Österreich und der Bundesrepublik. Am 4. April 1968 richtete sie ein Schreiben mit kritischen Fragen zum § 175 StGB an den deutschen Justizminister. Zwei Jahre später sandte man einen Brief an den damaligen Bundeskanzler Willy Brandt, in dem man gegen die Praxis des deutschen Zolls protestierte, einschlägige Postsendungen aus Dänemark zu beschlagnahmen. Seit der Freigabe pornographischer Schriften und Bilder in Dänemark 1967 und 1969 waren wie in vielen anderen Ländern auch in der Bundesrepublik die Zensurbestimmungen für Post aus Dänemark verschärft worden. Es war jedoch nicht nur eindeutig pornographisches Material, das von den deutschen Behörden zurückgehalten wurde, sondern auch so ›brave‹ Schriften zur Homosexualität wie die Mitgliederzeitschrift *UNI*, die nur wenige Bilder enthielt. Das Schreiben der IHWO an Willy Brandt war von Erfolg gekrönt: Das deutsche Finanzministerium versicherte der IHWO in einem Brief vom 26. Februar 1970, »daß Schriften der von Ihnen versandten Art von sofort an von den Post- und Zollstellen nicht mehr angehalten werden, wenn sie [...] nur für den persönlichen Gebrauch des Empfängers bestimmt sind«.

War 1948 die erste Schwulen- und Lesbenorganisation Skandinaviens gegründet worden, bedeuteten die fünfziger und sechziger Jahre für die nationalen Organisationen in Dänemark, Norwegen und Schweden die schwierige Zeit der Konsolidierung. Dänemark hatte in bezug auf seine skandinavischen Nachbarn dabei in mehrfacher Hinsicht eine Vorreiterrolle inne. Niederlagen mußte man allerdings auch hier einstecken, und der Widerstand von seiten der Gesellschaft war groß. Doch die Ausdauer zahlte sich aus: Die sechziger Jahre endeten mit einem Durchbruch des dänischen *Forbundet af 1948*, der inzwischen den Zusatz *Landsforeningen for homofile* (»Nationale Vereinigung für Homophile«) im Namen trug. Bereits 1949 hatte man versucht, in das zentrale Vereinsregister Dänemarks eingetragen zu werden – dieses Ziel erreichte man endlich im Herbst 1969.

Raimund Wolfert

VI. 7
Der Kreis –
Entwicklungshilfe aus der Schweiz

Programmheft zum »Kreis«-Sommerfest am 1. Juli 1945 in Zürich
[mit Programmpunkt »Wir gedenken der Gefallenen«]
Zürich, Schweizerisches Sozialarchiv

Zu den regelmäßigen Veranstaltungen des Kreises gehörten ab 1945 die Frühlings-, Sommer- und Herbstfeste. Im Gegensatz zu den wöchentlichen Klubabenden, auf denen die Mitglieder neben Vorträgen auch ein Kulturprogramm organisierten, waren diese für ein größeres Publikum bestimmt, fanden in speziell angemieteten Räumen statt und erstreckten sich über das ganze Wochenende. Nach Ansprachen in Deutsch, Französisch und Englisch folgte ein buntes Unterhaltungsprogramm mit Kabarett- und Travestienummern. Zum Ausklang der Veranstaltungen hatten die Mitglieder die Möglichkeit, gemeinsam zu tanzen. Die Veranstaltungen, zu denen es auch Büchertische mit sonst nur schwer zugänglicher einschlägiger Literatur gab, dienten nicht nur zur Finanzierung der Zeitschrift; vor allem sollten sie das Selbstbewußtsein der Mitglieder stärken und Möglichkeiten zum Kennenlernen bieten. Die Programme enthielten auch immer den Hinweis, sich in der Öffentlichkeit möglichst diskret zu verhalten. Im Programmheft zum Herbstfest 1955 heißt es: »In den umliegenden Ländern herrscht immer noch eine große Gegenströmung. Verhaftungen sind an der Tagesordnung. Wahren Sie daher vor dem Betreten und nach Verlassen der Säle bitte überall die gebotene Reserve nach außen hin, damit wir wenigstens bei uns das mühsam Erworbene bewahren können.«

Nachdem die Nationalsozialisten die deutsche Homosexuellenbewegung zerschlagen und nach der Besetzung Hollands auch die dort bestehende Organisation verboten hatten, konnte allein die Schweizer »Homoerotenbewegung« die Emanzipationsbestrebungen der zwanziger Jahre fortsetzen. Mit dem Züricher Lesezirkel *Der Kreis* bestand eine Vereinigung, die 1945 bereits auf eine dreizehnjährige kontinuierliche Tradition zurückblicken konnte. *Der Kreis* war lange Jahre Vorbild für die sich in vielen Ländern nach 1945 neu formierende Homosexuellenbewegung. Die Zeitschrift *Der Kreis* erschien seit 1943 mit einem französischsprachigen und ab 1954 auch mit einem englischsprachigen Teil; entsprechend wurde der Name ›internationalisiert‹: *Der Kreis – Le Cercle – The Circle*. Neben Kurzgeschichten,

Gedichten und Rezensionen berichtete *Der Kreis* vor allem über die Aktivitäten von Homosexuellengruppen aus der ganzen Welt. Damit bot die Zeitschrift nicht nur ein einzigartiges Forum für den aktuellen Stand der Diskussion zum Thema Homosexualität, sondern trug entscheidend zum internationalen Austausch der Homosexuellenbewegung bei. Betrug die Auflage des *Kreises* 1942 noch 200 Exemplare, stieg sie 1952 auf 1.400 und erreichte 1959 ihren Höchststand mit nahezu 2.000 Exemplaren, von denen 700 Hefte ins Ausland verschickt wurden.

Verantwortlich für diese Entwicklung war die zentrale Figur der Schweizer Homoerotenbewegung, Karl Meier (1897–1974). Nach der bereits 1942 in der Schweiz erfolgten Entkriminalisierung sexueller Handlungen zwischen erwachsenen Männern, versuchte er die gesellschaftliche Akzeptanz der Homosexuellen zu erreichen. Die immer wieder aufflammenden Kampagnen gegen Homosexuelle wollte Meier, wie schon 1944 in den Statuten formuliert, durch den Schritt in die Unauffälligkeit erreichen. »Da wir auch unter dem neuen Gesetz sicher auf Jahrzehnte hinaus als Außenseiter der Gesellschaft gelten, ist es entscheidend, in seiner Art unerkannt zu bleiben.«[1]

Als Herausgeber der Zeitschrift und Präsident der Abonnentenvereinigung trat er nur unter seinem Pseudonym Rolf auf. In dieser Funktion prägte

**»Kreis«-Maskenball 1958
im Theater am Neumarkt**

Fotografien (aus dem Album *Maskenball* 1958)
Zürich, Schweizerisches Sozialarchiv

Jahreshöhepunkte für die Kreis-Mitglieder waren in den fünfziger Jahren die Maskenbälle an Fastnacht. Für sie wurden sämtliche Räumlichkeiten des Züricher Theaters am Neumarkt angemietet. Die aufwendige Dekoration, der Barbetrieb und mehrere Tanzkapellen verliehen ihnen den Charakter großer Ballereignisse. Bis zu 600 Gäste aus dem In- und Ausland, unter ihnen zahlreiche homosexuelle Prominente wie der Schauspieler O. E. Hasse, erschienen. Fotos der kostümierten Ballbesucher konnten beim Hausfotografen Jim bestellt werden. Die Bälle trugen wesentlich dazu bei, daß Zürich unter Homosexuellen den Ruf einer toleranten und weltoffenen Stadt genoß und die Stadt zum »Auslaufgebiet für alle Schwulen aus ganz Deutschland« wurde, wie es ein ehemaliges Mitglied umschreibt.

Rolf mit »Kreis«-Anstecker im Revers
Zürich um 1955. Fotografie
Frauenfeld, Staatsarchiv des Kantons Thurgau

Karl Meier war der breiten Öffentlichkeit als Mitarbeiter des Kabaretts Cornichon *und als Schauspieler und Hörfunksprecher bekannt. Unter seinem Pseudonym Rolf war er der Herausgeber einer der erfolgreichsten Homosexuellenzeitschriften der Welt. Die Trennung zwischen heterosexuellem und homosexuellem Publikum behielt Karl Meier zeitlebens bei. Sein Engagement für Homosexuelle beschränkte sich nicht auf die Leitung des Kreises. Vielmehr verstand er sich, aufgrund der historischen Situation in der Schweiz, als Mittler zwischen den Emanzipationsbestrebungen der zwanziger Jahre und dem Aufbruch der Homosexuellen nach dem Zweiten Weltkrieg. Ganz in dieser Tradition steht auch die von ihm herausgegebene Festschrift* Wie es begann, er entscheidend sowohl das Erscheinungsbild der Zeitschrift als auch die Struktur der Vereinigung. Im Gegensatz zu den Vorgänger-Zeitschriften *Freundschafts-Banner, Schweizerisches Freundschafts-Banner* und *Menschenrecht* richtete sich *Der Kreis* nur noch an Männer und war nur über den Versand zu beziehen. Neben Rolf, der den deutschen Teil der Zeitschrift leitete, gehörten zum Redaktionskollegium Charles Welti (Pseudonym), verantwortlich für den französischen Teil, und der aus Jena stammende Rudolf Burkhardt (Jung), der nach dem Krieg über England nach Zürich eingewandert war und ab 1954 den englischen Teil redigierte. Um den Bedürfnissen der steigenden Abonnentenzahl aus dem Ausland nach aktueller Berichterstattung gerecht zu werden, wuchs der Umfang der Zeitschrift ab 1943 kontinuierlich von 20 auf 60 Seiten. Möglich war dies nur unter Einbeziehung von zahlreichen Gastautoren wie dem Öster-

reicher Erich Lifka oder dem Deutschen Johannes Werres, die unter ihren Pseudonymen Dr. Erich Klostermann und Jack Argo schrieben. Daneben griff Rolf auf seine umfangreiche Sammlung von Homosexuellenzeitschriften aus den zwanziger Jahren zurück. Er druckte Kurzgeschichten und Gedichte aus der in Berlin erschienenen *Insel* nach und verwendete Reproduktionen von Aktaufnahmen für die Zeitschrift und ihren angegliederten Bilderdienst. Jeder Abonnent bekam für die Dauer von einem halben Jahr eine numerierte Ausweiskarte. Sie galt gleichzeitig als Eintrittskarte für die wöchentlich in Zürich stattfindenden Clubabende, die bis Ende der vierziger Jahre jeden Mittwoch in angemieteten Räumen des Lokals *Schlauch* und in den fünfziger Jahren in einem Saal des *Theaters am Neumarkt* stattfanden.

die 1952 zum zwanzigjährigen Bestehen des Kreises erschien. Als sich Ende der fünfziger Jahre in der Bundesrepublik infolge der Indizierungen der Homosexuellenzeitschriften auch die Homosexuellengruppen auflösten, versuchte er, wenn auch vergeblich, Kreise nach Schweizer Vorbild zu initiieren. 1967 war der Schritt in die Unauffälligkeit überholt, Der Kreis wurde eingestellt.

Game of Fools
Szenenfoto der Aufführung auf dem *Kreis*-Herbstfest
am 1. Oktober 1955
Zürich, Sammlung Ostertag / Rapp

Zu den Hauptattraktionen der Kreis-Veranstaltungen zählten die Inszenierungen von Bühnenstücken, Balladen und Sketchen, in denen Szenen homosexuellen Lebens in ernster oder humorvoller Weise verarbeitet wurden. Als Vorlage dienten Werke homosexueller Autoren wie Otto Zareks dramatische Dichtung David, eigene Texte von Rolf wie seine bereits 1927 geschriebene Tiergarten-Ballade, sowie Neubearbeitungen aus seiner Feder wie Männer unter sich … oder Die Halbstarken. James Barrs Game of Fools (»Die Entscheidung«) wurde zum Herbstfest am 1. Oktober 1955 aufgeführt. Die deutsche Übersetzung hatte Rudolf Jung besorgt, Rolf hatte die Regie übernommen. Unter den Schauspielern befand sich neben den Züricher Kreis-Mitgliedern Robert Rapp und Ernst Ostertag auch Johannes Werres, der als eine zentrale Figur der deutschen Homophilenbewegung in engem Kontakt zum Kreis stand. Mit diesem Boulevardtheater von und für Homosexuelle schuf Der Kreis bereits in den fünfziger Jahren Vorläufer für die in den siebziger Jahren entstandenen schwulen Theatergruppen wie Brühwarm und Die Maintöchter.

Der Kreis – Le Cercle – The Circle
Jubiläumsausgabe Nr. 9 von 1957 (Jg. 25)
Berlin, Privatbesitz

Die Februarhefte enthielten stets einen Fastnachtsteil, während die Novemberhefte unter der Rubrik »Wir gedenken unserer Toten« an berühmte Homosexuelle erinnerten. Die Titelblätter der Kreis-Hefte verzichteten auf jeglichen Blickfang und auf das Wort ›homose-

Alle Abonnenten blieben anonym und wurden angehalten, bei den Treffen nur ihre Vornamen zu nennen oder sich Clubnamen zuzulegen. Nur Rolf verfügte über die dechiffrierte Adressenkartei. Der Zeitschrift angeschlossen waren ein Bilderdienst, zeitweise ein Buchversand und die Bibliothek, die sich wie das Büro der Zeitschrift im Dachgeschoß des Züricher Mehrfamilienhauses befand, in dem Rolf mit seinem Lebenspartner Alfred Brauchli wohnte.

Um über die Situation der Abonnenten aus dem Ausland informiert zu sein, nahm Rolf persönlich Kontakt zu den Gründern anderer Homosexuellengruppen auf. Er besuchte Nico Engelschman in Amsterdam, Hans Giese in Frankfurt am Main, Erwin Haarmann in Hamburg und Axel und Eigil Axgil in Kopenhagen. Die amerikanische Homosexuellengruppe *ONE* aus Los Angeles widmete ihm 1957 sogar die Herbstnummer ihrer gleich-

xuell«. Den grauen Umschlag aus Halbkarton zierte lediglich das Signet der Vereinigung, die sich zum Kreis schließende Flamme. Ausnahmen bildeten die aufwendig gestalteten Weihnachtsnummern, die mit Zeichnungen des Schweizers Rico oder des Franzosen Jean Boullet geschmückt waren, sowie die Jubiläumsnummer, die im September 1957 zum fünfundzwanzigjährigen Bestehen der Zeitschrift erschien. Trotz der Zurückhaltung in Gestaltung und Inhalt kam es im Ausland zu Indizierungen der Zeitschrift. Mit der Begründung, der Kreis diene der Propagierung der Homosexualität, wurden 1955 in Dresden mehrere Hefte des Abonnenten Rudolf Klimmer eingezogen. In der Bundesrepublik beschlagnahmte der Zoll nach der Indizierung des Julihefts 1958 die weiteren Lieferungen. Daraufhin organisierte Rolf selbst die Auslieferung über den Inhaber der *Bücherstube am See* in Konstanz, Fritz Scheffelt.

Das Basler Klublokal »Isola«
Um 1958. Farbfotografie
Zürich, Schweizerisches Sozialarchiv

Nach dem Vorbild der Züricher Klubabende sollten auch in anderen Städten der Schweiz Treffpunkte für die Kreis-Abonnenten eingerichtet werden. In Bern, wo sich für kurze Zeit der Ursus-Club *halten konnte, scheiterte der Versuch. Der* Isola-Club *eröffnete am 23. März 1957 in Basel als erstes geschlossenes Lokal nur für Homosexuelle. Hatten bis 1964 ausschließlich Abonnenten des* Kreises *Zutritt, öffnete sich der* Isola-Club *ab 1967 auch für Nichtmitglieder. Von außen nur durch ein schlichtes Schild mit der Aufschrift »Musik- und Lesezirkel« gekennzeichnet, boten die Klubräume im Kellergeschoß des Hauses Am Gerbergässlein mit ihren roten Plüschmöbeln die gediegene Atmosphäre eines englischen Herrenclubs.*

namigen Zeitschrift. Weitere Möglichkeiten des Austausches und des Kennenlernens boten die seit Kriegsende regelmäßig stattfindenden Frühlings-, Sommer- und Herbstfeste sowie die Faschingsbälle des *Kreises*, zu denen Mitglieder aus vielen Ländern erschienen. Um sich vor Polizeikontrollen zu schützen, fanden die Feste unter strengster Einhaltung des Jugendschutzes statt. Zutritt hatten nur Abonnenten über zwanzig Jahre mit gültiger Ausweiskarte, die für ihre Begleiter bürgen mußten. Trotz dieser Vorsichtsmaßnahmen richteten sich Kampagnen gegen Homosexuelle auch immer gegen die Aktivitäten des *Kreises*. Nachdem Ende der fünfziger Jahre die Zeitschrift *Tat* anprangerte, daß mit dem *Theater am Neumarkt* der Homosexuellenorganisation eine städtische Liegenschaft zur Verfügung gestellt werde, mußten die Festveranstaltungen eingestellt werden. Damit verlor der *Kreis* auch eine seiner Haupteinnahmequellen. War man bisher auf die Gunst toleranter Vermieter angewiesen, so konnte 1966 ein Raum in der Hausdruckerei bezogen werden. Der neueröffnete *Conti-Club* bot dem *Kreis* erstmals Räume, über die er selbst bestimmen konnte. Trotz dieser Unabhängigkeit wurde im Mitteilungsblatt für Abonnenten noch 1967 gemahnt: »Unsere Zeitschrift gehört nur in die Hände unserer Kameraden. Achtloses Weitergeben an Neugierige oder Außenstehende gefährdet unsere Sache, denn wir sind leider noch immer weit von einer Anerkennung durch die Gesellschaft entfernt.«[2]

Diese Strategie der Abschottung entsprach nicht der Öffnung der Homosexuellenszene, die ab Mitte der sechziger Jahre mit fortschreitender Liberalisierung in den benachbarten Ländern vor sich ging. Die Zeitschrift, die in ihrer Bild- und Wortberichterstattung weiterhin auf ihre Maxime des Seriösen setzte, verlor immer mehr Leser an die freizügiger gestalteten mehrsprachigen Hefte aus Skandinavien. Eine Mitgliederversammlung beschloß Ende 1967 wegen unlösbarer finanzieller Probleme die Einstellung des *Kreises*. Mit der Dezemberausgabe 1967 endete nach 35 Jahren eine der langlebigsten Homosexuellenzeitschriften der Welt. Als Nachfolgeorganisation gründete sich am 10. Dezember 1967 der *Club 68* mit seiner gleichnamigen Zeitschrift, in der vor allem jüngere *Kreis*-Abonnenten mitarbeiteten. Rolf, der sich um sein Lebenswerk betrogen fühlte, zog sich immer mehr zurück und starb 1974.

Karl-Heinz Steinle

1 *Der Kreis* – Statuten (August 1944), unveröffentlicht, S. 2

2 Informationsblatt für Abonnenten (1967), unveröffentlicht

Ricco-Erich Wassmer
Jean du phare
1956. Öl auf Leinwand, 117 x 81 cm
Herrenschwanden, Privatbesitz

Dem Schweizer Großbürgertum entstammend, konnte der Maler Enrico Wassmer (1915–1972) nur schwer seine Homosexualität leben und mit den Vorstellungen seiner Familie in Einklang bringen. So legte er sich den Künstlernamen Ricco zu, und schon früh zog es ihn aus der Enge der Schweiz in die Ferne. Er studierte in Paris, reiste durch Europa und unternahm von 1949 bis 1952 eine Weltreise. Auch in seiner Kunst sind Melancholie und Fernweh allgegenwärtig. Immer wieder werden Jünglinge und Knaben in eher surrealen Traumwelten gezeigt. Als Sinnbild von Ungebundenheit und Abenteuer tauchen auf vielen Bildern Matrosen auf.

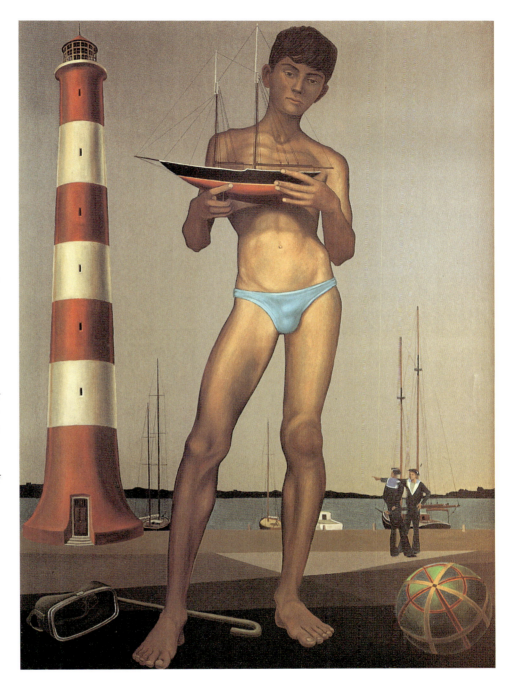

LON (Alonzo James Hanagan)
Couple (Taylor Flaniken und Dan Shull)
Um 1940. Fotografie
New York, Carl Morse

Geboren 1911, wurde Alonzo James Hanagan unter seinem Kürzel LON of New York schon zu Beginn der vierziger Jahre einer der beachtetsten Physique-Fotografen. Seine Bilder erschienen zwischen 1941 und 1945 auf den Titelseiten von Strength and Health, Your Physique *und der britischen Zeitschrift* Superman. *Daneben entwickelte auch LON wie andere seiner Kollegen einen schwunghaften Fotohandel. Nach Katalogen, zumeist Kontaktbögen mit Abbildungen unterschiedlichster Modelle, konnten die Kunden bestellen. Bei diesen Bildern war immer das Geschlechtsteil kaschiert. Sein erster gedruckter Katalog bildete 1944 fünfzig Modelle ab und wandte sich an Künstler, Studenten und Sammler. Unter Sammler verstand man vorrangig Homosexuelle, deren erotischen Sehnsüchten die Aktaufnahmen der Kraftsportler entgegenkamen. Als Aufmacher war auf der Titelseite des Katalogs das Foto eines Männerpaares abgebildet. Aus Zensurgründen wurde ein Teil der zu verkaufenden Bilder mit Feigenblättern versehen; diese malte anfangs der damals noch unbekannte Maler George Quaintance. Der Fotohandel wurde so umfangreich, daß LON Ende der vierziger Jahre ein Fotostudio eröffnete, zentral gelegen an der Ecke 47th Street und 5th Avenue. Später veröffentlichte er nach dem Vorbild von Bob Mizer und Bruce of L. A. eigene Physique-Hefte wie* Men and Art, Star Models, Male Model Parade *und* Male Pix.

VI. 8
Von Quaintance bis Warhol – Schwule Kunst aus Amerika

Dieses Kapitel vereint sehr unterschiedliche Maler und Fotografen. Allen gemeinsam ist die Suche nach Möglichkeiten, schwule Themen in einer Zeit künstlerisch zu gestalten, in der weltweit Homosexualität unter Strafe stand und entsprechende Abbildungen mit einem Tabu belegt waren. Die öffentliche Verfolgung aller Darstellungen von Homosexualität muß bei der Beschreibung der künstlerischen Entwicklung in diesem Zeitabschnitt berücksichtigt werden. Von den Künstlern wurden die unterschiedlichsten Wege beschritten, das Verbot zu umgehen oder zu durchbrechen. Nur noch schwule Künstler wandten sich in dieser Zeit dem Thema Homosexualität zu; aus dem Blickfeld heterosexueller Künstler, die sich in den zwanziger Jahren damit auseinandergesetzt hatten, verschwand es fast gänzlich.

George Platt Lynes
Frederick Ashton und die Tänzer von »Four Saints in Three Acts«
1934. Fotografie
Bloomington, The Kinsey Institute for Research in Sex, Gender, and Reproduction

Wie für viele amerikanische Homosexuelle wurde auch für den jungen George Platt Lynes Europa mit seinen schwulen Freiheiten richtungsweisend. Seit Mitte der zwanziger Jahre hatte er bei Aufenthalten in Paris Persönlichkeiten des schwulen Kulturlebens wie Jean Cocteau, René Crevel, André Gide und Pawel Tschelitschew kennengelernt. Im Kreis der amerikanischen Exilanten um Gertrude Stein traf er das Freundespaar Monroe Wheeler und Glenway Wescott, mit denen sich eine komplizierte Dreiecksgeschichte entspann. Zurück in New York, wo er sich ganz der Fotografie zuwandte, kam er über die beiden in Kontakt mit Künstlern und Intellektuellen. Porträt-, Mode- und Ballettaufnahmen standen im Vordergrund seiner Aufträge. So hielt er 1934 die Mitwirkenden der spektakulären Aufführung Four Saints in Three Acts *nach dem Text von Gertrude Stein fest. Initiator des Unternehmens war Platt Lynes' Schulfreund Lincoln Kirstein, der auch Balanchine nach Amerika holte und das* New York City Ballet *mitbegründete. Mit dem Porträt des Choreographen Frederick Ashton, der bekleidet zwischen seinen völlig nackten Tänzern kniet, gelang Platt Lynes eine außerordentliche Darstellung eines Homosexuellen. Eine derartige Verbindung von Porträt und erotischer Vorliebe hatte zuvor nur der Schweizer Zeichner Arnold Siegfried von Adolf Brand um 1930 angefertigt. Platt Lynes hat dieses Stilelement öfter aufgegriffen und auch in den Porträts der Schriftsteller Christopher Isherwood und Somerset Maugham angewandt. Gleichzeitig begann seine Auseinandersetzung mit der homoerotischen Aktfotografie. Geschult an europäischen Vorgaben gelangen ihm Darstellungen größter und nie zuvor gezeigter Intimität von höchstem künstlerischem Anspruch, die weit über hergebrachte Aktbilder hinausgingen. Bis zu seinem frühen Tod 1955 hat Platt Lynes ein umfangreiches homoerotisches Werk geschaffen, wie es von keinem anderen Fotografen aus dieser Zeit überliefert ist.*

Die Nazis hatten in Deutschland die homosexuelle Kultur so total vernichtet, daß ein Wiederanknüpfen an die Traditionen der Weimarer Zeit angesichts der andauernden Verfolgung und Diskriminierung kaum möglich war. Sexualität und erst recht Homosexualität waren kein Thema in Deutschland. Mit Beginn der fünfziger Jahre waren auch hier die Künstler mit anderen ästhetischen Problemen beschäftigt. Im Vordergrund stand die Wiederaneignung der Moderne und der Abstraktion. Selbst für homosexuelle Künstler wie Werner Heldt, Eduard Bargheer oder Werner Gilles war eine Umsetzung des eigenen Gefühlslebens nicht mehr vorrangig. Keine gesellschaftliche Diskussion veranlaßte sie, solche Bilder zu malen, und es gab keine Anregungen von selbstbewußten Mäzenen oder Galeristen wie zwei Jahrzehnte zuvor. Von den Künstlern, die bereits die zwanziger Jahre mitgeprägt hatten, war es einzig Renée Sintenis, die weiterhin der Schwulenbewegung verbunden blieb und Arbeiten von sich und ihrem Ehemann Emil Rudolf Weiss zur Verfügung stellte. Allerdings waren dies nur Arbeiten von vor 1933, eine neuerliche Beschäftigung mit homoerotischen Themen hat es auch bei ihr nach 1945 nicht mehr gegeben. Lediglich der Fotograf Herbert List hat über viele Jahre sein Projekt eines *Jungen-Buchs* verfolgt und als weltgewandter Bonvivant französische und englische Einflüsse aufgenommen. Die deutschen Homophilengruppen der fünfziger Jahre konnten keine eigenständige künstlerische Auseinandersetzung forcieren. Sie hielten sich an französische, amerikanische und Schweizer Vorbilder.

Die Schweizer Gruppe *Der Kreis* mit ihrer gleichnamigen Zeitschrift war nicht nur Förderin einer sich in Deutschland und Frankreich nach 1945 neu bildenden Schwulenbewegung, sondern auch das bedeutendste europäische Forum künstlerischer Selbstdarstellung. Die Zeitschrift druckte Fotografien,

Jochen Hass
Junger Mann auf der Straße
1953. Öl auf Karton, 102 x 79 cm
Berlin, Schwules Museum

Der Denkmalpfleger und Künstler Jochen Hass gehört der Generation deutscher Homosexueller an, die zwar noch in ihrer Jugend die Weimarer Republik erlebt haben, deren Entwicklungsgang aber durch die Nazi-Zeit beschnitten worden ist. Erst nach Kriegsende konnte er sich, jetzt schon 30 Jahre alt, der Kunst zuwenden und in Weimar neben freier Kunst auch Kunstgeschichte studieren. Seine Kunst war ihm zugleich auch Hilfe und Selbstbestätigung. Der Gegensatz zwischen einer animalisch natürlichen Sinnlichkeit, wie sie die antike Göttergestalt des Pan verkörpert, und einer geistig literarischen Bildung und Verfaßtheit wird immer wieder thematisiert. Von diesen widerstrebenden Bedürfnissen scheint auch der Protagonist seines Gemäldes Junger Mann *geprägt zu sein. Zu dem Bild verfaßte er folgendes Gedicht:*

»Die Strasse eilt ihrem Fluchtpunkt entgegen
Blauer Himmel darüber:
Der zarten Wolken wegen
Die Strasse völlig leer
Bis auf einen jungen Mann:
Was will nun der?
Was will der elegante Knabe?
Sein Schatten breitet sich
Über das schöne Pflaster aus.
Der Jüngling macht sich nichts daraus
Dass sein Schatten mit dem Kopf
Eine Welt berührt
Von der sonst
Niemand weiter etwas spürt.«

Zeichnungen und Gemälde französischer, amerikanischer und Schweizer Künstler. Hier wurden die Inkunabeln schwuler Sehnsüchte wie die Arbeiten eines Jean Boullet vorgestellt, europäische Aktfotografien zumeist von Jünglingen neben amerikanischen *Physique*-Fotos muskulöser Männer abgebildet, aber auch Fotografien von George Platt Lynes vorgestellt, der hier seine homoerotischen Arbeiten in größerer Zahl präsentieren konnte. Daneben bot *Der Kreis* auch jungen deutschen Künstlern wie Eberhard Brucks die Chance, erstmals eindeutige Arbeiten zu veröffentlichen.

Anders als in Deutschland gab es in Frankreich eine ungebrochene literarische Tradition in der Behandlung des Themas Homosexualität, die auch die bildenden Künstler anregte, sich mit dem Thema zu beschäftigen. 1945 veröffentlichte Roland Caillaux, allerdings anonym, seine *Vingt Lithographies pour un Livre que j'ai lu*, eine bildnerische Umsetzung der Welt Jean Genets und seines Romans *Notre-Dame-des-Fleurs*. Genets Roman

Querelle regte Jean Cocteau 1949 zu mehr als eindeutiger Zeichnungen von Matrosen an, die aber damals nicht veröffentlicht wurden. Gedruckt wurden dagegen schon 1945 die Lithographien von Goor zu Roger Peyrefittes Roman *Les Amitiés Particulières* (dt. *Heimliche Freundschaften*). Weniger eindeutig schildern sie die Gefühlswelt und Freundschaft der jungen Internatsschüler. Erotische Zeichnungen schwuler Künstler, die privat entstanden und nicht öffentlich gezeigt oder gedruckt wurden, hat es auch in den prüden fünfziger Jahren immer wieder gegeben. Der englische Künstler Duncan Grant aus dem *Bloomsbury*-Kreis hat sich in dieser Zeit obsessiv mit sexuellen Darstellungen beschäftigt. Diese wurden erst Jahre nach seinem Tod der Öffentlichkeit präsentiert.

Paul Cadmus
The Bath

1950. Eitempera auf Holz,
40,6 x 40,6 cm
New York, Whitney Museum
of American Art

Besonders spannungsreich ist die Thematisierung von Homoerotik in der amerikanischen Kunstgeschichte der fünfziger und sechziger Jahre. Hier lassen sich Ursprünge einer Entwicklung aufzeigen, die weit in die Zeit nach *Stonewall* hinausweist, in der die amerikanische Schwulenbewegung weltweit Vorbildcharakter bekommen sollte. Trotz Alfred Kinseys bahnbrechender Studie von 1948 über das Sexualverhalten des Mannes blieb auch in Amerika die Nachkriegszeit ein besonders verklemmtes Zeitalter. Die Prüderie beeinflußte nach wie vor jede Auseinandersetzung mit Sexualität. Wie schon in den dreißiger Jahren waren es anfangs europäische Vorbilder, die von den Künstlern verarbeitet wurden. Marsden Hartley, Charles Demuth und Paul Cadmus hatten in Europa gelebt und mit ihren Bildern bereits die amerikanische Vorkriegskultur mitgestaltet.

Paul Cadmus ist der Maler, der auch in den fünfziger Jahren in seiner Kunst am deutlichsten und vielfältigsten schwule Bildwelten gestaltete. Von seinem 1934 entstandenen Bild *The Fleet's Inn* hatte sich die Navy angegriffen gefühlt, weil es auch Homosexuelle zeigt. Als einer von wenigen Künstlern erreichte er auch nach 1945 mit seinen Bildern auf Ausstellungen eine gewisse New Yorker Öffentlichkeit. Die meisten homoerotischen Bilder konnten nicht ausgestellt werden oder waren nur für den Privatgebrauch entstanden, so auch die Bilder von Jared French, dem Lebensgefährten von Paul Cadmus, und Emlen Etting.

Ein ureigenes amerikanisches Phänomen stellt die Bodybuilding-Bewegung dar, die enormen Einfluß auf die amerikanische Kultur hatte und von schwulen Künstlern und Fotografen immer wieder dargestellt worden ist. Sie sollte das Bild des amerikanischen Mannes revolutionieren. Bodybuilding, das Zeitschriften wie *Strengh and Health* seit Jahrzehnten

Paul Cadmus
Finistère
1952. Eitempera auf Holz,
25,4 × 34,3 cm
New York, Whitney Museum
of American Art

propagierten, wurde in den dreißiger Jahren in Los Angeles zum Volkssport. Einer der Strände in der Nähe des Municipal Pier, wo Akrobaten, Kraftsportler, Athleten und Privatleute ihre körperliche Perfektion vorführten, erhielt den Namen *Muscle Beach*. Immer mehr Männer und Jungen suchten dem neuen Ideal nachzueifern. Der amerikanische Traum von der perfekten Welt und vom perfekten Menschen war an diesem Strand in den vierziger Jahren Wirklichkeit geworden. In den fünfziger Jahren waren Bodybuilding-Studios Teil des *American Way of Life*. In vielen Städten wurden derartige Studios eingerichtet.

Die Zurschaustellung des fast unbekleideten Körpers am Strand von Santa Monica war ein gefeiertes Ereignis. Daraus entstanden Schönheitswettkämpfe unter Männern mit dem begehrten Titel *Mr. Muscle Beach*. Der Titel *Mr. America* wurde in New York schon seit den zwanziger Jahren vergeben. Diese Volksfeste wurden von Fotografen festgehalten, die von Wettkampf zu Wettkampf reisten und die Athleten auch als Modelle fotogra-

Don Whitman
Freundschaft
1950er Jahre. Aktfotografie
Berlin, Privatbesitz

Bruce of L. A.
Muscle Beach
(George Eiferman und Roy Hilligen)
Um 1950. Fotografie
New York, Carl Morse

Muscle Beach zog täglich hunderte von Zuschauern an, die fasziniert der öffentlichen Präsentation spärlich bekleideter Männerkörper folgten. Unbekleidete Männlichkeit gab es sonst nur auf der Bühne, im Varieté oder beim Ballett. Zu den berühmtesten Fans von Muscle Beach gehörten die Schriftsteller Thomas Mann und Tennessee Williams, die auf ihren täglichen Spaziergängen auch hier vorbeischauten. Der amerikanische Fotograf Bruce of Los Angeles wurde am 7. Juli 1909 als Bruce Harry Bellas in Alliance, Nebraska geboren. In den frühen vierziger Jahren zog er nach Kalifornien und arbeitete für ein Chemie-Unternehmen. Er brachte sich autodidaktisch das Fotografieren bei. Ende der vierziger Jahre arbeitete er als Festangestellter für Joe Weider Publications, einen der größten Verlage der Physique-Bewegung. Als Dokumentarist hielt er die Wettkämpfe und Stars nicht nur des Muscle Beach von Santa Monica, sondern überall im Lande fest. Seine Aufnahmen wurden in fast allen Physique-Magazinen der Zeit veröffentlicht. Nach dem Vorbild von Bob Mizers Physique

fierten. So wurden aus den lebendigen Performances dauerhafte Abbilder. Die reine Dokumentaristen-Tätigkeit der Fotografen verselbständigte sich mit der Zeit. Einerseits begannen sie unter Einsatz von Licht, Accessoires und ausgefeilten Posen Aufnahmen künstlerisch zu gestalten. Andererseits wurden die Bilder zur Handelsware für neue Sportenthusiasten und Schwule. Wie schon in den frühen vierziger Jahren von LON (Alonzo James Hanagan) in New York praktiziert, wurden die Aufnahmen in Serien per Postversand angeboten. Kleine Kataloge und Kontaktbögen dienten zur Bestellung. Daraus entwickelte sich eine regelrechte Industrie. Verschiedene Größen, vom Fotografen numeriert und mit Namen gestempelt, wurden angeboten und waren überall in den USA verfügbar.

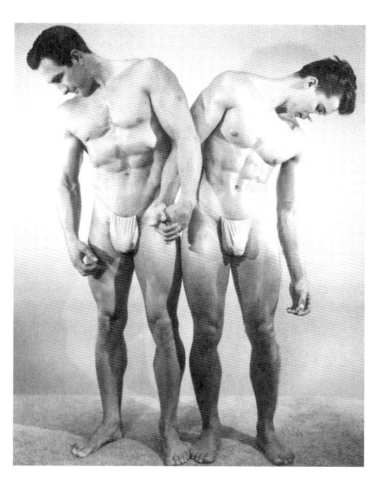

Bereits in den fünfziger Jahren hatten die Bodybuilder Eingang in die amerikanische Kultur gefunden. Selbst Hollywood produzierte Filme mit Muskelmännern. Die *Physique*-Magazine feierten diese neuen Stars und veröffentlichten Serien über Schauspieler, die der *Physique*-Kultur nahestanden. *Tomorrow's Man* berichtete in seiner Februar-Ausgabe 1956 unter der Überschrift »Muscles make Hollywood Stars« über Tab Hunter, Rock Hudson und George Nader. Schon 1954 hatte sich Mae West Muskelmänner vom *Muscle Beach* für ihre Show engagiert. Ruhm in Hollywood zu erringen, wurde Anreiz und Sehnsucht junger Männer, die nach Los Angeles zogen.

Einer, der schon 1945 auf diese Entwicklung gesetzt hatte, war Bob Mizer. Er eröffnete in Los Angeles eine Modelagentur für Männer, um sie ins Filmgeschäft zu bringen. Schon bald entstand der Verdacht, es handele sich um eine Stricher-Agentur. Es gab Probleme mit der Sittenpolizei und Bob Mizer verlegte sich auf eine reine Bildagentur. Offensichtlich war das Interesse der Filmwirtschaft an den jungen Männern geringer als das der

Homosexuellen an den Fotos nackter Körper. 1948 gründete Bob Mizer seinen Bildversand. Er war nicht der einzige Fotograf, der den boomenden Markt der *Physique*-Kultur entdeckte, aber der offensichtlich schwulste. Gleichzeitig gab es in Los Angeles Ralph Kelly, Spartan of Hollywood, Milo und Bruce of Los Angeles.

Bob Mizer gehörte in Los Angeles zu einem Kreis kultivierter Homosexueller um den Maler George Quaintance und zahlreiche Leute vom Film. Dieses Umfeld bestärkte Bob Mizer, auch ein Magazin zur Verbreitung seiner Fotografien und seiner Ideen einer freieren Sexualität und Sinnlichkeit mit einer bisher nicht dagewesenen homoerotischen Ausrichtung zu gründen, natürlich unter der Vorgabe, Werbung für die Bodybuilding-Kultur zu

Pictorial *gründete er sein eigenes Magazin* The Male Figure, *das bis 1969 erschien. Immer wieder fuhr Bruce zum Karneval nach New Orleans und fotografierte den berühmten* Mardi Gras, *zu dem Homosexuelle aus dem ganzen Land kamen. Einige ließen sich auch zu weiteren Fotosequenzen im Studio überreden. Neben filmischen Arbeiten beschäftigte Bruce of L. A. sich auch mit 3-D-Fotografie. Bruce starb 1974 in Los Angeles.*

George Quaintance
Sunrise
1953. Öl auf Leinwand, 100 x 80 cm
Berlin, Sammlung Volker Janssen

Erst 1938 hatte sich der ausgebildete Tänzer und Designer George Quaintance (um 1910 – 1957) der Malerei zugewandt. Den heterosexuellen Darstellungen und Porträts folgte ab 1947 innerhalb von nur zehn Jahren ein umfangreiches homoerotisches Werk. Dieses nimmt nicht nur in der amerikanischen Ikonographie schwuler Sehnsüchte einen zentralen Platz ein. Erstmals wurde eine autonome schwule Welt voller erotischer Bezüge ins Bild gebracht. Quaintance' keusche Präsentationen waren durch die Restriktionen der Zeit bedingt und entsprachen dem schwulen Geschmack. Sie fanden schon bald eine weit über die USA hinausgehende Verbreitung.

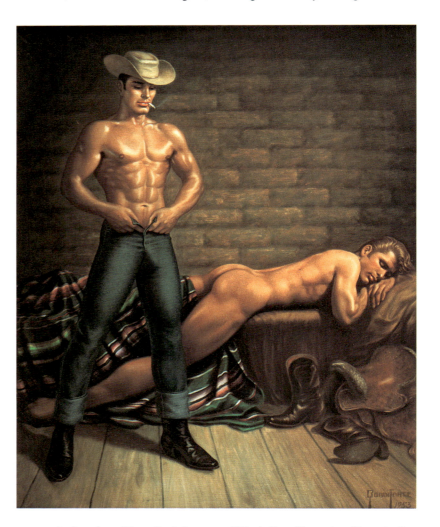

sein. Es gelang Mizer, Quaintance zur Mitarbeit zu überreden. Dieser hatte 1947 begonnen, homoerotische Bildwelten zu malen. Eines dieser Bilder, *Havasu Creek*, wählte Bob Mizer als programmatischen Titel der ersten Ausgabe seines Magazins *Physique Pictorial*, die Ende 1950 erschien. Quaintance übernahm in steter Folge die Gestaltung weiterer Titelblätter. Immer wieder gab es in Bob Mizers Magazin kleine Artikel und Bemerkungen über Sexualität, Zensur und Lebensgestaltung. Allerdings wurde niemals das Wort Homosexualität gebraucht, so wie die gleichzeitig gegründete Schwulengruppe *Mattachine Society* das Wort ›homosexuell‹ zu umschreiben suchte. Und doch war *Physique Pictorial* ein Heft, das sich an eine schwule Klientel wandte. Grundsätzlich gab es keine Abbildungen von weiblichen Modellen und Schönheitsköniginnen wie in den bisherigen *Physique*-Magazinen, und auch alle Zeichnungen und Gemälde, die abgebildet wurden, waren homoerotisch. Diese neue Form des *Physique*-Magazins fand schon bald Nachahmer und Konkurrenten.

Der amerikanische Puritanismus und die herrschenden Gesetze verhinderten eine eindeutigere homosexuelle Ausrichtung der Magazine. Die amerikanische Post versuchte ›unsittliche‹ Postsendungen zu unterbinden und von der Beförderung auszuschließen. Dazu zählte Nacktheit von Männern. Sie gar nackt von vorne abzubilden, war unmöglich. Angesichts dieser Restriktionen gegenüber »frontal nudes« gingen die Fotografen aus Selbstschutz zur Selbstzensur über. Hatten sie Männer so fotografiert, mußten die Fotos für den Versand übermalt werden. Allerdings gab es eine Farbe, die wieder abgewischt werden konnte, nur durfte der Kunde damit nicht

Emlen Etting
Matrose
Um 1950; Öl auf Holz, 52,1 x 39,4 cm
New York, Gallery Stubbs

Geboren 1905 in Philadelphia, ging der junge Emlen Etting 1928 für mehrere Jahre zum Kunststudium nach Paris; Jean Cocteau wurde ihm zum künstlerischen Vorbild. Zurückgekehrt nach Amerika, wurde er Professor an der Kunstakademie seiner Geburtsstadt. 1938 heiratete er die Mode- und Kunstkritikerin Gloria Braggiotti. Die beiden führten eine moderne Ehe, die beiden genügend Freiheiten ließ. Schon in den dreißiger Jahren spielten homoerotische Fantasien in Ettings Gemälden und Zeichnungen eine zentrale Rolle, und auch in den fünfziger Jahren sind es immer wieder Matrosen, Sportler und Anhalter, die von jugendlicher Ungebundenheit und Erotik erzählen. Gleichzeitig wandte auch er sich wesentlich direkteren Arbeiten zu. Diese sehr erotischen Zeichnungen und Aquarelle konnten damals nicht öffentlich gezeigt werden, sie gehören in ihrer künstlerischen Qualität zum Schönsten, was es auf diesem Gebiet gibt.

allzu lange warten. Die Fotografen gingen dazu über, bei den Fototerminen gleich Posingstrips zu verwenden, oder sie ließen die Modelle so geschickt posieren, daß das Geschlecht nicht zu sehen war. Allerdings haben Fotografen wie Bruce of L. A. und Bob Mizer, trotz gegenteiliger Versicherung in den Magazinen, immer auch Nacktaufnahmen gemacht. Vom intimen Zusammenspiel zwischen Fotograf und Modell erzählen die erhaltenen Bilder junger Männer in sexueller Erregung. Derartige Fotografien konnten nicht über den Versand verkauft werden. Selbst der persönliche Verkauf, wie ihn Bruce als Handelsvertreter quer durch die Staaten in Hotelzimmern und Privatwohnungen vornahm, war gefährlich. Jede Unvorsichtigkeit konnte Verhaftung und polizeiliche Vernichtung des Fotomaterials nach sich ziehen. Fast allen *Physique*-Fotografen ist dies auch passiert.

So suchten die Fotografen in immer neuen Umschreibungen einem schwulen Begehren zu entsprechen. Eine ganze Reihe von Archetypen boten sich an. Die Modelle wurden als Matrosen, Cowboys oder Römer ausstaffiert, denen allerlei sexuelle Freiheiten zugeschrieben wurden. Die Prüderie der Zeit erzeugte aber noch eine andere Variante schwuler Ikonographie, die Männerpaare und das Freundschaftsbild. In geschickten Körperwendungen und Verdrehungen konnten sich so auch zwei fast nackte Männer berühren. Ein weiteres interessantes Moment stellen die ausgefeilten Posen der Modelle dar. Hier von männlicher Grazie zu sprechen, scheint durchaus angebracht. Die Fotografen griffen in ihren Inszenierungen auf kunsthistorische Vorbilder zurück. Hier bot sich besonders der europäische

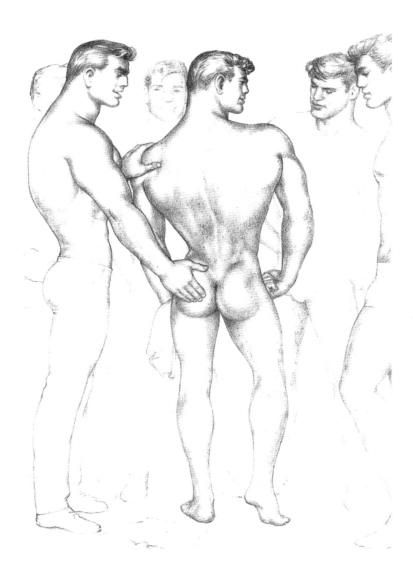

Tom of Finland
Beim Schneider
1959. Bleistift
Los Angeles, Tom of Finland Foundation

Tom of Finland
Begutachtung
1963. Bleistift, 32,5 x 23,5 cm
Los Angeles, Tom of Finland Foundation

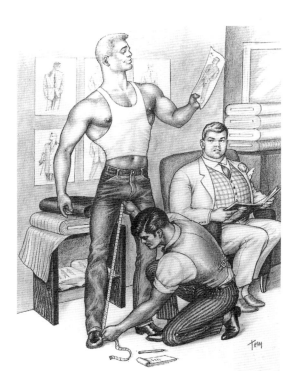

Manierismus an, und Michelangelos *Ignudi* der Sixtinischen Kapelle wurden für die Bodybuilder zum zentralen Vorbild der Selbstdarstellung. Die Vollendung der Posen führte zu einer eigenartigen Verbindung von sehr weiblicher Eleganz mit der kraftstrotzenden Männlichkeit der Modelle. An der Erzeugung solcher Widersprüche oder göttlicher Vervollkommnungen waren sicherlich die Homosexuellen unter den Fotografen besonders beteiligt.

Die neuartigen Bilder wurden schon bald über die USA hinaus verbreitet und fanden Eingang in die europäischen Schwulen-Zeitschriften. Anders als in Amerika konnten in Europa immer Abbildungen nackter Männer sogar von vorne gedruckt werden. Anfeindungen hatte es in Deutschland in den zwanziger Jahren auch gegen Aktbilder gegeben, aber eine Einschränkung gegen frontale Nacktheit nicht. Auch Bob Mizers Magazin *Physique Pictorial* wurde ab 1952 in Europa verkauft. Einige der amerikanischen Magazine wichen nach Schwierigkeiten in den USA mit ihren Produktionen ganz nach Europa aus. So ließ Joe Weider sein Heft *Body Beautiful* in London drucken und von dort vertreiben. Erst 1968 wurde in den USA das Postvertriebsverbot für »frontal nudes« aufgehoben. Dem vorangegangen war ein Prozeß, den *Kris Studio* in Chicago über Jahre gegen die Post geführt hatte. Chuck Renzlow vom *Kris Studio* konnte die Richter überzeugen, daß der männliche Körper an sich nicht unsittlich ist, folg ich auch nicht dessen Abbildung.

Carl Morse vor der Wand mit »Physique«-Magazinen in seinem Zimmer

(aufgenommen von seinem Vater)
Um 1950. Fotografie
Berlin, Privatbesitz

Durch die Physique-*Fotografie wurden erstmals in der schwulen Geschichte auch den Homosexuellen auf dem Land und in der entlegensten amerikanischen Kleinstadt Männerakte geliefert. Sie erreichten auch den fünfzehnjährigen Carl Morse in Maine. Am Zeitungskiosk kaufte er sich erste Hefte von* Strength and Health, *abonnierte dann eines der* Physique-*Magazine und suchte seinen Idolen sportlich nachzueifern. Sein Vater war begeistert von Carls neuer Leidenschaft und seinem sportlichen Interesse. Stolz fotografierte er ihn vor seiner Wand mit Bodybuildern.*

Mit der Aneignung der Bodybuilding-Bewegung durch die Schwulen wurde ein Wandel des Eigenbildes versucht. Die Homosexuellen übernahmen das Körperbild der bisher angehimmelten heterosexuellen Männer, der Bauarbeiter, Matrosen und Cowboys. Sie versuchten in den Fitness-Studios der Welt sich dem eigenen erotischen Idealbild anzunähern. Diese Entwicklung, die in den fünfziger Jahren einsetzte, wurde spätestens in den achtziger Jahren mit den *Chelsea Boys* fester Bestandteil der schwulen Kultur Amerikas und der westlichen Welt.

Neben den Fotografen waren auch schwule Maler besonders fasziniert vom Bodybuilding. So trieb George Quaintance nicht nur selbst Kraftsport, sondern nahm immer wieder Sportler als Modelle. Er hat auf eine sehr amerikanische Weise schwule Wunschbilder gemalt. Innerhalb von zehn Jahren (von 1947 bis zu seinem Tod 1957) schuf er ein umfangreiches homoerotisches Werk. Cowboys, Sportler, Matrosen und antike Gestalten nutzen jede Gelegenheit, sich zu entkleiden. Alles wird angedeutet, aber Sexuelles passiert nicht wirklich; der Zensor malt mit. Die Andeutungen sollen dem Betrachter das eigentliche Geschehen suggerieren. Seine Bilder sind Höhepunkte schwulen Kitsches, der so ausgefeilt ist, daß er zur Kunst wird. Die Bilder trafen den schwulen Massengeschmack. Sie konnten in diesen unfreien Zeiten reproduziert werden und wurden in großer Auflage nicht nur in den USA, sondern auch in Europa verkauft.

Emlen Etting
Ohne Titel
1950er Jahre. Bleistift, aquarelliert
New York, Gallery Stubbs

Duncan Grant
Pas de Trois
1950er Jahre. Kugelschreiber,
Bleistift und Aquarell, 41 x 51 cm
New York, Douglas Blair Turnbaugh

Andy Warhol
Man with heart tattoos
Um 1955–1957. Kugelschreiber und
Bleistift, 45,4 x 30,2 cm
Pittsburgh, The Andy Warhol Museum, Founding Collection,
Contribution The Andy Warhol Foundation for the Visual Arts

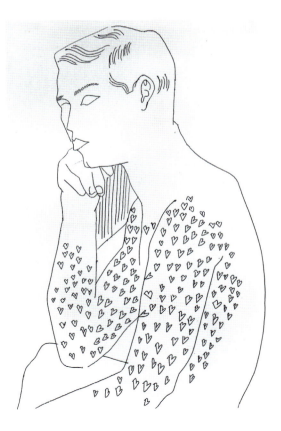

Quaintance' Nachfolge als schwuler Maler par excellence trat Tom of Finland an, der 1957 seine ersten Zeichnungen in *Physique Pictorial* veröffentlichte. Er führte die Archetypen schwulen Begehrens, die schon Quaintance gestaltet hatte, fort. Als europäischer Künstler sah er die amerikanische Welt mit schärferem Auge. Die neue Welt einer männlichen Körperlichkeit faszinierte ihn, und er zeichnete fast alltägliche Situationen, in denen Männer ihre Körper narzistisch zur Schau stellen. Hierin unterscheidet er sich von seinem Vorgänger Quaintance, der in seinen Wunschbildern immer eine Verlagerung aus der Realität vornahm. Tom of Finlands Szenerien der fünfziger und sechziger Jahre zeigen das zeitgenössische amerikanische Umfeld. Darin kommt er seinem Vorbild Norman Rockwell sehr nahe. In der Übersteigerung, ja Absurdität der Situationen ging er jedoch über diesen hinaus. Die Künstlichkeit des Gezeigten macht die Zeichnungen zu großartigen Kunstwerken.

Auch auf Tom of Finlands frühen Zeichnungen fand eine Umschreibung der Homosexualität statt. Das veröffentlichte Werk bestand aus Kompromissen, aus spannungsgeladenen Umdeutungen alltäglicher Situationen. Besonders eindrücklich führen das die Blätter *Kraftmessen* und *Begutachtung* vor Augen. Auf letzterem wird ein altbewährter Trick der Kunstgeschichte angewandt, der eine durchaus sexuelle Aufladung des Geschehens erzeugt, ohne sie direkt zu zeigen. Der Betrachter sieht, daß die um den nackten Mann herum Abgebildeten all das erfreut begutachten, was dem Betrachter verborgen bleibt. Eine körperliche Annäherung und gar Berührung konnte auch Tom of Finland nur als Kampfsituation veröffentlichen. Verschränkungen nackter Männer im Kampf suggerieren im Betrachter immer auch Erotik. Bei Tom of Finland wurden daraus Bildgeschichten männlicher Aggression, die man den so sorgfältig gezeichneten Gestalten nur schwer glauben will. Ende der sechziger Jahre konnte Tom of Finland auch Zeichnungen drucken lassen, die leidenschaftlichen Geschlechtsverkehr zwischen Männern darstellen. Die gesellschaftlichen Reformen und die wachsende Akzeptanz von Sexualität ließen auch seine Bilder öffentlich sichtbar werden. Jetzt konnte sein Kult des Sexuellen voll zum Zuge kommen: phallische Wunschbilder, fast schon Karikaturen, die in ihrer Übersteigerung weit über einfache Pornozeichnungen hinausgehen und in ihrer meisterhaften Technik eindeutig einen künstlerischen Charakter besitzen.

Schon in den frühen sechziger Jahren kündigte sich auf Tom of Finlands Zeichnungen das Phänomen Leder an, das mit den siebziger Jahren zum Fetisch eines großen Teils der Homosexuellen in den westlichen Industriestaaten werden sollte. 1958 war in Chicago das erste Lederlokal eröffnet worden. Fotografen wie Scott in London und Kris in Chicago sind mit ihren Fotografien Pioniere des Lederfetisch. Toms Zeichnung *Mr. Universe* von 1963 verbindet bereits die amerikanische Kultur des Bodybuilding mit der Faszination für Leder.

Auf eine ganz andere Art näherte sich Andy Warhol schon seit den fünfziger Jahren schwulen Themen. Zeitgleich mit den Gemälden von George Quaintance entstanden Warhols Zeichnungen junger Männer, deren Erotik

George Platt Lynes
Nicholas Magallanes und Francisco Moncion vom New York City Ballet in »Orpheus Ballet«
1950. Fotografie
Bloomington, The Kinsey Institute for Research in Sex, Gender, and Reproduction

sich mehr an Cocteau und europäischen Traditionen orientierte als an der kalifornischen seines Zeitgenossen. Schon in diesen Zeichnungen wird Warhols Faszination für die amerikanische Produktwelt und ihr modernes Design spürbar. So wie auf anderen Zeichnungen Blumen und häusliche Gegenstände gezeigt werden, tauchte jetzt auf einem Blatt erstmals die *Campbells*-Dose auf, die zum Markenzeichen seiner Kunst werden sollte. Diese Zeichnungen faßte Warhol zum Projekt *Boys Book* zusammen, das er als Buch veröffentlichen wollte. Zwar gelang dies nicht, aber die *Bodky Gallery* in New York organisierte mit diesen Zeichnungen eine Ausstellung. Damals arbeitete Andy Warhol als Grafikdesigner einer Schuhfirma, bekannt wurde er im Januar 1957 durch eine Serie von Schuhporträts, die Persönlichkeiten aus Kunst, Film und Gesellschaft als Schuhkreationen vorstellte. Die Porträts erschienen 1957 in der Januarausgabe des Magazins *Life*. Auffällig war die Zuordnung des offen schwulen Schriftstellers Truman Capote, dem Andy Warhol schon seine erste Einzelausstellung gewidmet hatte: Capote wurde durch einen Damenschuh repräsentiert. War dies für die Veröffentlichung schon leicht anzüglich, so wurde das interessanteste Beispiel, das Porträt des bekannten Transsexuellen Christine Jorgensen, gar nicht erst veröffentlicht: ein Paar aus zwei ungleichen Damenschuhen.

Warhols Interesse für Travestie und den Wechsel von Geschlechtsidentitäten läßt sich noch weiter zurückverfolgen. Um 1952 entstanden Zeichnungen seines Freundes Otto Fenn im Fummel. Fotografien von Fenn in Frauenkleidern haben sich aus dieser Zeit in Warhols Nachlaß erhalten. Wie weit Warhols Faszination für den Geschlechtertausch ging, zeigt seine

Chuck Renzlow
Männerakt
1959. Fotografie
Berlin, Schwules Museum

eigene Visitenkarte von 1955: eine tätowierte Dame, auf deren Korsett sein Name und seine Telefonnummer gesetzt sind. Standen die Schuh-Porträts in der Tradition amerikanischer Komprimierungen bei Marsden Hartley und Charles Demuth, so spielt die Visitenkarte mit der Identitätserweiterung. Sie stellt eine moderne Wiederaufnahme des antiken Hermaphroditen als Sinnbild göttlicher Vollkommenheit dar und nimmt seine Porträtserie *Andy Warhol in Drag* aus den achtziger Jahren vorweg.

Andreas Sternweiler

VI. 9
Un Chant d'Amour –
Literatur, Theater, Film

Fritz Kempe
Hans Henny Jahnn
Hamburg 1951. Fotografie
Hamburg, Staatliche Landesbildstelle

Hans Henny Jahnn (1894–1959) schreibt am 25. Juli 1959 an Werner Hellwig: »Indessen – was ich alles geschrieben habe: eines nicht: den Liebesroman, den ich mir selber schulde. Ich bin in diesen späten Jahren damit angefangen: Jeden ereilt es. Ob ich das Werk vollenden werde, bezweifle ich, obgleich es die einzige Arbeit ist, die ich mit Lust betreibe. Aber das Buch wird

Es wäre ein Irrtum zu glauben, die Männerliebe sei als Thema der Literatur, des Theaters und der Filmkunst in der Epoche des Kalten Krieges weltweit durch Krieg und Faschismus zum Verschwinden gebracht worden. Eher ist das Gegenteil zutreffend, denn bereits in den vierziger Jahren meldeten sich auf literarischem Gebiet neue Talente zu Wort, die mit ihren tabustürzenden Werken schon bald Weltgeltung erlangen sollten. Was das Kino und das Theater betrifft, so konnte durch Krieg und Faschismus ohnehin nicht viel zerstört werden, weil das Tabu Homosexualität – mit wenigen Ausnahmen im Deutschland der zwanziger Jahre – europaweit, ja weltweit gegolten hatte.

Auf dem Theater und mehr noch im Kino begann die Umwälzung der Normen, die Ausweitung der Grenzen dessen, was sittlich und polizeilich tolerierbar schien, im Vergleich zur Literatur um mehrere Jahre verzögert. Zuerst gab es in den, wie man heute sagt, Printmedien nach dem Krieg einen Enttabuisierungsschub gegenüber der männlichen Homosexualität, dann, etwa seit den fünfziger Jahren auf dem Theater, und in den sechziger Jahren schließlich auch im Kino und im Fernsehen. Das hängt vielleicht damit zusammen, daß die zensurmäßige Kontrolle und Reglementierung der Bühnen und der Lichtspielhäuser stets intensiver und energischer war als die Überwachung der Buchproduktion. Die Angst der Ordnungsinstanzen vor der entsittlichenden Macht des Theaters und gar des relativ neuen Mediums Film war wohl größer als die vor dem gedruckten Wort, von Rundfunk und Fernsehen ganz zu schweigen.

Literatur

Das Buch, das gegen den Willen des Dichters und auch nur in der ersten Auflage mit der Bezeichnung »Roman« auf dem Titelblatt erschien, war bis Ende 1943 fertig gedruckt, »doch nur wenige Exemplare, etwa dreißig, wurden aufgebunden, der Rest konnte im August 1944, während der Befreiung, fertiggestellt werden. In jenem Herbst wurde *Notre-Dame-des-Fleurs* schließlich zum Verkauf angeboten, allerdings immer unter dem Ladentisch. Die Exemplare waren sehr teuer und wurden einer Reihe wohlhabender Homosexueller und Kunstliebhaber per Post angeboten. Ein Verlag wurde nicht genannt, vielmehr hieß es, das Buch sei ›auf Kosten eines Freundes‹ gedruckt worden, was eine typische Formel für erotische Bücher war. Der Verlagsort wurde fälschlich mit Monaco angegeben.«[1]

Jean Genets große Prosatexte der vierziger Jahre – *Notre-Dame-des-Fleurs* (1944), *Miracle de la rose* (1946), *Pompes funèbres* (1947), *Querelle de Brest* (1947) – führten in die Weltliteratur einen neuen maßstabsetzenden Umgang mit der schwulen Thematik ein. Gemessen an den literarischen Innovationen Genets bedeuteten die nächsten beiden Schwulenromane, die internationale Beachtung fanden, des US-Amerikaners Truman Capotes *Other Voices, Other Rooms* (1948, dt. *Andere Stimmen, andere Räume*) und des Japaners Yukio Mishimas *Geständnisse einer Maske* (*Kamen no kokuhaku*, 1948) einen Rückfall in die Vorkriegsmanier mancher Romane Klaus Manns oder der Bekenntnisprosa Jean Cocteaus in seinem anonymen *Livre blanc* (dt. *Das Weißbuch*) von 1928. Für den englischen und den japanischen Sprachraum repräsentierten die beiden Werke jedoch den Anschluß an die internationale Entwicklung,

nicht zu veröffentlichen sein, weil ich auf niemand Rücksicht nehme, keine Schranken des Ausdrucks anerkenne, keine Absonderlichkeiten verwerflich finde. Es ist die Liebe zweier Engel, die sich zweier menschlicher Gestalten bedienen und scheu und erhaben dennoch das Fleisch auskosten bis zum Letzten. – Nun, auch das wollte ich nur erwähnen, um zu sagen, daß ich mich bemühe, nach Jahrzehnten innerlicher Niederlage zu mir zurückzufinden, wobei es zweifelhaft bleibt, ob ich überhaupt jemand bin, zu dem sich zurückfinden läßt, ob nicht längst das Wesen, das ich einmal geträumt habe, hinter Nebelwänden verschwunden ist.« Jahnns Liebesroman ist Fragment geblieben und erst nach seinem Tod gedruckt worden.

William S. Burroughs
1970er Jahre. Fotografie
Berlin, Ullstein Bilderdienst

Seinen »schwulsten« Roman mit dem Titel Queer *schrieb der amerikanische Dichter William Burroughs 1952 in Mexico City. Erst 1985 wagte er, ihn zu veröffentlichen. Die deutsche Übersetzung (*Homo*) von Carl Weissner erschien 1989.*

während ein anderer Schwulenroman, der ebenfalls 1948 in den USA erschien, *The City and the Pillar* (deutsche Ausgabe erst 1985 unter dem Titel *Geschlossener Kreis*) von Gore Vidal, mit seiner realistischen und zugleich verhalten optimistischen Schilderung der schwulen Welt zukünftiges schwules Selbstbewußtsein vorwegnahm.[2] James Baldwins Romane *Giovanni's Room* (dt. *Giovannis Zimmer*) und *Another Country* (dt. *Eine andere Welt*), die beide mehr als zehn Jahre später (1961) erschienen, bringen weniger schwules Selbstbewußtsein zum Ausdruck, sondern befördern durch die Selbstverständlichkeit, mit der sie die schwule Welt abbilden, einen zunehmend unbefangenen und tabufreien Umgang mit der Thematik.

Auch William S. Burroughs, »the archetypical figure« der Beat Generation,[3] hat in seinen romanartigen Prosawerken seit Anfang der fünfziger Jahre mit zunehmender Deutlichkeit schwul-sadistische Phantasmen und Obsessionen beschrieben. Kamen sie in *Naked Lunch*, Burroughs' 1959 bei der *Olympia Press* in Paris erschienenem populärsten Rauschgiftsüchtigen-Epos, nur am Rande vor, so bildeten in *The Wild Boys* (1971, dt. *Die wilden Boys*) Homosexualität und Sadismus die Hauptthemen.

Es ist eine erstaunliche Tatsache, daß nach 1945 von den Großen der Schwulenliteratur der Epoche zwischen den Weltkriegen nichts Einschlägiges mehr erschien, weder André Gide noch Jean Cocteau, weder Joseph Breitbach noch Klaus oder Thomas Mann wurden wieder so ›explizit‹ wie einst. Klaus Manns im US-Exil erschienene Bekenntnisbücher *André Gide and the Crisis of Modern Thought* (1943, dt. *André Gide und die Krise des modernen Bewußtseins*) und *The Turning Point* (1942, dt. *Der Wendepunkt*)

Ursula Röhnert
Friedrich Joloff
1970er Jahre. Fotografie
Berlin, Ullstein Bilderdienst

Der Schauspieler Friedrich Joloff (1908–1988) verkörperte in dem deutschen Spielfilm Anders als du und ich *(1957) einen Charakter, der bis dahin in der Geschichte des Kinos nicht vorkommen durfte: ein schwuler Mann, der sich erfolgreich gegen seine Unterdrückung wehrt. Er entzieht sich nicht nur der Verhaftung, indem er nach Italien flüchtet, sondern vorher gelingt es ihm sogar noch, sich an dem zu rächen, der ihn angezeigt hatte, indem er dessen Ehefrau wegen »Kuppelei« anzeigt (die dann auch zu einem Jahr Gefängnis verurteilt wird). In der Bundesrepublik durfte allerdings nur eine ›zensierte‹ Fassung gezeigt werden, in der es der Polizei gelingt, Joloff auf dem Bahnhof Zoo zu verhaften, als er gerade den Zug nach Italien besteigen will.*

erörtern zwar am Rande die Gidesche Päderastie und die eigene Männerliebe, aber das Manuskript seines Schwulenromans *Windy Night, Rainy Morrow* war unvollendet, als er 1949 in Frankreich Selbstmord beging.

Etwas anders liegen die Dinge bei Christopher Isherwood, dessen seit den fünfziger Jahren erschienene Romane im Gegensatz zu seinen Vorkriegswerken unzweideutig Geschichten aus der Welt der Schwulen erzählen. Das mag damit zusammenhängen, daß Isherwood der vielleicht einzige bedeutendere Schriftsteller war, der sich in der Schwulenbewegung, der 1953 in Los Angeles gegründeten Gruppe *ONE, Incorporated* engagierte.[4]

Auch der deutsche Dichter Hans Henny Jahnn, von dessen monumentalem Roman *Fluß ohne Ufer* die ersten drei Bände 1949 und 1950 erschienen, wagte erst nach dem Krieg eine größere Deutlichkeit bei der Gestaltung seines Lebensthemas. Kam die Männerliebe in Jahnns Romanfragment *Perrudja* (1929) nur am Rande vor, so wurde sie in dem ebenfalls Fragment gebliebenen *Fluß ohne Ufer*, in der wechselvollen Liebesgeschichte zwischen dem Komponisten Horn und dem Matrosen Tutein, zum zentralen Thema.

Gleichrangig mit Jahnns *Fluß ohne Ufer* ist im deutschen Sprachgebiet unter den Schwulenromanen der Nachkriegszeit eigentlich nur Wolfgang Koeppens großartige Satire *Der Tod in Rom* (1954). Aus der Fülle der Bedeutungsebenen, die *Der Tod in Rom* aufweist, ist die in unserem Zusammenhang artistisch gelungenste jene, die sich parodierend und polemisch auf Thomas Manns *Der Tod in Venedig* bezieht. Ereilt in Venedig der Tod den so berühmten wie schwulen Künstlerasketen Aschenbach, als ihm die Vergeblichkeit seiner Liebe zu einem pubertierenden Knaben bewußt wird, so stirbt in Rom der nicht minder berühmte, heterosexuelle und genußsüchtige Naziverbrecher Judejahn, unmittelbar nachdem er mit einer römischen Prostituierten verkehrt hat, während sein schwuler Neffe Siegfried die ewige Stadt in Richtung Afrika verläßt, nachdem er sich mit den Strichjungen in einer Badeanstalt am Tiberufer entspannt und einen Preis für eine von ihm komponierte Sinfonie erhalten hat.

Theater
Auf den deutschsprachigen Bühnen gab es schwule Charaktere nur dann, wenn Stücke aus der Vorkriegszeit wie Ferdinand Bruckners *Verbrecher* gespielt wurden, was selten genug geschah. Im April 1952 wurde dies zumindest in den *Hamburger Kammerspielen* anders. Unter der Regie der Theaterleiterin Ida Ehre gelangte Rolf Italiaanders *Das Recht auf sich selbst* zur Aufführung, ein Zwei-Personen-Stück, in dem ein junger Mann mit seiner Mutter über seine bevorstehende Verurteilung nach § 175 spricht und die Mutter aus Liebe zu ihrem Kind ihre Vorurteile gegenüber Homosexualität ablegt.[5] Ein Stück auf einer öffentlichen Bühne, das mit geradezu tendenziöser Direktheit für die Forderungen der Schwulenbewegung agitierte, hatte es bis dahin weder in Deutschland noch irgendwo anders gegeben. *Das Recht auf sich selbst* scheint nur wenige Male in Hamburg aufgeführt worden zu sein, und Italiaanders Übersetzung von Maurice Rostands Drama *Der Prozeß Oscar Wilde*, das zuvor in Paris inszeniert worden war, kam hier überhaupt nicht zur Aufführung.

Dirk Bogarde in dem Film »Victim«
Großbritannien 1962. Standfoto
Berlin, Ullstein Bilderdienst

Nachdem der englische Schauspieler Sir Dirk Bogarde in Victim *(dt.* Der Teufelskreis*) erstmals einen schwulen Mann verkörpert hatte, galt er bald als der internationale Spezialist für dieses neue Rollenfach. In* Morte a Venezia *(dt.* Der Tod in Venedig*) von Luchino Visconti (1906–1976) gelangte er 1971 in der Rolle des schwulen Dichters Gustav von Aschenbach zu Weltruhm.*

Ebenfalls in Hamburg 1952 gab es aber wenigstens einen Versuch, im privaten Rahmen der Gruppe *Internationale Freundschaftsloge* (IFLO) schwules Theater zu spielen. Die Hamburger Schwulenzeitschrift *Der Weg zu Freundschaft und Toleranz* berichtet von der »Bildung einer Theatergruppe, die einen interessanten Versuch mit der Aufführung des kleinen Kammerspiels *Du und ich* unternahm [...] Die Akteure konnten mit ihren teilweise recht gut ausgearbeiteten schauspielerischen Leistungen bei ihrem ersten Auftreten einen schönen Erfolg für sich verbuchen. Die einzige in dem Stück enthaltene Frauenrolle, durch einen männlichen Darsteller verkörpert, wirkte in jeder Weise dezent und echt. Die zahlreich erschienenen Mitglieder und Gäste folgten sichtlich beeindruckt dem Spiel.«[6]

Vielleicht fand das einzige zukunftweisende Ereignis der Theaterwelt der fünfziger Jahre – abgesehen von Italiaanders Versuch in den Hamburger Kammerspielen – im Bereich des Tanztheaters statt, als der Amsterdamer Choreograph Rudi van Dantzig 1957 mit *De Disgenoten* erstmals die Männerliebe in einem Ballett auf die Bühne brachte.

Die sechziger Jahre brachten im Alltagsleben des Westens eine Liberalisierung und Modernisierung der Sitten und Moralvorstellungen, die bald auch zu einer erheblich größeren Freizügigkeit beim Umgang mit dem Thema Homosexualität auf dem Theater führte. Viele der neuen Stücke, vor allem auf britischen und amerikanischen Bühnen, zeigten das Leben schwuler Männer als alleiniges Thema. Mit meist nur geringer Verzögerung wurden hierzulande deutsche Übersetzungen gezeigt, so zum Beispiel *Ein Patriot für mich* (A Patriot for me) von John Osborne, *Unter der Treppe* (Under the Staircase) von Charles Dyer und *Seid nett zu Mister Sloane* (Entertaining Mr. Sloane) von Joe Orton.

Von deutschsprachigen Stücken, die vor der Strafrechtsreform von 1969 schwule Männer auf die Bühne brachten, ist vielleicht das bemerkenswerteste Martin Sperrs *Jagdszenen aus Niederbayern* (1966).

Film

Zwei außerhalb des normalen Kinobetriebs entstandene Experimentalfilme, Kenneth Angers *Fireworks* (1947) und Jean Genets *Un chant d'amour* (1950), sind vermutlich die ersten Nachkriegsfilme mit schwulen oder ›homoerotischen‹ Andeutungen. War in *Fireworks* das Schwule vollkommen verschlüsselt, weshalb dieser Film auch niemals verboten wurde, so galt *Un chant d'amour* als dermaßen pornographisch, daß er in Frankreich erst 1972 öffentlich gezeigt werden konnte und ihn das oberste Gericht der USA 1966 völlig verbot.[7] Aus heutiger Sicht ist diese Bewertung kaum nachvollziehbar, weil nur ein einziges Mal für weniger als eine Sekunde, so daß es die meisten Zuschauer gar nicht bemerken, ein erigierter Penis gezeigt wird. Berührungen der Männer untereinander kommen überhaupt nicht vor, nicht einmal ein Kuß.

Eine Ausnahmestellung unter den Spielfilmen der Nachkriegszeit, die die Männerliebe thematisieren, nimmt *Anders als du und ich* ein, der 1957 von dem einstigen Naziregisseur Veit Harlan unter Mitwirkung des ebenfalls seinerzeit der NSDAP angehörenden Sexualforschers Hans Giese in West-Berlin hergestellt wurde. Entgegen der landläufigen Ansicht, daß *Anders als du und ich* ein übles Machwerk zur Diffamierung der Homosexuellen sei, soll hier betont werden, daß in dem Film erstmals in der Geschichte des Kinos ein schwuler Mann gezeigt wird (der von dem großartigen Schauspieler Friedrich Joloff verkörperte Kunsthändler Boris), der sich erfolgreich gegen Verfolgung wehrt. Es gelingt ihm nicht nur, sich der Verhaftung durch Flucht nach Italien zu entziehen, er erreicht darüber hinaus, daß die Mutter des jungen Mannes, den er verführt hat, wegen sogenannter Kuppelei zu einem Jahr Gefängnis verurteilt wird. Diese Mutter hatte ihren Sohn vor der Homosexualität gerettet, indem sie ihn gegen Bezahlung mit dem Dienstmädchen verkuppelte, was damals in der Bundesrepublik als Verbrechen galt. Leider wurde diese Fassung des Films nur in Österreich und in der Schweiz gezeigt. In Westdeutschland erzwang die Zensurbehörde, daß einige allzu schwulenfreundliche Stellen geändert wurden. Statt der gelungenen Flucht nach Italien gibt es jetzt die Verhaftung auf dem Bahnhof Zoo. Eine Szene, in der schwule Freunde von Boris, die offensichtlich aus Frankreich kommen und das deutsche Schwulenstrafrecht als unmenschlich kritisieren, wurde weggeschnitten. Doch selbst in dieser entstellten Version enthält *Anders als du und ich* noch immer zahlreiche Szenen mit schwulenfreundlicher Tendenz, wie sie in europäischen oder amerikanischen Filmen erst in den siebziger Jahren möglich waren.

In Vito Russos Buch *Die schwule Traumfabrik – Homosexualität im Film* kommt der Film *Anders als du und ich* nicht vor; statt dessen heißt es von dem englischen Film *Victim* (1961), er markiere »einen Wendepunkt« bei der Darstellung der Schwulen im Kino. Das mag in dem Sinne zutreffen, den der Hauptdarsteller von *Victim*, Dirk Bogarde, benannte (»Es war der erste Film, in dem ein Mann zu einem anderen Mann ›Ich liebe dich‹ sagte. Ich fügte diese Szene ein. Ich sagte: ›Halbe Sachen sind sinnlos. Entweder machen wir einen Film über Schwule oder nicht‹«)[8]. Der Auftritt eines schwulen Mannes, der sich nicht versteckt und nicht in den Selbstmord getrieben wird, sondern der sich gegen den Terror der Normalen wehrt, hatte aber bereits 1957 in *Anders als du und ich* stattgefunden.

Im Kino wie auf dem Theater der sechziger Jahre spiegelt sich jene Tendenz einer generellen Liberalisierung im Umgang mit Sex und speziell Männersex, die sich im Jahrzehnt zuvor schon in der Belletristik durchgesetzt hatte und die atmosphärisch und kulturpolitisch die Schwulenbewegung neuen Typs vorbereitete, die die bürgerlichen Staaten des Westens in den siebziger Jahren zu ›homosexualisieren‹ begann. Man kann in dieser zweiphasigen Entwicklung – zuerst die kulturell-künstlerische Rebellion gegen Moralregeln, dann die politisch-soziale Bewegung mit ähnlichem Ziel – ein allgemeines Muster erkennen, das der Schwulenhistoriker Ferdinand Karsch-Haack schon für die deutschen Verhältnisse des 19. Jahrhunderts beschrieben hatte. Er sah eine Phase des poetischen Protestes gegen die Ächtung der Männerliebe in Romanen, Gedichten und Theaterstücken einer zweiten Phase der politischen Bewegung vorausgehen.[9] Daß in Westeuropa und Nordamerika die künstlerisch-ästhetischen Avantgarden in den Metropolen, ähnlich wie im Deutschland des 19. Jahrhunderts, der Schwulenbewegung, der Gay Liberation Movement, den Boden bereiteten, scheint offensichtlich und stellt eine merkwürdige Wiederholung der Geschichte dar.

Manfred Herzer

---

1 Edmund White, *Jean Genet. Biographie* (München 1993) S. 304.
2 James B. Levin, *The Gay American Novel*, in: *Encyclopedia of Homosexuality* (New York und London 1990) S. 905–907.

3 Wayne R. Dynes, *Beat Generation*, in: *Encyclopedia of Homosexuality* S. 117–118.

4 Geoff Puterbaugh, *Isherwood, Christopher (1904–1986)*, in: *Encyclopedia of Homosexuality* S. 614–615.

5 Manfred Herzer, *Helmut Schmidt und die Flutkatastrophe*, in: *Hamburg von hinten* (Berlin 1982) S. 76–77.

6 Rolf Putziger, *Reges IFLO-Leben in Hamburg*, in: *Der Weg zu Freundschaft und Toleranz*, Nr. 11, 1952, S. 31.
7 Edmund White, *Jean Genet* S. 454–455.

8 Vito Russo, *Die schwule Traumfabrik* (Berlin 1990) S. 104.
9 Ferdinand Karsch-Haack, *Die deutsche Bewegung zur Aufhebung des § 175 RStGB* (Berlin-Pankow 1924).

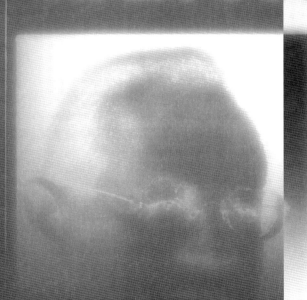

VII. Gay Liberation von 1969 bis heute

VII. 1
Gay Sunshine – Vorbild USA

Militante Demonstranten für die Gay Liberation
Aus: *Life* vom 31. Dezember 1971,
New York, Collection of Jonathan Ned Katz

Dieses Foto schwuler Aktivisten (hier Mitglieder der Gay Activists Alliance *aus New York) zeigt eine völlig neue Sichtweise auf die Homosexuellen: sie erscheinen als zornig und militant. Akzentverschiebungen innerhalb der Bewegung kommen darin zum Ausdruck – weg vom höflichen Protestieren durch ›Homophile‹, hin zur Konfrontation durch ›Gay Liberationists‹.*

Bettye Lane
Lesbian Feminist Liberation
Demonstration lesbischer Feministinnen
5. Oktober 1978. Fotografie
New York, Bettye Lane

Die Gay-Liberation-Bewegung war stark von den politischen Bewegungen der sechziger und siebziger Jahre beeinflußt: der amerikanischen Bewegung zur Beendigung des Krieges in Vietnam, der Black-Power-Bewegung, die sich aus dem Kampf um die Bürgerrechte der Schwarzen entwickelte, und von der Frauenbewegung. Viele Aktive dieser Bewegungen brachten ihre Erfahrungen in die Gay-Liberation-Bewegung ein. Auch wurden später die in der Friedens-, der Black-Power- und der Frauenbewegung entwickelten politischen Analysen und Taktiken von den schwulen Aktivisten übernommen. Auf dem Foto marschiert eine Gruppe Frauen hinter einem Transparent mit der Aufschrift Lesbian Feminist Liberation. *Hinter ihnen ist ein Transparent der* Gay Activists Alliance *sichtbar.*

Su Negrin (Grafik), Peter Hujar (Foto)
Let Go
1970. Plakat der *Gay Liberation Front*
Cambridge, Schlesinger Library, Radcliffe College

Das Plakat warb für die revolutionäre Gay Liberation Front *von New York City (provokanterweise nach der nordvietnamesischen Nationalen Befreiungsfront benannt, mit der die USA im Krieg standen). Das Plakat bringt den neuen fröhlichen Übermut der jungen Radikalen zum Ausdruck.*

Im Juni 1969 versuchte die Polizei, im New Yorker Stadtteil Greenwich Village einige Stammgäste des *Stonewall Inn*, einer Homobar in der Christopher Street, festzunehmen. In der Bar wurde angeblich gegen die damals geltende Vorschrift verstoßen, nach der Männer nicht miteinander tanzen durften. (Nach einer anderen Version benutzte die Polizei den Vorwand, daß im *Stonewall Inn* ohne Erlaubnis Alkohol ausgeschenkt wurde.) Einige der besonders effeminierten Gäste wehrten sich gegen die Verhaftung, und draußen auf der Straße begannen sympathisierende Passanten, unter ihnen viele Transvestiten, sogenannte *Street Queens*, den Widerstand zu unterstützen, zunächst mit Pfeifkonzerten und Buhrufen, dann mit körperlicher Gewalt: Es entwickelte sich die *Stonewall Rebellion*, die mehrere Tage und Nächte andauerte. Als Symbol für die Schwulenbewegung in den USA (allerdings nicht, wie der populäre Mythos behauptet, von Anfang an) wird der Tag der Straßenkämpfe jedes Jahr im ganzen Land mit Umzügen, Märschen und anderen Gedenkveranstaltungen gefeiert. Die *Stonewall*-Ereignisse müssen rückblickend als eine Art Katalysator für die Gay-Liberation-Phase der Bewegung angesehen werden. Bald nach der Rebellion kam es in New York zur Gründung der *Gay Liberation Front* (GLF), deren politisch linke Ausrichtung sich an anderen Befreiungsbewegungen der späten sechziger Jahre orientierte. In der Bedeutung übertroffen wurde die GLF ein Jahr später von der *Gay Activists Alliance* (GAA), einer militanten Gruppe, die in den folgenden Jahren die Bewegung in New York dominierte und, wie die GLF, überall in den Vereinigten Staaten und in Europa kopiert wurde.

In der Mitte der siebziger Jahre hatte die aufblühende Schwulenbewegung ein beträchtliches Ausmaß an öffentlicher Beachtung erreicht. Sie fand mehr und mehr Anhänger über den Kreis der jugendlichen und ›radikalen‹ Gründergeneration hinaus, die gleich nach *Stonewall* dabei gewesen war. Der in New York City sehr bekannte Arzt und Mitarbeiter der Stadtverwaltung Howard Brown gab öffentlich bekannt, daß er homosexuell sei. Wenige Monate später beteiligte er sich am Aufbau der *National Gay Task Force* (NGTF). Zu dieser Zeit hatten bereits zwei offen schwule Abgeordnete Parlamentssitze errungen, Allan Spear in Minnesota und Elaine Noble in Massachusetts. In mehreren großen Städten entstanden schwule politische Klubs, und in der *Democratic Party*, einer der beiden großen politischen Parteien der USA, war die Mitarbeit von Schwulen fest etabliert. Schwulenzentren (*Gay community centers*) bildeten sich in immer mehr größeren Städten, während zugleich eine zunehmende Zahl von Spezialgruppen, berufs- oder hobbybezogenen Vereinigungen entstand. Auch eine kleine, aber lautstarke Bisexuellenbewegung meldete sich erstmals zu Wort. Nahezu die Hälfte aller US-Staaten hatte das Schwulenstrafrecht reformiert

Bettye Lane
Bekanntgabe der Gründung von »The Gay Task Force« auf einer Pressekonferenz in New York
15. Oktober 1973. Fotografie
New York, Bettye Lane

Die Zunahme der Lesben- und Schwulenbewegung in den USA läßt sich an der Gründung politischer Gruppen mit nationaler Ausrichtung ablesen: The National Gay and Lesbian Task Force, National Gay Rights Advocates *und* Parents and Friends of Lesbians and Gays. *Die anderen relativ frühen überregionalen Gruppen waren der* Legal Defense and Education Fund (LAMBD) *und die Kongreß-Lobby-Organisation* Human Rights Campaign Fund. *Unter den ersten nationalen Schwulenorganisationen befand sich die heutige* The National Gay and Lesbian Task Force *(ursprünglich:* The Gay Task Force*). Das Foto zeigt die Gruppengründung am 15. Oktober 1973, von links nach rechts: Ron Gold, Frank Kameny, Dr. Howard Brown, Bruce Voeller und Nathalie Rockhill. Dr. Brown, ehemaliger Mitarbeiter der Gesundheitsverwaltung der Stadt New York, war der erste Regierungsbeamte, der sich offen zur Homosexualität bekannte.*

Behinderter im Rollstuhl
25. April 1993. Fotografie
New York, Fred W. McDarrah

Bereits in den siebziger Jahren erfolgte eine zunehmende Differenzierung der Schwulenbewegung. Waren es zuerst kirchliche Gruppierungen, so folgten bald unterschiedliche ethnische Gruppierungen und danach die Organisation von Behinderten in eigenen Gruppen. Gegen Ende der sechziger Jahre, noch vor den Stonewall Riots, begannen religiöse Schwule und Lesben, die feststellen mußten, daß ihre Kirchen sich ihnen gegenüber ablehnend verhielten, ihre eigenen Gottesdienste abzuhalten. Da die jüdisch-christlichen Institutionen und ihre Lehre immer eine wesentliche Quelle antihomosexueller Vorurteile waren, wurde der Kampf um die Rechte und die Befreiung der Homosexuellen innerhalb und außerhalb der organisierten Religionen zu einem einflußreichen Teil der Schwulenbe-

(was öfter von Entscheidungen oberster Gerichte und seltener von Parlamentsentscheidungen bewirkt wurde), doch verlangsamte sich diese Tendenz zur strafrechtlichen Liberalisierung am Ende des Jahrzehnts. Etwa fünfzig Städte (und 1982 auch der Staat Wisconsin) erließen Antidiskriminierungsregelungen zum Schutz Homosexueller vor Benachteiligung bei der Wohnungssuche und im Beruf. Im Bereich der Sozialarbeit entstanden Beratungs- und Betreuungsdienste zur Selbsthilfe bei Problemen des Alltags, des Älterwerdens und der Selbstakzeptanz im Jugendalter (Coming-out). Man kann es als Indikator für die Erfolge dieser Gruppen werten, daß sie aus Steuergeldern finanziert wurden.

Eine bis dahin nicht für möglich gehaltene Zunahme schwuler Zeitschriften und Bücher gehört ebenfalls zu den neuen Phänomenen der siebziger Jahre. Mit Ausnahme des *Advocate*, des ersten schwulen, oder genauer: homophilen Massenblatts, das seit 1967 in Los Angeles erschien, waren die Nach-*Stonewall*-Zeitschriften hervorgegangen aus und geprägt von der sogenannten Underground- und Hippie-Presse jener Zeit. *Gay Community News* (Boston), *Body Politic* (Toronto) oder *Gay Sunshine* (Berkeley) seien hier stellvertretend für viele andere genannt. Erstmals entstanden schwule Verlage und Wirtschaftsunternehmen. Einige Colleges boten Kurse zu schwulen Themen an, und eine zunehmende Zahl von Männern und Frauen lehnte das übliche ›Doppelleben‹ ab und bekannte sich zu ihrer Homosexualität gegenüber Familie, Arbeitgeber und Bekannten.

Als die *American Psychiatric Association* 1973 beschloß, die Homosexualität aus der psychiatrischen Krankheitsklassifikation zu streichen, trug dies zur Weiterentwicklung des schwulenfreundlichen Klimas bei, während auf der anderen Seite aus den christlichen Kirchen und Religionsgemeinschaften (evangelikaler Protestantismus der Anita Bryant und Jerry Falwell, Homophobie des katholischen New Yorker Kardinals John O'Connor) sowie von konservativen und rechtsradikalen Politikern Äußerungen zu hören waren, die den Haß gegen Homosexuelle zu schüren versuchten. Die politischen Konflikte, die aus solchen gegensätzlichen Strömungen resultierten, hatten etwa zur Folge, daß einige große Städte ihre Antidiskriminierungsgesetzgebung rückgängig machten, während andere Städte zur gleichen Zeit solche Gesetze erstmals in Kraft setzten.

Die Schwulen organisierten scharenweise ihr »Coming-out« und »Going public« im Sinne des öffentlichen Bekenntnisses zum So-Sein, die Schwulenghettos in den großen Städten expandierten und blühten auf. Vorstellungen von einer »Gay identity« gehörten zum Alltagsbewußtsein des Durchschnittsschwulen.

Die sexuellen Sitten und Gebräuche wurden zunehmend lockerer, ›pluralistischer‹. Der entsprechende Trend der sechziger Jahre verstärkte sich enorm. So galt der anonyme Sex an halböffentlichen Orten immer mehr als akzeptabel, die exklusive Liebesbeziehung wurde in gleichem Maße als konservativ und unzeitgemäß kritisiert. Promiskuität wurde für eine wachsende Zahl von Schwulen zur Selbstverständlichkeit. Sexaktivitäten in Gruppen wurden populär, immer mehr Schwulenbars

wegung. Da die meisten Schwulenorganisationen in den Vereinigten Staaten überwiegend aus Weißen bestanden, begannen Schwule und Lesben ethnischer Minderheiten, sich in Gruppen zu organisieren und sich für ihre speziellen Belange einzusetzen. Sie übernahmen eine Brückenfunktion zwischen den Gruppen, indem sie sowohl gegen den Rassismus in Schwulenorganisationen als auch gegen die Homophobie in ihren ethnischen Gruppen kämpften. Noch in den siebziger Jahren, mitten im Kalten Krieg, ordneten sich die Angehörigen rassischer Minderheiten häufig selbst kollektiv als »Dritte Welt« ein. In jüngerer Zeit haben sich die Angehörigen von »rassischen Minderheiten« – die in einigen Städten eigentlich Mehrheiten sind – selbst kollektiv als »farbige Menschen« bezeichnet. Die politische Mobilisierung Homosexueller mit Behinderungen – darunter Blinde, Taube und Rollstuhlfahrer – brach mit klischeehaften Vorstellungen, da man sie oft als passive, asexuelle und isolierte Opfer darstellte.

Black & White Men Together
San Francisco 1970er Jahre. Plakat
San Francisco, Gay and Lesbian Historical Society of Northern California

boten ihren Gästen Darkrooms an, und der Gebrauch von Drogen wie Marihuana, Poppers und Kokain kam regelrecht in Mode.

AIDS in den Achtzigern

Die Fortschritte in der gesellschaftlichen Akzeptanz und in der inneren Konsolidierung der »Gay Community« in den frühen achtziger Jahren trafen auf ein unvorhersehbares Hindernis, als die Krankheit AIDS ausbrach, die die US-Öffentlichkeit zunächst als eine Krankheit homosexueller Männer wahrnahm. Bereits 1983 war die AIDS-Krise mit einer wachsenden Zahl von Todesopfern offensichtlich. Es begann eine Dezimierung der schwulen Bevölkerung vor allem in den großen Städten, besonders in New York und San Francisco. Bevor das HI-Virus identifiziert war, gab es eine Fülle von Versuchen, die Ursachen der Krankheit zu erklären, und vielfach glaubte man, die Homosexualität für die Entstehung von AIDS verantwortlich machen zu können. Manche christlichen Politiker verkündeten, AIDS sei die Strafe Gottes für die Duldsamkeit gegenüber den Homosexuellen, und aus konservativen Kreisen wurde die Internierung der Schwulen in KZ-ähnlichen Lagern verlangt. Selbst nachdem das Virus identifiziert war und die Regierung unter der Leitung ihres obersten Gesundheitsbeamten Everett Koop beachtliche Anstrengungen zur Aufklärung der Öffentlichkeit unternommen hatte, gab es noch verbreitet hysterieartige Ängste vor Ansteckung durch Schwule sowie eine deutliche Zunahme gewalttätiger Übergriffe und allgemeiner Schwulendiskriminierung. Während die öffentliche Diskussion noch von der Vorstellung beherrscht war, AIDS werde durch Sex schlechthin verbreitet, begann schon bald in vereinzelten Medien die Erörterung unterschiedlicher Übertragungsrisiken bei Praktiken wie ungeschütztem Analverkehr (hoch) und Fellatio (niedrig bis gar nicht vorhanden). Dabei wurden der Masse des Publikums erstmals schwule Sexpraktiken beschrieben, und die Diskussion über Homosexualität fand Eingang in die Lehrpläne der öffentlichen Schulen.

Die Schwulen reagierten zunehmend auf die AIDS-Krise, indem sie ihr Sexualverhalten veränderten. Monogamie erfuhr eine neue Hochschätzung, und das Kondom wurde zum unverzichtbaren Hilfsmittel für *Safe Sex*. Die physischen und psychischen Folgen waren verheerend. Die Kraft der Gay Community erschöpfte sich zunehmend in bloßem Krisenmanagement; politisches Engagement, sofern es nichts mit AIDS zu tun hatte, verschwand so gut wie vollständig, und die Infrastruktur der schwulen Welt verfiel; Bars und Bäder wurden geschlossen; bisexuelle Männer mußten wieder in die Heimlichkeit abtauchen, weil die Frauen sie als Infektionsquelle fürchteten; junge Heterosexuelle hörten auf zu experimentieren; zahllose Schwule verkrochen sich wieder in Privatheit und Isolation, aus der sie gerade kurz zuvor ausgebrochen waren.

Im Gegensatz dazu wuchs die Entschlossenheit einiger Homosexueller, den öffentlichen Kampf zur Überwindung der Krise zu führen. Neue Organisationsformen wie *Gay Men's Health Crisis* (1981) und *ACT UP* (1987), die in New York City entstanden, wurden zu Vorbildern, die in der ganzen Welt Nachahmungen fanden. Zudem entwickelten viele Heterosexuelle eine neue Offenheit und Sympathie für die Schwulen, was die Tendenz zur panikartigen Furcht vor dem vermeintlichen Infektionsrisiko beim Umgang mit Schwulen allmählich neutralisierte. Obwohl die Krise den politischen Fortschritt verlangsamte, konnte sie ihn doch nicht stoppen oder gar umkehren. Am Ende des Jahrzehnts hatten zwei Mitglieder des Repräsentantenhauses, Barney Frank und Gerry Studds von der Demokratischen Partei in Massachusetts, sich selbst öffentlich als homosexuell deklariert, und etwa fünfzig erklärtermaßen schwule Männer bekleideten Ämter in

Battle over Gay Rights
Anita Bryant vs. The Homosexuals
Titelschlagzeile der Zeitschrift Newsweek vom 6. Juni 1977
New York, Collection of Allan Bérubé

Im Januar 1977 erließ der Gesetzgeber in Dade County, Florida (die Stadt Miami gehört zu diesem Bezirk) ein Gesetz zum Verbot der Diskriminierung von Homosexuellen. Anita Bryant, eine frühere Miss America und Werbefigur für Orangensaft aus Florida, startete eine Kampagne mit dem Titel »Save our Children«, um das schwulenfreundliche Gesetz zu Fall zu bringen. Durch die Kampagne von Bryant wurde die Diskriminierung von Schwulen zur nationalen Frage. Im Juni hoben die Wähler in Dade County das Antidiskriminierungsgesetz auf. Daraufhin flammten überall in den Vereinigten Staaten wütende Proteste auf. Der Kampf zwischen den christlichen Fundamentalisten und den lesbischen und schwulen Aktivisten breitete sich in den folgenden Jahren weiter aus, als in vielen Städten und Staaten die Bevölkerung über Maßnahmen zur Aufhebung von Schwulenrechten abzustimmen hatte. Das Titelbild von Newsweek *erschien wenige Tage vor der Abstimmung in Miami und zeigt, welchen Stellenwert die Presse der gegen die Homosexuellen gerichteten Kampagne gab.*

Staats- und Stadtregierungen überall in den USA, unter ihnen auch einige Mitglieder der Republikanischen Partei. Eine schwule Kultur in Form von Romanen, Theaterstücken und Filmen blühte mehr und intensiver als je zuvor. Schwule zeigten, daß sie als ein sichtbares und charakteristisches Element der amerikanischen Gesellschaft existierten, obwohl sie von der schlimmsten Krise betroffen waren.

Tendenzen der Neunziger Jahre

Während in der Frage nach der staatlichen Anerkennung gleichgeschlechtlicher Partnerschaften in den USA hauptsächlich die europäische Diskussion nachvollzogen wurde, ohne daß eigene Gesichtspunkte eingebracht werden konnten, bewährte sich in anderen Themenfeldern noch einmal in den neunziger Jahren die US-amerikanische Hegemonie und Definitionsmacht seit 1969. In der heftigen Debatte über die moralische Berechtigung des Outing (Veröffentlichen der Homosexualität von Prominenten, die sich selbst verleugnen) konnten sich schließlich, zuerst in den USA, dann in Europa, die Outing-Gegner durchsetzen. Schwulen Männern, die in den vielen schwulenfeindlichen Institutionen wie Kirchen, Armee oder Parteien Karriere machen und ihre Homosexualität dabei verleugnen und verstecken, gestand die Mehrheit der Gay Community zu, daß auch opportunistische Selbstverleugnung ein Teil des Grundrechts auf Entfaltung der Persönlichkeit darstelle. Nach einigen Jahren kam das Thema Outing in den Strategiedebatten auf beiden Seiten des Atlantik nicht mehr vor.

Für viele homosexuelle Männer und Frauen erlebte überraschenderweise seit dem Ende der achtziger Jahre der Glaube an eine biologische Determiniertheit ihrer sexuellen Orientierung eine heftige Renaissance. Obwohl seit Hirschfelds Zeiten keine neuen Erkenntnisse über die Ursache(n) der Homosexualität vorliegen, wächst die Bereitschaft, an das Angeborensein oder die vorgeburtliche Determinierung zu glauben. Sozialpsychologische Effekte (moralische Entlastung, Trost) scheinen diesem Trend zur Biologisierung der Homosexualität zugrunde zu liegen. Die alte Hoffnung, von der die Arbeit des *Wissenschaftlich-humanitären Komitees* geprägt war, daß nämlich die ›normale‹ Majorität ihre Außenseiter eher dulde, wenn das Außenseitertum biologisch begründet ist, hat in den USA und auch in Europa an Attraktivität gewonnen. So verteidigt etwa hierzulande Udo Schüklenk in seinem Beitrag zu dem von R. Lautmann herausgegebenen Handbuch *Homosexualität* (1993) leidenschaftlich die US-amerikanische medizinische Ursachenforschung und die daran geknüpfte Hoffnung, daß eine biologische Erklärung der Homosexualität »nicht a priori ausgeschlossen« sei.

Ein anderer Trend, der sich gleichfalls zuerst in den USA, dann in Europa durchsetzte, betrifft das Verhältnis der Schwulenbewegung zur Lesbenbewegung und zur Bewegung der Pädosexuellen. Die in der Lesbenbewegung bis in die achtziger Jahre hinein vorherrschende separatistische Idee, daß schwule Männer im wesentlichen Nutznießer des patriarchalischen, gegen die Frauen gerichteten Herrschaftssystems seien, wurde mehr und mehr in Frage gestellt. Waren die Bündnisse bis hin zur Fusion zwischen Lesben- und Schwulenorganisationen zu Anfang der achtziger Jahre die Ausnahme, so waren sie zehn Jahre später der bewegungspolitische Normalfall. Das Verhältnis zwischen der Schwulenbewegung und der Pädophilenbewegung mit ihrem wichtigsten Vertreter, der *North American Man/Boy Love Association* (NAMBLA), veränderte sich ungefähr gleichzeitig in die entgegengesetzte Richtung. Einen symbolischen Ausdruck fand dieser Wechsel der Bündnispartner darin, daß der Gruppe NAMBLA in San Francisco die Teilnahme am dortigen *Gay Pride March* vom Vorbereitungs-

Daniel Nicoletta
Harvey Milk vor seinem Fotoladen in der Castro Street in San Francisco
1976. Fotografie
Berlin, Schwules Museum

Bis in die siebziger Jahre hinein war keine offen lesbische Frau und kein offen schwuler Mann in den USA in ein öffentliches Amt gewählt worden. 1977, sechzehn Jahre nach der gescheiterten Kampagne von José Sarria, wurde Harvey Milk in den Board of Supervisors von San Francisco gewählt. Damit war er einer der ersten frei gewählten schwulen Amtsträger in den Vereinigten Staaten. Als die Mobilisierung der religiösen Rechten gegen die Homosexuellen an Schlagkraft zunahm, wurde Milk zu einer nationalen Figur im Kampf für die Rechte der Schwulen. Das Foto zeigt Harvey Milk vor seinem Geschäft Castro Camera, *das er als Wahlkampfhauptquartier benutzte. Man nannte ihn bereits den heimlichen »Bürgermeister von Castro Street«, eines Viertels in San Francisco, das in den siebziger Jahren als schwules Wohnviertel zur internationalen Touristenattraktion wurde. In seiner Funktion als Supervisor brachte Harvey Milk eine* Gay Rights Ordinance *ein, die mit nur einer Gegenstimme, der des Supervisors Dan White, angenommen wurde. Mit seiner Unterschrift erhob Bürgermeister George Moscone diese Vorlage zum Gesetz. Am 27. November 1978 betrat Dan White das Rathaus von San Francisco und erschoß sowohl den Supervisor Harvey Milk als auch den Bürgermeister George Moscone. Diese Gewalttat erschütterte die Nation. Am Abend der Morde zogen Tausende von Schwulen und Lesben an der Spitze eines Fackelzuges vieler Bürger von San Francisco von der Castro Street zum Rathaus. Am 22. Mai 1979 endete der Prozeß gegen Dan White mit einem Urteil, das Lesben und Schwule im ganzen Land schockierte: White wurde wegen Tot-*

schlags, nicht wegen Mordes verurteilt und erhielt nur eine Gefängnisstrafe von wenigen Jahren. Tausende wütender Demonstranten marschierten zum Rathaus, steckten es in Brand, begleitet von Reihen von Polizeiwagen. Dieser die ganze Nacht dauernde Kampf zwischen schwulen Demonstranten und der Polizei, der am zehnten Jahrestag der Stonewall Riots stattfand, wurde bald darauf als White Night Riots bezeichnet.

Lesbian & Gay Pride March in Washington
1979. Fotografie
Takoma Park, Joan E. Biren
Am 14. Oktober 1979 versammelten sich mehr als hunderttausend Menschen in der Hauptstadt Washington, D. C. zum Ersten Nationalen Marsch für Lesben- und Schwulenrechte. Weitere, noch größere Märsche auf Washington im Kampf um die Rechte von Lesben, Schwulen, Bisexuellen und Transvestiten und um mehr Engagement der Regierung in der AIDS-Krise folgten 1987 und 1993. Durch die riesige Zahl von Teilnehmern an diesen nationalen Demonstrationen wurde die Schwulenbewegung zu einer der größten Kampagnen für soziale Gerechtigkeit in den USA.

kommitee verboten wurde, während Lesbenorganisationen an der Spitze des Zuges marschierten. Der Konsens der siebziger Jahre, daß der Altersunterschied zwischen Sexualpartnern so bedeutungslos sein müsse wie der Geschlechtsunterschied und daß die maßgebliche Frage laute, ob der Sex einvernehmlich und freiwillig oder mit Drohungen, Gewalt und Nötigung stattfinde – dieser Konsens ging innerhalb der Schwulenbewegung zunehmend verloren. Der Einfluß der Lesbenbewegung auf die Schwulen war dabei sicher von großer Bedeutung, wenn auch vielleicht nicht ausschlaggebend. Entscheidender war wohl die in der heterosexuellen Öffentlichkeit erhobene Forderung, den sexuellen Mißbrauch von Kindern härter zu bestrafen und konsequenter zu verfolgen. Dabei galt es als erwiesene Tatsache, daß sexuelle Kontakte zwischen Männern und Jungen immer sexueller Mißbrauch und gewalttätig seien, also ein Unterschied zwischen Pädophilen und ›Kinderschändern‹ nicht gegeben sei. Ferner galt schon bald die Anfertigung und der Erwerb von sogenannter Kinderpornographie als ein ähnlich schlimmes Verbrechen wie die sexuelle Handlung mit Kindern. Die Verfolgung der Pädophilen und die Zerschlagung ihrer Organisationen durch die Polizei geschieht spätestens seit den neunziger Jahren mit Billigung der Mehrheit der amerikanischen Schwulen- und Lesbenbewegung. Die *International Lesbian and Gay Association* (ILGA) faßte auf ihrer Tagung 1994 in New York mit achtzigprozentiger Mehrheit einen Unvereinbarkeitsbeschluß für Pädophile und alle sie unterstützenden Schwulengruppen. Erstmals wurden drei Mitgliedsgruppen ausgeschlossen. Hierbei stand

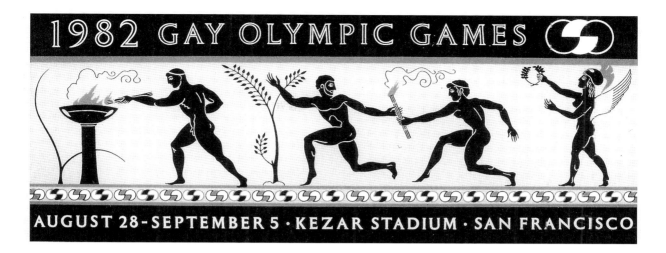

1982 Gay Olympic Games · August 28 – September 5 · Kezar Stadium · San Francisco
1982. Plakat
San Francisco, Gay and Lesbian Historical Society
of Northern California

Eine Kontroverse entzündete sich, als Anwälte des US-Olympischen Komitees gegen die Planer der ersten Gay Olympic Games, die 1982 in San Francisco eröffnet werden sollten, vorgingen, weil sie das Wort ›olympisch‹ für ihre Veranstaltung benutzten. Wenige Wochen vor Beginn der Gay Olympic Games setzte das Komitee gerichtlich durch, daß das Wort ›olympisch‹ nicht benutzt werden durfte. Das Oberste Bundesgericht der USA bekräftigte das Verbot, und die Schwulengruppe war gezwungen, ihre Veranstaltung in Gay Games (»Schwule Spiele«) umzubenennen. Das Originalposter trägt noch den später ›illegalen‹ Titel.

Privacy Project Fact Sheet
Informationsflugblatt der *National Gay and Lesbian Task Force* zu den »Sodomy Laws« in einzelnen U. S.-Bundesstaaten
New York, Collection of Allan Bérubé

1986 bestätigte das Oberste Bundesgericht der Vereinigten Staaten, der Supreme Court, die Verfassungsmäßigkeit staatlicher »sodomy laws«, durch die homosexuelles Verhalten kriminalisiert wird. Zu diesem Fall kam es, als ein Polizeibeamter in Atlanta, Georgia, der Michael Hardwick vorher als Schwulen identifiziert hatte, in dessen Schlafzimmer eindrang und ihn beim oralen Sex mit einem Mann erwischte. Die Entscheidung des Gerichts war ein großer Rückschlag für die Schwulenbewegung. Das Flugblatt wurde nach der Entscheidung des Supreme Court der USA 1986 vom National Gay and Lesbian Task Privacy Project veröffentlicht.

man zwar auch unter dem Eindruck entsprechender Forderungen von lesbischer Seite, bedeutsamer dürften aber die Propagandafeldzüge konservativer Politiker wie des republikanischen Senators Jesse Helms gewesen sein, der mit seinem Kampf gegen ›Kinderschänder‹ die Akkreditierung der ILGA bei einer Unterorganisation der UNO zu verhindern hoffte (der Beraterstatus der ILGA ist derzeit suspendiert).

Der Umbau der Schwulenbewegung unter dem Einfluß von AIDS war das eine große Ereignis der vergangenen fünfzehn Jahre; folgenreicher war aber womöglich die Öffnung der Lesbenbewegung gegenüber den Schwulen und die Aufweichung des rigorosen feministischen Separatismus. Wahrscheinlich sind hier weniger ideologische Faktoren wirksam als vielmehr solche gesamtgesellschaftlichen Prozesse wie das rapide Sinken der Geburtenrate, die zunehmende Erosion der Institutionen Ehe und Familie und die deutlichen Fortschritte, die die Frauenbewegung bei der Durchsetzung einiger ihrer Ziele verzeichnen konnte.

Manfred Herzer

Der Aufsatz basiert auf dem Artikel *United States* von James B. Levin, in: *Encyclopedia of Homosexuality* (New York und London 1990) S. 1341–1352.

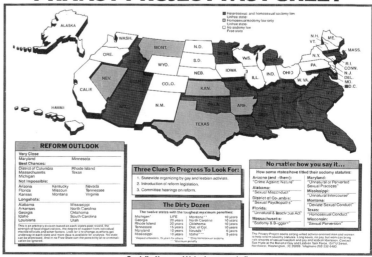

Paul Miller (Oakland Tribune)
»Suburban Homosexual Outreach Project« (SHOP): Demonstration der Organisation »Queer Nation« in der Sun Valley Mall in Concord
1990. Fotografie
San Francisco, Gay and Lesbian Historical Society of Northern California

Die politische Gruppe Queer Nation *wurde 1990 in New York gegründet und breitete sich in wenigen Monaten auf viele Städte aus. Durch Benutzung des Wortes »queer«, das lange als Schimpfwort für Homosexuelle benutzt wurde, nahmen die Aktivisten sich all derjenigen an, die als sexuell Abartige, Perverse und Außenseiter galten. Indem sie sangen: »Wir sind hier, wir sind queer, gewöhnt euch dran!« protestierten sie auf der Straße gegen Gewalt gegen Schwule, Ausgrenzung der Schwulen und Schwulendiskriminierung. Sie veranstalteten »Kiss-Ins« in Einkaufsstraßen, »Nights Outs« in heterosexuellen Bars und Restaurants und »Be-Ins« vor touristischen Attraktionen. Ab 1992 ging die Bedeutung der* Queer Nation*-Gruppen wegen innerer Meinungsverschiedenheiten zu den Themen Politik, Geschlecht, Rasse und Religion zurück.*

Act Up-Aufkleber »SILENCE=DEATH«
1980er Jahre.
New York, Collection of Allan Bérubé

Gay Rights Laws Can't Be Banned, High Court Rules
Titelschlagzeile und Artikel
Aus: *The New York Times* vom 21. Mai 1996
New York, Collection of Jonathan Ned Katz

Auch nach Anita Bryants Kampagne stellten schwulenfeindliche Gruppen in vielen Staaten »Initiativen« vor. Manche forderten die Entlassung lesbischer und schwuler Lehrer und das Verbot schwuler Bücher in Schulen und öffentlichen Büchereien, andere kämpften gegen Gesetze, die Homosexuelle vor Diskriminierung schützen sollten. Nicht alle dieser Initiativen kamen bei den Wählern durch, doch drängte diese auf ganz Amerika ausgeweitete Kampagne die lesbischen und schwulen Aktivisten in die Defensive. 1992 wurde in Colorado eine Initiative, die den Homosexuellen den Schutz durch das bürgerliche Recht aberkennen wollte, von einer großen Mehrheit angenommen. Lesbische und schwule Aktivisten protestierten daraufhin, unterstützt von Anhängern aus ganz Amerika. Es wurde gefordert, Produkte aus Colorado und den Tourismus zu boykottieren. Aktivisten leiteten ein Gerichtsverfahren ein, das vier Jahre dauerte und bis zum Obersten Gerichtshof ging. Das Urteil im Mai 1996 war einer der wichtigsten Siege im Kampf gegen die »Religious Right« (religiöse Rechtsextremisten): Das Gericht brachte die »Gesetzesänderung 2 von Colorado« zu Fall.

Mariette Pathy Allen
Brandon Teena Memoriam
Protest von transsexuellen Aktivisten in Fall City, Nebraska
Sommer 1995. Farbfotografie
New York, Mariette Pathy Allen

Seit Stonewall begannen Sex- und Geschlechtsrebellen eine politische Bewegung zu organisieren, um Rechte und Freiheiten für alle »Transsexuellen« zu fordern. Die selbstgewählte Bezeichnung »transsexuell« ist ein politischer Sammelbegriff für alle Menschen, die sich auf unterschiedliche Weise gegen sexuelle und geschlechtsspezifische Normen auflehnen. Transsexuelle Aktivisten kämpften dafür, die frühere »Bewegung für Schwulenrechte« so auszuweiten, daß sie den Kampf um die Rechte und die Befreiung Transsexueller einschließt. 1995 protestierten transsexuelle Aktivisten vor dem

Gerichtsgebäude von Fall City, Nebraska, gegen die Ermordung des jungen Transsexuellen Brandon Teena.

Gays and the Military – How Far Will Clinton Go?
Titelschlagzeile der Zeitschrift *Newsweek* vom 1. Februar 1993
New York, Collection of Allan Bérubé

Einzelne lesbische und schwule Militärangehörige protestierten mit Unterstützung ziviler homosexueller Organisationen gegen den Ausschluß der Homosexuellen vom Militär, seit dieser zum erstenmal im Zweiten Weltkrieg in Kraft trat. Sie nahmen an Demonstrationen teil, »outeten« sich, gingen durch alle Instanzen, um gegen schwulenfeindliche Entlassungen Einspruch zu erheben. Im Laufe der Jahre hat das Militär geringfügige Änderungen an seiner antischwulen Politik vorgenommen, aber die Politik als solche blieb weiter bestehen. Im Januar 1993 nahm sie das Ausmaß einer nationalen Krise an, als der neugewählte Präsident Bill Clinton zusicherte, das Verbot aufzuheben. Wütende Militärbeamte und Kongreßmitglieder riefen eine nationale Kampagne ins Leben, um den Präsidenten daran zu hindern. Wenige Tage nach der Amtseinführung des Präsidenten brachten Newsweek *und andere nationale Zeitschriften und Zeitungen Titelgeschichten, in denen sie fragten, wie weit der Präsident mit seiner Erlaubnis für »offen« Homosexuelle beim Militär gehen würde. Die Titelseite zeigt Navy Petty Officer Keith Meinhold, einen der Schwulen und Lesben, die sich, um gegen das Verbot zu protestieren, öffentlich »outeten«.*

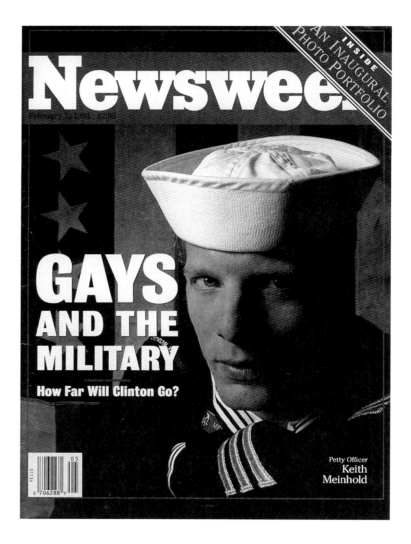

VII. 2
Glad to be gay in Great Britain

Gay Times
Zeitschrift. Ausgabe Juni 1985
Berlin, Schwules Museum

Gay Times, *das Aushängeschild von* Millivres, *Englands Verlag für schwule Bücher und Magazine, wurde 1982 aus der Taufe gehoben, als das eingegangene Pin-Up-Blatt* Him *als Life-Style-Magazin neu aufgelegt werden sollte. Zur selben Zeit kränkelte* Gay News *vor sich hin, und verschiedene der unzufriedenen Mitarbeiter stellten ihre Talente* Him *zur Verfügung, bis* Gay News *einige Monate später sein Erscheinen ganz einstellte. Bald darauf kaufte* Millivres *den Titel* Gay News *und vereinigte ihn mit* Him, *das im Mai 1984 in* Him/Gay Times *umbenannt wurde und im Juni 1985 in* Gay Times.

Die Reform der Homosexuellengesetze erfolgte im Zuge einer allgemeinen Lockerung der Einstellung zur privaten Moral in den sechziger Jahren, den »Swinging Sixties«. Die neuen Freiheiten ließen die schwule Subkultur aufblühen – sei es in kommerzieller Hinsicht durch größere und bessere Bars, Clubs und Diskotheken, oder in weniger sichtbar kommerziellen Bereichen wie dem Buch- und Zeitschriftenmarkt. Daß es jetzt Orte gab, wo sich Schwule treffen und mit ihresgleichen kommunizieren konnten (und sei es nur auf gedrucktem Papier), vergrößerte die Chancen einer persönlichen Befreiung. Es begann sich eine lose geknüpfte »Community« herauszubilden.

Das soll jedoch keineswegs heißen, daß sich die gesellschaftliche Einstellung als solche änderte. Die New Yorker *Stonewall Riots* von 1969 waren der Auslöser für das Entstehen einer neuen Schwulenbewegung, die 1970 London erreichte. Ziel dieser Bewegung war es, die Schwulenbefreiung aus der juristischen Arena herauszuholen und die Homosexualität in die Gesellschaft zu integrieren, die diese nicht ächten und so akzeptieren sollte, wie sie sich selbst verstand. Obwohl die Kampagne seit Mitte der siebziger Jahre abebbte, trat die Homosexualität immer sichtbarer hervor, sowohl in Massenveranstaltungen wie der alljährlichen Schwulenparade in London, wie dadurch, daß sich allmählich immer mehr Persönlichkeiten des öffentlichen Lebens zu ihrer Homosexualität bekannten. Junge Schwule und Lesben mußten nicht länger in die Vergangenheit blicken, um nach Vor-

gay liberation front manifesto
London 1971. Broschüre
Brighton, Collection of James Gardiner

»Die frühen siebziger Jahre markieren einen Wendepunkt in der Entwicklung eines schwulen Bewußtseins. Homophile Organisationen, die auf Zehenspitzen durch die sechziger geschlichen waren, verdrängte jetzt eine neuartige Bewegung, die besonderes Gewicht auf Offenheit, Konfrontation, Stolz, Identität und – vor allem – Aktivismus legte« (Jeffrey Weeks, Coming Out). Gay Liberation Movement war eine soziale Revolution. Obwohl die teilweise Legalisierung von 1967 einen Fortschritt bedeutete, hatte sich die gesellschaftliche Situation der meisten Homosexuellen nicht verändert. Nach wie vor waren sie eine unterdrückte Minderheit. Die Homosexual Law Reform Society (HLRS) hatte zwar getan, was sie konnte, um aber Homosexuellen ein offen schwules Leben innerhalb der Gesellschaft zu ermöglichen, bedurfte es einer gänzlich neuen schwulen Organisation. Gay Liberation nahm ihren Ausgang von den Stonewall-Unruhen 1969. Zwei britische Studenten, die sich bei einer Gay Liberation-Versammlung in New York trafen, Bob Mellors und Aubrey Walter, beschlossen, diese Revolution nach Großbritannien zu tragen. Sie organisierten das erste englische Gay Liberation-Meeting an der London School of Economics im Herbst 1970. Die Gay Liberation Front (GLF) legte keinen besonderen Wert auf hohe Mitgliederzahlen, sondern auf die Befreiung jedes Einzelnen. Das persönliche Coming-out war das erklärte Ziel, denn bevor man gegen die Unterdrückung durch die Gesellschaft vorgehen konnte, galt es, sich erst einmal nicht mehr selber zu unterdrücken. Die erste Demonstration »schwulen Stolzes« (Gay Pride), die die GLF organisierte fand in der Nacht des 27. November 1970 in Highbury Fields, Nordlondon statt. Der Anlaß für die Demo, an der sich etwa 150 Personen beteiligten, war die Anklage gegen den Führer der Jungliberalen, Louis Eakes, der an genau diesem Ort jemanden ›belästigt‹ haben sollte. Spätere Demonstrationen galten auch allgemeineren politischen Zielen, weil man sich bewußt war, daß die Schwulenbefreiung Teil der Verwirklichung der Menschenrechte ist. Viele, die Gay Liberation als Lebensform für sich übernahmen, waren der Überzeugung, man müsse täglich wieder neu aus den Zwän-

bildern zu suchen, sie fanden sie jetzt aus Fleisch und Blut oder überlebensgroß auf Bühne, Leinwand und Bildschirm.

Deutlich feindseliger wurde das politische Klima wieder in der Regierungszeit der Premierministerin Margaret Thatcher, als die persönliche Moral erneut zur politischen Frage erhoben wurde. Mit der Verschärfung der AIDS-Krise und der daraus erwachsenden Hysterie wurde sie von der Regierung zum öffentlichen Problem erklärt und dazu benutzt, Gesetze wie die berüchtigte Clause 28 des Local Government Act hervorzubringen, die den Kommunen jede ›Förderung‹ von Homosexualität verbot und so im Grunde ein Instrument zur Unterdrückung der Schwulen war.

Aus der AIDS-Krise und einer verstärkten Repression erwuchs jedoch eine neue Welle des Aktivismus in einer etwas apathisch gewordenen Schwulenbewegung. Gruppen wie ACT UP und OutRaged und die Lobby-Gruppe Stonewall bewirkten eine erneute Politisierung der Homosexualität und erreichten eine weitere Strafrechtsreform: die Senkung der Altersgrenze für einvernehmlichen Sex – ein nur halber Triumph, da diese Grenze nur auf 18 Jahre gesenkt wurde, während sie für Heterosexuelle bei 16 Jahren liegt.

Mit der Annäherung an das neue Jahrtausend und einem (längst überfälligen) Regierungswechsel scheint das Ziel einer vollständigen Gleichstellung und der rechtlichen und sozialen Gleichbehandlung mit den anderen Mitgliedern der Gesellschaft in greifbare Nähe gerückt.

James Gardiner und Peter Burton

gen der Heterogesellschaft ausbrechen. Man trug Gay Liberation Front- oder Glad to be gay-Anstecker, und wem das nicht schrill genug war, ging im Fummel einkaufen. Schon 1971 organisierte die GLF einen Marsch durch London; der erste ›offizielle‹ Gay Pride March, an dem sich 2.000 Menschen beteiligten, fand am 1. Juli 1972 statt.

Tom Robinson Band: »Glad to be Gay«
Queen: »Radio Ga Ga«
1982 und 1984. Zwei Plattencover
Berlin, Schwules Museum

Spätestens seit den siebziger Jahren gab es wohl in der populären Unterhaltungsmusik aller Länder des Westens schwule Schlager, Songs und Tanzmusik sowie Gesangskünstler, die ihr schwules Privatleben in die Selbstinszenierung als Popstars integrierten. Keine andere als die britische Popmusik brachte jedoch eine derartige Fülle und Vielfalt an schwulen Musiktiteln und schwulen Musikern hervor, die immer wieder in den internationalen Hitparaden auftauchten. Nur am Rande sei hier der nicht eigentlich typische und bis heute nur als Bootleg verbreitete Cock Sucker Blues *der Rolling Stones (1970) erwähnt (»Oh, where can I get my cock sucked? Where can I get my ass fucked?«). Dagegen spielten solche Sänger und Komponisten wie Elton John, Boy George, Jimmy Somerville, Freddy Mercury von der Gruppe* Queen *oder das Duo* Pet Shop Boys, *die sich alle bald nach dem Beginn ihrer Karriere als Schwule deklarierten, in den letzten drei Jahrzehnten eine nicht hoch genug einzuschätzende Rolle bei der Integration der Schwulen in die Gesellschaft und beim Abbau von Vorurteilen unter den jugendlichen Musikfans. Nicht ganz so populär wie diese Interpreten wurden Musikgruppen wie die* Tom Robinson Band, *die sich 1978 mit Agitpropsongs wie* Glad To Be Gay *und* Power In The Darkness *in die Gay Liberation Movement einreihten. Erfolgreicher, weil musikalisch innovativer waren dagegen Gruppen wie* Frankie Goes To Hollywood, *die in den Jahren 1984 bis 1988 einen derart un- mißverständlich schwulen Lebensstil zur Schau stellten, daß ein expliziter Bezug zu Gay Liberation überflüssig war, weil er in der Musik und in den Videos gleichsam real gelebt wurde.*

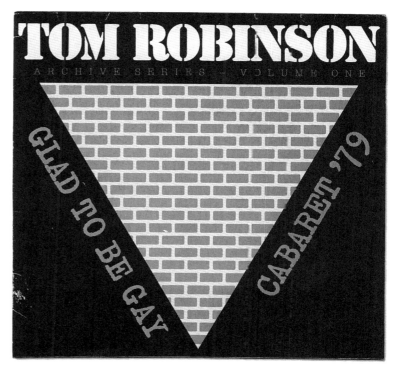

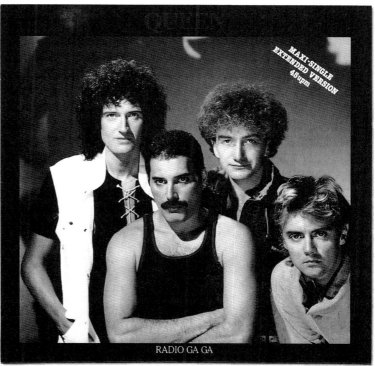

277

Bill Short
Derek Jarman mit Isaac Julien und Jimmy Somerville am 25. Jahrestag der Gesetzesreform
Juli 1992. Fotografie
Brighton, Collection of James Gardiner

Derek Jarman (2. v. r.) (1942–1994), bildender Künstler, Filmemacher und schwulenbewegter Aktivist, gehörte in den sechziger Jahren zur mondänen schwulen Kunstszene im Swinging London, deren prominentestes Mitglied der Maler David Hockney war. Als kommerzielle Erfolge ausblieben, wandte sich Jarman von der Malerei ab und verlegte sich auf die Ausstattung von Filmen und wurde Mitarbeiter des Regisseurs Ken Russell. Nach Experimenten mit den Formaten Super 8 und 16 mm realisierte er 1975 seinen ersten von David Hockney finanzierten Spielfilm, Sebastiane. *Mit seinen lateinischen Dialogen und nackten, jungen Darstellern sorgte* Sebastiane *für ziemliches Aufsehen. In den späteren Filmen* Caravaggio *(1986) und* Wittgenstein *(1993) führte Jarman diese historisch-biographische Thematik fort. Daneben lieferte er radikale Neuinterpretationen von Klassikern wie Shakespeares* The Tempest *(1979) und* Edward II *nach Marlowe (1991) oder beschäftigte sich mit den Abgründen der britischen Gesellschaft, indem er mit* Jubilee *(1977) eine »Punk-Vision des verrotteten und zerfallenden England« zeichnete oder mit* The Last of England *(1987) der reaktionären Margret Thatcher-Ära mit ihrer schwulenfeindlichen Clause 28 einen Spiegel vorhielt. Jarmans letzter Film* Blue *(1993) handelt vom Erblinden und Sterben des Künstlers im letzten Stadium seiner HIV-Infektion: Während die Leinwand 76 Minuten lang in monochromem Kobaltblau erstrahlt, ist eine Toncollage aus Musik, Geräuschen und Monologen mit Tagebuchtexten zu hören, die von der »Heiterkeit des Abschieds« erzählen.*

VII. 3
MACH DEIN SCHWULSEIN ÖFFENTLICH – BUNDESREPUBLIK

W. Helmut Bendt
Erste Schwulendemonstration in Münster
1972. Fotografie
Berlin, W. Helmut Bendt

Die Homosexuelle Studentengruppe Münster (HSM) lud unter ihrem Vorsitzenden Rainer Plein im April 1972 alle existierenden Schwulengruppen zu einem Treffen nach Münster ein. Man wollte einen Dachverband gründen. Zum Abschluß der Tagung kam es zur ersten schwulen Demonstration auf deutschem Boden. Mitten in den Einkaufstrubel platzte der bunte Haufen mit seinen Parolen und Transparenten. Martin Dannecker trug hier erstmals sein Schild mit der Parole: Brüder und Schwestern, warm oder nicht, Kapitalismus bekämpfen ist unsere Pflicht!, *die ihn noch auf vielen Demos begleitete.*

Der Aufstand der Studenten in der zweiten Hälfte der sechziger Jahre veränderte die festgefahrenen Strukturen der Bundesrepublik nachhaltig und stand indirekt Pate für die sich neu formierende Schwulenbewegung. Mit der Einführung der Pille wurde es den Frauen erleichtert, die tradierten sexuellen Rollenzumutungen zu verweigern. Als Reaktion auf die patriarchalen Strukturen, auch in der Studentenbewegung, entstanden feministische Zirkel, die die bis dahin starren Geschlechterrollen vehement in Frage stellten. Ein gesellschaftliches Klima entstand, das auch die Entstehung einer neuen Interessenvertretung homosexueller Belange begünstigte. Am 9. Mai 1969 liberalisierte der Bundestag den § 175 zum erstenmal nach fast 100 Jahren. Da die neue »Schutzaltersgrenze« bei 21 Jahren

lag, war die Straffreiheit für einvernehmliche Homosexualität zwischen erwachsenen Männern allerdings nur der erste Schritt auf dem Weg zur Gleichstellung von Homo- und Heterosexuellen.

Die ›Betroffenen‹ waren aber jetzt mehr als zuvor in der Lage, die immer noch vorhandenen Diffamierungen und Diskriminierungen in allen Bereichen der Gesellschaft selbst zu bekämpfen. Alte festverwurzelte Vorurteile mußten erschüttert werden. Gleichzeitig mit der zaghaften Entkriminalisierung homosexueller Handlungen erschienen die ersten Homo-Magazine im freien Verkauf. Das hatte es seit den frühen fünfziger Jahren, als ein neues Jugendschutzgesetz die Schwulenzeitschriften vom Kiosk verbannte, auf deutschem Boden nicht mehr gegeben. 1970 gab es Versuche in Hamburg, Wiesbaden und München, große Homo-Verbände zu gründen. Alle scheiterten nach kurzer Zeit. Die einzige Gruppe, die sich durchsetzte, war die nach skandinavischem Vorbild gegründete *Internationale Homophile Weltorganisation* (IHWO) in Hamburg (die sich 1974 auflöste).

Im Dezember 1970 wurde in Bochum die erste studentische Selbsthilfegruppe gegründet, die sich im Februar 1971 den Namen *Homosexuelle Aktionsgruppe Bochum* (HAB) gab. Im April des gleichen Jahres fand die konstituierende Sitzung der *Homosexuellen Studentengruppe Münster* (HSM) statt, die mit ihrem Vorsitzenden Rainer Plein eine zentrale Rolle in der Anfangsphase dieser Bewegung spielen sollte. Die Verwendung des Begriffs ›homosexuell‹ in den Namen der neuen studentischen Gruppen war als programmatische Abkehr von der Praxis der bürgerlichen Verbände gemeint, die sich schamhaft ›homophil‹ nannten, weil die Betonung des Sexuellen nach ihrem Verständnis Vorurteile nur bestätigen konnte.

Die junge Generation, von den studentischen Unruhen geprägt, wollte nicht länger abhängig sein von liberalen Fürsprechern wie Sexualwissenschaftlern und anderen akademischen Autoritäten, die ihre eigene Homosexualität versteckten und den netten, hilfsbereiten und in einer eheähnlichen Zweierbeziehung lebenden Homosexuellen propagierten. Die Strategie, Promiskuität und Sexualpraktiken, die den normalen Bürger schreckten, vor der Öffentlichkeit zu verbergen, wurde von den studentischen Emanzipationsgruppen abgelehnt; man wollte sich nicht länger in ein Doppelleben pressen lassen: tagsüber angepaßt und nachts schwul. Nach außen gewendet erwies sich die neue Ehrlichkeit als durchaus erfolgreich, wurde aber von der Mehrheit der Homosexuellen mit Mißtrauen beobachtet. In Überkompensation der negativen Klischeevorstellungen schlossen sich viele Homosexuelle den unterschiedlichsten Subkulturen an. Diese setzten gegen das gesellschaftliche Rollenvakuum für Schwule ein eigenes System von Verhaltensweisen und Rollen, die dem einzelnen das Gefühl der Zugehörigkeit vermittelten und die Spannung des erzwungenen Doppellebens wenigstens in der Freizeit abschafften.[1] Das so entstandene fragile Gleichgewicht wurde durch das aggressive Auftreten der emanzipierten Schwulen gefährdet, die gerade in der schützenden Subkultur die Manifestation der gesellschaftlichen Unterdrückung sahen und bekämpften.

Schwule wollen nicht schwul sein ...

In diese gärende Aufbruchstimmung platzte Rosa von Praunheims Film *Nicht der Homosexuelle ist pervers, sondern die Situation, in der er lebt.* Der Film führte alle schwulen Stereotype vor, bestätigte lustvoll sämtliche Vorurteile und vermied die damals übliche Wehleidigkeit. Der Schwule sollte auffallen, öffentliches Ärgernis erregen und vor allem stolz auf seine angebliche Perversion sein. Vor so viel lustvoller Provokation mußte der Westdeutsche Rundfunk (WDR) als Auftraggeber passen. Nach der triumphalen Uraufführung im *internationalen forum des jungen films* am 5. Juli 1971 während der Berliner Filmfestspiele und der darauf folgenden kontroversen Berichterstattung in der Presse wurde der erste Sendetermin auf Wunsch des Bayerischen Rundfunks von der Programmkonferenz der ARD abgesetzt, der Film ins Dritte Programm des WDR verbannt. Die erste Ausstrahlung fand am 31. Januar 1972 statt. Das ZDF sendete die einfühlsame Dokumentation *Und wenn ihr Sohn so wäre* von Eva Müthel. Der WDR setzte das Fernsehfeature *Paragraph 175 – Fragen an die Homosexuellen und an uns selbst* von Claus-Ferdinand Siegfried ins Programm, das als ›sachliches‹ Gegenstück zu Rosas Schwulenagitation produziert wurde. Bei der um zwölf Monate verschleppten bundesweiten Ausstrahlung am 15. Januar 1973 im ARD-Nachtprogramm erzielte der Film eine überdurchschnittliche Einschaltquote und machte in zweifacher Hinsicht Fernsehgeschichte: der Bayerische Rundfunk stieg erstmals wegen eines Homosexuellenfilms aus dem ARD-Programm aus, und die zu mitternächtlicher Stunde gesendete Live-Diskussion erregte die gesamte Fernsehnation. Besonders empörte die vehemente Kapitalismuskritik, die sowohl der Film als auch die Abgesandten der neuen Schwulenbewegung für sich in Anspruch nahmen. Schwulsein wurde als wichtige politische Produktivkraft ausgegeben, die als einzige in der Lage sei, verkrustete Strukturen aufzubrechen. Hauptsächlich hatte man dabei die erstarrten Beziehungen zwischen den Geschlechtern im Auge. Empörung und Begeisterung waren groß; vom Sittenverfall, den das Fernsehen produziere, war die Rede, aber auch vom Medienereignis erster

Ordnung. Rosa von Praunheim war mit einem Schlag der berühmteste Schwule der Republik und sollte es für Jahre bleiben.

Raus aus den Klappen – rein in die Straßen
Praunheims Film war die Initialzündung der neuen Schwulenbewegung. Schon bei der Uraufführung hatte es hitzige Debatten gegeben, die wenig später im August 1971 im Kino *Arsenal* zur Gründung der *Homosexuellen Aktion Westberlin* (HAW) führten. Die meisten Gruppenmitglieder kamen aus dem Hochschulmilieu und hatten mehr oder weniger Erfahrungen in der sich zersplitternden Studentenbewegung gesammelt. Man wollte eine politische Gruppe sein, die sich von den herkömmlichen Schwulenorgani-

Rüdiger Trautsch
Diskussion mit Rosa von Praunheim nach der Aufführung von »Armee der Liebenden« im Hamburger »Tuc-Tuc«
1979. Fotografie
Berlin, Schwules Museum

Rosa von Praunheims Film Armee der Liebenden oder Aufstand der Perversen *ist eine Bestandsaufnahme der amerikanischen Schwulenbewegung mit all ihren Facetten. Praunheim wollte mit diesem Film die bundesdeutsche Schwulenbewegung aus ihrer vermeintlichen Verbürgerlichung aufschrecken. Ähnlich wie mit seinem Film* Nicht der Homosexuelle ist pervers, sondern die Situation, in der er lebt *zog er wieder durch deutsche Städte und stellte sich der Diskussion. Praunheims Forderung, sich an den kreativen Amerikanern ein Beispiel zu nehmen, wurde von vielen abgelehnt.*

sationen radikal unterscheiden sollte. Rebellion, nicht Integration war angesagt. Man traf sich jeden Sonntagnachmittag im *Drugstore*, einem Jugendtreffpunkt, und diskutierte über das Selbstverständnis einer Emanzipationsgruppe. Als Plattform für die gemeinsame politische Arbeit wurde eine Grundsatzerklärung verabschiedet. Praunheim stellte seine Atelierräume in einem Abbruchhaus in der Dennewitzstraße als Zentrum zur Verfügung, und im Gegenzug begleiteten die Aktivisten Praunheims Film durch die westdeutschen Städte. Fast überall, wo der Film aufgeführt wurde, entstanden weitere Gruppen: in Frankfurt die *Rote Zelle Schwul* (ROTZSCHWUL), in Saarbrücken die *Homosexuelle Aktionsgruppe* (HAS), in Köln die *gay liberation front* (glf-Köln), die sich auf amerikanische Vorbilder berief, und in München eine *Homosexuelle Aktions Gruppe* (HAG) – nach dem Protest der Kaffeefirma HAG mußte sie sich in *Homosexuelle Aktion München* (HAM) umbenennen –, die schon damals nicht nur Studenten, sondern auch Berufstätige als Mitglieder hatte. Es gab einen wahren Gründungsrausch und einen regen Polittourismus. Ständig war irgendwo ein Treffen. Die HSM lud alle deutschen Schwulengruppen im April 1972 zu einem Treffen nach Münster ein. Zum Abschluß der Tagung kam es zur ersten Schwulendemonstration in der deutschen Geschichte.

Von Amerika lernen ...
Rosa von Praunheim und Volker Eschke, der bald zur beherrschenden Figur der Berliner Bewegung wurde, berichteten von ihren Erfahrungen aus New York. Dort hatten sich 1969 die Tunten (offensiv auftretende Homosexuelle) gegen eine Polizei-Razzia erfolgreich zur Wehr gesetzt, dort entstand

»HAW Frauen«. Dokumentation
Berlin Juni 1974. Broschüre
Berlin, Spinnboden e.V., Archiv zur Entdeckung und Bewahrung der Frauenliebe

Die Zusammenarbeit von Schwulen und Lesben war in Deutschland immer eine schwierige Sache. Die HAW hatte kurz nach ihrer Gründung auch eine Frauengruppe, die sich aber, genervt von der männlichen Besserwisserei, bald gänzlich der Frauenbewegung zuwandte. Man teilte jahrelang einen Mietvertrag, bis auch dieser aus ideologischen Gründen zum Nachteil beider Gruppen von den Frauen aufgekündigt wurde. Anfangs gab es gemeinsame Aktionen und auch gemischte Arbeitsgruppen.

Weg mit § 175
Kampf der Diskriminierung
Plakat der *Deutschen Aktionsgemeinschaft Homosexualität*
1973
Berlin, Schwules Museum

Der Plakatentwurf zur ersten bundesweiten Aktion gegen den § 175 im April 1973 fand keine ungeteilte Zustimmung. Die geballte Faust war den bürgerlichen Gruppen zu links und der von ihnen vorgeschlagene Pfeil wurde von den studentischen Gruppen total abgelehnt. So kam es, daß in manchen Städten beide Motive wild plakatiert wurden. Insgesamt sammelte man über 20.000 Unterschriften. Für die meisten Beteiligten war es der erste Auftritt als Schwuler in der Öffentlichkeit. Diese reagierte überwiegend freundlich und gelassen. Schwule Passanten wechselten eher die Straßenseite.

das erste Zentrum und dort betrieb man intensiv Selbsterfahrung. Jim Steakley, ein amerikanischer Student, der in Ost-Berlin über die Geschichte der deutschen Schwulenbewegung forschte, missionierte die HAW in zweifacher Hinsicht: Er schärfte durch seine Mitarbeit in der Gruppe *Relativ heiter, doch streng sozialistisch* das Bewußtsein für die eigene schwule Geschichte und propagierte Selbsterfahrung als Voraussetzung für schwule politische Arbeit. Selbsterfahrungsarbeit und politische Strategien waren dann auch die beherrschenden Themen auf dem ersten Pfingsttreffen, das die HAW 1972 veranstaltete. In der HAW hatte sich in der Zwischenzeit eine Frauengruppe gebildet, die sich aber sehr rasch von der Männergruppe und ihrer unausgesprochenen Bevormundung emanzipierte und sich stärker in der allgemeinen Frauenbewegung engagierte. Zum Pfingsttreffen waren aus dem ganzen Bundesgebiet Schwule nach Berlin gepilgert. Die aufregenden Tage und Nächte inspirierten viele, in ihren Heimatstädten Gruppen nach dem Berliner Vorbild zu gründen, so in Würzburg, Göttingen, Braunschweig, Stuttgart und Düsseldorf. Um den Zusammenhalt zwischen den regionalen Gruppen zu gewährleisten, tauschte man die Arbeitspapiere über einen Informations-Dienst aus.

Weg mit dem § 175!

Die erste große Aktion, die der im Dezember 1972 gegründete neue Dachverband *Deutsche Aktionsgemeinschaft Homosexualität* (DAH) organisierte, war eine Unterschriftenaktion zur Abschaffung des § 175. Anlaß war die bevorstehende Lesung der zweiten Liberalisierung des Sexualstrafrechts im Bundestag. Schon bei der Vorbereitung dieser Aktion kam es zu ideologischen Auseinandersetzungen. Anstoß erregte der Entwurf eines Plakats, das bundesweit geklebt werden sollte. Nach langen Auseinandersetzungen gab es schließlich zwei unterschiedliche Plakate, die jeweils von den linken bzw. den bürgerlichen Gruppen verwendet wurden. Die Stadt Aachen lehnte den Antrag der *Gesellschaft für Sexualreform* auf Zulassung eines Informationsstandes ab und eröffnete damit den Reigen von Infostand-Verboten. Im August 1976 sollte das Bundesverwaltungsgericht in letzter Instanz dieses Verbot als rechtmäßig bestätigen. Später beriefen sich die Ordnungsämter von Ingolstadt und Bochum auf dieses Urteil. Die Unterschriftenaktion war für alle Gruppen die erste Bewährungsprobe in der Öffentlichkeit. Die Passanten in den großen Städten reagierten zumeist

freundlich. Die erwarteten Diffamierungen blieben weitgehend aus. Die Aktion erbrachte mehr als 20.000 Unterschriften.

Am 7. Juni 1973 beschloß der Bundestag, die Schutzaltersgrenze auf 18 Jahre zu senken. Für Heterosexuelle lag sie bei 14 Jahren. Damit blieb eine Diskriminierung der Homosexuellen bestehen und war die vorrangige Aufgabe der Schwulenbewegung, der Kampf gegen den § 175, noch auf Jahre vorgegeben.

Reinhold Ludwig Hilgering
Pfingsttreffen 1973: Straßentheater auf dem Kurfürstendamm
1973. Fotografie
Berlin, Schwules Museum

Zur Freude der Passanten veranstalten Mitglieder der HAW während des zweiten Pfingsttreffens 1973 auf dem Kurfürstendamm mehr oder weniger aus dem Stegreif schwules Agitationstheater. In der Mitte Frank Dornseif, damals Student an der Berliner Hochschule der Künste.

**Tuntenstreit
Theoriediskussion der
Homosexuellen Aktion Westberlin**
(Schwule Texte 1)
Berlin: Verlag rosa Winkel 1975
Berlin, Schwules Museum

Der von der Feministengruppe herausgegebene Reader setzt einen theoretischen Schlußpunkt unter eine lang anhaltende Kontroverse, ob die Tunte an und für sich das revolutionäre Element im Patriarchat darstelle. Als Erkennungszeichen wird der rosa Winkel unter starkem Widerstand eingeführt. Er sollte für lange Zeit das internationale Zeichen der Schwulenbewegung bleiben.

Mach dein Schwulsein öffentlich!
Dieses Motto war eine der zentralen Forderungen der Emanzipationsgruppen an ihre Mitglieder. Es beruhte auf der Einsicht, daß sich am Klischee des ›warmen Bruders‹ nur dann etwas ändern ließe, wenn die Öffentlichkeit massiv mit realen Schwulen konfrontiert würde. Nicht alle Mitglieder konnten und wollten dieser Forderung nachkommen, die für Studenten viel einfacher als für Berufstätige zu leben war. Die über Jahrzehnte geübte Ausgrenzung hatte Spuren hinterlassen, die erst langsam überwunden werden konnten. Der revolutionäre Elan nahm darauf wenig Rücksicht. Auch deshalb hatte ›der gewöhnliche Homosexuelle‹ oft Angst vor der fordernden Haltung der Schwulenbewegten.

Die HAW organisierte 1973 in Berlin das zweite Pfingsttreffen unter dem Motto: »Die Unterdrückung der Homosexualität ist nur ein Spezialfall der allgemeinen Sexualunterdrückung«. Erstmals ging man im großen Stil an die Öffentlichkeit: Es gab eine große Filmretrospektive, ein riesiges Fest in der TU-Mensa, Straßentheater und Informationsstände auf dem Kurfürstendamm und zum krönenden Abschluß eine Demonstration mit über 600 Teilnehmern aus verschiedenen europäischen Ländern. Die italienischen und französischen Tunten der Gruppen *Fuori!* und F. H. A. R. (*Front Homosexuel d'Action Révolutionnaire*) schockierten die übrigen Teilnehmer mit ihrem Auftritt im Fummel und durch lautstarke tuntige Parolen, die nicht der vereinbarten politischen Linie entsprachen. Noch während der Demonstration kam es zu wilden Debatten, ob man diesen nicht die Teilnahme verbieten solle. Martin Dannecker und seinen Mitstreitern von ROTZSCHWUL gelang es in einer nächtens geführten Diskussion, einige der Tuntengegner zu bekehren. Der »Tuntenstreit« hatte begonnen. Pamphlete wurden erstellt und die Tunte zum eigentlichen revolutionären Subjekt ausgerufen. Tunten, so hieß es, könnten ihre Homosexualität nicht verbergen, sie seien die Speerspitze der Bewegung in der Öffentlichkeit.

Schon im Herbst 1973 forcierte die ›Feministen‹-Gruppe der HAW die Einführung des rosa Winkels als Erkennungszeichen der Schwulenemanzipation. Die Gegner des rosa Winkels argumentierten mit den Erfahrungen, die Schwule unter diesem Zeichen mit der Nazidiktatur gemacht hatten, und sahen in der Aneignung des rosa Winkels eine Verhöhnung der Opfer, einen unzulässigen Vergleich zweier grundsätzlich unterschiedlicher Gesellschaftssysteme. Die Fronten verhärteten sich, doch inzwischen hat sich der rosa Winkel längst nicht nur bei den Schwulenbewegten, sondern auch bei den unpolitischen Schwulen als Erkennungszeichen durchgesetzt. Im Zeitalter von AIDS sind andere Zeichen der Solidarität hinzugekommen.

Lila ist nur eine Regenbogenfarbe – Schwestern, die Farbe der Befreiung ist rot!
Um der Abkapselung in rein schwule Lebenszusammenhänge gegenzusteuern und die Auseinandersetzung mit der heterosexuellen Mehrheit zu

1. Mai. Internationaler Kampftag der Arbeiterklasse
1974. Plakat mit Aufkleber
AG Rosa Februar
Berlin, Schwules Museum

Vom Selbstverständnis her war die HAW, wie die meisten Schwulengruppen links angesiedelt. Es galt, den linken Mitstreitern zu beweisen, daß auch Schwule im Klassenkampf ihren Mann stehen. Die meisten linken Gruppen hielten Schwule für dekadent oder wenigstens für einen Nebenwiderspruch, der sich nach der Revolution von selbst auflösen würde. Mit der Strategie der Doppelmitgliedschaft versuchte die HAW ihre Mitglieder dazu zu bewegen, sich in allen gesellschaftlich relevanten Gruppen zu engagieren.

verstärken, gab es den Anspruch, daß sich jedes Mitglied noch in anderen Gruppen oder Institutionen engagieren sollte. Die richtige Einsicht barg aber auch Sprengstoff für das innere Gefüge der Gruppen. Schwule aus der HAW waren bei den Jungsozialisten, der FDP, diversen marxistischen Splittergruppen, bei den Spontis, in orthodoxen kommunistischen Parteien und in diversen Gewerkschaften organisiert. Auf den Plenarversammlungen prallten die verschiedenen politischen Grundsätze und Dogmen aufeinander. Solange man noch das Feindbild des homophoben Kapitalismus päppelte, gelang das schier Unmögliche, daß alle Strömungen vereint gegen die übermächtige Heterogesellschaft kämpften. Mit zunehmender Toleranz der Heteros verschärften sich die Gegensätze in der Gruppe. Aus dem Frust der politischen Dogmendiskussionen flohen viele in Untergruppierungen, die sich der persönlichen Emanzipation oder beruflichen Problemfeldern zuwandten. Der vermeintliche Rückzug ins Private wurde wiederum vom Plenum angegriffen. Weil die Studenten die Diskussionen majorisierten, entstand eine *Homosexuelle ArbeiterAktion Westberlin* (HAAW), die die ›wirklichen‹ Interessen der Arbeiterklasse vertreten wollte. Geduldet, aber nicht ernstgenommen, organisierte sie das letzte DAH-Treffen Silvester 1973. Der Dachverband scheiterte an der Zersplitterung, die die Schwulenbewegung etwas zeitverzögert der Studentenbewegung nachmachte. Statt wie die Amerikaner Realpolitik zu betreiben, versuchten einige Gruppierungen, sich bei der immer weiter zersplitternden Linken einzubringen. Die Marxisten-Leninisten in der *Homosexuellen Aktion Bremen* (HAB) unterhielten einen eifrigen Briefwechsel mit dem Zentralkomitee des *Kommunistischen Bundes Westdeutschland* (KBW), um die Frage zu klären, ob es im Sinne der Revolution sei, autonome Schwulengruppen zu gründen. Der KBW vertrat die Meinung, daß es nach der Revolution keine Homosexualität mehr geben werde, weil dann die Bedingungen ihrer Existenz abgeschafft seien. Die Spontis in der HAW beteiligten sich im April 1974 am Frankfurter Kongreß der undogmatischen Linken. Unter dem Motto: »Politische Praxis und Emanzipation« wurden erstmals schwule Themen akzeptiert. Einen großen Erfolg erzielte die HAW-Singegruppe mit der Darbietung der HAW-Hymne, deren Refrain in der Feststellung gipfelte: »Schwulsein ist mehr wert – als der Mehrwert!«.

Tino Bierling
Schwule in Bewegung
1979. Tusche, koloriert, 28 x 21,5 cm
Berlin, Schwules Museum

Tino Bierlings Zeichnung, in der Emanzipation *veröffentlicht, sorgte für Aufregung. Auch der ›kämpfende Schwule‹ bewegt sich hier, aber anders als erwartet und doch zutreffend. Bierlings Karikatur zeigt eine Triebfeder schwulen Handelns: die Lust auf Sex. Promiskuität galt in den siebziger Jahren durchweg als erstrebenswerter Zustand. Zwar wurden die Marktmechanismen in der Subkultur angeprangert, die den Menschen zur Ware degradieren, aber das eigene Verhalten entsprach oft nicht dem propagierten Anspruch.*

Homosexuell ob ja ob nein, im Klassenkampf heißt's solidarisch sein!
Mit kleinen Verzögerungen griff die Schwulenbewegung Themen auf, die die Linke in der Bundesrepublik beschäftigten. Auch beim Berufsverbot sah man schwulen Handlungsbedarf. Immer wieder hörte man von Schwulen, die wegen ihrer Homosexualität entlassen wurden, allerdings hatte man keinen konkreten Fall. Entweder wollten die Betroffenen nicht an die Öffentlichkeit gehen oder aber das oft beschworene Berufsverbot für Schwule hatte keine gesellschaftliche Relevanz. Als dem Gemeindehelfer Klaus Kindel wegen seines öffentlichen Auftretens als Schwuler von seiner

Kirchengemeinde gekündigt wurde, hatte man endlich Gelegenheit, an einem konkreten Fall die Unterdrückung von Schwulen im Berufsleben zu bekämpfen. Das Thema erwies sich trotz weiterer Fälle als wenig tragfähig.

Der Militärputsch in Chile empörte weite Teile der Öffentlichkeit. Die Linke sammelte Geld, um den bewaffneten Widerstand zu unterstützen. Auch die HAW beteiligte sich bei verschiedenen politischen Gruppierungen an Solidaritätsveranstaltungen, Sammelaktionen und »Subotniks«. Diese von der *Sozialistischen Einheitspartei Westberlins* (SEW) organisierten Arbeitseinsätze bei der Reichsbahn brachten größere Geldsummen ein, deren Höhe bei Chile-Veranstaltungen verlesen wurde. Zu Pfingsten 1974 gab es wieder ein großes Fest in der TU-Mensa. Der Gewinn und eine größere Spende wurden diesmal ohne vorherige Absprache an die maoistische Gruppe *MIR* und nicht an Allendes *Unidad Popular* überwiesen. Bei der folgenden Auseinandersetzung spaltete sich die HAW. Die Vertreter der gemäßigten Linken traten fast geschlossen der *Allgemeinen Homosexuellen Arbeitsgemeinschaft* (AHA) bei, die sich im März 1974 bei der Auflösung der IHWO aus deren Regionalgruppe Berlin gebildet hatte.

Manfred Herzer
Bruno Vogel mit Friedhelm Krey in London
1977. Fotografie
Berlin, Schwules Museum

Die HAW-Gruppe Relativ heiter doch streng sozialistisch *hatte sich neben der Selbsterfahrung der Erforschung schwuler Geschichte verschrieben. Schon früh versuchte man Zeitzeugen zu interviewen oder wichtige Texte neu aufzulegen. Manfred Herzer überzeugte Bruno Vogel, daß sein Roman* Alf *aus den zwanziger Jahren neu verlegt werden sollte. Damals war es vor allem die New Yorker Arno Press, die wichtige Texte der Schwulenbewegung einer neuen Leserschaft zugänglich machte. Im Februar 1983 wurde die Magnus-Hirschfeld-Gesellschaft gegründet, die sich vor allem der Geschichte des Instituts für Sexualwissenschaft widmet und versucht, Hirschfelds Vermächtnis, die Gründung eines Lehrstuhls für Sexualwissenschaft, an den Berliner Universitäten durchzusetzen.*

Prinz Eisenherz Buchladen
1979. Fotografie
Berlin, Schwules Museum

Im November 1978 wurde in Berlin/West der schwule Buchladen Prinz Eisenherz *gegründet. Er wurde schnell zum literarischen Zentrum der Bewegung; ihm folgten Läden in Hamburg, Köln, München, Stuttgart, Nürnberg und Frankfurt.*

Laßt hundert Blumen blühen ...

Befreit von den lähmenden Diskussionen und Flügelkämpfen entwickelten sich ab Mitte der siebziger Jahre vielfältige neue Aktivitäten und Projekte. Im Herbst 1975 gründeten die HAW-Mitglieder Volker Bruns und Peter Hedenström den ersten schwulen Verlag. Man wollte vor allem Texte, die in den kommerziellen Verlagen keine Chance hatten, veröffentlichen und so schwule Literatur einer breiteren Öffentlichkeit zugänglich machen. Der *Verlag rosa Winkel* blieb dieser Zielsetzung trotz wechselnder Führung – 1978 übernahm Egmont Fassbinder den Verlag – bis heute treu. Mit seinem unverwechselbaren Programm, wichtige Texte aus Geschichte, Literatur und Wissenschaft, zuweilen auch gegen jede ökonomische Vernunft, zu verlegen, hat er die Schwulenbewegung begleitet und kommentiert. Inzwischen sind andere schwule Verlage hinzugekommen, die die ganze Palette von der Unterhaltung bis zur Wissenschaft abdecken. Der Buchladen *Männerschwarm* (Hamburg) erweiterte nach und nach seine verlegerischen Aktivitäten, die Zeitschrift *magnus*, die ein Sprachrohr der Bewegung werden sollte, legte sich einen Buchverlag zu (jetzt weitergeführt als *Jackwerth Verlag*, Köln), und 1995 startete der *Quer Verlag*, mit schwul/lesbischem Programm. Einen eigenen Versand hat schließlich *Bruno Gmünder* aufgebaut. Und längst haben schwule Autoren und Titel ihren Platz im Verlagsprogramm der allgemeinen Verlage gefunden.

Nach amerikanischem Vorbild eröffneten Peter Hedenström, Lothar Lang, Michael Keim und Christian von Maltzahn im November 1978 den ersten schwulen Buchladen. *Prinz Eisenherz* wurde zum wichtigen literarischen Treffpunkt. In Hamburg (*Männerschwarm*), Köln (*Lavendelschwert*, 1996 abgelöst von *Ganymed*), München (zunächst *Sodom*, seit 1989 *Max und Milian*), Stuttgart (*Erlkönig*), Nürnberg (*Männertreu*) und Frankfurt (*Oscar Wilde*) öffneten in den Folgejahren Buchläden nach dem Berliner Vorbild, die eng kooperieren, Erfahrungen und Programme austauschen.

In Berlin erschien im Dezember 1975 die erste Nummer der Zeitschrift *Schwuchtel*, herausgegeben von den HAW-Abtrünnigen Gerhard Hoffmann und Reinhardt von der Marwitz. Die *Schwuchtel* verstand sich als Forum für Themen, die in der Bewegung vernachlässigt oder tabuisiert wurden. ›Schwule Identität‹ wurde hier erstmals in die Debatte geworfen; Reizthemen wie Pädophilie und Sadomasochismus folgten. Die schon im Mai 1975 gegründete *Emanzipation* war ursprünglich als Informationsblatt der süddeutschen Gruppen geplant, entwickelte sich aber schnell zu einer bundesweiten Schwulenzeitung, die als erste den Schritt an die Kioske wagte. Eine lange Dauer war beiden Blättern nicht beschieden. Im Verlauf der späten

siebziger Jahre entwickelten sich aus einigen Infoblättern regionale Zeitschriften der Bewegung, von denen viele an chronischer Unterfinanzierung und letzlich an der Selbstausbeutung ihrer Mitarbeiter scheiterten. Ein erster Schritt in die Professionalisierung sollte die Gründung der Zeitschrift *magnus* werden, für die das Startkapital in der Bewegung gesammelt wurde. Hervorgegangen aus dem Nürnberger *Rosa Flieder* und der (ersten) Berliner *Siegessäule*, hat es aber auch *magnus* nicht geschafft, zugleich Sprachrohr der Bewegung und Spiegel der schwulen Welt zu werden; 1995 ist das Experiment gescheitert. Heute ist der schwule Zeitschriftenmarkt, nicht zuletzt weil die Werbung von Schwulen und für Schwule erkennbar zugenommen hat, bunter und vielfältiger denn je: Neben Magazinen wie

Wilfried Laule
»Homolulu« in Frankfurt 1979
Mitglieder des *Schwulen Ensembles Westberlin* (SEW)
1979. Fotografie
Berlin, Schwules Museum

Homolulu war der Endpunkt eines schwulenbewegten Jahrzehnts – das Woodstock der Schwulen:
Eine für viele unvergeßliche Woche schwuler Utopie, beschwingt und heiter, von Solidarität und Zuneigung geprägt, ohne den Schatten der sich in Amerika bereits ankündigenden AIDS-Krise. Das Ereignis sollte einmalig bleiben; eine Neuauflage, von der Zeitschrift magnus *in Berlin im Oktober 1989 veranstaltet, traf nicht mehr den Nerv der Zeit und wurde von großen Teilen der Bewegung ignoriert.*

Du & Ich (seit September 1969) und *Männer aktuell* stehen regionale Informationsblätter (darunter die wiedererstandene *Siegessäule*) und *Die andere Welt* und bundesweit kostenlos verteilte Zeitschriften wie *First* oder *Box*. In kleineren Orten gibt es wie seit vielen Jahren hektographierte Hefte.

Zu einer einflußreichen Institution entwickelte sich das *Ödipus-Kollektiv* der *Homosexuellen Aktion Hamburg* mit der Aufführung des ersten schwulen Theaterstücks *Brühwarm – ein schwuler Jahrmarkt* im Januar 1976. Ihre Tournee rief fast überall Skandale hervor, provozierte die Homosexuellen selbst und vermittelte einer breiteren Öffentlichkeit die Probleme der Schwulen. *Brühwarm* wurde zum Vorbild für Theatergruppen, die oft aus Travestieübungen für Feten entstanden und mit der Zeit einen eigenen Stil entwickelten.

Schwule eroberten immer neue Möglichkeiten für ihre Selbstdarstellung in der Öffentlichkeit. Im Sommersemester 1976 fand in Düsseldorf, von der *Gesellschaft zur Förderung sozialwissenschaftlicher Sexualforschung* organisiert, der erste Volkshochschulkurs statt, der ähnliche Veranstaltungen in vielen anderen Städten nach sich zog. Ab Oktober 1978 gehörten schwule Kurse an den Volkshochschulen in Düsseldorf, Hannover und Berlin/West zum festen Programm. Ein Jahr später wurde an der Freien Universität Berlin die Gründung des *Schwulenreferats* im AStA etabliert. Auch hier folgten viele andere Hochschulen.

Trotz zunehmender gesellschaftlicher Toleranz fühlten sich große Teile der Bewegung immer noch als unterdrückte Minderheit. Der aus dem Umkreis der Bielefelder Gruppe entstandene Film *Rosa Winkel – das ist doch schon lange vorbei* von Detlef Stoffel und anderen führte die Unterdrückung der Schwulen seit dem Dritten Reich als bruchlose Geschichte vor. Nicht überall fand der Film Zustimmung. Seine Darstellung schwuler Geschichte wurde als zu eindimensional und ahistorisch kritisiert.

Die Subkultur, also die zahlreichen schwulen Lokale, war für die politisch bewußten Homosexuellen der siebziger Jahre der Hort allen Unheils. Hier beute der Barbesitzer die Bedürfnisse der Schwulen aus, und die dort herrschenden rigiden Verhaltensmuster verhinderten deren Emanzipation. Dessen ungeachtet wurde das Angebot dieser Subkultur natürlich auch von ihren Gegnern genutzt. Das ›befreite Gebiet‹ der Schwulenzentren bot oft nicht den richtigen Sexualpartner, also zog man schlechten Gewissens durch die Kneipen. Als 1977 das *Andere Ufer* in Berlin als erstes Schwulencafé eröffnete, war die Verwirrung groß. Von der Aufmachung her unterschied sich das neue Café von allen bis dahin existierenden Einrichtungen: Jeder, auch Frauen, hatte Zutritt, die Räume waren von der Straße her einsehbar, und das Café wurde als Ausstellungsraum für schwule Kunst genutzt. Die Betreiber kamen aus der Schwulenbewegung, verhielten sich aber wie alle anderen ›Ausbeuter‹. Persönliche Feindschaften und Boykotte konnten nicht verhindern, daß das Beispiel Schule machte. Das *Andere Ufer* hat alle Anfeindungen souverän überlebt und ist mit seinen wechselnden Ausstellungen bis heute ein fester Bestandteil der schwulen Kulturlandschaft in Berlin.

Im Juni 1977 wurde die *Homosexuelle Aktion Westberlin* offiziell aufgelöst und damit nach langen Querelen endlich ein Schlußstrich gezogen. Aber schnell sproß neues Leben aus der Ruine. Die Räume wurden unter dem Titel *SchwulenZentrum* (SchwuZ) weiter betrieben und standen allen Interessierten offen. Das SchwuZ erwies sich trotz mehrerer Umzüge als eine der standhaftesten Institutionen, bis heute fest in »Tuntenhand« und die alten Ideale pflegend.

Rolf Fischer
Die politischen Parteien und die Homosexuellen
Podiumsdiskussion der *Allgemeinen Homosexuellen Arbeitsgemeinschaft* am 1. März 1979
mit Vertretern von SPD, CDU, FDP und AL
Berlin. Fotografie
Berlin, Schwules Museum

Zu der von der AHA im Vorwahlkampfjahr veranstaltete Parteienbefragung kamen Vertreter von SPD, CDU, FDP und der Alternativen Liste; die SEW lehnte eine Teilnahme ab. Beschwingt vom großen Erfolg engagierte man sich in der Vorbereitung einer ähnlichen Veranstaltung, die in der Bonner Beethovenhalle stattfinden sollte. Schon während der Vorbereitungsphase kam es zu Unstimmigkeiten über die Legitimation einer solchen »integrationistischen« Strategie.

Minderheiten in der Minderheit

Trotz der kollektiven Erfahrung der Ausgrenzung wurden auch in der Schwulenbewegung Gruppen mit sexuell abweichendem Verhalten diskriminiert. Schwierigkeiten ergaben sich bei der Integration von Pädophilen und Lederfetischisten. Pädophile waren und sind, heute noch heftiger als in den siebziger Jahren, die am meisten von gesellschaftlicher und strafrechtlicher Repression betroffene Gruppe der Homosexuellen. Viele Schwule befürchten von der heterosexuellen Mehrheit mit Pädophilen gleichgesetzt zu werden. Hinzu kam die hohe Schutzaltersgrenze von 18 Jahren, die im krassen Gegensatz zu der bei Heterosexuellen (14 Jahren) stand und so den Begriff der Pädophilie nicht nur strafrechtlich fragwürdig machte. Sexuelle Selbstbestimmung ohne staatliche Eingriffe wurde nicht nur von den Schwulen, sondern auch von der liberalen Öffentlichkeit und der Frauenbewegung eingeklagt. Pädophile versuchten immer wieder, ihre Forderung nach Straffreiheit von sexuellen Handlungen mit Jugendlichen in die Schwulenbewegung einzubringen. In den späten siebziger Jahren war die *Indianerkommune* in Nürnberg für ihre alles blockierenden Auftritte gefürchtet, aber dennoch geduldet. Anfang der achtziger Jahre wurde dann immer stärker die Gewaltfreiheit in sexuellen Beziehungen zwischen Erwachsenen und Kindern angezweifelt. Die einsetzende Mißbrauchsdebatte drängte die schwulen Pädophilen in die Illegalität. 1994 schloß die *International Lesbian and Gay Association* (ILGA) mit großer Mehrheit drei Pädophilengruppen aus. Die Meinung hierzulande war gespalten. Der *Bundes-*

verband Homosexualität (BVH) war ebenso vehement gegen den ILGA-Beschluß, wie dieser vom *Schwulenverband in Deutschland* (SVD) unterstützt wurde.

Während der Zeitgeist die Pädophilen zu Monstern stempelt, wird der vorher verteufelte Sadomasochismus und der damit einhergehende Lederfetischismus immer mehr zu einer gesellschaftlich akzeptierten Variante sexueller Lust. Noch zu Beginn der siebziger Jahre wurden Männer in Leder häufig mit dem Vorwurf überzogen, ihre Vorliebe sei faschistoid. Die Schwulenbewegung hielt Abstand zur Lederbewegung die sich nach dem ersten internationalen Ledertreffen im Juni 1973 in Amsterdam formierte. In fast allen großen Städten der westlichen Industrienationen wurden

Rolf Fischer
Christopher Street Day am 30. Juni 1979 in Berlin
Fotografie
Berlin, Schwules Museum

Andreas Pareik und eine Handvoll Mitstreiter in Berlin und Bremen organisierten im Sommer 1979 eine Demonstration zum Gedenken an den Aufstand von 1969 in der New Yorker Bar Stonewall. *Dort hatten sich Tunten, Transvestiten und Schwule erstmals gegen eine Polizei-Razzia zur Wehr gesetzt. Nach amerikanischem Vorbild wollte man auch in Berlin und Bremen mit bunten Umzügen diesen Aufstand feiern. Vorgeführt wurde schwules Selbstbewußtsein. Inzwischen ist der in vielen Städten zelebrierte* Christopher Street Day *ein fester, sich alljährlich wiederholender Bestandteil der deutschen Schwulenbewegung.*

sogenannte *Motorsportclubs* (MSC) gegründet, deren Vereinsziel die Pflege männlicher Kameradschaft ist. Die Berliner *S-Bahn-Quelle* war Treffpunkt sowohl der »Lederkerle« als auch der »HAW-Schwestern«. Man beäugte sich neugierig, hielt aber trotz der räumlichen Enge Distanz. Während bei heterosexuellen Männern, als Reaktion auf die Frauenbewegung, der Softi Konjunktur hatte, wurde es in schwulen Kreisen schick, sich ein supermännliches Image zuzulegen. Die Lederszene boomte. Nicht nur die schwulen Zeitungen entdeckten den verkaufssteigernden Reiz des Lederthemas. Die alljährlichen Ostertreffen des MSC Berlin und ähnliche Vereinstreffen in anderen Städten übertrafen an Popularität alle bis dahin durchgeführten Veranstaltungen der Bewegung. Die zunehmende gesellschaftliche Akzeptanz der Homosexualität, durch das Sichtbarwerden der Schwulen vorangetrieben, führte auch zum Fall des Tabus Sadomasochismus.

Wissenschaft und Homosexualität
Aus den Reihen der Mediziner, Soziologen und Sexualwissenschaftler kamen traditionell Verbündete im Kampf gegen die Ausgrenzung, aber ebenso häufig waren ihre Forschungen schwulenfeindlich. Seit den sechziger Jahren wurde die Vorherrschaft der Medizin, die Homosexualität als Krankheit oder Funktionsstörung sah, von den Sozialwissenschaften abgelöst. Es ging nicht mehr nur um die Frage, wie Homosexualität entstehe und wie man sie heilen könne, sondern eher um Entstehung und Auswirkung von Vorurteilen und ihre Bewältigung. Bahnbrechend war die erste umfassende empirische Untersuchung aller Lebensbereiche, die Martin Dannecker und Reimund Reiche im Herbst 1974 unter dem Titel »Der gewöhnliche Homosexuelle« vorlegten. Diese soziologische Studie mit psychoanalytischem

Erklärungsansatz beeinflußte die Diskussionen der Schwulenbewegung und etablierte zusammen mit den Studien von Rüdiger Lautmann (»Seminar: Gesellschaft und Homosexualität, 1977) die Forschung an bundesdeutschen Hochschulen.

Weiter ins Abseits geriet die medizinische Forschung mit der Titelgeschichte über Stereotaxie, die *Der Spiegel* im August 1975 veröffentlichte. Die dort beschriebenen Gehirnoperationen an Homosexuellen und anderen Auffälligen lösten einen Sturm der Entrüstung aus. Die Mediziner sahen sich mit einem Wertewandel konfrontiert, der ihre Therapieformen als Ausrottung unliebsamer Minderheiten an den Pranger stellte.

Heterosexualität weg – schwul in die 80er Jahre

Ende der siebziger Jahre war vom reformerischen Elan der sozialliberalen Koalition nicht mehr viel übriggeblieben. Berufsverbote, der Terror der RAF und die darauf folgende staatliche Hysterie, Staatsverschuldung und zunehmende Arbeitslosigkeit bestimmten die politische Landschaft. Die Studentenbewegung hatte sich bis zur Bedeutungslosigkeit zersplittert. Das gleiche Scheitern drohte auch der Schwulenbewegung. Schmerzlich bemerkbar machte sich das Fehlen von Strategien. Die Bewegung reagierte nur auf die vorgegebenen Probleme. Auf dem letzten Pfingsttreffen der Bewegung, 1977 in Hamburg, gründete sich die *Nationale Arbeitsgruppe Repression gegen Schwule* (NARGS), die Repressionsfälle sammeln wollte, um sie beim geplanten *Russel-Tribunal* über Verletzung der Menschenrechte in der Bundesrepublik einzubringen. Als man sich im Dezember in Frankfurt traf, zeichnete sich ab, daß die vorhandenen Fälle nicht gravierend genug waren, um vom *Russell-Tribunal* aufgenommen zu werden. Um die Frustration zu mildern, beschlossen die Teilnehmer, 1979 in Frankfurt ein großes Treffen zu veranstalten. *Homolulu*, von den undogmatischen Kräften der Bewegung vorbereitet, war im Juli 1979 der Höhepunkt schwuler Emanzipation und Selbstdarstellung. Eine Woche lang gab es Veranstaltungen, Arbeitsgruppen,

Johannes Aevermann
»Mann-O-Meter« in der Mansteinstraße: Mitarbeiter beim Aufbau
Juli 1986. Fotografie
Berlin, Schwules Museum

Nach dem Beratungszentrum in der Hollmannstraße war Mann-O-Meter *die zweite mit staatlichen Mitteln geförderte Einrichtung. Neben der AIDS-Aufklärung wollte man auch die schwule Infrastruktur stärken. Das erste Ladenlokal wurde im Juli 1986 in der Mansteinstraße eingerichtet. Die neue Einrichtung, die sich an amerikanischen Vorbildern orientierte, war in der Szene nicht unumstritten; inzwischen ist sie zur festen Institution geworden und fand in vielen Städten Nachahmung.*

Johannes Aevermann
Jean Marais beim Sender »Eldoradio«
Juni 1986. Fotografie
Berlin, Schwules Museum

Mit der Öffnung der Medien für private Anbieter waren die Voraussetzungen für ein eigenes schwullesbisches Radio gegeben. Ab 1985 sendete Eldoradio *zweimal wöchentlich ein Programm für Schwule, später auch für Lesben. 1991 ging* Radio 100 *in Konkurs, und das bedeutete auch das Ende für* Eldoradio.

Detlev Pusch
Vorspiel. Schwuler Sportverein
Um 1989. Plakat
Berlin, Schwules Museum

Das öffentliche Bild des Homosexuellen wurde von der weichlichen, die hysterische Frau imitierenden Tunte geprägt. Obwohl es in der Geschichte der Schwulenbewegung immer auch den maskulinen Homosexuellen gegeben hatte, der seine Männlichkeit demonstrativ lebte, hat die Öffentlichkeit dies nie registriert. Erst seit den siebziger Jahren tritt der virile Schwule ins allgemeine Bewußtsein. Die Begeisterung am gestylten Körper ist nicht nur auf die Schwulen beschränkt. Früher als unsportlich diffamiert, haben sie heute eigene Sportvereine durchgesetzt, die zunehmend ernstgenommen werden.

Ingo Taubhorn
Sven Kielgas und Freund
(Vorsitzender des Völklinger Kreises)
1995. Farbfotografie
Berlin, Ingo Taubhorn

Kurse, eine täglich erscheinende Zeitung, rauschende Feste und eine große bunte Demonstration schwulen Stolzes, die sogar in der *Tagesschau* zu bewundern war.

Das Jahr 1979 stand ganz im Zeichen der bevorstehenden Bundestagswahl. Die CDU/CSU-Opposition nominierte Franz Josef Strauß zum Kanzlerkandidaten, den die Linke unbedingt verhindern wollte. Im März lud die AHA Vertreter aller Parteien zu einer Podiumsdiskussion und befragte sie nach ihrer Einstellung zur Homosexualität. Der große Erfolg sollte in der heißen Phase des Wahlkampfes in Bonn wiederholt werden. Die Juristengruppe der AHA legte den Entwurf eines Antidiskriminierungsgesetzes vor. Im September erschien ein Aufruf in der *Rosa Revue*, sich bundesweit am grün alternativen Wahlbündnis zu beteiligen. In Frankfurt wurde für das Wahlprogramm der *Grünen* ein gemeinsamer Forderungskatalog von Schwulen und Lesben aufgestellt, der im Mai 1980 beim Gründungsparteitag der Grünen ohne Diskussion Eingang ins Parteiprogramm fand. Auf Antrag der FDP-Berlin nahm die FDP auf ihrem Bundesparteitag im Juni 1980 die Forderung nach ersatzloser Streichung des § 175 in ihr Wahlprogramm auf. In den Mai-Nummern der Magazine *HIM*, *Du & Ich* und

DON erschien ein gemeinsamer Aufruf, bei den Bundestagswahlen nicht CDU/CSU zu wählen. Verbunden mit der Forderung nach einem Antidiskriminierungsgesetz war das der erste Versuch eines Zweckbündnisses auf breiter Ebene. Schon im Vorfeld der anstehenden Parteienbefragung hatte sich die *Initiativgruppe Homosexualität Bielefeld* (IHB) aus ihrer anarchischen Grundhaltung heraus vehement gegen das Projekt ausgesprochen. Bei der Veranstaltung *Parteien auf dem Prüfstand* am 12. Juli 1980 in der Bonner Beethovenhalle kam es dann zum Eklat. Gemeinsam mit der Nürnberger Indianerkommune störten die Anhänger der IHB mit Trillerpfeifen die Politikerbefragung. Die Veranstaltung endete, noch bevor sie begonnen hatte, im Tumult. Wut und Frustration führten zu einem Rückzug vieler Beteiligten, die nach dieser Erfahrung keine gemeinsame schwule Basis mehr erkennen konnten. Trotzdem gehörten auch in der Folgezeit Fragen an die Parteien, Diskussionen mit Parteivertretern, ja sogar Wahlempfehlungen und ›Wahlprüfsteine‹ (so 1994 von BVH, DAH und SVD) zum schwulenpolitischen Standardrepertoire.

Im Juni 1979, zehn Jahre nach dem *Stonewall*-Aufstand in New York, planten in Bremen und in Berlin einige unabhängige Schwule eine *Gay*

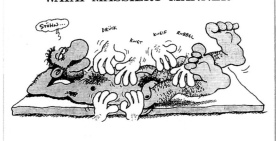

Ralf König
Watai massiert Männer
1988. Visitenkarte
Berlin, Albert Eckert

Albert Eckert wurde 1989 auf Vorschlag des Treffens der Berliner Schwulengruppen *(TBS) über die* Alternative Liste *(AL) ins Berliner Abgeordnetenhaus geschickt. Die rot-grüne Parlamentsmehrheit wählte ihn am 22. März 1990 zum Vizepräsidenten des Abgeordnetenhauses. Kurz nach Albert Eckerts Wahl denunzierte ihn der CDU-Abgeordnete Wienhold als Strichjungen, der in einschlägigen Kontaktmagazinen unter dem Namen Watai für Ganzkörpermassagen geworben habe. Die Opposition und Teile der Berliner Presse verlangten seinen Rücktritt. Nach knapp zwei Wochen trat Albert Eckert auf Druck der SPD zurück.*

Pride Parade nach amerikanischem Vorbild. Man wollte möglichst viele Schwule bewegen, für ihre Interessen zu demonstrieren, und erlebte beim Verteilen der Aufrufe unerwartet viel Zustimmung, gerade auch in der Subkultur. Der *Christopher Street Day* hat sich seitdem zum wichtigsten schwulen Ereignis entwickelt, das auch von immer wieder aufflammenden politischen Flügelkämpfen nicht mehr majorisiert werden kann.

Die NARGS bot als überregionale Vereinigung für viele eine Zuflucht vor den Selbstzerfleischungen und Selbstlähmungen der heimatlichen Gruppen. Die hier gesammelten Erfahrungen und der Rückhalt untereinander ermöglichten ganz neue Projekte. Eines davon war die Gründung des schwulen Tagungshauses *Waldschlößchen* in der Nähe von Göttingen, das sich längst zu einer wichtigen überregionalen Institution entwickelt hat, die es ermöglicht, unterschiedliche schwule Projekte miteinander bekannt zu machen und in entspannter Atmosphäre neue Möglichkeiten auszuloten.

Als im Juni 1983 *Der Spiegel* mit seiner Titelstory *Tödliche Seuche AIDS* herauskam, schien es, daß AIDS nicht nur das Leben der Schwulen gefährde, sondern alles bis dahin Erreichte. Der befürchtete gesellschaftliche Rückschritt fand nicht statt. Trotz geforderter Ausgrenzung von AIDS-Infizierten seitens einiger unverbesserlicher Politiker bewiesen die Verantwortlichen Toleranz und Weitsicht. Die mit der Krankheit einhergehende Berichterstattung der Medien informierte die heterosexuelle Öffentlichkeit in einem vorher nie dagewesenen Umfang über alle Bereiche des schwulen Lebens.

Ausdifferenzierung und Professionalisierung
Im Dezember 1980 gab es bundesweit etwa 148 Gruppen, und nach der Studie von Andreas Salmen und Albert Eckert »20 Jahre bundesdeutsche Schwulenbewegung 1969 – 1989« (1989) waren es im Mai 1986 bereits 416. Heute liegen die Zahlen wesentlich höher, auch wenn die genaue Anzahl der Gruppen nur schwer zu überprüfen ist. Viele bestanden oder bestehen allerdings nur auf dem Papier oder überleben nur knapp ihre Gründung. Schon Ende der siebziger Jahre holte auch die Schwulenbewegung der Generationskonflikt ein. Immer mehr Schüler- und Jugendgruppen hatten die Bevormundung durch die ›alten Kämpfer‹ satt. Ab 1980 gab es bundesweite Jugendtreffen, inzwischen hat sich ein bundesweites Jugendnetzwerk etabliert. Eine zunehmend wichtige Rolle spielen die regionalen Zentren. Vorreiter war hier die Berliner *Kommunikations- und Beratungsstelle für homosexuelle Frauen und Männer*. In Hamburg – um nur die großen Städte zu nennen – folgte das *Magnus Hirschfeld Centrum*, in Bremen das *Rat und Tat Zentrum*, in Köln das *Schwulen- und Lesben Zentrum* (SCHuLZ), in München das *Sub*. Die Beratungsstellen erhalten z. T. Mittel aus öffentlichen Selbsthilfefonds. Die Furcht vor einer AIDS-Epidemie hat auch hier zur Förderung einer vorher nicht gekannten schwulen Infrastruktur beigetragen. Die Beratungseinrichtungen sind zum großen Teil schon über die einheitliche bundesweite Rufnummer 19 446 zu erreichen; zum Erfahrungsaustausch gibt es seit Jahren die *Rosa-Hilfe-Treffen*.

Ein neues Phänomen der letzten Jahre ist das Aufblühen interessengeleiteter Gruppen und Vereine, allen voran die schwulen Sportvereine, von denen mancher mehr Mitglieder zählt als mancher Verband mit bundesweitem Anspruch. Bundesweite politische Organisationen haben dagegen an Bedeutung verloren. Der fast ein Jahrhundert andauernde Kampf der deutschen Schwulenbewegung gegen den Unrechtsparagraphen 175 hat sich nach der deutschen Vereinigung ohne großes Zutun der Bewegung erledigt. Weil die DDR den unseligen Paragraphen bereits abgeschafft hatte, bestand Zugzwang. Trotzdem hat es noch bis 1994 gedauert, daß der

Werbeplakat von »WEST«
1993
Berlin, Schwules Museum

Seit Mitte der achtziger Jahre begann die Werbung langsam den männlichen Homosexuellen als Konsumenten zu entdecken. Waren es vorher nur die Marlboro-Cowboys, die vor allem Frauen und Schwule zum Rauchen animierten, versuchten jetzt auch andere Markenprodukte den schwulen Mann für sich zu gewinnen. Schwule Männer haben keine Familie zu versorgen, leben oft allein und haben in der Regel ein mittleres Einkommen, das sie für die Wirtschaft als Zielgruppe interessant macht. Zudem gelten sie in Modefragen als Trendsetter, was besonders die Unterwäscheindustrie längst erkannt hat. Die Firmengruppe West griff mit der »Homoehe« ein kontrovers diskutiertes Thema der Schwulenbewegung auf.

Paragraph nach mehr als 123 Jahren aus dem Strafgesetzbuch gestrichen wurde (allerdings um den Preis einer ausgeweiteten Jugendschutzbestimmung). Mit dem Ende des § 175 ist das große Thema der Bewegung weggefallen. Neue Ziele wie die Absicherung schwuler Partnerschaften, von einigen zugespitzt zur Forderung nach der ›Homo-Ehe‹, ein Antidiskriminierungsgesetz oder antischwule Gewalt scheinen nicht mehr geeignet, Schwule zu politischen Aktivitäten zu bewegen. Als am 2. November 1986 in Köln der *Bundesverband Homosexualität* (BVH) gegründet wurde – Ausgangspunkt war ein Aufruf der Würzburger Schwulengruppe WÜHST (»Was wir brauchen, ist Macht«) – gingen der Gründung noch mehrere Vorbereitungstreffen und eine intensive Diskussion um ein Grundsatzpapier voraus. Zehn Jahre später haben die BVH-Mitglieder, wieder in Köln, die Selbstauflösung in die Wege geleitet. Das Engagement der Gruppen war zunehmend geringer geworden. Der *Schwulenverband in Deutschland* (SVD), 1990 in Leipzig ins Leben gerufen als *Schwulenverband in der DDR*, versucht den Begriff der Schwulenbewegung durch den der schwulen Bürgerrechtsbewegung zu ersetzen.

Dagegen bildeten sich in den wichtigsten gesellschaftlichen Institutionen wie Parteien, Gewerkschaften und Kirchen schwule Interessenvertretungen, deren Zahl seit den achtziger Jahren beständig wächst. Schon im November 1978 wurde der *Arbeitskreis Homosexualität* der Jungdemokraten offiziell anerkannt. Als erste politische Partei nahm die *Bunte Liste – wehrt Euch* in Hamburg schwule Forderungen ins Wahlprogramm auf und nominierte einen schwulen Kandidaten, schaffte jedoch nicht den Einzug in die Bürgerschaft. Die *Grünen* brachten 1985 mit Herbert Rusche den ersten offen schwulen Abgeordneten in den Deutschen Bundestag und Stefan Reiß in das Berliner Abgeordnetenhaus. Weitere offen schwule Volksvertreter auf allen Ebenen der parlamentarischen Arbeit sind ihnen gefolgt. Einen neuen Akzent konnte – ermöglicht durch das bayerische Kommunalwahlrecht, das keine 5%-Klausel kennt – die *Rosa Liste* in München setzen, die es 1996 schaffte, mit einem Sitz im Münchner Stadtparlament vertreten zu sein.

Viele »Kämpfer« der Schwulenbewegung sahen und sehen vielleicht heute noch in der Ausdifferenzierung und Professionalisierung einen Verrat an den einstigen radikalen Forderungen, befürchten eine zunehmende Integration der Schwulen in die bestehende Gesellschaft. Weniger ideologisch betrachtet, läßt sich sagen, daß die Schwulen 1997 ihren Platz in der Gesellschaft gefunden haben, die zwar keineswegs frei ist von Homophobie und antischwuler Gewalt, die aber doch in einem Ausmaß, das Anfang der siebziger Jahre kaum jemand zu erträumen wagte, jedem einzelnen vielfältige Möglichkeiten bietet, sich seinen Interessen und Neigungen entsprechend zu informieren, zu betätigen oder zu organisieren.

Wolfgang Theis

1 Gunter Schmidt – Volkmar Sigusch, *Zur Frage des Vorurteils gegen sexuell deviante Gruppen* (Beiträge zur Sexualforschung, Heft 40, 1977).

VII. 4
DDR und UDSSR

Homosexuelleninitiative Berlin (HIB)
Osterausflug nach Babelsberg 1976
Dampferfahrt 1977
Zwei Fotografien.
Berlin, Peter Rausch

Die 1973 gegründete Homosexuelleninitiative Berlin (HIB) war der erste Zusammenschluß von Lesben und Schwulen im Ostblock. Man organisierte Diskussionen in Privatwohnungen, gemeinsame Ausflüge ins Berliner Umland oder mietete, als Geburtstagsfeier getarnt, Clubräume und Nebenzimmer von Gaststätten für Tanzveranstaltungen. Als dies ab 1975, als die Gruppe den Behörden bekannt wurde, nicht mehr möglich war, stellte Charlotte von Mahlsdorf (Lothar Berfelde) den Keller in ihrem privaten Gründerzeitmuseum zur Verfügung. Zu den überwiegend jungen Teilnehmern gesellten sich über Charlotte auch ältere Homosexuelle. Bis zu 70 Personen trafen sich zunächst alle vierzehn Tage, dann jeden Sonntag in Mahlsdorf. Das Programm umfaßte neben Themenabenden mit Vorträgen und Diskussionen auch Aufführungen des hauseigenen Kabaretts *Hibaré*, das das öffentliche Bild des Homosexuellen ebenso persiflierte wie die Besonderheiten der Szene. Mit ihren Veranstaltungen wurde diese »Undergroundszene« in der ganzen DDR berühmt. Zu den Faschings-, Sommer- und Silvesterbällen kamen bis zu 200 Besucher.

Ihre Aktivitäten, die darauf abzielten, die Homosexuellen als Minderheit ins öffentliche Bewußtsein zu rücken, legitimierte die HIB unter Berufung auf das parteipolitische Postulat der »allseits entwickelten Persönlichkeit« in der sozialistischen Gesellschaft. Angelehnt an die Pfingsttreffen der westdeutschen Schwulenbewegung organisierte auch die HIB 1975 und 1976 überregionale Pfingsttreffen.

Zu den Zielsetzungen der Gruppe gehörte die Einrichtung eines Beratungs- und Kommunikationszentrums. Mit einer Eingabe gegen die Schließung der beliebten *Mokka-Bar im Hotel Sofia* wandte sich 1975 Michael Eggert im Namen der Gruppe an den Magistrat von Ost-Berlin und forderte die Einrichtung eines öffentlichen Treffpunkts für Homosexuelle. Die Forderung wurde nach langwierigen Verhandlungen 1979

DDR – Aufbruch in den 80ern

Mit der 1968 erfolgten Streichung des § 175 wurden einvernehmliche homosexuelle Handlungen zwischen Erwachsenen zwar entkriminalisiert, die Gründung homosexueller Gruppen und Zeitschriften blieb in der DDR aber weiterhin verboten. Die offizielle Begründung lautete, Sexualität sei Privatangelegenheit und es bestehe kein gesellschaftlicher Bedarf nach Vereinigungen von Leuten mit einem bestimmten Intimleben.

Als zur Abschlußkundgebung der *X. Weltfestspiele der Jugend und Studenten* am 5. August 1973 in Ost-Berlin das Transparent *Wir Homosexuelle der Hauptstadt begrüßen die Teilnehmer der X. Weltfestspiele und sind für den Sozialismus in der DDR* entrollt wurde, beschlagnahmte es die Staats-

sicherheit ebenso schnell wie die von Peter Tatchell, einem Mitglied der britischen Delegation, verteilten Flugblätter zur Unterdrückung von Homosexuellen. Im Vorfeld war Tatchells Diskussionsbeitrag zu Fragen der Homosexualität an der Humboldt-Universität gestört worden. Bereits am 15. Januar 1973 hatte sich die *Homosexuelleninitiative Berlin* (HIB) gegründet, der erste Zusammenschluß von Lesben und Schwulen im Ostblock. Die Initialzündung gab Rosa von Praunheims Film *Nicht der Homosexuelle ist pervers, sondern die Situation, in der er lebt*, der am gleichen Tag in der ARD ausgestrahlt wurde. Anders als die *Homosexuelle Aktion Westberlin* (HAW), zu der einzelne Mitglieder der HIB Kontakt hatten, konnte die HIB keine offene Konfrontation suchen. Die Strategie bestand vielmehr darin, als eine Art Selbsthilfegruppe das Selbstbewußtsein der einzelnen zu stärken. Dieser erste Versuch einer Selbstorganisation von Lesben und Schwulen in

bei einem Treffen beim Ministerrat der DDR endgültig abgewiesen.

1978 zog das Verbot eines überregionalen Lesbentreffens im Gründerzeitmuseum auch die Unterbindung der Aktivitäten der HIB nach sich, doch verfolgten einige Mitglieder weiterhin die Ziele der HIB. 1986 erklärte sich der Mittzwanziger-Klub bereit, auch Veranstaltungen für homosexuelle Männer und Frauen zu organisieren. Nach erfolgreichem Start wurde der Klub auf Intervention des Bezirksamts Mitte noch im gleichen Jahr geschlossen. Erneut mußte auf Gaststätten ausgewichen werden, in denen unter der Bezeichnung sonntags im Club Veranstaltungen stattfanden. Erst 1989 wurden Räume zur Verfügung gestellt. Seit 1990 offiziell als Verein anerkannt, gehört der Sonntags-Club e. V. in der Rhinower Straße heute zu den wichtigsten Beratungsstellen für Lesben, Schwule, Bi- und Transsexuelle in Berlin.

Plakat des »Arbeitskreises Homosexualität«
Leipzig 1982
Leipzig, Eduard Stapel

Der Leipziger Arbeitskreis Homosexualität *wurde im April 1982 als erster seiner Art gegründet. Obwohl es in den Reihen der etablierten Kirchenmitarbeiter Widerstand gegen ein Engagement für Homosexuelle gab, stellte die Evangelische Studentengemeinde ihre Räume zur Verfügung. Mit der Eröffnungsveranstaltung* Homosexualität in Theologie, Kirche und Gesellschaft – Wie gehen wir damit um? *des Theologen Jürgen Ziemer wandte sich der Arbeitskreis am 25. April 1982 zum erstenmal an die Öffentlichkeit. Obwohl die drei Plakate auf Intervention der Staatssicherheit nach kurzer Zeit entfernt werden mußten, kamen nahezu 300 Besucher aus vielen Teilen der DDR. Ab Mai 1982 fanden in der Evangelischen Studentengemeinde, nur unterbrochen von den Semesterferien, alle*

der DDR wurde 1978 verboten, als die Aktivitäten der Gruppe ein immer größeres Publikum anzogen.

Mit der sich dennoch entwickelnden Homosexuellenbewegung ab 1982 gerieten Homosexuelle immer öfter ins Blickfeld staatlicher Kontrollorgane. Dafür steht eine 1983 im Auftrag der Abteilung Inneres des Berliner Magistrats an der Sektion Kriminalistik der Humboldt-Universität geschriebene Dissertation, die als vertrauliche Dienstsache eingestuft wurde. Mit dem Hinweis auf die Häufigkeit von Westkontakten, die vielen Ausreisewilligen und nicht zuletzt die Geschlechtskrankheiten plädierte der Autor G. Fehr für ein konzentriertes Erfassen von Homosexuellen: »Es ist erforderlich, die Entwicklung und das weitere Verhalten der homosexuellen Personen in der Hauptstadt zu beobachten und zu registrieren und durch ständige Übersichten und Einschätzungen ihre Tätigkeit unter Kontrolle zu halten. Von Bedeutung für die Ordnung und Sicherheit ist ferner, die Treffpunkte, die Lokale und Veranstaltungen dieser Personengruppe zu kennen und Maßnahmen der Informationsabschöpfung einzuleiten.«[2]

Damit lieferte er die Argumentation für eine Praxis, die trotz der juristischen Entkriminalisierung in Ansätzen schon in den siebziger Jahren gängig war, aber stark ausgeweitet wurde, als sich Anfang der achtziger Jahre innerhalb der Evangelischen Kirche eine Homosexuellenbewegung organisierte. Ausschlaggebend dafür war, daß die Evangelische Kirche seit ihrer Standortbestimmung »Kirche im Sozialismus« Anfang der siebziger Jahre gesellschaftspolitisches Engagement als eine ihrer Aufgaben ansah. Nach der Unterzeichnung der KSZE-Schlußakte von Helsinki schlug sich dies in der Gründung zahlreicher kirchlicher Friedens-, Umwelt- und Frauengruppen nieder, die durch die oppositionelle Gewerkschaftsbewegung *Solidarnosc* in Polen zusätzlichen Aufwind bekamen. Im Zuge dieser Entwicklung schlossen sich 1982 Schwule und Lesben im Leipziger *Arbeitskreis Homosexualität* zusammen. Es gründeten sich bald weitere Arbeitskreise,

in Berlin-Treptow etwa der Arbeitskreis *Schwule in der Kirche,* dessen ab 1986 erscheinender *Info-Brief,* die erste Homosexuellenzeitung der DDR, mit dem schützenden Vermerk »Nur für den innerkirchlichen Gebrauch« vertrieben wurde. Bis 1988 hatten sich in der DDR 22 kirchliche Arbeitskreise gebildet, die auf Info-Ständen zu Kirchentagen und in Eingaben an Kreis- und Bezirkstage mit ihren Forderungen nach gesellschaftlicher Anerkennung und Gleichberechtigung an die Öffentlichkeit traten. Alle Aktionen wurden auf jährlich stattfindenden Mitarbeitertreffen und vierteljährlichen Tagungen der Koordinationsgruppen der Arbeitskreise abgesprochen.

Ab Mitte der achtziger Jahre bildeten sich auch sogenannte staatliche Gruppen – in Berlin der *Sonntags-Club*, von dem sich 1989 die Gruppe *Courage* abspaltete, oder in Weimar die Gruppe *Felix Halle* –, die eine Zusammenarbeit mit der Kirche ablehnten. Unter dem Motto »Emanzipation und Integration Homosexueller« sprach man sich für ein Vorgehen aus, das auf eine Realisierung der Forderungen innerhalb der sozialistischen Gesellschaft abzielte. Im Juni 1989 trafen sich Vertreter von 30 Lesben- und Schwulengruppen in Karl-Marx-Stadt und einigten sich auf ein Memorandum *Für Anerkennung und Gleichberechtigung von Lesben und Schwulen. Grundsätze und Maßnahmen*. Die Forderungen reichten von der Gleichbehandlung von lesbischen und schwulen Paaren bei der Wohnungsvergabe, der stärkeren Berücksichtigung lesbischer und schwuler Lebensweisen in der wissenschaftlichen Forschung, in der Sexualerziehung und in den Medien bis hin zu einer staatlichen AIDS-Politik, die sich stärker an den Bedürfnissen der am meisten betroffenen homosexuellen Männer orientiert.

Auch der wissenschaftlich-universitäre Bereich öffnete sich dem Thema Homosexualität. 1985 fanden in Leipzig und 1988 in Karl-Marx-Stadt die Workshops *Psychosoziale Aspekte der Homosexualität* statt, erste öffentliche Foren, auf denen sich Lesben und Schwule äußern konnten. Vertreten waren Repräsentanten der kirchlichen und staatlichen Gruppen sowie der 1984 an der Humboldt-Universität initiierten *Interdisziplinären Arbeitsgruppe Homosexualität*.

Ab Mitte der achtziger Jahre griffen langsam auch die Medien das Thema Homosexualität auf. In Aufklärungartikeln wie *Homosexuell sein – was bedeutet das?* von Dr. Lykke-Aresin in *neues leben* von 1987 oder ab 1988 innerhalb der Sendereihe *Mensch, Du* des Radiosenders *DT 64* wurde versucht, Jugendlichen die Angst vor Homosexualität zu nehmen. 1987 erschien in hoher Auflage Reiner Werners umstrittenes Buch *Homosexualität. Herausforderung an Wissen und Toleranz*. Jürgen Lemke schilderte in *Ganz normal anders* (1989) Lebensentwürfe von Homosexuellen aller Altersstufen. Dem

14 Tage Veranstaltungen statt, die ausdrücklich auch für nicht-kirchlich engagierte Homo- und Heterosexuelle offen waren.

Zu den regelmäßigen Aktionen des Arbeitskreises Homosexualität gehörten die alljährlich zum Christopher Street Day durchgeführten Kranzniederlegungungen in den Nationalen Mahn- und Gedenkstätten Buchenwald, Sachsenhausen und Ravensbrück, allerdings mußten ab 1984 Kranzschleifen und Eintragungen in das Gästebuch, die auf die homosexuellen KZ-Opfer hinwiesen, unterbleiben, und auch Reden wurden verboten.

Bis 1988 entstanden weitere Arbeitskreise, die eng zusammenarbeiteten. Mit der Einrichtung einer offiziellen Stelle für Homosexuellen-Arbeit an der Evangelischen Stadtmission Magdeburg war Eduard Stapel 1985 der erste in der DDR, der hauptberuflich für Schwulenarbeit tätig war.

Matthias Kittlitz
Kranzniederlegung in Buchenwald
30. Juni 1984. Fotografien
(Bogen mit Kontaktabzügen)
Leipzig, Matthias Kittlitz

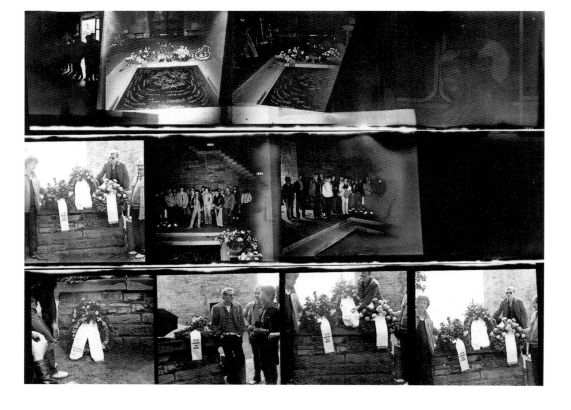

Dokumentarfilm *Die andere Liebe* von 1988 folgte mit Heiner Carows *Coming out* ein erster abendfüllender Spielfilm über Homosexuelle. Am Donnerstag, dem 9. November 1989, dem Tag des Mauerfalls, hatte er im Berliner Kino *International* seine Uraufführung.

Die Volkskammer der DDR beschloß am 14. Dezember 1988 die ersatzlose Streichung des § 151 und damit die Entkriminalisierung gleichgeschlechtlicher sexueller Handlungen zwischen Erwachsenen und Jugendlichen von 16 bis 18 Jahren. Nach der Wiedervereinigung am 3. Oktober 1990 existierte so in Ost- und Westdeutschland ein unterschiedliches Strafrecht.

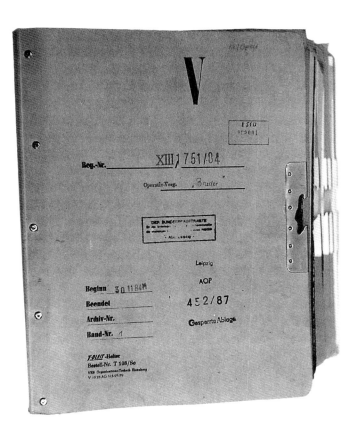

StaSi-Akte »Bruder« von 1982–1989
Farbfotografie von 1996
Leipzig, Eduard Stapel

Das Ministerium für Staatssicherheit war über die Vorhaben der Homosexuellengruppen und einzelner Homosexueller gut unterrichtet. Das Referat 5 (ab 1985 Referat 9) der Hauptabteilung XX war mit der Koordination der Maßnahmen in bezug auf die Aktivitäten der Homosexuellenbewegung betraut. Für die Hauptakteure der Gruppen wurden sogenannte Operative Vorgänge eingerichtet. Die Benennung der Akten als Bruder, Wärme, Detlef *oder* After shave *zeigt die homophobe Haltung der Verantwortlichen. Etwa 200 Inoffizielle MitarbeiterInnen des Ministeriums waren auf die »Aufklärung« und »Zersetzung« der kirchlichen Arbeitskreise angesetzt. Dies waren in der Regel Lesben und Schwule, die selbst in den Arbeitskreisen mitwirkten.*

Erst am 11. Juni 1994 wurde die vom Deutschen Bundestag am 10. März 1994 beschlossene Streichung des § 175 wirksam. Wie in der DDR trat an seine Stelle eine erweiterte Jugendschutzbestimmung (§ 182).

In das Wendejahr 1990 fällt die Gründung des *Schwulenverbandes in der DDR* (SVD), der später in *Schwulenverband in Deutschland* umbenannt wurde.

UdSSR – Politische und gesellschaftliche Ächtung Homosexueller

Der unter Stalin 1934 eingeführte Homosexuellenparagraph 121, der einvernehmliche Sexualität zwischen erwachsenen Männern mit drei bis acht Jahren Strafe belegte, wurde in der UdSSR auch noch unter Chruschtschow und Breschnew angewandt. Die offizielle Begründung lieferte die *Große Sowjetenzyklopädie* von 1952: Homosexualität entstehe im bürgerlichen Milieu, trete bei Psychopathen und Schizophrenen auf und führe bei den Betroffenen zu konterrevolutionärem Verhalten. Nach dem Ideal einer sozialistischen Gesellschaft, in der auch die letzten bourgeoisen Überreste verschwunden wären, mußte die Existenz von Homosexualität als bürgerliche Degenerationserscheinung negiert werden. Gerieten Homosexuelle in die Mühlen der Justiz oder des KGB (»Komitee für Staatssicherheit«), wartete auf sie verschärfte Lagerhaft bei Aberkennung aller bürgerlichen Rechte. Im Durchschnitt wurden jährlich 300 Männer nach § 121 verurteilt.

Bis Mitte der siebziger Jahre wurde ihnen außer der Lager- und Barackennummer zusätzlich der Paragraph, aufgrund dessen sie verurteilt wurden, eintätowiert. Im Falle des § 121 bedeutete die Kennzeichnung die sichere Einstufung innerhalb der Lagerhierarchie als »Hahn«.

»Unter ›Hahn‹ versteht man im Gefängnis, Lager oder in der Armee einen Mitgefangenen oder Kameraden, den die anderen mit Gewalt zu sexuellen Dingen zwingen, ohne daß die Aufsichtsbeamten oder Offiziere einschreiten. Vom Augenblick seiner Vergewaltigung an ist ein ›Hahn‹ unberührbar, wer Gemeinschaft mit ihm hat, wird selbst vergewaltigt und unberührbar. Wenn ein ›Hahn‹ in ein anderes Gefängnis verlegt wird und seine Vorgeschichte verschweigt, so daß andere mit ihm Kontakt aufneh-

Aufnäher auf der Lageruniform von Gennadi Trifonow
1977. Stoff, mit Lager- und Brigadenummer
Sankt Petersburg, Gennadi Trifonow

Der Lehrer und Schriftsteller Gennadi Trifonow (* 1941) wurde 1976 wegen Verstoßes gegen den Homosexuellenparagraphen 121 zu fünf Jahren Lagerhaft im Nordural verurteilt. Im Gegensatz zu anderen verurteilten Homosexuellen gelang es ihm, seinen Fall noch während der Haft publik zu machen. In einem offenen Brief von 1977 an die Literaturnaja Gaseta, *die kurz zuvor erstmals auf die Existenz von Homosexuellen in russischen Lagern hingewiesen hatte, berichtete er über die unmenschlichen Haftbedingungen der Homosexuellen und forderte die Liberalisierung des § 121. Der Brief wurde nicht veröffentlicht, aber Freunden gelang es, eine Kopie in den Westen zu schmuggeln. Der Veröffentlichung in den Schwulenzeitschriften* Gay Sunshine *und* Christopher Street *folgten Proteste an die russische Regierung. Bei der Amnestie anläßlich der Olympischen Spiele 1980 bekam Trifonow lediglich eine Erleichterung der Haftbedingungen zugestanden. Bis zu seiner Entlassung wurde er in ein Lager in die Nähe seiner Heimatstadt Leningrad verlegt. Der Entlassung im August 1981 folgte die Abschiebung in den Westen. Nach Aufenthalten in den USA und Schweden kehrte er 1986 nach Leningrad zurück und begann wieder zu publizieren. In zahlreichen, in Rußland nur zum Teil veröffentlichten Erzählungen thematisiert er die Lagerhaft und seine Homosexualität. 1994 trat er als Mitherausgeber der literarischen Lesben- und Schwulenzeitschrift* Gay Slavjanje *hervor.*

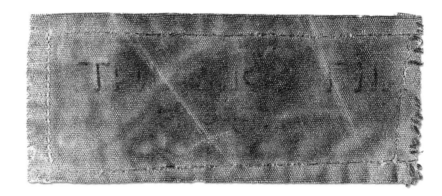

men, wird, wenn seine Vergangenheit ruchbar wird, nicht nur er getötet, sondern alle, die mit ihm Gemeinschaft hatten. In den Zellen tötet man Mitgefangene, indem man sie an den Beinen hält und mit dem Kopf gegen die Wand schleudert.«[2]

Entsprechend der politischen und gesellschaftlichen Ächtung existierte in der Öffentlichkeit nichts, was auf Homosexualität hingewiesen hätte. Dokumente homosexuellen Lebens wurden aus Furcht meist vernichtet, mündlich überliefert oder lediglich im engsten Freundeskreis aufbewahrt. Erst im Zuge der Dissidentenbewegung Anfang der siebziger Jahre gelangten über den sogenannten Samisdat, meist in kleinen Auflagen in Umlauf gebracht, auch Schriften von verhafteten und verbotenen Schriftstellern in den Westen. Sie wurden in russischen Exilverlagen veröffentlicht und kamen über diesen Umweg wieder in die UdSSR zurück. 1986 erschien in den USA Vladimir Koslovskys *Jargon der russischen homosexuellen Subkultur* mit Zeugnissen homosexuellen Lebens, darunter der offene Brief Gennadi Trifonows aus dem Lager und Jewgenij Charitonows Manifest *Flugblatt*:

»Wir sind unfruchtbare verderbenbringende Blüten. Und wie Blüten soll man uns zu Sträußen binden und zur Zierde in die Vase stellen. [...] Wir als Auserwählte und Prädestinierte müssen mit einem unsympathischen Zug gezeichnet werden, damit unser Beispiel nicht ansteckend wirkt. [...] Doch die beste Blüte unseres ätherischen Volkes ist wie niemand sonst berufen den Tanz der unmöglichen Liebe zu tanzen und süß von ihr zu singen. [...] Die starre Moral unseres Russischen Sowjetischen Vaterlandes hat ihren Sinn! Sie tut, als gäbe es uns nicht, und ihr Gesetzbuch sieht in unserer

Jewgenij Charitonow
Um 1965. Fotografie
Berlin, Rowohlt Berlin Verlag

Wie kein Autor in der russisch-sowjetischen Literatur vor ihm hat der Schriftsteller Jewgenij Charitonow in seinem Werk Homosexualität thematisiert. Am 11. Juni 1941 in Nowosibirsk geboren, studierte Charitonow ab 1959 an der Filmhochschule in Moskau und unterrichtete hier ab 1964 Schauspielkunst und Pantomime. Während seiner Arbeit als Regisseur konnte er lediglich ein eigenes Stück, Die verzauberte Insel, *realisieren, das er 1972 mit taubstummen Schauspielern inszenierte. Seine Zusammenarbeit mit der Folk- und Rock-Gruppe* Letzte Chance, *deren musikalische und szenische Auftritte er ab Mitte der siebziger Jahre künstlerisch betreute, führte zu ersten Vorladungen und Verhören beim KGB und machte weitere Engagements in offiziellen Kultureinrichtungen unmöglich.*

Trotz seiner Popularität in der Moskauer Undergroundszene thematisierte Charitonow seine Homosexualität nur auf Lesungen im engsten Freundeskreis. Obwohl er wußte, daß er unter Beobachtung des KGB stand, beantragte er 1980 zusammen mit anderen verbotenen Schriftstellern die Veröffentlichung der Textsammlung Katalog. *Auf Verhaftungen folgten Hausdurchsuchungen und Verhöre. Am 29. Juni 1981 starb Charitonow in Moskau auf offener Straße an einem Herzinfarkt. Sein Tod wurde mit dem Streß der vorangegangenen Verhöre in Zusammenhang gebracht.*

Zu seinen Lebzeiten zirkulierten seine Texte in der UdSSR seit 1979 nur in geringen Auflagen im Samisdat. Seine Textsammlung Tränen auf Blüten *erschien in Rußland erst posthum nach der Liberalisierung des Homosexuellenparagraphen 1993 im Moskauer Verlag* Glagol.

Kurz vor seinem Tod ließ er sein Manuskript Unter Hausarrest *durch Freunde in den Westen schmuggeln. Darin enthalten war auch das* Flugblatt, *das Ende der siebziger Jahre geschriebenen Manifest seiner Homosexualität.*

blütenhaften Existenz einen Verstoß gegen das GESETZ; denn je sichtbarer wir werden, desto näher das ENDE der WELT.«³

Eine erste wissenschaftliche Auseinandersetzung mit dem Thema Homosexualität lieferte der russische Sexualwissenschaftler Igor Kon in seinem Buch *Einführung in die Sexologie*, das 1981 in Ungarn, 1985 in der DDR und der Bundesrepublik, aber erst 1989 in der UdSSR erschien.

Entscheidende Bedeutung für oppositionelle Gruppen hatte die *Konferenz für Sicherheit und Zusammenarbeit in Europa* (KSZE). Auf die Unterzeichnung der Schlußakte von Helsinki durch die Regierungen des Warschauer Pakts 1975 konnten sich auch Homosexuelle berufen. Mit der Gründung der *International Gay Association* (IGA) 1978 in Coventry / England (1986 erweitert zur *International Lesbian and Gay Association*, ILGA) etablierte sich eine Institution, die sich die internationale Durchsetzung

299

der Rechte von Homosexuellen zum Ziel setzte. 1991 konnte die ILGA *amnesty international* (ai) bewegen, auch die aufgrund ihrer Homosexualität Verurteilten als politische Häftlinge anzuerkennen. Damit war die Voraussetzung für großangelegte Kampagnen zur Unterstützung inhaftierter Homosexueller geschaffen.

Anhaltende Repressionen verhinderten die Enstehung einer homosexuellen Emanzipationsbewegung in Rußland. Erst im Zuge der Perestrojka kam es zu Lockerungen. Am 24. März 1987 berichtete der *Moskowskij Komsomolez*, die Zeitschrift des kommunistischen Jugendverbandes, mit dem Artikel *Kavaliere fordern Kavaliere auf* erstmals positiv über die Existenz von Homosexuellen in der UdSSR. 1988 wurde die erste Nummer der Zeit-

Lew Samojlowitsch Klejn
vor seiner Verhaftung in Leningrad
1981. Fotografie
Sankt Petersburg, Lew Samojlowitsch Klejn

Lew Klejn, Archäologieprofessor in St. Petersburg, wurde Anfang der achtziger Jahre aufgrund einer Denunziation, zwei Jugendliche aus seiner Nachbarschaft vergewaltigt zu haben, nach § 121 zu drei Jahren Lagerhaft verurteilt. Nach seiner Freilassung schrieb er seine Erfahrungen im Straflager nieder; Teile daraus wurden unter dem Pseudonym Lew Samojlow 1990 in Lettre International *veröffentlicht. 1993 erschien in St. Petersburg, ebenfalls unter Pseudonym, die Artikelsammlung* Perewernutyj Mir, *deren deutsche Übersetzung* Verkehrte Welt *1994 in Berlin herauskam. Inzwischen rehabilitiert, arbeitet Klejn zur Zeit an einer großangelegten Studie, die der Frage nachgeht, wann und wie Homosexuelle sich ihrer Homosexualität bewußt werden. Für diese Arbeit wird erstmals eine Fragebogenaktion unter Homosexuellen in ganz Rußland durchgeführt.*

Karl-Heinz Steinle
Jurij Jerejew im Büro des »Tschaikowsky-Fonds«
in Sankt Petersburg
1994. Farbfotografie
Berlin, Privatbesitz

Jurij Jerejew gründete 1990 zusammen mit Olga Zhuk und Natalja Sharandak in Leningrad als erste Interessengemeinschaft für Schwule und Lesben den Tschaikowsky-Fonds, der 1991 unter dem Namen Fonds für kulturelle Initiativen und zur Unterstützung sexueller Minderheiten *registriert wurde – den Gründern war nicht erlaubt worden, den Namen Tschaikowsky mit ihren Zielen in Verbindung zu bringen. 1992 organisierte der Fonds, jetzt in St. Petersburg, den ersten* Christopher Street Day, *bei dem Interviews mit Lesben von Natalja Sharandaks und Olga Zhuks Film* An die Freundinnen *entstanden. Bereits 1991 hatten sie mit* Die Ausgestoßenen *eine erste Dokumentation über die Situation von Lesben und Schwulen in Rußland erstellt. Beide Filme konnten*

schrift *Tema* herausgegeben (»das Thema« ist in Moskauer Homosexuellenkreisen ein Synonym für »Homosexualität«). Inzwischen gibt es mehrere periodisch erscheinende Homosexuellenzeitschriften mit unterschiedlichsten Ausrichtungen wie *1/10* und *Risk* sowie eine Zeitschrift für Lesben, *Probuschdenie*.

In Zusammenarbeit mit der Estnischen Akademie der Wissenschaften und der schwedischen Homosexuellenzeitschrift *Reporter* fand im April 1990 in Tallinn die internationale Konferenz *The changing attitudes towards homosexuality in 20th century Europe* statt. Da Estland 1990 noch Sowjetrepublik war, stellte diese Konferenz den ersten internationalen Austausch in der UdSSR über Fragen zur Homosexualität dar. Im gleichen Jahr gründeten sich Interessenvertretungen für Homosexuelle in Leningrad

bisher in Rußland nicht in einem offiziellen Rahmen gezeigt werden.

Angelo Pezzana im Foyer des Hotels »National« in Moskau
15. November 1977. Fotografie
Berlin/Rom, dpa/ANSA

Angelo Pezzana, Mitglied der italienischen Schwulenbewegung und Mitbegründer ihrer ersten periodisch erscheinenden Zeitschrift Fuori! *initiierte 1977 in der UdSSR die erste öffentliche Aktion gegen die Unterdrückung von Homosexuellen. Auslöser war die Verurteilung des georgischen Filmregisseurs Sergej Paradschanow 1974, der angeblich gegen den § 121 verstoßen und ausländische Währung und Kunst geschmuggelt hatte, zu fünf Jahren Zwangsarbeit. Da die westeuropäische Schwulenbewegung nicht reagierte und auch die* International Gay Association *(IGA) lediglich ein Protesttelegramm nach Moskau sandte, wurde Pezzana aktiv.*

In Moskau suchte er den Menschenrechtler Andrej Sacharow auf, der sich jedoch nicht an die Öffentlichkeit wenden wollte, weil er Angst hatte, selbst der Homosexualität bezichtigt zu werden und damit seine gesamte Arbeit zu gefährden. Daraufhin lud Pezzana am 15. November 1977 die in Moskau akkreditierten Auslandskorrespondenten zu einer Pressekonferenz ins Hotel National. Vor den etwa 15 versammelten Journalisten schilderte er den Fall Paradschanow als Beispiel für die Behandlung der Homosexuellen in der UdSSR. Bevor er von Sicherheitsbeamten des KGB verhaftet wurde, gelang es ihm, ein Tuch mit der Aufschrift Nieder mit dem Artikel 121 des Strafgesetzbuches Freiheit für Paradschanow *zu enthüllen, das die Journalisten noch fotografieren konnten. Pezzanas Protest fand Niederschlag in der internationalen Presse. Die einzige russische Reaktion war ein Artikel in der* Literaturnaja Gaseta, *der ihn als westlichen Provokateur beschimpfte und für verrückt erklärte. Ungeachtet des hämischen Kommentars machte der Artikel erstmals nicht nur die Existenz, sondern auch die Strafverfolgung von Homosexuellen in der UdSSR publik.*

und Moskau, es folgten Zusammenschlüsse in Nowosibirsk, Omsk, Minsk und anderen Städten. 1992 fand in St. Petersburg der erste *Christopher Street Day* Rußlands statt. Am 29. März 1993 setzte ein Dekret von Boris Jelzin den § 121 außer Kraft; die Mitglieder in der *Gemeinschaft unabhängiger Staaten* (GUS) folgten diesem Schritt. Einvernehmliche Sexualität zwischen männlichen Personen über 16 Jahre ist nunmehr straffrei. Ungeachtet der rechtlichen Liberalisierungen bleibt das Problem der gesellschaftlichen Ächtung bestehen. Die Zahl der Asylgesuche in westeuropäischen Ländern von geflohenen Homosexuellen aus Rußland, der Ukraine und Weißrußland nimmt zu.

Karl-Heinz Steinle

1   G. Fehr, *Zu einigen Aspekten der Entwicklung der Risikogruppe der männlichen Homosexuellen und der Risikogruppe der kriminell gefährdeten, nicht lesbischen weiblichen Jugendlichen und Jungerwachsenen in der Haupstadt Berlin* (Dissertation A, Humboldt-Universität, Berlin) S. 118.
2   Siegfried Tornow, in: *magnus*, Heft 3, 1991, S. 33.
3   Jewgenij Charitonow, *Unter Hausarrest* (Berlin 1996) S. 315 f.

VII. 5
SKANDINAVISCHE HOCHZEIT

Marianne C. Brantsæther
Karen-Christine Friele, Pastor Hans Bratterud und sein Verteidiger Alf Nordhus im Osloer Amtsgericht
Frühjahr 1985. Fotografie
Oslo, Månedsavisa Blikk

»Wir möchten gerne alle Christen, die wirklich an Gott glauben, dazu auffordern, die teuflische Macht zu brechen, welche die Homophilie in diesem Land darstellt. Und wir wollen auch dafür beten, daß alle, die diese Geistesrichtung repräsentieren, aus leitenden Positionen in unserem Land entfernt werden«, predigte der norwegische Pastor Hans Bratterud in einer Radioandacht in der Nacht zum 4. Juli 1983. Wegen dieser und weiterer homophober Äußerungen wurde er bis heute als einziger nach dem norwegischen Antidiskriminierungsparagraphen 135 a, der auch einen strafrechtlichen Schutz vor Diskriminierung für Schwule und Lesben umfaßt, verurteilt: zu einer Geldstrafe von umgerechnet etwa 800 DM – allerdings erst in der Berufungsverhandlung, nachdem er in der ersten Instanz von der Anklage freigesprochen worden war. Das norwegische Antidiskriminierungsgesetz aus dem Jahr 1981 war das erste seiner Art in der ganzen Welt. Das Bild zeigt neben Pastor Hans Bratterud und dem Anwalt Alf Nordhus die Generalsekräterin des norwegischen DNF-48, Karen-Christine Friele.

Die nordischen Länder gelten traditionell als fortschrittlich. Im Zuge der gesellschaftlichen Entwicklungen der letzten Jahrzehnte haben sie für viele gar eine Modellfunktion übernommen, auch oder gerade wenn es um die Politik gegenüber Schwulen und Lesben geht. Mit der Entkriminalisierung männlicher Homosexualität, der Durchsetzung einer einheitlichen Schutzaltersgrenze für homo- wie heterosexuelle Kontakte sowie der Einführung von Antidiskriminierungsgesetzen und dem Gewähren eines Rechts auf staatliche Registrierung gleichgeschlechtlicher Partnerschaften haben die nationalen Organisationen für Schwule und Lesben in Dänemark, Norwegen und Schweden nicht zu leugnende Erfolge erzielt.

Dennoch darf nicht verkannt werden, daß auch Skandinavien kein Paradies auf Erden darstellt. Die Unterschiede zwischen der offiziellen Politik dieser Länder und den negativen Haltungen, die auch heute noch unter Teilen der Bevölkerung verbreitet sind, ist nach wie vor groß. Eine homosexuelle »Landflucht« aus weniger dicht besiedelten Gebieten in die Hauptstädte Dänemarks, Norwegens und Schwedens sowie in andere Bal-

lungszentren wie Bergen, Göteborg und Århus ist noch immer zu verzeichnen. Nur hier hat sich bislang eine Art skandinavische »Gay Community« mit schwul/lesbischen Initiativen, Gruppen und Treffpunkten etablieren können, die im Vergleich mit dem »pulsierenden« Leben mitteleuropäischer Städte trotzdem noch eher blaß wirkt. Indes scheint die immer wieder beschworene Liberalität der Skandinavier zumindest in den größeren Städten wirklich garantiert.

Von 1970 an bis weit in die achtziger Jahre hinein hatte Norwegen gegenüber seinen Nachbarländern Schweden und Dänemark eine Vorreiterrolle inne. Zwar war es 1972 noch das letzte Land Skandinaviens, in dem einvernehmliche sexuelle Kontakte zwischen Männern legalisiert wurden, gleichzeitig aber auch das erste skandinavische Land, in dem eine einheitliche Schutzaltersgrenze von 18 Jahren für homo- wie heterosexuelle Kontakte eingeführt wurde. In Dänemark und Schweden sollte dieses Ziel von den dortigen Schwulen- und Lesbenorganisationen erst 1976 bzw. 1978 erreicht werden, dann allerdings mit der niedrigeren Altersgrenze von 15 Jahren. Die Abschaffung des norwegischen § 213 war Anfang der siebziger Jahre längst überfällig gewesen, da er bereits seit Jahrzehnten nicht mehr angewendet wurde.

Neun Jahre nach der erfolgten Entkriminalisierung männlicher Homosexualität war Norwegen auch das erste Land der Welt, in dem ein geson-

Sonderstempel der schwedischen Post zum zehnjährigen Jubiläum der »Homobefreiungswochen« in Stockholm
16. August 1986
Stockholm, Kjell Rindar

Die ersten schwul/lesbischen Demonstrationen in Schweden fanden in Reaktion auf den Stonewall-Aufstand von 1969 Anfang der siebziger Jahre statt, jedoch mit jeweils nur relativ wenigen Teilnehmern. Besonders in Stockholm haben sich die Demonstrationen der letzten zwei Jahrzehnte indessen zu groß angelegten »gay festivals« mit eigenem kulturellen Rahmenprogramm, diversen kleineren und größeren Festen und Diskussionsveranstaltungen entwickelt. Die Stockholmer Homosexuella Frigörelsesveckan (»Homosexuelle Emanzipationswoche«), an der jeweils mehrere tausend Schwule und Lesben aus dem In- und Ausland teilnehmen, findet seit 1976 traditionell Mitte August statt. Aus Anlaß der 10. Emanzipationswoche brachte 1986 die schwedische Post einen eigenen Sonderstempel, den ein stilisierter rosa Winkel und ein Lambda-Zeichen zierte, heraus. Drei Jahre zuvor war die schwedische Schwulen- und Lesbenbewegung schon einmal mit einem Poststempel gefeiert worden. Auch aus Anlaß des 40jährigen Bestehens des Riksförbundet för Sexuellt Likaberättigande (RFSL) erschien im August 1990 ein Sonderstempel der schwedischen Post.

»Trauurkunde« (Partnerskabsattest)
von Axel und Eigil Axgil
Københavns magistrat, bryllupskontoret, 12. September 1996
(Neuausstellung des verschollenen Originals vom 1. Oktober 1989)
Valby, Axel Axgil

Am 1. Oktober 1989 trat in Dänemark als erstem Land der Welt ein Gesetz in Kraft, nach dem zwei Personen desselben Geschlechts ihre Partnerschaft staatlich registrieren lassen können. Sie werden damit in fast allen rechtlichen und steuerlichen Fragen Ehepaaren gleichgestellt. Die Gleichstellung umfaßt dabei sowohl Erbschafts-, Versorgungs- und Pensionsansprüche als auch Wohnrechte. Ausgenommen bleiben die Möglichkeit von Adoptionen und der Anspruch auf künstliche

derter strafrechtlicher Schutz vor Diskriminierung für Schwule und Lesben eingeführt wurde. Die Forderung nach einem solchen Schutz war von der nationalen Schwulen- und Lesbenorganisation *Det Norske Forbundet af 1948* (DNF-48), »Der norwegische Verband von 1948«, bereits Anfang der siebziger Jahre erhoben worden. Es dauerte aber mehrere Jahre, bis diese Forderung ihren Niederschlag im Strafrecht fand. Der § 135 a des norwegischen Strafgesetzbuchs, der auf den Beitritt des Landes zur UNO-Konvention gegen Rassendiskriminierung im Jahre 1970 zurückgeht, erhielt hierzu lediglich einen Zusatz, wonach auch der mit Geldstrafe oder Gefängnis bis zu zwei Jahren bestraft werden kann, der Personen aufgrund ihrer »homophilen Neigung, Lebensform oder Orientierung« bedroht, verhöhnt oder sie Haß, Verfolgung oder Geringschätzung aussetzt. In seiner ausgeweiteten Form wurde der Paragraph am 8. Mai 1981 von König Olav V. unterzeichnet.

Mit dem § 135 a verfolgte der norwegische Gesetzgeber erklärtermaßen das Ziel, grob kränkende Äußerungen über Schwule und Lesben in Schrift und Rede unter Strafe zu stellen. Die gebräuchlichsten Argumente, die in der norwegischen Öffentlichkeit gegen den Paragraphen vorgebracht wurden, wandten sich dementsprechend auch gegen die Einschränkung der Meinungs- und Redefreiheit. Neben dem § 135 a, dem eigentlichen Antidiskriminierungsparagraphen, wurde es 1981 durch den § 349 a Gewerbetreibenden in Norwegen untersagt, Homosexuellen Waren oder Dienstleistungen zu verweigern.

Die beiden Paragraphen haben zweifelsfrei grundlegende Bedeutung für Schwule und Lesben in Norwegen erhalten. Ihr Wert ist aber eher symbolischer Natur, denn es hat sich gezeigt, daß sie weit weniger als erwartet einen reellen Schutz vor Diskriminierung bieten können. Wegen homophober Äußerungen ist der § 135 a seit seiner Einführung bis heute erst ein einziges Mal angewandt worden, und zwar in der sogenannten Pastor-Affäre. In der Nacht zum 4. Juli 1983 forderte Hans Bratterud, Pastor der charismatischen Glaubensgemeinschaft *Fullevangelske Kirke* in Oslo, in einer Radioandacht alle gläubigen Christen dazu auf, ihre »sündhaften« homosexuellen Angestellten zu entlassen. Dem zuständigen Richter im Osloer Amtsgericht galten Bratteruds Äußerungen indes nicht als Aufruf zur Diskriminierung, der Pastor wurde im Sommer 1984 von der Anklage freigesprochen, schließlich stehe es in einem christlichen Land allen frei, zu beten, worum

Befruchtung bei lesbischen Paaren. 1989 gingen in Dänemark insgesamt 325 Paare (263 männlich/62 weiblich) die registrierte Partnerschaft ein, 1990 waren es 448 (331 männlich/117 weiblich). In den letzten Jahren hat sich die Entwicklung in etwa stabilisiert. Pro Jahr sind es nunmehr rund 250 Paare, zwei Drittel von ihnen sind Männer. Zum 1. Januar 1996 lebten um die 5.000 Schwule und Lesben in Dänemark in einer registrierten Partnerschaft. Da die offiziellen Statistiken aber ausländische Staatsbürger nicht berücksichtigen, dürfte die Zahl realiter um einiges größer sein. Das dänische »Partnerschaftsattest« ist – wie das in den anderen nordeuropäischen Ländern – bewußt schmucklos gehalten.

Anja Tollan
Axel und Eigil Axgil an ihrem »Hochzeitstag«
Kopenhagen, 1. Oktober 1989. Fotografie
Berlin, Schwules Museum

Axel und Eigil Axgil waren am 1. Oktober 1989 das erste schwule Paar der Welt, das sich im Kopenhagener Rathaus »trauen« ließ. Zu diesem Zeitpunkt hatten die beiden Dänen schon seit fast vierzig Jahren zusammengelebt. Bereits 1956 hatten sie ihre Namen ändern lassen, um der Welt zu zeigen, daß sie zusammengehörten. Aus den zwei Silben ihrer Vornamen schufen sie sich einen gemeinsamen Nachnamen, den zu tragen ihnen auch amtlicherseits zugestanden wurde. 35,– DKR hatte sie das damals nur gekostet. Noch unter seinem Namen Axel Lundahl Madsen hatte Axel Axgil 1948 mit dem Forbundet af 1948 die erste Schwulen- und Lesbenorganisation Skandinaviens ins Leben gerufen. Im Zuge der dänischen Pornographie-Affäre Mitte der fünfziger Jahre wurden ihm und Eigil Eskildsen die weitere Mitgliedschaft in dem Verband verweigert. Erst Anfang der siebziger Jahre, als dieser von Angehörigen einer jüngeren Generation geleitet wurde, bot man den beiden eine erneute Mitgliedschaft an. 1974 wurde Axel Axgil dann sogar zum Ehrenmitglied des Forbundet af 1948 ernannt.

sie wollen. Erst in der Berufungsverhandlung vor dem Obersten Gericht in Oslo am 6. Dezember 1984 wurde der Freispruch Bratteruds wieder aufgehoben. Der Pastor wurde jetzt zu einer Geldstrafe von 2.500,– NOK verurteilt. In Schweden und Dänemark wurden Antidiskriminierungsgesetze nach norwegischem Vorbild erst 1986 bzw. 1987 eingeführt.

Die Politik für Schwule und Lesben in den nordischen Ländern wird seit Anbeginn sehr stark von den Begriffen Gleichheit und Integration geprägt. In dieser Tradition stehen auch die »Partnerschaftsgesetze«, die bis heute in Dänemark, Schweden, Norwegen und Island verabschiedet worden sind. Die Forderung nach einem Recht auf Ehe wurde von seiten der nationalen Schwulen- und Lesbenorganisationen in Skandinavien besonders seit Anfang der achtziger Jahre immer massiver erhoben. Bereits 1981 ging der dänische Verband für Schwule und Lesben *Forbundet af 1948* (»Verband von 1948«) daran, einen eigenen Gesetzentwurf zur staatlichen Regelung gleichgeschlechtlicher Partnerschaften auszuarbeiten. Ein langjähriger Prozeß führte schließlich zu dem Gesetz, das Ende Mai 1989 vom dänischen Parlament, dem Folketing, verabschiedet wurde. Es war das erste seiner Art auf der ganzen Welt. Nach ihm können Schwule und Lesben in Dänemark seit dem 1. Oktober 1989 ihre Partnerschaften staatlich registrieren lassen und kommen damit in den Genuß gleicher Rechte

Rune Sævig
Norwegisches Pressefoto des Jahres 1993
Linda Skagen und Laila Sætvedt vor dem Gerichtsgebäude in Bergen, 13. September 1993
Bergen, Rune Sævig

Die Einführung der registrierten Partnerschaft in den nordischen Ländern wird hier nicht von allen gleichermaßen begrüßt. Widerstand kommt vor allem von seiten der Kirche, Kritik wird aber auch aus konservativen Kreisen geäußert. In Norwegen z. B. bildete sich zwischenzeitlich gar eine »Bürgerinitiative gegen das Partnerschaftsgesetz« (»Folkeaksjonen mot partnersakpsloven«), um gegen den »moralischen Verfall in der Gesellschaft« zu kämpfen. Allerdings erzielten die Kampagnen dieser Initiative kaum die Reaktionen in der Bevölkerung, die sich die Initiatoren erhofft hatten. Ganz im Gegenteil, sie erwiesen sich als Bumerang. Die norwegischen Gegner des Partnerschaftsgesetzes zeigten sich fast durchgängig als freudlos, sexualfeindlich und moralinsauer – und diskreditierten sich dadurch selbst. Das Foto zeigt Linda Skagen und Laila Sætvedt, die gerade ihre Partnerschaft haben registrieren lassen. Es wurde im Februar 1994 von der Vereinigung der norwegischen Pressefotografen zum Pressefoto des Jahres 1993 gewählt.

und Pflichten wie Verheiratete, mit einer zentralen Ausnahme: Sie können keine Kinder adoptieren, auch nicht die des gesetzlichen Partners. Einzige Bedingung für die Registrierung der Partnerschaft ist, daß mindestens einer der Partner dänischer Staatsbürger ist und einen festen Wohnsitz in Dänemark hat. Durch die Annahme des Gesetzes in Dänemark erhielt die Debatte um das Recht auf Ehe auch in den skandinavischen Nachbarländern frischen Aufwind. 1993 folgten Norwegen, 1995 Schweden und 1996 Island dem dänischen Vorbild – Island ging sogar noch einen Schritt weiter: Als erstes und bisher einziges Land der Welt räumt es Schwulen und Lesben auch das gemeinschaftliche Sorgerecht für Kinder ein.

Die Zahl derer, die seit 1989 ihre Partnerschaften in Skandinavien haben registrieren lassen, muß insgesamt als eher bescheiden angesehen werden. In der Regel sind es Schwule und Lesben, die sich bereits gesellschaftlich etabliert haben, die den Gang vor das Standesamt wählen. In Dänemark hat sich die Entwicklung in den letzten Jahren einigermaßen stabilisiert, hier sind es pro Jahr rund 250 Paare. Zwei Drittel von ihnen sind Männer. In den anderen Ländern ist das Interesse an der registrierten Partnerschaft zahlenmäßig noch geringer. Von den meisten Schwulen und Lesben in Skandinavien wird das »Partnerschaftsattest« als überflüssig angesehen, viele von ihnen wagen aber auch nicht den Schritt in die Öffentlichkeit. In organisierten Schwulen- und Lesbenkreisen in Skandinavien

zeigt man sich dennoch davon überzeugt, daß die Partnerschaftsgesetze –
trotz der geringen Zahl derer, die sie in Anspruch nehmen – die Akzeptanz
der Homosexualität in der Gesellschaft erhöht haben. Aus dänischen Mei-
nungsumfragen vor Einführung des Gesetzes beispielsweise ging hervor,
daß 57 Prozent der Befragten die Registrierungsordnung befürworteten,
nach ihrer Einführung sprachen sich sogar 64 Prozent der Befragten für das
Gesetz aus. Für Norwegen, Schweden und Island könnten vermutlich ähnliche Umfrageergebnisse angeführt werden. Zum Vergleich: In Deutschland
votierten bei einer *Emnid*-Umfrage für den *Spiegel* im Juni 1996 lediglich
49 Prozent der Befragten für eine staatliche Anerkennung gleichgeschlechtlicher Partnerschaften, während 48 Prozent sich dagegen aussprachen und
drei Prozent keine Angaben machten.

In den letzten Jahren mehren sich in Skandinavien die Stimmen derer,
die daran zweifeln, ob die gesellschaftliche Integration, für die die nationalen
Organisationen für Schwule und Lesben bislang so erfolgreich gestritten
haben, wirklich der einzig richtige Weg sei. Soll denn Heiraten und Kinder
erziehen Lebensinhalt von Schwulen und Lesben auf gleicher Ebene wie von
Heterosexuellen sein? Man fragt sich jetzt vielmehr immer öfter, ob nicht
weit mehr Homosexuellen ein besseres Leben ermöglicht werden könnte,
wenn man explizit schwul/lesbische Eigenart und Kultur fördern würde.

Fragt man, welchen Aufgaben sich die Homoorganisationen Skandinaviens heute gegenübergestellt sehen, so steht die Informationsarbeit an
Schulen und gegenüber der Kirche nach wie vor ganz oben auf der Tagesordnung. Neben dem Ziel, die Anerkennung des Sorgerechts für Kinder zu
erreichen, wird auch die Gesundheitspolitik besonders groß geschrieben.
Die HIV- und AIDS-Problematik ist wie in vielen anderen Ländern eine der
größten Herausforderungen. Drogenmißbrauch und Selbstmord sind weitere zentrale Problembereiche, denen die Organisationen sich stellen
wollen und müssen. Zumindest die Erreichung des Sorgerechts schwuler
und lesbischer Paare für Kinder dürfte seit der Annahme des isländischen
Partnerschaftsgesetzes im Sommer 1996 nicht mehr in unerreichbarer
Ferne liegen. Eine zentrale Aufgabe der nationalen Schwulen- und Lesbenorganisationen in Skandinavien ganz anderer Art besteht nun allerdings
vor allem darin, neue Mitglieder zu gewinnen. Nach dem Boom Ende der
achtziger Jahre leiden alle nationalen Organisation in Skandinavien zur Zeit
an einem kontinuierlichen Mitgliederschwund – und sehen sich damit
ganz erheblichen finanziellen Problemen ausgesetzt.

Raimund Wolfert

VII. 6
NIEDERLANDE

Für das *Cultuur- en Ontspanningscentrum* (COC) waren die sechziger Jahre eine Zeit des Erfolges. Als Früchte dieser Arbeit kann die Abschaffung des Artikels 248bis im Jahre 1971 gelten, sowie 1973 die staatliche Anerkennung des COC und der Zugang von Schwulen und Lesben zum Militär. Damals artikulierte sich aber erstmals eine feministische Kritik an der fehlenden Frauenfreundlichkeit des COC. Die lesbische Aktionsgruppe *Paarse September* (»Violetter September«) kritisierte in den Jahren 1973 bis 1975 außer das COC auch die feministische Frauenbewegung, die zu heterosexuell orientiert sei. Die Gruppe *Lesbian Nation* führte 1975 die niederländischen Lesben erstmals auf die Straße und organisierte im Juni 1977 in Amsterdam die erste *Stonewall*-Demonstration. Die Gruppe *Rooie Flikkers* (»Rote

Theo van den Boogaard
Cartoon »Fuck the World«
Aus: Dick Osseman u. a.,
Amsterdamse Jongeren.
Aktie groepen Homoseksualiteit,
Amsterdam 1971
Berlin, Schwules Museum

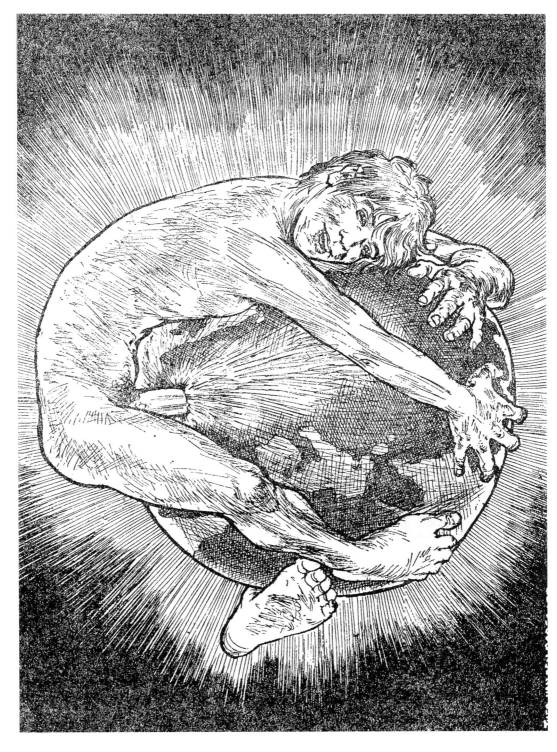

Schwule«) entstand ebenfalls 1975 und wandte sich gegen die Integrationspolitik des COC, die auf Kosten von solchen Formen des Sexuellen betrieben werde wie Geschlechtsrollenwechsel, Pädophilie und Sadomasochismus.

Diese neuen separatistischen schwul/lesbischen Vereine bereiteten den Weg für die vielen Spezialorganisationen in Parteien, Gewerkschaften und Hochschulen. Bis zum Anfang der achtziger Jahre hatte das COC bei dieser Entwicklung als so etwas wie eine Mutterkirche im Hintergrund gewirkt, verlor aber nach und nach diese Funktion.

Nun begannen Lesben und Schwule immer öfter Funktionen in der allgemeinen Politik zu übernehmen und Strategien einer homosexuellen Kommunalpolitik zu entwickeln, die sich vor allem auf die Bereiche Schule und Polizei sowie auf das Gesundheitswesen richteten. Dem niederländischen Parlament lag seit 1977 der Entwurf eines Antidiskriminierungsgesetzes vor, das aber erst 1993 nach vielen und langen Debatten in Kraft trat. Die politische Debatte innerhalb der Bewegung fand in den achtziger Jahren vor allem in der Zeitschrift *Gay Krant* statt, und als am Ende des Jahrzehnts die Forderung nach der homosexuellen Ehe und die schwule und lesbische Selbstorganisation im Sport aufkam, war das COC an diesen Entwicklungen so gut wie überhaupt nicht mehr beteiligt.

AIDS hat in Holland und besonders in Amsterdam eine erschreckend hohe Zahl von Opfern gefordert. Dabei war es ein glücklicher Zufall, daß gerade vorher eine politische und medizinische Struktur entstanden war, die eine Kooperation von Staat, Gesundheitsinstitutionen und Schwulenbewegung bei der Bekämpfung und Prävention ermöglichte. So konnte die Schließung von Saunen und Darkrooms verhindert und die Arbeit auf präventive Aufklärung konzentriert werden. Kontrovers wurde lange Zeit die Frage diskutiert, in welchem Maß AIDS als eine Krankheit der Schwulen definiert werden sollte und was genau unter »Safer Sex« zu verstehen sei: Anstatt den Gebrauch von Kondomen zu propagieren, wurde in Holland lange nur vor Analverkehr gewarnt.

Die meisten Ziele der homosexuellen Bewegung sind heute in den Niederlanden erreicht. Die Polizei wirbt beispielsweise damit, daß freie Stellen mit »schwarzen, weißen und rosa Frauen und Männern« besetzt werden können; Diskriminierung ist illegal; es gibt eine homosexuelle Öffentlichkeit. Die *Gay and Lesbian Games* kommen 1998 nach Amsterdam mit Unterstützung der Stadt und des Staates; die Einführung der homosexuellen Ehe ist nur noch eine Frage der Zeit. Verweigert wird allerdings noch die Adoption von Kindern durch schwule und lesbische Paare, und es bleibt auf absehbare Zeit schwierig, schwul/lesbische Lebensstile zu realisieren. Da aber gegenwärtig konkrete homosexuelle Ziele nicht formuliert werden, hat es den Anschein, daß die Bewegung nach 85 Jahren in ihre Endphase eingetreten ist.

Gert Hekma

VII. 7
Homosexualität und Kunst

Schon immer gab es Künstler, deren Vorliebe für das eigene Geschlecht nicht unbekannt blieb und die dennoch in ihrer Kunst diese offensichtliche Tatsache sublimierten. Karriere konnte nur machen, wer sein Anliegen überhöhte, das allzu Offensichtliche der Allmacht der heterosexuellen Normen opferte. Das Begehren des eigenen Geschlechts und seine Darstellung gerieten zwangsläufig in die Nähe der Pornographie. Schwule Lust hatte in der Kunst nichts zu suchen. Natürlich wurde sie von vielen berühmten Künstlern dennoch dargestellt, aber nur anonym und zumeist als Liebhaberstücke in kleinen Auflagen vertrieben. Selbst Jean Cocteau hat sich Zeit seines Lebens nie zu den erotischen Zeichnungen für Genets Roman *Querelle* bekannt.

Andy Warhol
Truman Capote
1979. Acryl und Siebdruck-Tinte auf Leinwand,
je 100 x 100 cm
Pittsburgh, The Andy Warhol Museum; Founding Collection,
Contribution Dia Center for the Arts

Die kurze Blüte in den zwanziger Jahren kann nicht darüber hinwegtäuschen, daß die Darstellung der Homosexualität anrüchig blieb. Seit den fünfziger Jahren ist in vielen Kunstsparten eine Vorwegnahme des schwulen Selbstbewußtseins zu beobachten. Mit Witz und Ironie porträtierte Andy Warhol schwule Geistesgrößen und Skandalberühmtheiten als bizarre Schuhe, von denen aber nur einige wenige in Zeitschriften veröffentlicht wurden. Seine 1964 gegründete *Factory*, ein gigantisches Loft in der 47. Straße in New York, zog Schwule, exzentrische Frauen, Transvestiten, Bisexuelle und Lesben magisch an. Hier entstanden schon in den sechziger Jahren die Mythen der siebziger Jahre. Warhol, der seine Homosexualität nicht verleugnete, aber auch nicht öffentlich bekannte, schuf mit seinem Œuvre einen Kosmos aus schwulem Kitsch, Alltagsbeobachtungen und Versatzstücken der Warenwelt. Mit dieser noch kurz zuvor undenkbaren Mischung gelang ihm eine Weltkarriere. Berühmtheiten aus Politik, Kunst und der High Society rissen sich darum, von ihm porträtiert zu werden. Warhol wurde zum Mythos. Stars wie Jacqueline Kennedy oder Elizabeth Taylor waren mit ihm befreundet. Wo immer er auftauchte, umlagerten ihn Fans, Neugierige und vor allem Fotografen. In seiner Nähe fühlte sich jeder kurzfristig als Star. Warhol drehte und produzierte Filme, die Homosexualität unbeschwert, hysterisch, ironisch vorführten und im Gegensatz zu den Filmen von Gregory Markopoulos und Kenneth Anger auch außerhalb der cineastischen und schwulen Szene Furore machten. Warhol ist der wohl bekannteste zeitgenössische Künstler, und sein Einfluß ist auch nach seinem Tod ungebrochen. Sein umfangreiches Werk ist in jedem Kunstmuseum der Welt an prominenter Stelle vertreten, und sein Nachlaß füllt in Pittsburgh ein ganzes Museum. Hier wird jedem Besucher Warhols Homosexualität als Triebfeder des immensen Schaffensdrangs eindrücklich vorgeführt. Warhol ist der erste Künstler, der trotz seiner unübersehbaren Homosexualität und deren Umsetzung in seinem Werk weltweit Karriere gemacht hat.

Touko Laaksonen, besser bekannt unter dem Pseudonym Tom of Finland, hat seit den fünfziger Jahren seine Zeichnungen in diversen Zeit-

Tom of Finland
Ohne Titel
1977. Bleistift, 31,1 x 46 cm
Los Angeles, Tom of Finland Foundation

schriften und Magazinen veröffentlicht. Kein anderer Künstler hat das Selbstbild der Schwulen so geprägt wie er. Seine Darstellungen zeigen betont maskuline, kraftstrotzende Männer, die ihre sexuellen Wünsche in größter Selbstverständlichkeit und zur Befriedigung aller Beteiligten ausleben, so daß gängige Klischees von passiv und aktiv entfallen. Zum erstenmal wird der Analverkehr, der »widernatürliche Akt«, in immer neuen Varianten ironisch lustvoll gefeiert und so eines der größten Tabus zertrümmert. Schwule Sexualforscher hatten immer versucht, den prozentualen Anteil dieser Sexualpraktik unter Homosexuellen herunterzuspielen. Auch die sich neu formierende Schwulenbewegung der siebziger Jahre hielt lange Zeit beharrlich Distanz zu der »kommerziellen Ausbeutung« menschlicher Lüste. Ausgehend von der US-amerikanischen schwulen Subkultur traten die aus der Kunst entlehnten Idealtypen Tom of Finlands ihren Siegeszug durch die Bars und Saunen der westlichen Welt an. Heere von Schwulen rackerten sich in Fitneßstudios ab, um den gezeichneten Idolen aus den Pornoheften ähnlich zu werden. Als Dänemark Ende der sechziger Jahre das Verbot, Pornographie herzustellen und zu vertreiben, aufhob, expandierte die Pornoindustrie. Tom of Finlands pornographische Zeichnungen erschienen jetzt als Hefte und waren bald kein Geheimtip mehr.

Tom of Finland dürfte der erste Künstler der schwulen Subkultur sein, dem der Sprung in die Anerkennung des Kunstbetriebs gelang. Nach seinem Tod stieg der Marktwert seiner Zeichnungen enorm an. In seinem Heimatland erhielt er, der inzwischen zu den bekanntesten Künstlern Finnlands zählt, eine Ausstellung in einer renommierten Kunstgalerie, und die staatliche Filmförderung finanzierte einen Dokumentarfilm über ihn, der im finnischen Fernsehen ausgestrahlt und in der Öffentlichkeit heftig diskutiert wurde. Sein Wunsch, als »Norman Rockwell der schwulen erotischen Kunst zu gelten«, hat sich längst erfüllt.

Als in der Bundesrepublik Tom of Finlands Zeichnungen noch illegal vertrieben wurden, sorgte der englische Künstler David Hockney mit seinem

Etienne
Love is a Good Thing
Um 1973. Bleistift, Deckweiß, 35 x 35,4 cm
Chicago, Leather Museum

Dom Orejudos war unter seinem Künstlernamen Etienne ein wichtiger Mitarbeiter diverser Bodybuilding-Magazine. Seine Zeichnungen beeinflußten auch die Arbeiten von Tom of Finland. Seine überlebensgroßen Sadomaso-Gemälde schmücken bis heute die berühmte Chicagoer Lederbar Gold Coast.

Kavafis-Zyklus für frischen Wind. Schon 1968 wurde der zwei Jahre zuvor entstandene Zyklus in der Berliner *Galerie Mikro* gezeigt. Einige der Zeichnungen veröffentlichte das Trendmagazin *Twen*, das sich auch an der Debatte zur Abschaffung des § 175 beteiligte. Konstantinos Kavafis' homoerotische Gedichte sind Erinnerungen, die er zwischen seinem sechzigsten und siebzigsten Lebensjahr niederschrieb. Es sind Verse voller Kraft, gewissermaßen Protokolle längst vergangener Liebesnächte in einer ganz eigenen Sprache, voller Melancholie, Ironie und unsentimental. Hockneys Zeichnungen feiern diese Sicht der homosexuellen Liebe. Wie Kavafis' Gedichte sind sie knapp, aufs Wesentliche konzentriert, elegant ohne in Cocteausche Sentimentalität abzugleiten, und mit einer Selbstverständlichkeit erotisch. Diese Selbstverständlichkeit mußte sich Kavafis mühsam ein ganzes Leben lang erkämpfen. In seiner Jugend war er bei jedem Abenteuer von Schuldgefühlen geplagt. Erst im Alter hat er zu einer uneingeschränkten Bejahung seiner Homosexualität gefunden. Hockneys Zeichnungen transportieren diese Selbstverständlichkeit und treffen damit den Nerv der Zeit. Die Zeichnung *Two Boys aged 23 and 24*, die der *Galerie Mikro* als Plakatmotiv diente, wurde zur Ikone des neuerwachten schwulen Selbstbewußtseins.

Schon im Februar 1961 hatten vier Bilder Hockneys in der Ausstellung *Young Contemporaries* der Londoner *R. B. A. Galleries* Aufmerksamkeit erregt.

Alle vier Bilder hatten eindeutige schwule Bezüge. Ulrich Luckhard dechiffrierte diese Bilder in dem 1991 zur Ausstellung der Hamburger Kunsthalle erschienen Katalog *Im Blickfeld – DOLL BOY von David Hockney*. Akribisch deckt er die vielfältigen schwulen Bezüge, die persönlichen Vorlieben Hockneys für gewisse Popstars, die Einflüsse schwuler Literaten wie Walt Whitman und die Übernahme von Klappengraffiti auf. Hockney hat in seinen Bildern immer wieder völlig selbstverständlich schwule Lebenszusammenhänge thematisiert und damit die Exegeten seiner Werke gezwungen, sich auch mit dieser Selbstverständlichkeit auseinanderzusetzen. Jack Hazan drehte 1974 den Film *A Bigger Splash*, in dem Hockney Einblicke in seine Arbeitsweisen und in sein Privatleben gewährt. Obwohl dieser Film in erster

David Hockney
Christopher Isherwood and Don Bachardy
1968. Acryl auf Leinwand, 212 x 304 cm
Washington, Privatbesitz

Linie Probleme der Malerei dokumentiert, verdankt er seinen Erfolg eher der eingestandenen Homosexualität Hockneys. Begierig griffen viele Homosexuelle jedes Eingeständnis prominenter Schwuler auf, um das eigene, von langer Unterdrückung angeschlagene Selbstbewußtsein zu stärken. Die große Verbreitung der Darstellungen von Männerpaaren in Duschen, Freundespaaren, prominenten Schwulen und vor allem von sonnendurchfluteten Swimmingpools mit nackten Boys haben dazu beigetragen, daß nicht nur die kunstinteressierte Öffentlichkeit begann, Homosexualität als eine Variante der Sexualität zu akzeptieren.

»Grundlegend für David Hockneys Kunst war von Anfang an der Wunsch, in unmittelbaren Kontakt zum Betrachter zu treten. Schönheit um ihrer selbst willen wäre das letzte, was Hockney wollte. Gerade dieser Hang zum Didaktischen, der Wunsch, sich Gehör zu verschaffen und eindeutig verstanden zu werden, ist das Geheimnis seiner unerhörten Popularität.« So Henry Geldzahler, Hockneys langjähriger Galerist und Mäzen, im Vorwort zum Katalog der Retrospektive von 1988, die in Los Angeles, New York und London zu sehen war. Zwischen 1967 und 1974 erforschte Hockney, zunehmend vom Realismus fasziniert, Beziehungen zwischen Paaren und mehreren Personen. Er arbeitete wie besessen an der Komplexität menschlicher Beziehungen. In dieser Zeit entstand auch das Gemälde *Christopher Isherwood and Don Bachardy* (1968). Mit beiden verband ihn eine lange Freundschaft.

In Hockneys Werk tauchen immer wieder Doppelporträts auf, die den Wunsch nach Nähe und die gleichzeitige Isolation des einzelner thematisieren. Die Situation hat etwas Theaterhaftes. Hockney hat die Wohnung der beiden kunstvoll neu inszeniert, nachdem er einen Großteil der Möblierung für die Dauer der Entstehung des Bildes entfernt hatte. Christopher Isherwoods Blick ruht auf dem jüngeren Don Bachardy, der wiederum den Betrachter fixiert und ihn so ins Bild zieht. Das Obst und Gemüse im Vordergrund verstärkt mit seinen phallischen Formen diese Blickrichtung. Beide sind hinter Bücherstapeln verschanzt. Anders als in den Freundschaftsbildern der zwanziger Jahre wird hier nicht Nähe, sondern die Isolation des Menschen auch in der Intimität betont.

Patrick Angus
Boys do fall in love
1984. Acryl auf Leinwand, 122 x 168 cm
New York, Douglas Blair Turnbaugh

Patrick Angus thematisierte die Einsamkeit und Käuflichkeit der homosexuellen Liebe in den großen Städten, die Kluft zwischen den Generationen, die sich in Striplokalen, Saunen und Sexkinos für einen flüchtigen Moment näher kommen. Einige der wenigen Bilder, die schwule Liebespaare zeigen, hat Angus kurz vor seinem Tod vernichtet.

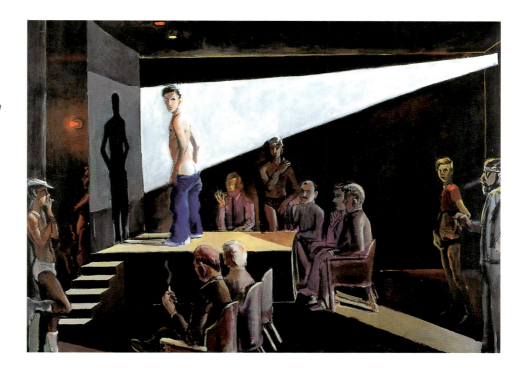

Die ungeheure Popularität von Warhol und Hockney hat der nachfolgenden schwulen Künstlergeneration den Weg geebnet. Zwar ist die Beschäftigung mit homoerotischen Motiven immer noch eine Gratwanderung auf dem Weg zum großen Erfolg, schließt diesen aber nicht mehr kategorisch aus. Künstler wie Salomé, der direkt aus der Berliner Schwulenbewegung über seine *Galerie am Moritzplatz* eine internationale Karriere startete, die ihn kometenhaft ins *Museum of Modern Art* nach New York und 1982 auf die *documenta* brachte, lebten diese neuen Möglichkeiten vor. Salomé, ein Mitglied der Feministengruppe der HAW, kam über die Bekanntschaft mit Frank Dornseif, der ebenfalls in dieser Gruppe aktiv war und an der Berliner *Hochschule der Künste* (HdK) studierte, auf die Idee, sich für ein Kunststudium zu bewerben. In der HAW lernte Salomé wenig später auch Rainer Fetting kennen und zog mit ihm zusammen. Der Amateurfotograf Rolf von Bergmann vermittelte Salomé einen Job im *Matalla*, einer Berliner Bar, die dank beider nächtlicher Performances bald zum Geheimtip avancierte. Damals träumten beide von einem Auftritt im Transvestitenlokal von Romy Haag. Rolf von Bergmann hat Salomés künstlerische Aufführungen zuerst in Berlin und später auch in New York dokumentiert. 1978 erschien bei *Rogner & Bernhard* das Buch *Transvestiten*, das einen Beitrag über Salomés Kunst enthielt. 1977 hatte Salomé mit Fetting und anderen Freunden die bereits genannte *Galerie am Moritzplatz* eröffnet und dort seine erste Einzelausstellung organisiert. Seine *12 Stunden Schaufenster Performance* in der *Galerie Petersen* und die Stacheldraht-Performance *Für meine Schwestern in Österreich* im Café *Anderes Ufer* wurden nicht nur in der schwulen Gemeinde wahrgenommen. Der Durchbruch kam mit der Ausstellung *Heftige Malerei*, die 1980 im *Haus am Waldsee* stattfand.

Salomé war von den teilnehmenden vier Künstlern der exotischste und trotz seiner eindeutigen schwulen Bildthemen das begehrteste Objekt für den internationalen Kunsthandel. Seine Kunst spiegelte das Lebensgefühl der siebziger Jahre, die Protesthaltung gegen die Gesellschaft und gegen die herkömmliche Kunst. Seine Bilder thematisieren Transvestitis-

Salomé
Two Boys
[Gloeden-Serie]
1988. Aquarell, Deckweiß, 125 x 93 cm
Berlin, Schwules Museum

mus, schwulen Sex, Sadomasochismus und immer wieder die alles vereinende Kunstfigur Salomé. Hier wird der Einzug der »Tunte« in die Kunst zelebriert. Salomé malt seine Modelle lebensgroß in diffusem Bildraum. Die Farben sind kräftig grell und werden später immer pastoser. Seine 1979 entstandenen »Klappen-Bilder« eröffnen für die Kunst ein bis dahin völlig neues Sujet: die öffentliche Toilette für Männer als moralische Anstalt. Hier wird der anonyme schwule Sex vorgeführt, selbstbewußt wenden sich die »Klappen-Besucher« dem Bildbetrachter zu, machen ihn zum Objekt ihrer Begierde, oder befummeln sich völlig ungeniert unter dem grell roten Graffity *Fuck you*. Unter dem Einfluß des kalifornischen Lichts entstand 1988 die *Gloeden-Serie*, die die erotischen Phantasien des 19. Jahrhunderts aus dem Sepiabraun der Fotos in grellbunte Zeichnungen übersetzte.

Die Darstellung schwuler Begierde fand nicht nur Eingang in Salomés Werke, sondern ist auch Thema von Frank Dornseifs bildhauerischen Arbeiten. Seine an Zeichnungen erinnernden Skulpturen aus Armiereisen sind auf wenige Linien reduziert, sie scheinen fast immateriell zu sein. Schon seine frühen Arbeiten zeichnen sich durch ein artifizielles Spiel mit der Schattenwirkung aus. Seine Skulpturen setzen sich aus verschiedenen Blickwinkeln immer wieder neu zusammen, darin haben sie eine Affinität zum Kubismus. Besonders inspiriert haben ihn erotische Fresken der etruskischen Grabkammern von Tarquinia, die unter anderem auch zwei Männer beim Analverkehr zeigen, die von einem wutschnaubenden Stier angegriffen werden. Frank Dornseif hat dieses Sujet mehrfach in Skulpturen umgesetzt. *Tarquinia II*, 1979 entstanden, verwendet neben Draht für den Stier noch Gips für das kopulierende Männerpaar, das, vollplastisch

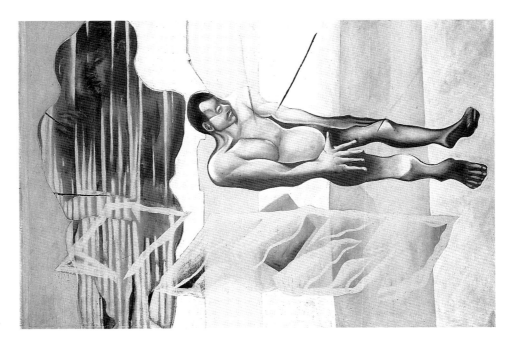

Thomas Lange
Mondfinsternis
1984/85. Öl und Tempera auf Leinwand,
200 x 300 cm
Berlin, Thomas Lange

Thomas Lange gehört, anders als Salomé und Frank Dornseif, nicht zu den Künstlern, die direkt an der Schwulenbewegung der siebziger Jahre beteiligt waren. Er hat aber als Künstler der zweiten Generation von ihr profitiert. Mit Reinhard von der Marwitz, einem führenden Kopf der Bewegung, arbeitete er eng zusammen. Marwitz schrieb Texte zu seinen Arbeiten und hat sie im Anderen Ufer ausgestellt. Die Ausstellung Wonnegrauen *(1988 im Neuen Berliner Kunstverein) führte in drastischen Bildfindungen unterschiedlichster Techniken Thomas Langes Auseinandersetzung mit der Bedrohung durch AIDS vor. Reinhard von der Marwitz wird in vielen Bildern von Thomas Lange porträtiert, so auch auf der hier abgebildeten* Mondfinsternis, *wo er merkwürdig fahl neben dem engumschlungenen Liebespaar schwebt.*

gearbeitet, dem Schattenriß des Stiers eine Angriffsfläche bietet. Die Plastik *Großer Stier* (1981), ganz aus Armiereisen geformt, besteht nur noch aus zurückgenommenen Linien, das Männerpaar ist nun um ein vielfaches größer als der angreifende Stier.

Der Kunstverein Hannover löste 1988 mit der Ausstellung *Schatten der Liebe*, die Arbeiten von Frank Dornseif und Bilder von Thomas Lange zeigte, einen kleinen Skandal aus. Die örtliche Presse kritisierte, daß eine städtische Institution ihre Räume für homosexuelle Propaganda zur Verfügung stelle. Ein Sturm im Wasserglas, ganz ohne Folgen. Noch zehn Jahre vorher wäre eine Präsentation von Kunst, die den Analverkehr darstellt, undenkbar gewesen. Frank Dornseifs Skulptur *Gegenüberstellung I* (1982) thematisiert den lange tabuisierten schwulen Geschlechtsakt mit einer bis dahin unbekannten Selbstverständlichkeit.

Der erfolgreichste Künstler der Generation nach *Stonewall* ist zweifelsohne Keith Haring, der mit seinen Strichmännchen seine politischen Botschaften weltweit popularisierte. Bekanntgeworden mit seinen Kreidezeichnungen auf überklebten Plakatwänden in der New Yorker Subway, hat er die Grenzen zwischen Kunst und Graffiti aufgehoben. Mit einer erstaunlichen Energie hat er im Laufe seines kurzen Künstlerlebens New York und den Rest der Welt mit seinen Zeichnungen überzogen. Er überließ sich traumwandlerisch seiner Technik. Mit ganzer Intensität lebte und arbeitete er stets gegenwartsbezogen und mischte sich mit seiner Kunst in die politischen Auseinandersetzungen ein: Er verteilte zwanzigtausend Plakate auf

Anti-Atom-Demonstrationen, engagierte sich für ein freies Südafrika und unterstützte die AIDS-Bewegung. Er beteiligte sich an *Art against AIDS*, bemalte in Barcelona eine Wand *Together we can stop AIDS* und machte das Männerklo im New Yorker Schwulen- und Lesbenzentrum mit seiner Bemalung zur Attraktion. In vollen Zügen genoß er das New Yorker Nachtleben. Seine Parties, an ungewöhnlichen Orten in von ihm gestalteten Räumlichkeiten, waren Stadtgespräch. Die mondäne Welt hatte ihn schnell entdeckt und zu ihrem Liebling erkoren. Keith Haring war befreundet mit Andy Warhol und David Hockney. Er bemalte nicht nur Gegenstände, Gebäude, die Berliner Mauer, Autos, sondern auch die Körper von Popstars. Auf dem Zenit seines Ruhms eröffnete er erst in New York, später auch in

Keith Haring
»Untitled« October 22, 1984
1984. Acryl auf Leinwand, 152,4 x 152,4 cm
New York, The Estate of Keith Haring

Tokio »Pop-Shops«, die seine Arbeiten preiswert vermarkteten und so einen Beitrag zur Demokratisierung der Kunst leisten sollten.

Seit den siebziger Jahren entstand ein großer Komplex eindeutig schwuler Zeichnungen und Gemälde. Haring erweiterte die von Künstlern wie Cadmus, Warhol und Mapplethorpe geschaffene Ikonographie durch Elemente aus der Soft- und Hardcore-Pornographie und durchdrang sie, wie der frühe Hockney, mit den eindeutigen Chiffren der Graffiti. Keith Haring schätzte den visuellen Witz der Graffitikids und hat einige immer wieder in seinen Kunstprozeß eingebunden. Die homoerotischen Arbeiten sind ein selbstverständlicher Bestandteil im Werk von Haring. Nicht nur deshalb gilt er in Amerika immer noch als Graffitikünstler, gegen dessen Werk es Vorbehalte gibt. In Europa, hier besonders in der Bundesrepublik, wird sein Werk als eine der wichtigsten Innovationen im Kunstbetrieb der achtziger Jahre geschätzt und gesammelt. Am 16. Februar 1990 starb Keith Haring an AIDS.

Als die *Corcoran Gallery* in Washington, D. C. 1989 nach Angriffen des rechten Flügels der Republikaner eine Robert Mapplethorpe-Ausstellung wegen zu eindeutiger homosexueller Inhalte absagte, geriet die staatliche Kunstförderung in die Schußlinie der Konservativen. Senator Jesse Helms aus North Carolina führte die Kampagne gegen das *National Endowment*

Greg Gorman
Divine
1984. Farbfotografie
Los Angeles, Greg Gorman

Duane Michals
Chance Meeting
1970. Drei Fotografien aus einer Sequenz
New York, Duane Michals

Duane Michals ist zwar nicht der Erfinder, dafür aber der Wegbereiter der modernen Foto-Sequenz. In Chance Meeting (»Zufällige Begegnung«) begegnen sich zwei Männer in einer Nebenstraße, gehen aufeinander zu, fixieren sich, wenden sich ab und drehen sich wieder um – leider nicht zum gleichen Zeitpunkt. Michals hat hier eine fast archaische homosexuelle Erfahrung zum Kunstwerk verdichtet.

for the Arts an, der vorgeworfen wurde, allzu freigebig homosexuelle Projekte zu unterstützen. Besonders die Verwendung von Regierungsgeldern, die in die Herstellung einer *Safer Sex*-Aufklärungskampagne geflossen waren, erregten die Gemüter. Amerika hatte seinen Zensurskandal. Ausgelöst wurde der Skandal durch die Aktfotos des wohl einflußreichsten Künstlers der modernen Fotogeschichte. Mapplethorpes Akte sind bewußt gesteigerte Wunschbilder der Begierde. Unübersehbar stellen sie schwule Obsessionen aus. Seine perfekt ausgeleuchteten, streng geometrischen Bilder stehen in der Tradition der amerikanischen Studiofotografie, erweitern diese aber radikal durch ständige Grenzverletzungen des Darstellbaren. Mapplethorpes Ästhetik ist stark geprägt von seinen Anfängen als Bild-

Wolfgang Müller
Analyse
1978. Tusche, 29,6 x 21 cm
Berlin, Schwules Museum

Wolfgang Müller beteiligte sich 1979 mit Karikaturen an der im Verlag rosa Winkel erschienenen Anthologie Milchsilber, *die das neue Selbstverständnis schwuler Literaten, Fotografen und Künstler feierte. Mit seinen Zeichnungen enthüllte er das Dilemma der Schwulen.*

hauer, die seine Kompositionen nackter Körper und ihre Modellierung durch Licht beeinflußt haben. Auffallend ist die Fetischisierung der Körper. Seine Vorliebe für schwarze Körper und die Bewunderung ihrer vorgeblichen Potenz sind unübersehbar. Er fotografiert mit gleicher kühler Sinnlichkeit Blumen oder nackte Körper. Seine Fotos sind durchdrungen von der vitalen Kraft der Erotik, von Lust und Schmerz.

Anders als Peter Hujars Fotos, die etwas Privates, Intimes haben, sind Mapplethorpes Bilder Ikonen veröffentlichter Lust. Egal ob er Prominente, Blumen, Lederfetischisten oder seine vorwiegend schwarzen Liebhaber porträtiert, immer ist der Fotograf gegenwärtig, ist er Bestandteil des Bildes, das auch seine Lust übermittelt. Seine Bilder kümmern sich nicht um Verbote, sondern machen Leidenschaft sichtbar. Sie sexualisieren die Aktfotografie, indem sie die Grenzlinie zur Pornografie selbstbewußt überschreiten. Sein radikales Selbstporträt von 1978, das ihn, mit Chaps, Stiefeln und Lederweste bekleidet, beim Einführen eines Ochsenziemers in seinen Anus zeigt, berührt vor allem durch seine konzentrierte Aufmerksamkeit, mit dem er das Objektiv und damit den Betrachter fixiert.

Robert Mapplethorpe hat wohl am nachhaltigsten das Bild des Homosexuellen in der Fotografie revolutioniert und ist damit zum Ziehvater einer ganzen Generation von schwulen Fotografen geworden, die sich an seinen Bildern orientierten. Mapplethorpes Vorbild war unübersehbar George Platt Lynes, der viele Bildfindungen, die bis heute die schwule Aktfotografie prägen, schon in den vierziger Jahren kreiert hat. Neben dem Autodidakten Hajo Corsten, der mit seinen großen Formaten direkten Bezug auf Mapplethorpe nahm, ist hier vor allem Ingo Taubhorn zu nennen, in dessen Frühwerk neben

Helmut Röttgen
Frank Ripploh und Freund
1980. Fotografie
Berlin, Schwules Museum

Helmut Röttgen hat in Zusammenarbeit mit Hajo Corsten zwischen 1980 und 1981 schwule Freundespaare angesprochen und sie im Studio vor neutralem Hintergrund fotografiert. Die Nacktheit der Abgebildeten soll den Blick des Betrachters auf das Wesentliche, die in der Öffentlichkeit immer noch als ›zu privat‹ apostrophierte Liebesbeziehung zwischen Männern, lenken. 40 Arbeiten wurden 1982 in der Berliner Fotogalerie Nagel ausgestellt; ein geplantes Buch konnte nicht realisiert werden. Röttgens Paarfotos wurden als selbstbewußter schwuler Beitrag zur Aktfotografie in vielen Standardwerken und Ausstellungen hervorgehoben.

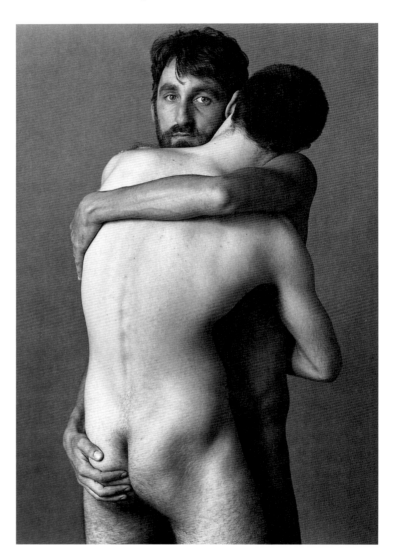

den Einflüssen von Diane Arbus auch der von Mapplethorpe zu erkennen ist. Sein 1986 erschienenes Buch *Mensch Mann* befaßt sich mit der Veränderung von Rollenbildern und berührt Fragen der Moral und der Sexualität. Sein Foto *Selbst mit Vater* (7. Juli 1985), das ihn und seinen Vater nackt im elterlichen Schlafzimmer zeigt, offenbart ein völlig neues Verständnis zwischen Eltern und ihren schwulen Kindern. Ingo Taubhorn hat nicht nur die Berliner Schwulenbewegung mit seiner Kamera kritisch begleitet, sondern ihr durch sein Mitarbeiten an vielen Projekten immer wieder neue Anstöße gegeben.

Wolfgang Theis

Robert Mapplethorpe
Brian Ridley & Lyle Heeter
1979. Fotografie
New York, The Estate of Robert Mapplethorpe

VII. 8
FOUCAULT, FICHTE UND RALF KÖNIG

Nachdem in den sechziger Jahren das Fernsehen auch in Europa zum Massenmedium geworden war, spielten Fernsehfilme und Fernsehreportagen in den siebziger Jahren die vielleicht wichtigste Rolle bei der Verbreitung und Bekanntgabe der Inhalte und Ausdrucksformen der neuen Schwulenbewegung. Der halbdokumentarische Film *Nicht der Homosexuelle ist pervers, sondern die Situation, in der er lebt* (1971) von Rosa von Praunheim und Martin Dannecker war das wohl spektakulärste Beispiel für die Rolle des Fernsehens im Leben der Schwulen, indem er nicht nur in manchen Städten, zum Beispiel im West- und später im Ostteil Berlins, den Anstoß zur Gruppenbildung gab. Andere Fernsehproduktionen wie *Die Konsequenz* (1977) von Wolfgang Petersen nach einem Roman von Alexander Ziegler oder das Quentin Crisp-Porträt *The Naked Civil Servant* (1977) von Jack Gould im britischen Fernsehen signalisierten zumindest, daß, wie man ohne Übertreibung sagen kann, eine neue Epoche im Umgang der Medien mit der schwulen Thematik begann.

Sieht man einmal von dem seit den achtziger Jahren neuen Thema AIDS ab, dann gab es seither eigentlich nur eine quantitative Ausdehnung des schwulen Anteils am Mediengeschehen. Die technischen Innovationsschübe, die als Videotechnik, Kabelfernsehen und in den neunziger Jahren mit dem Internet die Verbreitung bewegter Bilder veränderten, beschleunigten dieses quantitative Wachstum. Seit Mitte der achtziger Jahre gibt es auf privaten oder halböffentlichen Kabelkanälen separate schwule oder schwul/lesbische Fernseh- und Radioprogramme, und weltweit angebotene multimediale Datenbanken gleichgeschlechtlichen Inhalts kann man, mit geeigneten, immer billiger werdenden Homecomputern ausgestattet, vom Wohnzimmer aus nutzen.

Kino

Im Kino, dem Medium, das bei der öffentlichen Selbstverständigung und Selbstdarstellung schwuler Männer ebenfalls kaum zu überschätzen ist, dominierten in den siebziger Jahren noch stark die von Selbsthaß und Selbstverleugnung gezeichneten Werke schwuler Regisseure. Typisch ist hierfür vielleicht die formal meisterliche Verfilmung von Thomas Manns Novelle *Der Tod in Venedig* (1971) durch Luchino Visconti, die aber, wie Kurt Hiller bereits 1913 zum Buch bemerkte, die schwulenpolitisch problematische Botschaft vermittelt, daß das homosexuelle Verlangen und die Seuche Cholera gleichermaßen für die Betroffenen den unausweichlichen Tod bedeuten. Die beiden westdeutschen Filmemacher Uli Lommel und Rainer Werner Fassbinder orientierten sich mit ihren Spielfilmen *Die Zärtlichkeit der Wölfe* (1973) und *Faustrecht der Freiheit* (1975) an den konservativen Bildern, die das Kino der sechziger Jahre von Schwulen gezeigt hatte: monströse Bösewichter wie der Massenmörder Haarmann oder schwache und verächtliche Selbstmörder wie der zum Schwulen umgedrehte Franz Biberkopf.

Die Aufbruchstimmung der siebziger Jahre deutet sich dagegen zuerst in der amerikanischen Komödie *The Boys in the Band (Die Harten und die Zarten)* von William Friedkin (1970) an, und kommt vollends zum Durchbruch in Actionfilmen wie *Dog Day Afternoon (Hundstage)* von Sidney Lumet (1975) oder der französischen Komödie *La Cage aux Folles (Ein Käfig voller Narren)* von Edouard Molinaro (1978).

Der beträchtliche, auch internationale Erfolg des deutschen Filmlustspiels *Taxi zum Klo* (1980) von Frank Ripploh blieb zwar bescheidener als der von *La Cage aux Folles*, Ripploh mutet den nichtschwulen Zuschauern auch eine viel größere Toleranz- und Einfühlungsleistung zu, wenn er ihnen die komischen Seiten schwuler Sexualpraktiken zeigt, während im

Käfig voller Narren der schwule Sex überhaupt nicht vorkommt und das Normalpublikum über Effemination und die Dummheit heterosexueller Spießbürger lachen darf. Diese relative Harmlosigkeit erklärt vielleicht den Erfolg bis in unsere Tage: In den achtziger Jahren ging der Stoff von *La Cage aux Folles* als Broadwaymusical über die Bühnen vermutlich der ganzen westlichen Welt, und 1995 wurde daraus ein Hollywood-Film gemacht, der gleichfalls Millionen begeisterte und amüsierte.

Es dürfte unmöglich sein, einen Überblick über die Fernseh- und Kino-Spielfilme mit schwuler Thematik zu erhalten, die seit 1930 Jahr für Jahr produziert werden; die Zahl ist vermutlich vierstellig. Dennoch könnte man hier die These wagen, daß ungefähr seit 1980 und seit Ripplohs *Taxi zum Klo* keine prinzipiell neuen emanzipatorischen Qualitäten und – vielleicht abgesehen von AIDS als Spielfilmthema – schwulenpolitischen Fragestellungen in Spielfilmen vorkamen. Es bleiben allenfalls gewisse ästhetische und formale Innovationen, wie sie manche Filme von Derek Jarman auszeichnen. Inhaltlich ist vor allem Stagnation zu registrieren.

Die schöne Literatur

Was die Belletristik betrifft, so ist von Jahrzehnt zu Jahrzehnt ein schnelleres Wachstum der Menge von Büchern festzustellen, die in irgendeiner Weise Homosexuelles enthalten. Es gibt wohl inzwischen kein Literaturgenre mehr, in dem nicht auch schwule Varianten erscheinen, das Angebot ist vermutlich selbst für die schwulen Buchläden, die es inzwischen in vielen Großstädten gibt, kaum noch zu überschauen. Jedes Aufzählen von Beispielen muß so als willkürlich und beliebig erscheinen. Drei Werke aus den Grenzbereichen von schöner Literatur und der sonstigen Textproduktion seien hier trotzdem erwähnt, weil sie etwas Neues und Eigenartiges in der schwulen Literatur unserer Epoche bieten:

Fichte

Hubert Fichtes von ihm selbst als Roman bezeichneter *Versuch über die Pubertät* (1974) ist eine Montage sehr disparater Textarten. Autobiographische Epik, Reportagen über die Subkultur schwuler Lederfetischisten, Tonbandinterviews mit ›gewöhnlichen‹ Hamburger Homosexuellen, Bruchstücke aus ethnologischen Berichten sind zu einer Collage, einem Porträt des Künstlers als junger Mann, zusammengefügt. Die Ausschließlichkeit und Detailfreude, mit der sich Fichte hier der Welt der Homosexuellen zuwandte, bedeutete nicht nur eine neue Qualität in seinem Romanschaffen. *Versuch über die Pubertät* war auch ein für die deutsche Literatur neuer Texttypus, die Einführung der Schwulenbewegung und ihrer neuartigen Fragestellungen in die literarische Hochkultur.[1]

Leonore Mau
Hubert Fichte
1983. Fotografie
Berlin, Leonore Mau

Hubert Fichte auf dem Balkon seiner Hamburger Wohnung in der Dürerstraße, mit einer »Kopfmaske der Senufo« und einer »Gelede-Bauchmaske«.

Michel Foucault
Fotografie
Berlin, Ullstein Bilderdienst

Michel Foucault, Historiker, Sozialphilosoph und zuletzt auch Aktivist in der Pariser Schwulenbewegung, war in den achtziger Jahren der vielleicht einflußreichste und umstrittenste Autor in der Theoriediskussion der internationalen Schwulenbewegung.

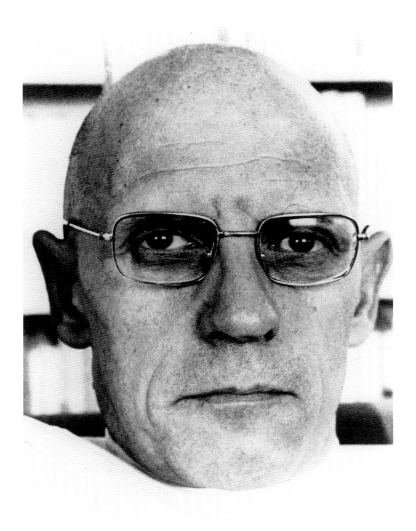

Foucault

Michel Foucaults dreibändige *Histoire de la sexualité* (1976–1984), die nahezu zeitgleich in deutscher Übersetzung unter dem Titel *Sexualität und Wahrheit* erschien, wird gewöhnlich nicht als belletristisches Opus angesehen, sondern gilt eher als philosophische Abhandlung über das Geschlechtsleben im Abendland mit besonderer Berücksichtigung der Männerliebe. Die enorme Verbreitung – man könnte auch sagen: Popularität – gerade dieses Werkes erklärt sich sicher auch daher, daß sich das Publikum eher für Sex interessierte als für Foucaults sonstige Themen, die Geschichte der Psychiatrie oder eine strukturalistische Sprachphilosophie. Womöglich trug aber die ungewöhnliche sprachliche Schönheit der *Histoire de la sexualité*, die auch in der deutschen Fassung, zumindest im ersten Band, erhalten blieb, mehr zum Erfolg des Werkes bei als der Inhalt. In den ersten Jahren, nachdem er 1984 an den Folgen von AIDS gestorben war, konnte man leicht den Eindruck gewinnen, als ob die Foucault-Begeisterung mehr der sprachlichen, geradezu stilbildenden Kraft der Foucaultschen Texte galt und erst an zweiter Stelle den gedanklichen Inhalten. In der deutschen Übertragung wird vielleicht noch stärker als im französischen Original deutlich, in wie hohem Maß Foucaults Stilistik und Metaphorik von der Sprache Arthur Schopenhauers inspiriert ist, jener anderen bedeutenden ›Zwischenstufe‹ aus dem Reich zwischen Poesie und Philosophie, dessen *Metaphysik der Geschlechtsliebe* vor allem durch ihre elegante Form beeindruckte. Die folgende Probe aus dem ersten Band von *Sexualität und Wahrheit* (*Der Wille zum Wissen*, Frankfurt 1977, S. 92)

Karikatur von Ralf König
Aus: *Männer aktuell* Nr. 6, 1989,
Berlin, Schwules Museum

illustriert recht gut Foucaults Schopenhauersche Manier, wenn er von der Geschlechtsliebe spricht:

»Jedenfalls scheint die Hypothese einer Unterdrückungsmacht, die unsere Gesellschaft aus ökonomischen Gründen über den Sex ausübt, entschieden zu kurz gegriffen [...] Weit eher als um einen negativen Ausschließungs- und Verwerfungsmechanismus handelt es sich um ein feines Netz von Diskursen, Wissen, Lüsten, Mächten, das unter Strom gesetzt wird; es handelt sich nicht um eine Bewegung, die nur darauf aus wäre, den wilden Sex in irgendeine dunkle und unzugängliche Gegend zu verstoßen, sondern im Gegenteil um Prozesse, die ihn an der Oberfläche der Dinge und der Körper ausstreuen, die ihn anreizen, kundmachen und zum Sprechen bringen, ihn im Wirklichen einpflanzen und ihm einschärfen die Wahrheit zu sagen: ein unübersehbares und flimmerndes Lichtermeer des Sexuellen, das sich in der Vielfältigkeit der Diskurse, der Hartnäckigkeit der Mächte und den Spielen des Wissens mit der Lust spiegelt.«

König

Ralf Königs seit Ende der siebziger Jahre gezeichnete und gedichtete Bildgeschichten, zuerst als *Schwulcomix* im *Verlag rosa Winkel* erschienen, in den achtziger Jahren in die meisten Weltsprachen übersetzt und in den neunziger Jahren als Vorlage für zwei deutsche Filmkomödien verwendet, repräsentieren die Welt der Schwulen in einer Weise, die auf Allgemeines deutet. Das Alltagsleben der Schwulen in der Bundesrepublik wird unter Betonung der lächerlichen Seite mit einer unerbittlichen Genauigkeit und Treffsicherheit abgebildet, daß sich eine Doppelwirkung einstellt: Die allgemeine Unzulänglichkeit menschlichen Strebens in der postmodernen Epoche ist in den Bildern und Texten ebenso gegenwärtig wie ihre tuntenspezifischen Besonderheiten, so daß für beide, für Homos und Heteros, ein Wiedererkennungseffekt eintritt, der in hohem Maß unterhaltend ist und

Königs Bildgeschichten so populär macht. Skepsis ist vielleicht angebracht, ob diese Dinge nicht schon bald veralten werden oder ob ihr allgemeingültiger Gehalt sie in den Rang von Klassikern aufrücken läßt, vergleichbar etwa der hundert Jahre alten *Frommen Helene* oder *Max und Moritz* von Wilhelm Busch. Die banalen Einzelheiten des Alltags werden derart präzise geschildert und zugleich karikiert, daß ihre Beziehung zur allgemeinen Misere, zur menschlichen Komödie, spürbar wird und dem Betrachter zwar nicht das Lachen im Halse stecken bleibt, aber doch von sehr gemischten Gefühlen begleitet wird.

Theater

Auf dem Theater waren die Veränderungen, was die schwule Thematik betrifft, in den vergangenen drei Jahrzehnten viel weniger gravierend als bei den anderen hier erörterten Medien und Ausdrucksformen. Gewiß gab es – und das ist vielleicht schon die auffälligste Neuerung – überall dort, wo sich die neue Schwulenbewegung formierte, Schauspielgruppen und Laientheater, die eng mit dieser Bewegung verbunden waren und ihr mit selbstgemachten Stücken und Nummernrevuen zu dienen versuchten. Aufklärung der Heteros, Unterhaltung der Homos und ein bißchen Agitprop gegen Strafrecht und gesellschaftliche Ächtung – das ungefähr waren die Intentionen solcher Gruppen wie *Gay Sweatshop* in London oder *Brühwarm* in Hamburg, um zwei beliebige Beispiele zu nennen. Andere Gruppen waren und sind weniger eng mit der Schwulenbewegung liiert, haben sich auf teilweise höchst unterhaltsame Transvestitenkomödien spezialisiert und bringen die besten ihrer Produktionen ins Kino oder ins Fernsehen. Die Kölner *Entenproduktion* (Walter Bockmayer) wäre hier zu nennen, die Berliner *Teufelsberg Produktion* (Ades Zabel) oder die *Hot Peaches* in New York.

Wegen seiner thematischen Neuheit und der internationalen Verbreitung, die das Stück erfuhr, sei hier *Bent* erwähnt, ein dramatischer Versuch des US-Amerikaners Martin Sherman von 1978. *Bent* erzählt eine Geschichte von »Männern mit dem rosa Winkel«, von Schwulen also, die von den Nazis in den KZs gequält und ermordet wurden. Leiden, Sterben und Widerstand in den Zeiten von AIDS wird etwa seit 1985, zunächst von New York ausgehend (Larry Kramers *The Normal Heart,* Tony Kushners *Angels of America* und William Hofmans *As Is*) vereinzelt im Theater dargestellt.

Im Unterschied zu Kino und Fernsehen ist aber zu konstatieren, daß der große Wurf, der Durchbruch zu einem schwulen Theater, das dem Vergleich mit den Spitzenleistungen des Normaltheaters standhalten würde, noch ausgeblieben ist. Vielleicht bleibt es weiterhin so, daß allein das Musical mit *The Rocky Horror Picture Show* und *La Cage aux Folles* das letzte Wort in dieser Angelegenheit spricht.

Manfred Herzer

1 Marita Keilson-Lauritz, in: *Encyclopedia of Homosexuality* (New York und London 1990) S. 395–396.

VII. 9
AIDS – oder die teuer erkaufte Professionalisierung der Schwulenbewegung

Greg Gorman
Rock Hudson
Los Angeles 1985. Fotografie
Los Angeles, Greg Gorman

Rock Hudson (1925–1985), seit 1948 im Filmgewerbe, wurde von Douglas Sirk zum Star und Frauenliebling aufgebaut. Er spielte den sympathischen, meist gebrochenen Außenseiter, der sich durch starke Virilität und Empfindsamkeit auszeichnet. Hartnäckige Gerüchte über seine Homosexualität zwangen ihn 1955 Phyllis Gates, die Sekretärin seines Agenten, zu heiraten. Der Durchbruch zum Weltstar kam mit den Komödien der sechziger Jahre. Als Partner von Doris Day konnte er sein bisher vernachlässigtes komisches Talent einsetzen. Nur für Insider erkennbar, gab es in diesen Komödien selbstironische Anspielungen auf seine Homosexualität. Rock Hudson, der im wirklichen Leben nur Männer liebte, spielte im Film stets Frauenhelden und war als solcher seinem Publikum vertraut. Als kurz vor seinem Tod die Nachricht durchsickerte, daß er AIDS habe und schwul sei, war Amerika erschüttert. Sein spätes Bekenntnis hat die US-amerikanische Gesellschaft aufgerüttelt und eine größere Akzeptanz für AIDS-Kranke und Homosexuelle bewirkt.

Als Anfang der achtziger Jahre immer neue Horrormeldungen aus Amerika kamen, war die unbeschwerte Aufbruchzeit eines neuen schwulen Selbstverständnisses abrupt beendet: Ungläubig wurden die Nachrichten über eine tödliche Krankheit aufgenommen, die nur Schwule zu befallen schien. Die Zahl der Sexualkontakte, die bis dahin als ungefährlich eingestuften Geschlechtskrankheiten, der Gebrauch von Poppers und Drogen sollten das Ansteckungsrisiko erhöhen oder sogar auslösen. Schwule, die weder Drogen nahmen noch promisk waren, dachten, sie seien vor Ansteckung sicher. Es war ein schmerzlicher Lernprozeß zu begreifen, daß schon ein einziger ungeschützter Sexualkontakt ausreicht, sich mit dem Virus zu infizieren. Das, was Schwule erst zu Schwulen macht, ihr sexuelles Begehren,

war plötzlich tödlich geworden. Zahlen machten die Runde. Von einer über siebzigprozentigen ›Durchseuchung‹ war die Rede. Die Apokalypse schien nahe. In Amerika setzte ein Massensterben von Schwulen ein.

Die im *Spiegel* 1983 erschienene Titelstory *Tödliche Seuche AIDS – die rätselhafte Krankheit* verunsicherte die Bewegung nachhaltig. Befürchtungen, daß die Krankheit als Vorwand zur Wiederbelebung gerade überwunden geglaubter Repressionen gegen Schwule mißbraucht werden könnte, wurden laut. Während religiöse Fundamentalisten AIDS als Strafe Gottes für das lästerliche Treiben der Schwulen begrüßten, kam nicht nur in schwulen Kreisen das Gerücht auf, der Geheimdienst CIA probiere seine biologischen Waffen an den Schwulen aus. Mit einer gewissen Häme beschworen Anfang der achtziger Jahre zumeist heterosexuelle Journalisten die Unfähigkeit der Schwulen, sich der Verantwortung zu stellen, die die tödliche Krankheit AIDS allen schwulen Lebenszusammenhängen aufzwang. Man orakelte von der Ausgrenzung der HIV-Positiven, vom einsamen Sterben fernab des bunten Treibens und von wissentlicher Weitergabe des Virus als Rache an den Gesunden.

In den USA waren die Schwulen in den Anfangsjahren die Hauptbetroffenengruppe. Durch den regen touristischen Austausch gelangte das

HI-Virus bald auch nach Europa. Hier wurde die zeitliche Verzögerung in der Ausbreitung der Krankheit nach anfänglichem Zögern sehr schnell genutzt. Das Horrorszenario, das Seuchenexperten und Hüter der heterosexuellen Moral beschworen, blieb aus. Auch die Unterstellung, die Schwulen könnten mit den Problemen der Krankheit nicht umgehen, erwies sich als haltlos. Noch bevor die staatlichen Institutionen ein praktikables Angebot erarbeiten konnten, hatten sich die Schwulen nach amerikanischem Vorbild selbst organisiert und die Präventionsarbeit in die Hand genommen. Sobald man die Infektionswege kannte, wurde in den USA ein rigider *Safe Sex* propagiert, der dann als einzige Möglichkeit, die Ansteckungsgefahr zu verringern, auch in Europa von den Schwulen übernommen wurde, zu-

Annie Leibovitz
Alf Bold
Berlin 1992. Fotografie
Berlin, Schwules Museum

Alf Bold war es, der 1971 bei der ersten öffentlichen Vorführung von Praunheims Film Nicht der Homosexuelle ist pervers, sondern die Situation, in der er lebt *geistesgegenwärtig die aufgewühlten schwulen Zuschauer aufforderte, ihre Adressen in Listen einzutragen, um sich später erneut treffen zu können. Er hat dann zum Treffen im Kino* Arsenal *eingeladen und wurde einer der Begründer der neuen Schwulenbewegung. Wann immer es galt, eine schwule Filmreihe zu organisieren, war er mit seiner ironischen Liebenswürdigkeit zu jeder Hilfe bereit. Er saß im Auswahlgremium des* Internationalen Forums des jungen Films *und hat mit seiner Programmgestaltung so manche Karriere von Filmemachern gefördert. Seine Liebe galt dem Experimentalfilm. Alf Bold starb am 18. August 1995 an AIDS.*

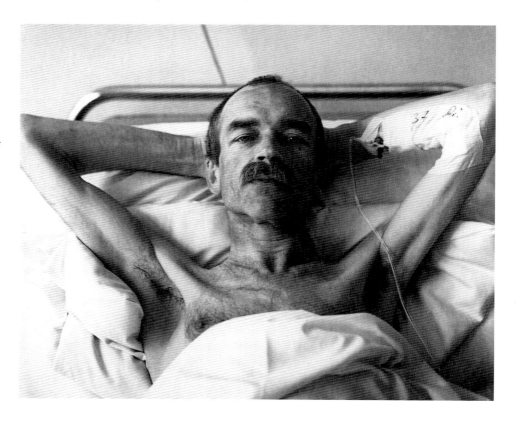

meist weiterentwickelt in Form der am Lebbaren orientierten *Safer Sex*-Regeln.

Nach den Erfahrungen, die deutsche Schwule mit dem Repressionsapparat des Staates gemacht hatten, war es verständlich, daß jeglicher Eingriff der Behörden als Bedrohung der schwulen Existenz erlebt wurde. Erst 1969 war die Kriminalisierung homosexueller Handlungen gelockert worden, noch immer gab es die rechtliche Sonderbehandlung durch den § 175. Das mühevoll errungene schwule Selbstverständnis der siebziger Jahre wurde durch AIDS schwer erschüttert. Der promiske Lebensstil vieler Homosexueller war einerseits der jahrhundertelangen Unterdrückung der sexuellen Bedürfnisse geschuldet, andererseits aber auch eine oft bewußt gewählte Möglichkeit, den heterosexuellen Moralvorstellungen einen anderen Lebensentwurf entgegenzustellen. Das HI-Virus bedrohte nicht nur das Leben von Schwulen, sondern stellte auch neue Lebensmodelle in Frage, die gerade von Schwulen stellvertretend für die jüngere Generation der westlichen Industriestaaten ausprobiert wurden. Die zunehmende Individualisierung in den westlichen Gesellschaften drängte die herkömmliche Familie immer weiter zurück. Besonders die große Zahl von – unterstellt promisken – Singles (fast jeder zweite Haushalt in Großstädten gehört einem Alleinstehenden) führte bei den Epidemiologen zu den schlimmsten Vermutungen über die Ausbreitung von AIDS auch in der heterosexuellen Bevölkerung. Seuchenpolitische Maßnahmen wurden besonders in Bayern lautstark gefordert, fanden aber bundesweit nicht die erwartete Zustimmung.

Die anfängliche Hysterie der Presse hat sich keineswegs auf die Mehrheit der Bevölkerung übertragen. Vielmehr hat die gehäufte Berichterstattung über AIDS in einem bisher ungekannten Ausmaß homosexuelle Themen verbreitet und so dazu beigetragen, die Akzeptanz für Homosexuelle in der Bevölkerung zu erhöhen. Die Berichte über das Sterben junger Männer haben Mitleid und Solidarität hervorgerufen. Die ewig gestrigen

Greg Gorman
Antonio Lopez
Los Angeles 1985. Fotografie
Los Angeles, Greg Gorman

»Antonio war zweifellos derjenige, der die Mode am meisten beeinflußt hat, ohne selbst ein Modeschöpfer zu sein. Seine Magie wird ewig weiterleben.« So charakterisiert Paloma Picasso im Vorwort des 1994 erschienenen Ausstellungskatalogs den genialen Modezeichner Antonio Lopez. Seine Zeichnungen und Entwürfe schmückten die wichtigsten Modezeitschriften der Welt. Antonio Lopez starb 1987 an AIDS.

Moralapostel blieben in der Minderheit. Verstärkt wurde diese Tendenz mit jeder Todesnachricht eines prominenten AIDS-Opfers. Viele sorgsam gehütete Identitäten schwuler Künstler und Prominenter wurden von den öffentlichen Medien enttarnt. Jeder, der sich dazu durchrang, seine Krankheit und damit auch seine Homosexualität öffentlich zu machen, erhielt zumindest Anerkennung. In Amerika hat die Nachricht von Rock Hudsons Erkrankung sogar zu einem Umschwung in der öffentlichen Meinung geführt.

Fast jede Talk-Show hat zum Thema AIDS berichtet. Das öffentlich-rechtliche Fernsehen und seine privaten Konkurrenten überboten sich in der Präsentation von HIV-positiven Menschen. In vielen Gesprächsrunden kamen Mitarbeiter der AIDS-Hilfen zu Wort, die mit ihrer fachlichen Kompetenz die Diskussion versachlichten und, wenn nötig, auch alte Vorurteile mit starker Emotionalität attackierten.

AIDS hat nicht nur die amerikanische Schwulenszene um einen großen Teil ihrer kreativen Mitglieder gebracht, auch in Europa waren die Verluste schmerzlich. Gleichzeitig mit der Trauer und Wut stieg die Zahl der Filme, Theaterstücke und Ausstellungen, die versuchten, das Sterben zu bewältigen, ihm einen Sinn abzutrotzen. Zuerst in Amerika, dann auch auf dem alten Kontinent, entstand mit der Verarbeitung der Todeserfahrung eine

Ingo Taubhorn
Manfred Salzgeber
Berlin 1994. Fotografie
Berlin, Schwules Museum

Manfred Salzgeber, langjähriger Leiter der Panorama-Reihe *der* Berlinale, *schockierte mit seinem dreiminütigen Zungenkuß in Praunheims Film* Nicht der Homosexuelle ist pervers, sondern die Situation, in der er lebt *1971 die Republik. Seither war er unermüdlich für die schwule Filmkunst tätig, zuerst mit seinem* Bali Kino *und später mit seinem Verleih, der sich vor allem für AIDS-Filme einsetzte. Er hat die* Berlinale *zu einem wichtigen Austragungsort schwuler Filme gemacht und dafür gesorgt, daß diese Filme die nötige Beachtung bekamen. Manfred Salzgeber starb am 12. August 1994 an AIDS.*

neue schwule Kultur. Die Schwulen machten die Erfahrung, die sonst nur Kriege mit sich bringen, daß die eigene Generation stirbt und man hilflos zurückbleibt. Die Todesanzeigen in den Zeitungen, sonst nur für ältere Menschen ein unabdingbares Memento mori, sind es jetzt auch für Schwule. Junge Männer, die eigentlich noch die besten Jahre ihres Lebens vor sich hätten, sterben, von einem heimtückischen Virus ausgezehrt, vor ihrer Zeit wie alte Männer. Von der Familie oft total abgelehnt oder aus eigenen Stücken abgenabelt, hatten sich viele in den Großstädten neue Lebenszusammenhänge aufgebaut, die sich nun unter dem Druck der Krankheit bewähren mußten. Die altbewährten Trauerriten der Kirchen waren für viele Schwule unannehmbar. Gerade diese Institutionen hatten mit ihrer ver-

queren Sexualmoral wesentlich zur jahrhundertelangen Unterdrückung schwuler Lüste beigetragen. Zuerst zaghaft, dann immer selbstverständlicher setzten sich neue Liturgien der Trauer durch. Heute sprechen gute Freunde anstelle von Pfarrern, Lieblingssongs werden abgespielt, Dias vorgeführt, Gedichte, Geschichten oder Tagebücher vorgelesen, alles ist spielerischer, weniger formell als die herkömmlichen Beerdigungsfeiern. Inzwischen hat sich, zumindest in den Schwulenhochburgen, auch das Bestattungsgewerbe auf die neuen Wünsche eingestellt.

Die Krankheit zwang viele Homosexuelle, sich mit ihrem rechtlichen Status auseinanderzusetzen. Das *Bürgerliche Gesetzbuch* bezieht sich nur auf die heterosexuelle Ehegemeinschaft und ihre Probleme. Schon bei der Einlieferung ins Krankenhaus kann es passieren, daß dem schwulen Lebenspartner, der nach dem Gesetz kein ›Angehöriger‹ ist, jegliche Auskunft verweigert wird. Probleme gibt es beim Tod von Freunden, die verabsäumt haben, ihr Testament zweifelsfrei aufzusetzen. Nicht immer ist die Familie bereit, letzte Wünsche des Verstorbenen zu erfüllen. Eine gemeinsame Wohnung, für die der Mietvertrag nur auf den Namen des Verstorbenen läuft, kann, außer einer zurückbleibenden Ehefrau, rechtmäßig gekündigt werden. Eine Altersversorgung für schwule ›Hinterbliebene‹ gibt es nicht, und das bestehende Erbrecht benachteiligt schwule Lebensgemeinschaften mit erheblich höheren Erbschaftssteuern. Hier liegt, nachdem der § 175 abgeschafft ist, ein wichtiges Betätigungsfeld für den realpolitischen Flügel der Schwulenbewegung.

Am 23. September 1983 wurde die *Deutsche AIDS Hilfe* (DAH) ins Berliner Vereinsregister eingetragen. Sie wurde Ansprechpartner und später Dachorganisation für die sich überall in der Bundesrepublik gründenden Selbsthilfeprojekte (heute rund 130, nicht nur in den Städten, sondern auch in ländlichen Regionen), die die Betreuung und Unterstützung von Kranken in den Kliniken und zu Hause organisieren. Die *Berliner AIDS-Hilfe*, eine der ältesten regionalen AIDS-Hilfen, gründete sich im Herbst 1984. Schon ab November 1985 kümmerte sie sich auch um Drogenabhängige und forderte

Ingo Taubhorn
Andreas Salmen
Berlin 1990. Fotografie
Berlin, Ingo Taubhorn

Seine Stärke war querzudenken und unbequeme Fragen zu stellen. Er hat über Jahre hinweg Diskussionen angeregt und neue Projekte initiiert. Zu seinen wichtigsten Gründungen zählte 1989 die erste bundesdeutsche ACT UP-Gruppe und 1990 die Konzeption und der Aufbau des Stop AIDS-Projekts in Berlin. Zuerst in der Siegessäule, später in magnus und in der taz hat er immer wieder Auseinandersetzungen zu schwulen und AIDS-Themen geführt. Andreas Salmen starb am 13. Februar 1992 an AIDS.

Jürgen Baldiga
Melitta Sundström
Berlin 1988. Fotografie
Berlin, Nachlaß Jürgen Baldiga

Begonnen hatte sie mit Auftritten bei Ladies Neid *und den* Bermudas. *Doch bald folgten Solo-Programme und die erste Schallplatte:* Melitta Sundström mit Hit. *Unvergessen ihr Programm* Ein Leben im Liegen. *Nach den üblichen Playback-Shows fand sie bald zu ihrem ureigenen Gesangsstil und stieg zum Szenestar auf.* Melitta Sundström, die CD *wurde ihr Vermächtnis. Melitta Sundström starb am 8. September 1993 an AIDS.*

die Aufstellung von Automaten mit Einwegspritzen, was auf Unverständnis auf seiten der politisch Verantwortlichen stieß. Die neue Klientel hatte anders gelagerte Probleme als die Schwulen und sorgte für vielerlei Konflikte. Neben den Betreuergruppen entstanden eine Angehörigengruppe, eine Sozialrechtsberatung und eine Frauenstelle. Organisiert wurden Kunstauktionen, Benefizveranstaltungen, Infostände und der erste AIDS-Kongreß, der über neueste Forschungsergebnisse, Behandlungsmethoden und Strategien der bundesweiten AIDS-Arbeit informierte. Dieses ungeheure Arbeitspensum wurde zunehmend auch vor Festangestellten geleistet, konnte und kann aber auf die Unterstützung durch ehrenamtliche Helfer nicht verzichten. Fast alle Mitarbeiter sind durch persönliche Erfahrungen und oft auch aus eigener Betroffenheit motiviert. Die *Berliner AIDS-Hilfe* erhielt erstmals 1988 eine institutionelle Förderung der Senatsverwaltung.

Damit wurde die Arbeit auch offiziell anerkannt und vor allem längerfristig planbar. Neue Projekte wie eine Wohngemeinschaft für Positive, ein verstärktes Engagement im Drogenbereich oder Weihnachtsurlaube für positive Männer konnten verwirklicht werden. Auch in der Präventionsarbeit ging man neue Wege. Der DAH gelang es, eine bundeseinheitliche Telefonnummer 19 411 für alle AIDS-Beratungsstellen durchzusetzen.

Martin Dannecker, der zusammen mit Reimut Reiche 1974 die bahnbrechende soziologische Untersuchung *Der gewöhnliche Homosexuelle* veröffentlicht hatte, erhielt 1987 vom Bundesinnenministerium den Auftrag, eine repräsentative Untersuchung über das Sexualverhalten von Homosexuellen durchzuführen. Wie stark das Mißtrauen bei einem Teil der

Aron Neubert
Jürgen Baldiga
Berlin 1993. Fotografie
Berlin, Schwules Museum

Mit seinen schonunglosen, aber liebevollen Fotos hat Jürgen Baldiga AIDS ein Gesicht gegeben. Wie kaum ein anderer hat er in den letzten Jahren seines Lebens seine Krankheit zum Mittelpunkt seines künstlerischen Werkes gemacht. Immer wieder hat er in Fotos, Collagen und Environments ironisch und voller Wehmut die Veränderungen registriert, die AIDS in seinem Körper auslöste. Die Fotoarbeit mit Aron Neubert dokumentierte in eindrücklicher Weise seinen letzten Lebensabschnitt. Am 4. Dezember 1993 starb Jürgen Baldiga im Kreis seiner Freunde.

Schwulen gegen staatlich geförderte ›Ausforscherei‹ war, mußte Dannecker erfahren, als der im Jahr zuvor gegründete *Bundesverband Homosexualität* (BVH), die bis dahin größte Schwulenorganisation der bundesdeutschen Nachkriegsgeschichte mit 70 Gruppen und über 200 Einzelmitgliedern, zum Boykott seiner AIDS-Untersuchung aufrief. (Der Boykottaufruf wurde allerdings wenig später von der Mitgliederversammlung des BVH wieder zurückgenommen.)

Unbeirrt von solchen Irritationen publizierten schwule Wissenschaftler ihre Forschungsergebnisse, und immer mehr engagierte Laien brachten

Greg Gorman
Tony Richardson
Los Angeles 1990. Fotografie
Los Angeles, Greg Gorman

Tony Richardson, Theater- und Filmregisseur, drehte 1961 mit A Taste of Honey *einen der ersten britischen Filme, in dem Homosexualität thematisiert wurde. In der Tradition des Neorealismus wird die Freundschaft zwischen einer verlassenen Schwangeren und einem Homosexuellen erzählt. Tony Richardson starb am 14. November 1991 an AIDS.*

Juergen Vetter
Manfred Semmelbauer
Berlin 1989. Fotografie
Berlin, Juergen Vetter

Manfred Semmelbauer kam Mitte der siebziger Jahre aus der bayrischen Provinz nach Berlin und zog in eine schwule Wohngemeinschaft am Hohenzollerndamm. Sein Poem Michael *erschien in den* Maldoror *Flugschriften. Er war maßgeblich am grafischen Erscheinungsbild der* Berliner Schwulen Zeitung (BSZ) *und der von Barry Graves herausgegebenen* Hauptstadt *beteiligt. Auch das Layout vieler Bücher und die Zeitschrift* Klappentexte *des Verlags rosa Winkel trägt seine Handschrift. Manfred Semmelbauer starb am 23. Oktober 1989 an AIDS.*

medizinische Sachverhalte in verständlicher Form unters schwule Publikum. Ihre Artikelserien und Kolumnen wurden sowohl in der schwulen Presse als auch in der allgemeinen wissenschaftlichen Forschung beachtet. Auf Tagungen, Seminaren und Kongressen wurden ihre fordernde Haltung und ihr Fachwissen anerkannt und oft zum Motor für neue Forschungsvorhaben.

1989 erklärte die *World Health Organization* (WHO) den 1. Dezember zum *Welt-AIDS-Tag*. Besonders in den Entwicklungs- und Schwellenländern der Dritten Welt sterben immer mehr Menschen an AIDS. Anders als in den reichen Industrienationen sind hier vorwiegend Heterosexuelle Opfer der Krankheit. Mühsam errungene wirtschaftliche Fortschritte sind durch AIDS ernsthaft gefährdet. Eine medizinische Betreuung findet aus Kostengründen nicht statt, selbst die Vorbeugung durch den Gebrauch von Kondomen ist vielerorts ein wirtschaftliches Problem. Auch in den Industrieländern der nördlichen Hemisphäre gibt es unterschiedliche Sozialsysteme und dadurch bedingt ganz unterschiedlich ausgeprägte Probleme im Umgang mit AIDS. Während die USA kaum staatliche Fürsorge kennen, haben die meisten europäischen Staaten ein ausgebautes soziales Netz. Der vehemente Protest und die Wut, die viele amerikanische Schwule zu ihren kreativen Aktionen anfeuert, zielt, auf deutsche Verhältnisse übertragen, oft ins Leere, weil hier der einzelne wesentlich mehr sozial abgesichert ist. Trotzdem haben die europäischen AIDS-Organisationen vom amerikanischen Pragmatismus, gespeist aus der uramerikanischen Tugend der Selbst- und Nachbarschaftshilfe, profitiert.

Die aus Amerika in abgewandelter Form übernommene *Safer Sex*-Kampagne beruht auf der Reduzierung gefährlicher Sexualpraktiken. AIDS ist eigentlich eine schwer übertragbare Geschlechtskrankheit. Kondome schützen, haben aber für viele Menschen den Ruch des Mechanischen, der

Rolf Fischer
Christian Borngräber
Berlin 1980. Fotografie
Berlin, Schwules Museum

Christian Borngräber, Architekturhistoriker und Designtheoretiker, leitete 1979 mit seinem Buch Stil nuovo *die Neuentdeckung des deutschen Nachkriegsdesign ein. Er hat die zentrale Stellung Berlins im deutschen Designgeschehen mit definiert, gab das* Design-Handbuch *heraus und vermittelte durch Fernsehen und Ausstellungen die neuesten Tendenzen. Wolfgang Max Faust hat in seinem Buch* Dies alles gibt es also – Alltag. Kunst. Aids. *die Agonie seiner Krankheit beschrieben. Christian Borngräber starb am 15. Oktober 1992 an AIDS.*

Ingo Taubhorn
Bernhard Durst
Berlin 1987. Fotografie
Berlin, Schwules Museum

Bernhard Durst (geborener Schlöglhofer) war in vielen schwulen Projekten zu Hause. Schon in den frühen siebziger Jahren zeigte er im Wiener Schikaneder-Kino

gerade im emotional aufgeladenen Bereich der Sexualität oft hinderlich ist. Jahrzehntelang waren Kondome das einzige brauchbare Verhütungsmittel für Heterosexuelle, und trotzdem kam es immer wieder zu ungewollten Schwangerschaften. Der Vergleich wirft ein Schlaglicht auf die Schwierigkeiten, gerade im sexuellen Bereich Verhaltensänderungen durchzusetzen. Trotz besseren Wissens kann es im Eifer der Leidenschaften schon mal passieren, daß man nicht an den Schutz denkt. Hier lag und liegt eine der wichtigsten Aufgaben der *AIDS-Hilfen*. Aufklärung und ständige Propagierung der Schutzmaßnahmen vor dem Virus müssen gruppenspezifisch und ohne Tabus verbreitet werden. Dazu bedarf es unkonventioneller Maßnahmen, die vom Verteilen von sogenannten Cruising Packs (Kondomen und Gleitcreme für Analverkehr) an schwulen Treffpunkten bis hin zu Ausstellungsprojekten reichen. Nicht immer sind diese Maßnahmen allen Betroffenen einleuchtend. Der Vorwurf, die knappen Mittel zu verschleudern, sie nicht den wirklich Bedürftigen zur Verfügung zu stellen, ist ein schwerwiegendes Argument. Andererseits haben gerade diese Aktionen dazu beigetragen, auch die heterosexuelle Umwelt für die Probleme der Schwulen zu sensibilisieren und den Schwulen die Bedrohung durch AIDS an den Orten möglicher Übertragung klarzumachen.

Die Professionalisierung der *AIDS-Hilfen* ist unübersehbar. Eine problematische Folge sind nach Meinung mancher Kritiker aus den eigenen Reihen schwerfällige Apparate. Festangestellte Mitarbeiter übernehmen Aufgaben, die vorher in den Händen von Ehrenamtlichen lagen, zwangsläufig entwickeln sich Hierarchien und wie in jeder anderen Behörde Verwaltungszwänge, die für Außenstehende oft nur schwer zu durchschauen sind. Andererseits können Aufgabenstellungen über große Zeiträume verläßlich bearbeitet werden, stellt sich Kontinuität ein, die Arbeit wird auch für andere Behörden und für die politischen Ansprechpartner kalkulierbar. Auf allen politischen Ebenen, in Gremien, Parlamenten und Ministerien, ergaben sich im Laufe der Zeit Kontakte mit Mandatsträgern. Die oft enge Zusammenarbeit führte zu Vertrauensverhältnissen und schuf die Möglichkeit, auch

Kritik konstruktiv in politische Entscheidungsprozesse einbringen zu können. Mit den *AIDS-Hilfen* hat die Schwulenbewegung den wichtigen Schritt zur Institutionalisierung schwuler Interessen getan und damit die Integration der Homosexuellen in die Gesellschaft beschleunigt. Parallel dazu ergab sich in einigen Bundesländern und Kommunen die Möglichkeit, auch in den Verwaltungen schwul/lesbische Interessenvertretungen zu etablieren.

Wolfgang Theis

schwule Filme und war in den Aufbaujahren des Schwulen Museums mit seinem Wiener Charme eine wichtige Stütze. In den letzten Jahren hat er sich für verschiedene AIDS-Projekte eingesetzt. Bernhard Durst starb am 29. März 1995 an AIDS.

Michael Majerski
Jonathan Briel
Um 1980. Fotografie
Berlin, Schwules Museum

Jonathan Briel gehörte zu den ersten Absolventen der neugegründeten Deutschen Film- und Fernsehakademie in Berlin. Mit seinem Abschlußfilm Wie zwei fröhliche Luftschiffer, *der Heinrich von Kleists Freitod und dessen Homosexualität erstmals im Film darstellt, erregte er 1969 Aufsehen. Sein Film war dem damaligen Zeitgeist absolut entgegengesetzt: nicht Klassenkampf, sondern bürgerliches Bildungsgut war sein großes Thema. Homosexualität spielt auch in seinen späteren Filmen eine wichtige Rolle. Jonathan Briel starb am 26. Dezember 1988 an AIDS.*

AIDS, das alles überschattende Thema der achtziger und neunziger Jahre, ist in der Ausstellung mit einer Rauminstallation vertreten, die den Rundgang durch die Geschichte der Schwulenbewegung beschließt. Viele Talente und Hoffnungen fielen der Krankheit anheim und hinterließen schmerzliche Lücken. Hundert Porträts sollen an Tausende von AIDS-Opfern erinnern, deren Kreativität und Leben abrupt ein Ende gesetzt wurde.

Die Installation in der Ausstellung konnte nur durch die bereitwillige Hilfe vieler Fotografen und Nachlaßverwalter verwirklicht werden. Für die freundliche Genehmigung der Transformierung ihrer fotografischen Arbeiten danken wir Rolf Fischer, Nan Goldin, Greg Gorman, Annie Leibovitz, Becket Logan, Thomas Michalak, Aron Neubert, Ingo Taubhorn, Anno Wilms und allen, die uns Fotos von ihren Freunden zur Verfügung gestellt haben. Aus dem Nachlaß von Jürgen Baldiga, Roger Lps und Peter Hujar stammen weitere Arbeiten.

Thomas Michalak
Roger Lips
Um 1993. Fotografie
Berlin, Thomas Michalak

Roger Lips, 1952 in Essen geboren und dort an der Folkwangschule zum Designer ausgebildet, lebte als freier Künstler in Bonn und Köln. Ab 1984 beschäftigte er sich intensiv mit den Möglichkeiten des Mediums Fotografie. Eine seiner eindrücklichsten Arbeiten, Converser Sex, *ein Triptychon, das im Mittelteil zwei Armpaare und Hände zeigt, die sich vertrauensvoll ineinander verschränken, und das von zwei Seitenteilen gerahmt wird, die eine Vielzahl von »Blow Jobs« zeigen, die schwulen Pornos entnommen sind, ist eine Auseinandersetzung mit AIDS und den Gesetzen der schwulen Subkultur. Roger Lips' künstlerischer Nachlaß wird von Thomas Michalak betreut, der ein Werkverzeichnis erstellt und eine Publikation vorbereitet. Roger Lips starb am 26. Dezember 1994 an AIDS.*

Becket Logan
Yves François Lubin
New York 1992. Fotografie
New York, Becket Logan

Yves François Lubin, bekannt unter seinem Künstlernamen Assotto Saint, wurde in Haiti geboren. Seit 1970 lebte er in New York als Tänzer in der Martha Graham Dance Company, *als Krankenpfleger, Schauspieler, Lyriker, Schriftsteller und Sänger. Er gründete die* Galiens Press *und gab verschiedene Anthologien heraus, unter anderem* Other Countries: Black Gay Voices. *Am 29. Juni 1994, ein Jahr nach dem Tod seines langjährigen Freundes Jan Urban Holingren, starb Assotto Saint im 37. Lebensjahr ebenfalls an AIDS.*

Anno Wilms
Neil Caplan
1987. Fotografie
Berlin, Anno Wilms

Neil Caplan, langjähriges Mitglied und Tänzer der Lindsay Kemp Company, *tanzte in* Flowers, Salomé, A Midsummer Night's Dream, Nijinsky *und* Facade. *Neil Caplan starb 1994 an AIDS.*

Anno Wilms
Javier Sanchez
1987. Fotografie
Berlin, Anno Wilms

Javier Sanchez, Tänzer der Lindsay Kemp Company, *trat unter anderem in* Flowers, *der szenischen Adaption nach* Genets Notre-Dame-des-Fleurs, *in* Nijinsky *und in* A Midsummer Night's Dream *auf. Javier Sanchez starb 1993 an AIDS.*

VII. 10
VERFOLGUNG UND WIDERSTAND WELTWEIT

In der Bundesrepublik wurde die strafrechtliche Sonderbestimmung gegen schwule Männer, der § 175 des Strafgesetzbuches, 1994 gestrichen und durch eine geschlechtsneutral gefaßte erweiterte Jugendschutzbestimmung ersetzt. Seitdem gehört Deutschland zu einer Minderheit von 77 Staaten, in denen es kein kodifiziertes Strafrecht für Sex unter Männern gibt. Nach einer Übersicht der *International Lesbian and Gay Association* (ILGA) in Brüssel ist in mindestens 85 Ländern der Erde schwuler Sex illegal (*ILGA Annual Report 1996*). Die antischwulen Ausnahmerechte können relativ milde ausfallen, wie zum Beispiel in Großbritannien, wo junge Männer bis zum 18. Lebensjahr vor ›sexuellem Mißbrauch‹ durch ihre Geschlechtsgenossen geschützt werden, während Heterosexualität bereits vom 16. Geburtstag an erlaubt ist. Das andere Extrem antischwulen Strafrechts wird in Ländern wie Saudi-Arabien und dem Iran praktiziert, wo für homosexuelle Wiederholungstäter die Todesstrafe gilt. Das Bild wird dadurch kompliziert, daß in manchen Staaten in einzelnen Regionen unterschiedliche Bestimmungen gelten. In den USA gilt beispielsweise in jedem Bundesstaat ein anderes Strafrecht. (Über die strafrechtliche Situation in neunzehn Staaten wie Mali, Laos oder Burma lagen der ILGA keine Informationen vor.) Wenn in einem Staat, ob regional oder im ganzen Staatsgebiet, ob nur für bestimmte Sexualpraktiken und Altersgruppen oder generell, schwuler Sex als Verbrechen gilt, muß dieser Staat als Verfolgerstaat bezeichnet werden.

Normalerweise sagen die Buchstaben des Gesetzes nur wenig aus über die alltägliche Praxis der Polizei und der Justiz im Umgang mit schwulen Bürgern. So wird im Strafrecht Brasiliens Homosexualität überhaupt nicht erwähnt, dennoch führt die Polizei unter Berufung auf ein Ordnungsrecht oder völlig illegal Razzien und Massenverhaftungen unter Schwulen durch; in der Haft kommt es zu Folterungen, die in einigen Fällen sogar zum Tod des Gefolterten geführt haben. So ist das geschriebene Strafrecht nur von begrenzter Aussagekraft über die soziale Lage der Schwulen in dem jeweiligen Staat. Das kodifizierte Strafrecht, wenn man es in seiner Bedeutung nicht überschätzt, ist nichtsdestoweniger ein Indikator für die gesellschaftliche Stellung der Schwulen. Die Schwulenbewegungen aller Länder haben im Kampf gegen das Strafrecht, das die staatlichen Autoritäten zur Verfolgung und Unterdrückung benutzen, stets ein wichtiges Betätigungsfeld erblickt, wobei die internationale Solidarität zur Unterstützung verfolgter Schwuler in anderen Ländern und die Hilfe der internationalen Schwulenbewegung beim Kampf gegen Strafrecht und Strafverfolgung eine zunehmende Bedeutung erhalten hat. Das begann vielleicht erst am Ende der siebziger Jahre, als die Schwulenbewegungen in Westeuropa und Nordamerika einen Massenprotest gegen die Verhaftung des sowjetischen Filmregisseurs Sergej Paradschanow organisierte, der wegen Homosexualität zu einer mehrjährigen Gefängnisstrafe verurteilt worden war. Daß die Menschenrechtsorganisation *amnesty international* seit 1991 endlich auch die von den Regierungen zu verantwortenden Menschenrechtsverletzungen an Schwulen dokumentiert und kritisiert, verweist auf die vielleicht wichtigste Perspektive der Schwulenbewegungen in solchen Staaten wie Deutschland, wo die rechtliche und soziale Lage der Schwulen nur noch in Randbereichen zu verbessern ist: Tatkräftige Solidarität mit den »Brüdern und Schwestern« in jenen Ländern, die Verfolgung für normal halten und grundlegende Menschenrechte den Schwulen und Lesben vorenthalten. Das ist, wie man den Angaben der ILGA entnehmen kann, heutzutage noch in nahezu jedem zweiten Staat der Erde der Fall, und es scheint eher die Tendenz zu bestehen, daß die Zahl der Verfolgerstaaten, vor allem dort, wo religiös-fundamentalistische Diktaturen die Macht übernommen haben, eher zunimmt.

Am Anfang der achtziger Jahre war in der Schwulenbewegung allgemein befürchtet worden, daß AIDS die Menschenrechtssituation der Schwulen im Weltmaßstab verschlechtern würde. Diese Befürchtung erwies sich glücklicherweise als falsch, und alles in allem hat in den vergangenen fünfzehn Jahren eher eine Verbesserung als eine Verschlechterung der globalen schwulen Menschenrechtssituation stattgefunden.

1996 gab es zehn Staaten, in denen gesamtstaatliche Antidiskriminierungsgesetze für Homosexuelle in Kraft waren; sieben dieser Länder liegen in Europa (Dänemark, Frankreich, Niederlande, Norwegen Slowenien, Spanien und Schweden), nur drei in Übersee (Kanada, Neuseeland und Südafrika). Die Zukunftsperspektive ist damit ziemlich klar vorgezeichnet: Auf den ersten Schritt der rechtlichen Gleichstellung Homo- und Heterosexueller muß als zweiter Schritt ein gesetzlicher Schutz vor Diskriminierung aufgrund der sexuellen Orientierung folgen. Solange in Städten wie Teheran, Bombay oder São Paulo die Menschenrechte für Schwule nicht mindestens so gesichert sind wie in Amsterdam, San Francisco oder Johannesburg, ist eine internationale Schwulenbewegung nicht nur berechtigt, sie ist sogar dringend erforderlich.

Manfred Herzer

ZUM WEITERLESEN

Achim Aurnhammer, *Androgynie. Studie zu einem Motiv in der europäischen Literatur* (Köln 1986)

Axel Axgil und Helmer Fogedgaard, *Homofile kampår. Bøsseliv gennem tiderne* (Rudkøbing 1985)

Kristof Balser, Mario Kramp, Jürgen Müller und Joanna Gotzmann (Hg.), *»Himmel und Hölle«. Das Leben der Kölner Homosexuellen 1945–1969* (Köln o. J. [1994])

Gilles Barbedette et Michel Carassou, *Paris Gay 1925* (Paris 1981)

Allan Bérubé, *Coming out under Fire. The History of Gay Men and Women in World War Two* (New York 1991)

Helmut Blazek, *Rosa Zeiten für rosa Liebe. Geschichte der Homosexualität* (Frankfurt am Main 1996)

Cécile Beurdeley (Hg.), *L'amour bleu. Die homosexuelle Liebe in Kunst und Literatur des Abendlandes* (Köln 1977)

Jewgenij Charitonow, *Unter Hausarrest. Ein Kopfkissenbuch* (Berlin 1996)

Emmanuel Cooper, *Fully Exposed: The Male Nude in Photography* (London 1990)

Emmanuel Cooper, *The Sexual Perspective. Homosexuality and Art in the Last 100 Years in the West* (London 1986)

James Crumb (Hg.), *George Platt Lynes. Photographs from the Kinsey Institute* (Boston – New York 1993)

Martin Dannecker, *Der Homosexuelle und die Homosexualität.* Mit einem Nachwort: *Aids und die Homosexuellen* (Frankfurt am Main 1991)

Martin Dannecker, *Der homosexuelle Mann im Zeichen von Aids* (Hamburg 1991)

Martin Dannecker und Reimut Reiche, *Der gewöhnliche Homosexuelle. Eine soziologische Untersuchung über männliche Homosexuelle in der Bundesrepublik* (Frankfurt am Main 1974)

David Deitcher (Hg.), *The Question of Equality. Lesbian and Gay Politics in America Since Stonewall* (New York 1995)

Paul Derks, *Die Schande der heiligen Päderastie. Homosexualität und Öffentlichkeit in der deutschen Literatur 1750–1850* (Homosexualität und Literatur, Bd. 3, Berlin 1990)

B. Dieckmann und F. Pescatore (Hg.), *Elemente einer homosexuellen Kritik. Französische Texte 1971–77* (Berlin 1979)

Lutz van Dijk, *»Ein erfülltes Leben – trotzdem ...«. Erinnerungen Homosexueller 1933–1945* (Reinbek 1992)

Jens Dobler (Hg.), *Schwule, Lesben, Polizei. Vom Zwangsverhältnis zur Zweck-Ehe?* (Berlin 1996)

Martin Duberman, *Stonewall* (New York 1994)

Martin B. Duberman, Martha Vicinus und George Chauncey, Jr. (Hg.), *Hidden from History. Reclaiming the Gay and Lesbian Past* (New York 1989)

Siegfried Rudolf Dunde (Hg.), *Schwules Leben in Zeiten von Aids* (Reinbek 1994)

Dynes, Wayne R. (Hg.), *Encyclopedia of Homosexuality* (New York – London 1990)

W. U. Eissler, *Arbeiterparteien und Homosexuellenfrage. Zur Sexualpolitik von SPD und KPD in der Weimarer Republik* (Sozialwissenschaftliche Studien zur Homosexualität, Bd. 1, Berlin 1980)

Eldorado. Homosexuelle Frauen und Männer in Berlin 1850–1950. Geschichte, Alltag und Kultur. Katalog (Berlin 1984)

Allen Ellenzweig, *The Homoerotic Photograph: Male Images from Durieu / Delacroix to Mapplethorpe* (New York 1992)

Michel Foucault, *Sexualität und Wahrheit*, 3 Bde. (Frankfurt am Main 1977 und 1986)

Willi Frieling (Hg.), *Schwule Regungen – schwule Bewegungen. Ein Lesebuch* (Berlin 1985)

James Gardiner, *A Class Apart. The Private Pictures of Montague Glover* (London 1992)

James Gardiner, *Who's a Pretty Boy Then? One Hundred Years of Gay Life in Pictures* (London – New York 1996)

Die Geschichte des § 175 – Strafrecht gegen Homosexuelle. Katalog zur Ausstellung in Berlin und Frankfurt am Main 1990 (Berlin 1990)

Masha Gessen, *The Rights of Lesbians and Gay Men in the Russian Federation* (San Francisco 1994)

Günter Grau, *Homosexualität in der NS-Zeit. Dokumente einer Diskriminierung und Verfolgung* (Frankfurt am Main 1993)

David F. Greenberg, *The Construction of Homosexuality* (Chicago – London 1988)

Detlef Grumbach (Hg.), *Die Linke und das Laster. Schwule Emanzipation und linke Vorurteile* (Hamburg 1995)

Gerhard Härle, Maria Kalveram und Wolfgang Popp (Hg.), *Erkenntniswunsch und Diskretion. Erotik in biographischer und autobiographischer Literatur* (Homosexualität und Literatur, Bd. 6, Berlin 1992)

Hans Hafkamp und Maurice van Lieshout (Hg.), *Pijlen van naamloze liefde. Pioniers van de homo-emancipatie* (Amsterdam 1988)

Barbara Haskell, *Charles Demuth.* Ausstellungskatalog des Whitney Museums of American Art, New York (New York 1987)

Gudrun Hauer u. a., *Rosa Liebe unterm roten Stern. Zur Lage der Lesben und Schwulen in Osteuropa* (Frühlings Erwachen Heft 7, Kiel 1984, ²1986)

Gert Hekma u. a., *De roze rand van donker Amsterdam. De opkomst van een homoseksuele kroegcultuur 1930–1970* (Amsterdam 1992)

Gert Hekma, Harry Oosterhuis und James Steakley (Hg.), *Gay Men and the Sexual History of the Political Left* (New York – London 1995)

Manfred Herzer, *Bibliographie zur Homosexualität. Verzeichnis des deutschsprachigen nichtbelletristischen Schrifttums zur weiblichen und männlichen Homosexualität aus den Jahren 1466 bis 1975 in chronologischer Reihenfolge* (Berlin 1982)

Manfred Herzer, *Karl Heinrich Ulrichs und die Idee des WhK*, in: *Mitteilungen der Magnus-Hirschfeld-Gesellschaft* Nr. 10 (1987) S. 34–39

Manfred Herzer, *Magnus Hirschfeld. Leben und Werk eines jüdischen, schwulen und sozialistischen Sexologen* (Frankfurt am Main – New York 1992)

Werner Hinzpeter, *Schöne schwule Welt. Der Schlußverkauf einer Bewegung* (Berlin 1997)

Magnus Hirschfeld, *Die Homosexualität des Mannes und des Weibes* (Berlin 1914, Nachdruck Berlin u. a. 1984)

Magnus Hirschfeld, *Geschlechtskunde auf Grund dreißigjähriger Forschung und Erfahrung*, Band 1–5 (Stuttgart 1926–1930)

Magnus Hirschfeld, *Berlins Drittes Geschlecht* (Berlin 1904). Neuausgabe, hg. von Manfred Herzer. Mit einem Beitrag von Paul Näcke: *Ein Besuch bei den Homosexuellen in Berlin* (Bibliothek rosa Winkel, Bd. 1, Berlin 1991)

Magnus Hirschfeld, *Von einst bis jetzt. Geschichte einer homosexuellen Bewegung 1897–1922*, hg. von Manfred Herzer und James D. Steakley (Berlin 1986)

Heinrich Hössli, *Eros. Die Männerliebe der Griechen, ihre Beziehungen zur Geschichte, Erziehung, Literatur und Gesetzgebung aller Zeiten* (Glarus 1836 – St. Gallen 1838). Nachdruck, ergänzt um einen Materialienband (Bibliothek rosa Winkel, Bd. 13–15, Berlin 1996)

Joachim S. Hohmann und Erich Lifka (Hg.), *Der Kreis. Erzählungen und Fotos* (Frankfurt am Main – Berlin 1980)

Joachim S. Hohmann (Hg.), *Keine Zeit für gute Freunde* (Berlin 1982)

Joachim S. Hohmann (Hg.), *Sexualforschung und -politik in der Sowjetunion seit 1917* (Frankfurt am Main 1990)

Rainer Hoffschildt, *Olivia. Die bisher geheime Geschichte des Tabus Homosexualität und der Verfolgung der Homosexuellen in Hannover* (Hannover 1992)

Rolf Italiaander (Hg.), *Weder Krankheit noch Verbrechen. Plädoyer für eine Minderheit* (Hamburg 1969)

Volker Janssen (Hg.), *Der Weg zu Freundschaft und Toleranz. Männliche Homosexualität in den 50er Jahren* (Berlin 1984)

Burkhard Jellonek, *Homosexuelle unter dem Hakenkreuz. Die Verfolgung von Homosexuellen im Dritten Reich* (Paderborn 1990)

Jonathan Katz, *Gay American History. Lesbians and Gay Men in the U. S. A.* (New York 1976, ²1992)

Elisar von Kupffer (Hg.), *Lieblingminne und Freundesliebe in der Weltliteratur. Eine Sammlung mit einer ethisch-politischen Einleitung* (Berlin 1900). Nachdruck, hg. von Marita Keilson-Lauritz (Bibliothek rosa Winkel, Bd. 12, Berlin 1995)

Marita Keilson-Lauritz, *Die Geschichte der eigenen Geschichte. Literatur und Literaturkritik in den Anfängen der Schwulenbewegung* (Homosexualität und Literatur, Bd. 11, Berlin 1997)

Hubert Kennedy, *Karl Heinrich Ulrichs. Sein Leben und sein Werk* (Beiträge zur Sexualforschung, Bd. 65, Stuttgart 1990)

Rudolf Klimmer, *Die Homosexualität als biologisch-soziologische Zeitfrage* (Hamburg 1958, ³1965)

Michael Köhler und Gisela Barche (Hg), *Das Aktfoto. Ästhetik, Geschichte, Ideologie* (München 1985)

Igor S. Kon, *Die Situation der russischen Lesben und Schwulen*, in: SchwulLesbische Studien Bremen (SLS). Mitteilungen 6 (1997) S. 27–60

Vladimir Koslovsky, *Argo russkoj gomoseksualnoj subkultury* (Benson 1986)

Elmar Kraushaar (Hg.), *Hundert Jahre schwul – eine Revue* (Berlin 1997)

John Lauritsen und David Thorstad, *Die frühe Homosexuellenbewegung 1864–1935* (Frühlings Erwachen, Heft 6, Hamburg 1984)

Rüdiger Lautmann (Hg.), *Homosexualität. Handbuch der Theorie- und Forschungsgeschichte* (Frankfurt am Main – New York 1993

Rüdiger Lautmann und Angela Taeger (Hg.), *Männerliebe im alten Deutschland. Sozialgeschichtliche Abhandlungen* (Sozialwissenschaftliche Studien zur Homosexualität, Bd. 5, Berlin 1992)

Rüdiger Lautmann, *Seminar: Gesellschaft und Homosexualität* (Frankfurt am Main 1977)

Lene Lennerhed, *Friheten att njuta. Sexualdebatten i Sverige på 1960–talet* (Stockholm 1994)

Cornelia Limpricht, Jürgen Müller und Nina Oxenius (Hg.) »Verführte Männer«. Das Leben der Kölner Homosexuellen im Dritten Reich (Köln 1991)

Graziano Mandozzi, Elisarion. Un Santuario per il Clarismo (Minusio 1996)

Frédéric Martel, Le Rose et le Noir. Les homosexuels en France depuis 1968 (Paris 1996)

Frédéric Martel, Matériaux pour servir à l'histoire des homosexuels en France. Chronologie, Bibliographie, 1968–1996 (Lille 1996)

Neil Miller, Out of the Past. Gay and Lesbian History from 1869 to the Present (London 1995)

Rosa von Praunheim, 50 Jahre pervers (Köln 1993)

Ursula Prinz (Hg.), Androgyn. Sehnsucht nach Vollkommenheit (Berlin 1986

Helmut Puff (Hg.), Lust, Angst und Provokation. Homosexualität in der Gesellschaft (Göttingen 1993)

Thomas Röske, »Liebende Knaben«. Die Darstellung homosexueller Männer und Frauen im Werk Christian Schads, in: Festschrift für Fritz Jacobs zum 60. Geburtstag (Frankfurt am Main 1995)

Thomas Röske, Dokumente einer Freundschaft. Botho Graef und Hugo Biallowons auf Bildern Ernst Ludwig Kirchners, in: Ernst Ludwig Kirchner. Von Jena nach Davos (Leipzig 1993)

André Salathé, Karl Meier »Rolf« (1897–1974). Schauspieler, Regisseur, Herausgeber des »Kreis«, in:Thurgauer Köpfe, Bd. 1 (Thurgauer Beiträge zur Geschichte, Bd. 132, 1995) S. 203–214 [auch Beilage zu AK / anderschume – Kontiki 1/1997)

Andreas Salmen und Albert Eckert, 20 Jahre bundesdeutsche Schwulenbewegung 1969 – 1989 (BVH-Materialien, Heft 1, Köln 1989)

Dieter Schiefelbein, Wiederbeginn der juristischen Verfolgung homosexueller Männer in der Bundesrepublik Deutschland. Die Homosexuellenprozesse in Frankfurt am Main 1950/51, in: Zeitschrift für Sexualforschung, Jg. 5 (1995), Heft 1, S. 59–73

Willhart S. Schlegel (Hg.), Das große Tabu. Zeugnisse und Dokumente zum Problem der Homosexualität (München 1967)

Fredrik Silverstolpe, En homosexuell arbetares memoarer. Järnbruksarbetaren Eric Thorsell berättar (Stockholm 1980)

Frank Sparing, »... wegen Vergehen nach § 175 verhaftet«. Die Verfolgung der Düsseldorfer Homosexuellen während des Nationalsozialismus (Düsseldorf 1997)

Colin Spencer, Homosexuality. A History (London 1995)

Kurt Starke, Schwuler Osten. Homosexuelle Männer in der DDR. Mit einer Einleitung von Bert Thinius und einem Interview mit Eduard Stapel (Berlin 1994)

James D. Steakley, The Homosexual Emancipation Movement in Germany (New York 1975)

Andreas Sternweiler, Die Lust der Götter. Homosexualität in der italienischen Kunst. Von Donatello zu Caravaggio (Berlin 1993)

Andreas Sternweiler, »Fotos sind mein Leben«: Albrecht Becker (Lebensgeschichten 1. Schwules Museum, Berlin 1993)

Andreas Sternweiler, Pfadfinderführer und KZ Häftling: Heinz Dörmer (Lebensgeschichten 2. Schwules Museum, Berlin 1994)

Andreas Sternweiler, Frankfurt, Basel, New York: Richard Plant (Lebensgeschichten 3. Schwules Museum, Berlin 1996)

Claude J. Summers (Hg.), Gay and Lesbian Literary Heritage (New York 1995)

Susan Stryker und Jim Van Buskirk, Gay by the Bay. A History of Queer Culture in the San Francisco Bay Area (San Francisco 1996)

Hans Georg Stümke und Rudi Finkler, Rosa Winkel, Rosa Listen. Homosexuelle und »Gesundes Volksempfinden« von Auschwitz bis heute (Reinbek 1981)

Hans Georg Stümke, Homosexuelle in Deutschland (München 1989)

Bert Thinius, Aufbruch aus dem grauen Versteck? Ankunft im bunten Ghetto? Randglossen zu Erfahrungen schwuler Männer in der DDR und in Deutschland Ost (BVH-Materialien, Heft 4, Berlin 1994)

Mark Thompson (Hg.), Long Road to Freedom. The Advocate History of the Gay and Lesbian Movement (New York 1994)

Siegfried Tornow, Männliche Homosexualität und Politik in Sowjet-Rußland, in: Homosexualität und Wissenschaft II (Berlin 1992) S. 267–284

Kuno Trüeb und Stephan Miescher (Hg.) Männergeschichten. Schwule in Basel seit 1930. Ausstellungskatalog (Basel 1988)

Karl Heinrich Ulrichs, Forschungen über das Rätnsel der mannmännlichen Liebe. Nachdruck der Originalausgaben 1864–1879, hg. von Hubert Kennedy (Bibliothek rosa Winkel, Bd. 7–10, Berlin 1994)

Wolfgang Voigt und Klaus Weinrich (Hg.), Hamburg ahoi! (Berlin 1982)

Margaret Walters, Der männliche Akt. Ideal und Verdrängung in der europäischen Kunstgeschichte (Berlin 1979)

Hans Warmerdam und Pieter Koenders (Hg.), Cultuur en Ontspanning. Het COC 1946–1966 (Utrecht 1987)

Thomas Waugh, Hard to Imagine. Gay Male Eroticism in Photography and Film from Their Beginnings to Stonewall (New York 1996)

Jeffrey Weeks, Coming Out. Homosexual Politics in Britain, from the Nineteenth Century to the Present (London 1977, ²1991)

Johannes Werres, Als Aktivist der ersten Stunde: Meine Begegnung mit homosexuellen Gruppen und Zeitschriften nach 1945, in: Capri. Zeitschrift für schwule Geschichte, 3. Jg. (1990), Heft 1 (Mai) S. 33–51

Gesamtkatalog der Exponate

Kapitel I

I. 1 (Abb. S. 18)
Verbrennung des Ritters von Hohenberg mit seinem Knecht vor Zürich, 1482
Farbige Illustration aus: Diebold Schilling, Chronik der Burgunderkriege, Schweizer Bilderchronik, Band 3, um 1483
Reproduktion
Zürich, Zentralbibliothek

I. 2 (Abb. S. 20)
Valboa wirfft etliche Indianer / welche die schreckliche Sünd der Sodomen begangen / den Hunden für sie zuzerreissen
Kupferstich in: Theodor de Bry, Americae, Pars 4, Frankfurt 1544 (Reprint München 1970)
Berlin, Zentral- und Landesbibliothek

I. 3
Geiselung und Feuertod sodomitischer Mönche in Gent
Nach einer Radierung von Nicholas Hogenberg aus dem 16. Jahrhundert
In: Handbuch der Sexualwissenschaften mit besonderer Berücksichtigung der kulturgeschichtlichen Beziehungen. Herausgegeben von Albert Moll, Leipzig 1921 (2. Aufl.)
Berlin, Schwules Museum

I. 4
Homosexuellenverfolgung in Holland
Um 1700. Kupferstich
Amsterdam, Rijksmuseum, Rijksprentenkabinet

I. 5 (Abb. S. 21)
Constitutio Criminalis Carolina oder Peinlich Gerichtsordnung Kaiser Karls V.
Darin: Artikel 116 über Feuerstrafe für widernatürliche Unzucht
Frankfurt 1577
Berlin, Staatsbibliothek zu Berlin

I. 6 (Abb. S. 23)
Der Erzengel Michael triumphiert über den Satan
Augsburg 2. Viertel 17. Jh. Lindenholz; H 43,6 cm
Berlin, Staatliche Museen zu Berlin, Skulpturensammlung

I. 7
Gott erbost sich über das Treiben in Sodom
Illustration (Kupferstich) aus: François Rolland Elluin, Le pot puorri de Loth, 1781
Berlin, Privatbesitz

I. 8
Code penale
Aus dem Französischen übersetzt von Wilhelm Blanchard, 2. verb. Aufl., Köln 1812
Berlin, Staatsbibliothek zu Berlin

I. 9
Adolf Glaser
a) Adolf Halwas, Berlin um 1880,
b) um 1900. Zwei Fotografien
Braunschweig, Georg Westermann Verlag

I. 10
Brief des Dramaturgen und Schriftstellers Paul Lindau an den Schauspieler Ludwig Wüllner
30. November 1895. Autograph (1 Doppelblatt)
Lübeck, Brahms-Institut an der Musikhochschule Lübeck

I. 11
Briefentwurf von Ludwig Wüllner an Paul Lindau
Undatiert. Autograph (2 Einzelblätter)
Lübeck, Brahms-Institut an der Musikhochschule Lübeck

I. 12
Nikola Perscheid
Dr. Ludwig Wüllner
Berlin: Verlag Herm. Leiser um 1900. Starfotopostkarte
Berlin, Privatbesitz

I. 13
Lateinische Satyricon-Ausgabe
T. Petroni Arbitr , Satyricon, Supe profligatis Neronianae tempestatis moribus: Commentatiis, sive excursibus medicophilosophicis itemque notis universalibus & perpetuis recens adornatum (...), mit Kommentar von Jo. Petro Lotichio, Mec. D. eiuscemque in Academia Rintelana P.P
Frankfurt am Main: Wolfgang Hofmann / Jennis J. 1629
Berlin, Privatbesitz

I. 14 (Abb. S. 24)
Pan mit dem Hirtenknaben Daphnis
Zwei Radierungen nach antiken Marmorskulpturen
In: Lorenzo della Vaccaria, Antiquarum Statuarum Urbis Romae Icones
Venedig 1584
Berlin, Staatliche Museen zu Berlin, Kunstbibliothek

I. 15 (Abb. S. 22)
Francesco Susini
Liegender Hermaphrodit
Florenz (vor 1646). Bronze; 11,5 x 51 x 29 cm
Wien, Kunsthistorisches Museum

I. 16
Pan mit dem Hirtenknaben Daphnis
Kupferstich nach der antiken Skulptur von S. Gessner, um 1800
(Original-Illustration aus einem Buch)
Berlin, Privatbesitz

I. 17
Marquis De Sade
La nouvelle Justine ou les malheurs de la vertu
Tome quatrieme (mit Illustrationen)
Holland 1797
Berlin, Privatbesitz

I. 18 (Abb. S. 25)
Zeus küßt Ganymed
Kupferstich nach einem Fresko
Aus: Gesammelte Werke von Winckelmann, Band 5, Dresden 1812
Berlin, Privatbesitz

I. 19 (Abb. S. 26)
Jean Broc
Der Tod des Hyazinth
1801. Öl auf Leinwand; 175 x 120 cm
Poitiers, Musée de la Ville de Poitiers et
de la Société des Antiquaires de l'Ouest

I. 20 (Abb. S. 26)
Vier erotische Illustrationen
Aus: Le diable au corps. Oeuvre
posthume du très-recommandable
Docteur Cazzoné Membre extraordinaire
de la joyeuse Faculté Phallo-coiro-
pygo-glottonomique avec figures.
Tome prémier 1803
Je 8,3 x 5,2 cm (Blatt)
Hamburg, Sammlung Leonhardt

I. 21
**Getroffene Bilder aus dem Leben vor-
nehmer Knabenschänder und andere
Scenen aus unsrer Zeit und Herrlichkeit**
Mersburg: Verlag Fr. Weidemann 1833
München, Bayerische Staatsbibliothek

I. 22
Guglielmo Plüschow
Jüngling am Grab August von Platens
Um 1890. Albumin Abzug
Berlin, Schwules Museum

I. 23
Heinrich Heine
Reisebilder. Theil 3
Darin: Die Bäder von Lucca
Hamburg 1830
Berlin, Staatsbibliothek zu Berlin

I. 24 (Abb. S. 27)
Thiele nach Müller-Glarus
Bildnis des Heinrich Hössli
Stich in: Jahrbuch für sexuelle
Zwischenstufen, 1903 (Jg. 5)
Berlin, Egmont Fassbinder

I. 25
Heinrich Hössli
**Eros. Die Männerliebe der Griechen;
ihre Beziehungen zur Geschichte,
Erziehung, Literatur und Gesetzgebung
aller Zeiten**
Band 1. Glarus 1836
Göttingen, Niedersächsische Staats-
und Universitätsbibliothek

I. 26 (Abb. S. 28)
Bildnis des Karl Heinrich Ulrichs
Druckgraphik aus: Jahrbuch für sexuelle
Zwischenstufen, 1899 (Jg. 1)
Reproduktion
Berlin, Schwules Museum

I. 27
Karl Heinrich Ulrichs
Vindex
Leipzig 1864
Berlin, Sammlung Herzer

I. 28 (Abb. S. 30)
Karl Maria Kertbeny
Um 1865. Fotografie (Reproduktion)
Berlin, Schwules Museum

I. 29 (Abb. S. 30)
Gustav Jaeger
Entdeckung der Seele
Erster Band. Leipzig: Ernst Günthers
Verlag 1884
Berlin, Staatsbibliothek zu Berlin

I. 30 (Abb. S. 33)
**Theodor von Wächter mit den Künst-
lern Greve-Lindau und Gerbig in der
Villa Romana**
Florenz 1913. Fotografie
Florenz, Villa Romana-Archiv

I. 31
Richard Freiherr von Krafft-Ebing
Psychopathia sexualis
Stuttgart (1886) 1894, 9. Aufl.
Berlin, Magnus Hirschfeld-Gesellschaft

I. 32 (Abb. S. 32)
Albert Moll
Fotografie (Reproduktion)
Berlin, Schwules Museum

I. 33 (Abb. S. 31)
Johann Ludwig Casper
Um 1850. Fotografie
Berlin, Staatsbibliothek zu Berlin,
Handschriftenabteilung

I. 34
Edward Carpenter
1900. Lichtdruck
Brighton, Collection of James Gardiner

I. 35
Havelock Ellis und John Addington
Symonds
Das konträre Geschlechtgefühl
(Deutsche Original-Ausgabe besorgt
unter Mitwirkung von Dr. Hans Kurella)
Leipzig: Georg H. Wigand's Verlag 1896
Berlin, Sammlung Herzer

I.‚36
Lord Alfred Douglas (Herausgeber)
The Spirit Lamp
Vol. III, No. 3, Oxford: James Thornton
vor 1897
Brighton, Collection of Peter Burton

I. 37
The Chameleon
Vol. I, No. 1, London vor 1897
Brighton, Collection of Peter Burton

I. 38
Phil May
**John Sholto Douglas, 8th Marquess of
Queensberry**
Fotografie
London, National Portrait Gallery

I. 39
Walery
Henry Labouchere
Fotografie
London, National Portrait Gallery

I. 40
William Thomas Stead
London Stereoscopic Company 1890.
Fotografie
London, National Portrait Gallery

I. 41
**»The Blackmailers« von John Gray und
André Raffalovich**
Programmheft der Aufführung im
»Prince of Wales Theatre«am 7. Juni 1894
London, Victoria and Albert Museum

I. 42 (Abb. S. 80)
Oscar Wilde
1894. Fotografie
Paris, Privatbesitz

I. 43 (Abb. S. 28)
John Addington Symonds
Um 1890. Fotografie (Reproduktion)
Brighton, Collection of Peter Burton

I. 44
Oscar Wilde und Lord Alfred Douglas
Um 1892. Reproduktion
Berlin, Schwules Museum

I. 45 (Abb. S. 26)
Aubrey Beardsley
Bathyllus
Zwei Druckgraphiken aus der Mappe:
Four Disigns for the »Sixth Satire« of
Juvenal and two unpublished Designs
for Lucian's »True History«, London 1915
Berlin, Privatbesitz

I. 46
Aubrey Beardsley
Frederick H. Evans
Photogravure nach einer Fotografie
Berlin, Privatbesitz

Kapitel II

II. 1 (Abb. S. 38)
Dr. med. Th. Ramien (Magnus Hirsch-
feld)
**Sappho und Sokrates oder Wie erklärt
sich die Liebe der Männer und Frauen
zu Personen des eigenes Geschlechts**
Leipzig: Verlag von Max Spohr 1896
(Titelblatt mit Widmung)
Berlin, Berlinische Galerie

II. 2 (Abb. S. 34)
Magnus Hirschfeld
**Handschriftlicher Urtext der ersten
Petition an die gesetzgebenden Kör-
perschaften Deutschlands zwecks
Beseitigung besonderer Strafbestim-
mungen gegen den homosexuellen
Verkehr**
Reproduktion aus: Magnus Hirschfeld,
Geschlechtskunde, Band 4, Stuttgart 1930
Berlin, Schwules Museum

II. 3 (Abb. S. 36)
Magnus Hirschfeld
1910. Fotografie mit Widmung
Berlin, Staatsbibliothek zu Berlin,
Handschriftenabteilung

II. 4 (Abb. S. 39)
Franz Joseph von Bülow
Reproduktion aus: Franz Joseph von
Bülow, Deutsch-Südwestafrika – Drei
Jahre im Lande Hendrik Witboois,
Berlin 1896
Berlin, Schwules Museum

II. 5 (Abb. S. 38)
Eduard Oberg
Um 1890. Fotografie (Reproduktion)
Berlin, Schwules Museum

II. 6 (Abb. S. 39)
Max Spohr
Reproduktion aus: Jahrbuch für sexuelle
Zwischenstufen, 1906 (Jg. 8)
Berlin, Schwules Museum

II. 7 (Abb. S. 42)
Ernst von Wildenbruch
1882. Reproduktion aus: Berthold
Lützmann, Ernst von Wildenbruch,
Band 1, Berlin 1913
Berlin, Schwules Museum

II. 8 (Abb. S. 41)
August Bebel
Reproduktion aus: Magnus Hirschfeld,
Geschlechtskunde, Bd 4, Stuttgart 1930
Berlin, Schwules Museum

II. 9 (Abb. S. 40)
Richard Freiherr von Krafft-Ebing
Reproduktion aus: Jahrbuch für sexuelle
Zwischenstufen, 1903 (Jg. 5)
Berlin, Schwules Museum

II. 10 (Abb. S. 41)
Franz Ritter von Liszt
Reproduktion aus: Zeitschrift für die
gesamte Strafrechtswissenschaft, 1911
(Jg. 32)
Berlin, Schwules Museum

II. 11
**Petition betreffend Abänderung /
Gegen-Petition betreffend die Beibe-
haltung des § 175 des R.-Str.-G.-B.**
Berlin im Dezember 1898. Broschüre
Berlin, Archiv des Diakonischen Werkes
Berlin-Zehlendorf

II. 12
Arnold Nieberding
Reproduktion aus: Die Deutschen
Justizminister 1871–1971, Köln 1977
Berlin, Schwules Museum

II. 13
**An die gesetzgebenden Körperschaften
des Deutschen Reiches**
Petition des »Wissenschaftlich-huma-
nitären Komitees« vom 23. Oktober 1897
Berlin, Egmont Fassbinder

II. 14 (Abb. S. 42)
**Hermann Freiherr von Teschenberg
in Frauenkleidern**
Reproduktion aus: Jahrbuch für sexuelle
Zwischenstufen, 1902 (Jg. 4)
Berlin, Schwules Museum

II. 15 (Abb. S. 44)
Ferdinand Karsch und Caspar Wirz
Reproduktion aus: Magnus Hirschfeld,
Geschlechtskunde, Bd 4, Stuttgart 1930
Berlin, Schwules Museum

II. 16
Ernst Burchard mit Freund
Reproduktion aus: Magnus Hirschfeld,
Geschlechtskunde, Bd 4, Stuttgart 1930
Berlin, Schwules Museum

II. 17
Wilhelm Jansen
1936. Fotografie
Witzenhausen, Archiv der deutschen
Jugendbewegung

II. 18
**Geheimer Medizinalrat Professor Dr. A.
Eulenburg**
Um 1900. Fotografie
Berlin, Universitätsklinikum Virchow-
Charité, Institut für Geschichte der
Medizin

II. 19
Iwan Bloch
Um 1910. Fotografie
Berlin, Magnus Hirschfeld-Gesellschaft

II. 20
Ludwig Meidner
Hans Freimark
Bleistiftzeichnung von 1915. Reproduk-
tion aus: Grochowiak, Ludwig Meidner,
Recklinghausen 1966, Abb. 90
Berlin, Schwules Museum

II. 21 (Abb. S. 47)
Toni Schwabe
Reproduktion aus: Toni Schwabe,
Komm, kühle Nacht, München 1908
Berlin, Schwules Museum

II. 22
Karl Freiherr von Levetzow
**Louise Michel (la vierge rouge). Eine
Charakterskizze**
Leipzig: Friedrich Rothbarth 1906
Berlin, Sammlung Herzer

II. 23
Helene Stöcker
Reproduktion aus:
Die Aufklärung, 1929 (Jg. 1)
Berlin, Schwules Museum

II. 24
Sophie Hochstädter
Reproduktion aus: »Die Frau«,
August 1933
Foto: Atelier Binder, Berlin
Berlin, Schwules Museum

II. 25
Elisabeth Dauthendey
Um 1925. Fotografie (Reproduktion)
Kassel, Archiv der deutschen
Frauenbewegung

II. 26
Magnus Hirschfeld
**Das Ergebnis der Statistischen Unter-
suchungen über den Prozentsatz der
Homosexuellen**
Leipzig: Verlag von Max Spohr 1904
Berlin, Egmont Fassbinder

II. 27
Magnus Hirschfeld
Psychoanalytischer Fragebogen
Berlin 1909
Berlin, Staatsbibliothek zu Berlin

II. 28
Magnus Hirschfeld
Die gestohlene Bisexualität
Artikel in: »Wiener klinische Rund-
schau« 1906
Berlin, Staatsbibliothek zu Berlin

II. 29 (Abb. S. 48)
Sigmund Freud
**Eine Kindheitserinnerung des Leonardo
da Vinci**
Heft 7 der »Schriften zur Angewandten
Seelenkunde«
Leipzig und Wien: Franz Deuticke 1910
Berlin, Sammlung Herzer

II. 30
Die heilige Anna selbdritt
1993. Poster mit dem Gemälde von
Leonardo da Vinci
Berlin, Sammlung Herzer

II. 31
Magnus Hirschfeld (Herausgeber)
Zeitschrift für Sexualwissenschaft
Ausgabe No. 1 von Januar 1908
(Unter redaktioneller Mitwirkung von
Friedrich Krauss, Wien und Hermann
Rohleder, Leipzig)
Leipzig: Georg H. Wigand's Verlag
Berlin, Egmont Fassbinder

II. 32
Benedict Friedlaender
**Die Renaissance des Eros Uranios.
Die physiologische Freundschaft, ein
normaler Grundtrieb des Menschen
und eine Frage der männlichen Gesel-
lungsfreiheit**
Berlin: Verlag »Renaissance« (Otto Leh-
mann) 1904
Berlin, Sammlung Herzer

II. 33 (Abb. S. 44)
Benedict Friedlaender
Reproduktion aus: Benedict Friedlaender, Die Liebe Platons im Lichte der
modernen Biologie, Treptow bei Berlin
1909
Berlin, Schwules Museum

II. 34
Arthur Schopenhauer
Über die Weiber
Heft 1 der Reihe »Gemeinverständliche
Schriften zur Förderung männlicher
Kultur« mit der Aufschrift: »Zum
Schutze Deutschlands gegen zuneh-
mende Amerikanisierung!«
Herausgegeben von
Benedict Friedlaender
Treptow – Berlin: Bernhard Zack's Verlag
1908
Berlin, Sammlung Herzer

II. 35
Lotte Jacobi
Kurt Hiller
Fotografie aus seiner Autobiographie,
1920er Jahre
Reproduktion
Berlin, Schwules Museum

II. 36 (Abb. S. 43)
**»II. Abrechnung«. Einnahmen und Aus-
gaben des »Wissenschaftlich-humanitären Komitees« im Jahr 1899**
In: Jahrbuch für sexuelle Zwischenstufen; 1899 (Jg. 1)
Berlin, Egmont Fassbinder

II. 37 (Abb. S. 64)
Franz Blei (Herausgeber)
**Der Amethyst. Blätter für seltsame
Literatur und Kunst**
Darin: drei Illustrationen von Maurice
Besnaux (Marcus Behmer):
»Aschenbrödel, Bäumchen, Bäumchen
schüttel Dich!«, »Le Gourmand« und
»Le Gourmet«
Wien: Verlag C. W. Stern 1906
Berlin, Privatbesitz

II. 38
Magnus Hirschfeld
Geschlechtsübergänge
Darin: vier fotografische Abbildungen
Leipzig 1905. Reproduktion
Berlin, Schwules Museum

II. 39
Magnus Hirschfeld
**Naturgesetze der Liebe. Eine gemein-
verständliche Untersuchung über den
Liebes-Eindruck, Liebes-Drang und
Liebes-Ausdruck**
Leipzig: Verlag von Max Spohr 1914,
2. Aufl.
Berlin, Egmont Fassbinder

II. 40
Magnus Hirschfeld
**Die Homosexualität des Mannes und
des Weibes**
Berlin: Louis Marcus Verlagsbuch-
handlung 1914
Berlin, Sammlung Herzer

II. 41
**Monatsbericht des Wissenschaftlich-
humanitären Komitées**
No. 12 vom 1. Dezember 1904 (Jg. 3),
Berlin
Berlin, Egmont Fassbinder

II. 42
Björnstjerne Björnson
1901/1902. Fotografie
Oslo, Universitätsbiblioteket,
Billedsamlingen

II. 43
Rudolph Dührkoop
Hermann Bang
1908. Fotografie
Kopenhagen, Det Kongelige Bibliotek

II. 44
Tretij Pol Berlina
Russische Übersetzung des Buches
»Berlins Drittes Geschlecht« von
Magnus Hirschfeld, Berlin 1904
St. Petersburg 1909, 2. Aufl.
Helsinki, Universitätsbibliothek

II. 45
Magnus Hirschfeld
**Was soll das Volk vom dritten
Geschlecht wissen?**
Eine Aufklärungsschrift, heraus-
gegeben vom Wissenschaftlich-
humanitärer Komitee
Leipzig: Verlag von Max Spohr 1904 u.a.
Berlin, Egmont Fassbinder

II. 46
Magnus Hirschfeld
Berlins Drittes Geschlecht
Band 3 der Reihe »Großstadt-
Dokumente«, herausgegeben von Hans
Ostwald
Berlin / Leipzig: Verlag von Hermann
Seemann 1903
Berlin, Sammlung Herzer

II. 47
Magnus Hirschfeld
**§ 175 des Reichsstrafgesetzbuchs.
Die homosexuelle Frage im Urteile
der Zeitgenossen**
Leipzig: Verlag von Max Spohr 1898
Berlin, Sammlung Herzer

II. 48 (Abb. S. 46)
Hans Blüher
1907. Fotografie (Reproduktion)
Witzenhausen, Archiv der deutschen
Jugendbewegung

II. 49
Hans Blüher
**Die deutsche Wandervogelbewegung
als erotisches Phänomen. Ein Beitrag
zur Erkenntnis der sexuellen Inversion**
Berlin: Verlag Bernhard Weise 1912
Berlin, Sammlung Herzer

II. 50
Drei Wandervogel-Postkarten
a) »Nach gut Wandern ist gut Ruhen«,
Fotografie, Göttingen 1913
b) Otto Höger: »Wandervögel«, Leipzig:
Verlag von E.A. Seemann
c) Fotografie einer Wandervogel-Gruppe
Berlin, Privatbesitz

Il. 51
Alfred Krupp
Um 1890. Fotografie (Reproduktion)
Berlin, Schwules Museum

Il. 52
Der Fall Krupp. Sein Verlauf und seine Folgen
München: Verlag von G. Birk & Co. um 1903
Berlin, Sammlung Herzer

Il. 53
Fürst Philipp zu Eulenburg
Um 1900. Fotografie (Reproduktion)
Berlin, Schwules Museum

Il. 54 (Abb. S. 45)
Maximilian Harden
Um 1900. Fotopostkarte
Berlin, Schwules Museum

Il. 55 (Abb. S. 45)
Panik in Weimar
Karikatur in: »Jugend« von 1907
Berlin, Egmont Fassbinder

Il. 56
Der Hirschfeld kommt!
Original-Couplet von Otto Reutter
Otto Reutther's Vorträge No. 187
Mühlhausen i. Thür. [1908]: G. Danner.
Umschlag und Textblatt
Berlin, Magnus Hirschfeld-Gesellschaft

Il. 57
Leopold Loewenfeld
Homosexualität und Strafgesetz
Nach einem in der kriminalistischen
Sektion des akademisch-juristischen
Vereins zu München am 17. Dezember
1907 gehaltenen Vortrage
Wiesbaden: Verlag von J. F. Bergmann
1908
Berlin, Sammlung Herzer

Il. 58 (Abb. S. 46)
Kuno von Moltke
Reproduktion aus: »Berliner Illustrirte
Zeitung« 1907 (Jg. 16)
Berlin, Schwules Museum

Il. 59
Der Prozeß von Moltke Harden
Artikel aus: »Berliner Illustrirte
Zeitung« 1907 (Jg. 16)
Reproduktion
Berlin, Schwules Museum

Il. 60 (Abb. S. 52)
Reichskanzler Bülow auf seinem Morgenritt
Titelblatt der »Berliner Illustrirten
Zeitung« vom 22. März 1908
Reproduktion
Berlin, Schwules Museum

Il. 61
Wilhelm Schulz
Flucht vor dem Prozeß
»Ja, was ist denn los, reist denn alles
nach Süden?« – »Das sind lauter Freunde
vom Grafen Kuno Moltke.«
Karikatur in: »Simplicissimus«, No. 30
vom 21. Oktober 1907 (Jg. 12)
Berlin, Schwules Museum

Il. 62
Erlkönig-Eulenburg. Eine homosexuelle Ballade
1908. Postkarte
Berlin, Privatbesitz

Il. 63
Aufforderung zum Tanz
1908. Postkarte
New York, Marshall Weeks

Il. 64
Th. Th. Heine
Die Wirkung auf das Ausland
»Jetzt verstehe ich, warum sich die
Homosexualität in Deutschland so
verbreitet!«
Karikatur in: »Simplicissimus«, No. 8
vom 25. Mai 1908 (Jg. 13)
Berlin, Egmont Fassbinder

Il. 65
Paul Rieth
Hofgesellschaft
»Ich glaube nun auch nicht mehr an
Spiritismus! Als wir kürzlich in einer
Sitzung die Geliebte des Grafen
Sporwitz herbeizitieren wollten, erschien
der Geist seines Kammerdieners!«
Karikatur in: »Jugend«, Nr. 43 von 1907
Berlin, Egmont Fassbinder

Il. 66
F. v. Reznicek
Berlin W.
»Um Gottes willen, Lilli, nur in der
Gesellschaft keine Zärtlichkeiten!
Wenn es herauskommt, daß ich normal
bin, dann bin ich hier unten durch.«
Karikatur in: »Simplicissimus«, Nr. 30
vom 21. Oktober 1907 (Jg. 12)
Berlin, Egmont Fassbinder

Il. 67
Ernst Heilemann
Wer treu gedient hat seine Zeit
»Nur keene Bange nich, Juste! Ick jehe
noch een Jahr mit mein' Rittmeister,
aber denn bin ick frei und liebe dir janz
alleene.«
Karikatur: »Jugend« Nr. 41 von 1907
Berlin, Schwules Museum

Il. 68
Erich Wilke
Eine gefährliche Zeit
»Der Rentier Wilhelm Schulze, Berlin
NW., geht jetzt nie mehr ohne seine
Frau und seine sechs Kinder aus, da er
Angst hat, die ›Gemeinschaft der
Eigenen‹ reklamiert ihn für sich.«
Karikatur in: »Jugend« Nr. 42 von 1907
Berlin, Egmont Fassbinder

Il. 69 (Abb. S. 49)
Adolf Brand
Reproduktion aus: »Berliner Illustrirte
Zeitung« 1907 (Jg. 16)
Berlin, Schwules Museum

Il. 70 (Abb. S. 50)
Der Eigene. Monatsschrift für Kunst und Leben
Heft 1 von Juli 1898 (Jg. 2)
Berlin-Neurahnsdorf: Adolf Brand's Verlag
Herausgeber: Adolf Brand
Berlin, Egmont Fassbinder

Il. 71 (Abb. S. 50)
Im Namen des Königs. Strafsache gegen Gustav Adolf Franz Brand in Neu-Rahnsdorf, Paul Lehmann in Berlin und G. Ewers in Düsseldorf
1900. Autograph (gebunden)
Düsseldorf, Heinrich-Heine-Institut

Il. 72
Die Gemeinschaft der Eigenen. Flugschrift für Sittenverbesserung und Lebenskunst
Ausgabe Nr. 3 von September 1906 (Jg. 3)
Berlin, Egmont Fassbinder

Il. 73 (Abb. S. 51)
Edwin Bab
Reproduktion aus: »Extrapost des
Eigenen«. Ein Nachrichten- und Werbe-
blatt, Heft 4 von März 1912
Berlin, Schwules Museum

Il. 74 (Abb. S. 52)
Willibald Krain
Die »Gemeinschaft der Eigenen«
»Eine Frau kann schon deshalb keine
bedeutende Künstlerin werden, weil sie
nicht gegen den § 175 des Strafgesetz-
buches verstoßen kann!«
Karikatur aus: »Jugend« von 1907
Reproduktion
Berlin, Schwules Museum

Il. 75
Fidus (Hugo Hoeppener)
David spielt vor König Saul
Illustration zu: »Lieblingminne und
Freundesliebe in der Weltliteratur. Eine
Sammlung mit einer Einleitung von
Elisarion von Kupffer«, Berlin-Neu-
rahnsdorf: Adolf Brand's Verlag. In: »Der
Eigene«. Neue Folge, Heft 3 von 1899
Berlin, Privatbesitz

Il. 76
Fidus (Hugo Hoeppener)
Jüngling
Illustration zu »Die Gemeinschaft der
Eigenen«. In: »Der Eigene«, Heft 1 von
1903
Berlin, Egmont Fassbinder

Il. 77
Fidus (Hugo Hoeppener)
Rostock: Widar-Verlag. Lichtdruck nach
einer Fotografie von Betty Siebauer
Berlin, Schwules Museum

Il. 78
Brief von Fidus an Leonhard Galley
13. Mai 1926. Autograph
Berlin, Schwules Museum

Il. 79
»Der Eigene«-Kunstdrucke
Beilagen der Hefte 1 bis 6 von 1905:
a) »Morgendämmerung« von Sascha
Schneider
b) »Ganymed« von Pierre Julien
c) »Knabenkopf« von Paul Casber-Krause
d) »Der Fremde« von Henry Gretschmer
e) »Frühling« von Karl Poths
f) »Unser Hans« von Jens Stammer
Hetland
Sechs Blatt, je 22 x 15 cm
Berlin, Privatbesitz

Il. 80
»Der Eigene«-Kunstdrucke
Beilagen von 1906:
a) »Pan und Olympos« (Fotografie nach
der antiken Skulptur)
b) »Die Freunde« von Ernst Jaeger-Corvus
c) »Im Sommer«
d) »Jüngling mit Blumen bekränzt«
e) »Guido« (nach Fotografien) von Dr.
A. Wilhelmj, San Francisco
Fünf Blatt; a, b und e) 27 x 18,5 cm,
c und d) 18,5 x 27 cm
Berlin, Privatbesitz

Il. 81
Eduard von Mayer
Elisar von Kupffer
Um 1903. Fotografie
Hamburg, Herbert List Nachlaß – Max
Scheler

Il. 82
**Aktstudien für Künstler und Kunst-
freunde. Mappen mit 12 Blatt für 1
Mark vom Brand & Linke Kunstverlag**
Anzeige in: »Der Eigene« von 1906;
Jahrgangsband
Berlin, Privatbesitz

Il. 83 (Abb. S. 61)
Gustav Eberlein
Gott Vater haucht Adam den Odem ein
1897. Bronze; 47 x 30 x 24 cm
Berlin, Staatliche Museen zu Berlin,
Nationalgalerie

Il. 84
Albert Moll
Berühmte Homosexuelle
Heft LXXV der Reihe »Grenzfragen des
Nerven- und Seelenlebens«, heraus-
gegeben von L. Loewenfeld, München
Wiesbaden: Verlag von J. F. Bergmann
1910
Berlin, Sammlung Herzer

Il. 85
Jahrbuch für sexuelle Zwischenstufen
23 Bände
Berlin, Robert Koch-Institut, Archiv für
Sexualwissenschaft

Il. 86 (Abb. S. 44)
Benedict Friedlaender
**Die Liebe Platons im Lichte der
modernen Biologie**
Treptow bei Berlin 1909
Den Haag, Sammlung Paul Snyders

Il. 87
20 Bücher (Belletristik) von 1897–1908
Berlin, Privatbesitz

Il. 88
Der Zorn des Achilles
Aufführung des Deutschen Theaters
Berlin vom 13. Januar 1912
a) Paul Wegener als Achill
b) Alexander Moissi als Patroklos
Zwei Fotopostkarten
Köln, Theaterwissenschaftliche
Sammlung der Universität

Il. 89 (Abb. S. 63)
Elisar von Kupffer
Schleiertanz
1918. Öl auf Leinwand
Minusio, Museo Elisarion

Il. 90
Elisar von Kupffer
Amor Dei Victoria
1927. Öl auf Leinwand
Minusio, Museo Elisarion

Il. 91
Wilhelm von Gloeden
Zwei Jünglinge auf Felsen am Meer
Um 1890. Fotografie
Berlin, Hochschule der Künste,
Hochschulbibliothek

Il. 92
Wilhelm von Gloeden
Zwei Jünglinge
Um 1890. Fotografie
Berlin, Hochschule der Künste,
Hochschulbibliothek

Il. 93
Wilhelm von Gloeden
Jünglinge auf Terrasse
1890–1900. Fotografie
Berlin, Schwules Museum

Il. 94
Guglielmo Plüschow
Sitzender Jüngling
Um 1890. Fotografie
Berlin, Hochschule der Künste,
Hochschulbibliothek

Il. 95 (Abb. S. 59)
Guglielmo Plüschow
Freundschaft
Um 1900. Fotografie
München, Münchner Stadtmuseum,
Fotomuseum

Il. 96 (Abb. S. 58)
Guglielmo Plüschow
Männlicher Akt mit Heiligenschein
Um 1900. Fotografie
München, Münchner Stadtmuseum,
Fotomuseum

Il. 97
**Vier Postkarten nach Fotografien von
Wilhelm von Gloeden**
Serien-Nr. 5012/5, 5012/8, 5013/4 und
5014/4
Berlin: Adolph Engel 1905
New York, Marshall Weeks

Il. 98 (Abb. S. 60)
Max Koch
Modellstudien in freier Natur
Nr. 1, 19, 21 und 49 aus der Mappe
»Freilicht« (50 Blatt)
Leipzig: Internat. Kunstverlag M. Bauer
& Co. 1897ff.
Vier Lichtdrucke nach Fotografien
Berlin, Privatbesitz

Il. 99
Paul Höcker
Nino
Um 1904. Öl auf Leinwand; 156 x 98 cm
Zürich, Privatbesitz

Il. 100 (Abb. S. 62)
Paul Höcker
Nino
Um 1908. Öl auf Leinwand; 156 x 98 cm
Zürich, Privatbesitz

Il. 101
Alexander (Sascha) Schneider
Der Anarchist
Aus Mappenwerk mit 18 vortrefflichen
Holzschnitten einseitig gedruckt mit
Text von A. Fendler, Gesamtausgabe,
Leipzig 1897
Holzschnitt; 22 x 13,5 cm
Berlin, Privatbesitz

Il. 102 (Abb. S. 67)
Alexander (Sascha) Schneider
Gymnasion
nach dem Ölgemälde »Knabenkriege«
Breitkopf & Härtels Zeitgenössische
Kunstblätter
Um 1912. Kunstdruck, farbig getönt
Berlin, Privatbesitz

Il. 103
Alexander (Sascha) Schneider
Jüngling
1919. Bleistift
Berlin, Reiner Güntzer

Il. 104 (Abb. S. 68)
Alexander (Sascha) Schneider
Idolino (Knabe mit Siegerbinde)
1911. Kupfer, Hohlgalvano; H 173,5 cm
Dresden, Staatliche Kunstsammlungen,
Skulpturensammlung

Il. 105
Das Unrecht gegen Sascha Schneider
Artikel aus: »Pan« Nr. 12 vom 20.
Dezember 1912 (Jg. 3), Reproduktion
Berlin, Schwules Museum

Il. 106
Aristide Maillol
Radfahrer
1907/08. Bronze; H 98 cm
Paris, Fondation Dina Vierny – Musée
Maillol

Il. 107 (Abb. S. 65)
Harry Graf Kessler
**Aristide Maillol bei der Arbeit an der
Skulptur »Radfahrer« und das Modell
Gaston Collin**
1907–1909. Sechs Fotografien
(Reproduktionen)
Marbach am Neckar, Schiller-National-
museum

Il. 108
Aristide Maillol
Aktzeichnung nach Waslaw Nijinsky
1911. Bleistift; 36 x 24 cm
Paris, Fondation Dina Vierny – Musée
Maillol

Il. 109 (Abb. S. 66)
Max Slevogt
**Doppelbildnis Johannes Guthmann
und Joachim Zimmermann**
1915. Öl auf Leinwand; 50 x 60 cm
Hamburg, Privatbesitz

Il. 110
Ernst Ludwig Kirchner
**Botho Graef und Hugo Biallowons
vor dem Bild »Badende im Raum« von
Ernst Ludwig Kirchner**
Um 1914/15. Fotografie
Davos, E.L. Kirchner Stiftung (Kirchner
Museum)

Il. 111 (Abb. S. 69)
Ernst Ludwig Kirchner
**Zwei Männer im Bade (Botho Graef
und Hugo Biallowons)**
1915. Radierung (Nachdruck);
24,7 x 19,3 cm
Karlsruhe, Staatliche Kunsthalle

Il. 112
**Kunstpostkarte des »Deutschen
Schulvereins«**
»Als ich noch jung, da war einsam
mein Gang, Und ich irrte mich oft in
der Strasse, Nun acht ich mich reich, da
den andern ich fand: Der Mann ist die
Freude des Mannes. ›Edda‹«
Wien: Kunstdruckerei Josef Eberle um
1910; 13,8 x 9 cm
Berlin, Privatbesitz

Il. 113
**Privataufnahmen von anonymen
Freundespaaren**
Um 1900. Drei Fotografien
Berlin, Privatbesitz

Il. 114
Richard Schultz
Jugendfotos
Um 1909. Vier Fotografien
Tübingen, Privatbesitz

Il. 115
Pornofoto
Frankreich 1890–1900. Reproduktion
Bloomington, The Kinsey Institute for
Research in Sex, Gender, and Reproduction

Il. 116
Pornofoto
Westeuropa 1910. Farbfotografie
(Reproduktion)
Bloomington, The Kinsey Institute for
Research in Sex, Gender, and Reproduction

Il. 117
Pornofotos
Um 1890. Zwei Fotografien
Berlin, Sammlung Volker Janssen

Il. 118
Unsittliche Darstellungen
Um 1910. Polizeialbum mit beschlag-
nahmten Fotografien
Hannover, Polizeigeschichtliche
Sammlung Niedersachsen

Il. 119 (Abb. S. 71)
Pornofotos
(Serien-Nr. 230, 233–235)
Frankreich um 1890. Vier Fotografien
Berlin, Privatbesitz

Il. 120
Pornofoto, Frankreich
(Serien-Nr. 232)
Frankreich um 1890. Fotografie
Berlin, Sammlung Volker Janssen

Il. 121 (Abb. S. 40)
**Polizei-Direktor Leopold von
Meerscheidt-Hüllessem**
Reproduktion aus: Jahrbuch für sexuelle
Zwischenstufen, 1902 (Jg. 4)
Berlin, Schwules Museum

Il. 122
**Männerporträts aus dem
Studio Gretschner**
Berlin: Verlag Henry Gretschmer 1906.
Zwei Fotopostkarten
Berlin, Privatbesitz

Il. 123 (Abb. S. 7)
Der Fremde
Kunstdruck nach der Fotografie von
Henry Gretschmer
Aus: »Der Eigene«, Heft 2 von 1905;
22 x 12,8 cm
Berlin, Privatbesitz

Il. 124
Gruss aus Berl n. Königl. Landgericht I
Um 1910. Fotopostkarte
Berlin, Privatbesitz

Il. 125
**Schamlose Vorgänge in einem
Photographenatelier**
Artikel aus: »Der Tag« Nr. 214 vom
29. April 1907
Reproduktion
Berlin, Schwules Museum

Il. 126
Aus dem Tagebuch eines Homosexuellen
Stuttgart: Bernhardt's Verlag
Reproduktion des Buchumschlags
Berlin, Schwules Museum

Il. 127
Die Erpresser
»Nu frag' ick eenen! Den Parajraph 175
wollen se raushaben aus'm Strafjesetz!
Ja, wovon soll der Mittelstand dann
existeren?!«
Karikatur aus »Lustige Blätter« vom
1. Februar 1905
Reproduktion
Berlin, Schwules Museum

Il. 128
**Verbrecheralben, Karteikästen und
Bücher**
Abb. 5 aus: »Die Berliner Kriminalpolizei«
Reproduktion
Berlin, Zentral- und Landesbibliothek

Il. 129
**Der bayerische Bauer M., der vom
Berliner Polizeipräsidium die Erlaubnis
zum dauernden Tragen von Frauenklei-
dung erhielt**
Zwei Fotografien des Wissenschaftlich-
humanitärer Komitees. Aus: Georg
Back, Sexuelle Verirrungen des Men-
schen und der Natur, Berlin 1911
Reproduktion
Berlin, Schwules Museum

Il. 130 (Abb. S. 74)
Verkleidung von Kriminalbeamten
a) »Kriminalbeamter als Badediener
zur Beobachtung von Uhren- und Porte-
monnaiediehen und von Päderasten«
b) »Kriminalbeamter als Dame«
Fotografische Abbildungen in: Max
Weiß, Die Polizeischule, Band II, Berlin
1920 (Tafel 78 und 80)
Berlin, Jens Dobler

II. 131
Gruss aus dem Pschorr-Bräu, Berlin
Französische Straße 51
Berlin: Verlag H. Brandt um 1911. Foto-
postkarte
Berlin, Privatbesitz

II. 132
»Weihenstephan-Palast« in Berlin,
Friedrichstraße 176/177
Hamburg: Verlag Israel um 1900. Foto-
postkarte
Berlin, Privatbesitz

II. 133
Bierhalle zum Weihenstephan in
Berlin, Friedrichstraße 176
Um 1890. Kunstdruck; 46,2 x 27 cm
Berlin, Privatbesitz

II. 134
Der Klavierspieler »Kosima«
in Männertracht und im Ballkostüm
Zwei Reproduktionen aus: Georg Back,
Sexuelle Verirrungen des Menschen
und der Natur, Berlin 1911
Berlin, Privatbesitz

II. 135
Max Waldon der ausgezeichnete
Damen-Imitator, tritt mit grossen
Erfolge im »Apollo-Theater« auf
Um 1900. Fotografie (Reproduktion)
unterlegt mit der Anzeige des »Apollo-
Theaters«
Berlin, Schwules Museum

II. 136
Gruss aus Berlin. Elektrische Hochbahn
Partie aus der Bülow-Strasse
Berlin: Wilhelm Greve (vor) 1904.
Fotopostkarte
Berlin, Privatbesitz

II. 137
Gruss aus den Central-Festsälen
(»Orpheum«) Berlin S. W.
Alte Jakobstr. 32 (Central-Theater)
Um 1910. Werbepostkarte
Berlin, Zentral- und Landesbibliothek

II. 138 (Abb. S. 70)
Belle-Alliance-Brücke in Berlin
Um 1895. Fotografie
Berlin, Zentral- und Landesbibliothek

II. 139
Kaisergalerie in Berlin,
Unter den Linden 22/23
Um 1900. Fotografie
Berlin, Schwules Museum

II. 140
Monsieur Stiv-Hall dans ses Imitations
Französischer Damenimitator
Paris um 1890. Plakat
Berlin, Privatbesitz

II. 141 (Abb. S. 73)
Damenimitatoren
a) Otto Breden, b und c) Charles Chris-
ton, d) Gerhard Farére, d) Fritz Oppitz,
f) Rudi Petri, g und h) Bobby Walden,
i und k) Adolf Steinert, l) Ernst de
Lorenzo, m) Richardus
Um 1900. 12 Starfotopostkarten
Berlin, Privatbesitz

II. 142
Paolo Ullrich, Damenimitator
Um 1890. Zwei Starfotopostkarten
New York, Marshall Weeks

II. 143 (Abb. S. 72)
Julian Eltinge
a, b und c) Julian Eltinge in
»The Fascinating Widow«
d, e und f) The American Star »Eltinge«
g und h) Julian Eltinge in »The Crinoline
Girl«
1900–1918. Acht Starfotopostkarten
New York, Marshall Weeks

II. 144
Tanzende Matrosen auf einem
Segelschiff der deutschen Marine
Um 1919. Fotografie
Berlin, Ullstein Bilderdienst

II. 145
Garde du Corps
1914. Fotografie
Berlin, Ullstein Bilderdienst

II. 146 (Abb. S. 74)
Graf Wilhelm von Hohenau
1907. Fotografie
Berlin, Ullstein Bilderdienst

II. 147
Militärische Neuerungen
»Seit wann kommandiert man denn
bei Besichtigungen: Das Ganze kehrt!?«
»Zu Befehl, Herr Rittmeister, melde
gehorsamst, Abteilung wird heute vom
Grafen Hohenau besichtigt.«
Karikatur aus: »Jugend« von 1907
Reproduktion
Berlin, Schwules Museum

II. 148
Zwei Soldaten
Um 1914. Fotografie
Berlin, Privatbesitz

II. 149
Hayes
De pederastie
1893
Amsterdam, Gert Hekma

II. 150 (Abb. S. 77)
Jan Veth
Arnold Aletrino mit Katze
Um 1885. Öl auf Karton; 50 x 40 cm
Den Haag, Nederlands Letterkundig
Museum

II. 151
Arnold Aletrino
Hermaphrodisie en uranisme
Amsterdam: F. van Rossen 1908
Amsterdam, Homodok

II. 152
Arnold Aletrino
Wat iedereen behoort te weten
omtrent uranisme
1912
Amsterdam, Homodok

II. 153 (Abb. S.77)
L. S. A. M. von Römer
Um 1930. Fotografie (Reproduktion)
Amsterdam, Gert Hekma

II. 154 (Abb. S. 135)
Robert Thé Tjong Tjioe
Jonkheer Jacob Anton Schorer
1947. Öl auf Leinwand, 80 x 60 cm
Amsterdam, SAD-Schorerstichting

II. 155
J. A. Schorer
Tweeërlei Maat.
Kritische Beschouwingen
'S-Gravenhage 1911
Amsterdam, Homodok

II. 156
Sex laws, Artikel 248bis
Gesetzestext von 1911
Reproduktion
Amsterdam, Gert Hekma

II. 157
Marian Jean J. Exler
Levensleed
Den Haag 1909
Den Haag, Sammlung Paul Snyders

II. 158
Marian Jean J. Exler
Um 1910. Fotografie
Utrecht, M. van Lieshout

II. 159
Rotary Photo
The Late Sir Hector MacDonald
Um 1900. Fotopostkarte
Brighton, Collection of James Gardiner

II. 160 (Abb. S. 29)
Alf Mattison
Edward Carpenter
1905. Fotografie
London, National Portrait Gallery

II. 161
Scheel
Havelock Ellis. Karikatur
Undatiert. Druckgraphik; 29 x 23 cm
Brighton, Collection of Peter Burton

II. 162 (Abb. S. 75)
George Ives
Um 1910. Fotografie (Reproduktion)
Austin, Humanities Research Center,
The University of Texas

II. 163
Edward Carpenter
Days with Walt Whitman
New York / London 1908
Berlin, Staatsbibliothek zu Berlin

II. 164
Brief von Magnus Hirschfeld an Edward
Carpenter
23. April 1910. Autograph
Sheffield, City Library Archives

II. 165
Paul Verlaine
La Trilogie Erotique. Amies, Femmes,
Hombres
Mit 15 (davon 5 homosexuellen)
Radierungen von Van Troiziem
Paris und London: Privatdruck 1907;
Auflagenhöhe: 235 (numeriert)
Hamburg, Sammlung Leonhardt

II. 166
F. K. Forberg
The Manual of Classical Erotology
(De Figuris Veneris)
Literally translated from the Latin. Mit
Illustrationen von Paul Avril
Paris 1907; Auflagenhöhe: 500, davon
250 für Amerika
Hamburg, Sammlung Leonhardt

II. 167
Jacob Epstein vor seiner für ein Grab-
mal von Oscar Wilde ausgeführten
Skulptur »Eros«
1912. Reproduktion
Berlin, Schwules Museum

II. 168
Zweiter Grabstein für Oscar Wilde auf
dem Friedhof »Père Lachaise« in Paris
1912. Fotografie
Paris, Privatbesitz

II. 169 (Abb. S. 79)
Jacques d' Adelsward-Fersen
Chansons Légères. Poèmes de l'Enfance
Paris: Librairie Léon Vanier 1901
Berlin, Sammlung Herzer

II. 170 (Abb. S. 78)
Jacques d' Adelsward-Fersen
Akademos
Paris 1909
Berlin, Sammlung Herzer

II. 171
Otto
Paul Verlaine
Paris 1896. Fotopostkarte
Paris, Privatbesitz

II. 172
Arthur Rimbaud
Undatiert. Fotografie, retouchiert
Paris, Privatbesitz

II. 173 (Abb. S. 142)
Christian Gerschel
Jean Lorrain
Paris um 1890. Fotografie
Paris, Privatbesitz

II. 174
Duell zwischen Jean Lorrain und
Marcel Proust
Artikel aus: »Le Figaro«
vom 7. Februar 1897
Reproduktion
Paris, Archiv »Le Figaro«

II. 175 (Abb. S. 142)
Comte Robert de Montesquiou
Um 1885. Fotografie
Caen, Le Gangneux

II. 176
Pierre Loti
1910. Fotografie
Caen, Le Gangneux

II. 177 (Abb. S. 143)
André Gide
1897. Fotografie
Caen, Le Gangneux

II. 178
Camille Saint-Saëns
Um 1900. Fotografie
Caen, Le Gangneux

II. 179
Marcel Proust
Um 1898. Fotografie
Caen, Le Gangneux

II. 180
Wladimir Dmitrijewitsch Nabokow
Um 1906. Reproduktion aus: Das alte
Sankt Petersburg, Köln 1991, S. 105
Berlin, Schwules Museum

II. 181
Peter Tschaikowsky
Um 1905. Fotografie (Reproduktion)
Berlin, Schwules Museum

II. 182 (Abb. S. 76)
D. Sdobnowo
Michail Kusmin
Sankt Petersburg um 1910. Fotografie
Berlin/Budapest, Viktor L. Menshikoff
Foundation & Galleries

II. 183
**Lydia Sinowjewa-Annibal,
Wjatscheslaw Iwanow und Wera**
Sankt Petersburg um 1910. Fotografie
Rom, Dimitrij Iwanow

II. 184
**Der Künstler und Ringer Iwan
Miassojedoff**
Als Bacchus, mit zwei Athleten und
Hund, in antiker Pose, 1901–1907, in
Sportlerpose, um 1911
Poltawa. Acht Fotografien
Vaduz, Eugen Zotow/Iwan Miassoje-
doff-Stiftung

II. 185
Jean de Strelecki
Serge Diaghilew
Undatiert. Fotografie mit Autograph
New York, Dance Collection, The New
York Public Library, Astor, Lenox and
Tilden Foundations

II. 186
Baron De Meyer
**Waslaw Nijinski als Faun mit dem
Schleier der Nymphe in dem Ballett zu
Debussy's »L'Après-midi d'un Faune«**
Paris 1911. Fotografie
New York, Dance Collection, The New
York Public Library, Astor, Lenox and
Tilden Foundations

II. 187
Magnus Hirschfeld
Kriegspsychologisches
Bonn 1916
Berlin, Magnus Hirschfeld-Gesellschaft

II. 188
**Frauen als Soldaten im Weltkriege.
(VII. Teil)**
In: »Jahrbuch für sexuelle Zwischen-
stufen«, April-Heft 1917
Berlin, Magnus Hirschfeld-Gesellschaft

II. 189
Roger Casement
1916. Fotografie (Reproduktion)
Berlin, Schwules Museum

KAPITEL III

III. 1
Anders als die Andern
6 Akte mit wissenschaftlicher Unter-
stützung und Mitarbeit von Herrn
Dr. Magnus Hirschfeld
Berlin: Richard Oswald-Film-Ges.m.b.H.
1919. Broschüre
Berlin, Johann Heinrich Schröder

III. 2
**Das Filmwerk »Anders als die Andern«
(§ 175). Eine Zusammenstellung**
Sonderabdruck aus dem »Jahrbuch für
sexuelle Zwischenstufen«, 1919 (Jg. 19)
Berlin, Schwules Museum

III. 3
**Gesetze der Liebe. Aus der Mappe
eines Sexualforschers**
1925. Broschüre
Berlin, Schwules Museum

III. 4
Magnus Hirschfeld
**Geschlechtskunde. I. Band:
Die körperseelischen Grundlagen**
Stuttgart 1926
Berlin, Sammlung Herzer

III. 5
**Öffentlich kostenlose Beratung über
Fragen des Geschlechtslebens**
Handzettel des Instituts für Sexual-
wissenschaft / Abteilung für Sexual-
reform (Wissenschaftlich-humanitäres
Komitee e.V.)
Berlin 1927
Berlin, Sammlung Herzer

III. 6
10 Jahre Magnus Hirschfeld-Stiftung
In: »Das Kriminalmagazin«, Leipzig,
Heft 5 von August 1929 mit fotogra-
fischen Abbildungen des Instituts für
Sexualwissenschaft
Berlin, Privatbesitz

III. 7
Karl Giese
Fotografie, mit handschriftlicher
Widmung: »Ein Gruß, ein Andenken,
ein Freundschaftsausdruck für Hanns
von Karl/ Berlin 28. Sept. 31.«
Berlin, Schwules Museum

III. 8
**»Verdächtig!« (Karikaturistisch gefärbte
psychosexuelle Projektion)**
Karikatur eines Homosexuellen aus der
Sammlung von Magnus Hirschfeld
Reproduktion aus: Leo Schidrowitz,
Sittengeschichte des Lasters, Wien,
Leipzig 1928
Berlin, Schwules Museum

III. 9
**»Dicke Luft« (Narzistisch betonte
psychosexual-pathologische Projektion
eines homosexuellen Arztes)**
Karikatur eines Homosexuellen aus der
Sammlung von Magnus Hirschfeld
Reproduktion aus: Leo Schidrowitz,
Sittengeschichte des Lasters, Wien,
Leipzig 1928
Berlin, Schwules Museum

III. 10
Eugen Steinach
Um 1930. Fotografie aus: Heinrich
Meng, Psyche und Hormon, Bern 1944
Berlin, Sammlung Herzer

III. 11 (Abb. S. 83)
Kurt Hiller
§ 175: Die Schmach des Jahrhunderts!
Hannover: Paul Stegemann Verlag 1922
Berlin, Egmont Fassbinder

III. 12 (Abb. S. 83)
Erich Büttner
Bildnis des Kurt Hiller
25. Februar 1926. Braune Kreide auf
Papier; 19 x 15 cm
Hannover, Bernd Schälicke

III. 13
Otto Griebel, Eric Johansson und Han
Ich liebe der deutsche Universuhm
1922. Bleistift; 46 x 59,5 cm
Reproduktion aus Katalog »Sezession
Gruppe 1919«
Berlin, Privatbesitz

III. 14 (Abb. S. 84)
E. Thöny
Hirschfeldiana
»Bitte schreiben Sie, Fräulein: Beim
Wiederaufbau unseres darniederlie-
genden Wirtschaftslebens erfordert
das Gebot der Stunde den sofortigen
Abbau des § 175«
Karikatur aus: »Simplicissimus« vom
1. April 1921. Reproduktion
Berlin, Schwules Museum

III. 15
**Eingabe des Wissenschaftlich-huma-
nitären Komitees Berlin gegen das
Unrecht des § 175 des Reichsstrafge-
setzbuchs und des § 267 des Amtlichen
Entwurfs eines Allgemeinen Deutschen
Strafgesetzbuchs an die gesetzgebenden
Körperschaften des Deutschen Reiches**
1. Februar 1926. Broschüre
Berlin, Egmont Fassbinder

III. 16
**Petition an die gesetzgebenden Körper-
schaften des Deutschen Reiches zwecks
Beseitigung des § 175 R.-St.-G.-B.**
In: »Die Freundschaft«, Nr. 3 vom
21. Januar 1922 (Jg. 4)
Berlin, Sammlung Volker Janssen

III. 17
**Antrag auf Abschaffung des § 175
im Deutschen Reichstag Mitgeteilt von
San.-Rat Dr. M. Hirschfeld**
In: »Die Freundschaft«, Nr. 7 von
Oktober 1924 (Jg. 6)
Berlin, Privatbesitz

III. 18 (Abb. S. 86)
**Sittlichkeit und Strafrecht. Gegen-Ent-
wurf zu den Strafbestimmungen des
Amtlichen Entwurfs eines Allgemeinen
Deutschen Strafgesetzbuches über
geschlechtliche und mit dem**

Geschlechtsleben im Zusammenhang
stehende Handlungen
Herausgegeben vom Kartell für Reform
des Sexualstrafrechts
Berlin: Verlag der Neuen Gesellschaft
1927
Berlin, Sammlung Herzer

III. 19
**Flugschrift Nr. 2 des WHK e.V. / Kund-
gebung katholischer Homosexueller an
die Reichstagsfraktion der Deutschen
Zentrumsparte**
Berlin 1929
Amsterdam, Homodok

III. 20
Geheimrat Professor Dr. Wilhelm Kahl
Um 1910. Fotografie
Berlin, Universitätsklinikum Virchow-
Charité, Institut für Geschichte der
Medizin

III. 21
**Kundgebung des Vorstandes des
W.H.K. / Der § 175 nicht gefallen!**
Artikel in: »Mitteilungen des Wissen-
schaftlich-humanitären Komitees e.V.«
Nr. 26 von Dezember 1929 / Januar 1930
Berlin, Sammlung Herzer

III. 22
**Homosexuelle als Vortragsredner in
Knabenschulen / Magnus Hirschfeld,
der »Vorkämpfer« für Aufhebung des
§ 175, darf in deutschen Gymnasien
sprechen / Die Zerstörung der Jugend!**
Artikel in »Völkischer Beobachter« vom
31. Oktober 1928 (Bayernausgabe)
Reproduktion
Berlin, Schwules Museum

III. 23 (Abb. S. 87)
**Die Koalition zum Schutz der Päderastie.
Von Kahl bis Hirschfeld, Landsberg und
Rosenfeld**
Artikel aus: »Völkischer Beobachter«
vom 2. August 1930 (Bayernausgabe)
Reproduktion
Berlin, Schwules Museum

III. 24
**Oh, welche Lust, deutscher S. A.-Knabe
zu sein!**
1932. Aufkleber
Berlin, Privatbesitz

III. 25
Gerald Narr
**Modell des Instituts für Sexualwissen-
schaft / Magnus Hirschfeld-Stiftung**
Maßstab 1 : 50
1997. Holz; 50,5 x 80 x 90 cm
Berlin, Schwules Museum

III. 26
Gerald Narr
**Modell des Ernst Haeckel-Saals am
Institut für Sexualwissenschaft**
Maßstab 1 : 20
1997. Holz
Berlin, Schwules Museum

III. 27 (Abb. S. 93)
Max Miede
Um 1927. Fotografie (Reproduktion)
Berlin, Schwules Museum

III. 28 (Abb. S. 93)
Adolf Brand
Um 1930. Fotopostkarte, mit hand-
schriftlicher Widmung »›Der Freund sei
euch das Fest der Erde!‹ Nietzsche /
Meinem lieben hochverehrten Martin
Fiedler als Andenken / Adolf Brand
Der Eigene«
Berlin, Schwules Museum

III. 29 (Abb. S. 89)
Adolf Brand (Herausgeber)
**Der Eigene. Zeitschrift für Freundschaft
und Freiheit**
Ausgabe Nr. 9 vom 26. November 1920
(Jg. 8)
Berlin, Privatbesitz

III. 30
Thomas Mann
**Protest der Prominenten gegen die
geplante Beibehaltung und
Verschärfung des § 175**
Artikel in: »Eros« Nr. 7 von 1926 (Jg. 1)
Berlin, Privatbesitz

III. 31 (Abb. S. 92)
Ewald Tscheck
Reproduktion aus: »Der Eigene« Nr. 3
von 1924 (Jg. 10)
Berlin, Schwules Museum

III. 32
**Die Gemeinschaft der Eigenen. Bund
für Freundschaft und Freiheit. Ein
Nachrichten- und Werbeblatt**
Ausgabe Nr. 1 von Mai 1919,
Wilhelmshagen
Reproduktion der Titelseite
Berlin, Schwules Museum

III. 33 (Abb. S. 90)
Freundschaft u. Freiheit.
Ein Blatt für Männerrechte gegen
Spießbürgermoral, Pfaffenherrschaft
und Weiberwirtschaft
Ausgabe Nr. 6 vom 10. März 1921, Berlin
Berlin, Egmont Fassbinder

III. 34
Adolf Brand (Herausgeber)
**Friedrich der Große dem Strafgesetz
verfallen?**
Titel des »Sonderblatt der Kunst-
zeitschrift Der Eigene«
Um 1925. Faltblatt
Berlin, Sammlung Herzer

III. 35
**Eros. Zeitschrift für Freundschaft und
Freiheit, Liebe und Lebenskunst**
Ausgabe Nr. 1 von 1930
Berlin-Wilhelmshagen: Verlag
Der Eigene
Berlin, Privatbesitz

III. 36
**Die Gemeinschaft der Eigenen. Bund
für Freundschaft und Freiheit. Satzung**
Berlin-Wilhelmshagen: Der Eigene
Kunstverlag 1925
Berlin, Sammlung Herzer

III. 37
**Programm von der »Gemeinschaft der
Eigenen"**
a) in englischer Sprache: Society of the
»Eigenen«
b) in französischer Sprache: Union des
Eigenen
Undatiert. Zwei Faltblätter
Berlin, Egmont Fassbinder

III. 38
**Unterstützen Sie tatkräftig unsern
Kampf! Werben Sie für uns neue
Mitglieder!**
Flugblatt von der »Gemeinschaft der
Eigenen« (undatiert)
Berlin, Schwules Museum

III. 39
**»Adolf Brand Feier« am Institut für
Sexualwissenschaft**
1924. Fotografie
Berlin, Egmont Fassbinder

III. 40
St. Ch. Waldecke (Herausgeber: Adolf
Brand)
**Das Wissenschaftlich-Humanitäre
Komitee. Warum ist es zu bekämpfen
und sein Wirken schädlich für das
deutsche Volk?**
Berlin-Wilhelmshagen: Der Eigene
Kunstverlag 1925
Berlin, Egmont Fassbinder

III. 41
Adolf Brand (Herausgeber)
**Die »Tante«. Eine Spott- und Kampf-
Nummer der Kunst-Zeitschrift Der
Eigene**
Ausgabe Nr. 9 von 1925 (Jg. 10)
Berlin, Egmont Fassbinder

III. 42 (Abb. S. 91)
Karl Günter Heimsoth
Hetero- und Homophilie
Medizinische Dissertation
Rostock 1925
Berlin, Staatsbibliothek zu Berlin

III. 43 (Abb. S. 122)
Oskar Nerlinger
**Die Homosexualität vor dem Staats-
anwalt: Sexual-König »We! We! Ha!
Ha! Ka! Ka!«**
Karikatur für die »Tante«
1924. Feder auf Pergament; 24 x 16,5 cm
Berlin, Privatbesitz

III. 44
**Adolf Brands Wohnhaus in der Bismarck-
straße 7 in Berlin-Wilhelmshagen**
Um 1930. Fotografie
Berlin, Schwules Museum

III. 45
Album mit Fotografien von Adolf Brand
Um 1920
Berlin, Berlinische Galerie

III. 46
**Der Eigene. Ein Blatt für männliche
Kultur**
Ausgabe Nr. 4 von 1926 (Jg. 11) mit einer
Titelzeichnung von Peter Martin Lampel
Berlin, Privatbesitz

III. 47 (Abb. S. 115)
Peter Martin Lampel
Fürsorgezöglinge, Freunde
Um 1929. Öl auf Leinwand; 74,5 x 60 cm
Berlin, Privatbesitz

III. 48
Adolf Brand
Bruno Balz und Kind
Um 1920. Fotografie
Berlin, Privatbesitz

III. 49 (Abb. S. 52 / 53)
Adolf Brand
Aus der Serie »Deutsche Rasse«
a) Junge mit Zigarette
b) Männlicher Akt (laufend)
c) Männlicher Akt (an Birke gelehnt)
d) Männlicher Akt (liegend)
Um 1920. Vier Fotografien
Berlin, Sammlung Volker Janssen

III. 50
**Werbeblatt für die Fotoserie »Deutsche
Rasse. Köpfe und Akte von Adolf
Brand«**
Berlin-Wilhelmshagen: Der Eigene
Kunstverlag, um 1927
Berlin, Privatbesitz

III. 51 (Abb. S. 94)
Max Miede
**Der Burmane Ba
Rückenakt**
Zwei Fotografien, abgebildet in: »Der
Eigene« Heft 9 und Heft 7 (Jg. 13) (1932)
Berlin, Privatbesitz

III. 52
Lotte Jacobi
Peter Martin Lampel
– mit seiner Mutter, 1929
– mit dem jüngsten Darsteller aus
»Revolte im Erziehungshaus«
Zwei Fotografien
Berlin, Ullstein Bilderdienst

III. 53
**Walter Spies auf Murnaus Terasse
in Berlin**
Um 1922. Fotografie
Berlin, Leo- u. Walter Spies-Archiv

III. 54
**Friedrich Wilhelm Murnau am Schreib-
tisch in seiner Villa in Berlin-Grunewald**
im Hintergrund ein Wandgemälde von
Walter Spies
Um 1922. Fotografie (Reproduktion)
Berlin, Schwules Museum

III. 55
**Vereinsregister-Akte des »Berliner
Freundschaftsbundes«, später »Bund
für Menschenrecht«**
Akte von 1920 bis 1936
Berlin, Landesarchiv

III. 56
**Verbandsnachrichten des »Deutschen
Freundschafts-Verbandes« (D.F.V.), Sitz
Berlin**
a) »Vereinsmeierei?« (betr. »Offenen
Brief an die Weltbühne«)
Aus: »Die Freundschaft« Nr. 1 von 1922

b) »Programm für den zweiten
Verbandstag des D.F.V. in Hamburg«
Aus: »Die Freundschaft« Nr. 11 von 1922
Berlin, Egmont Fassbinder

III. 57
Peter Squenz
Sexual-Schlaraffia
Artikel aus: »Weltbühne« II von 1921
Reproduktion
Berlin, Schwules Museum

III. 58
**Blätter für Menschenrecht. Zeitschrift
des Bundes für Menschenrecht**
Ausgabe Nr. 11 vom 25. April 1924 mit
der Titelschlagzeile »Die Organisation
der 12.000«
Berlin. Reproduktion der Titelseite
Berlin, Schwules Museum

III. 59 (Abb. S. 96)
Friedrich Radszuweit
Reproduktion aus: »Zum 10-jährigen
Bestehen des ›Bund für Menschen-
recht‹ e.V. 1919–1929«, »Blätter für
Menschenrecht« von Oktober 1929
Berlin, Schwules Museum

III. 60 (Abb. S. 97)
Walter Bahn
Reproduktion aus: »Das Kriminal-
magazin«, Heft 9 von Dezember 1929
Berlin, Privatbesitz

III. 61
**Adressen und Zusammenkünfte der
Ortsgruppen**
In: »Blätter für Menschenrecht, Sitz
Berlin« vom 15. Mai 1923
Berlin, Egmont Fassbinder

III. 62
**Demonstration der Homosexuellen!
Skandalszenen in der Komischen Oper!
Die Berliner Presse für den B.f.M., e.V.**
Titelschlagzeile in: »Das Freundschafts-
blatt«, Nr. 27 vom 8. Juli 1927 (Jg. 5)
Originalzeitschriftenband
Berlin, Egmont Fassbinder

III. 63
**»Theater des Eros«-Anzeige für
»Weihnachtsfeier«**
Aus: »Die Freundschaft« Nr. 49 von 1921
Reproduktion
Berlin, Schwules Museum

III. 64
**Hans Paul Ulbrich in »Strunzels
Geniestreich«**
1920er Jahre. Fotografie
Berlin, Stiftung Deutsche Kinemathek

III. 65
Christian Schad
Zauberflöte
Reproduktion aus: Curt Moreck, Führer
durch das lasterhafte Berlin,
Berlin 1930
Berlin, Schwules Museum

354

III. 66 (Abb. S. 98)
Karl Arnold
Karikaturen für den »Simplicissimus«
a) »Schwuhl«, 1923
b) »Gleiches Recht für Alle! Auch der
Geselligkeitsverein Lotos wählt dieses
Jahr seine Schönheitskönigin«, 1929
Tusche, Feder; je 28,5 x 25,2 cm
Hornburg, Claus Arnold

III. 67 (Abb. S. 97)
E. Friedrich
**Maskenball des »Freundschaftsbunds
Gesellkeit« Brandenburg/Havel am
11. Januar 1920**
Rückseite mit handschriftlichem
Vermerk: »Zum Andenken an den
Maskenball des ›Freundschaftsbundes
Gesellkeit‹ 11. 1. 1920«
Fotopostkarte
Berlin, Privatbesitz

III. 68
Otto Schoff
Männerball
Radierung. Berlin: Fritz Gurlitt Verlag
Reproduktion aus: Leo Schidrowitz,
Sittengeschichte des Lasters, Wien,
Leipzig 1928
Berlin, Schwules Museum

III. 69
Paul Schlichting
**Gruß aus Zelt 4 / Ausschank der
Löwen-Brauerei**
Um 1923. Fotopostkarte
Berlin, Privatbesitz

III. 70
**Georg Heck in verschiedenen Kostümen
für die schwulen Bälle in den Zelten**
Um 1930. Zehn Fotografien
Berlin, Privatbesitz

III. 71
**Oskar Koplowitz, Dieter Cunz, unbe-
kannt und Richard Plaut auf einem
schwulen Ball in Frankfurt am Main**
1932. Fotografie
Berlin, Schwules Museum

III. 72
**Vereinsbuch des Club »Kameradschaft«
1929–1931**
Autograph
Berlin, Schwules Museum

III. 73
**Privatfotografien aus dem Besitz von
Franz Britvec**
a) Franz Britvec, Berlin um 1929
b) Hans W. Müller, Berlin 1934
c) Ein Freund, um 1930
Drei Fotografien
Berlin, Privatbesitz

III. 74
Aus dem Fotoalbum von Franz Britvec
1931–35. Zwei Albumblätter
Berlin, Privatbesitz

III. 75 (Abb. S. 98)
**Eintrittskarte für den Eröffnungs-Ball
(»Böser-Buben-Ball«) des Club
»Kameradschaft«**
im Mäuse-Palais, Linienstraße 132 in
Berlin am 5. März 1932
Berlin, Schwules Museum

III. 76 (Abb. S. 95)
**Die Freundschaft. Monatsschrift für
den Befreiungskampf anders
veranlagter Männer und Frauen**
Ausgabe Nr. 8 von 1924 (Jg. 6)
Berlin: Verlag »Die Freundschaft«.
Berlin, Privatbesitz

III. 77
Die Sonne
Ausgabe Nr. 12 von 1920, Hamburg
Hamburg, Staatsarchiv

III. 78
Hans Kahnert (Herausgeber)
**Der Hellasbote (Für freies Menschen-
tum gegen Unrecht u. Unverstand)**
Ausgabe Nr. 7 vom 1. Mai 1924 (Jg. 2),
Berlin
Berlin, Egmont Fassbinder

III. 79 (Abb. S. 99)
Die Fanfare. Für freies Menschentum
Ausgabe Nr. 23 mit dem Leitartikel »Der
lila Frack! Was wissen Sie von Harry Piel?«
Ausgabe Nr. 39 mit dem Leitartikel
»Brandstifter«
Berlin 1925. Zwei Zeitschriften
Berlin, Privatbesitz

III. 80 (Abb. S. 100)
**Neue Freundschaft. Wochenblatt für
Freundschaft, Bildung und Aufklärung,
Organ des deutschen Freundschafts-
verbandes**
Ausgaben Nr. 2 und 3 von 1928 (Jg. 1)
Schriftleitung: Max H. Danielsen
mit Stempel »Prüfstelle Berlin für
Schund- und Schmutzschriften«
München, Bayerische Staatsbibliothek

III. 81 (Abb. S. 102)
Zeitungskiosk in Berlin
Um 1926. Fotografie
Berlin, Schwules Museum

III. 82
Das Freundschaftsblatt
Ausgabe Nr. 39 vom 24. September
1926 (Jg. 4) mit dem Leitartikel »Polizei-
vizepräsident Friedensburg und der
Bund für Menschenrecht«
Berlin: Friedrich Radszuweit Verlag
Berlin, Schwules Museum

III. 83
Blätter für Menschenrecht
Ausgabe von August 1926
Berlin: Friedrich Radszuweit Verlag
Berlin, Schwules Museum

III. 84
Die Insel
Beschlagnahmte Exemplare von März
1928 und von Januar 1930
Mit Stempeln: »Listensache«, »In die
Liste aufgenommen«, »Prüfstelle
München für Schund- und Schmutz-
schriften«
München, Bayerische Staatsbibliothek

III. 85
Wie erreicht man uns am besten?
Lageplan des Phoebus-Verlages Berlin
in: »Die Freundschaft«, Nr. 7 von Juli
1928 (Jg. 10)
Berlin, Privatbesitz

III. 86
Die Freundschaft
Beschlagnahmte Exemplare:
Nr. 10 von Oktober 1927 (Jg. 9) und
Nr. 1 von Januar 1928 (Jg. 10)
Mit Stempeln: »Listensache«, »In die
Liste aufgenommen«, »Prüfstelle Berlin
und München für Schund- und
Schmutzschriften«
München, Bayerische Staatsbibliothek

III. 87 (Abb. S. 101)
Phoebus-Bilderschau
Ausgabe Nr. 4 von April 1929 (Jg. 2)
Berlin: Phoebus-Verlag Kurt Eitelbuss
Berlin, Privatbesitz

III. 88
Das III. Geschlecht (Die Transvestiten)
4. und 5. Folge
Darin: »Ein Transvestit als Königin«,
Artikel von Emi Wolters (mit drei
Abbildungen von Transvestiten)
Berlin, Egmont Fassbinder

III. 89 (Abb. S. 218)
Charta der »Society for Human Rights«
Chicago 1924
New York, Collection of Jonathan Ned Katz

III. 90
Henry Gerber
Fotografie
Los Angeles, International Gay &
Lesbian Archives

III. 91
**Homosexuelle Zeitschriften
der 20er Jahre aus aller Welt**
Abbildung aus: Leo Schidrowitz,
Sittengeschichte des Lasters, Wien,
Leipzig 1928
Berlin, Schwules Museum

III. 92 (Abb. S. 86)
Harald Isenstein
Magnus Hirschfeld. Büste
1926. Ton
Berlin, Stiftung Archiv der Akademie
der Künste

III. 93
Magnus Hirschfeld
**Schreiben des Wissenschaftlich-
humanitären Komitees Berlin
an Erich Reckling**
21. November 1924. Typoskript
Berlin, Magnus-Hirschfeld-Gesellschaft

III. 94
E. Bieber
Ludwig Wüllner
Um 1930. Fotografie
Berlin, Privatbesitz

III. 95
Gertrud Eysoldt
Um 1920. Fotografie
Berlin, Stiftung Deutsche Kinemathek

III. 96 (Abb. S. 82)
**Festschrift zum 25 jährigen Bestehen
des Wissenschaftlich-humanitären
Komitees am 15. Mai 1922**
Heft 3 und 4 des »Jahrbuchs für sexuelle
Zwischenstufen« vom Juli und Oktober
1922. Herausgegeben von Magnus
Hirschfeld
Leipzig: Verlag von Max Spohr
Berlin, Egmont Fassbinder

III. 97
**25 Jahre Wissenschaftlich-humanitäres
Komitee**
In: »Die Freundschaft« Nr. 19 vom
13. Mai 1922 (Jg. 4)
Berlin, Egmont Fassbinder

III. 98
**Das Wissenschaftlich-humanitäre
Komitee »Eingetragener Verein«**
In: »Jahrbuch für sexuelle Zwischen-
stufen«, Band 21 von 1921
Berlin, Egmont Fassbinder

III. 99
**Mitteilungen des Wissenschaftlich-
humanitären Komitees e.V. Berlin**
Nr. 1 von August 1926
Berlin, Sammlung Herzer

III. 100
Erhart Löhnberg
Um 1933. Fotografie (Reproduktion)
Berlin, Schwules Museum

III. 101
**Für Magnus Hirschfeld zu seinem 60.
Geburtstage**
Beigabe zu den »Mitteilungen des
Wissenschaftlich- humanitären
Komitees e.V.«. Herausgegeben von
Richard Linsert und Kurt Hiller
Berlin 1928
Frankfurt am Main, Senkenbergische
Bibliothek

III. 102 (Abb. S. 88)
Magnus Hirschfeld
Zum Tode von Georg Plock
Artikel in: »Die Freundschaft« Nr. 12
vom 12. Dezember 1930 (Jg. 12)
Berlin, Schwules Museum

III. 103
W.-h. Komitee-Mitteilungen (Nr. 19)
In: »Die Freundschaft« Nr. 12 von 1922
Berlin, Egmont Fassbinder

III. 104 (Abb. S. 85)
Richard Linsert
Um 1930. Fotografie in: »Mitteilungen
des WhK« Nr. 34, Februar 1933
Berlin, Sammlung Herzer

III. 105 (Abb. S. 85)
Hermann Weber
Um 1930. Fotografie
Frankfurt am Main, Dieter Schiefelbein

II. 106
**Der Massenmord in Hannover.
Aufklärung über Fritz Haarmann**
Hannover 1925
Hannover, Niedersächsische Landes-
bibliothek

Ill. 107
Wyneken verurteilt!
1921. Flugblatt
Berlin, Sammlung Herzer

Ill. 108
Fritz Haarmann
Hannover 1924. Fotografie
(Reproduktion)
Berlin, Schwules Museum

Ill. 109
Kurt Schwitters
Bildnis des Hanns Krenz
1925–30. Öl auf Leinwand; 77 x 65,4 cm
Hamburg, Privatbesitz

Ill. 110 (Abb. S. 116)
August Heitmüller
Freundespaar
1925. Öl auf Leinwand
Berlin, Wandas Kleine Philharmonie

Ill. 111
G. Christen
Die beiden Freunde
1920. Öl auf Leinwand
Berlin, Sammlung Wolfgang Theis

Ill. 112 (Abb. S. 13)
Willy Jaeckel
Kameraden
Illustration zu »Grashalme« von Walt
Withman
1921. Lithographie; 19 x 19,3 cm
Berlin, Bröhan-Museum

Ill. 114 (Abb. S. 114)
K. Oechsler
Nach dem Picknick
Um 1930. Öl auf Karton; 54 x 70,5 cm
Berlin, Privatbesitz

Ill. 115 (Abb. S. 103)
Friedrich Radszuweit-Verlags-Buchhandlung
Anzeige mit fotografischer Abbildung,
in: »Die Insel« von August 1929
Berlin, Privatbesitz

Ill. 116 (Abb. S. 104)
Walther Jaeger
Bruno Balz
Berlin 1930er Jahre. Fotografie
Berlin, Schwules Museum

Ill. 117
Bubi, laß uns Freunde sein
Klavierlied von Erwin Neuber mit Text
von Bruno Balz (1924)
Anzeige aus: »Die Insel« von Oktober
1926
Berlin, Privatbesitz

Ill. 118
Albrecht Becker
Selbstporträt am Main
Um 1928. Fotografie
Berlin, Schwules Museum

Ill. 119
Belletristik der 1920er Jahre
20 Bücher
Berlin, Privatbesitz

Ill. 120
**Anonyme Aktfotografien
der 1920er Jahre**
a) Ringer, um 1926, b) Männlicher Akt,
c) Männlicher Rückenakt, d) Auf der
Sonnenterrasse am Strandbad Wannsee
Um 1930. Vier Fotografien
Berlin, Privatbesitz

Ill. 121
Erich Büttner
Bildnis des Otto Zarek
1919. Öl auf Leinwand; 82 x 59 cm
Berlin, Staatliche Museen zu Berlin,
Nationalgalerie

Ill. 122 (Abb. S. 123)
**Wilhelm Bendow als »Magnesia«
Die Tetovirte Dame**
Fotografie aus dem Atelier Ebert,
Zeitschriftenseite
Berlin, Schwules Museum

Ill. 123
**Wilhelm Bendow als »Marsweibchen«
in der Revue »Zeppelin 1000 auf dem
Mars«**
Berlin um 1929. Fotografie
Berlin, Ullstein Bilderdienst

Ill. 124
Hannah Höch und Raoul Hausmann
1919. Fotografie (Doppelbelichtung)
Berlin, Berlinische Galerie

Ill. 125
Hannah Höch
Oz der Tragöde
1919. Fotografie nach einer
verschollenen Fotocollage
Berlin, Berlinische Galerie

Ill. 126
**Frauenkostüm des Transvestiten
Hans Anton Krotoschin in arabischem
Stil mit Ohrhängern**
Um 1919. Seidenchiffon, Straß, Blech
Berlin, Schwules Museum

Ill. 127
Hans Anton Krotoschin
Um 1919. Drei Starfotopostkarten
Berlin, Schwules Museum

Ill. 128
George G. Kobbe
Barbette
Um 1930. Bleistift, aquarelliert auf
Transparentpapier; 25 x 17,5 cm
Berlin, Privatbesitz

Ill. 129 (Abb. S. 123)
Die »Rockey-Twins« als »Dolly Sisters«
Um 1930. Fotografie (Reproduktion)
Berlin, Schwules Museum

Ill. 130
Marcus Behmer
Frontispiz zu Verlaines »Hombres« (1922)
Privatdruck in 250 Exemplaren
Hamburg, Sammlung Leonhardt

Ill. 131 (Abb. S. 110)
Marcus Behmer
Entwürfe zum »Satyricon« des Petron
a) Vorprobe »aut dormi«
b + c) Die Züchtigung. Probedruck
d) Initiale T
e) Die Erbschleicher vor Eumolp

f) (ohne Titel)
1927–30. a, b, c, d und f) Holzschnitte,
e) Vorzeichnung
Offenbach, Klingspor-Museum

Ill. 132
Margit Gaal
Illustrationen zu »Die braune Blume«
Privatdruck in 310 numerierten Exem-
plaren auf deutschem Bütten
Ohne Ort und Jahr. (Berlin 1929) 8°,
78 Seiten
Hamburg, Sammlung Leonhardt

Ill. 133 (Abb. S. 113)
Guy de Laurence (Erich Godal)
Das Lusthaus der Knaben
Zwei Lithographien (aus einer Mappe
mit zehn kolorierten und signierten
Original-Lithographien)
Ohne Ort und ohne Jahr; je 40 x 30 cm
(Blatt)
Berlin, Sammlung Wolfgang Theis

Ill. 134
Ludwig Kainer
**Vier Illustrationen aus Granands
»Das erotische Komödien-Gärtlein«**
Almanach Verlag Berlin, um 1920
Berlin, Schwules Museum

Ill. 135
(anonym, signiert: HMP)
Zwei Jungen in Dachkammer
Um 1920. Feder, aquarelliert; 16 x 24 cm
Berlin, Privatbesitz

Ill. 136 (Abb. S. 112)
Christian Schad
Liebende Knaben
1929. Silberstift; 30 x 23,5 cm
Aschaffenburg, Kurt-Gerd-Kunkel-Stiftung

Ill. 137 (Abb. S. 111)
Otto Schoff
Knabenliebe
Fritz Gurlitt Verlag ohne Ort und ohne
Jahr. Zwei Radierungen (aus Mappen-
werk mit zehn Radierungen);
35 x 30 cm (Blatt)
Berlin, Privatbesitz

Ill. 138
Renée Sintenis
Hans Siemsen. Büste
1923. Stukko; 36 x 18 x 25 cm
Bremen, Kunsthalle Bremen

Ill. 139
Renée Sintenis
Jünglinge
Illustration zu Hans Siemsens
»Das Tigerschiff«
1923. Radierung; 30 x 20,2 cm
Berlin, Sammlung Wolfgang Theis

Ill. 140
Renée Sintenis
Liegende Jünglinge
Illustration zu Hans Siemsens »Das
Tigerschiff«, 1923 (wiederverwendet als
Titelillustration zu Hans Gieses
»Zum Wesen der Begegnung«, 1949)
1923. Radierung; 42,5 x 32,5 cm
Düsseldorf, Verlag Eremiten-Presse

Ill. 141 (Abb. S. 112)
Hans Siemsen
Das Tigerschiff
mit Illustrationen (Radierungen) von
Renée Sintenis
Berlin: Flechtheim 1923
Berlin, Privatbesitz

Ill. 142
Christian Schad
An der Ecke
1929. Tusche; 26,5 x 20,5 cm
Sindelfingen, Galerie der Stadt
Sindelfingen

Ill. 143 (Abb. S. 118)
Helmut Kolle
Lebensgroßer männlicher Akt
1926. Öl auf Leinwand; 162 x 114 cm
Privatbesitz, vermittelt durch Galerie
Gunzenhauser, München

Ill. 144
Walter Lindgens
Liegender Jünglingsakt
Um 1930. Öl auf Leinwand; 41 x 44 cm
Berlin, Privatbesitz

Ill. 145 (Abb. S. 119)
Paul Strecker
Jüngling auf Fels
Um 1925. Öl auf Leinwand; 52 x 44 cm
Berlin, Privatbesitz

Ill. 146
Conte Tassi
Jungen-Orgie
Um 1930. Kolorierte Federzeichnung
Los Angeles, Tom of Finland Foundation

Ill. 147 (Abb. S. 117)
Alexander Uschin
Das Haus der Jünglinge
Um 1930. Bleistift, aquarelliert; 26 x 20 cm
Berlin, Privatbesitz

Ill. 148
Konstantin Somow
Der Spiegel am Fenster
Um 1934. Aquarell; 20 x 13,6 cm
Issy les Moulinaux, René Guerra

Ill. 149 (Abb. S. 120)
Charles Demuth
Distinguished Air
1930. Aquarell; 35,6 x 30,5 cm
New York, Whitney Museum of
American Art

Ill. 150 (Abb. S. 121)
Charles Demuth
Four Male Figures
Um 1930. Aquarell; 33,1 x 20,3 cm
San Francisco, Collection of Bill Rush

Ill. 151
Liselotte Friedlaender
Bildnis des Georg Heck
Um 1930. Mischtechnik; 22,5 x 18,2 cm
Berlin, Privatbesitz

Ill. 152
Nicki Kaufmann
Um 1930. Fotografie
Berlin, Privatbesitz

III. 153
KI-PHO, Berlin
Willi Tesch
1930er Jahre. Fotografie
Berlin, Privatbesitz

III. 154 (Abb. S. 124)
Wege zu Kraft und Schönheit
1924. Filmfotografie
Berlin, Stiftung Deutsche Kinemathek

III. 155
Atelier Robertson Berlin
Victor Gsovsky
1924. Fotografie
Berlin, Privatbesitz

III. 156
Atelier Robertson Berlin
**Aufführung des Balletts »Salat« von
Milhaud in der Choreographie von Max
Terpis an der Staatsoper Berlin**
1924. Fotografie
Berlin, Privatbesitz

III. 157
Hugo v. W.
Kurt Lenz
Um 1932. Fotografie
Berlin, Schwules Museum

III. 158 (Abb. S.125)
Roman Malecki
Um 1930. Fotografie
Berlin, Privatbesitz

III. 159 (Abb. S. 125)
Hugo Marcus
2. August 1931. Fotografie
Nienhagen, Islam-Institut

III. 160 (Abb. S. 127)
Otto Dix
Eldorado
1927. Aquarell; 56 x 34 cm
Berlin, Berlinische Galerie

III. 161 (Abb. S. 126)
Christian Schad
Bürger-Casino
1930. Feder, gespritzt; 26,9 x 19,6 cm
Berlin, Stiftung Stadtmuseum Berlin

III. 162
Christian Schad
Voo Doo
1930. Feder, gespritzt; 25 x 19 cm
Berlin, Stiftung Stadtmuseum Berlin

III. 163
Studio Georg Fuchs
»Silhouette« in Berlin, Geisbergstraße 24
Reproduktion der Fotocollage
Berlin, Schwules Museum

III. 164
F. Meisel
Marlene Dietrich im Frack
Aus: »Filmwelt«, um 1930
(mit Originalautograph von Marlene
Dietrich)
Farbiges Kunstblatt
Berlin, Schwules Museum

III. 165
Hubert von Meyerinck
Um 1925. Fotografie
Berlin, Stiftung Deutsche Kinemathek

III. 166
**»Ball-Kabarett / Gastspiel Anita Berber«
im Alexander-Palast in Berlin**
Anzeige aus: »Der Merkur«, Ausgabe
Nr. 7 von Juli 1924 (Jg. 3)
Berlin, Privatbesitz

III. 167
Sebastian Droste
Um 1924. Fotografie (Reproduktion)
Berlin, Schwules Museum

III. 168 (Abb. S. 128)
Martha Astfalck-Vietz
Der Tänzer Henri
1931. Fotografie
Berlin, Berlinische Galerie

III. 169
**Der lettisch-russische Nackttänzer
Alexandre**
Um 1928. Fotografie (Reproduktion)
Berlin, Schwules Museum

III. 170
W. Fleischer
Hans Lehari
Berlin um 1930. Starfotopostkarte
New York, Marshall Weeks

III. 171
Curt Moreck
Führer durch das Lasterhafte Berlin
Berlin 1930, Umschlag
Berlin, Privatbesitz

III. 172 (Abb. S. 114)
Christian Schad
**Porträtstudie des Journalisten Georg
Stein**
Berlin um 1930. Bleistift; 12 x 8,7 cm
Keilberg, Privatbesitz

III. 173
**Tanzmarke aus dem »Eldorado« in
Berlin, Motzstraße 15**
zweiseitig: tanzendes Frauenpaar /
tanzendes Männerpaar
Um 1930. Aluminium
Berlin, Schwules Museum

III. 174 (Abb. S. 127)
**Das »Eldorado« in Berlin, Motzstraße 15.
»Eldorado. Hier ist's richtig!«**
1932. Fotografie
Koblenz, Bundesarchiv

III. 175
Jeanne Mammen
Transvestitenlokal in Paris
1927. Bleistift, aquarelliert; 29,5 x 35 cm
Berlin, Jeanne Mammen Gesellschaft

III. 176 (Abb. S. 128)
Freunde am Meer
a) Zwei Freunde in Dahme, 1922
b) Freunde am Meer, um 1923 (Rückseite hs.: »Zur Versöhnung von Rudi«)
c) Freunde auf Rügen, 1930 (Rückseite
hs.: »Wenn der Vater mit dem Sohne
baden geht ... und der Vati neben
seinem Bubi steht !!!«)
Drei private Fotografien
Berlin, Privatbesitz

III. 177
Freunde
a) Freundespaar, um 1920
b) Freundespaar, um 1927
c) Drei Freunde im Wald, um 1931
d) Freundespaar vor dem Bismarck-
Denkmal in Berlin, um 1928
e) Freundespaar auf einem Sessel,
um 1925
f) Freundespaar vor Hecke, um 1926
Sechs private Fotografien
Berlin, Privatbesitz

III. 178
Fritz Krommer
Verhaltensvorschriften
Karikatur aus: Bilderlexikon der Erotik
Reproduktion
Berlin, Schwules Museum

III. 179
Karl Arnold
**Luxusbad »Mieses Herrenmaterial hier –
die einen wollen heiraten und die
anderen sind auch nicht normal«**
Karikatur für »Simplicissimus«
1926. Feder, aquarelliert; 35,5 x 26 cm
Berlin, Berlinische Galerie (langfristige
Leihgabe aus Privatbesitz)

III. 180
Der Internationale Reiseführer
Berlin: Verlag Karl Schultz 1920/21
(Reproduktion)
Berlin, Staatsbibliothek zu Berlin

III. 181
**Christopher Isherwood mit Otto am
Wannsee, 1930**
Reproduktion aus: Brian Finney,
Christopher Isherwood,
A critical Biography, London 1979
Berlin, Schwules Museum

III. 182
**W. H. Auden, Stephen Spender und
Christopher Isherwood auf Rügen,
um 1932**
Reproduktion aus: Brian Finney,
Christopher Isherwood,
A critical Biography, London 1979
Berlin, Schwules Museum

III. 183
Renée Sintenis
André Gide. Büste
1928. Ton; 39 x 16 x 22 cm
Berlin, Staatliche Museen zu Berlin,
Nationalgalerie

III. 184 (Abb. S. 140)
Herbert List / Stephen Spender
Auf gemeinsamer Rheinwanderung
a) Stephen Spender mit Heinrich am
Rhein
b) Herbert List mit Heinrich am Rhein
c) Heinrich am Rhein
1929. Drei Fotografien
Hamburg, Herbert List Nachlaß –
Max Scheler

III. 185
George Hoyningen-Huene
Horst P. Horst
1930. Fotografie (Platin-Paladiumdruck)
Hamburg, Sammlung F. C. Gundlach

III. 186
George Hoyningen-Huene
Horst P. Horst
Um 1930. Fotografie
Hamburg, Sammlung F. C. Gundlach

III. 187
Ohne Titel
Berlin um 1930. Drei Fotografien
Berlin, Sammlung Christoph Niess

KAPITEL IV

IV. 1
L' Amitié
Paris 1924. Reproduktion der Zeitschrift
Berlin, Schwules Museum

IV. 2
L' Inversion
Paris 1925. Zeitschrift
Den Haag, Sammlung Paul Snyders

IV. 3
Antoine mit H. Vöste
Um 1926. Fotografie
Caen, Le Gangneux

IV. 4
Abel Hermant
Um 1930. Fotografie
Caen, Le Gangneux

IV. 5 (Abb. S. 144)
Rogi André
René Crevel
1933. Fotografie
Paris, Christian Bouqueret

IV. 6
René Crevel
La Mort difficile
Paris: Ed. de Sagittaire 1926
Paris, Christian Bouqueret

IV. 7
Rogi André
Jean-Michel Frank
1935. Fotografie
Paris, Privatbesitz

IV. 8
Raymond Voinquel
Aus der Fotoserie »Le Narcisse«
1933. Fotografie (Reproduktion)
Paris, Christian Bouqueret

IV. 9 (Abb. S. 145)
Laure Albin Guillot
Aus der Fotoserie »Le Narcisse«
1933/34. Drei Fotografien
Paris, Christian Bouqueret

IV. 10
Germaine Krull
Jean Cocteau
1929. Fotografie
Paris, Christian Bouqueret

IV. 11 (Abb. S. 147)
André Steiner
**Jean Cocteau mit Jean Marais bei den
Dreharbeiten zu »Les Parents terribles«
in den Studios Pathé**
1947. Fotografie
Paris, Christian Bouqueret

IV. 12
Jean Cocteau als Philéas Fogg
mit handschriftlichem Vermerk: »Ile de
France (retour) Philéas Fogg«
1936. Fotografie
Caen, Le Gangneux

IV. 13
Jean Cocteau
Le livre blanc
Paris: Editions des Quatre Chemins 1928
Paris, Privatbesitz

IV. 14
Roger Schall
Christian Bérard
Paris 1936. Fotografie
Paris, Christian Bouqueret

IV. 15 (Abb. S. 146)
**Henry de Montherlant mit jungem
Mann beim Fußballspielen**
1923. Fotografie
Berlin, Klaus Behnken

IV. 16 (Abb. S. 148)
Roger Schall
George Hoyningen-Huene im Studio
Paris 1937. Fotografie
Caen, Le Gangneux

IV. 17
Roger Schall
Horst P. Horst im Studio
Paris 1937. Fotografie
Paris, Christian Bouqueret

IV. 18
Roger Schall
André Durst im Studio
Paris 1937. Fotografie
Paris, Christian Bouqueret

IV. 19
Roger Schall
Cecil Beaton
Paris 1937. Fotografie
Paris, Christian Bouqueret

IV. 20
Schwule Bälle in Paris
Drei Reproduktionen aus: Brassai,
Le Paris secret des années trente,
Paris 1976
Berlin, Schwules Museum

IV. 21
Roger Schall
Serge Lifar
Um 1938. Fotografie
Caen, Le Gangneux

IV. 22
Géo London
Un bal chez Corydon
Zeitschriftenartikel in: »Jazz«.
L' Actualité Intellectuell, Nr. 3 vom
15. März 1929, Paris
Caen, Le Gangneux

IV. 23
Roger Parry
Tahiti
1933. Feder; 27,6 x 21,4 cm
Paris, Christian Bouqueret

IV. 24
Francis Carco
Fotografie
Paris, Christian Bouqueret

IV. 25
Laure Albin Guillot
Julien Green
Paris 1936. Fotografie
Paris, Privatbesitz

IV. 26
Gaston Paris
La Transformation de Barbette
a) Le Maquillage, b) La Perruque,
c) L'Habillement, d) La Splendeur
Paris 1934. Vier Fotografien
Paris, Christian Bouqueret

IV. 27
**La Vie et les Métamorphoses de
Barbette**
Fotoreportage in: Zeitschrift »VU«,
Nr. 144 vom 17. Dezember 1931
Paris, Christian Bouqueret

IV. 28
**Les Conceptions Modernes de la
Sexualité**
Sondernummer der Zeitschrift
»Crapouillot« von September 1937
Paris, Privatbesitz

IV. 29 (Abb. S. 149)
**André Gide auf dem »Congrès
international des Ecrivains pour
la Défense de la Culture«**
Paris 1935. Fotografie
Paris, Privatbesitz

IV. 30
Daniel Guérin
Retour au Barbare
Artikel in: Zeitschrift »VU«, Nr. 260 von
März 1933
Paris, Privatbesitz

IV. 31
Marcel Jouhandeau
De l'abjection (Über die Verworfenheit)
Paris 1939
Paris, Privatbesitz

IV. 32
Pierre Jamet
Hans Weidt
1934. Fotografie (Collage)
Paris, Christian Bouqueret

IV. 33
**Les Bas-Fonds de Paris. Les deux
Prostitutes**
Sondernummer der Zeitschrift
»Crapouillot« von Mai 1939
Paris, Christian Bouqueret

IV. 34
Henry de Montherlant
**Paysage des Olympiques.
87 Fotografien von Karl Egermeier**
Paris: Grasset 1940 (Buchausgabe)
Paris, Privatbesitz

IV. 35
**Abel Bonnard im Erziehungsministerium
in Vichy**
Um 1943/44. Fotografie
Paris, Privatbesitz

IV. 36 (Abb. S. 148)
**Abel Bonnard bei seinem Besuch eines
Berufsausbildungszentrums in Pantin**
Februar 1944. Fotografie
Paris, Privatbesitz

IV. 37
Abel Bonnard
L' Amitié
Paris: Librairie Hachette 1943
Paris, Christian Bouqueret

IV. 38
**Abel Bonnard (und Jean Cocteau)
bei seiner Eröffnungsrede der Arno
Breker-Ausstellung in der Orangerie
der Tuillerien in Paris**
1942. Fotografie
Paris, Privatbesitz

IV. 39 (Abb. S. 151)
Boris Lipnitzki
Maurice Sachs
1938. Fotografie
Paris, Privatbesitz

IV. 40
Pierre Seel
Reproduktion aus: »Moi, Pierre Seel,
deporté homosexuel«, Paris 1994
Berlin, Schwules Museum

IV. 41 (Abb. S. 137)
**Treffen der NHWK-Gruppe in
Rotterdam am 19. März 1918**
Reproduktion aus: R. Tielman, Homo-
sexualiteit in Nederland, Meppel 1982
Berlin, Schwules Museum

IV. 42 (Abb. S. 135)
WIJ (Het Maandblad)
Amsterdam 1932. Zeitschrift
Amsterdam, Homodok

IV. 43 (Abb. S. 136)
Gay Bar »The Empire«
Um 1924. Fotografie
Amsterdam, Jan Carel Warffemius

IV. 44 (Abb. S. 136)
P.A. Begeer
Jef Last
1929. Öl auf Leinwand; 60 x 50 cm
Den Haag, Nederlands Letterkundig
Museum

IV. 45
Benno J. Stokvis
**De Homosexueelen.
35 autobiographieën**
Lochem 1939
Amsterdam, Homodok

IV. 46
Verordening 81/40
3. August 1940
Amsterdam, Universiteits-bibliotheek

IV. 47 (Abb. S. 137)
Willem Arondéus
Um 1930. Fotografie
Amsterdam, Gert Hekma

IV. 48
**Wat een gezond volk schaadt dient
uitgesneden**
Artikel aus »Storm SS – Weekblad der
Germaanse SS in Nederland« vom
10. Dezember 1943
Amsterdam, Homodok

IV. 49
**Levensrecht. Maandblad voor
Vriendschap en Vrijheid**
Redaktion: Bob Angelo
Amsterdam 1940. Zeitschrift
Amsterdam, Homodok

IV. 50 (Abb. S. 139)
The Quorum. A Magazine of Friendship
Specimen Copy. Privately Published
London 1920. Zeitschrift
Brighton, Collection of Peter Burton

IV. 51

Maud Allan als »Salome«

London 1908. Fotopostkarte
(Rotary Photo), handsigniert
Brighton, Collection of James Gardiner

IV. 52

Noel Pemberton Billing

1916. Reproduktion aus: Michael Kettle,
Salome's last veil, London 1977
Berlin, Schwules Museum

IV. 53 (Abb. S. 140)

Howard Coster

**Wystan Hugh Auden mit Christopher
Isherwood und Stephen Spender**

Um 1938. Fotografie
London, National Portrait Gallery

IV. 54

Christopher Isherwood

Goodbye to Berlin

London 1939
Brighton, Collection of Peter Burton

IV. 55

Norman Haire (Herausgeber)

**Sexual Anomalies and Perversions.
Physical and Psychological Develop-
ment and Treatment**

A Summary of the Works of the Late
Professor Dr. Magnus Hirschfeld
London: Encyclopaedic Press Ltd.
(Reprint 1956)
Brighton, Collection of James Gardiner

IV. 56

Norman Haire

Um 1930. Anonyme Karikatur
Berlin, Sammlung Herzer

IV. 57

**Programmheft für »The Green Bay
Tree« von Mordaunt Shairp**

Aufführung im St. Martin's Theatre
London, um 1933
Brighton, Collection of Peter Burton

IV. 58 (Abb. S. 138)

**Szenenfoto aus »The Green Bay Tree«
von Mordaunt Shairp**

Aufführung im St. Martin's Theatre
London mit Hugh Williams und Frank
Vosper, 1933
Beckenham, Mander & Mitchenson

IV. 59

**Szenenfoto aus »Oscar Wilde« von
Leslie und Sewell Stokes**

Produktion des »Gate Theatre« (mit
Robert Morley und Reginald Beckwith)
29. Oktober 1936. Fotografie
(Reproduktion)
Brighton, Collection of James Gardiner

IV. 60

James Hanley

Boy

London: Boriswood 1931
Brighton, Collection of Peter Burton

IV. 61 (Abb. S. 139)

Angus McBean

Quentin Crisp

1941. Fotografie
Brighton, The Estate of Angus McBean

IV. 62

Computeranlage in Bletchley Park

1944/45. Reproduktion aus: Andrew
Hodges / Alan Turing, The Enigma,
London 1983
Berlin, Schwules Museum

IV. 63 (Abb. S. 141)

Elliot & Fry

Alan Turing

1951. Fotografie
London, National Portrait Gallery

IV. 64

**U Boats can't put the wind up you,
you'd rather grin than frown, so carry
on with the good work – sending those
B-Boats down!**

Postkarte
Brighton, Collection of James Gardiner

IV. 65

**Schwule in der Britischen Armee im
Zweiten Weltkrieg**

1943–45. Sieben Fotografien und ein
Telegramm
Brighton, Collection of Peter Burton,
James Gardiner, Tom Sargant

IV. 66 (Abb. S. 130)

**Protocoll. Schweizerischer
»Freundschafts-Verband« Zürich**

Vereinsbuch mit handschriftlichen Eintragungen aus den Jahren 1932 bis 1938
Zürich, Schweizerisches Sozialarchiv

IV. 67 (Abb. S. 132)

Rolf (Karl Meier)

1950er Jahre. Fotografie
Frauenfeld, Staatsarchiv des Kantons
Thurgau

IV. 68

**Schweizer Freundschafts=Bund, Zürich
(...) nimmt einwandfreie Herren und
Damen auf**

Anzeige in der Zeitschrift
»Die Freundschaft« Nr. 10 von 1925
Berlin, Sammlung Herzer

IV. 69 (Abb. S. 131)

Freundschafts-Banner

a) Erstausgabe vom 1. Januar 1932
b) Ausgabe vom 1. Mai 1933
c) Ausgabe vom 15. Januar 1934
Drei Zeitschriften
Basel, Staatsarchiv des Kantons
Basel-Stadt

IV. 70 (Abb. S. 133)

Der Kreis

Ausgabe Nr. 1 von Januar 1943 (Jg. 11)
mit einem Gedicht von Stefan George:
Waller im Schnee. Zeitschrift
Berlin, Schwules Museum

IV. 71 (Abb. S. 132)

Mammina

Reproduktion aus »Der Kreis« Nr. 1 von
1963 (Jg. 31)
Berlin, Schwules Museum

IV. 72 (Abb. S. 134)

Paul Camenisch

Schweizer Narziss

1944. Öl auf Leinwand; 116,5 x 82 cm
Basel, Öffentliche Kunstsammlung
Basel, Kunstmuseum

KAPITEL V

V.1

»Nachtlokale geschlossen«

Meldung des »Berliner Tageblatts« vom
4. März 1933 mit einer Aufzählung der
geschlossenen Schwulen- und Lesbenkneipen. Reproduktion
Berlin, Bildarchiv Preußischer Kulturbesitz

V.2 (Abb. S. 154)

Schließung der Bars in Berlin

Collage aus der Wiener Zeitung
»Der Notschrei« von Mai 1933
Berlin, Privatbesitz

V.3

**Vor der Bücherverbrennung
am 10. Mai 1933**

Bücher auf dem Lastwagen
(Student der Deutschen Studenten-
schaft Gau Berlin hält ein aufgeschla-
genes Buch mit dem Porträt von
Magnus Hirschfeld)
Fotografie
Hamburg, Keystone

V.4

**Einladung zur Mitgliederversammlung
des »Wissenschaftlich-humanitären
Komitees« am 8. Juni 1933 zwecks
Auflösung des Vereins**

Postkarte
Berlin, Schwules Museum

V.5 (Abb. S. 155)

Polizeifoto von Kurt Eitelbuss

1937. Fotografie
Potsdam, Brandenburgisches
Landeshauptarchiv

V.6

**Meldung der Geheimen Staatspolizei
Berlin über »Verbrechen und Vergehen
nach § 174, 175, 175 a und 176 RStG«
des Beschuldigten Kurt Eitelbuss**

18. Oktober 1937. Reproduktion
Potsdam, Brandenburgisches
Landeshauptarchiv

V.7

Pressefreiheit

Artikel aus: »Das Schwarze Korps« vom
18. März 1937, Folge 11
Reproduktion der Zeitschriftenseite
Mannheim, Universitätsbibliothek der
Universität Mannheim

V.8 (Abb. S. 156)

Paul Weber

**Antrag beim Vereinsregister zur
Löschung des Vereins »Bund für
Menschenrecht«**

Berlin, den 9. November 1934.
Reproduktion
Berlin, Landesarchiv

V.9 (Abb. S. 191)

**Einige aus dem Klub der Menschen-
rechte. Weitere Sittenverderber
abgeurteilt**

Zeitungsartikel aus »Kasseler Post«

vom 25. Juni 1937 über die Verhaftung
von ehemaligen Mitgliedern der
Ortsgruppe vom »Bund für Menschen-
recht« in Kassel
Reproduktion
Berlin, Schwules Museum

V.10 (Abb. S. 157)

Magnus Hirschfeld und Tao Li

Fotografische Abbildung auf der
Titelseite der Pariser Zeitschrift »Voilà«
vom 1. Juli 1933
Berlin, Schwules Museum

V.11

Magnus Hirschfeld

mit Widmung »Zur Erinnerung an unsere Begegnung bei Einstein in Pasadena
am 20. II. 31 Magnus Hirschfeld.«
1931. Fotografie
San Francisco, Hubert Kennedy

V.12

**Magnus Hirschfeld und Karl Giese
in Nizza**

Um 1934. Fotografie
Berlin, Egmont Fassbinder

V.13

**Brief Magnus Hirschfelds aus dem Exil
in Nizza an Günter Maeder in Berlin**

10. Januar 1934. Autograph
Berlin, Schwules Museum

V.14

H. Hoffmann

**Ernst Röhm, Stabschef der S. A.,
im Braunhemd**

1933. Fotografie (Reproduktion)
Berlin, Schwules Museum

V.15

Kampf gegen Volksschädlinge

Titelschlagzeile der »Berliner Morgenpost« vom 1. Juli 1934 zur Ermordung
von Ernst Röhm
Zeitungsseite
Berlin, Schwules Museum

V.16

**Zentrale der Geheimen Staatspolizei
in der Prinz-Albrecht-Straße 8, im
ehemaligen Gebäude der Berliner
Kunstgewerbeschule**

Um 1934. Fotografie (Reproduktion)
München, Süddeutscher Verlag
Bilderdienst

V.17

**Telegramm der Geheimen Staatspolizei
Berlin vom 1. November 1934 an die
Kripostellen**

(Zur namentlichen Erfassung von
Homosexuellen)
Reproduktion
Berlin, Bundesarchiv

V.18

**Bericht eines SS-Mannes über Razzia in
Homosexuellentreffpunkten im März
1935**

»Weinmeister Klause«, »Milch Bar«,
»Die Insel« u. a. Lokale
Reproduktion (2 Seiten)
Freiburg, Bundesarchiv – Militärarchiv

V.19

Schutzhaftverfügung der Staatspolizei-stelle Berlin gegen den Kunsthistoriker Werner Gerstenberg
(wegen widernatürlicher Unzucht)
14. November 1935. Reproduktion
Potsdam, Brandenburgisches
Landeshauptarchiv

V.20

Schnellbericht der Landespolizeistelle Berlin an die Geheime Staatspolizei über angeordnete Schutzhaft
(Erlaß vom V. Mai 1934) von Werner
Gerstenberg
14. November 1935. Reproduktion
Potsdam, Brandenburgisches
Landeshauptarchiv

V.21 (Abb. S. 161)

Übersicht über die in der Zeit vom 11. Mai bis 10. Juni 1935 über sieben Tage einsitzenden Schutzhäftlinge
Reproduktion
Berlin, Bundesarchiv

V.22 (Abb. S. 162)

Festnahmen im Monat Juni 1937. Geheim!
Landkarte des Deutschen Reichs mit
Eintragungen der Anzahl der Festnah-
men unterteilt nach verschiedenen Ver-
haftungsgründen (u. a. wegen Homo-
sexualität)
Herausgegeben von der Zeichenstelle
des Geheimen Staatspolizeiamts
Lichtdruck. 42 x 59 cm
Berlin, Privatbesitz

V.23

Das sind Staatsfeinde!
Titelseite aus »Das Schwarze Korps«
vom 4. März 1937
Berlin, Schwules Museum

V.24 (Abb. S. 166)

Satan vor Gericht
Titelseite aus: »Der Stürmer«, Ausgabe
Nr. 52 von Dezember 1936 (Jg. 15)
Schlagzeile zum Fall Dr. Obermayer
Würzburg, Staatsarchiv

V.25 (Abb. S. 165)

Fernschreiben der Politischen Polizei Würzburg an die Bayerische Politische Polizei München betreff Wilhelm S., SS-Mann im Lager Dachau
(wegen des Verdachts der homosexuel-
len Verbindung mit Obermayer)
27. Januar 1936. 1 Blatt
Würzburg, Staatsarchiv

V.26

»Schlußbericht« der Geheimen Staats-polizei über Johann Schmitt
(»wegen Vergehens nach § 175 RStGB«
von März 1935 bis Februar 1936 im Konzentrationslager Dachau)
Vermutlich Januar 1940. 1 Blatt
Würzburg, Staatsarchiv

V.27 (Abb. S. 166)

Personalbogen von Johann Schmitt mit drei Polizeifotos
1940. 1 Doppelblatt
Würzburg, Staatsarchiv

V.28 (Abb. S. 164)

Schutzhaftbefehl der Polizeidirektion Würzburg gegen Jakob Zorn, einen Angehörigen der S.A.
18. Januar 1935. 1 Blatt
Würzburg, Staatsarchiv

V.29

Polizeifoto auf einem Schreiben von Jakob Zorn vom 15. Januar 1935
1 Blatt
Würzburg, Staatsarchiv

V.30 (Abb. S. 165)

Schreiben der Geheimen Staatspolizei Würzburg an die Gauleitung Main-franken der NSDAP zu einem Rund-funkvortrag im Reichssender München mit dem »berüchtigten 175iger« Hugo Welle
27. Januar 1937. 1 Blatt
Würzburg, Staatsarchiv

V.31 (Abb. S. 163)

Tafel aus dem Konzentrationslager Dachau mit den in Form und Farbe verschiedenen »Kennzeichen für Schutzhäftlinge«
Undatiert. Reproduktion (Farbfoto)
Berlin, Schwules Museum

V.32

Schreiben der Geheimen Staatspolizei Würzburg an Kriminalrat Meissinger der Geheimen Staatspolizei Berlin mit der Bitte, gegen den Obermayer-Rechtsanwalt Meissner vorzugehen
11. Januar 1937. 1 Blatt
Würzburg, Staatsarchiv

V.33

Schreiben der Geheimen Staatspolizei Berlin an die Geheime Staatspolizei Würzburg mit Ermittlungsergebnis zur Person Dr. Walter Niemann, dem Offizialverteidiger der Homosexuellen in Berlin
25. Januar 1937. 1 Blatt
Würzburg, Staatsarchiv

V.34

Schreiben der Schriftleitung von »Der Stürmer« an den Leiter der Geheimen Staatspolizei Würzburg mit Dank für den Bericht über den Fall Obermayer und die Rechtsanwaltskanzlei Meissner in Dresden
1. Februar 1937. 1 Blatt
Würzburg, Staatsarchiv

V.35

**Wilhelm Mauss
Rechtsanwalt Kurt F. Bartels als Student**
Marburg um 1915. Fotografie
Köln, Ibo Minssen

V.36

Das gleichgeschlechtliche Leben in der bündischen Jugend
Bildtafel IV in: Kriminalität und Gefähr-
dung der Jugend. Lagebericht bis zum
Stande vom 1. Januar 1941.
Herausgegeben vom Jugendführer des
Deutschen Reichs
Reproduktion
Berlin, Schwules Museum

V.37

Heinz Dörmers Pfadfinder- und HJ-Gruppe
a) Dörmer und Arthur Kräkel während
der Radfahrt nach Kietz bei Jericho am
11. September 1932
b) Dörmer und Fritz Lippold in
Garmisch am 29. Dezember 1932
c) Dörmer, Arthur Kräkel mit drei
Jungen auf der Fahrt nach Garmisch
am 29. Dezember 1934
d) Parodie auf das HJ-Leben, 1. April
1934 (Arthur Fischer u. a.)
Vier Fotografien
Berlin, Schwules Museum

V.38

Schutzhaftbefehl gegen Heinz Dörmer vom 7. August 1935
(wegen homosexueller Kontakte mit
Angehörigen der HJ)
Berlin, Schwules Museum

V.39

Schreiben der NSDAP zum Ausschluß Heinz Dörmers aus der Hitler-Jugend
12. November 1935. Typoskript (2 Seiten)
Berlin, Schwules Museum

V.40

Schreiben der Hitler-Jugend an Heinz Dörmer im Konzentrationslager Columbia zu seinem Ausschluß aus der Hitler-Jugend
7. Dezember 1935
Berlin, Schwules Museum

V.41

Katholische Damenmoden
Artikel mit Karikaturen. Aus: »Das
Schwarze Korps« vom 1. Juli 1937
Reproduktion
Mannheim, Universitätsbibliothek der
Universität Mannheim

V.42 (Abb. S. 168)

Marcus Behmer
**Das Schulheft I
(mit erotischen Zeichnungen)**
1934. 21 x 16 cm
Offenbach, Klingspor-Museum

V.43

Marcus Behmer
Der Senfkorngarten
1937. Feder; 16,4 x 21 cm
Berlin, Staatliche Museen zu Berlin,
Kupferstichkabinett

V.44 (Abb. S. 167)

Marcus Behmer
»Der bittere Kelch« und »Misericors Omnipotens«
1937. Feder in Braun (2 Blatt);
je 21 x 14,8 cm
Berlin, Staatliche Museen zu Berlin,
Kunstbibliothek

V.45

Schreiben des Sicherheitshauptamtes an die Geheime Staatspolizei Berlin zu Verdächtigungen um Hanns Niedecken-Gebhard
Eingangsstempel 15. Mai 1936.
Reproduktion
Potsdam, Brandenburgisches
Landeshauptarchiv

V.46 (Abb. S. 175)

Tanzprobe im Reichssportfeld
Der Tänzer Harald Kreutzberg, Hanns
Niedecken-Gebhard und der Solotänzer
Stammer beobachten von einer Tribüne
aus die Proben der Tanzgruppe im
Sportforum
Berlin 1936. Fotografie
Berlin, Ullstein Bilderdienst

V.47

(Scherl)
Hanns Niedecken-Gebhard im Gespräch mit Propagandaminister Joseph Goebbels und dem Berliner Oberbürgermeister während der Proben zum Festspiel »Berlin in sieben Jahrhunderten deutscher Geschichte«
1937. Fotografie
Köln, Theaterwissenschaftliche
Sammlung der Universität

V.48 (Abb. S. 177)

Schreiben der Reichsfilmkammer, Fachschaft Film in Berlin an die Geheime Staatspolizei Berlin wegen der Ver-urteilung des Filmkomparsen Gerhard Amundsen nach § 175
24. August 1936. Reproduktion
Potsdam, Brandenburgisches Landeshauptarchiv

V.49

Gustaf Gründgens und Marianne Hoppe
1930er Jahre. Zwei Fotografien
Berlin, Schwules Museum

V.50 (Abb. S. 180)

Der Schneider Paul Otto mit Ehefrau und Harry
1937. Fotografie
Berlin, Privatbesitz

V.51

Bericht der Staatspolizei Berlin vom 9. Juli 1940 über die Verhaftung von Alois Timmer
Abschrift vom 11. Juli 1940. Reproduktion
Potsdam, Brandenburgisches
Landeshauptarchiv

V.52 (Abb. S. 183)

Polizeifoto von Alois Timmer
1937. Fotografie (Reproduktion)
Potsdam, Brandenburgisches
Landeshauptarchiv

V.53 (Abb. S. 179)

**Jaro von Tucholka
Richard Schultz**
Berlin 1939. Fotografie
Tübingen, Privatbesitz

V.54 (Abb. S. 178)

**Jaro von Tucholka
Hans Spann**
Berlin 1939. Fotografie
Tübingen, Privatbesitz

V.55

Brief von Adolf Brand an Richard Schultz
10. April 1943. Autograph
Tübingen, Privatbesitz

V.56

**a) Brief von Hans Spann
an Richard Schultz von 1944**

Autograph (2 Seiten)

b) Briefumschlag von Richard Schultz an Hans Spann vom 18. April 1944
(mit Stempel »Zurück« und Vermerk »Gefallen für Großdeutschland«
Tübingen, Privatbesitz

V.57 (Abb. S. 176)
Suse Byk
Hans Henninger
Um 1932. Fotografie
Berlin, Privatbesitz

V.58 (Abb. S. 169)
Joachim Dänhardt und Gerhard F.
1930er Jahre. Vier Fotografien
Berlin, Privatbesitz

V.59
Arthur Kaufmann
Bildnis des Klaus Mann
1939. Öl auf Leinwand; 50,5 x 40,5 cm
Mülheim an der Ruhr, Städtisches
Museum

V.60 (Abb. S. 170)
Karl Blutau
a) in Norsköping/Schweden, 1942
b) in Schweden, um 1943
c) mit Hellmut von Schiller in Berlin,
1962
d) mit Hellmut von Schiller in Berlin,
1962
Vier Fotografien
Berlin, Privatbesitz

V.61 (Text S. 173)
Zweitschrift meiner Strafanzeige vom 20. 12. 42.
Schreiben von Dr. med. Wolfgang-Eberhard Schmitt an die Staatsanwaltschaft
bei dem Landgericht Berlin
13. Februar 1943. 1 Blatt
Würzburg, Staatsarchiv

V.62 (Abb. S. 171)
In Heidelberg zu den Festspielen 1934:
a) Jens Keith
b) Jens Keith, unbekannt und Georg
Heck
c) unbekannt und Georg Heck
d) Jens Keith und Willi Tesch
e) Jens Keith und Georg Heck
Fünf Fotografien
Berlin, Privatbesitz

V.63
Franz Britvec
Um 1937. Fotografie
Berlin, Schwules Museum

V.64
Franz Britvec
Die Deutsche Botschaft in London
1937. Fotografie
Berlin, Schwules Museum

V.65
Schreiben von Hugo Schreiner an das französische Konsulat in Frankfurt am Main
20. Juli 1936. 1 Blatt
Würzburg, Staatsarchiv

V.66 (Abb. S. 172)
Franz Schneider
a) als Jung-Kommunist in Wien 1931
b) mit seinem Freund in Frankreich im
Untergrund 1939

c) in Wien um 1944
Drei Fotografien
Berlin, Schwules Museum

V.67
Werner Gilles
Junger Italiener im Raum mit Signalflagge
Um 1940. Öl auf Papier; 64 x 50 cm
Hamburg, Christian Ad. Isermeyer

V.68 (Abb. S. 174)
Herbert List
Freunde
Santorin 1937. Fotografie
Hamburg, Herbert List Nachlaß – Max
Scheler

V.69 (Abb. S. 182)
Fernschreiben der Geheimen Staatspolizei Berlin mit der Anordnung der Schutzhaft gegen Hans Retzlaff
5. September 1940. Reproduktion
Potsdam, Brandenburgisches
Landeshauptarchiv

V.70
Fernschreiben aus dem Konzentrationslager Sachsenhausen an die Geheime Staatspolizei Berlin mit der Todesmeldung von Hans Retzlaff
26. November 1940. Reproduktion
Potsdam, Brandenburgisches
Landeshauptarchiv

V.71
Fernschreiben der Geheimen Staatspolizei Berlin an das Konzentrationslager Sachsenhausen zum Nachlaß des verstorbenen Häftlings Hans Retzlaff
8. Januar 1941. Reproduktion
Potsdam, Brandenburgisches
Landeshauptarchiv

V.72
Brief von Olga Rinnebach an Robert T. Odeman im Konzentrationslager Sachsenhausen
Berlin, 4. Februar 1945
Berlin, Schwules Museum

V.73
Klebig (Berlin)
Olga Rinnebach und Robert T. Odeman
Um 1946. Fotografie
Berlin, Schwules Museum

V.74 (Abb. S. 186)
Robert T. Odeman
Zum 32. Geburtstage hinter geladenem Draht!
Gedicht für Ernst Haase mit handschriftlichem Gruß
Konzentrationslager Sachsenhausen
16. Februar 1945. Typoskript
Berlin, Schwules Museum

V.75 (Abb. S. 187)
Blick in die Messap-Werkhalle
Anfang 1945. zwei Fotografien (aufgenommen vom Zivilarbeiter Belitz)
Berlin, Schwules Museum

V.76 (Abb. S. 188)
Hans Wiese in Hamburg
1930er Jahre. Fotografie
Berlin, Schwules Museum

V.77
Familienfoto der Kinder Nabokow
1918. Fotografie (Reproduktion)
Berlin, Schwules Museum

V.78 (Abb. S. 189)
Schreiben der Staatlichen Kriminalpolizei zu Sergej Nabokov:
a) vom 27. Februar 1942 (Weisung der
Reichskriminalpolizei zur formlosen
Überwachung)
b) vom 10. Januar 1944 (zur Verhaftung
am 15. Dezember 1943)
mit Vermerk vom 15. März 1944 (betr.
Überführung in das Konzentrationslager Neuengamme)
Zwei Reproduktionen
Potsdam, Brandenburgisches
Landeshauptarchiv

V.79 (Abb. S. 188)
Richard Grune
Kameraden
Aus dem Mappenwerk »Passion des
XX. Jahrhunderts«
Um 1946. Lithographie
Berlin, Privatbesitz

V.80 (Abb. S. 184)
Richtlinien für Sonderermittlungen zur Beurteilung homosexueller Verfehlungen von Wehrmachtangehörigen
Herausgegeben von der Reichszentrale
zur Bekämpfung der Homosexualität;
undatiert (Originaldokument)
Berlin, Schwules Museum

V.81
Schreiben des Strafgefangenenlagers Esterwegen an die Staatliche Kriminalpolizei in Berlin zu dem Häftling Ernst L.
28. September 1944. Reproduktion
Potsdam, Brandenburgisches Landeshauptarchiv

V.82 (Abb. S. 185)
Harry Pauly (Pauline Courage)
1930er Jahre. Fotografie (Reproduktion)
Berlin, Schwules Museum

V.83 (Abb. S. 186)
Schreiben der NSDAP an die Staatspolizeileitstelle Berlin zum »Verhalten des Ernst Neumann«
3. November 1944. Reproduktion
Potsdam, Brandenburgisches
Landeshauptarchiv

V.84
Albrecht Becker
Albrecht Beckers Kameraden in Rußland, um 1943
Zwei Albumblätter mit aufgeklebten
Fotografien
Berlin, Schwules Museum

V.85
Im Fronttheater
Um 1942/43. Fünf Fotografien
Berlin, Privatbesitz

V.86 (Abb. S. 187)
Antinazi-Propaganda der Alliierten
Drei Postkarten mit Karikaturen von
Hitler und Mussolini
New York, Marshall Weeks

KAPITEL VI

VI. 1 (Abb. S. 192)
Albrecht Becker
Der Pimmelbaum
Würzburg 1946. Blei- und Farbstift;
32,5 x 26,5 cm
Berlin, Schwules Museum

VI. 2
Hermann Claasen
Das Lokal »Zum steinernen Kännchen« in Köln, Am Perlenpfuhl 12
1949. Fotografie
Bonn, Rheinisches Landesmuseum

VI. 3 (Abb. S. 195)
Hausansicht Kurfürstendamm, Ecke Uhlandstraße in Berlin
mit Werbeschriftzug »Nina Kropotkin«
1949. Fotografie
Berlin, Landesbildstelle

VI. 4
Klaus Kinski
Berlin 1945. Fotografie, handsigniert
Berlin, Schwules Museum

VI. 5
Jan Hendriks
Fotopostkarte mit Autogramm
Berlin: Foto Rama, um 1950
Berlin, Karl-Heinz Steinle

VI. 6
Jürgen Schneider
Berlin um 1949. Fotografie
Berlin, Schwules Museum

VI. 7
Indrikis Lieskovskis
Bei Nürnberg 1947. Fotografie
Berlin, Schwules Museum

VI. 8
Walterchens Ballhaus – Berliner Saal
Um 1953. Fotopostkarte
Berlin, Privatbesitz

VI. 9
Walter Draesel, Mitinhaber von »Walterchens Ballhaus«
Bildunterschrift: »Walterchen der Seelentröster mit dem goldenen Herzen«
Um 1955. Fotopostkarte
Berlin, Karl-Heinz Steinle

VI. 10
Simon Karlinsky und Dyma Ritschkow
Karlinsky hält eine Schallplatte mit
Strawinskys »Symphonie de Psaumeo«
(Wegweiser mit der Aufschrift in russisch: »Zentrum Berlins / Reichstag«)
Berlin 1945. Fotografie
Kensington, Simon Karlinsky

VI. 11
Gert Weymann und Homer Ralston Ira
Berlin 1956. Fotografie
Berlin, Schwules Museum

VI. 12
Mettheo Lettunich und Karl Springer
Berlin 1955. Fotografie
Berlin, Schwules Museum

VI. 13
Gesetz und Sittlichkeit. Um die
Aufhebung des Paragraphen 175
Artikel von Paul Lange in: »Leipziger
Volkszeitung« vom 27. Juni 1947
Berlin, Schwules Museum

VI. 14
Schreiben der »Vereinigung der
Verfolgten des Naziregimes« (VVN) /
Generalsekretariat Berlin für die
sowjetische Besatzungszone an Rudolf
Klimmer
23. September 1948. Typoskript
(2 Seiten)
Berlin, Schwules Museum

VI. 15
Der Widerstandskämpfer Paul H.
mit Freunden
Um 1932. Fotografie
Hannover, Rainer Hoffschildt

VI. 16 (Abb. S. 202)
Zeitschriften der 50er Jahre:
»Die Freundschaft. Monatsschrift für
Sexualprobleme« von November 1950
(Jg. 1) Hamburg
»Die Gefährten. Monatsschrift für
Menschlichkeit, Wahrheit und Recht«
von August 1952 und Januar/Februar
1954 (Jg. 3) Frankfurt am Main
»Amicus-Briefbund« von Oktober 1950
und April 1951 (Innenseite) (mit Anzei-
gen Berliner Lokale)
»Mitteilungen des Wissenschaftlich-
humanitären Komitees e.V. in Frankfurt
a.M.« Nr. 1, (Jg. 1) Frankfurt am Main
1949
»Der Ring. The Ring. L' anneau. Eine
internationale Zeitschrift« von Novem-
ber 1956 (Jg. 2) Hamburg
»Wir Freundinnen. Monatsschrift für
Frauenfreundschaft« von Januar 1952
(Jg. 2) Hamburg
»der neue ring« von August 1958
Hamburg
»Vox. Stimme freier Menschen« von
April 1953, (Jg. 1) Hamburg
»Zwischen den Anderen. Leben und
leben helfen.« von März 1956 (Jg. 1)
Hamburg
»Dein Freund. Zeitschrift für Freund-
schaft und Verständigung« von März
1954, (Jg. 1) Hamburg
»Humanitas. Monatsschrift für
Menschlichkeit und Kultur« von Februar
1955 (Jg. 3) Hamburg
»Hellas« von August 1954 (Jg. 2)
Hamburg
»freond. Im Querschnitt der Zeit«
Nr. 1 von 1954, Hamburg
»Pan« August 1951 (Jg. 1), Hamburg
»Der Weg zu Freundschaft und Toleranz«
von Juli 1953 (Jg. 3) Hamburg/Berlin
»Männer im Bild« Hamburg, ohne Jahr
Portraitskizzen der Mitarbeiter von
Verlag und Redaktion »Die Freunde«
Innenseite aus: »Die Freunde«, Ausgabe
von Januar 1952 (Jg. 2)
Berlin, Privatbesitz

VI. 17
Wo die gleichgeschlechtliche Unzucht
um sich gegriffen und großen Umfang
angenommen hat, war die Entartung
des Volkes und der Verfall seiner
sittlichen Kräfte die Folge
Reproduktion aus: Entwurf eines
Strafgesetzbuches (StGB) E-1962 mit Begründung. Bundesratsvorlage, Bonn 1962
Berlin, Schwules Museum

VI. 18
Ein Beamter, der gleichgeschlechtliche
Unzucht treibt, muß in der Regel aus
dem Dienst entfernt werden
Reproduktion aus: »Zeitschrift für
Beamtenrecht« 9 (1961)
Berlin, Schwules Museum

VI. 19
Entlassungsschreiben an einen
Berliner Feuerwehrmann
1966. Typoskript
Berlin, Manfred Baumgardt

VI. 20
Richard Gatzweiler
Der Kampf um den Par. 175 StGB geht
weiter. Ein Situationsbericht
Mit Stempel: »Rechtsanwalt
Dr. Dieckhoff Hamburg«
Broschüre des Volkswartbundes Köln-
Klettenberg, Dezember 1957
Hamburg, Wolfgang Voigt

VI. 21
Die Freunde. Monatsschrift
für ideale Freundschaft
Ausgabe von Januar 1952 (Jg. 2) mit dem
Titelthema: »Strafanzeige gegen Gatz-
weiler wegen Aufforderung zum Mord!«
Berlin, Privatbesitz

VI. 22 (Abb. S. 201)
Frankfurt Main 1950/51
Zeichnung (Reproduktion) aus: »Die
Freundschaft«, Ausgabe Nr. 3 von 1951
Berlin, Schwules Museum

VI. 23
Eine Million Delikte
Artikel in: »Der Spiegel«, Ausgabe vom
29. November 1950
Mit Bildern der Ankläger und Stellung-
nahmen zu den Frankfurter Prozessen
Frankfurt am Main, Dieter Schiefelbein

VI. 24
Urteil aus den Frankfurter Prozessen
1950/51
Wiesbaden, Hessisches Hauptstaatsarchiv

VI. 25
Fritz Kempe
Rolf Italiaander
Um 1952. Fotografie
Reinbek, Museum Rade am Schloß
Reinbek

VI. 26
J. Ulrichs
Angst
Erpressergeschichte. Heft 1 aus der
Reihe »Erzählungen für Freunde«
Hamburg: Verlag Die Freunde, um 1952
Berlin, Schwules Museum

VI. 27
J. Neuss
Gefahr durch Liebe
Spionagegeschichte. Heft 2 aus der
Reihe »Erzählungen für Freunde«
Hamburg: Verlag Die Freunde, um 1952
Berlin, Schwules Museum

VI. 28
Fritz Kempe
Der Richter Fritz Valentin
Hamburg 1964. Fotografie (Reproduktion)
Hamburg, Staatliche Landesbildstelle

VI. 29
Botho Laserstein
1955. Fotografie (Reproduktion)
Köln, Privatbesitz

VI. 30
Botho Laserstein
Strichjunge Karl. Ein internationaler
kriminalistischer Tatsachenbericht aus
dem Reich der Liebe, die ihren Namen
nicht nennt
Reihe: Recht + Freiheit, Beiträge zur
Justizkritik und Kriminalistik, Band 3
Hamburg 1954
Berlin, Schwules Museum

VI. 31
Botho Laserstein
Angeklagter stehen sie auf. Wie ver-
teidige ich mich im Strafverfahren?
Band 1 der Reihe »du und dein Recht«
(mit handschriftlichen Anmerkungen)
Duisburg: Carl Lange Verlag 1953
Berlin, Schwules Museum

VI. 32
Vereinsakte der »Gesellschaft für
Reform des Sexualrechts e. V.« (GfRdS)
1951–1961
S. 1 und S. 16 (Protokoll einer Vereins-
versammlung) Berlin 1951–1958
Berlin, Landesarchiv

VI. 33 (Abb. S. 197)
Rechtsanwalt Dr. Werner Hesse mit
seiner Frau Hannah
Berlin 1961. Fotografie auf Silberpappe
Berlin, Privatbesitz

VI. 34
S. Boroffka-Niemeyer
Alexander Boroffka
1950. Fotografie
Berlin, Schwules Museum

VI. 35 (Abb. S. 198)
Die Teilnehmer des »Literarischen
Kreises«
in der Fredericiastraße 5 A in Berlin
Um 1965. Farbfotografie
Tübingen, Privatbesitz

VI. 36
E. Dücker-Zahn
Jüngling
Um 1930. Bronze, Sockel: Marmor;
32 x 17 x 12 cm, Plinthe Dm 11,5 cm
Tübingen, Privatbesitz

VI. 37 (Abb. S. 199)
Tischwimpel der Kameradschaft
»die runde«
Reutlingen um 1956. Messing, Stoff,
mit Messingbordüre
Berlin, Schwules Museum

VI. 38
Fahne der Kameradschaft »die runde«
Reutlingen um 1956. Stoff, rot/weiß,
bedruckt
Berlin, Schwules Museum

VI. 39
Weihnachtsgrußkarte von Harry und
Bobby an »die runde«-Abonnenten
Reutlingen um 1960. Fotocollage
Berlin, Schwules Museum

VI. 40
Harry Hermann
Rolf, Willy Stiefel und Alfred Brauchli in
einem Schweizer Ausflugslokal
Alfred Brauchli und Rolf im Garten von
Rolfs Landhaus
Um 1966. Zwei Fotografien
Berlin, Schwules Museum

VI. 41
Acht Matern
von »Der Kreis«-Illustrationen
1943–1967. Eisen
Berlin, Schwules Museum

VI. 42
Zeitschrift »die runde«
Ausgabe von Herbst 1958 (Jg. 3)
Berlin, Privatbesitz

VI. 43
Vor Gericht
Kunstdruck aus der Zeitschrift
»die runde« von Ostern 1958
28,2 x 23 cm (Einzelseite)
Berlin, Privatbesitz

VI. 44
Schreiben der Bundesprüfstelle für
jugendgefährdende Schriften an Harry
Hermann
bezüglich der Aufnahme in die Liste
der jugendgefährdenden Schriften
27. Dezember 1961. Typoskript
Berlin, Schwules Museum

VI. 45
Zeitschrift »Der Kreis«
Ausgabe Nr. 7 von 1958
Berlin, Schwules Museum

VI. 46
»die runde« – Schriftverkehr
a) Brief aus Südamerika vom
21. Juni 1965
b) Postkarte von Kurt Hiller vom
11. September 1967
c) Weihnachtsgrußkarte (mit
»Der Kreis«- Matern) von Walter Hettich
und Harry Hermann von 1987
d) Schreiben von Harry Hermann an
Erika Freifrau v. Dieckhoff vom
21. Oktober 1965
Berlin, Schwules Museum

VI. 47
Programm des Cabarets »Chez Nous«
in Berlin
Mit fotografischer Abbildung von
Domino
Um 1959. Leporello
Berlin, Schwules Museum

VI. 48
Hundert Gaststätten erwarten Ihren Besuch!
Anzeige aus: »Aphrodite« von August 1958, Beilage zu »Der neue Ring«
Berlin, Schwules Museum

VI. 49
Berliner Lieferwagen mit der Aufschrift »Tabasco Bar«
Um 1950. Fotografie
Berlin, Schwules Museum

VI. 50 (Abb. S. 200)
Barmann Helmut Peters mit Gästen im »Felsenkeller« in Frankfurt
Um 1950. Fotografie
Frankfurt am Main, Dieter Schiefelbein

VI. 51
Die Frankfurter Gaststätte »Bei Willy«
Inseraten-Beilage aus »Die Freundschaft« von Mai 1954
Berlin, Privatbesitz

VI. 52
Harald Zipfel
In einer Homosexuellengaststätte / Tanzende Homosexuelle / Fummelball
1965, 1965, 1967. Drei colorierte Zeichnungen; 29 x 20 cm, 29 x 20 cm, 31 x 21 cm
Hannover, Rainer Hoffschildt

VI. 53
Heinz Wagner und Karl Speckhahn in Bernau am Chiemsee
1958. Zwei Fotografien
Berlin, Schwules Museum

VI. 54
Johannes Werres
Rico di Positano in »Tom«-Wäsche
Positano 1960. Farbfotografie
Hannover, Rainer Hoffschildt

VI. 55
Albrecht Becker und Herbert Kirchhoff
Hamburg um 1955. Fotografie
Berlin, Schwules Museum

VI. 56
Privatfasching
Um 1955. Fotografie
Berlin, Privatbesitz

VI. 57
F. C. Gundlach
Gerd Staebe und Hans Seger
Berlin 1964. Fotografie
Berlin, Schwules Museum

VI. 58
Treffpunkt Berlin
Artikel in »Der Spiegel«, Ausgabe Nr. 34, 1965
Berlin, Schwules Museum

VI. 59
§ 175
Artikel in Zeitschrift »Quick«, Ausgabe Nr. 10 vom 6. März 1966 (Jg. 19)
Berlin, Schwules Museum

VI. 60
Wir stellen zur Diskussion.
Anders als du und ich (§ 175)
(Regie: Veit Harlan). Werbebroschüre der ›Constantin-Film‹ 1957
Berlin, Schwules Museum

VI. 61
Kurt Heiligenstaedt
Bahnhof Zoo
»Damit du's genau weißt: ich hab' dich mit Wolfgang betrogen!« »Großartig! Ich auch!«
Karikatur in: »Simplicissimus« Nr. 19/1957
Berlin, Sammlung Volker Janssen

VI. 62
H. E. Köhler
Brentano, Bismarcks 25. Nachfolger
»Nein, so was! Nun habe ich es doch noch zu einer historischen Bedeutung gebracht!«
Karikatur in: »Simplicissimus« Nr. 20/1956
Berlin, Sammlung Volker Janssen

VI. 63 (Abb. S. 209)
Oesterle
Das Tüntchen
»Sag mal, Darling, du hast mir erzählt, du hättest soviel mit dem AA zu tun. Sag mal, ist das was Liebes?«
Karikatur in: »Simplicissimus« Nr. 30/1956
Berlin, Sammlung Volker Janssen

VI. 64
G. Hentrich
Großstadt-Melodie (XXI)
»Ooh, du – du bist ja beim Gericht!«
Karikatur (Reproduktion) aus: »Simplicissimus«
Berlin, Schwules Museum

VI. 65
Josef Sauer
John, der Reimer
»Und dann hat er mir was in den Kaffee getan!« – »Und dann?« – »Und dann hat er mich verführt, hoher Gerichtshof!«
Karikatur in: »Simplicissimus« Nr. 48/1956
Berlin, Sammlung Volker Janssen

VI. 66
Petition des Wissenschaftlich-humanitären Komitees
Unterzeichner: Kurt Hiller, Franz Reinhard, Jürgen Roggenhausen, Walter Stellmann und Wolfgang Wenzel
Hamburg Mai 1962. Typoskript (2 Seiten)
Berlin, Schwules Museum

VI. 67 (Abb. S. 204)
Fritz Kempe
Kurt Hiller
Hamburg 1965. Fotografie (Reproduktion)
Hamburg, Staatliche Landesbildstelle

VI. 68 (Abb. S. 205)
Petition an die Abgeordneten des Deutschen Bundestages von Isermeyer, Reinhard und Rogozinski
Originalunterschriften
Hamburg 1962
Berlin, Schwules Museum

VI. 69
Christian-Adolf Isermeyer
Hamburg 1994. Fotografie
Berlin, Privatbesitz

VI. 70
unbekannt
Hans Giese
Um 1948. Öl auf Leinwand; 90 x 70 cm
Hamburg, Universität, Abteilung für Sexualforschung

VI. 71 (Abb. S. 206)
Rosemarie Klausen
Hans Giese
Hamburg um 1963. Fotografie
Hamburg, Gunter Schmidt

VI. 72
Fragebogen des Instituts für Sexualforschung
mit 41 Fragen, einführender Erklärung und Angaben zur Person von Dr. med. Dr. phil. Hans Giese
Frankfurt am Main um 1951 (3 Seiten)
Hannover, Rainer Hoffschildt

VI. 73
Umfrage des »Instituts für soziologische Forschung« der »Gesellschaft für Menschenrechte«
Hamburg 1954 (3 Seiten, mit 36 Fragen)
Berlin, Schwules Museum

VI. 74
Probanden einer von Willhart Siegmar Schlegel durchgeführten Vermessungsreihe der Hamburger Polizei-Hundertschaften
Um 1958. Zwei Fotografien
Frankfurt am Main, R. G. Fischer Verlag

VI. 75
Szondi-Test. Experimentelle Triebdiagnostik
Textband und Testband
Bern: Verlag Hans Huber 1947
Berlin, Schwules Museum

VI. 76
Herbert Tobias
Manfred
Berlin 1957. Fotografie
Berlin, Sammlung Volker Janssen

VI. 77 (Abb. S. 208)
Herbert Tobias
Zwei
Berlin 1958. Fotografie
Berlin, Sammlung Volker Janssen

VI. 78
Herbert Tobias
Claude Sensuell
Paris 1953. Fotografie
Berlin, Sammlung Volker Janssen

VI. 79 (Abb. S. 209)
Herbert List
Der Schweizer Maler Rolf Dürig mit seinem italienischen Freund Luigi an der Piazza del Popolo in Rom
1950. Fotografie
Hamburg, Herbert List Nachlaß – Max Scheler

VI. 80 (Abb. S. 231)
Herbert List
Eduard Dermit vor einem Gemälde von Jean Cocteau
Um 1950. Fotografie
Hamburg, Herbert List Nachlaß – Max Scheler

VI. 81 (Abb. S. 208)
Jochen Hass
Transvestiten-Ball in West-Berlin
1954. Öl auf Sperrholzplatte; 21,7 x 22 cm
Berlin, Schwules Museum

VI. 82 (Abb. S. 246)
Jochen Hass
Junger Mann auf der Straße
1953. Öl auf Karton; 102 x 79 cm
Berlin, Schwules Museum

VI. 83 (Abb. S. 207)
Rudolf Klimmer und James Steakley
Berlin um 1975; Fotografie
Berlin, Schwules Museum

VI. 84
Schreiben von Rudolf Klimmer an den DDR-Präsidenten Wilhelm Pieck
mit der Bitte um Druckgenehmigung seines Manuskripts »Die Homosexualität und ihre Bestrafung«
Dresden, 14. März 1951. Typoskript
Berlin, Schwules Museum

VI. 85
Antwortschreiben von Gustav Heinemann an Rudolf Klimmer
bezüglich der Unterstützung seiner Eingabe um Liberalisierung des § 175
1952. Typoskript
Berlin, Schwules Museum

VI. 86
Ludwig Renn
Berlin um 1965. Fotografie (Reproduktion)
Berlin, Schwules Museum

VI. 87
Hilde Benjamin und Ernst Melsheimer gratulieren Max Fechner zu seinem 60. Geburtstag
Berlin am 27. Juli 1952. Fotografie (Reproduktion)
Koblenz, Bundesarchiv

VI. 88
Günter Corrad
Fahrten und Aktionen des Demokratischen Jugendverbandes (DJV)
12 Dias von 1948 bis 1952 (Glasplättchen, handgeschnitten, nachcoloriert)
Berlin, Erhard Günzler

VI. 89 (Abb. S. 207)
Erhard Günzler mit Volki und Ede
Berlin 1959. Albumseite mit vier eingeklebten Fotografien
Berlin, Erhard Günzler

VI. 90
Gaststätte »Esterhazy-Keller« in Berlin. Innenansicht
Schrifttafel über der Theke »Laß die Leute reden, denn sie reden über Jeden«
1956. Fotopostkarte
Berlin, Schwules Museum

VI. 91
Werner Pascoletto in Nessebar in Bulgarien
1964. Fotografie
Berlin, Erhard Günzler

VI. 92 (Abb. S. 243)
Ricco-Erich Wassmer
Jean du phare
1956. Öl auf Leinwand; 117 x 81 cm
Herrenschwanden, Privatbesitz

VI. 93
**»Schneider Wibbel«: Szenenfoto mit
Alfred Rasser, Mathilde Danegger und
Karl Meier (Rolf)**
Um 1945. Fotografie
Frauenfeld, Staatsarchiv des Kantons
Thurgau

VI. 94
**Rudolf Burkhard, Rolf und Alfred
Brauchli auf einem Ausflugsdampfer
in Oslo**
1954. Fotografie
Frauenfeld, Staatsarchiv des Kantons
Thurgau

VI. 95 (Abb. S. 240)
Rolf mit »Kreis«-Anstecker im Revers
Zürich, um 1955. Fotografie
Frauenfeld, Staatsarchiv des Kantons
Thurgau

VI. 96 (Abb. S. 241)
Der Kreis – Le Cercle – The Circle
– Ausgabe Nr. 12 von 1954 (Jg. 22) mit
Zeichnung von Jean Boullet
– Ausgabe Nr. 7 von 1955 (Jg. 23)
– Jubiläumsausgabe Nr. 9 von 1957
(Jg. 25) (mit Zeichnung von Rico)
Zürich. Drei Zeitschriften
Berlin, Privatbesitz

VI. 97
**Abonnentenausweis des Lesezirkels
»Der Kreis«**
Nr. 5232, gültig für 1967
Ausweiskarte (braun/weiß)
Berlin, Schwules Museum

VI. 98
Rolf
**Richtlinien für die Abonnenten des
Lesezirkels »Der Kreis«**
Zürich 1966. Typoskript
Berlin, Schwules Museum

VI. 99
**»Der Kreis«. Jubiläumsband von 1952
und Jubiläumsband von 1957**
(enthaltend die 100 schönsten bisher
veröffentlichten und unveröffentlichten
Fotos)
Berlin, Privatbesitz

VI. 100
Männerpaar, 1920er Jahre
Versandfoto aus dem Bilderdienst
»Der Kreis«
Um 1955. Fotografie (Reproduktion)
Berlin, Sammlung Volker Janssen

VI. 101 (Abb. S. 238)
**Programmheft für das »Kreis«-
Sommerfest am 1. Juli 1945 in Zürich**
Mit Programmpunkt »Wir gedenken
der Gefallenen«
Zürich, Schweizerisches Sozialarchiv

VI. 102
**Programmheft für das »Kreis«-Herbst-
fest am 1./2. Oktober 1955 in Zürich**
mit einer Zeichnung von R. Thé
2. Oktober: Welt-Uraufführung des
letzen Aktes von »Die Entscheidung«
(Game of Fools) von James Barr in der
deutschen Übersetzung von Rudolf
Jung / Spielleitung: Rolf
Zürich, Schweizerisches Sozialarchiv

VI. 103 (Abb. S. 240)
**»Game of Fools« (Die Entscheidung)
von James Barr**
Szenenfotos aus dem 2. Akt
der Aufführung auf dem »Kreis«-
Herbstfest am 1. Oktober 1955
Zürich, Robert Rapp / Ernst Ostertag

VI. 104
**»Kreis«-Herbstfest vom 6. Oktober
1956**
mit der Aufführung des Kriminalstücks
»Die Halbstarken« nach James Barr
**Herbstfest »25 Jahre Der Kreis« vom
5. Oktober 1957**
mit der Aufführung der Komödie
»Der Elefant im Porzellanladen«
von Stornoway (Regie: Rolf)
Zwei Fotoalben
Zürich, Robert Rapp / Ernst Ostertag

VI. 105
**»Die Erzählung des alten Hirten«
von Walter Bauer**
Krippenspiel-Aufführung auf der
»Kreis«-Weihnachtsfeier am
20. Dezember 1958
Fünf Fotografien
Zürich, Robert Rapp / Ernst Ostertag

VI. 106 (Abb. S. 239)
**»Kreis«-Maskenball 1955 und Masken-
ball 1958 im Theater am Neumarkt**
Zwei Fotoalben mit Goldprägedruck
mit Fotografien (s/w und farbig)
Zürich, Schweizerisches Sozialarchiv

VI. 107
**»Isola-Club«. Der Basler Treffpunkt für
Kreis-Abonnenten**
Um 1955. Leporello
Zürich, Schweizerisches Sozialarchiv

VI. 108 (Abb. S. 242)
**Das Basler Klublokal »Isola«:
Ansicht des Innenraums**
Um 1958. Farbfotografie
Zürich, Schweizerisches Sozialarchiv

VI. 109
**Zürich und das »Dritte Geschlecht«.
Zürich – kein HS-Zentrum**
Artikel in: »Züricher Woche« vom
20. September 1963
Berlin, Schwules Museum

VI. 110
George Platt Lynes
Männlicher Akt als »Sterbender Sklave«
1952. Fotografie (Reproduktion)
Bloomington, The Kinsey Institute
for Research in Sex, Gender, and
Reproductions

VI. 111 (Abb. S. 257)
Chuck Renzlow
Männerakt
1959. Fotografie
Berlin, Schwules Museum

VI. 112 (Abb. S. 194)
**Plakat des zweiten ICSE-Kongreß in
Frankfurt am Main vom 29. August bis
2. September 1952**
Haugastøl, Karen-Christine Friele

VI. 113 (Abb. S. 203)
**ICSE-Kurier.
Zeitschrift des »Internationalen Komi-
tees für Sexuelle Gleichberechtigung«
(ICSE) für die deutschsprachigen Länder**
Ausgabe Nr. 9 von November 1957
(Graphik auf der Titelseite: internatio-
nale Vernetzung des ICSE)
Hannover, Rainer Hoffschildt

VI. 114
**Johannes Werres bei seiner Arbeit als
Feuilletonredakteur bei der »Nord-
deutschen Zeitung«**
Hannover 1956. Pressefotografie
Hannover, Rainer Hoffschildt

VI. 115
**Plakat des ICSE-Kongreß in Brüssel
1958**
Berlin, Schwules Museum

VI. 116
**Brief Dr. Rudolf Klimmers an
»Forbundet av 1948«**
Dresden 31. Oktober 1952. Typoskript
Oslo, Landsforeningen for Lesbisk og
Homofil Frigjørelse (LLH)

VI. 117
Joe Orton
**Seid nett zu Mr. Sloane / Beute.
Zwei Dramen**
Reinbek 1967
Berlin, Sammlung Herzer

VI. 118
Marvin Cutler (Herausgeber)
**Homosexuals Today. A Handbook of
Organizations & Publications**
Los Angeles: Publications Division of
ONE, Incorporated 1956
New York, Collection of Jonathan Ned Katz

VI. 119
**Buchhandlungen als Verkaufsstellen
der Zeitschrift »Der Weg«**
Anzeige in: »Der Weg« von Oktober
1955 (Jg. 5)
Berlin, Schwules Museum

VI. 120
Rolf Italiaander
Weder Krankheit noch Verbrechen
Vorabdruck für alle Bundestags-
abgeordneten
Hamburg: Gala-Verlag 1968
Hamburg, Wolfgang Voigt

VI. 121
Willhart Siegmar Schlegel
(Herausgeber)
**Das große Tabu. Zeugnisse und Doku-
mente zum Problem der Homosexualität**
1967
Berlin, Schwules Museum

VI. 122
Rudolf Klimmer
Die Homosexualität
Hamburg 1957
Berlin, Schwules Museum

VI. 123
One. The homosexual viewpoint
Heft Nr. 7 von August/September 1957
(Jg. 5)
mit dem Titel: »Rolf / editor of Der Kreis«
Berlin, Privatbesitz

VI. 124
Erich Lifka
Um 1950. Fotografie
Berlin, Privatbesitz

VI. 125
C. Kallwitz
**Das Sexualleben des Mannes nach den
Ergebnissen des Kinsey-Report**
Heft 7 der Sonderreihe der Zeitschrift
»Liebe und Ehe«, 1954
Berlin, Privatbesitz

VI. 126
Charles Grieger
**Matrosen! Akte nach Zeichnungen von
Jean Cocteau**
Colorierte Illustrationen
Um 1955. Vier Druckgraphiken, auf
schwarzem Papier im Umschlag
Berlin, Privatbesitz

VI. 127
**30 Bücher (Belletristik) aus der
ehemaligen Bibliothek von Erich Lifka**
1945 – 1969
Berlin, Privatbesitz

VI. 128
Raimar Lenz in Marokko
Um 1967. Fotografie
Berlin, Privatbesitz

VI. 129 (Abb. S. 258)
Fritz Kempe
Hans Henny Jahnn
Hamburg 1951. Fotografie (Reproduktion)
Hamburg, Staatliche Landesbildstelle

VI. 130
**Erotische Kostbarkeiten. Sieben Bilder
aus der Sammlung eines Liebhabers**
1950er Jahre. Mappe mit sieben eingeklebten Reproduktionen der Illustrationen
Berlin, Sammlung Volker Janssen

VI. 131
**a) Physique-Magazine der U.S.A. von
1945–68**
Physique Pictoral, The Male Figure,
Body Beautiful, Tomorrow's Man,
Muscle Power u.a.
b) Pinup-Fotografien
(Reproduktionshandel, Fotos nach
Gemälden und Zeichnungen von
Quaintance, Etienne, Tom of Finland,
Blade, Cocteau-Drucke, koloriert von
Charles Grieger)
Berlin, Schwules Museum und
Privatbesitz

VI. 132
Paul Verlaine
Oeuvres libres
Mit Titelblatt und Frontispiz von Paul
Emile Bécat
Brüssel 1948
Hamburg, Sammlung Leonhardt

VI. 133 (Abb. S. 228)
Roger Parry
Jean Genet
Paris 1946. Fotografie
Berlin, Schwules Museum

VI. 134 (Abb. S. 230)
Goor
**Lithographie zu dem Roman »Les Ami-
tiés Particulières« von Roger Peyrefitte**
Aus der Mappe »Suite de Gravures«
Paris 1945. 29 x 19,5 cm (Blatt)
Hamburg, Sammlung Leonhardt

VI. 135
Jean Cocteau
Matrose
Um 1949. Bleistift
New York, Leslie-Lohmann Gay Art
Foundation

VI. 136 (Abb. S. 229)
Philippe Halsman
Jean Cocteau und der Tänzer Leo Coleman
1949. Fotografie
Hamburg, Sammlung F. C. Gundlach

VI. 137 (Abb. S. 232)
Jean Boullet
**Vier Drucke aus dem Illustrationswerk
»Antinous«**
Exemplar Nr. 353
Nizza 1954. Je 32 x 24,2 cm
Berlin, Sammlung Volker Janssen

VI. 138
Crapouillot
Ausgabe Nr. 30 von 1955 mit dem
Titelthema: »Les Homosexuels«
Zeitschrift
Berlin, Privatbesitz

VI. 139
Boris Lipnitzki
Marquis de Cuevas
1950er Jahre. Fotografie
Paris, Christian Bouqueret

VI. 140 (Abb. S. 228)
Galifi Crupi
André Gide in Taormina
1950er Jahre. Fotografie
Paris, Christian Bouqueret

VI. 141 (Abb. S. 230)
**Futur. Organe de Combat et d'Infor-
mation pour l'Egalité et la Liberté
sexuelles et pour le respect absolu de
la personne humaine**
Ausgabe von Juli 1954 (Jg. 3), Paris
Berlin, Privatbesitz

VI. 142 (Abb. S. 230)
Arcadie. Revue Littéraire et Scientifique
Ausgabe Nr. 110 von Februar 1963
(Jg. 10), Paris
Berlin, Schwules Museum

VI. 143
**The Wolfenden Report. Report of the
Committee on Homosexual Offenses
and Prostitution**
Amerikanische Ausgabe, mit einem
Vorwort von Karl Menninger
New York (1957)
Berlin, Egmont Fassbinder

VI. 144 (Abb. S. 213)
Homosexual Law Reform Society
Vier Schriften der Homoseuxal Re-
form Society (1958–1963) und Zeitschrift
»Man and Society« vom Herbst 1963
Brighton, Anthony Grey

VI. 145 (Abb. S. 213)
Ramsey & Muspratt
Guy Burgess und Donald MacLean
1932 und 1930er Jahre. Zwei Fotografien
(Bromsilberpapier)
London, National Portrait Gallery

VI. 146
Liberace
Artikel in: »Daily Mirror«, London vom
26. September 1956, Titelseite und S. 6
Brighton, Collection of James Gardiner

VI. 147 (Abb. S. 215)
William Drummond
**Victim. Why did Jack Barrett commit
suicide? And what ugly secret threatened
the career of Melville Carr?**
London 1961. Paperback
Brighton, Collection of James Gardiner

VI. 148 (Abb. S. 216)
»Entertaining Mr. Sloane« von Joe Orton
1963. Szenenfoto (Reproduktion)
Brighton, Collection of James Gardiner

VI. 149
Victim
1961. Filmplakat
Brighton, Collection of James Gardiner

VI. 150 (Abb. S. 216)
Vince Green / Man's Shop
1963. Drei Kataloge
Brighton, Collection of James Gardiner

VI. 151
Rodney Garland
The Heart in Exile
London 1961. Paperback
Brighton, Collection of Peter Burton

VI. 152
Timm. The International Male Magazine
Ausgabe No. 2 von 1967, London
Brighton, Tom Sargant

VI. 153
**Spartacus. Formerly International
Males Advertiser**
Ausgabe No. 5, 1960er Jahre
Brighton, Collection of Peter Burton

VI. 154
**Jeremy. The Magazine for Modern
Young Men**
Ausgabe Nr. 1 von 1969 (Jg. 1)
Brighton, Collection of Peter Burton

VI. 155
he loves Jeremy. Jeremy. Available here
1960er Jahre. Werbeplakat
Brighton, Collection of Peter Burton

VI. 156 (Abb. S. 255)
Duncan Grant
Pas de Trois
1950er Jahre. Kugelschreiber, Bleistift
und Aquarell; 41 x 51 cm
New York, Douglas Blair Turnbaugh

VI. 157 (Abb. S. 214)
Duncan Grant
Descent from the Cross 1
1950er Jahre. Kugelschreiber und
Aquarell; 65 x 53 cm
New York, Douglas Blair Turnbaugh

VI. 158 (Abb. S. 215)
Duncan Grant
The Steam Bath
1950er Jahre. Öl auf Leinwand;
30 x 39 cm
New York, Douglas Blair Turnbaugh

VI. 159 (Abb. S. 217)
David Hockney
Two Boys aged 23 and 24
Aus: Fourteen Poems by C.P. Cavafy
1966. Zwei Radierungen
Berlin, Sammlung Wolfgang Theis

VI. 160
COC-Anstecknadel
Den Haag, Sammlung Paul Snyders

VI. 161 (Abb. S. 210)
**Nico Engelschman weiht das neue
COC-Zentrum in Amsterdam ein**
1953. Fotografie
Amsterdam, Gert Hekma

VI. 162 (Abb. S. 210)
COC
a) COC-Mitgliedskarte von 1947
b) COC-Eintrittskarte von 1947
c) »Bewijs van lidmaatschap Shakespeare Club« No. T4 vom 31. August 1947
d) »Introductie en Bewijs van Toegang
voor de lezing van Dr. V. W. D. Schenk...«
vom 12. Oktober 1947
e) »Bewijs van toegang en introductie
Herfstfeest« vom 2. Oktober 1948
Amsterdam, Homodok

VI. 163 (Abb. S. 211)
10. Jahrestag des COC 1956
1956. Fotografie
Amsterdam, Homodok

VI. 164
Carnaval 1957 im COC
1957. Fotografie
Amsterdam, Homodok

VI. 165
Aschenbecher der ICSE conference 1953
Keramik (lilafarben)
Amsterdam, Benno Premsela

VI. 166 (Abb. S. 212)
Harry de Waard
Lederboys
Um 1955. Fotografie
Amsterdam, Gert Hekma

VI. 167
Silvesterfeier in der Gaststätte »DOK«
31. Dezember 1955. Zwei Fotografien
(Reproduktionen)
Amsterdam, Collection Jan Carel
Warffemius

VI. 168
Jan Carel Warffemius
Bet van Beeren auf dem Motorrad
Um 1960. Fotografie
Amsterdam, Gert Hekma

VI. 169 (Abb. S. 212)
Maria Austria, Henk Jonker
**Ballett »De Disgenoten« von Rudi van
Dantzig**
1958. Fotografie
Amsterdam, Collectie Theater Instituut
Nederland

VI. 170
Drei Zeitschriften
a) »Levensrecht« No. 14 von 1947
b) »Maandbericht voor de leden van
het Cultuur- en Ontspanningscentrum«
vor August 1948
c) › Vriendschap‹ von Januar 1950
Amsterdam, Homodok

VI. 171 (Abb. S. 233)
**»Verlobungsfoto« von Axel und Eigil
Axgil**
15. Januar 1950. Fotografie
Valby, Axel Axgil

VI. 172 (Abb. S. 234)
Die verschlungenen Hände
Anstecknadel mit dem Emblem des
dänischen »Forbundet af 1948«
Berlin, Schwules Museum

VI. 173
Helmer Fogedgaard
1983. Fotografie
Valby, Axel Axgil

VI. 174
Vennen (Der Freund)
Zeitschrift. Ausgabe vom Februar 1955
Valby, Axel Axgil

VI. 175
Weihnachtsgruß von »Vennens Forlag«
Mit fotografischer Abbildung von Axgil
und Eigil
Kopenhagen 1954. Faltkarte
(mit Stempel und Unterschrift)
Oslo, Landsforeningen for Lesbisk og
Homofil Frigjørelse (LLH)

VI. 176
**Love for Kredsen af 1948 (Gesetze des
Kreises von 1948)**
Statut des »Forbundet«
1948. Faltblatt
Valby, Axel Axgil

VI. 177
Pan
Zeitschrift. Ausgabe vom Juni 1961
Berlin, Schwules Museum

VI. 178
**Dänische Pornographie-Affäre 1955/56:
Männerakte**
Mitte 1950er Jahre. Drei Fotografien
Kopenhagen: International Modellfoto
Service (IMS)
Valby, Axel Axgil

VI. 179
Bundfald (Bodensatz)
1957. Filmplakat
Kopenhagen, Landsforeningen for
Bøsser og Lesbiske (LBL)

VI. 180
Rolf Løvaas und Anders
Anfang 1960er Jahre. Fotografie
Oslo, Arne Heli

VI. 181 (Abb. S. 234)
Hav vi vil (Was wir wollen)
Erstes Manifest der norwegischen
Schwulen- und Lesbenorganisation
November 1951
Oslo, Leif Pareli

VI. 182
Finn Grodal
**Vi som føler annerledes
(Wir, die anders fühlen)**
Oslo: Aschehoug & Co. 1957
Haugastøl, Karen-Christine Friele

VI. 183
Øivind Eckhoff und Arne Heli
Anfang 1960er. Fotografie
Oslo, Arne Heli

VI. 184
OSS (Uns)
Mitgliederzeitschrift des norwegischen
»Forbundet av 1948«
Ausgabe von Sommer 1965
Oslo, Landsforeningen for Lesbisk og
Homofil Frigjørelse (LLH)

VI. 185
Allan Hellman
Fotografien
Valby, Axel Axgil

VI. 186
Karl-Erik Kejne
Fotografie (Reproduktion)
Stockholm, Pressens Bild

VI. 187
Kurt Haijby
Fotografie (Reproduktion)
Stockholm, Pressens Bild

VI. 188
König Gustav V.
Fotografie (Reproduktion)
Stockholm, Pressens Bild

VI. 189
Följeslagaren (Der Gefährte)
Mitgliederzeitschrift des schwedischen
»Nationalen Verbandes für sexuelle
Gleichberechtigung« (RFSL)
Ausgabe Nr. 4, 1962 (Jg. 8)
Stockholm, Riksförbundet för Sexuellt
Likaberättigande (RFSL)

VI. 190
Lars Ullerstam
**De erotiska minoriteterna
(Die erotischen Minderheiten)**
Stockholm: Zinderman 1964. Paperback
Stockholm, Riksförbundet för Sexuellt
Likaberättigande (RFSL)

VI. 191
Henning Pallesen
De avvikande (Die Abweichenden)
Stockholm: Bonniers 1964. Paperback
Stockholm, Riksförbundet för Sexuellt
Likaberättigande (RFSL)

VI. 192
Eric Thorsell
Fotografie
Stockholm, Riksarkivet

VI. 193 (Abb. S. 235)
**Äro de homosexuella rättslösa eller
förbrytare? (Sind die Homosexuellen
Rechtlose oder Verbrecher?)**
Stockholm 1933. Plakat (Reproduktion)
Berlin, Schwules Museum

VI. 194
eos
Dänische »homophile«, unabhängige
Zeitschrift
Ausgabe von September 1964
Berlin, Schwules Museum

VI. 195
Amigo. Die homophile Zeitschrift
1964, Nummer 34
Berlin, Schwules Museum

VI. 196
Deutsche Männer
Østervang: International Male Studio
(IMS) 1967
Valby, Axel Axgil

VI. 197
Male Models Annual
Foto-Jahrbuch. Ausgabe 1, 1966
Kopenhagen: International Male Studio
(IMS) 1966
Berlin, Schwules Museum

VI. 198
Pariser Boys
Ausgabe Nr. 1 (ohne Jahr)
Ringsted: DFT-Verlag
Berlin, Schwules Museum

VI. 199 (Abb. S. 236)
Toni Simon
Kornwestheim, undatiert. Fotografie
Berlin, Schwules Museum

VI. 200
Inzterpub Fotos
Mitte 1960er Jahre. Bestellkatalog
(mit Abbildungen)
Lyngby: International Publishing
Valby, Axel Axgil

VI. 201
Die dänische Pension »Axelhus«
Ringsted um 1970. Prospekt
Valby, Axel Axgil

VI. 202
**Bestellkatalog der »International
Homosexual World Organization«
(IHWO)**
Kopenhagen 1966
Berlin, Schwules Museum

VI. 203
**Wollen auch Sie Mitglied unserer
internationalen Freundschafts-
Organisation werden?**
Anmeldeformular der »International
Homosexual World Organization«
(IHWO)
Østervang um 1970
Valby, Axel Axgil

VI. 204 (Abb. S. 237)
UNI
Ausgabe Nr. 8, 1969
Østervang: IHWO Publishing
Berlin, Schwules Museum

VI. 205
Michael Holm
Fotografie
Stockholm, Michael Holm

VI. 206
**Protestschreiben der »International
Homosexual World Organization«
an Bundeskanzler Willy Brandt**
bezüglich der Beschlagnahmungen von
Postsendungen aus Dänemark durch
den deutschen Zoll mit beigelegtem
Brief von Mitglied Nr. 149 D 71 aus Berlin
Østervang 5. Februar 1970. Typoskript
(Reproduktion)
Koblenz, Bundesarchiv

VI. 207
**Antwortschreiben des Bundesministers
der Finanzen an die «International
homosexual World Organization«**
Zusicherung, daß Postsendungen »von
sofort an von den Post- und Zollstellen
nicht mehr angehalten werden«
Bonn 26. Februar 1970. Typoskript
Valby, Axel Axgil

VI. 208
**Schreiben des Amtsgerichts Hamburg
an Axel Axgil**
bezüglich »Einziehung unzüchtiger und
offensichtlich sittlich schwer jugendgefährdender Schriften«
Hamburg 7. Februar 1969. Typoskript
Berlin, Schwules Museum

VI. 209 (Abb. S. 219)
George Platt Lynes
Dr. Alfred C. Kinsey
1950. Fotografie (Reproduktion)
Bloomington, The Kinsey Institute for Re-
search in Sex, Gender, and Reproduction

VI. 210
Homosexuelle in San Francisco
1958. Fotografie (Reproduktion)
an Alfred Kinsey anonym gespendet
Bloomington, The Kinsey Institute for Research in Sex, Gender, and Reproduction

VI. 211
Rudi Gernreich
1964. Reproduktion aus: Peggy Moffitt
und William Claxton, The Rudi Gernreich
Book, New York 1991
Berlin, Schwules Museum

VI. 212
Harry Hay
Mai 1951. Fotografie (Reproduktion)
New York, Collection of Jonathan Ned
Katz

VI. 213 (Abb. S. 220)
Jim Gruber
**Harry Hay mit weiteren Gründungs-
mitgliedern der »Mattachine Society«**
Fotografie
Berlin, Schwules Museum

VI. 214
Mitgliedskarte der »Mattachine Society«
1957/58
San Francisco, Gay and Lesbian Historical Society of Northern California

VI. 215
Here it is!
Werbezettel für die erste Ausgabe der
»Mattachine Review«
1950er Jahre
San Francisco, Gay and Lesbian Histori-
cal Society of Northern California

VI. 216
**»Office Memorandum«
der U.S.-Regierung**
bezüglich Untersuchungen homosexueller Aktivitäten in San Francisco
Hinweis auf eine 53 Seiten umfassende
Liste mit Namen von Mitgliedern
der »Mattachine Society« und ihren
Freunden
23. November 1956. Fotokopie, mit
Eingangsstempel des FBI
San Francisco, Gay and Lesbian Historical Society of Northern California

VI. 217
**The Employment of Homosexuals and
Other Sex Perverts in Government**
Zwischenbericht des U.S. Senats vom
15. Dezember 1950
Reproduktion des Deckblatts
New York, Collection of Allan Bérubé

VI. 218
**Is Washington the Nation's Capital of
the Third Sex?**
In: Magazin »Hush Hush« von Mai 1955
New York, Collection of Allan Bérubé

VI. 219
one
Zeitschrift. Augabe von Oktober 1954
mit dem Titel »You Can't print it ! –
one's Legal Counsel«
San Francisco, Gay and Lesbian Historical Society of Northern California

VI. 220
Homosexual Handbooks!
Artikel in: Magazin »Lowdown« von
März 1957
New York, Collection of Allan Bérubé

VI. 221 (Abb. S. 222)
Don Slater
**Victory! Supreme court upholds
homosexual rights**
Artikel in: Magazin »one« von Februar
1958
San Francisco, Gay and Lesbian Histori-
cal Society of Northern California

VI. 222
B. Richard Peterson
Homosexuals can be cured
Artikel aus: Magazin »Confidential«
von Mai 1957. Reproduktion
New York, Collection of Allan Bérubé

VI. 223 (Abb. S. 223)
Maschine zur Schockbehandlung
Hersteller: ECT Unit, Medcraft Electro-
nic Corporation
New York, Bert Hansen

VI. 224
Rick Stokes' Shock Treatment
Um 1970. Fotografie
San Francisco, Gay and Lesbian Center,
Public Library

VI. 225
Frank Kameny in Washington
17. Februar 1996. Fotografie, in: »Out.
America's Best-selling Gay and Lesbian
Magazin« von Juli 1996
New York, Collection of Jonathan Ned
Katz

VI. 226 (Abb. S. 225)
Bayard Rustin und James Baldwin
1963. Fotografie
Frankfurt am Main, AP/Wide World
Photos

VI. 227 (Abb. S. 226)
**Demonstration vor dem Weißen Haus
in Washington**
21. Mai 1965. Fotografie (Reproduktion)
New York, UPI / Bettman Newsphotos

VI. 228
**A Warning to Homosexuals!
The Ball & After**
Schlagzeilen in: Zeitschrift »Citizens
News«, San Francisco von Februar 1965,
Vol. IV No. 7
San Francisco, Gay and Lesbian Histori-
cal Society of Northern California

VI. 229 (Abb. S. 226)
**Razzia auf dem Drag Ball in der
California Hall in San Francisco**
1. Januar 1965. Fotografie
San Francisco, Gay and Lesbian Histori-
cal Society of Northern California

VI. 230
**Demonstration gegen die Razzia in der
Bar »The Black Cat« in Los Angeles**
1967. Fotografie
Los Angeles, International Gay &
Lesbian Archives

VI. 231
**»Sip-in« von Mitgliedern der
»Mattachine Society« in der Julius's
Bar in New York**
21. April 1966. Fotografie
New York, Fred W. McDarrah

VI. 232 (Abb. S. 227)
Male Nudist Portfolio
Magazin. Ausgabe #9 von 1967
San Francisco, Gay and Lesbian Histori-
cal Society of Northern California

VI. 233
The Los Angeles Advocate
Magazin. Erste Ausgabe von September
1967 mit der Schlagzeile »Male Nudes
Not Obscene«
San Francisco, Gay and Lesbian Histori-
cal Society of Northern California

VI. 234
Approved by the U.S. Supreme Court
Zwei Aktfotografien, in: Magazin »Male
Nudist Portfolio« # 10 von 1967
San Francisco, Gay and Lesbian Histori-
cal Society of Northern California

VI. 235
Christine Jorgensen
A Personal Autobiography
1968. Paperback
New York, Collection of Jonathan Ned
Katz

VI. 236 (Abb. S. 221)
Charles Jackson
The Fall of Valor
(1946). Paperback-Ausgabe von 1949
New York, Collection of Allan Bérubé

VI. 237
Truman Capote
Other Voices, Other Rooms
Mit einer Fotografie von Truman
Capote auf der Rückseite (1948). Paper-
back-Ausgabe von 1949 (2 Exemplare)
San Francisco, Gay and Lesbian Histori-
cal Society of Northern California und
New York, Collection of Allan Bérubé

VI. 238
Gore Vidal
The City and the Pillar
Mit einer Fotografie von Gore Vidal auf
der Rückseite
1950. Paperback (2 Exemplare)
San Francisco, Gay and Lesbian Histori-
cal Society of Northern California und
New York, Collection of Allan Bérubé

VI. 239
André Tellier
Twilight Men
1948. Hardcover mit Umschlag
New York, Collection of Jonathan Ned
Katz

VI. 240
André Tellier
Twilight Men
1950. Paperback
New York, Collection of Allan Bérubé

VI. 241
Blair Niles
Strange Brother
1931. Hardcover mit Umschlag
New York, Collection of Jonathan Ned
Katz

VI. 242
Blair Niles
Strange Brother
1952. Paperback
San Francisco, Gay and Lesbian Histori-
cal Society of Northern California

VI. 243
James Baldwin
Giovanni's Room
Mit einer Fotografie von James Baldwin
auf der Rückseite (1956). Paperback-
Ausgabe von 1959 (2 Exemplare)
San Francisco, Gay and Lesbian Histori-
cal Society of Northern California und
New York, Collection of Allan Bérubé

VI. 244
Donald Webster Cory
The Homosexual in America
1951. Paperback
New York, Collection of Allan Bérubé

VI. 245
Are Homosexuals a Persecuted Minority?
Artikel in: »People Today« vom 26. März
1952
New York, Collection of Jonathan Ned
Katz

VI. 246
Uncensored
Darin: Artikel über die TV Show »Confi-
dential File« (Los Angeles' KTTV) mit
dem Tabuthema Homosexualität (mit
Original-Wortbeiträgen der geladenen
Gäste)
Mai 1955. Zeitschrift
New York, Collection of Allan Bérubé

VI. 247
Mattachine Review
Titelfoto: TV-Studio während einer
Sendung über Homosexuelle
(»The Rejected«)
September 1961. Broschüre
New York, Collection of Allan Bérubé

VI. 248
John W. Reavis, JR.
The Rejected
Aufzeichnung der gleichnamigen
TV-Sendung über Homosexuelle von
September 1961 auf KQED Channel 9,
San Francisco
San Francisco: Pan-Graphic Press
New York, Collection of Allan Bérubé

VI. 249 (Abb. S. 244)
LON (Alonzo James Hanagan)
Couple (Taylor Flaniken und Dan Shull)
Um 1940. Fotografie
New York, Carl Morse

VI. 250
LON (Alonzo James Hanagan)
Frank Affrunti
Um 1940. Fotografie
New York, Carl Morse

VI. 251
Bruce of L. A.
Couple (nicht identifiziert)
Um 1948. Fotografie
New York, Carl Morse

VI. 252
Bruce of L. A.
Couple (nicht identifiziert)
Um 1950. Fotografie
New York, Carl Morse

VI. 253
**Das Freundespaar Bruhs Mero und
Gean Harwood**
Um 1943. Fotografie
Berlin, Schwules Museum

VI. 254
**Militärkameraden (Matrose, Soldat und
Zivilist)**
Aus Fotoalbum »Arrival in New York«
von Frank Thompson
1940er Jahre. Albumseite mit 14
Fotografien
New York, Frank Thompson Collection,
Manuscripts and Archives Division, The
New York Public Library, Astor, Lenox
and Tilden Foundations

VI. 255
**Discharge from The Army of the United
States**
Entlassungsschein für Norman
F. Sansom vom 8. Januar 1944
San Francisco, Gay and Lesbian Histori-
cal Society of Northern California

VI. 256 (Abb. S. 220)
Norman Sansom
Um 1943. Fotografie
San Francisco, Gay and Lesbian Histori-
cal Society of Northern California

VI. 257
**Personalkarte des Kriegsgefangenen
Robert A. Ricks**
Mit Lichtbild und Fingerabdruck
Dachau 1943
San Francisco, Gay and Lesbian Histori-
cal Society of Northern California

VI. 258 (Abb. S. 249)
Bruce of L. A.
**Muscle Beach (George Eiferman und
Roy Hilligen)**
Um 1950. Fotografie
New York, Carl Morse

VI. 259
Bruce of L. A.
Pose nach Michelangelo
Um 1955. Fotografie
Berlin, Privatbesitz

VI. 260 (Abb. S. 249)
Don Whitman
Freundschaft
1950er Jahre. Vier Aktfotografien
Berlin, Privatbesitz

VI. 261
Bob Mizer
Matrose
(Modell mit Namen Rem Brandt)
Um 1950. Fotografie
Berlin, Privatbesitz

VI. 262
Bob Mizer (Herausgeber)
Magazin »Physique Pictorial«
Drei Hefte aus den fünfziger Jahren
(mit Titelblättern von George
Quaintance und Tom of Finland)
Berlin, Schwules Museum

VI. 263
Bruce of L. A.
Joe Dallessandro
1960er Jahre. Fotografie
Berlin, Sammlung Volker Janssen

VI. 264 (Abb. S. 253)
**Carl Morse vor der Wand mit Physique-
Magazinen in seinem Zimmer**
(aufgenommen von seinem Vater)
Um 1950. Fotografie
Berlin, Privatbesitz

VI. 265
Carl Morse in Cannes am Strand
In der Nähe des Carlton Hotel, im Alter
von 22 Jahren, inmitten einer international gemischten schwulen Gruppe
1957. Fotografie
New York, Carl Morse

VI. 266 (Abb. S. 252)
Tom of Finland
Beim Schneider
1959. Bleistift
Los Ageles, Tom of Finland Foundation

VI. 267
Tom of Finland
Krafttest
1961. Bleistift; 31 x 25 cm
Los Angeles, Tom of Finland Foundation

VI. 268
Tom of Finland
Beim Tätowierer
1962. Bleistift; 29,7 x 21 cm
Los Angeles, Tom of Finland Foundation

VI. 269 (Abb. S. 252)
Tom of Finland
Begutachtung
1963. Bleistift; 32,5 x 23,5 cm
Los Angeles, Tom of Finland Foundation

VI. 270
George Quaintance
Narcissus
Um 1955. Gips, vergoldet; 21 x 34 x 17 cm
Berlin, Sammlung Volker Janssen

VI. 271
George Quaintance
Moonlight
1953. Öl auf Leinwand; 90 x 115 cm
Berlin, Sammlung Volker Janssen

VI. 272 (Abb. S. 250)
George Quaintance
Sunrise
1953. Öl auf Leinwand; 100 x 80 cm
Berlin, Sammlung Volker Janssen

VI. 273
Andy Warhol
Stories for a Boy-Book
Bodky Gallery and Bookshop
1956. Kugelschreiber und Tinte auf
Manilapapier; 42,5 x 35,2 cm
Pittsburgh,The Andy Warhol Museum,
Founding Collection, Contribution The
Andy Warhol Foundation for the Visual
Arts, Inc.

VI. 274 (Abb. S. 255)
Andy Warhol
Man with heart tattoos
Um 1955–57. Kugelschreiber auf
Manilapapier; 45,4 x 30,2 cm
Pittsburgh,The Andy Warhol Museum,
Founding Collection, Contribution The
Andy Warhol Foundation for the Visual
Arts, Inc.

VI. 275
Andy Warhol
Reclining Man
Um 1956/57. Kugelschreiber auf
Manilapapier; 42,5 x 35,6 cm
Pittsburgh,The Andy Warhol Museum,
Founding Collection, Contribution The
Andy Warhol Foundation for the Visual
Arts, Inc.

VI. 276
Andy Warhol
Male groin
Um 1956/57. Kugelschreiber auf
Manilapapier; 41,9 x 34,9 cm

Pittsburgh,The Andy Warhol Museum,
Founding Collection, Contribution The
Andy Warhol Foundation for the Visual
Arts, Inc.

VI. 277
Andy Warhol
Feet (Christopher Isherwood)
Um 1956/57. Kugelschreiber auf
Manilapapier; 43,2 x 35,2 cm
Pittsburgh,The Andy Warhol Museum,
Founding Collection, Contribution The
Andy Warhol Foundation for the Visual
Arts, Inc.

VI. 278
Andy Warhol
Andy Warhol und Ted Carey
1950er Jahre. Vier Fotografien
Pittsburgh,The Andy Warhol Museum,
Founding Collection, Contribution The
Andy Warhol Foundation for the Visual
Arts, Inc.

VI. 279 (Abb. S. 245)
George Platt Lynes
**Frederick Ashton und die Tänzer von
»Four Saints in Three Acts«**
1934. Fotografie (Reproduktion)
Bloomington, The Kinsey Institute for Re-
search in Sex, Gender, and Reproductions

VI. 280 (Abb. S. 141)
George Platt Lynes
Edward Morgan Forster
1936. Fotografie
New York, DC Moore Gallery

VI. 281
George Platt Lynes
Peter Hanson in Lyne's Office
Um 1949. Fotografie
New York, DC Moore Gallery

VI. 282
George Platt Lynes
Linkoln Kirstein
1948. Fotografie
New York, DC Moore Gallery

VI. 283
**Brief von Alfred Kinsey an Monroe
Wheeler**
16. Juni 1949. Reproduktion
Bloomington, The Kinsey Institute for Re-
search in Sex, Gender, and Reproductions

VI. 284
**Brief von George Platt Lynes
an Alfred Kinsey**
19. Juli 1950. Reproduktion
Bloomington, The Kinsey Institute for Research in Sex, Gender, and Reproductions

VI. 285 (Abb. S. 248)
Paul Cadmus
Finistère
1952. Eitempera auf Holz; 25,4 x 34,3 cm
New York, Whitney Museum of
American Art

VI. 286 (Abb. S. 247)
Paul Cadmus
The Bath
1951. Eitempera auf Holz; 35,6 x 40,6 cm
New York, Whitney Museum of
American Art

VI. 287 (Abb. S. 256)
George Platt Lynes
**Nicholas Magallenes und Francisco
Moncion vom New York City Ballet
in »Orpheus Ballet«**
1950. Fotografie (Reproduktion)
Bloomington, The Kinsey Institute for Re-
search in Sex, Gender and Reproductions

VI. 288 (Abb. S. 254)
Emlen Etting
Ohne Titel
1950er Jahre. Bleistift, aquarelliert
Vier Zeichnungen
New York, Gallery Stubbs

VI. 289 (Abb. S. 251)
Emlen Etting
Matrose
Um 1955. Öl auf Holz; 52,1 x 39,4 cm
New York, Gallery Stubbs

VI. 290
Neel Bate (Blade)
Erotische Szene
1959. Bleistift; 28 x 21,5 cm
New York, Leslie-Lohmann Gay Art
Foundation

VI. 291
Neel Bate (Blade)
Erotische Szene
1961. Bleistift; 28 x 21,5 cm
New York, Leslie-Lohmann Gay Art
Foundation

VI. 292
**Female Impersonators Hold Costume
Balls**
Artikel aus dem Magazin »Ebony« von
März 1952
New York, Collection of Allan Bérubé

VI. 293 (Abb. S. 221)
Alexander Anderson
José Sarria als Carmen
Um 1958. Öl auf Leinwand
San Francisco, José Julio Sarria

VI. 294
José Sarria im »Black Cat Cafe«
Reproduktion aus: »San Francisco
Coronation Ball Program« 1971
San Francisco, Gay and Lesbian Histori-
cal Society of NC

VI. 295
Elect José Julio Sarria Supervisor
1961. Plakat; 43 x 28 cm
San Francisco, Gay and Lesbian Historical Society of Northern Califormia

VI. 296
**Fire Island / mother thinks I'm at ocean
beach**
Um 1950. Postkarte
New York, Marshall Weeks

VI. 297
Travestieclubs der 5oer Jahre
a) »Finocchio's« in San Francisco.
Programmheft
b) »Club My-o-My« in Milwaukee.
Zwei Postkarten
c) »Andy's« in Newburgh. Postkarte
d) »Club 82« in New York, um 1965.
Vier Postkarten
New York, Marshall Weeks

VI. 298
Bruce of L. A.
Mardi Gras
Um 1960. Kontaktbogen mit Fotografien
vom Fasching in New Orleans
Berlin, Privatbesitz

VI. 299 (Abb. S. 224)
**Allen Ginsberg und andere »Beat
writers« in San Francisco, 1955**
Aus: »snapshot poetics / a photogra-
phic memoir of the beat era – Allen
Ginsberg«, San Francisco: Chronicle
Books 1993, Hrsg. Michael Köhler
New York, Collection of Jonathan Ned
Katz

VI. 300
Allan Ginsberg
Howl and other poems
1956. Paperback
New York, Collection of Allan Bérubé

VI. 301
homo beatniks
Titel des Magazins »one – the homosexual viewpoint«, Ausgabe von Juli 1959
New York, Collection of Allan Bérubé

VI. 302
Tom of Finland
Mr. Universe
1963. Bleistift; 31,7 x 23,6 cm
Los Angeles, Tom of Finland Foundation

VI. 303
Tom of Finland
Jeanssäubern
1964. Bleistift; 31,5 x 24,2 cm
Los Angeles, Tom of Finland Foundation

VI. 304 (Abb. S. 224)
»Tool Box«-Bar in San Francisco
(mit dem Wandbild von Chuck Arnett)
In: »Homosexuality in America«, Artikel
des »LIFE«-Magazin, Ausgabe vom
26. Juni 1964
New York, Collection of Jonathan Ned
Katz

VI. 305
**Zwei Streichholzbriefe
von »The Tool Box«**
1960er Jahre
San Francisco, Gay and Lesbian Historical Society of Northern California

VI. 306
The Tool Box – 5th annual run 1967
Button
San Francisco, Gay and Lesbian Histori-
cal Society of Northern California

Kapitel VII

VII. 1 (Abb. S. 264)
Militante Demonstranten für die Gay Liberation
Aus: »LIFE« vom 31. Dezember 1971
New York, Collection of Jonathan Ned Katz

VII. 2
3 Cops Hurt As Bar Raid Riles Crowd
Artikel aus: »Sunday News« vom 29 Juni 1969
New York, Craig Rodwell Papers, Manuscripts and Archives Division, The New York Public Library, Astor, Lenox and Tilden Foundations

VII. 3
Homo Nest Raided, Queen Bees Are Stinging Mad
Artikel aus: »Sunday News« vom 6. Juli 1969
New York, Craig Rodwell Papers, Manuscripts and Archives Division, The New York Public Library, Astor, Lenox and Tilden Foundations

VII. 4 (Abb. S. 265)
Su Negrin (Grafik), Peter Hujar (Foto)
Let go
1970. Plakat der »Gay Liberation Front«
Cambridge, Schlesinger Library, Radcliffe College

VII. 5
The Homosexual in America
Artikel in: »TIME«-Magazin vom 31. Oktober 1969
New York, Collection of Allan Bérubé

VII. 6
Diana Davies
Treffen der »Gay Liberation Front« in der »Washington Square Methodist Church« in Greenwich Village, New York
1970. Fotografie
New York, Diana Davies Collection, Manuscripts and Archives Division, The New York Public Library, Astor, Lenox and Tilden Foundations

VII. 7
Be Gay! Be Proud!
Um 1973. Demonstrationsplakat der »Gay Liberation Front«
San Francisco, Gay and Lesbian Historical Society of Northern California

VII. 8
Demonstration der »Street Transvestites Action Revolutionaries« (STAR) in New York
24. Juni 1973. Fotografie
New York, Fred W. McDarrah

VII. 9
Sechs Buttons mit »Gay«-Slogans
»Gay is good«, »Gay Revolution«, »Come out!«, »Out of the closet and into the street«, »Homosexuals for Peace«, »Gay Power«
San Francisco, Gay and Lesbian Historical Society of Northern California

VII. 10
Einladungen zum Christopher Street »March & Gay-In« in New York City, 28. Juni 1970
Seite aus dem Album von Fred Orlansky
New York, Collection of Jonathan Ned Katz

VII. 11
Thousands of Homosexuals Hold A Protest Rally in Central Park
Artikel aus: »The New York Times«, 29. Juni 1970
New York, Collection of Jonathan Ned Katz

VII. 12
Gay Freedom 1970
Aus: »A Commemorative Pictorial Essay Of The First Anniversary Of The Gay Liberation Movement By The Editors of QQ Magazine«, Spezialausgabe der Zeitschrift »Queen's Quarterly« von 1970
San Francisco, Gay and Lesbian Historical Society of Northern California

VII. 13
Panther Constitution Convention / Gay Is Beautiful! What do you think? Join the Black Caucus!
Schlagzeilen in: Zeitung »Detroit Gay Liberator« von November 1970
New York, Collection of Allan Bérubé

VII. 14 (Abb. S. 264)
Bettye Lane
Lesbian Feminist Liberation
Demonstration lesbischer Feministinnen
5. Oktober 1978. Fotografie
New York, Bettye Lane

VII. 15
Gay Liberation and the Antiwar Movement
Broschüre. Titelbild: Gay Liberation-Demonstration in Albany, NY
San Francisco, Gay and Lesbian Historical Society of Northern California

VII. 16 (Abb. S. 268)
Battle over Gay Rights.
Anita Bryant vs. The Homosexuals
Titelschlagzeile der Zeitschrift »Newsweek« vom 6. Juni 1977
New York, Collection of Allan Bérubé

VII. 17
Miami Fallout: Demos, Marches, Meetings
Artikel in: Zeitung »Sentinel«, San Francisco, Ausgabe vom 17. Juni 1977
New York, Collection of Allan Bérubé

VII. 18
Kill a Queer for Christ
Slogan von »Bumper-Stickers« in Dade County, Florida
New York, Collection of Allan Bérubé

VII. 19
A Message from People of Holland – Vote against Repeal of Human Rights
Flugblatt mit einer Anzeige des »Netherlands Committee for Human Rights«
1979
New York, Collection of Allan Bérubé

VII. 20 (Abb. S. 269)
Daniel Nicholetta
a) Harvey Milk vor seinem Fotoladen in der Castro Street in San Francisco
b) José Sarria, Harvey Milk und Mavis auf dem ›Beaux Art Ball‹ in San Francisco
1976. Zwei Fotografien
Berlin, Schwules Museum

VII. 21
Zum Attentat auf Harvey Milk durch Ex-Supervisor Dan White
Sonderausgabe des »San Francisco Examiner« vom 27. November 1978
San Francisco, Gay and Lesbian Historical Society of Northern California

VII. 22
San Francisco Battle
Titelseite der »Los Angeles Time« vom 23. Mai 1979 mit Abbildung: Zusammenstoß von Demonstranten und Polizei vor der City Hall nach dem Urteil im Dan White-Prozeß
New York, Collection of Allan Bérubé

VII. 23
I Was There May 21 White Night 1979
Button aus San Francisco
San Francisco, Greg Day

VII. 24 (Abb. S. 309)
Andy Warhol
Truman Capote
1979. Acryl und Siebdruck-Tinte auf Leinwand (zwei Bilder);
je 101,6 x 101,6 cm
Pittsburgh, The Andy Warhol Museum; Founding Collection, Contribution Dia Center for the Arts

VII. 25
Mary Woronov, Gerard Malanga und Andy Warhol
1960er Jahre. Fotografie
Pittsburgh, The Andy Warhol Museum; Founding Collection, Contribution The Andy Warhol Foundation for the Visual Arts, Inc.

VII. 26
Nat Finkelstein
Andy Warhol und die Factory-Gruppe
Um 1965. Fotografie
Pittsburgh, The Andy Warhol Museum; Founding Collection, Contribution The Andy Warhol Foundation for the Visual Arts, Inc.

VII. 27
Phillipe Halsman
Andy Warhol und die Factory-Gruppe
Um 1969. Fotografie
Pittsburgh, The Andy Warhol Museum; Founding Collection, Contribution The Andy Warhol Foundation for the Visual Arts, Inc.

VII. 28
Brigid Berlin
Factory: Peter Hujar
Um 1969. Vier Farbfotografien (Schnappschüsse)
Pittsburgh, The Andy Warhol Museum; Founding Collection, Contribution The Andy Warhol Foundation for the Visual Arts, Inc.

VII. 29
Andy Warhol und Factory People
1960er Jahre. Fotografie
Pittsburgh, The Andy Warhol Museum; Founding Collection, Contribution The Andy Warhol Foundation for the Visual Arts, Inc.

VII. 30
Joe Dallesandro, Tom Hompertz und Eric Emerson
1960er Jahre. Farbfotografie, vermutlich ein Pressefoto für ›Lonesome Cowboys‹
Pittsburgh, The Andy Warhol Museum; Founding Collection, Contribution The Andy Warhol Foundation for the Visual Arts, Inc.

VII. 31
Joe Dellasandro
Um 1968. Farbfotografie
Pittsburgh, The Andy Warhol Museum; Founding Collection, Contribution The Andy Warhol Foundation for the Visual Arts, Inc.

VII. 32
Hochzeit von Jackie Curtis
Um 1970. Fotografie
Pittsburgh, The Andy Warhol Museum; Founding Collection, Contribution The Andy Warhol Foundation for the Visual Arts, Inc.

VII. 33
Andy Warhol und David Hockney
1980er Jahre. Farbfotografie
Pittsburgh, The Andy Warhol Museum; Founding Collection, Contribution The Andy Warhol Foundation for the Visual Arts, Inc.

VII. 34
Jed Johnson
Andy Warhol (with male torso)
1970er Jahre. Fotografie
Pittsburgh, The Andy Warhol Museum; Founding Collection, Contribution The Andy Warhol Foundation for the Visual Arts, Inc.

VII. 35
Patrick McMullan
Ronnie Cutrone, Andy Warhol und Keith Haring
1980er Jahre. Fotografie
Pittsburgh, The Andy Warhol Museum; Founding Collection, Contribution The Andy Warhol Foundation for the Visual Arts, Inc.

VII. 36
Andy Warhol (vermutlich)
John Gomo
1970er Jahre. Vier Farbfotografien (Schnappschüsse)
Pittsburgh, The Andy Warhol Museum; Founding Collection, Contribution The Andy Warhol Foundation for the Visual Arts, Inc.

VII. 37
Sylvester and the Hot Band
1970er Jahre. Schallplattenhülle (LP)
San Francisco, Gay and Lesbian Center,
Public Library

VII. 38
Sylvester Stars
1970er Jahre. Stern aus rosa Pappe
San Francisco, Gay and Lesbian Historical Society of Northern California

VII. 39 (Abb. S. 277)
**Tom Robinson Band: »Glad to be Gay«
(1982)**
Queen: »Radio Ga Ga« (1984)
Villlage People: »Macho Man« (1978)
und andere Schallplattenhüllen (LPs)
Berlin, Schwules Museum

VII. 40 (Abb. S. 270)
**Lesbian & Gay Pride March in
Washington**
1979. Fotografie
Takoma Park, Joan E. Biren

VII. 41
Demand Your Rights!
Plakataufruf zum »National March for
Lesbian and Gay Rights« in Washington
am 14. Oktober 1979 mit Hinweis auf
die »National Third World Lesbian/Gay
Conference Oct. 12–15«
San Francisco, Gay and Lesbian Histori-
cal Society of Northern California

VII. 42
**Carl Hill, Fotograf der »London Gay
News«, auf dem Flughafen von San
Francisco bei der ihm verweigerten
U.S.-Einreise**
zwecks Berichterstattung der »Lesbian
and Gay Pride Parade« am 24. Juni 1979
13. Juni 1979. Fotografie
San Francisco, Greg Day

VII. 43
**Immigration Hearing Set.
Gay is Detained at S.F. Airport**
Artikel aus: »San Francisco Chronicle«
vom 15. Juni 1979
(mit Fotografie von Carl Hill)
San Francisco, Gay and Lesbian Histori-
cal Society of Northern California

VII. 44
Pass von Karen-Christine (Kim) Friele
mit »Homo-Stempel« von 1982
Haugastøl, Karen-Christine Friele

VII. 45
Let Gays in. Global Protests
Plakataufruf zum »Golden Gate Bridge
March« am 27. September 1981 gegen
die homosexuellen-feindlichen Einwan-
derungsgesetze in den Vereinigten
Staaten
San Francisco, Greg Day

VII. 46 (Abb. S. 271)
**1982 Gay Olympic Games – August 28 –
September 5 – Kezar Stadium – San
Francisco**
Plakat
San Francisco, Gay and Lesbian Histori-
cal Society of Northern California

VII. 47
Preaching that »God loves gays too«
Artikel über die erste von Reverend Troy
Perry gegründete »Gay Church« in Los
Angeles
In: »LIFE« vom 31. Dezember 1971
New York, Collection of Jonathan Ned
Katz

VII. 48
**Button der Gay-Synagoge in San
Francisco**
Davidstern mit der Umschrift
»Sha'ar Zahav« (englisch/hebräisch)
San Francisco, Gay and Lesbian Histori-
cal Society of Northern California

VII. 49
Dignity Baltimore
1970er Jahre. Faltblatt der Organisation
für homosexuelle Katholiken
New York, International Gay Information Center Archives, Manuscripts and
Archives Division, The New York Public
Library, Astor, Lenox and Tilden Foundations

VII. 50
Report From: Integrity / Houston
21.–23. Juni 1974. Broschüre der Organi-
sation für homosexuelle Episkopalisten
New York, International Gay Information
Center Archives, Manuscripts and
Archives Division, The New York Public
Library, Astor, Lenox and Tilden Founda-
tions

VII. 51
**lesbians! gays! Harlem Metropolitan
Community Church is for You !!**
Mai 1983. Informationsbroschüre der
»Harlem MCC« (Erste Christliche Kirche
für homosexuelle Schwarze)
New York, International Gay Informa-
tion Center Archives, Manuscripts and
Archives Division, The New York Public
Library, Astor, Lenox and Tilden Founda-
tions

VII. 52
**BETh AhAVAh The Gay Synagogue of
Philadephia**
1970er Jahre. Informationsschrift
New York, International Gay Informa-
tion Center Archives, Manuscripts and
Archives Division, The New York Public
Library, Astor, Lenox and Tilden Founda-
tions

VII. 53 (Abb. S. 266)
Bettye Lane
**Bekanntgabe der Gründung von »Gay
Task Force« auf einer Pressekonferenz
in New York**
15. Oktober 1973. Fotografie
New York, Bettye Lane

VII. 54
Castro Street's Special Law Firm
Artikel über die »National Gay Rights
Advocates« aus: »San Francisco
Chronicle« von Juni 1979
San Francisco, Gay and Lesbian Histori-
cal Society of Northern California

VII. 55
**Parents of Lesbians and Gay Men
Speak Out**
Um 1974. Faltblatt
New York, Collection of Jonathan Ned
Katz

VII. 56 (Abb. S. 267)
Black & White Men Together
San Francisco 1970er Jahre. Plakat
San Francisco, Gay and Lesbian Histori-
cal Society of Northern California

VII. 57
**Programm der »3rd World Gay
Conference« in Washington,
12.–15. Oktober 1979**
San Francisco, Gay and Lesbian Histori-
cal Society of Northern California

VII. 58
**Mel Boozer vor dem Weißen Haus in
Washington**
Um 1980. Fotografie
San Francisco, Greg Day

VII. 59
**Blinder mit T-Shirtaufdruck »Support
Blind Gays«**
27. Juni 1982. Fotografie
New York, Fred W. McDarrah

VII. 60 (Abb. S. 266)
**Behinderter im Rollstuhl mit T-Shirt-
aufdruck »Disability Pride«**
25. April 1993. Fotografie
New York, Fred W. McDarrah

VII. 61
Bettye Lane
**Taubstumme ›Gay Activists‹ vor dem
»Christopher Street March for Lesbian
and Gay Civil Rights« in New York**
27. Juni 1976. Fotografie
New York, Collection of Jonathan Ned
Katz

VII. 62 (Abb. S. 271)
Privacy Project Fact Sheet
Informationsflugblatt der »National
Gay and Lesbian Task Force« zu den
»Sodomy Laws« in einzelnen U.S. Bun-
desstaaten
New York, Collection of Allan Bérubé

VII. 63
**Civil Disobedience: Demonstration vor
dem Gebäude des Obersten Bundes-
gerichts in Washington**
13. Oktober 1987. Vier Farbfotografien
New York, Collection of Allan Bérubé

VII. 64 (Abb. S. 272)
Paul Miller (Oakland Tribune)
**»Suburban Homosexual Outreach
Project« (SHOP): Demonstration der
Organisation »Queer Nation« in der
Sun Valley Mall in Concord**
1990. Fotografie
San Francisco, Gay and Lesbian Histori-
cal Society of Northern California

VII. 65
**»Queer Nation«-Lederjacke mit
Stickers**
Cover-Foto der Zeitschrift »Socialist
Review«
San Francisco, Gay and Lesbian Histori-
cal Society of Northern California

VII. 66 (Abb. S. 273)
**Gay Rights Laws Can't Be Banned, High
Court Rules**
Titelschlagzeile und Artikel aus: »The
New York Times« vom 21. Mai 1996
New York, Collection of Jonathan Ned
Katz

VII. 67
**Anything That Moves. Beyond the
Myths of Bisexuality**
Frühjahr 1991. Magazin
New York, Collection of Allan Bérubé

VII. 68
Leslie Feinberg
**Transgender Liberation. A movement
whose time has come**
World View Forum. Um 1995. Broschüre
San Francisco, Gay and Lesbian Histori-
cal Society of Northern California

VII. 69 (Abb. S. 273)
Mariette Pathy Allen
Brandon Teena Memoriam
Protest von transsexuellen Aktivisten
in Fall City, Nebraska
Sommer 1995. Farbfotografie
New York, Mariette Pathy Allen

VII. 70
**»The Hetrick-Martin Institute«
in New York City**
(for lesbian, gay, bisexual, queer and
transgender high school students)
1996. Broschüre
Berlin, Schwules Museum

VII. 71
N. Y. Padlocks Gay Bar for »Unsafe Sex«
Schlagzeile zur Schließung eines
Schwulen-Clubs, aus »San Francisco
Chronicle«
Um 1984. Reproduktion
New York, Collection of Allan Bérubé

VII. 72
Civil Rights Rally Against Baths Closure
Flugblatt vom »Committee To Preserve
Our Sexual & Civil Liberties« in San
Francisco um 1984
New York, Collection of Allan Bérubé

VII. 73
Marc Geller
**Aktionsgruppe »AIDS Coalition to
Unleash Power« (ACT UP):
Demonstration in Washington**
1987. Fotografie
San Francisco, Marc Geller

VII. 74
**»ACT UP«-T-Shirt mit Aufdruck
»Silence=Death«**
1980er Jahre. Baumwolle (schwarz mit
rosa Winkel)
San Francisco, Gay and Lesbian Historical Society of Northern California

VII. 75 (Abb. S. 272)
Button der Aktionsgruppe »ACT UP«
Aufschrift: »The Government Has Blood
On Its Hands! One AIDS Death Every 10
Minutes«
San Francisco, Gay and Lesbian Histori-
cal Society of Northern California

VII. 76
Eindollarschein mit Aufdruck
»Silence=Death«
San Francisco, Gay and Lesbian Histori-
cal Society of Northern California

VII. 77
ACT UP-Sticker »Silence=Death«
New York, Collection of Allan Bérubé

VII. 78
One Institute Quarterly:
Homophile Studies
Los Angeles Frühjahr 1958. Broschüre
New York, Collection of Allan Bérubé

VII. 79
The Universities and the Gay Experience.
A Conference Sponsored by the Women
and Men of the Gay Academic Union
New York City November 1973.
Broschüre
New York, Collection of Allan Bérubé

VII. 80
Pleasure / Politics. 4th Annual lesbian
bisexual & gay studies conference
Cambridge: Harvard University Oktober
1990. Broschüre
New York, Collection of Allan Bérubé

VII. 81
Inside & Out. Third National Graduate
Student Conference on Queer Studies
Minneapolis: University of Minnesota
April 1993. Broschüre
New York, Collection of Allan Bérubé

VII. 82
The Harvey Milk Institute
San Francisco Frühjahr 1995. Katalog
New York, Collection of Allan Bérubé

VII. 83 (Abb. S. 274)
Gays and the Military – How Far Will
Clinton Go?
Titelschlagzeile in: Zeitschrift »News-
week«, Ausgabe vom 1. Februar 1993
(mit Fotografie von Petty Officer Keith
Meinhold)
New York, Collection of Allan Bérubé

VII. 84
Im Duschraum der US-Marine
Foto des Magazins »LIFE«, nachge-
druckt in: »Proceedings«, Magazin des
»Naval Institutes«, Ausgabe von 1993
New York, Collection of Jonathan Ned
Katz

VII. 85
You Can't Ban Us ...
Zeitungsanzeige der »National Gay &
Lesbian Task Force« in »The Washington
Blade« um 1993
New York, Collection of Allan Bérubé

VII. 86
Operation Lift the Ban
Erkennungsmarke (im Militärstil) der
»Human Rights Campaign Fund« um
1993
New York, Collection of Allan Bérubé

VII. 87
President Adopts »Don't Ask, Don't
Tell«. Clinton to gays: Shhh!
Titelschlagzeile in: »San Francisco
Examiner« vom 19. Juli 1993
New York, Collection of Allan Bérubé

VII. 88
Plakat des »Stonewall 25 March« am
26. Juni 1994
(Luftaufnahme der durch die Straßen
von New York City getragenen kilome-
terlangen Regenbogenfahne)
Berlin, Schwules Museum

VII. 89
The New Yorker
Magazin. Ausgabe vom 13. Juni 1994
New York, Collection of Jonathan Ned
Katz

VII. 90
Gay News. The World's largest Circula-
tion Newspaper for Homosexuals
Ausgabe Nr. 209 von Februar 1981,
London
Brighton, Collection of Peter Burton

VII. 91
»Clause 28«-Proteste 1988
Richard Smith' Installation an einer
Reklametafel in Brighton
Fotopostkarte
Brighton, Richard Smith

VII. 92
»Clause 28«-Proteste 1988
– »Fair Play for Fairies / Stop the Clause
1988«
– Abseil Makes the Heart Grow Fonder«
– At Home with Trudi & Fritz«
Drei Postkarten
Brighton, Collection of James Gardiner

VII. 93
Peter Tatchell
London um 1990. Fotografie
(Reproduktion)
Brighton, Peter Tatchell

VII. 94 (Abb. S. 278)
Bill Short
Derek Jarman mit Isaac Julien und
Jimmy Somerville am 25. Jahrestag
der Gesetzesreform
Juli 1992. Fotografie
Brighton, Collection of James Gardiner

VII. 95 (Abb. S. 275)
Gay Times
Ausgabe Juni 1985
Berlin, Schwules Museum

VII. 96 (Abb. S. 276)
gay liberation front manifesto
London 1971. Broschüre
Brighton, Collection of James Gardiner

VII. 97
Zwei Buttons der »Gay Liberation
Front«
Anfang 1970er Jahre
Brighton, Collection of James Gardiner

VII. 98
Zwei Drags der »Gay Liberation Front«:
Julian Howes und Freund
London 1972. Fotografie
Brighton, Julian Howes

VII. 99
CHE-Demonstration
Kampf für gleiche Mündigkeits-Alters-
grenze bei Schwulen, Anfang der
1970er Jahre
Reproduktion aus: »Gay News«
Brighton, Collection of James Gardiner

VII. 100
§ 175 / Das Gesetz fällt –
bleibt die Ächtung?
Titelthema in: »Der Spiegel« Nr. 20
vom 12. Mai 1969
Berlin, Schwules Museum

VII. 101
Homosexuelle / Befreit – aber geächtet
Titelthema in: »Der Spiegel«
Nr. 11 vom 12. März 1973
Berlin, Schwules Museum

VII. 102
du + ich. Großes Magazin für Freunde
von heute
Erstausgabe Berlin 1969, mit dem Artikel
»Eine historische Stunde hat
geschlagen ...«
Berlin, Schwules Museum

VII. 103
Milli Büttner
Porträt Rosa
1967. Mischtechnik; 60 x 42 cm
Berlin, Rosa von Praunheim

VII. 104 (Abb. S. 280)
W. Helmut Bendt
Erste Schwulendemonstration in Münster
1972. Fotografie
Berlin, W. Helmut Bendt

VII. 105
Kapuze der Lehrer von der ersten
Schwulendemonstration in Berlin
1972. Leinen (Aufschrift mit Filzstift)
Berlin, Detlef Mücke

VII. 106
Erste Schwulendemonstration in
Berlin: Vor dem Europacenter
1972. Fotografie
Berlin, Schwules Museum

VII. 107
Erste Schwulendemonstration in
Berlin: Treffen am Savignyplatz
1972. Fotografie
Berlin, Schwules Museum

VII. 108
Flugblätter, Mitteilungen, Grundsatz-
erklärungen u. a. von Schwulengruppen der Bundesrepublik
Aachen, Bielefeld, Bonn, Bremen, Ruhr-
gebiet, Frankfurt, Freiburg, Göttingen,
Hamburg, Hannover, Heidelberg, Karlsruhe, Kassel, Kiel, Köln, Mannheim,
München, Münster, Nürnberg, Saarbrücken, Stuttgart, Würzburg, u. a.
Berlin, Schwules Museum

VII. 109
Wolfgang Müller
Rechtfertigung »aber Sie sind doch
verwaltungs-angestellter!«
1978. Tusche; 29,6 x 21 cm
Berlin, Schwules Museum

VII. 110 (Abb. S. 319)
Wolfgang Müller
Analyse
1978. Tusche; 29,6 x 21 cm
Berlin, Schwules Museum

VII. 111
Homosexuelle Aktion Westberlin
(HAW)
Grundsatzerklärung (7. November 1971)
und Organisationsstatut (20. Februar
1972)
Berlin, Schwules Museum

VII. 112 (Abb. S. 282)
Weg mit § 175.
Kampf der Diskriminierung
Plakat der »Deutschen Aktionsgemein-
schaft Homosexualität« 1973
Berlin, Schwules Museum

VII. 113
Unterschriftenaktion gegen § 175:
Informationsstand der »Homosexuellen
Aktion Westberlin« am Kurfürstendamm
26. April 1973. Zwei Fotografien
Berlin, Schwules Museum

VII. 114
Rüdiger Trautsch
Pfingsttreffen 1973: Wandzeitung am
Kurfürstendamm
1973. Fotografie
Berlin, Schwules Museum

VII. 115
Rüdiger Trautsch
Schwulendemonstration in Berlin 1973:
Abschlußkundgebung
Edeltraut, von Volker Eschke unter-
stützt, hält die Abschlußrede
1973. Fotografie
Berlin, Schwules Museum

VII. 116
Rüdiger Trautsch
Demonstrationszug der »Homosexuellen
Aktion Westberlin«
1973. Fotografie
Berlin, Schwules Museum

VII. 117 (Abb. S. 283)
Reinhold Ludwig Hilgering
Pfingsttreffen 1973: Straßentheater auf
dem Kurfürstendamm
Frank Dornseif
1973. Fotografie
Berlin, Schwules Museum

VII. 118
Rüdiger Trautsch
Pfingsttreffen 1973: Straßentheater auf
dem Kurfürstendamm
Rosa von Praunheim unter den
Zuschauern
1973. Fotografie
Berlin, Schwules Museum

VII. 119 (Abb. S. 283)
Tuntenstreit. Theoriediskussion der
Homosexuellen Aktion Westberlin
Broschüre (Schwule Texte 1)
Berlin: Verlag Rosa Winkel, Oktober
1975
Berlin, Schwules Museum

VII. 120
**30 Jahre danach: Warum tragen
Homosexuelle wieder Rosa Winkel?**
Titel des Wochenmagazins »Hobo«,
Nr. 25 vom 21.–27. Juni 1975
Berlin, Schwules Museum

VII. 121
**Pfingsttreffen 1973: Spaziergang über
dem Kurfürstendamm**
Rüdiger Lautmann, Egon Scholtyssek,
Reinhard von der Marwitz
Fotografie
Berlin, Schwules Museum

VII. 122
Rosa Winkel: Buttons und Aufkleber
1973–1990
Berlin, Schwules Museum

VII. 123
**Einweihung des Homomonuments
in Amsterdam**
1987. Plakat
Berlin, Schwules Museum

VII. 124
Tino Bierling
Kiss in
1973. Tusche; 20,5 x 21 cm
Berlin, Schwules Museum

VII. 125 (Abb. S. 282)
**HAW Frauen. Dokumentation »Eine ist
keine – Gemeinsam sind wir stark«**
Berlin Juni 1974. Broschüre
Berlin, Spinnboden e.V., Archiv zur Ent-
deckung und Bewahrung der Frauenliebe

VII. 126 (Abb. S. 284)
**1. Mai. Internationaler Kampftag der
Arbeiterklasse**
1974. Plakat mit Aufkleber »AG Rosa
Februar«
Berlin, Schwules Museum

VII. 127
Los Angeles Research Group (1975)
**Zur materialistischen Analyse der
Schwulenunterdrückung**
Broschüre (Schwule Texte II)
Mit einer Dokumentation der Stand-
punkte von KBW, KPD/ML, KB
Berlin: Verlag Rosa Winkel 1977
Berlin, Schwules Museum

VII. 128 (Abb. S. 286)
Manfred Herzer
**Bruno Vogel mit Friedhelm Krey in
London**
1977. Fotografie
Berlin, Schwules Museum

VII. 129
Berlin. Homosexueller Lehrer entlassen
Werbeblatt der »BZ« vom 3. Oktober
1974. Plakat
Berlin, Schwules Museum

VII. 130
**Schwule Aktionsgruppen unterstützen
Russell-Tribunal**
Presseerklärung der Mitglieder aus elf
Schwulengruppen in der BRD und
West-Berlin
Geinsheim 21. August 1977. Flugblatt
Hamburg, Wolfgang Voigt

VII. 131
Klaus Strunk
**Homolulu. Die Geburt eines Vulkans
oder der Versuch, ein Utopie konkret
zu machen**
Frankfurt 1979. Plakatentwurf (Collage)
Berlin, Schwules Museum

VII. 132
Klaus Strunk
Homolulu. Frankfurt 23.7.–29.7.79
Frankfurt 1979. Zwei Aufkleber
Berlin, Schwules Museum

VII. 133 (Abb. S. 287)
Wilfried Laule
»Homolulu« in Frankfurt 1979
a) Corny Littmann u. a.
b) Mitglieder des »Schwulen
Ensembles Westberlin« (SEW)
c) Unbekannte Teilnehmer
1979. Drei Fotografien
Berlin, Schwules Museum

VII. 134
**Plakate (1971–1981) deutscher Homo-
sexuellengruppen**
Michael Holy. Ausstellung im »Anderen
Ufer« Frankfurt
1981. Fotografie
Berlin, Schwules Museum

VII. 135
**Ihrem Sohn würden Sie die Leviten
lesen, was?**
1974. Plakat (Siebdruck)
Berlin, Schwules Museum

VII. 136
Ödipus Kollektiv
Brühwarm – ein schwuler Jahrmarkt
1976. Plakat
Berlin, Schwules Museum

VII. 137
Wilfried Laule
Schwule sich emanzipieren lernen
Ausstellungsplakat der »Homosexuellen
Aktion Westberlin« in der »Galerie 70«
in Berlin
1976. Siebdruck
Berlin, Schwules Museum

VII. 138
Die Männer der HAW machen ein Fest
Plakat für eine Veranstaltung in der
TU-Mensa
1973. Siebdruck
Berlin, Schwules Museum

VII. 139
**Protokoll des Luftballon-Plenums der
»Homosexuellen Aktion Westberlin«**
3. November 1974. Typoskript (Durch-
schlag)
Berlin, Schwules Museum

VII. 140
Tino Bierling
**Protokoll des Luftballon-Plenums der
»Homosexuellen Aktion Westberlin«:
»Neofeminismus oder: Das rote Frauen-
bataillon«**
3. November 1974. Tinte, Tusche, Filzstift
Berlin, Schwules Museum

VII. 141
Wilfried Laule
**Auflösung der »Homosexuellen Aktion
Westberlin«**
1977. Tusche
Berlin, Wilfried Laule

VII. 142
Wolfgang Theis und Michael Esser
Soo toll ! Die siebziger Jahre
1992. Video (Laufzeit 2.14:30)
Berlin, Sammlung Wolfgang Theis

VII. 143
**Die Streichung des § 175 StGB muß
Bestandteil der Koalitionsvereinbarun-
gen der neuen Bundesregierung werden!**
Anzeige der »Allgemeinen Homosexu-
ellen Arbeitsgemeinschaft«
Aus: »Frankfurter Rundschau« von 1982
Berlin, Schwules Museum

VII. 144 (Abb. S. 288)
Rolf Fischer
**Die politischen Parteien und die
Homosexuellen**
Podiumsdiskussion der »Allgemeinen
Homosexuellen Arbeitsgemeinschaft«
vom 1. März 1979 mit Vertretern der
SPD, CDU, FDP und AL
Berlin. Fotografie
Berlin, Schwules Museum

VII. 145
Rolf Fischer
Pfingsttreffen in Hamburg 1978
1978. Farbfotografie
Berlin, Rolf Fischer

VII. 146
Rüdiger Trautsch
Im Hamburger »Tuc-Tuc«.
Ein ganz gewöhnlicher Abend
1979. Fotografie
Berlin, Schwules Museum

VII. 147 (Abb. S. 281)
Rüdiger Trautsch
**Diskussion mit Rosa nach der Auf-
führung von »Armee der Liebenden«
im Hamburger »Tuc-Tuc«**
1979. Fotografie
Berlin, Schwules Museum

VII. 148
CSD-Gay City Guide von Köln
Stadtplan. Beilage der Zeitschrift
»First« Nr. 93 von Juli 1996
Köln, Centrum Schwule Geschichte

VII. 149 (Abb. S. 285)
Tino Bierling
Schwule in Bewegung
1979. Tusche, koloriert; 28 x 21,5 cm, 41,8
x 29,6 cm (Blatt)
Berlin, Schwules Museum

VII. 150
Rolf Fischer (HAW Fotogruppe
Wittenbergplatz)
Klappensex
Um 1975. Zwei Fotografien
Berlin, Schwules Museum

VII. 151
**Visitenkarte der »Gay-City-Sauna
Berlin«**
Um 1980. Pappe
Berlin, Schwules Museum

VII. 152
**Buttons, Streichholzbriefe und
-schachteln von Schwulenbars**
1970 bis 1993
Berlin, Schwules Museum

VII. 153
**Polizeiliche Anmeldebestätigung für
einen Aufzug der Initiative »Schafft
eins, zwei, drei ganz viele Stonewall«
am 30. Juni 1979**
anläßlich des 10. Jahrestages des
»Stonewallaufstandes« der Schwulen
in New York
Berlin 14. Juni 1979. Formular
Berlin, Schwules Museum

VII. 154 (Abb. S. 289)
Rolf Fischer
**Christopher Street Day am 30. Juni
1979 in Berlin**
Diashow mit ca. 80 Fotografien
Berlin, Schwules Museum

VII. 155
**»Schwuler Karneval« in Bremen am
30. Juni 1979**
Rückseite = Plakat des »Christopher
Street Day« am 30. Juni 1979 in Berlin
1979. Flugblatt
Berlin, Schwules Museum

VII. 156
Christian Philipp Müller
**Der »Verlag rosa Winkel« im SchwuZ
in der Kulmerstraße, Berlin: Manfred
Semmelbauer und Egmont Fassbinder**
Um 1984. Fotografie
Berlin, Schwules Museum

VII. 157
Sofakissen
Weihnachtsgeschenk von Egmont
Fassbinders Schwester – fand mehrfach
Verwendung als Reklame
1978. Batik
Berlin, Egmont Fassbinder

VII. 158
rosa Kalender '79
1979. Taschenbuch
Berlin, Schwules Museum

VII. 159
Klaus Strunk
**Bücher für Schwule? Kreisch –
gibts denn so was? Ja, natürlich! ...
im Verlag rosa Winkel**
Um 1979. Aufkleber
Berlin, Schwules Museum

VII. 160
Sumpffieber.
Medizin für schwule Männer
Berlin: Verlag rosa Winkel 1978–1987
Berlin, Schwules Museum

VII. 161
Ingo Taubhorn
»Café Lila« in Berlin
1985. Fotografie
Berlin, Ingo Taubhorn

VII. 162
Ingo Taubhorn
**»Café Anderes Ufer« in Berlin
(Reinhard von der Marwitz)**
1985. Fotografie
Berlin, Ingo Taubhorn

VII. 163
Schwule Zeitschriften von 1969 bis 1997
Unter anderem:
Him, Plakat der »Berliner Schwulenzeitung«, Hauptstadt!, Schwuchtel.
Eine Zeitung der Schwulenbewegung, Emanzipation, Rosa Flieder, Torso, Siegessäule, Magnus, Männer Aktuell
Berlin, Schwules Museum

VII. 164
Presseschlagzeilen zur Homosexualität:
a) Neue Gehirnchirurgie / Seele unterm Messer
Aus: »Der Spiegel« Nr. 33 vom 11. August 1975
b) Der Papst ist ein Sexmuffel
Aus: »Blick« Zürich vom 15. Oktober 1979
c) Star-Regisseur Pasolini von Lustknaben erschlagen
Aus: »Blick« vom 3. November 1975
d) Hinterm Toilettenspiegel sitzt ein Polizeibeamter
Aus: »Hamburger Abendblatt« vom 3. Juli 1980
e) Das Doppelleben des Walter Sedlmayr
Aus: »Bild« Hamburg vom 17. Juli 1990 (3-teilig)
f) Viktualienmarkt: Homo brutal mit Schal erdrosselt
Aus: »tz« München vom 2. Januar 1980
g) München wird zum Homotreff Europas
Aus: »Donau Kurier« Ingolstadt vom 21. März 1980
Neun Zeitungsseiten bzw. -ausschnitte
Berlin, Lesbisch-Schwules Pressearchiv

VII. 165
Wir sind schwul
Titelthema des »Stern« Nr. 41 vom 5. Oktober 1978
Berlin, Schwules Museum

VII. 166
Homosexualität als Titelthema im Magazin »Der Spiegel«
a) »Der Fall Kiesling / Wörners Fall« in: Ausgabe Nr. 3 vom 16. Januar 1984
b) »Tödliche Seuche AIDS / Die rätselhafte Krankheit« in: Ausgabe Nr. 23 vom 6. Juni 1983
c) »Schwul geboren? Gen für Homosexualität entdeckt« in: Ausgabe Nr. 30 vom 26. Juli 1983
Berlin, Schwules Museum

VII. 167
Wolfgang Detering
Bent
Theaterplakat für die deutsche Erstaufführung im Nationaltheater Mannheim
1979
Berlin, Schwules Museum

VII. 168
Martin Dannecker / Reimut Reiche
Der gewöhnliche Homosexuelle. Eine soziologische Untersuchung über männliche Homosexuelle in der Bundesrepublik
Frankfurt am Main: Fischer Format 1974
Berlin, Schwules Museum

VII. 169
Rüdiger Lautmann
Seminar: Gesellschaft und Homosexualität
Frankfurt am Main: Suhrkamp 1977
Berlin, Schwules Museum

VII. 170
Gisela Bleibtreu-Ehrenberg
Tabu Homosexualität.
Die Geschichte eines Vorurteils
Frankfurt am Main: S. Fischer 1978
Berlin, Schwules Museum

VII. 171
Forum Homosexualität und Literatur
Siegen 1981. Zeitschrift
Berlin, Schwules Museum

VII. 172
Klaus Strunk
Alle Menschen sind der gleichgeschlechtlichen Partnerwahl fähig und haben diese im Unterbewußtsein auch vollzogen (S. Freud)
Abschlußarbeit im Fach »Visuelle Kommunikation« an der Fachhochschule Rheinland-Pfalz in Mainz
1970er Jahre. Siebdruck
Berlin, Schwules Museum

VII. 173
Klaus Strunk
Du sollst nicht beim Mann liegen wie beim Weibe, denn es ist ein Greuel (3. Mos. 18,22.)
Abschlußarbeit im Fach »Visuelle Kommunikation« an der Fachhochschule Rheinland-Pfalz in Mainz
1970er Jahre. Siebdruck, vergoldet
Berlin, Schwules Museum

VII. 174
betrifft Erziehung
Zeitschrift. Ausgabe von 1974
Berlin, Egmont Fassbinder

VII. 175
Peter Schult liest aus seinem Buch »Besuche in Sackgassen. Aufzeichnungen eines homosexuellen Anarchisten« in München
1978. Plakat
Berlin, Schwules Museum

VII. 176
Der Berliner Buchladen »Prinz Eisenherz« in der Bülowstraße 17
Schwule Literatur von 1970 bis 1996
Berlin, Schwules Museum

VII. 177 (Abb. S. 286)
»Prinz Eisenherz« Buchladen
1979. Fotografie
Berlin, Schwules Museum

VII. 178
Ronald M. Schernikau: Kleinstadtnovelle
Plakat mit Ankündigung einer Lesung in der Buchhandlung »Prinz Eisenherz« Rotbuch Verlag 1980
Berlin, Schwules Museum

VII. 179
Am 13. 11. 78 eröffnet ein Buchladen für Schwule und andere Männer
Plakat zur Eröffnung von »Prinz Eisenherz«
Berlin, Schwules Museum

VII. 180
Plakat zur Eröffnung des »Prinz Eisenherz« Buchladens am 12. November 1978
mit Fotografie der vier Geschäftsführer
Berlin, Schwules Museum

VII. 181
»Schreibende Schwule«. Workshop im Berliner Schwulen-Zentrum in der Kulmer Straße 20 a vom 18. bis 21. November 1978
Plakat des »Schwulen Literarischen Salons«
Berlin, Schwules Museum

VII. 182
Maldoror Flugschriften. Literarische Orte schwuler Selbstverwirklichung und Konfusion
Um 1979. Plakat
Berlin, Schwules Museum

VII. 183
(Salondamen)
Homofiles Bilderheft.
Salon Schreibende Schwule
1978. Fotokopien, gebunden
Berlin, Schwules Museum

VII. 184
Lorbeerkranz (»Milchsilber«)
1979. Pappe, Draht
Berlin, Schwules Museum

VII. 185 (Abb. S. 323)
Leonore Mau
Hubert Fichte
1983. Fotografie
Berlin, Leonore Mau

VII. 186
Schwule Stadtführer
a) Berlin von hinten (1981)
b) Köln von hinten (1983)
c) München von hinten (1984)
d) Hamburg von hinten (1984/85)
e) Frankfurt & Umgebung von hinten (1986/87)
Berlin: Verlag Bruno Gmünder
Berlin, Schwules Museum

VII. 187
Waldschlößchen. Schwuler Tagungsort in Reinhausen bei Göttingen
Um 1990. Fotografie
Frankfurt am Main, Andreas Meyer-Hanno

VII. 188
Rolf Fischer
Werbetafel für »Lesben-Treff/Schwulen-Treff & Beratung« in der Hollmannstraße 19, Berlin
1981. Farbfotografie
Berlin, Rolf Fischer

VII. 189
Thomas Michalak
Im Beratungszentrum, Hollmannstraße 19 in Berlin
1981. Fotografie
Berlin, Thomas Michalak

VII. 190 (Abb. S. 290)
Johannes Aevermann
»Mann-O-Meter« in der Mansteinstraße: Mitarbeiter beim Aufbau
Juli 1986. Fotografie
Berlin, Schwules Museum

VII. 191
Homosexuelle Selbsthilfe.
Das Netzwerk der Schwulen
Frankfurt am Main um 1982. Plakat
Berlin, Schwules Museum

VII. 192
Wolfgang Mudra (Graphik) / Ingo Taubhorn (Fotos)
Schwule Vielfalt / Schwule Solidarität
Um 1985. Plakat der Deutschen AIDS Hilfe (DAH)
Berlin, Schwules Museum

VII. 193
Andreas Meyer-Hanno auf dem Christopher Street Day 1996 in Frankfurt am Main
bei der Unterschrift zur Abtretung seines Vermögens an die »Hannchen-Mehrzweck-Stiftung«. Farbfotografie
Dortmund, Rosa Zone Verlag

VII. 194
Rolf von Bergmann
750 warme Berliner
Ausstellungseröffnung im Schwulen Museum
1987. Farbfotografie
Berlin, Schwules Museum

VII. 195 (Abb. S. 290)
Johannes Aevermann
Der Sender »Eldoradio«
a) Jean Marais bei »Eldoradio« im Juni 1986
b) »Eldoradio«-Mannschaft
1986. Zwei Fotografien
Berlin, Schwules Museum

VII. 196
Urteil des Berliner Kammergerichts betreffs der Aufnahme von »Vorspiel – Schwuler Sportverein (SSV) Berlin e. V.« in den »Deutschen Leichtathletikverband«
5. Mai 1992. Typoskript (Abschrift)
Berlin, Vorspiel – Schwuler Sportverein (SSV) Berlin e. V.

VII. 197 (Abb. S. 291)
Detlev Pusch
Vorspiel. Schwuler Sportverein
Um 1989. Plakat
Berlin, Schwules Museum

VII. 198
Ingo Taubhorn
Gay Games in Berlin 1996
Zwei Farbfotografien
Berlin, Ingo Taubhorn

VII. 199
Homosexuelle zur Bundestagswahl.
Parteien auf dem Prüfstand.
Schwule & Lesben befragen Parteien.
12. Juli 1980 – Beethovenhalle – Bonn
Broschüre
Berlin, Schwules Museum

VII. 200
8. Mai 1945: Befreiung vom Faschismus /
30 Jahre später ...? Schwule! Organisiert
Euch in der Schwulenbewegung!
Aktion zum Bundestagswahlkampf
»Parteien auf dem Prüfstand« in der
Bonner Beethovenhalle
1980. Plakat
Berlin, Schwules Museum

VII. 201
Schwul. Selbstbewusst, selbstbe-
stimmt, selbstverständlich
Plakat der Partei »Die Grünen« zur
Bundestagswahl 1986
Berlin, Schwules Museum

VII. 202 (Abb. S. 292)
Ralf König
Watai massiert Männer
1988. Zwei Visitenkarten
Berlin, Albert Eckert

VII. 203
Mitgliedsausweis des Abgeordneten-
hauses von Berlin für Albert Eckert
1992
Berlin, Albert Eckert

VII. 204
Hoyer / Dworek (Foto)
Jeder übergibt sich
beim Hundertfünfundsiebzig
Um 1988. Plakat des Bundesverbands
Homosexualität (BVH)
Berlin, Schwules Museum

VII. 205
Florence Debray (Zeichnung)
Lesben – Schwule – Pflegekinder
Plakataufruf der Berliner Senatsver-
waltung für Schule, Jugend und Sport /
Fachbereich für gleichgeschlechtliche
Lebensweisen zur Teilnahme an einer
Diskussionsveranstaltung am
3. September 1996
Berlin, Schwules Museum

VII. 206
Werner Hinzpeter
Homosexuelle Manager. Wenn der
Chef auf Männer steht
Artikel in »Stern« Nr. 41 vom 5. Oktober
1995 mit Fotografien von Ingo Taubhorn
Berlin, Schwules Museum

VII. 207 (Abb. S. 291)
Ingo Taubhorn
Sven Kielgas und Freund
1995. Farbfotografie
Berlin, Ingo Taubhorn

VII. 208
Arne Walderhaug
Karen-Christine (Kim) Friele
Ende 70er Jahre. Fotografie
Oslo, Månedsavisa Blikk

VII. 209
Karen-Christine (Kim) Friele
Fra undertrykkelse til opprör
(Von der Unterdrückung zum Aufstand)
Oslo: Gyldendal 1975. Paperback
Haugastøl, Karen-Christine Friele

VII. 210
Elin Nygård
Demonstration zu Exklusionen:
»Ich bin Mitglied des DnF-48« –
»Ich war Mitglied des DnF-48«
1. Mai 1979. Fotografie
Oslo, Elin Nygård

VII. 211
Øivind Foss
Jeg elsket en terrorist. Et oppgjör med
Baader-Meinhof
(Ich liebte einen Terroristen. Eine
Abrechnung mit Baader-Meinhof)
Oslo: Cappelen 1981
Berlin, Schwules Museum

VII. 212 (Abb. S. 302)
Marianne C. Brantsæther
Karen-Christine Friele, Pastor Hans
Bratterud und sein Verteidiger Alf
Nordhus im Osloer Amtsgericht
Frühjahr 1985. Fotografie
Oslo, Månedsavisa Blikk

VII. 213
Vogelkasten
1990 Jahre. Holz
Oslo, Helseutvalget for homofile

VII. 214
Revolt – mot sexuella fördomar
Zeitschrift. Ausgabe Nr. 7, 1993
Berlin, Schwules Museum

VII. 215
Pontus Wikner
Psychologische Selbstbekenntnisse
Stockholm: Askild & Kärnekull 1971
Berlin, Schwules Museum

VII. 216
Homosexuella och samhället
(Die Homosexuellen und die Gesell-
schaft)
Bericht einer staatlichen Untersuchungs-
kommission in Schweden 1984
Berlin, Schwules Museum

VII. 217 Abb. S. 303)
Sonderstempel der schwedischen Post
zum zehnjährigen Jubiläum der »Homo-
befreiungswochen« in Stockholm
August 1983, 1986 und 1990.
Drei Postkarten mit Briefmarke und
Stempelabdruck
Stockholm, Kjell Rindar

VII. 218
Jan Delden
Die Gelbe Villa auf dem Klinikgelände
des Danderyd-Sjukhus in Stockholm
1993. Farbfotografie
Stockholm, Pressens Bild

VII. 219
Bössernes Befrielses-Front
Plakat der Schwulen Befreiungsfront in
Kopenhagen. Mittelseiten der Zeit-
schrift »Seksualpolitik« Nr. 3, 1977
Bergen, J.O. Gatland

VII. 220
Inselcamp in Dänemark
Mitte 70er Jahre. Farbfotografie
Kopenhagen, Kurt Overaa

VII. 221
Mogens Kristensen
Christian Kampmann
1974. Fotografie
Kopenhagen, Güldendal

VII. 222
Arne Walderhaug
Gebt uns das Partnerschaftsgesetz
Parole vom Christopher Street Day 1991
in Oslo
Fotografie
Berlin, Schwules Museum

VII. 223 (Abb. S. 304)
Anja Tollan
Axel und Eigil Axgil
an ihrem »Hochzeitstag«
Kopenhagen 1. Oktober 1989. Fotografie
Berlin, Schwules Museum

VII. 224 (Abb. S. 303)
»Trauurkunde« (Partnerskabsattest)
von Axel und Eigil Axgil
Kobenhavns magistrat, bryllupskontoret
12. September 1996; Neuausstellung
des verschollenen Originals vom
1. Oktober 1989
Valby, Axel Axgil

VII. 225
Axel und Eigil Axgil
Interview im NDR, Zuschauerbefragung
und private Aufzeichnungen von den
Hochzeitsfeierlichkeiten
1989. Video (Laufzeit ca. 25 Minuten)
Valby, Axel Axgil

VII. 226
Lasst die Gays heiraten!
Ergebnisse einer Emnid-Umfrage aus:
»Spiegel special« 8/1996
Berlin, Schwules Museum

VII. 227
Arne Walderhaug
Kim Friele und Wenche Lowzow
1993. Farbfotografie
Oslo, Månedsavisa Blikk

VII. 228 (Abb. S. 305)
Rune Sævig
Norwegisches Foto des Jahres 1993
Linda Skagen und Laila Sætvedt vor
dem Bergenser Gerichtsgebäude am
13. September 1993
Bergen, Rune Sævig

VII. 229
Schwedisches Paar 1995 und
Isländisches Paar 1996
Zwei Fotografien
Berlin, Schwules Museum

VII. 230 (Abb. S. 307)
Theo van den Boogaard
Cartoon »Fuck the World«
Abbildung aus: Dick Osseman u. a.,
»Amsterdamse Jongeren. Aktie-groe-
pen Homoseksualiteit, Amsterdam 1971
Reproduktion
Berlin, Schwules Museum

VII. 231
Tout. Ce que nous voulons: Tout
Zeitschrift. Ausgabe vom 23. April 1971
mit dem Titel »Y en a plein de cul! Libre
disposition de notre corps«
Paris, Christian Bouqueret

VII. 232
F.H.A.R. Rapport contre la normalité.
Le Front Homosexuel d'Action Révolu-
tionnaire rassemble les pièces de son
dossier d'accusation. Simple révolte ou
début d'une révolution.
Paris: Ed. Champs Libre / Symptôme 3
1971. Buchausgabe
Paris, Christian Bouqueret

VII. 233
Le Fléau social
Ausgaben Nr. 1 bis 5/6 1972–1974.
Fünf Zeitschriften
Paris, Christian Bouqueret

VII. 234
Button der F.H.A.R.
(Front homosexuel d'Action Révolu-
tionnaire)
1970er Jahre
Paris, Christian Bouqueret

VII. 235
T-Shirt eines F.H.A.R.-Aktivisten
1970er Jahre
Paris, Christian Bouqueret

VII. 236
Recherches
Zeitschrift. Sondernummer von März
1973: »Trois Milliards de pervers. Gran-
de Encyclopédie des Homosexualités«
Berlin, Klaus Behnken

VII. 237
Le Désir homosexuel
Paris: Ed. universitaires / Psychothèque
1972. Buchausgabe
Paris, Christian Bouqueret

VII. 238
Hans Heinrich Salmon
Entwurf für einen Buchumschlag von
»Berlin von hinten«
1981. Bleistift
Berlin, Sammlung Wolfgang Theis

VII. 239 (Abb. S. 313)
Patrick Angus
Boys do fall in love
1984. Acryl auf Leinwand; 122 x 168 cm
New York, Douglas Blair Turnbaugh

VII. 240
Frank Dornseif
Gegenüberstellung I
1982. Armiereisen; 195 x 110 x 40 cm
Berlin, Frank Dornseif

VII. 241
Etienne
The Erotic Art of Etienne #2
1974. Bleistift; 36,8 x 28,5 cm
Chicago, Leather Museum

VII. 242 (Abb. S. 311)
Etienne
Love is a Good Thing
Um 1973. Bleistift, Deckweiß;
35 x 35,4 cm
Chicago, Leather Museum

VII. 243 (Abb. S. 317)
Greg Gorman
Divine
1984. Farbfotografie
Los Angeles, Greg Gorman

VII. 244
Greg Gorman
Divine
1984. Fotografie
Los Angeles, Greg Gorman

VII. 245 (Abb. S. 316)
Keith Haring
»Untitled« October 22, 1984
1984. Acryl auf Leinwand; 152,4 x 152,4 cm
New York, The Estate of Keith Haring

VII. 246 (Abb. S. 312)
David Hockney
**Christopher Isherwood and
Don Bachardy**
1968. Acryl auf Leinwand; 212 x 304 cm
Washington, Privatbesitz

VII. 247 (Abb. S. 315)
Thomas Lange
Mondfinsternis
1984/85. Öl und Tempera auf Leinwand;
200 x 300 cm
Berlin, Thomas Lange

VII. 248
Ralf König
**»Der König und der Narr«.
Ein Safer Sex- Märchen**
1980er Jahre. Fünf Blatt mit Original-
zeichnungen
Frankfurt am Main, CulturContact

VII. 249
Robert Mapplethorpe
Marty Gibson
1982. Fotografie
New York, The Estate of
Robert Mapplethorpe

VII. 250
Robert Mapplethorpe
Man in Polyester Suit
1980. Fotografie
New York, The Estate of
Robert Mapplethorpe

VII. 251
Robert Mapplethorpe
Marty and Hank
1982. Fotografie
New York, The Estate of
Robert Mapplethorpe

VII. 252 (Abb. S. 321)
Robert Mapplethorpe
Brian Ridley and Lyle Heeter
1979. Fotografie
New York, The Estate of
Robert Mapplethorpe

VII. 253
Robert Mapplethorpe
Joe
1978. Fotografie
New York, The Estate of
Robert Mapplethorpe

VII. 254
Robert Mapplethorpe
Selbstporträt
1978. Fotografie
New York, The Estate of
Robert Mapplethorpe

VII. 255 (Abb. S. 318)
Duane Michals
Chance Meeting
1970. Sechs Fotografien
New York, Duane Michals

VII. 256
Duane Michals
Rite of Passage
1986. Fünf Fotografien
New York, Duane Michals

VII. 257
Pierre et Gilles
David dans les coraux
1984. Fotografie
Berlin, Raab Galerie

VII. 258 (Abb. S. 320)
Helmut Röttgen
Freundespaare (authentisch)
1980. Vier Fotografien
Berlin, Schwules Museum

VII. 259
Robert Mapplethorpe
Selbstporträt
1975. Fotografie
New York, The Estate of
Robert Mapplethorpe

VII. 260
Tseng Kwong Chi
In Person! John Sex
Um 1989. Werbeplakat für eine Disco-
Veranstaltung
Berlin/New York, John Heys und
Matthias Fernando

VII. 261 (Abb. S. 314)
Salomé
Two Boys
(Gloeden-Serie)
1988. Aquarell, Deckweiß; 125 x 93 cm
Berlin, Schwules Museum

VII. 262
Ingo Taubhorn
Peter Bösch und René Dezentjé
Aus der Serie »Mann-O-Mann«
27. Mai 1985. Fotografie
Berlin, Ingo Taubhorn

VII. 263 (Abb. S. 310)
Tom of Finland
Ohne Titel
1977. Bleistift; 31,1 x 46 cm
Los Angeles, Tom of Finland Foundation

VII. 264
Tom of Finland
Ohne Titel
1977. Bleistift; 31,8 x 42,2 cm
Los Angeles, Tom of Finland Foundation

VII. 265
Tom of Finland
Ohne Titel
1984. Farbzeichnung; 31,2 x 35 cm
Los Angeles, Tom of Finland Foundation

VII. 266
Teatime bei Regine Fabers
(v.l.n.r.: Erhard Kreipl, Rudi Schlehahn,
Peter Rausch, Michael Eggert)
Berlin 1976. Fotografie
Berlin, Michael Unger

VII. 267
Peter Tatchell
**Flugblatt für die »10. Weltfestspiele der
Jugend und Studenten« vom 27. Juli bis
5. August 1973 in Ostberlin**
London: National Union of Students
Berlin, Schwules Museum

VII. 268 (Abb. S. 294)
»Homosexuelleninitiative Berlin« (HIB)
a) Osterausflug nach Babelsberg 1976
b) Dampferfahrt 1977
Zwei Fotografien
Berlin, Peter Rausch

VII. 269
Rolf Fischer
**Charlotte von Mahlsdorf in der
»Mulackritze« ihres »Gründerzeit-
museums«**
Berlin 1994. Farbfotografie
Berlin, Schwules Museum

VII. 270
Sylvester im Kabarett »Hibaré«
1975. Farbfotografie
Berlin, Peter Rausch

VII. 271
Michael Eggert (Entwurf)
**Eingabe an den Magistrat der Haupt-
stadt der DDR wegen Schließung der
»Mokka-Bar« im Hotel »Sofia« in der
Friedrichstraße**
Berlin 24. April 1975. Typoskript
Berlin, Michael Unger

VII. 272
Kette mit »HIB«-Anhänger
Um 1975. Metall; Anhänger: Dm 2,6 cm
Berlin, Michael Unger

VII. 273
**Antwortschreiben der Akademie der
Wissenschaften der DDR / Zentralinsti-
tut für Sprachwissenschaft an Michael
Unger zur Etymologie des Wortes
»schwul«**
21. Mai 1974. Typoskript
Berlin, Michael Unger

VII. 274 (Abb. S. 295)
**Plakat »Tabu Homosexualität« des
»Arbeitskreis Homosexualität«**
Leipzig 1982
Leipzig, Eduard Stapel

VII. 275
Matthias Kittlitz
**Eduard Stapel, Christian Pulz und
Rainer Steinberg**
Leipzig 1982. Fotografien
(Bogen mit Kontaktabzügen)
Leipzig, Matthias Kittlitz

VII. 276
Matthias Kittlitz
**Matthias Kittlitz und Micco Dotzauer
auf dem Kirchentag in Erfurt**
12. bis 15. Mai 1983 (Motto »Im Hause
meines Vaters sind viele Wohnungen«)
Fotografien (Bogen mit Kontaktabzügen)
Leipzig, Matthias Kittlitz

VII. 277 (Abb. S. 296)
Matthias Kittlitz
Kranzniederlegung in Buchenwald
30. Juni 1982. (Schleifenaufschrift u.a.:
»Den ermordeten Homosexuellen«)
Fotografien (Bogen mit
Kontaktabzügen)
Leipzig, Matthias Kittlitz

VII. 278
Matthias Kittlitz
**Zentrales Treffen des »Arbeitskreises«
Homosexualität (ZAKS) in Berlin am
3./4. November 1984**
v.l.n.r.: (?), Günter Grau, Michael Eggert,
Marina Krug, (?), (?), Christina Jurisch
Fotografien (Bogen mit Kontaktabzügen)
Leipzig, Matthias Kittlitz

VII. 279
**Info-Brief/2 »Schwule in der Kirche /
Arbeitskreis Homosexuelle Selbsthilfe
der Bekenntnisgemeinde«**
Berlin 1. Halbjahr 1986. Zeitschrift
Berlin, Schwules Museum

VII. 280 (Abb. S. 297)
StaSi-Akte »Bruder«
1996; Farbfotografie
Leipzig, Eduard Stapel

VII. 281
**Berliner Stadtplan mit eingezeichneten
Homosexuellenwohnungen im Bezirk
Prenzlauer Berg**
Reproduktion aus: G. Fehr, Zu einigen
Aspekten der Entwicklung der Risiko-
gruppe der männlichen Homosexuel-
len (...) in der Hauptstadt Berlin. Disser-
tation A der Sektion Kriminalistik,
Humboldt-Universität Berlin 1983
Reproduktion
Berlin, Humboldt-Universität,
Universitätsbibliothek

VII. 282
**Aus der StaSi-Akte von Hans-Friedrich
Bergmann**
Bericht der BV Potsdam/III (Fernmelde-
überwachung) nach Abhörung eines
Telefonats über Sexheft-Schmuggel in
der Unterhose
17. Mai 1986. Fotokopien (zwei Blatt)
Potsdam, Hans-Friedrich Bergmann

VII. 283
Rolf Fischer
**Christopher Street Day 1995:
Demozug durch das Brandenburger Tor**
Berlin 1995. Farbfotografie
Berlin, Rolf Fischer

VII. 284 (Abb. S. 298)
**Aufnäher der Lageruniform von
Gennadi Trifonow**
mit Lager- und Brigadennummer
1977. Stoff, beschriftet; je 4,5 x 10 cm
Sankt Petersburg, Gennadi Trifonow

VII. 285
Simon Karlinsky
The Soviet Union vs. Gennady Trifonov
Artikel in »The Advocate« Ausgabe
Nr. 453 von August 1986
Darin: Fotografische Abbildung von
Gennadi Trifonow mit eintätowierter
Lagernummer
Amsterdam, Homodok

VII. 286
Leningrader Porzellanmanufaktur
Nachimowzy. Kadetten der Leningrader
Nachimowskoje Utschilishtsche
Um 1954. Porzellan, bemalt; 19,3 x 11,5 x
7 cm
Berlin, Karl-Heinz Steinle

VII. 287 (Abb. S. 300)
Lew Samojlowitsch Klejn kurz vor
seiner Verhaftung in Leningrad
1981. Fotografie
Sankt Petersburg, Lew Samojlowitsch
Klejn

VII. 288
Sergej Paradschanow
Um 1970. Fotografie
Berlin, Privatbesitz

VII. 289 (Abb. S. 301)
Angelo Pezzana im Foyer des Hotels
»National« in Moskau
15. November 1977. Fotografie
Berlin/Rom, dpa, ANSA

VII. 290
Mauro Vallinotto
Demonstration für die Freilassung von
Sergej Paradschanow
Venedig 25. November 1977. Fotografie
Mailand, Mauro Vallinotto

VII. 291 (Abb. S. 299)
Jewgenij Charitonow
Um 1965; Fotografie
Berlin, Verlag Rowohlt

VII. 292
Wladimir Mironow in Rußland
Um 1979. Fotografie
Dortmund, Wladimir Mironow

VII. 293
Zwei Entlassungsschreiben für
Wladimir Mironow
15. Mai 1980 und 20. Januar 1992; zwei
Blatt
Dortmund, Wladimir Mironow

VII. 294
Bescheinigung für Sergej Kotlik-Lemme
betreffs seiner Entlassung aus dem
»Republikanischen Russischen Drama-
tischen Theater der Marisker ASSR«
(unterzeichnet von Konstantinow,
Hauptregisseur und Kusnezow, Direktor
des Theaters)
Joschkar-Ola 27. November 1989; zwei
Blatt: beglaubigte Kopie (russisch) und
deutsche Übersetzung
Berlin, Privatbesitz

VII. 295
Gej-Prawda
Einmalige Ausgabe der Zeitschrift von
August 1990
»Gai Pied«, Paris / »Gaj Krant«, Amster-
dam
Berlin, Schwules Museum

VII. 296
Brief von Sergej Kirsanow an
»Magnus«
mit beigelegten Fotografien: Sergej
Kirsanow und zwei Fotografien der
Titelblätter der illegal erscheinenden
Zeitung »Men-Klub«
Smolensk 11. Mai 1993; Autograph mit
drei Fotografien
Berlin, Schwules Museum

VII. 297
Petra Gall
Feier zum ersten Christopher Street
Day in Rußland
»Klub der Seeleute«, Sankt Petersburg
1992. Fotografie
Berlin, Petra Gall

VII. 298 (Abb. S. 301)
Karl-Heinz Steinle
Jurij Jerejew im Büro des »Tschaikowsky-
Founds« in Sankt Petersburg
1994; Farbfotografie
Berlin, Karl-Heinz Steinle

VII. 299
Andreas Strohfeldt
Jura Pirjudko am Grab von Michail
Kusmin in Sankt Petersburg
1995; Farbfotografie
Berlin, Karl-Heinz Steinle

PERSONEN- UND SACHREGISTER

ACT UP 267, 272, 276, 331

Adelsward-Fersen, Jacques d' 62, 78, 80, 149

Advocate (Zeitschrift) 227, 266

Aevermann, Johannes 290

Afrika 39

AIDS 267, 270, 271, 272, 276, 278, 283, 287, 292, 296, 306, 308, 315, 316, 317, 322, 324, 326, 327-338, 341

Akademos (Zeitschrift) 78, 80, 149

Aktionsausschuß für die Beseitigung des § 175 91, 102, 177

Albers, Hans 127

Aletrino, Arnold 77, 78, 79

Alexander der Große 34

Alexander, Georg 126

Alexandre, 126

Allegret, Marc 146

Allen, Mariette Pathy 273

Allendy, René 147

Allers, Christian Wilhelm 59, 60

Allgemeine Homosexuelle Arbeitsge-meinschaft (AHA) 285, 291

Amicus Briefbund (Zeitschrift) 195

Amitié, L' (Zeitschrift) 150, 229

Amnesty International 340

Amsterdam 42, 78, 91, 135, 199, 203, 210, 241, 307, 308, 341

Amundsen, Gerhard 177, 179

Anders als die Andern (Film) 82, 83, 102, 106, 107

Anders als du und ich (Film) 16, 196, 260, 261, 262

Anderson, Alexander 221

André, Rogi 144

Andreae, J.V. 23

Angelo, Bob 137, 210, 233

Anger, Kenneth 261, 310

Angus, Patrick 313

Anneaucourt, Graf d' 114, 120

Antidiskriminierungsgesetzgebung 266, 268, 291, 293, 302, 303, 308, 341

Antisemitismus 47, 91, 146, 150, 151

Apollinaire, Guillaume 56

Aragon, Louis 148

Arbus, Diane 320

Arcadie (Zeitschrift) 228-230

Arco, Rolf 125

Aretino, Pietro 24

Argentinien 104

Arnett, Chuck 224

Arnold, Karl 98, 111, 120

Arondéus, Willem 137

Ashton, Frederick 119, 245

Astfalck-Vietz, Martha 128, 181

Auden, Wystan Hugh 128, 141, 173

August von Sachsen-Gotha und Altenburg 54

Avril, Paul 64

Axgil, Axel 233, 236, 241, 303, 304

Aymé, Marcel 150

Bab, Edwin 51

Bachardy, Don 312, 313

Bahn, Walter 97, 101

Balanchine, George 245

Baldiga, Jürgen 331, 332

Baldwin, James 225, 259

Bälle und Tanzvergnügen 97, 98, 99 111, 124, 149, 193, 210, 238, 239, 242

Balz, Bruno 104, 108, 126, 178

Bambula, August 131, 134

Bang, Herman 118

Barbusse, Henri 149

Barcelona 316

Bargheer, Eduard 245

Barr, James 241

Basel 90, 132, 133, 170, 242

Baudry, André 228, 229, 230

Bauer, Arnold 178

Baum, Vicky 172

Beardsley, Aubrey 25, 26, 118

Bebel, August 11, 33, 39, 41

Becher, Johannes R. 144

Becker, Albrecht 167, 187, 188, 192

Becker, Werner 197

Beerbaum, Heinz 184

Begeer, P.A. 136

Behmer, Marcus 62, 64, 69, 110, 167, 168, 180

Bell, Vanessa 214

Bendow, Wilhelm 118, 123 126

Bendt, W. Helmut 279

Benjamin, Hilde 200

Benn, Gottfried 108

Bentheim, Gräfin 163

Berber, Anita 123, 127, 128

Berg, Leo 31

Bergmann, Rolf von 314

Berlin 1, 15, 38, 39, 40, 41, 42, 51, 64, 66, 70 90, 95, 120, 123-128, 132, 155-159, 193, 218, 280-293, 311, 313, 314, 316, 320, 326, 331

Berliner AIDS-Hilfe 331

Berliner Freundschaftsbund 96, 98, 126

Bern 90

Bernard, Paul 220

Bernini, Gian Lorenzo 22

Bernstein, Eduard 39

Bertz, Eduard 56

Bettauer, Fritz Ernst 106

Beylia, Gustave-Léon 149, 150

Bialowons, Hugo 69

Bienen, Max 167

Bierbaum, Otto Julius 55, 107

Bierling, Tino 285

Bisexualität 34, 48, 123, 141, 171, 267, 270

Bisexuellenbewegung 265

Bismarck, Otto von 45, 60

Bizet, Jacques 143

Blätter für Menschenrecht 100, 101, 103, 104, 107, 108, 158, 190, 219

Blei, Franz 64

Bleibtreu-Ehrenberg, Gisela 20

Bleichröder, Baron 127

Bleuler, Eugen 132

Bloomsbury Kreis 214, 247

Blüher, Hans 30, 46, 47, 93, 207

Blunt, Anthony 213

Blutau, Karl 170

Bochum 279

Bockmayer, Walter 326

Body Politic (Zeitschrift)

Bodybuilding 248, 250, 251, 253, 311

Bogarde, Dirk 215, 261, 262
Bold, Alf 328
Bonnard, Abel 148, 149, 150, 151
Boogaard, Theo van den 307
Borgward, Hans 197
Börlin, Jean 114
Borngräber, Christian 334
Boswell, John 20
Botticelli, Sandro 23, 168
Boullet, Jean 232, 242, 246
Boutens, P. C. 136
Bowie, David 275
Bradford, E. E. 139
Braggiottii, Gloria 253
Brand, Adolf 42, 44, 49-53, 54, 57, 62, 63,
    80, 86, 89, 95, 103, 104, 118, 122, 133,
    156-158, 159, 176, 178, 179, 218, 245
Brandl, Erich 114
Brandt, Paul 50
Brandt, Willy 237
Brasillach, Robert 150
Bratterud, Hans 302, 304
Brauchli, Alfred 241
Braunschweig 218
Brecht, Bertolt 105, 106, 108
Breden, Otto 73
Breitbach, Joseph 107, 259
Breitensträter, Heinz 114
Breitkreuz, Heinz 172
Breschnew, Leonid 297
Breton, André 148
Briel, Jonatan 335
Brill, Lotte 176
British Sexological Society 138, 157
British Society for the Study of Sex
    Psychology 75, 139
Britvec, Franz 98
Broc, Jean 24, 26
Broch, Hermann 107
Bronnen, Arnolt 106
Brown, Howard 265, 266
Browne, F. W. Stella 77
Bruce of L. A. 244, 249, 250, 251
Bruckner, Ferdinand 106, 260
Brückner, Helmut 175
Brucks, Eberhard 246
Brugman, Til 117
Bruns, Volker 286
Brühwarm 241, 287, 326
Brüssel 70, 340
Bryant, Anita 266, 268, 273
Budapest 30
Budszko-Radszuweit, Martin 96, 156
Bülow, Bernhard von 44, 52, 57, 91
Bülow, Franz Joseph von 37, 38, 39
Bund für männliche Kultur 43
Bund für Menschenrecht 96, 97, 99,
    100, 101, 102, 103, 104, 126, 133, 156,
    158, 181, 190, 191, 218
Bundesverband Homosexualität (BVH)
    289, 293, 332
Burchardt, Ernst 72, 84
Burgess, Guy 213
Burkhardt, Rudolf 240, 241
Burroughs, William S. 259
Busch, Wilhelm 326
Busse, Erwin von 107, 111

Büttner, Erich 83
Byk, Suse 176
Bytomski, Richard 126

Cabaret (Film) 141
Cadmus, Paul 247, 248, 316
Cage aux Folles, La (Film) 322, 323, 326
Caillaux, Roland 246
Camenisch, Paul 134
Camp 221
Capri 60, 62, 78
Caplan, Neil 338
Capote, Truman 257, 258, 309
Carolina 19, 21
Carne, Marcel 230
Carow, Heiner 297
Carpenter, Edward 29, 30, 32, 75, 76
Carrington, Dora 214
Casanova, Giovanni 24, 25
Casper, Carl 121
Casper, Johann Ludwig 31
Cassady, Neal 225
Cassierer, Paul 59
CDU 288, 291, 292
Céline, Louis-Ferdinand 150
Cellini, Benvenuto 168
Chaillaux, Roland 246
Chameleon, The (Zeitschrift) 139
Chant d'amour, Un (Film) 261
Charité, Lou 210
Charitonow, Jewgenij 299
Charlotte von Mahlsdorf 294
Charlottenburg 37, 49, 75
Chelsea Boys 253
Chicago 218, 252, 256, 311
Chile 285
Chruschtschow, Nikita 297
Clar, Hans 117
Clinton, Bill 274
Clouzot, Henri-Georges 150
Club 68 (Zeitschrift) 242
Club der Freunde und Freundinnen 95
Club Kameradschaft 98
Cocteau, Jean 118, 147, 148, 150, 151, 196,
    229, 245, 246, 253, 256, 258, 259, 309,
    311
Code pénal 142, 151, 228
Coleman, Leo 229
Collin, Gaston 65
Coming Out (Film) 297
Coming-out 215
Cordan, Wolfgang 181
Corinth, Lovis 112
Corsten, Hajo 320
Coster, Howard 141
Couperus, Louis 123, 136
Crevel, René 144, 148, 245
Crisp, Quentin 138, 139, 322
Cruise News (Zeitschrift) 227
Crupi, Galifi 230
Cultuur- en Ontspannings Centrum
    COC 136, 210, 211, 212, 233, 307, 308

Damen-Club Amicitia 133, 159
Dänemark 170, 233, 237, 302, 303, 304,
    305, 306, 310, 341
Dänhardt, Joachim 169

Daniel, Marc 229
Danielsen, Max H. 95, 97, 100, 104, 126
Dannecker, Martin 279, 283, 289, 322,
    332
Dantzig, Rudi van 212, 261
Darrieux, Danielle 150
Dasbach, Georg Friedrich 52
Daudet, Alphonse 145
Daudet, Lucien 145
Day, Doris 327
DDR 16, 200, 201, 203, 207, 208, 292,
    294-297
De Schakel 210
Dearden, Basil 215
Deibel, Franz 64
Delrouze, Guy 78
Demuth, Charles 120, 247, 257
Den Haag 135, 137
Dencker, J. Heinrich 42
Deppe, Hans 180
Dermit, Edouard 231
Despiau, Charles 150
Deutsche AIDS-Hilfe 331, 332
Deutsche Aktionsgemeinschaft
    Homosexualität (DAH) 282, 284
Deutscher Freundschaftsverband 84,
    95, 96, 98, 99, 100, 103, 104, 190
Deutschnationale Volkspartei 85, 155
Diaghilew, Sergei 65
Dieckhoff, Albrecht 199
Dietrich, Marlene 127
Dilsner, Ludwig 56
Divine 321
Dix, Otto 119, 121, 127
Döblin, Alfred 107
DOK Amsterdam 210
Dongen, Kees van 150
Donlon, Robert 225
Dörmer, Heinz 183, 187, 188
Dornseif, Frank 283, 313, 315
Dover, Kenneth 20
Dresden 68, 69, 90, 195, 198, 201, 208
Dreyfus-Affäre 145, 146, 151
Drieu La Rochelle, Pierre 150
Drittes Geschlecht 47, 51, 96, 103, 196,
    234
Drogen, Rauschgift 259, 267, 306, 327,
    331
Droste, Sebastian 123
Dubuffé, 24
Dühring, Eugen 43
Düring, Rolf 209
Durst, Bernhard 334, 335
Düsseldorf 100
Dyer, Charles 261
Dyson, A. E. 213

Eakes, Louis 276
Eaubonne, Françoise d' 230
Eberlein, Gustav 60, 61
Ebermayer, Erich 107, 199
Eberz, Josef 110, 121, 122
Eckert, Albert 292
Eckhoff, Øivind 234
Eekhoud, Georges 78
Egels, Carl Robert 54
Eggert, Michael 294

Ehe 39, 72, 113, 173, 177, 178, 180, 253
Ehe, gleichgeschlechtliche 212, 233, 268,
    293, 303, 304, 305, 306, 308, 330
Ehre, Ida 201, 260
Ehrlich, Georg 111
Eiferman, George 249
Eigene, Der (Zeitschrift) 49-53, 61, 62,
    80, 84, 89, 107, 116, 133, 149, 156-158
Eitelbuss, Kurt 101, 155, 159
Eldoradio 290
Ellis, Henry Havelock 19, 20, 28
Eltinge, Julian 73
Elze, Walter 169
Emanzipation (Zeitschrift) 285, 286
Engelschman, Nico 137, 210, 211, 233, 241
Entenproduktion 326
Entertaining Mr. Sloane (Film) 216
Eros (Zeitschrift) 90, 93, 156
Erpressung 75, 98, 101
Eschke, Volker 281
Eskildsen, Eigil 233, 234, 237, 304
Estland 300
Etienne 311
Etting, Emlen 248, 253, 254
Eulenburg, Philipp zu 14, 43, 44, 45, 52,
    65, 106, 117
Ewers, Hanns Heinz 49, 57
Excentric-Club Zürich 133
Exler, Marie Jacobus Johannes 78, 135,
    136

Falwell, Jerry 266
Fanfare, Die (Zeitschrift) 99, 104
Fassbinder, Egmont 286
Fassbinder, Rainer Werner 322
Faust, Wolfgang Max 334
Faustrecht der Freiheit (Film) 322
Fechner, Max 201
Fehr, G. 295
Feminismus 230, 264, 271, 283, 307
Fenn, Otto 257
Ferlinghetti, Lawrence 225
Fernsehen 199, 211, 212, 214, 258, 280, 311,
    322, 323, 326, 329
Fetting, Rainer 314
Feuchtwanger, Lion 105
Fichte, Hubert 322, 323
Fidus 50, 62
Finnland 311
Fireworks (Film) 261
Fischer, Rolf 288, 289, 334, 335
Flandrin, Hyppolyte 119
Flaniken, Taylon 244
Flato, Fritz 156
Flechtheim, Alfred 111, 112, 113, 114, 122,
    124, 119
Fließ, Wilhelm 48
Florenz 22, 33, 63, 67, 110, 180
Fogedgaard, Helmer 233
Forberg, Friedrich Karl 64
Forbundet af 1948 233, 234, 235, 304
Forel, August 132
Forster, Edward Morgan 144
Forster, Jakob Rudolf 131
Fosse, Bob 141
Foucault, Michel 14, 15, 16, 322, 324
France, Anatol 144

François, Joannes Henri 135, 136
Frank, Barney 267
Frankenthal, Käthe 170
Frankfurt am Main 85, 156, 195, 197, 200, 201, 206, 241, 286, 287
Frankie Goes To Hollywood 277
Frankreich 223 228-232, 261, 341
Französische Revolution 20, 142
Frauenbewegung 11, 13, 282
Frauenfeindschaft 47, 51, 52, 90
Frauenfrage 42
Frauenstimmrecht 39
Frears, Stephen 216
French, Jared 248
Freud, Sigmund 46, 48, 110, 115, 147
Freund, Der (Zeitschrift) 95
Freund, Kurt 201
Freundin, Die (Zeitschrift) 96, 100, 104, 158
Freundschaft u. Freiheit (Zeitschrift) 90, 93, 95, 218
Freundschaft, Die (Zeitschrift) 38, 84, 95, 100, 102, 107, 121, 133, 149, 159, 190, 202
Freundschaftsbanner (Zeitschrift) 134, 240
Freundschaftsblatt, Das (Zeitschrift) 96, 98, 99, 100, 158
Freundschaftbund Gesellligkeit 97
Friedkin, William 322
Friedlaender, Benedict 43, 44, 50
Friedländer, Salomo 107
Friedrich II. von Preußen 34, 51
Friele, Karen-Christine 235, 302
Friendship and Freedom (Zeitschrift) 218
Fritsch, Ernst 121
Fritsch, Werner von 164
Front Homosexuel d'Action Révolutio-naire 230, 283
Fuchs, Hanns 49, 50
Fuori! 283, 301

Gaal, Margit 111
Gai Pied Hebdo (Zeitschrift) 151
Gates, Phillis 327
Gattermann, Eugen Ludwig 105
Gatzweiler, Richard 196
Gaulles, Charles de 228
Gay Activists Alliance 223, 265
Gay and Lesbian Games 271, 308
Gay Community News (Zeitschrift) 266
Gay Krant (Zeitschrift) 308
Gay Liberation Front 223, 265, 276
Gay Men's Health Crisis 267
Gay News Germany (Zeitschrift) 203
Gay Slavjanje (Zeitschrift) 298
Gay Sunshine (Zeitschrift) 266, 298
Gay Sweatshop 326
Gay Times (Zeitschrift) 275
Gefährten, Die (Zeitschrift) 202
Geiger, Willi 112
Geldzahler, Henry 313
Geller, Marc 272
Gemeinschaft der Eigenen 50-53, 84, 89-94, 95, 99, 101, 103, 118, 176, 178, 198

Genet, Jean 148, 228, 230, 246, 258, 261, 309, 339
Genf 90, 132
George, Boy 277
George, Stefan 55, 64, 93, 108, 118, 121, 122, 133, 169, 181, 207
Gerber, Henry 218, 219
Gercke, Achim 175
Gernreich, Rudi 220, 221
Gert, Valeska 173
Gesellschaft für Reform des Sexualrechts 197
Gesetze der Liebe (Film) 102, 107
Gide, André 80, 136, 137, 143, 144, 145, 146, 148, 149, 150, 151, 228, 229, 230, 245, 259, 260
Giese, Hans 16, 195, 197, 198, 199, 206, 241, 261
Giese, Karl 37, 157
Giese, Therese 173
Gilles, Werner 180, 245
Ginsberg, Allen 225
Giraudoux, Jean 150
Gloeden, Wilhelm von 59, 62, 315
Godal, Erich 112, 113, 117
Goethe, Johann Wolfgang 56
Gold, Ron 266
Goldacker, Konstanze von 39
Goldschmidt, James 46
Goor 228, 246
Gorman, Greg 321, 327, 329, 333, 335
Gothein, Percy 181
Gould, Jack 322
Graef, Botho 64, 69
Graf, Oskar Maria 116
Graham, Martha 337
Grant, Duncan 214, 215, 247, 255
Graves, John T. 218
Green, Julien 148
Green, Leonard 139
Gretschmer, Henry 71, 72
Griebel, Otto 117
Griechenland 20, 22, 27, 28, 30, 52, 90, 110, 180
Grieger, Charles 197, 202
Griffin-Report 198, 199
Gross, Otto 115
Großbritannien 16, 29, 75-77, 198, 213-217, 275-278, 340
Grossmann, Rudolf 114
Grosz, George 116, 121
Gruber, Jim 220
Grune, Richard 188
Grünewald, Gerhard 179
Grynszpan, Herschel 175
Gsovsky, Victor 160, 181
Gstettner, Hans 108
Guérin, Daniel 230
Guillot, Laure Albin 145
Guitry, Sascha 150
Guizot, François 142
Gundolf, Friedrich 56, 64
Günzler, Erhard 207
Gurlitt, Fritz 111, 112, 113, 118
Gurlitt, Wolfgang 118
Gustav V., schwed. König 236
Guthmann, Johannes 66, 117

Haag, Romy 314
Haarmann, Erwin 241
Haarmann, Fritz 101, 117, 322
Haase, Ernst 184, 185, 186
Hacker, Agnes 39
Haeckel, Ernst 84
Hafter, Ernst 133
Haire, Norman 138
Hall, Marguerite Radclyffe 133, 138
Halliwell, Kenneth 216
Halsman, Philippe 229
Hamburg 41, 70, 84, 89, 98, 99, 100, 150, 163, 197, 198, 200, 201, 206, 241, 260, 261, 286, 292, 293, 323, 326
Hamecher, Peter 49, 54, 55
Hampson-Simpson, John 173
Hanagan, Alonzo James 244, 249
Hannover 27, 37, 41, 101, 117, 119, 175, 195, 315
Hansen, Max 123
Hansen, Rolf 176, 180
Harden, Maximilian 44, 45, 52, 65
Haring, Keith 316, 317
Harlan, Veidt 16, 196, 261
Harnack, Ernst-Walter 196
Harthauser, Wolfgang 199
Hartley, Marsden 120, 247, 257
Harvey, Lilian 171
Hasenscharte 40, 41
Hass, Jochen 209, 256
Hasse, O. E. 239
Haubach, Theodor 181
Haushofer, Albrecht 181
Hausmann, Raoul 116, 117
Hay, Harry 220, 221
Hazan, Jack 312
Heckel, Erich 121
Hedenström, Peter 286
Heeter, Lyle 317
Heezen, Charley van 136
Heimsoth, Karl-Günter 91, 93, 122
Heine, Heinrich 54
Heinemann, Gustav 196, 199
Heinrich, Walter 50
Heitmüller, August 117, 119
Heldt, Werner 122, 180, 245
Heli, Arne 234
Hellasbote (Zeitung) 104
Hellman, Allan 236, 237
Hellwig, Werner 258
Helms, Jesse 271, 317
Helsinki 295, 299
Hendriks, Jan 196
Henke, Hans 178
Henninger, Hans 176, 178, 179
Herbertsen, Erich 158
Hergemöller, Bernd-Ulrich 20
Hergt, Reichsjustizminister 85
Hermann, Harry 199
Hermant, Abel 150
Hermaphrodit 22, 23
Herren Klub Basel 90
Herrmann-Neiße, Max 116
Herzer, Manfred 286
Hesse, Werner 177, 197, 198

Heterosexualität, Heterosexuelle 13, 32, 35, 48, 51, 64, 72, 106, 112, 115, 124, 128, 211, 212, 213, 230, 245, 279, 282, 233, 296, 302, 306, 308, 325, 334, 340, 341
Hexenverfolgung 27, 166
Hildebrand, Ernst 180
Hille, Peter 50
Hiller, Kurt 34, 41, 83, 84, 86, 93, 108, 110, 122, 125, 155, 156, 160, 198, 204, 322
Himmler, Heinrich 163, 164, 165, 183
Hindenburg, Paul von 101
Hippies 16, 266
Hirschberg, Herbert 57
Hirschfeld, Magnus 11, 12, 20, 29, 32, 34, 37, 38, 39, 40, 41, 42, 43, 44, 45, 46, 47, 48, 49, 50, 51, 56, 62, 64, 70, 75, 77, 78, 80, 83, 84, 87, 88, 91, 92, 99, 103, 104, 105, 106, 107, 110, 115, 117, 125, 131, 155, 157, 180, 189, 197, 204, 206, 218, 220, 235, 268, 286
Hitler, Adolf 108, 149, 155, 187, 236
Hladky, Josef 158
Höch, Hannah 116, 117
Höcker, Paul 60, 62
Hockney, David 217, 278, 311, 312, 313, 316
Hofer, Karl 114
Hoffmann, Ludwig von 59
Hofman, William 326
Hofmann, Henri Châtin 128
Hofmannsthal, Hugo von 65
Hoghe, Wilma Vermaat 337
Hohenau, Fritz von 74
Hohenau, Wilhelm von 52, 74
Hohenberg, Ritter von 19
Holm, Michael 237
Holstein, Franz von 42
Homolulu 287, 290
Homosexual Law Reform Society (HLRS) 213, 214, 276
Homosexualität und Kirche (HUK) 12
Homosexuelle Aktion Bremen 284
Homosexuelle Aktion Hamburg 287
Homosexuelle Aktion Kassel 191
Homosexuelle Aktion München 281
Homosexuelle Aktion Westberlin (HAW) 208, 281, 282, 283, 284, 285, 286, 288, 289, 294, 313
Homosexuelle Aktionsgruppe Bochum 279
Homosexuelle Studentengruppe Münster 279
Homosexuelleninitiative Berlin 208, 294
Hooker, Evelyn 221
Horst, Horst P. 122, 148
Hössli, Heinrich 19, 27, 56, 131, 132
Housman, Laurence 76
Hoyningen-Huene, George 148, 180
Hudson, Rock 249, 327, 329
Hujar, Peter 265, 319, 335
Hull, Bob 220
Hülsen, Georg von 57
Hunter, Tab 249
Hurt, John 139
Huxley, Aldous

ICSE-Kurier (Zeitschrift) 197, 199, 203
Indianer 20
Initiativgruppe Homosexualität Biele-
feld (IHB) 291
Insel, Die (Zeitschrift) 96, 100, 107
Institut für Sexualforschung 198, 206
Institut für Sexualwissenschaft 91, 92,
102, 117, 155, 178, 286
International Committee for Sexual
Equality (ICSE) 195, 235, 237
International Homosexual World Orga-
nisation (IHWO) 233, 237, 279, 285
International Lesbian and Gay Associa-
tion (ILGA) 270, 288, 299, 300, 301,
340
Internationale Freundschaftsloge (IFLO)
261
Inversions (Zeitschrift) 149, 150, 229
Iran 340
Ilse, Walter 191
Isenstein, Harald 86
Isermeyer, Christian Adolf 204
Isherwood, Christopher 11, 15, 119, 128,
141, 173, 245, 260, 312, 313
Island 304, 305, 306
Italiaander, Rolf 199, 201, 260
Italien 22, 29, 33, 59, 60, 64, 90, 178, 180,
262, 283
Ives, George Cecil 75, 76

Jackson, Charles 221
Jacob, Max 148
Jaeckel, Willy 111
Jaeger, Walther 104, 189
Jaeger-Corvus, Ernst 62
Jäger, Gustav 30, 31
Jahn, Hellmuth 67
Jahnn, Hans Henny 106, 107, 258, 259,
260
Jahrbuch für die geistige Bewegung 56
Jahrbuch für sexuelle Zwischenstufen
38, 50, 51, 54, 56, 105, 131
Jakob, Wilhelm 185
Jansen, Wilhelm 42, 50
Janthur, Richard 112
Jarman, Derek 278, 323
Java 77, 79
Jean Paul 54, 56
Jennings, Dale 220
Jerejew, Jurij 300
Jersild, Jens 234
Jesus 54, 61, 89, 121, 212
Johansson, Eric 117
Johansson, Warren 218
John, Elton 277
Joloff, Friedrich 196, 260, 261
Jordan, Karl Friedrich 89
Jorgensen, Christine 257
Jouhandeau, Marcel 148, 150, 151
Journal of Homosexuality 223
Joux, Otto de 75
Julien, Isaac 278
Jung, Carl Gustav 78
Jung, Cläre 116
Jung, Franz 115
Jung, Rudolf 241
Jünger, Friedrich Georg 109

Justi, Ludwig 121
Justinian, röm. Kaiser 19

Käfig voller Narren, Ein (Film) 323
Kaesbach, Walter 121
Kahl, Wilhelm 46, 86, 87, 94
Kahnert, Hans 104
Kainer, Ludwig 111
Kameny, Frank 223, 266
Kameradschaft »die runde« Reutlingen
198, 199, 208
Kamm, Paul 111
Kanada 341
Kapp-Putsch 84
Karina, Lilian 160
Karl V., dt. Kaiser 19, 21
Karl XII., schwed. König 34
Karlinsky, Simon 196
Karl-Marx-Stadt 296
Karsch-Haack, Ferdinand 44, 102, 131,
159, 262
Kartell für Reform des Sexualstraf-
rechts 86
Kassel 42, 98, 181, 190, 191
Kastration 183, 190
Katholiken 78, 132, 136, 164, 196, 212, 228,
266
Katz, Jonathan Ned 220, 221
Kaufmann, Freddy 172
Kaufmann, Max 131
Kaufmann, Nikolaus 124, 171, 181
Kaulbach, Friedrich August von 62
Kautsky, Karl 39
Kavafis, Konstantinos 311, 312
Keim, Michael 286
Keith, Jens 125, 171, 181
Kemp, Lindsay 338, 339
Kempe, Fritz 258
Kennedy, Jacqueline 309
Kertbeny, Karl Maria 27, 28, 31, 32
Kessler, Harry Graf 59, 64, 65, 110, 111, 118
Kiefer, Otto 50
Kielgas, Sven 291
Kindel, Klaus 285
Kinderpornographie 271
Kinsey, Alfred C. 218, 219, 247
Kinsey-Report 198, 201, 202, 219
Kinsky, Klaus 196
Kirchner, Ernst Ludwig 59, 64, 69
Kirchner, Gerhard 156
Kirstein, Lincoln 245
Kittlitz, Mathias 296
Kitta, Karl Heinz 187, 188
Kleist, Heinrich von 335
Klejn, Lew 300
Klimmer, Rudolf 16, 195, 198, 200, 207,
242
Klujew, Nikolaj 76
Knack, Andreas 45
Knesebeck, Bodo von dem 65
Knop, Martin 195
Koch, Max 60
Koeppen, Wolfgang 260
Kolle, Helmut 118, 122
Köln 163, 195, 196, 281, 286, 292, 293, 326
Kon, Igor 299
König, Ralf 292, 322, 325, 326

Konzentrationslager 11, 16, 151, 156, 160-
167, 169, 177, 178, 180, 182-189, 190,
196, 197, 228, 296, 326
Koop, Everett 267
Kopenhagen 234, 241
Körperbehinderung 266, 267
Kortner, Fritz 105
Koslovsky, Vladimir 298
KPD, Kommunisten 33, 85, 93, 161, 171,
172, 181, 221, 284
Krafft-Ebing, Richard von 31, 32, 39, 40, 54
Krall, Karl 119
Kramer, Larry 326
Kreis, Der (Zeitschrift) 108, 126, 131, 133,
134, 191, 195, 199, 201, 208, 228, 238-
242, 246
Kreutzberg, Harald 125, 175
Krey, Friedhelm 286
Krieg 16, 39, 47, 53, 78, 138, 146, 163, 170,
182, 187, 213, 223, 258
Kronberger, Maximilian 121
Kropotkin, Alexander 195
Krupp, Alfred 59
Kupffer, Elisar von 51, 54, 63
Kusmin, Michail 76

Laaksonen, Touko 310
Lacour, Coco 142
Lampel, Peter Martin 106, 115, 117
Lang, Lothar 286
Landsberg, Otto 84, 87
Lane, Bettye 265, 266
Lange, Thomas 315
Langenbeck, Bernhard von 32
Laserstein, Botho 198, 202
Last, Jef 136
Laule, Wilfried 287
Lautmann, Rüdiger 268, 290
Le Vigane, Robret 150
Leander, Zarah 104
Lederfetischismus 212, 256, 288, 289,
319, 323
Leeuwen, Jaap van 137, 210
Lehmann, Paul 49
Leibovitz, Annie 328
Leipzig 37, 39, 41, 64, 89, 201, 295
Lemke, Jürgen 296
Leonardo da Vinci 48, 168
Leonhardt, Gerhardt von 32
Lesben 38, 46, 47, 76, 77, 104, 111, 112, 113,
114, 122, 123, 133, 134, 136, 138, 158,
202, 214, 221, 230, 233, 234, 235, 237,
264, 265, 266, 267, 268, 269, 275,
282, 290, 294, 295, 296, 300, 302,
304, 305, 306, 307, 308, 309
Lesbenbewegung 268, 270, 271, 282,
302, 303, 305, 306, 307
Lesbian Nation 307
Lestrade, Gaston 150
Leue, Gustav 197, 202
Levensrecht (Zeitschrift) 137, 210
Levy, Rudolf 122, 180
Lichey, Georg 106
Liebenow, Arthur 101
Lothe, Andre 148
Liebers, Alfred von 108
Lifar, Serge 150

Lifka, Erich 241
Lilienthal, Karl von 46
Limann, Peter 156, 181, 188
Lindgens, Walter 119, 121, 122
Lingen, Theo 123
Linke, Adolf 190
Linsert, Richard 85, 116, 117, 125, 155, 159,
181, 188
Lips, Roger 335, 336
Lipsius, Justus 19
List, Herbert 122, 141, 174, 180, 209, 231, 245
Liszt, Franz von 11, 39, 41, 46
Literaturkritik 54
Loebe, Paul 85
Logan, Becket 335, 337
Lokalinhaberklub 98, 103, 126
Lommel, Uli 322
London 70, 75, 138, 256, 275, 276, 278,
312, 313, 326
London School of Economics 276
Lopez, Antonio 329
Lorenzo, Ernst de 73
Lorrain, Jean 142, 143, 144, 145, 229
Los Angeles 220, 222, 241, 248, 249, 266,
272, 313
Loti, Pierre 143
Louys, Pierre 111, 113
Løvans, Rolf 234
Lubin, Yves Francois 337
Luckhard, Ulrich 312
Ludwig II. von Bayern 28, 34
Luikinga, Albert Jan 136
Lumet, Sidney 322
Luzern 132, 133
Lynar, Johannes zu 52
Lynes, George Platt 119, 219, 245, 246,
248, 320
Lytton Strachey, Giles 214

Mackay, John Henry 55, 57, 158
Maclean, Donald 213
Madsen, Axel Lundahl 233, 234, 237
Maeder, Günter 178
Märckische Wanderclub 95
Magallanes, Nicholas 248
Magdeburg 296
Magnus (Zeitschrift) 286, 287
Magnus Hirschfeld Gesellschaft 286
Mailand 42
Male Nudist Portfolio (Zeitung) 227
Maillol, Aristide 64, 65
Maintöchter 241
Malecki, Roman 125
Malraux, André 144, 149
Maltzahn, Christian von 286
Mammen, Jeanne 113
Mammina 132, 133, 134
Mann, Erika 173
Mann, Heinrich 144, 149
Mann, Klaus 106, 108, 144, 148, 160, 169,
173, 258, 259
Mann, Thomas 12, 24, 55, 107, 173, 250,
259, 260, 322
Mapplethorpe, Robert 316, 317, 319
Marais, Jean 147, 148, 290
Marcus, Hugo 125, 126
Marihuana 267

Märkischer Wanderklub 95
Markopoulos, Gregory 310
Marlowe, Christopher 106, 278
Marquardt, Martha 50
Martens, Kurt 111
Marwitz, Reinhard von der 286, 315
Marx, H. 28
Mattachine Review 222
Mattachine Society 219, 220, 221, 222, 223, 226, 227, 250
Matussek, Bruno 105
Mau, Leonore 323
Maugham, Somerset 119, 222, 245
May, Karl 67
Mayer, Eduard von 63
Mayer, Hans 12
Maywald, Willi 122
McAlmond, Robert 120
McBean, Angus 138
McCarthy, Joseph 221
Meerscheidt-Hüllessem, Leopold von 38, 40
Meienreis, Richard 50, 54
Meier, Karl 16, 132, 210, 233, 238, 240
Meier-Graefe, Julius 59
Meinhold, Keith 274
Meininger, Al 218
Meininger, Heinz 195
Mellors, Bob 276
Mengs, Anton Raphael 24, 25
Menschenrecht (Zeitschrift) 131, 133, 134, 240
Mercury, Freddy 277
Merill, George
Merzbach, Georg 42
Methorst, Henri 211
Mettelmann, Hans Ludwig 170
Metzner, Franz 62
Mexico City 259
Meyer, Heinrich 25
Meyer, Karl 158
Meyerinck, Hubert von 123, 127
Michalak, Thomas 335, 336
Michals, Duane 318
Michelangelo 34, 252
Miede, Max 93, 94
Militär 274, 308
Militärpolizei 196
Milk, Harvey 269
Miller, Paul 272
Minusio 63
Mirguet, André 230
Mishima, Yukio 258
Mitterrand, François 151, 230
Mizer, Bob 244, 249, 250
Moldau, Siegfried 57
Molière 34
Molinaro, Edouard 322
Moll, Albert 19, 29, 31, 32, 41, 102
Moltke, Kuno von 44, 45, 46, 52
Moncion, Francisco 248
Montagu of Beaulie, Lord 213
Montesquiou, Robert de 142, 143, 144
Montherlant, Henry de 146, 148
Moorleichen 19
Mord 41, 84, 160, 170, 172, 196, 269, 270, 322

Moreck, Curt 114, 122, 127, 128 Morse, Carl 251
Morte a Venezia (Film) 261, 322
Morwitz, Ernst 121
Moscone, George 269
Moskau 213, 299, 301
Mosse, George L. 151
Mühler, Heinrich von 32
Müller, Ludwig 161
Müller, Wolfgang 319
München 60, 62, 63, 84, 105, 121, 281, 293
Münster 279, 281
Musil, Robert 107
Müthel, Eva 280
Mütter 126, 136, 156, 190, 221, 262

Nabokov, Sergej 189
Nabokov, Vladimir 189
Näcke, Paul 71
Nader, George 249
Nagrodskaja, Jelena 76
Naked Civil Servant, The (Film) 139
Napoleon I. 142
Nargs 270, 272
National Gay and Lesbian Task Force 266, 271
Nationalsozialisten 84, 94, 103, 136, 137, 155-191, 200
Nazidiktatur 15, 49, 85, 92, 108, 134, 155-191, 192, 283
Nederlandsch Wetenschappelijk Humanitair Komitee 77, 135-137
Negrin, Su 265
Nerciat, Robert Andréa de 26
Nerlinger, Oskar 118, 122
Neubert, Aron 332, 335
Neuburger, Curt 99, 101, 104
Neue Freundschaft (Zeitschrift) 100, 101, 104
Neumann, Ernst 186, 189
New Orleans 250
New York 16, 104, 120, 139, 156, 175, 218, 223, 244, 247, 248, 265, 266, 267, 272, 275, 281, 309, 313, 316, 326
Newekluff, Georg 78
Nichols, Beverly 139
Nicholson, John Gambril 139
Nicht der Homosexuelle ist pervers... (Film) 280, 281, 294, 322
Nicoletta, Daniel 269
Niedecken-Gebhard, Hanns 175, 176
Niederlande 15, 76, 78, 79, 181, 198, 210-212, 307, 308, 340
Nielsen, Gösta Adrian 119
Niemann, Walther 85, 177
Nietzsche, Friedrich 43, 65, 93
Nijinski, Waslaw 65
Nizan, Paul 149
Nizza 157
Nobis, Ernst 190
Noble, Elaine 265
Nordhus, Alf 302
Norske Forbundet av 1948 235, 303
North American Man/Boy Love Association (NAMBLA) 268
Norwegen 170, 234, 302, 303, 305, 341
Noske, Gustav 95

Novy Hlas (Zeitschrift) 158
Nürnberg 286, 288

O'Connor, John 266
Oberg, Eduard 37, 38, 39
Obermayer, Leopold 163-167, 176, 186
Odeman, Robert T. 184, 186
Oechsler, K. 114, 115
Oehring, Richard 116
Oelbermann, Robert 162
Olav V. von Norwegen 303
Olivier, Laurence 138
Olympiade 177, 178, 298
ONE Magazine 222, 227, 241
ONE, Inc. 203, 222, 223, 241, 260
Order of Chaeronea 75, 139
Orloff, Sascha 126
Oreiudos, Dom 311
Orplid-Verlags A. G. 100
Orton Joe 216, 261
Osborn, John 261
Österreich 40, 46, 75, 77, 157, 158, 170, 189, 203, 237, 262
Ostertag, Ernst 241
Oswald, Richard 83
Otto, Paul 180, 189
Outing 268, 274

Paarse September 307
Pädophile 268, 286, 288, 289, 308
Pallesen, Henning 237
Paradschanow, Sergej 301, 340
Paragraph 175 StGB 11, 34, 37, 39, 41, 62, 70, 83, 98, 100, 101, 102, 103, 117, 137, 155, 161, 168, 170, 175, 176, 177, 179, 185, 187, 188, 191, 192, 195, 196, 198, 200, 201, 203, 204, 206, 207, 279, 280, 282, 292, 293, 294, 297, 330, 340
Pareik, Andreas 289
Paris 15, 56, 62, 70, 79, 80, 119, 120, 121, 142-151, 157, 160, 170, 171, 181, 189, 245, 259, 260, 282, 324
Parry, Roger 228
Pasolini, Pier Paolo 12
Paulhan, Jean 148
Pauly, Harry 160, 185
Péan, Philippe 151
Persien 20
Pet Shop Boys 277
Peters, Helmut 200
Petersen, Wolfgang 322
Petrowitsch, Iwan 127
Peyrefitte, Roger 198, 228, 230, 246
Pezzana, Angelo 301
Pfemfert, Fritz 115
Philby, Kim 213
Phoebus-Bilderschau 101
Picasso, Pablo 119
Picasso, Paloma 329
Pissoir 71
Place, Sydney 80
Platen, August von 24, 49, 54, 111
Plato 20, 24, 27
Plaut, Richard (Plant) 169
Plein, Rainer 279
Plock, Georg 84, 85, 88, 95

Plüschow, Guglielmo 59
Pohlandt, Wilhelm 173
Poler 78, 295
Polizei 39, 70, 71, 72, 74, 96, 100, 105, 124, 131, 135, 137, 142, 156, 158, 160-167, 170, 181, 183, 189, 190, 200, 210, 218, 221, 225, 226, 234, 242, 249, 260, 265, 270, 281, 308
Praetorius, Numa 20, 49, 54, 55, 56, 77, 80
Prag 158, 170
Praunheim, Rosa von 280, 281, 294, 322, 328, 329, 330
Premsela, Bernno 211, 212
Prescha, Gerhard 202
Prévert, Jacques 148
Prostitution 51, 70, 86, 125, 132, 142, 190, 200, 230
Proust, Marcel 123, 142, 143, 144, 145, 146
Psychoanalytiker 41, 78
Pusch, Detlev 291
Pütz, Rudolf 111
Putziger, Rolf 197, 202

Quaintance, George 244, 245, 249, 250, 253, 255, 256
Queen 277
Queer Nation 272, 273
Queneau, Raymond 147
Quorum, The (Zeitschrift) 139

Radbruch, Gustav 85, 86
Radiguet, Raymond 148
Radszuweit, Friedrich 85, 86, 96, 97, 99, 100, 101, 103, 104, 122, 158,
Raffalovich, Marc André 26, 77, 79, 80
Rapp Robert 241
Rappaport, Charles 133
Rassmus 267
Rath, Ernst von 175
Rathmann, Erwin 184
Reddi, Franz 57
Redl, Alfred 106
Reiche, Reimut 289
Reichmann, Dr. phil. 80
Reimann, Hans 107
Reinhard, Jürgen 204
Reinhard, Max 57, 110
Reiß Stefan 293
Renaissance 22
Renn, Ludwig 169, 171
Renoir, Jean 113, 114
Renzlow, Chuck 252, 257
Retzlaff, Hans 182, 183
Reuchlin, Hans 23
Reutter, Otto 45
Reve, Gerard 211, 212
Ricaumont, Jacques de 230
Richardson, Tony 333
Ridley Brian, 317
Riehmer, Horst 172
Ries, Mr. L.A. 135, 136
Rimbaud, Arthur 143, 228, 229
Ripploh, Frank 320, 322, 323
Rockhill, Nathalie 266
Rockwell, Norman 255, 311
Rocky Horror Picture Show, The (Film) 326

Rocky Twins 123
Rodin, Auguste 59, 65
Roggenhausen, Jürgen 204
Rogozinski, Jürgen 204
Röhm, Ernst 87, 91, 94, 103, 108, 160, 161, 168, 170, 175, 190
Rolf (Karl Meier) 108, 132, 133, 134, 233, 238, 240
Rolling Stones 277
Rom 59, 70, 75, 209, 260
Römer, Lucien von 42, 50, 77, 78, 79, 135
Romini, Richter 200
Rooie Flikkers 307, 308
Roos, Wim 135
Rosa Flieder (Zeitschrift) 287
Rosenfeld, Kurt 87
Rössner, Georg Walter 112
Rostand, Maurice 150, 260
Rote Zelle Schwul Frankfurt 281, 283
Rotterdam 137
Röttgen, Helmut 320
Rowland, Chuck 220
Rundblick (Zeitschrift) 199
Rusche, Herbert 293
Rußland 75, 76, 299, 300, 301
Russel, Ken 278
Russo, Vito 262
Rustin, Bayard 225

Sachs, Maurice 148, 150, 151
Sackville-West, Vita 214
Sadger, Isidor 41, 48
Sadomasochismus 212, 224, 259, 286, 289, 308, 311, 314
Sætvedt, Laila 305
Safe Sex 267, 308, 328, 333
Salmen, Andreas 292, 331
Salomé 313, 314, 315
Salzgeber, Manfred 330
San Francisco 16, 222, 223, 224, 225, 226, 227, 267, 268, 269, 271, 272, 341
Sanchez, Javier 339
Sansom, Norman 220
Santhorst, Arent van 137
Sappho 37, 111, 112
Sarria, José 221, 222, 269
Sartre, Jean-Paul 150
Saudi-Arabien 340
Sayers, Dorothy L. 139
Schad, Christian 111, 113, 114, 115, 120, 121, 126, 128
Schall, Roger 148
Scheffelt, Fritz 242
Scheurich, Paul 112
Schiller, Friedrich 56
Schiller, Hellmut von 170
Schlegel, Willhart Siegmar 198
Schlichter, Rudolf 111, 117
Schmalhausen, Otto 116
Schmidtbonn, Wilhelm 57
Schmitt, Hans 166, 167
Schmitt, Wolfgang-Eberhard 173
Schneider, Franz 171, 172
Schneider, Sascha 60, 63, 67-69
Schneider-Kainer, Lene 117
Schoeps, Hans-Joachim 196, 198
Schoff, Otto 111, 112, 113, 114

Schoor, Wilhelm 164
Schopenhauer, Arthur 34, 43, 324, 325
Schorer, Jacob Anton 78, 79, 135, 137
Schreiner, Hugo 169, 170
Schüklenk, Udo 268
Schultz, Karl 95, 101, 103
Schultz, Richard 178, 181, 197, 198
Schulz-Dornburg, Rudolf 175
Schulze-Wilde, Harry 199
Schumann, Eva 133
Schünzel, Reinhold 171
Schütte, E. 110
Schwabe, Toni 42, 47
Schweden 169, 170, 236, 300, 302, 303, 304, 341
Schweitzer, Ernst Emil 102
Schweiz 15, 27, 63, 90, 131-134, 159, 198, 238-242
Schweizer Freundschafts-Bund 133
Schweizerischer Freundschaftsverband 131, 132, 159
Schweizerisches Freundschafts-Banner 131, 134, 240
Schwichtenberg, Martel 111
Schwuchtel (Zeitschrift) 286
Schwulenverband in Deutschland (SVD) 289, 293, 297
Schwuz 288
Seel, Pierre 151
Selbstmord 38, 41, 43, 70, 72, 101, 144, 156, 171, 173, 176, 178, 179, 215, 260, 262, 306, 322, 335
Semmelbauer, Manfred 333
Serner, Walter 114
Shairp, Mordaunt 138
Shakespeare, William 34, 42, 55, 122, 278
Shakespeare-Club Amsterdam 210
Shanghai 172
Short, Bill 278
Sherman, Martin 326
Shull, Dan 244
Siegfried, Arnold 118, 245
Siegfried, Claus-Ferdinand 280
Siemsen, Hans 111, 114, 120, 169, 171
Sievers, Johannes 66
Simon, Heinrich Heinz 172, 173
Simon, Toni 236
Sinowjewa-Annibal, Lydija 76
Sintenis, Renée 108, 111, 112, 113, 114, 115, 117, 245
Sirk, Douglas 327
Skagen, Linda 305
Slevogt, Max 59, 60, 64, 66, 117
Sneevliet, Henk 137
Society for Human Rights 218
Sodom 19
Sokrates 34, 37, 168
Soldaten 70, 77, 100, 184, 188, 218, 220, 274
Somerville, Jimmy 277, 278
Sonne, Die (Zeitschrift) 84
Sonntags-Club e.V. 295, 296
Sowjetunion 136, 200, 201, 213, 297-301, 341
Spanien 150, 180, 341
Spann, Hans 178, 179
SPD 11, 33, 39, 41, 83, 84, 93, 103, 161, 196, 288

Spear, Allan 265
Spender, Stephen 128, 141
Sperr, Martin 261
Spies, Robert 67
Spiess, Camille 80
Spionage 213
Spirit Lamp, The (Zeitschrift) 139
Spohr, Ferdinand 39
Spohr, Max 29, 33, 37, 38, 39, 40, 42, 50
Sport und Sportler 60, 68, 114, 122, 244, 248, 253, 291, 308
Squenz, Peter 98
St. Petersburg 76, 300, 301
Stabel, Heinrich 156
Stadler, Ernst 198
Stalin, Josef 297
Stapel, Eduard 296
Starke, Ottomar 128
Steakley, James 207
Stein, Georg 114
Stein, Gertrude 120, 245
Stein, Wilhelm 121
Steinach, Eugen 41
Steiner, André 147
Stekel, Wilhelm 48, 78
Stellmann, Walter 204
Stelter, René 95, 105
Stepanoff, Daniel 67
Sternheim, Carl 106
Stiefel, Willy 199
Sting 139
Stirner, Max 50
Stockholm 235, 303
Stockmann, Helmuth 110
Stoffel, Detlef 287
Stokvis, Benno 136
Stonewall Inn 265
Stonewall-Rebellion 222, 247, 265, 270, 273, 275, 303
Strachey, Lytton 214
Strauß, Franz-Josef 291
Strauss, Richard 55, 65
Strecker, Paul 119, 122
Strichjunge 60, 71, 73, 103, 115, 124, 178, 196, 200, 234, 249, 260
Stuck, Franz von 117
Studds, Gerry 267
Studenten 13, 51, 77, 164, 170, 212, 279, 283, 284, 295
Stümke, Hans-Georg 185
Stuttgart 33, 131, 199, 286
Südafrika 316, 341
Sundström, Melitta 331
Surrealismus 147, 148
Susini, Francesco 22
Swaine, Alexander von 179
Symonds, John Addington 19, 20, 28, 29, 30, 32, 80

Tacitus 19
Tanner, Allen 189
Tao Li 157
Taste of Honey, A (Film) 333
Tatchell, Peter 294
Taubhorn, Ingo 291, 320, 330, 331, 334
Taxi zum Klo (Film) 322
Taylor, Elizabeth 309

Teena, Brandon 274
Terlichter, Carl 126
Terpis, Max 125
Tesch, Willi 125, 171, 181
Teschenberg, Hermann von 42, 49, 84
Tschek, Ewald 103, 122
Teufelsbergproduktion 326
Thatcher, Margret 276, 278
Theater 105
Theater des Eros 103, 105, 106
Thoma, Laura 131, 134
Thomas, Brandon 106
Thöny, Eduard 117
Thormaehlen, Ludwig 121
Thorsell, Eric 235, 236
Tibull 111
Timmer, Alois 183
Timmons, Stuart 221
Tobias, Herbert 188, 209
Tokio 316
Tom of Finland 252, 253, 255, 256, 310, 311
Tom Robinson Band 277
Topf, Gertrud 42, 47
Toronto 266
Transsexualität 257, 273, 274, 295
Transvestiten 13, 72, 103, 107, 115, 118, 120, 121, 123, 125, 127, 128, 160, 209, 228, 265, 270, 289, 309, 314
Traut, W. Adam 126
Trautmann, Ludwig 126
Trautner, Hanns 89
Trautsch, Rüdiger 281
Treitschke, Heinrich von 66
Trenet, Charles 150
Tresckow, Hans von 74
Treuge, Lothar 64
Trifonow, Gennadi 298, 299
Trimbos, Kees 210
Trüeb, Kuno 133
Tschaikowsky, Peter 300
Tschechoslowakei 15, 16
Tscheck, Ewald 91, 92, 93, 103, 122
Tschelischtschew, Pawel 189, 245
Tschudi, Hugo von 59, 66
Tucholka, Jaro von 178, 179
Tunten 123, 128, 149, 160, 230, 281, 283, 288, 289, 309, 314
Twardowsky, Hans Heinrich von 123
Turing, Alan 141

UdSSR 297-301
UFA 104, 124, 171, 181
Uhde, Wilhelm 118, 122
Ullerstam, Lars 237
Ulrichs, Karl Heinrich 19, 20, 27, 28, 29, 31, 32, 40, 51
Ungarn 172, 299
UNI (Zeitschrift) 237
UNO 271, 303
Unruh, Fritz von 57
Uranos (Zeitschrift) 95, 125
Urningsbund 28, 30
USA 11, 171, 172, 189, 198, 218-223, 249, 252, 253, 259, 261, 265-272, 298, 327, 328, 333, 340
Uschin, Alexander 117

Vacano, Emil Mario 54
Valentin, Fritz 201
Valentino, Rudolf 124
Valéry, Paul 145, 150
Vaermet, Curl 183
Veidt, Conrad 126, 127
Venedig 39, 78, 260
Vennen (Zeitschrift) 233, 234
Verein d. Musik und Kunstfreunde 95
Verein für humanitäre Lebens-
    gestaltung 195, 197, 200
Verein für sexuelle Gleichberechtigung
    München 12
Vergil 34
Verlaine, Paul 64, 111, 143, 168, 229
Vermat, Wilma 136
Vichy-Regierung 149, 150, 151, 228
Victim (Film) 215, 261, 262
Vidal, Gore 221, 259
Video 277, 322
Vidoq, François-Eugène 142
Vieröckl, Rudolf 78
Viertel, Salka 171
Vietnamkrieg 223, 265
Vinci, Leonardo da 168
Virchow, Rudolf 32
Visconti, Luchino 261
Vock, Anna 132, 134
Voeller, Bruce 266
Vogel, Bruno 286
Voinquel, Raymond 145
Vollmer, Adolf 198
Voo Doo 125
Vriendschap (Zeitschrift) 210
Vorspiel 292
Vosper, Frank 138

Waard, Harry de 212
Wächter, Theodor von 33, 40, 41, 49
Walden, Bobby 73
Wallace, Henry 220
Walter, Aubrey 276
Wandervogel 50, 147, 162, 207
Warhol, Andy 245, 255, 256, 309, 310, 313,
    316
Washington, D.C. 223, 226, 257, 270, 317
Wassmer, Ricco-Erich 242, 243
Weber, Carl Maria 108
Weber, Hermann 85, 195, 197
Weber, Paul 156, 158
Wedekind, Frank 56, 106
Wedderkop, H. von 149
Wedel, Jürgen-Ernst, Graf 127
Wedell, Hans 105
Weeks, Jeffrey 276
Weg zu Freundschaft und Toleranz, Der
    (Zeitschrift) 196, 203, 261
Wehrmacht 185, 186, 187
Weider, Joe 250, 252
Weigelt, Friedrich 178
Weil, Arthur 218
Weimann, Gerd 189
Weimar 60, 65, 67, 83
Weininger, Otto 48
Weiss, Emil Rudolf 113, 245
Weissner, Carl 259
Welle, Hugo 165

Welti, Charles 240
Weltliga für Sexualreform 138, 155
Werner, Reiner 296
Werres, Johannes 197, 203, 241
Wescott, Glenway 245
West, Mae 249
Westphal, Karl 31
Wheeler, Monroe 245
White, Dan 269
Whitman, Don 250
Whitman, Walt 29, 56, 111, 312
Wieder, Joe 252
Wiedergutmachung 191, 197
Wien 30, 39, 48, 75, 77, 78, 84, 170, 171,
    172, 334
Wiese, Hans 188
Wiese, Sigismund 56
Wij (Zeitschrift) 135, 136, 137
Wilbrandt, Adolf 34, 56
Wilde, Oscar 25, 64, 80, 106, 110, 111, 118,
    138, 142, 143, 144, 168, 229, 260
Wildenbruch, Ernst von 11, 39, 42
Wilheilm II., dt. Kaiser 14, 39, 44, 45, 46,
    59, 93
Wilhelm, Eugen 49, 54, 78
Williams, Hugh 138
Williams, Tennessee 250
Wilms, Anno 335, 338
Winckelmann, Horst 156
Winckelmann, Johann Joachim 24, 25
Wirz, Caspar 42, 44, 131, 132
Wissenschaftlich-humanitäres Komitee
    11, 12, 37-48, 49, 50, 62, 75, 83-88, 95,
    96, 99, 100, 101, 102, 103, 118, 122,
    124, 125, 131, 133, 135, 138, 155, 156, 181,
    195, 197, 198, 206, 218, 223, 268,
Witt, Stan 220
Wohlbrück, Adolf 123
Wolfenden Report 198, 199, 213, 214, 215
Wollenweber, Charly 160
Wolters, Friedrich 56
Woolf, Virginia 214
World Health Organization 333
Würzburg 163-167, 293
Wüst, Egon 160
Wyneken, Gustav 118

York, Michael 141
Youssupoff, Großfürst 123

Zabel, Ades 326
Zahn, Peter von 199
Zarek, Otto 107, 241
Zärtlichkeit der Wölfe, Die (Film) 322
Zeitschrift für Sexualwissenschaft 44
Zeldenrust-Noordanus, Mary 211
Zhuk, Olga 300
Ziegler, Alexander 322
Ziemer, Jürgen 295
Zille, Heinrich 112
Zimmermann, Joachim 66, 117
Zola, Emile 12
Zorn, Jakob 164
Zschokke, Alexander 121
Zschokke, Heinrich 54
Zürich 19, 90, 131, 133, 134, 170, 210, 238,
    242

383

BILDNACHWEIS

Die Urheberrechte für die Abbildungen liegen, soweit nicht anders vermerkt, bei den Leihgebern. Nachfolgend sind die Fotografen und weitere Rechteinhaber genannt.

Aschaffenburg, Ines Otschik: S. 113

Basel, Martin Bühler: S. 134

Berlin, Martin Adam, Hoch Drei Fotostudio: S. 13

Berlin, Jörg P. Anders: S. 24

Berlin, Hans-Joachim Bartsch: S. 126

Berlin, Markus Hawlik: S. 128

Berlin, Udo Hesse: S. 127

Berlin, D. Katz: S. 167

Berlin, Roman März: S. 86

Berlin, Peter Riesterer: S. 25, 26, 39, 40, 41, 67, 79, 83, 111, 112, 113, 115, 116, 119, 199, 228, 230, 232

Berlin, Ullstein - Camera Press Ltd.: S. 259, S. 324

Bloomfield, The Estate of George Platt Lynes: S. 219, 245, 141, 248

Dresden, W. Grahl: S. 68

Düsseldorf, Walter Klein: S. 50

Frankfurt am Main, Associated Press GmbH: S. 225

Frankfurt am Main, Marion Herzog: S. 114

Los Angeles, © David Hockney Studio: S. 217, 312

New York, © 1997 The Estate of Keith Haring: S. 316

New York, © The Estate of Robert Mapplethorpe: S. 317

New York, © by Beckett Logan: S. 214, 215, 244, 249, 251, 255, 313

New York, Fred W. McDarrah: S. 266

New York, Jerry Bean, Gery Bauer Photographics. Inc.: S. 253, 254

New York , Zindmann / Fremont: S. 223

Paris, Christian Gerschel: S. 80, 142, 144, 145, 146, 147, 148, 149, 151, 230

Pittsburgh, Richard Stoner: S. 255, 309

Rotterdam, Nederlands Fotoarchief NFA: S. 212

San Francisco, Jacques Gaël Cressaty: S. 120

Stockholm, Kurt Eriksson: S. 235

Schweiz, InkaNero: S. 62

Schweiz, © Heinz J. Zumbühl: S. 243

© The Andy Warhol Foundation for the Visual Arts / VG Bild-Kunst, Bonn 1997: S. 255, 309

© VG Bild-Kunst, Bonn 1997: S. 66, 98, 112, 127